JN007878

2025 東京都公立 高校

はじめに

行きたい学校、
自分で発見。

　中学生のみなさん。みなさんは、やがてくる進学先の
高校選びをどんな基準で行いますか？　もうその準備は
始めていますか？

　「公立高校に行きたいんだけれど、私立高校に比べると
学校の様子がよく見えなくて、結局勉強の成績だけで学
校を選んでしまいそう。」といった声をよく耳にします。
でも、今、公立高校が変わろうとしています。それも大
きく変わろうとしています。多種多様な学科を設けたり、
学校が独自にカリキュラムを工夫したりと、「画一的な
教育」というイメージから、生徒の個性や特技を生かす
柔軟な教育体制に整えようとしているのです。

　本書は、変わりゆく公立高校の姿を、入試システムの
視点から、そして学校単位での視点からとらえ、わかり
やすくご案内します。

　高校の３年間。それはたったの３年間かもしれません
が、皆さんの将来を方向づける大切な期間となるのです。
どの高校で充実した３年間を送るかは、本書でじっくり
研究してください。

東京学参

公立高校入試完全ガイド　2025年

東京都

目次

この本の使い方

＜使用上のご注意＞

★学校や学科の再編・統合などの計画により、本ガイドの内容に変更が生じる場合があります。再編・統合に関する最新の情報は、東京都教育委員会のホームページなどでご確認ください。
　東京都教育委員会ホームページ　https://www.kyoiku.metro.tokyo.jp/

★入学時におけるカリキュラムには変更が生じている場合があります。各校の最新の案内資料やホームページなどでご確認ください。

★通信制課程の入試実施方法については、教育委員会や学校へお問い合わせいただくか、教育委員会や学校のホームページなどでご確認ください。

＜知りたい学校の探し方＞

★各学校を紹介したページは基本的に、＜全日制＞および＜定時制・通信制＞の別に応じ、旧学区別に配列しています。

★各学校を紹介したページを探す場合には、p.8～の総合インデックスもしくはp.419～の総索引をご覧ください。

＜ガイドページの見方＞

各学校を紹介したページは、次のようにご覧ください。

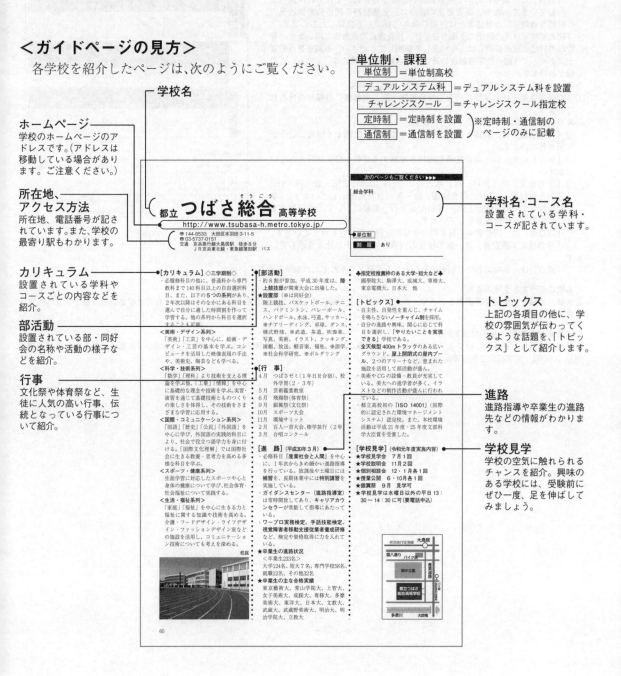

単位制・課程

単位制	＝単位制高校
デュアルシステム科	＝デュアルシステム科を設置
チャレンジスクール	＝チャレンジスクール指定校
定時制	＝定時制を設置
通信制	＝通信制を設置

※定時制・通信制のページのみに記載

学校名

ホームページ
学校のホームページのアドレスです。(アドレスは移動している場合があります。ご注意ください。)

所在地、アクセス方法
所在地、電話番号が記されています。また、学校の最寄り駅もわかります。

カリキュラム
設置されている学科やコースごとの内容などを紹介。

部活動
設置されている部・同好会の名称や活動の様子などを紹介。

行事
文化祭や体育祭など、生徒に人気の高い行事、伝統となっている行事について紹介。

学科名・コース名
設置されている学科・コースが記されています。

トピックス
上記の各項目の他に、学校の雰囲気が伝わってくるような話題を、「トピックス」として紹介します。

進路
進路指導や卒業生の進路先などの情報がわかります。

学校見学
学校の空気に触れられるチャンスを紹介。興味のある学校には、受験前にぜひ一度、足を伸ばしてみましょう。

次のページもご覧ください ▶▶▶

総合学科

● 単位制

制服 あり

都立 つばさ総合 高等学校
（そうごう）

http://www.tsubasa-h.metro.tokyo.jp/

〒144-8533　大田区本羽田3-11-5
☎ 03-5737-0151
交通　京浜急行線大鳥居駅　徒歩8分
　　　JR京浜東北線・東急線蒲田駅　バス

●[カリキュラム] ◇三学期制◇
・必履修科目の他に、普通科から専門教科まで140科目以上の自由選択科目、また、以下の5つの系列があり、2年次以降はそのなかにある科目を選んで自分に適した時間割を作って学習する。他の系列から科目を選択することも可能。

[美術・デザイン系列]
「美術」「工芸」を中心に、絵画・デザイン・工芸の基本を学ぶ。コンピュータを活用した映像表現の手法や、美術史、陶芸なども学べる。

[科学・技術系列]
「数学」「理科」より技術を支える理論を学ぶ他、「工業」「情報」を中心に基礎的な数学や技術を学ぶ。実習・演習を通して基礎技術とものづくりの楽しさを体得し、その技術をさまざまな学習に応用する。

[国際・コミュニケーション系列]
「国語」「歴史」「公民」「外国語」を中心に学び、外国語の実践的な科目により、社会で役立つ語学力を身に付ける。「国際文化理解」では国際社会に生きる教養・思考力を高める多様な科目を学ぶ。

[スポーツ・健康系列]
生涯学習に対応したスポーツや心と身体の健康について学び、社会体育・社会福祉について実践する。

[生活・福祉系列]
「家庭」「福祉」を中心に生きる力と福祉に関する知識や技術を高める。介護・フードデザイン・ライフデザイン・ファッションデザイン室などの施設を活用し、コミュニケーション技術についても考えを深める。

●[部活動]
・約8割が参加。平成30年度は、陸上競技部が関東大会に出場した。
★設置部（※は同好会）
陸上競技、バスケットボール、テニス、バドミントン、バレーボール、ハンドボール、水泳、弓道、サッカー、チアリーディング、卓球、ダンス、硬式野球、※武道、茶道、吹奏楽、写真、美術、イラスト、クッキング、演劇、放送、軽音楽、福祉、※語学、※社会科学研究、※ボルダリング

●[行　事]
4月　つばさゼミ（1年HR合宿）、校外学習（2・3年）
5月　芸術鑑賞教室
6月　飛翔祭（体育祭）
9月　銀翼祭（文化祭）
10月　スポーツ大会
11月　環境サミット
2月　百人一首大会、修学旅行（2年）
3月　合唱コンクール

●[進　路]（平成30年3月）
・必修科目「産業社会と人間」を中心に、1年次から細かい進路指導を行っている。放課後や土曜日には補習を、長期休業中には特別講習を実施している。
・ガイダンスセンター（進路指導室）は常時開放してあり、キャリアカウンセラーが常駐して指導にあたっている。
・ワープロ実務検定、手話技能検定、視覚障害者移動支援従業者養成研修など、検定や資格取得に力を入れている。

★卒業生の進路状況
＜卒業生233名＞
大学124名、短大7名、専門学校58名、就職12名、その他32名

★卒業生の主な合格実績
東京藝大、青山学院大、上智大、女子美術大、成蹊大、専修大、多摩美術大、東洋大、日本大、文教大、武蔵大、武蔵野美術大、明治大、明治学院大、立教大

●指定校推薦枠のある大学・短大など●
國學院大、駒澤大、成城大、専修大、東京電機大、日本大　他

[トピックス]
・自主性、自発性を重んじ、チャイムを鳴らさないノーチャイム制を採用。
・自分の進路や興味、関心に応じて科目を選択し「やりたいことを実現できる」学校である。
・全天候型400mトラックのある広いグラウンド、屋上開閉式の屋内プール、2つのアリーナなど、恵まれた施設を活用して部活動が盛ん。
・美術やCGの設備・教員が充実している。美大への進学者が多く、イラストなどの制作活動が盛んに行われている。
・都立高校初の「ISO 14001」（国際的に認定された環境マネジメントシステム）認定校。また、本校環境活動は平成21年度・25年度文部科学大臣賞を受賞した。

[学校見学]（令和元年度実施内容）
★学校見学会　7月1回
★学校説明会　11月2回
★個別相談会　12・1月各1回
★授業公開　6・10月各1回
★銀翼祭　9月　見学可
★学校見学は水曜日以外の平日13：30～14：30可（要電話申込）

60

入試！インフォメーション

＜受検状況＞

令和6年度入試の選抜状況が数字でわかります。なお、「推薦に基づく入試」「分割後期募集・第二次募集」の欄は、「推薦に基づく入試」「分割後期募集」の実施校のみ、欄を設けております。
① 分割後期募集実施校の各募集人員は、各校の当初設定人員に分割前期募集の未充足人員を加えたものです。
② 通信制課程の選抜については実施時期等の都合上、割愛しております。

＜入学者選抜実施方法＞

東京都教育委員会より示された、各校の選抜における方法や選考の内容が記されています。
※入試の詳しい実施方法については、p.19からの「これが東京都公立高校の入試システムだ！！」をご参照ください。

☆推薦
① 推薦に基づく入試を行う学校についてのみ、この欄があります。
② 表の各欄は次の内容を示しています。
○「推薦枠」は、推薦入試における募集枠の割合（％）と、特別推薦の有無（○印）を示しています。
○「満点」は、選考において判断の材料となる内容と、それぞれの満点を示しています。なお、調査書点の満点は、必修教科の観点別学習状況の評価を点数化した数値または評定の満点（45点）を換算したものです。
③「観点別学習状況の評価の活用方法」は、調査書点の点数化に用います。各教科の評価の観点の内容は「※別表」を参照してください。※調査書点の算出にあたって「観点別学習状況の評価」を選択した学校についてのみ、この欄があります。

☆第一次募集・分割前期募集／分割後期募集・第二次募集
① 分割後期募集を行う学校に「分割後期募集・第二次募集」の欄が設けられています。
② 表の各欄には次の内容が示されています。
○「分割募集」は、前期と後期にわたる分割募集を実施する学校に○印が記されています。
○「男女枠緩和」は、男女定員制緩和を実施する学校に○印が記されています。
○「学力検査」の「教科」は、基本的に「5」の場合は国・数・英・社・理の5科目を、「3」の場合は国・数・英の3科目を示しています。「学校指定による傾斜配点」は、傾斜配点を行う学校について、傾斜配点を行う科目とその倍率を示しています。
○「調査書」は、調査書中の各教科の学習の記録の扱い方を示しています。
○「学力検査：調査書」は、学力検査の得点と調査書点の比率を示しています。
○「満点」は、選考において判断の材料となる内容と、それぞれの満点を示しています。

＜本校の期待する生徒の姿＞

これは、志願する学校を選択するときや、自己ＰＲカードを記入する際に参考にするものです。それぞれの学校が特色に基づきその内容を発表しています。

＜難易度（偏差値）・併願校選択例＞

全日制の普通科と普通科に類する学科を中心に、難易度の目安と併願校の選択例を紹介しています。p.46の「各高校の難易度と併願校選択例」、p.50の「東京都公立高校難易度一覧」をご参照ください。

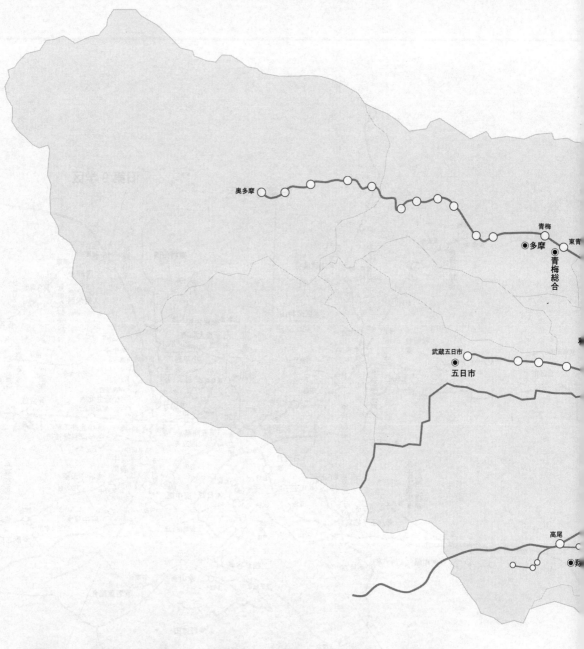

奥多摩

青梅
多摩
青梅総合
東青

武蔵五日市
五日市

高尾

都立高校マップ

●都立高校には地図中の学校の他に島嶼(とうしょ)部の学校があります。

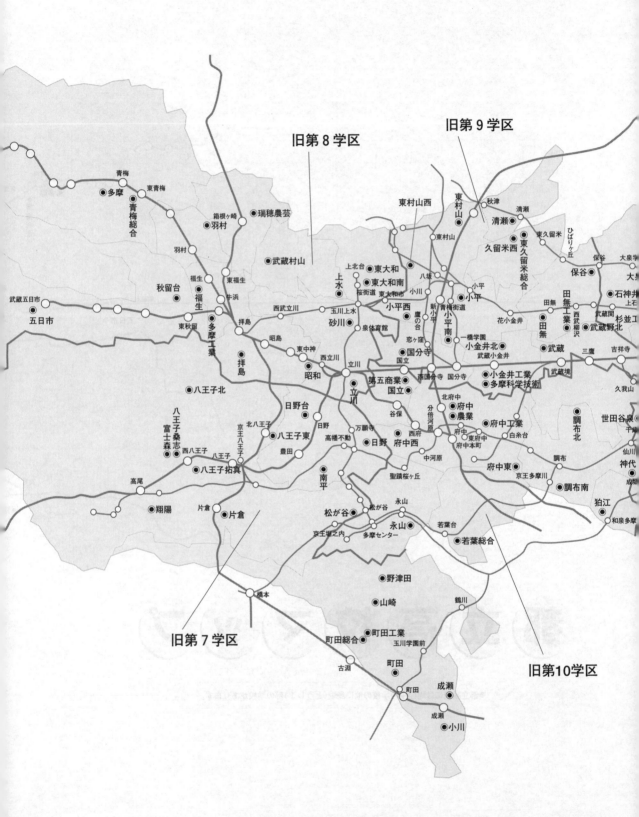

旧第8学区

旧第9学区

旧第7学区

旧第10学区

旧第3学区

旧第4学区

旧第5学区

旧第6学区

旧第2学区

旧第1学区

総合インデックス

この総合インデックスでは、掲載されている学校名を、課程や学科ごとに
整理しています。整理の方法は以下の通りです。

①全日制普通科
②全日制普通科(コース)
③全日制普通科 (エンカレッジスクール)
④全日制単位制普通科
⑤全日制単位制普通科(進学重視型)
⑥全日制専門学科
⑦全日制専門学科 (エンカレッジスクール)
⑧全日制専門学科(進学重視型)
⑨全日制単位制専門学科
⑩全日制総合学科

⑪定時制普通科
⑫定時制単位制普通科
⑬定時制専門学科
⑭定時制単位制専門学科
⑮定時制総合学科
⑯通信制普通科
⑰高等専門学校

※各項目内の配列は、まず、区・市名を50音順で整理し、次に、区・市ごとの校名を50音順で整理しています。なお、市は区のあとに整理しています。また、郡や島嶼(とうしょ)にある学校については、市のあとに、郡→島嶼の順で整理しています。
※①では、平成14年度入試まで用いられていた学区で整理しています。
※専門学科については、学科ごとに整理しています。なお、設置されている学科の内容により、複数の箇所に校名が記されている学校があります。また、示された学科名の各箇所には、それに類する学科を設置した学校も含めて記しています。
※⑫の定時制単位制普通科にはチャレンジ枠のある学校が、⑮の定時制総合学科にはチャレジスクールが含まれています。
※校名のあとに★印が記されているものは併合科です。
※記事が複数ページにわたる場合には、その最初のページ番号を記してあります。

① 全日制普通科

⑬ 定時制専門学科

＜農業に関する学科＞

＜工業に関する学科＞

＜商業に関する学科＞

＜産業科＞

⑭ 定時制単位制専門学科

＜情報科＞

＜生産工学科＞

⑮ 定時制総合学科

⑯ 通信制普通科

⑰ 高等専門学校

入学時、そして入学後の誰もが気になるお金の話

公立高校で「かかるお金」を考える

　古くから、私立高校は公立高校と比較して、費用がかかると言われてきました。実際に、高校の進学先を選ぶ際に、そうした経済的な負担の比較から、公立高校を希望先として選択する人がたいへん多くいたことは事実と言えましょう。

　しかしながら、「公立高校は費用がかからない」と言っても、かかるお金がそれなりにあることは察しがつきます。そして、たとえ授業料無償化が進んでも、かかるお金がすべてなくなるわけではありません。

　それでは実際に、どういうものに、どれくらいの費用がかかるのでしょうか。意外にもこんなことにお金がかかるのかといったことから、もしもの場合のお金のやりくりや工夫まで、高校入学時やその後の学校生活のお金にまつわる話をご紹介します。

「公立高校」への進学……かかるお金の実際は

近年、私立高校における授業料の補助制度の拡充が進み、経済的負担が少なくなってきました。（下記参照）

公立高校と私立高校
年間の授業料補助の比較（全日制）

● 公立高校
11万8,800円（月額9,900円）＜全額＞
▲世帯の年収910万円未満が対象

● 私立高校
39万6,000円（月額33,300円）
＜支援上限＞
▲世帯の年収590万円未満が対象

※令和2年4月から、私立高校授業料実質無償化がスタート

（参考：文部科学省HP公表リーフレット）

それでも、公立高校は私立高校に比べると、入学後にかかる費用が比較的抑えられる、そんなイメージを持っている方が少なくないかもしれません。実際には、入学時、そして入学後に、どのような費用がかかるのかを見てみることにしましょう。

まず、受検料や入学料を簡単にみておきます。東京都、神奈川県、埼玉県、千葉県の全日制各校とも共通です（呼称は都県により異なります）。

受検料 ¥2,200　　入学料 ¥5,650

さて、気になるのは、入学後のさまざまな出費です。文部科学省では「子供の学習費調査」というものを隔年で発表しています。これは、学校に子どもを通学させている保護者が、学校教育や学校外活動のために使った1年間の費用の実態をとらえたものです。この中から「学校教育費」を取り上げてみます。

公立高校の場合では約28万円。私立と比較すると一見、安く感じられます。しかし、

「子供の学習費調査の結果について」（平成30年度・文部科学省）

内容	公立高校	私立高校
授業料	25,378円（9.0%）	230,026円（32.0%）
修学旅行・遠足・見学費	35,579円（12.7%）	53,999円（7.5%）
学校納付金等	55,360円（19.7%）	215,999円（30.0%）
図書・学用品・実習材料費等	41,258円（14.7%）	42,675円（5.9%）
教科外活動費	40,427円（14.4%）	56,224円（7.8%）
通学関係費	79,432円（28.3%）	114,043円（15.9%）
その他	3,053円（1.1%）	6,085円（0.8%）
合計	280,487円	719,051円

表にはありませんが、同じ調査における公立中学校の約13万円（給食費は含まず）と比較すると、授業料を除いても中学のおよそ2倍の金額になります。

何にそんなにかかるのでしょうか。首都圏のある公立高校に通う高校生（女子）の実例（下表）を紹介します。

総額ではおよそ24万円。購入するものは学校、学年によって変わりますので、例えば制服のない学校では、当然、制服の費用がかからないことになります。（その分、洋服代がかかるかもしれませんが。）

修学旅行は、下記例の積立金が繰り越され、費用は2年次でさらに追加されます。総額では約13万円。これは沖縄が目的地の場合の例ですので、海外へとなると、かかる費用はさらに大きくなります。

公立中学との大きな違いということでは、学校への交通手段や距離によっては通学定期の購入に費用が生じることも大事なポイントです。

このように、中学と比較すると、たとえ公立と言っても何かと費用がかさむことが伺えます。そこで、単純に節約というだけではなく、何か工夫できることがないか調べてみることもお勧めです。（COLUMN1参照）

公立高校入学初年度にかかる費用

内容		金額	備考
学校生活	制服　女子・夏・一式	13,000円▷	スカート（スラックス選択可）、Yシャツ、リボン、送料
	制服　女子・冬・一式	34,000円▷	ブレザー、スカート（スラックス選択可）、Yシャツ、リボン、送料
	体育用品	21,000円▷	ジャージ上下、ハーフパンツ、シャツ、体育館シューズ
	体育祭のTシャツ	1,000円▷	クラスごとに作成
学習・校外活動	教科書	37,000円▷	コースにより異なる
	補助教材	1,000円▷	コースにより必要
	芸術鑑賞費	2,000円	
	宿泊研修・遠足	16,000円	
	模試・英検	8,000円	
積立金・諸会費	積立金	50,000円▷	¥25,000を前期・後期の2回に分けて納入
	生徒会費	5,000円▷	コースにより必要
	ＰＴＡ会費	6,000円▷	総合補償保険料を含む
	修学旅行（積立）	46,000円	

費用は概算。上記の他、選択科目での材料費、手帳代、写真代、健康センター掛金など。
この学校の2、3年生では、予備校の衛星通信講座約4千円（実施全3科を受講の場合）、
模擬試験約2万5千円（計5回、一部任意）などが、進路関連の費用としてかかる。

進学・通学のためのお金の工面

≫国の教育ローンの活用

国の教育ローンの一つに教育一般貸付というものがあります。これは家庭の教育費負担を軽減し、子どもの進学・在学を応援する公的な融資制度です。融資対象は、保護者世帯の年間収

子供の数	年間収入
子供が1人	790万円
子供が2人	890万円
子供が3人	990万円
子供が4人	1090万円
子供が5人	1190万円

入が、原則として、右記の表の額以下の場合とされています。(緩和措置あり)

入学金、授業料、教科書代などの費用に充てるため、学生一人につき最大350万円(外国の教育施設に3ヵ月以上在籍する資金なら最大450万円)を借りることができます。利率は、年1,66%(母子家庭等は年1,26%)〈※令和2年3月17日現在〉。

返済期間は15年以内(母子家庭等の場合は18年以内)とされており、子供が在学中は利子のみの返済にすることも可能です。日本政策金融公庫のHPに返済シミュレーションのコーナーがあり、各月の返済額や返済総額を試算してくれます。

「国の教育ローン」は1年中いつでも申し込むことができ、また、日本政策金融公庫のHPから申し込むことも可能です。

≫奨学金事業の活用

独立行政法人日本学生支援機構が、奨学金事業を実施しています。これは経済的理由で修学が困難な優れた学生に学資の貸与を行い、また、経済・社会情勢等を踏まえ、学生等が安心して学べるよう、「貸与」または「給付」を行う制度です。なお、奨学金は「国の教育ローン」と重複して利用することも可能です。奨学金の申し込み基準や申し込み方法等は、独立行政法人日本学生支援機構のHPで確認できます。

≫年金担保貸付事業国の教育ローンの活用

独立行政法人福祉医療機構が、年金担保貸付事業を実施しています。厚生年金保険、国民年金、労災保険など様々な公的制度がありますが、これらの制度から年金を受けている人(例えば夫が亡くなって遺族年金を受けているとか、事故で障害が残り障害年金を受けているなど)は、年金を受ける権利を担保にして、最大で200万円を借りることができます。これを入学金や授業料などの教育資金に充てるという方法があります。

この制度でお金を借りると、借入の申し込みの際に指定した額が、年金額から天引きされ、返済に充てられていきます。直接、福祉医療機構へ返済金の支払いを行うものではありません。連帯保証人が必要となりますが、信用保証機関を利用し保証料を支払うことで、個人の連帯保証人が不要になります。「独立行政法人福祉医療機構代理店」の表示がある金融機関等で相談や申し込みができます。

※年金担保貸付事業の申込受付は令和4年3月末で終了とされていますが、これは申込受付を終了するだけであり、令和4年3月末までに申し込みが受け付けられた年金担保貸付については、その返済期間や返済方法は、これまで通りの取扱いとなります。

≫遺族補償年金前払一時金の活用

労災保険の遺族(補償)年金を受ける場合については、前払一時金制度を利用するという選択肢があります。遺族(補償)年金を受けることになった遺族は、まとまったお金を必要とすることが多いので、年金の前払として、一時金(最大で死亡した人の賃金日額の1000日分相当額)を請求することができます。この前払一時金制度を利用して、入学金や授業料を工面するという方法もあります。

コラム〈COLUMN1.2〉：特定社会保険労務士　梅本達司
ティースリー社会保険労務士事務所　所長／一般社団法人日本ホワイト企業審査協会　理事／
社労士試験受験対策講座シャロッシータゼミナール　主任講師／「サザエさん一家の公的保険」など、著書多数

部活動の費用も中学とはケタ違い

昨今、大学に入学するときに、ノートパソコンの用意が必要になり、大きな出費の一つと言えます。高校入学後にかかる大きな費用というと、部活動への参加があげられます。もちろん、参加する部活動によって差はありますが、運動部か文化部かでの差はなく、それなりにお金の準備が必要です。かかる費用を実例でみてみましょう。

部活動での年間費用（吹奏楽部の例）

内容	金額
部費	36,000円
合宿費用	33,000円
定期演奏会費	5,000円
Tシャツ・トレーナー	5,000円
楽譜	1,000円
合計	80,000円

費用は概算。他に、楽器メンテナンス、教則本などの費用、大会や演奏会、野球部の試合応援への交通費など。内容により複数回費用がかかるものも。

中学と比べると何かと活動の規模や範囲が大きくなり、成長とともに費用も大きくなることを実感させられます。

さらに、部活動によっては道具の購入に思わぬ費用がかかることもあります。高価なものに目が向けば思わぬ出費となります。

かかる費用を自分自身でまかなおうと、アルバイトを考えるケースがあるかもしれません。たとえ学校が認める場合でも、高校生のアルバイトには潜む危険は多く、十分に注意が必要です。（COLUMN2上段参照）

部活動に参加しない場合でも、趣味や活動にお金をかけたい人も少なからずいることでしょう。また、時間的な余裕があると、安易にアルバイトを考えることがあるかもしれません。しかし、高校生活を送る中であくまでも優先されるものが学業であることは、大前提と言えます。

ところで、トラブルに直面するケースは、何もアルバイトばかりではありません。親にも思わぬ形で予想外の事態が生じることがあります。それでも、そうした場合に対処できる知識があるのとないのとでは大違いです。（COLUMN2下段参照）

部活動の種類によっては、大会参加のための交通費や道具の購入など、意外に大きな出費となる。

アルバイトで遭遇するトラブルと対処法

≫学生アルバイトでも労災認定は受けられる

学生アルバイトでも、通勤途中の事故や仕事が原因で負傷等をした場合は、労災保険制度の適用があり、ちゃんと保険給付を受けることができます。

健康保険制度の医療給付の場合は、原則として医療費の3割を自己負担しなければなりませんが、労災保険の医療給付を受ける場合には、自己負担がなく、原則として医療費の全額について労災保険制度がカバーしてくれます。また、労災保険には、休業（補償）給付・休業特別支給金という給付があり、労働基準監督署に請求し、ケガで働けない状態であることの認定を受けると、賃金日額の8割相当額の所得保障が行われます。仮に、負傷した直後にアルバイトを辞めた（退職した）としても、労災保険の保険給付を受ける権利は退職によって変更されませんので、この休業補償給付・休業特別給付金の支給は引き続き行われます。

アルバイト先の会社に知識がなく、アルバイトだからという理由で労災保険に関する手続きを行ってくれないようであれば、直接、労働基準監督署の労災保険課に相談してみましょう。

≫アルバイト先がいわゆるブラック企業だったら

労働基準法では、親権者もしくは後見人または行政官庁は、労働契約が未成年者に不利であると認める場合においては、将来に向かってこれを解除することができるとしています。

不利であるかどうかは親権者等が判断すればよく、未成年者の意に反する解除も認められます。ですから、親からみて、不利な働き方をさせられていると判断したのであれば、たとえ子供がその会社で働き続けたいという意向であっても、労働契約の解除をすることができます。もちろん、その会社が退職を認めないなどと言っても、退職させることができます。そして、このような場合でも、会社は、退職するまでに働いた分の賃金を支払う義務があります。もし、この支払を会社が拒否した場合は、労働基準法の賃金全額払いの原則違反になりますので、その旨を会社側に伝え、それでも支払いをしないのであれば、労働基準監督署へ相談または違反についての申告をすることをお勧めします。

こんな「もしも」と対処法

≫子育て中にリストラされた場合の保険加入！

リストラされ無職となってしまった場合は、年金制度の加入は、国民年金の第1号被保険者となります。しかし、失業状態であれば、この保険料を支払っていくのも大変です。

国民年金の場合、失業・倒産などにより保険料を納付することが困難と認められる者については、保険料の免除を受けることができます。ただし、黙って待っていても免除は行われません。本人が市区町村へ免除申請を行う必要があります。

医療保険の加入については、原則として、国民健康保険の被保険者になります。国民健康保険には被扶養者という扱いはありませんので、扶養家族も国民健康保険の被保険者になります。ただし、健康保険には任意継続被保険者という制度があり、所定の条件を満たしている場合には、退職後も引き続き健康保険への加入が認められます。その条件とは、次の①と②の2つになります。

①退職日までに継続して2か月以上健康保険の被保険者であったこと

②退職後20日以内に、任意継続被保険者となることの申請をすること

任意継続被保険者になれば、その扶養家族についても、引き続き健康保険の被扶養者とされます。

任意継続被保険者と国民健康保険の被保険者のどちらを選択した方が得かは、一概には言えません。通常は、どちらを選択すれば、保険料負担が軽くなるのかを確認して選ぶことになります。

ただし、失業などの特別の事情で収入が著しく減少している場合には、国民健康保険の保険料が減額・免除されることがあるのでその点も確認して選ぶ必要があります。

なお、任意継続被保険者となった日から2年を経過すると、任意継続被保険者ではなくなってしまいます。つまり、任意継続被保険者でいることができるのは、最長でも2年間となります。

これが
東京都公立高校の
入試システムだ!!

　東京都では，教育委員会が中心となり特色ある公立高校づくりを進めています。この流れの中で，入試制度をはじめとするさまざまな点において毎年のように変化が生じており，今後もこうした改革は変化の大小を問わず続いていくことでしょう。入試における選抜方法・学力検査の内容はもちろんのこと，授業展開や履修科目の選び方など，さまざまなニーズに対応できるようなしくみが生まれています。学校の存在意義すら変わってきているといっても過言ではないでしょう。こうした改革は，個々人が自分にあった学校選びができるようになることを目標としています。

　都立高校を志望する皆さんは，その変化の内容や学校の特色をしっかりと理解し，適切な戦略を立てなければなりません。この章では，改革が進む都立高校入試の変化の内容を，くわしく紹介します。是非，参考にして来るべき受験に備えてください。

東京都立入試の現在を知る

　東京都では，「都立高校改革推進計画」に基づいて，生徒の個性を伸ばす教育，各都立高校の個性化・特色化を推進するため，都立高校の統廃合や改編と同時に，入試制度の改善が進められてきました。ここでは，変化を続けてきた入試制度とその現在について見ていきましょう。

1 「文化・スポーツ等特別推薦」の導入

　東京都では，卓越した能力をもつ生徒の個性をよりいっそう伸ばし，同時に各都立高校の個性化，特色化を推進するため，平成16年度から，一部の都立高校で「文化・スポーツ等特別推薦」が導入されました（令和6年度は89校）。推薦の募集枠に特別枠（人数）を設ける形で行い，一般推薦と異なる選抜方法で，入学者を選考します。かつては，志願にあたり，活動の実績などを証明できる書類などの写しを提出する必要があり，推薦基準も，スポーツであれば「都大会にレギュラーとして出場したレベル以上の実績のある者」が条件になっていましたが，令和3年度からは，大会の実績や，資格・検定試験等の成績に関わる内容を含めず，「実績等を証明する書類等の写し」の提出も求めないこととなりました。なお，24年度より，一般推薦と同様に，「中学校長の推薦を受けた者」であることが応募資格となりました。

　この特別推薦は，1種目を指定し，1コースまたは1科に限り出願し，志願変更はできません。また，同じ高校の一般推薦を併願できます。その場合には，一般推薦において実施される検査についても課されます。

2 「理数等特別推薦」の導入

　令和4年度入試から，新たに「理数等特別推薦」が導入されました。科学技術の根底にある理数系分野の素養を前提に，探究の過程を通して，課題を解決する力や，他者の考えから自分の考えを深めるとともに，新しい価値を生み出す創造性など，変化し続ける社会にあって生徒たちに必要となる力を評価して選抜を行います。令和6年度は立川高等学校創造理数科と科学技術高等学校創造理数科において実施されました。

　この特別推薦は，1校1科に限り出願し，志願変更はできません。また，他の推薦に基づく選抜に出願することはできません。

3 推薦入試で観点別学習状況の評価を活用する学校も

　推薦入試では，調査書点を算出する際，各高校が**観点別学習状況の評価**または**評定**，どちらか一つを選択して活用しています。

　観点別学習状況の評価の活用は，各教科の評定（5，4，3，2，1の5段階評定）ではなく，中学在学中の学習成績や意欲・適性などをよりきめ細かく評価し，同時に目的意識・意欲をもった生徒の入学により都立高校の個性化・特色化を推進することを目的として導入されたものです。

観点別学習状況の評価とは，各教科の３個の観点についての目標に対する実現状況を，次に挙げたA～Cの３段階で評価したものです。

A：「十分満足できる」状況と判断されるもの
B：「おおむね満足できる」状況と判断されるもの
C：「努力を要する」状況と判断されるもの

　全部で27の観点があり，それぞれ点数化して合計した得点を，高校ごとの満点に合わせて換算したものが調査書点となります。

　ここで，次ページの表を見てみましょう。K高校の場合，国語の観点の「知識・技能」がAならば15点，Bならば10点，Cならば１点となります。同様に，社会の観点の「思考・判断・表現」がAならば12点，Bならば８点，Cならば１点となります。すべてAの場合，評価点の合計は満点の325点となります。ところが，K高校の調査書点は650点満点とされていますので，次の**算出方法**で650点満点に換算されるというわけです。

●調査書点の算出方法

$$\text{各受検者の調査書点}＝\text{各受検者の観点別学習状況の評価の得点}\times\frac{\text{調査書点の満点}}{\text{観点別学習状況の評価の得点の満点}}$$

　一方で，L高校のように，評価点の満点も400点，調査書点の満点も400点というように，評価点の合計がそのまま調査書点になる場合もあります。

　また，教科や観点ごとの比重のかけ方も，高校によってさまざま。例えば，L高校が９教科をほぼ均等に評価している（44～45点満点）のに対し，K高校は国語が55点，社会が45点，英語が75点満点，数学・理科と実技４教科は各25点満点と，３教科に比重をかけています。さらに，全教科で「主体的に学習する態度」（観点Ⅲ）にウェイトをかけるなど，特定の観点を重視する高校もあります。

　また，一般入試でも，エンカレッジスクール（蒲田，足立東，秋留台，練馬工業，中野工業，東村山）などでは学校の個性化・特色化に対応する目的で，観点別学習状況の評価を活用する場合があります。

　なお，調査書点の算出に評定を用いる学校の場合の算出方法は次のようになります。

●調査書点の算出方法②

$$\text{各受検者の調査書点}＝\text{各受検者の評定の得点}\times\frac{\text{調査書点の満点}}{\text{評定の満点（45点）}}$$

推薦選抜において観点別学習状況の評価を活用する高校（令和６年度入試）
蒲田，足立東，東村山，秋留台，中野工科，練馬工科，大田桜台
特定の教科にウェイトをかけている高校
大田桜台（国・社・英） 練馬工科（美・技家・観点Ⅲ〈国・社・数・理・音・保体・外〉） 中野工科（理・技家・観点Ⅲ〈国・社・数・音・美・保体・外〉）
全教科で観点Ⅲ「主体的に学習に取り組む態度」にウェイトをかけている高校
足立東，秋留台，練馬工科，中野工科，大田桜台
全教科・全観点を均等に評価する高校
蒲田，東村山

観点別学習状況評価例

※調査書点の満点
・K高校：650点
・L高校：400点

教科		観点別学習状況	K高校			L高校		
			A	B	C	A	B	C
国語	Ⅰ	知識・技能	15	10	1	13	10	1
	Ⅱ	思考・判断・表現	15	10	1	13	10	1
	Ⅲ	主体的に学習に取り組む態度	25	12	1	18	13	1
社会	Ⅰ	知識・技能	12	8	1	13	10	1
	Ⅱ	思考・判断・表現	12	8	1	13	10	1
	Ⅲ	主体的に学習に取り組む態度	21	10	1	18	13	1
数学	Ⅰ	知識・技能	6	4	1	13	10	1
	Ⅱ	思考・判断・表現	6	4	1	13	10	1
	Ⅲ	主体的に学習に取り組む態度	13	7	1	18	13	1
理科	Ⅰ	知識・技能	6	4	1	13	10	1
	Ⅱ	思考・判断・表現	6	4	1	13	10	1
	Ⅲ	主体的に学習に取り組む態度	13	7	1	18	13	1
音楽	Ⅰ	知識・技能	6	4	1	13	10	1
	Ⅱ	思考・判断・表現	6	4	1	13	10	1
	Ⅲ	主体的に学習に取り組む態度	13	7	1	19	13	1
美術	Ⅰ	知識・技能	6	4	1	13	10	1
	Ⅱ	思考・判断・表現	6	4	1	13	10	1
	Ⅲ	主体的に学習に取り組む態度	13	7	1	19	13	1
保健体育	Ⅰ	知識・技能	6	4	1	13	10	1
	Ⅱ	思考・判断・表現	6	4	1	13	10	1
	Ⅲ	主体的に学習に取り組む態度	13	7	1	19	13	1
技術・家庭	Ⅰ	知識・技能	6	4	1	13	10	1
	Ⅱ	思考・判断・表現	6	4	1	13	10	1
	Ⅲ	主体的に学習に取り組む態度	13	7	1	19	13	1
外国語（英語）	Ⅰ	知識・技能	20	10	1	13	10	1
	Ⅱ	思考・判断・表現	20	10	1	13	10	1
	Ⅲ	主体的に学習に取り組む態度	35	14	1	18	13	1

4　学力検査問題（国語・数学・英語）の自校またはグループ作成

　基本的に都立高校の学力検査は，教育委員会が作成する共通問題を入試問題として採用していますが，平成13年度入試から，進学指導重点校を中心に，英語・数学・国語の3教科については，15校の高校が独自に入試問題を作成してきました。平成26年度入試からは15校を三つのグループに分け，各グループごとに英語・数学・国語の問題を共同作成することとなりました（一部独自問題への差し替え可）。平成30年度入試からは，共同作成は併設型中高一貫教育校のグループのみとなり，他の10校は従来の自校作成の形に戻りました。その後，併設型中高一貫教育校は，高校段階での生徒募集を停止することに伴い，令和3年度入試から5教科全てについて共通問題を使用して学力検査を行うこととなりました。

　自校作成問題実施校は令和6年度入試では，合わせて11校となっています（全日制）。また，全日制では**国際高校**が，英語のみ自校作成問題による入試を実施しています（平成元年度入試より）。なお，定時制高校の一部でも，自校作成問題による入試を行っています（令和6年度は，農産，八王子拓真＜一般枠＞）。

令和6年度入試で，学力検査問題（国・数・英）の自校作成を実施した高校（全日制）

自校作成
日比谷,西,戸山,青山,八王子東,立川,国立,新宿,墨田川,国分寺

5　面接や作文などの得点を本人に開示

　各都立高校は，受験生本人または保護者から請求があった場合は，学力検査等得点表や，学力検査の答案の写しを受験生または保護者に直接交付しています。開示請求書の用紙は，各都立高校で配布されます。

② 注目！ 都立高校が変わる !?

1　新しいタイプの学校が続々と開校

　これまで都立高校に関しては，少子化と社会の大きな変化に合わせ，学校の統廃合や改編が進められてきました。単位制高校や総合学科高校など，新しいタイプの高校も多数設置されましたが，まずは，これまでに誕生した高校の特色を見ていきましょう。

(1)　多様な学習型単位制高校

　「単位制」とは，学年による教育課程の区分を設けず，学年の進級ではなく，高校卒業までに決められた単位を取得すれば卒業が認められるシステムで，これを導入している高校を「単位制高校」といいます。単位制のシステムを生かした多様な科目の開設，柔軟で弾力的な履修形態などの特色を持ち，生徒一人ひとりが興味・関心や希望する進路などに応じて，主体的に自分の時間割を作ることができます。単位制の長所はおもに大学進学に向けた学習に生かされており，文系・理系にとどまらず，芸術系などの大学への進学にも対応できるほど，幅広い科目が設置されています。

　英語教育や国際理解教育に力を入れ，推進計画以前から設置されていた飛鳥高校の他，15年度に文武両道をスローガンに掲げた芦花高校，16年度に高大連携を軸とした進路指導と多様な体験学習を前面に打ち出した上水高校，「ホームルームのまとまり」と，必履修科目を多くすることによる「基礎学力の充実」を前面に打ち出した美原高校，文系私立大や美術・デザイン系，看護・福祉系大学への進学により力を置くことを打ち出した大泉桜高校，国公立大，難関私立大への進路実現を図るべく，セメスター制（1年次の前期を1セメ，後期を2セメというように3年間を6期で区切る教育課程）の導入を打ち出した翔陽高校，18年度には，普通科と生活科学科（家庭科）を併設し，大学進学に有利なカリキュラム編成方針を打ち出した忍岡高校が開校。そして，19年度には，主要3科目を重点教科として明確に位置付け，少人数多展開授業や土曜特別講習を通じて基礎学力の定着と伸長を図ることを掲げた板橋有徳高校が開校しました。

(2)　進学重視型単位制高校

　全日制の普通科単位制高校という意味では，(1)で挙げた飛鳥，芦花，上水などの高校と同じですが，より大学進学に重点を置いた選択科目が多いのが，進学重視型ならではの特色。特に大学入試問題対策を目的とした「演習系」の選択科目が設置されたことによって，これまで都立高校ではできなかった，より踏みこんだ受験指導ができるようになりました。

　その一方で，「キャリアガイダンス」などの授業を通して，生徒に自分の在り方・生き方を考えさせ，自分の個性や能力を生かした将来像を描けるような大学進学の実現を目指しています。また，進学重視型単位制高校のもう1つの大きな特色として，大学の講義を受講できる「高大連携」に積極的で，それを単位として認めていることも挙げられます。これまで，12年度に墨

田川高校，14年度に国分寺高校，15年度に新宿高校の３校が開校しています。

(3) 専門型単位制高校

　単位制なので，専門科目について進路希望や興味・関心により適応した形で学ぶことができます。

　六郷工科高校は，平成16年度に都内最初の単位制工業高校として開校しました。多くの自由選択科目を設置することにより，生徒一人ひとりが自分の興味・関心や適性，進路希望に応じて科目を選ぶことができるので，工業科目の学習の質がより向上するだけでなく，大学進学を希望する生徒にも対応することが可能になります。全日制課程はプロダクト工学，オートモービル工学，システム工学，デザイン工学の各学科をもち（他にこれらとは教育課程が大きく異なるデュアルシステム科あり。後述），１年の後期からはさらに各種の履修パターンに分かれて学習します。

　また，実践のなかで体験を通して学ぶことに積極的な生徒や，技術・技能を高めながら学びたい生徒の希望に応えるべく，全国初のデュアルシステム科も設置。企業と高校の連携により，高校に通いながら，これまでのインターンシップより長期の就業訓練も行うもので，就職に役立つ実践的な技術・技能を身につけさせる新しい職業教育として注目されています。（なお，単位制高校ではありませんが，30年度に**葛西工業高校**と**多摩工業高校**もデュアルシステム科を設置しました。）

　18年度には，生活科学科の単位制の専門高校（普通科を併置）として，**忍岡高校**が開校しました。「スペシャリストとしての資質・能力の育成」と「大学進学希望の実現」を教育目標に掲げ，被服製作技術検定や文書デザイン検定などの資格取得に取り組むほか，看護・介護，保育などの実習体験を重視する教育を行っています。また，「茶道」「和太鼓」「日本舞踊」など，７限めには伝統文化を学ぶ授業としてユニークな講座を開講しています。

　22年度に開校した**総合芸術高校**は，芸術文化の様々な分野において高度な専門性をもち，さらに幅広い教養と豊かな人間性を兼ね備えた人材の育成を担い，都立高校における芸術教育の拠点・発信基地となることを目的とする高校です。芸術文化活動の盛んな首都東京の地域特性を踏まえ，生徒一人ひとりの多様な興味・関心に応えるため，都立で唯一の芸術科単独高校であった芸術高校を改編。音楽科・美術科に舞台表現科を加えた３学科を擁し，また映像メディア表現の専攻を美術科に設ける単位制高校です。

(4) 総合学科高校

　総合学科高校は，普通科目から専門科目まで多種多様な選択科目が開設され，自分の興味・関心や進路志望などに応じて選択し，自分の時間割を作って主体的に学習することができるのが大きな特色です。科目選択の仕方しだいで，大学進学から職業教育まで幅広い学習が可能になります。

　１年次は自分の将来の職業や生き方について深く考えさせ，選択科目の選び方や将来の進路についての指導が行われます。そして２年次からは，本格的に系列別の学習が始まります。ただし，設置される系列は高校によって異なり，たとえば平成20年度に開校した**世田谷総合高校**の場合，社会・教養，サイエンス・環境，国際・文化理解，情報デザイン，ライフデザイン，美術・ものづくりの６系列が設置されています。

　全日制の総合学科高校は他に，推進計画以前に設置された**晴海総合高校**，14年度開校のつば

さ総合高校，16年度開校の杉並総合高校，17年度開校の若葉総合高校，18年度開校の青梅総合高校，19年度開校の葛飾総合高校，東久留米総合高校，22年度開校の町田総合高校，23年度開校の王子総合高校と合わせて10校が開校しています。

(5) チャレンジスクール

　チャレンジスクールは，単位制・総合学科の昼夜間定時制独立校として設置され，小・中学校時代に不登校経験をもつ生徒や高校中退者などを受け入れています。単位制かつ普通科と専門学科を超えた総合学科なので，多種多様な科目のなかから自分の興味ある科目を選択でき，学年の枠にとらわれない無学年制により自分の学習進度に合った時間割を作成でき，3年での卒業も4年での卒業も可能です。また，昼夜開講(午前部・午後部・夜間部)の三部制を取り入れていますので，生徒が自分の生活環境に合わせて，好きな時間帯に学習することができるのも大きな特徴です。

　通常は1日45分の4時限授業で，1クラスの人数も30名と少人数なので，ゆとりのあるアットホームできめ細かい学習指導を受けることができます。これらの指導を通して，基本的な学力の定着を図ると同時に，ボランティア活動などの体験学習に重点を置いた教育が行われています。また，専任のスクールカウンセラーの配置などを推進し，相談機能の充実を図っています。

　令和4年度，小台橋高校が開校したことにより，チャレンジスクールは，12年度開校の桐ヶ丘高校，13年度開校の世田谷泉高校，16年度開校の大江戸高校，17年度開校の六本木高校，19年度開校の稔ヶ丘高校と合わせて6校となりました。さらに令和7年度には立川地区（多摩教育センター跡地に設置）において新たなチャレンジスクールが開校する予定です。

(6) 進学重視型工業高校

　総合工科高校は，平成18年度に開校した，都立初の大学進学をめざすものづくり系の高校で，機械・自動車，電気・情報デザイン，建築・都市工学の3学科を設置。「ものづくりやテクノロジーに興味・関心を持ち，将来，国際社会で活躍できる人材を育てる」ことをスローガンとし，理工系大学への進学，1人1つの資格取得を目標にしています。

　また，国際社会に貢献できる豊かな人間性を育てる，という視点から，海外修学旅行を実施。さらに，地域でのものづくり交流，海外の学校との交流活動も実施しています。

(7) 科学技術高校

　科学技術高校は，技術者として専門性を高めていくために必要な知識・技能について幅広く学び，卒業後に理工系・薬学系の大学などへ進学し，継続してより専門的に学ぶための基礎をマスターさせることを目的とした新しいタイプの高校です。実験・実習などの体験的な学習を重視しており，そのような実践的な授業を通じて，工学的なセンスや科学的思考力，科学のおもしろさやものづくりの楽しさを学ぶことができます。

　平成13年度に設置された江東区にある科学技術高校に加えて，22年度には多摩科学技術高校が，開校しました。

(8) 進学型専門高校

　平成16年度に開校した千早高校は，ビジネスコミュニケーション科単科の新しいタイプの専門高校で，「学問基礎の修得」「異文化への理解」「他者への尊敬」を教育目標としています。コンピュータなどのビジネス科目も履修しますが，今までの商業高校と異なり，社会科学系，人

文科学系の大学進学を視野に入れた教育が行われ，ビジネス教育と並んで，英語教育に重点を置いたカリキュラムを組んでいるのが大きな特徴です。また，大学教授が学術アドバイザーとして，特別授業やセミナーを実施しています。

21年度には，**大田桜台高校**が開校しました。ビジネスに必須の基礎的知識を習得した上で，大学等に進学して，より専門的に学習することを前提としたカリキュラムを設定しています。学校設定科目として，1年次に「キャリアデザイン」，2年次に「東京の経済」，3年次に「プレゼンテーション」を配置し，高校卒業後の就職ではなく，大学卒業後を見据えた体系的・計画的なキャリア教育が行われます。

(9) 中高一貫6年制学校

「中高一貫6年制学校」とは，高校受験を意識せずにゆとりを持った6年間の学校生活を実現させるべく，中学・高校の一貫教育を行う学校をいいます。

平成17年度に**白鷗高校**は，旧台東区立台東中学校の敷地内に併設中学を設置することで，都立高校初の全日制課程普通科の併設型中高一貫教育校として生まれ変わりました。中学，高校共に通学区域は都内全域です。6年間（中1～中3を1～3年，高1～高3を4～6年と表記）を見通した指導計画で，基礎・基本を確実に定着させ，「確かな学力」を身につけさせることを目指すと同時に，中学校の時から高校の内容を学習するなどの系統的・発展的な指導を行うことで，進路実現を図っていきます。

中高一貫6年制学校には，都立中学校と都立高校を接続して6年間の一貫教育を行う「併設型中高一貫教育校」と，6年間の一貫教育をひとつの学校で行う「中等教育学校」とがあります。併設型中高一貫教育校には，上記の白鷗高校に加え，18年度に附属中学校が開校した**両国高校**，20年度に附属中学校が開校した**武蔵高校**があります。22年度には，**富士高校**，**大泉高校**が新たに併設型中高一貫教育校となりました。他方，都立の中等教育学校として，18年度に**桜修館中等教育学校**と**小石川中等教育学校**が，20年度に**立川国際中等教育学校**（令和4年度に小中高一貫教育校に改編）が，22年度には，**南多摩中等教育学校**，**三鷹中等教育学校**が開校しました。

併設型中高一貫教育校では，令和2年度までは高校段階での生徒募集を行っていましたが，6年間一貫した教育をより一層推進するため，3年度から富士高校と武蔵高校，4年度から両国高校と大泉高校，そして5年度から白鷗高校が高校段階での生徒募集を停止し，中学校段階からの高い入学ニーズを踏まえ，中学校段階での生徒募集の規模を拡大しました。

(10) 産業高校

商業高校と工業高校を統合した高校です。生産・流通・消費の基礎と相互の関係を学んだ上で，生徒一人ひとりが自分の進路希望に沿って専門教科を学びます。これらを通して，幅広い視野と確かな職業観を備えた人間や，将来商工業の知識をもとに，自ら起業を目指そうとする，志の高い人間を育成していくことを目標としています。学校づくりの段階から，地元産業界と提携し，インターンシップの導入や社会人講師の活用などを進めています。

平成19年度に，最初の産業高校として，墨田地区に**橘高校**が，八王子地区に**八王子桑志高校**が開校しました。地域産業の特性や地域バランスが考慮され，区部と市部に1校ずつ設置されています。

(11) 新たなタイプの昼夜間定時制高校

　Ⅰ部(午前4時限)・Ⅱ部(午後4時限)・Ⅲ部(夜間4時限)の「昼夜間三部制」を導入した，単位制・普通科の新しいタイプの定時制高校です。生徒はⅠ部・Ⅱ部・Ⅲ部の中から，自分の生活スタイルに合った部を選んで学習できるので，スポーツなどに打ち込みながら学びたい人にはピッタリです。1日4時限による4年間での卒業が基本ですが，自分の所属部以外の部の科目を履修することができるので(たとえば，Ⅰ部の人がⅡ部の科目を履修するなど)，全日制と同様に3年間で卒業することも可能です。

　少人数制授業や習熟度別授業などを充実させ，徹底して基礎・基本の定着を図っていくので，様々な要因で学習が遅れてしまい，学び直したいという人にも向いています。また，大学進学はもちろん，資格取得まで，生徒一人ひとりの進路希望に応じた学習が可能です。

　平成3年度にこの新タイプの先駆けとなる学校として**新宿山吹高校**が開校。同校における様々な実践と成果を踏まえ，17年度に**一橋高校**，**砂川高校**，18年度に**浅草高校**が開校しました。19年度には，**荻窪高校**と，**八王子拓真高校**が開校。荻窪高校は，アニメーションや演劇をテーマとした科目など，多様な興味・関心，進路に対応した多彩な自由選択科目の設定に特色があります。また，八王子拓真高校は，ホームルーム指導を重視し学年制の良さを残した新しいタイプの単位制高校です。また，不登校経験を持つ生徒のために入試ではチャレンジ枠を設け，Ⅰ部とⅡ部にチャレンジクラスを各1クラス設置している点も特徴の一つです。

(12) 産業技術高等専門学校

　産業技術高等専門学校は，平成18年度に工業高等専門学校と航空工業高等専門学校を統合・再編して，創造性豊かな「高度実践的技術者」の育成を図ることを目的に開校しました。5年課程の本科（ものづくり工学科）10コース（機械システム工学，生産システム工学，AIスマート工学，電気電子工学，電子情報工学，情報システム工学，情報通信工学，ロボット工学，航空宇宙工学，医療福祉工学），および2年課程の専攻科（創造工学専攻）4コース（機械工学，電気電子工学，情報工学，航空宇宙工学）が設けられています。

　さらに，28年度には情報セキュリティ技術者育成プログラム，航空技術者育成プログラムをスタート，令和3年度には医工連携教育・研究プロジェクトが開始され，全国でも初めての9年間一貫ものづくり教育を行い，首都東京の産業振興や課題解決に貢献することを目指しています。

2　進学指導重点校，エンカレッジスクールなどの指定

　ここ数年生徒のニーズが多様化する中，既存の都立高校においても，特色ある学校づくりを推進すべく，さまざまな改革が行われています。そして，東京都も「進学指導重点校」「エンカレッジスクール」などの指定を行い，それらの改革を積極的に支援していく方針のようです。

　こうした指定を受けることによって，学校が計画している改革に見合った予算を出してくれたり，改革に必要な教員の人事配置を配慮してくれたり，といった支援策が講じられるので，学校改革がよりいっそう促進されることが期待できます。都からの指定が，今後の学校改革のカギを握ることになりそうです。

（1）進学指導重点校・進学指導特別推進校・進学指導推進校

　進学指導重点校の指定は，大学進学実績の面で私立の中高一貫校に大きく水をあけられた都立高校の現状打開策として打ち出されました。過去の進学実績や進学指導への熱意，組織的な取り組みを総合的に評価し，平成13年9月に日比谷・戸山・西・八王子東の4校，さらに15年11月には青山・立川・国立の3校が指定されました。

　その後，19年6月に**進学指導特別推進校**として**小山台**など5校が指定を受け（25年度に**国際**を追加），22年5月には**三田**など13校が**進学指導推進校**の指定を受けました。

　29年8月，これらの高校の指定期間終了に伴い，新たな指定が行われました（30年度から5年間）。**進学指導重点校**には，選定基準（東京大・一橋大・東京工業大・京都大・国公立大学医学部医学科に現役合格15名以上など）への過去3年間の適応状況を踏まえて，従来の**日比谷**，**西**，**国立**，**八王子東**，**戸山**，**青山**，**立川**の7校が継続して指定されました。

　進学指導特別推進校には，進学指導重点校に次ぐ大学合格実績をあげる高校の中から，各高校の取組状況などを総合的に判断して，従来の**小山台**，**駒場**，**新宿**，**町田**，**国分寺**，**国際**の6校に加えて，これまで進学指導推進校だった**小松川**が指定を受けました。

　また，**進学指導推進校**には，進学指導特別推進校に次ぐ大学合格実績をあげる高校の中から，地域ニーズ・地域バランスや高校の取組状況などを総合的に判断して，小松川を除いた従来の**三田**，**豊多摩**，**竹早**，**北園**，**墨田川**，**城東**，**武蔵野北**，**小金井北**，**江北**，**江戸川**，**日野台**，**調布北**の12校のほか，**多摩科学技術**が新たに加わりました。さらに，令和4年9月，指定期間終了に伴い，新たな指定が行われました（5年度から5年間）。進学指導重点校は7校が継続，進学指導特別推進校は7校が継続，進学指導推進校は13校が継続に加えて，**上野**と**昭和**が新たに指定を受けました。

現在の進学指導重点校等の指定（指定期間：令和5年度から5年間）

進学指導重点校（7校）
日比谷，西，国立，八王子東，戸山，青山，立川
進学指導特別推進校（7校）
小山台，駒場，新宿，町田，国分寺，国際，小松川
進学指導推進校（15校）
三田，豊多摩，竹早，北園，墨田川，城東，武蔵野北，小金井北，江北，江戸川，日野台，調布北，多摩科学技術，上野，昭和

　指定された高校は，進学指導の内容や方法についての研究・開発を実践し，大学進学実績の向上を目指していきます。具体的な支援内容は以下の通りです。

・進学重視のカリキュラム編成

・指導力のある教員の確保（公募制）

・進学対策を目的とした教科研修

・取組状況と成果のPR

・進学指導を充実させるために必要なその他の措置

　また，進学指導重点校における指導方法の改善などの成果は，随時他校にも提供することで，都立高校全体の進学指導のレベルアップを図っていく方針です。

(2) エンカレッジスクール

「エンカレッジスクール」は，学ぶ意味を見出せないなど，様々な理由で自分の力を発揮しきれずにいる生徒に，社会生活を送る上で必要な基礎的・基本的学力を身につけさせることを目的に考えられたシステムで，平成15年度に足立東と秋留台の2校が指定を受けました。具体的な取り組み例は，次の通りです。

・英語・数学・国語などの主要教科を中心に，集中して学べるよう，30分授業を導入。
・習熟度別や少人数制の授業を多く実施。
・中間・期末考査を実施せず，授業への取り組みを通じて評価を行う。
・1クラス2人担任制を導入し，選択教科や体験学習の選択から学校生活，進路の相談などに至るまで，きめ細やかな指導を行っていく。

これらの実践を通して，一人ひとりの生徒の高校生活への適応を積極的に図り，中途退学の防止に努めると同時に，自分の進路を明確にできる3年生の割合を高めることを目標にしています。18年度からは，練馬工業高校が工業高校初のエンカレッジスクールに指定されました。

19年度より蒲田高校が，22年度に東村山高校が，さらに30年度には中野工業高校が指定され，エンカレッジスクールとして新たなスタートを切ることになりました。

エンカレッジスクールはこれで6校となり，区部東部（足立東），多摩地域（秋留台・東村山），区部北部（練馬工業），区部南部（蒲田），区部西部（中野工業）と地域的なバランスが考慮された配置となっています。

(3) 国際バカロレアコース

平成27年度，国際高校に「国際バカロレアコース」が開設され，その年の5月には国際バカロレア機構からの認定を受けました。

「国際バカロレア」とは，国際バカロレア機構の認定校で学び，統一試験に合格すれば，国際的に認められる大学進学資格（フルディプロマ）の取得が可能となる仕組みです。

このコースでは，授業を原則，英語で実施。また，双方向での議論や討論を行い，様々な方向から物事をとらえ分析する探求型の授業が展開されます。

3 授業・カリキュラム改革

完全週5日制が導入されて以降，長らく生徒の学力低下の懸念される状況が続いています。それに対して，各都立高校ではどんな対応策を講じているのか，代表的なものをいくつか紹介していきましょう。

(1) 時間割体系の変更

週5日間の中で授業時間数を確保するために，時間割の体系を変更するパターンです。次の2つのタイプが主な例として挙げられます。

A　1時限の授業時間を50分→45分に短縮。その代わり，毎日授業を7時限まで実施。
B　1時限の授業時間は50分のままで，週に何日か7時限授業を実施。

Aは日比谷高校や上野高校などが取り入れています。日比谷を例にとると，2時限目と3時限目の間の休み時間を5分にすることで，2時限連続の90分集中授業を実施できるようにし，より密度の高い授業を行う工夫がなされています。

Bのタイプは西高校などが取り入れていて，基本的には従来通りの50分6時限授業が中心です。ただ，7時限授業を実施する日数は学校によりまちまちです。

(2) 二学期制の導入

　二学期制とは，4月1日から9月30日までを前期，10月1日から3月31日を後期とするシステムです。二学期制導入のメリットは，年5回の定期試験を年4回に，年3回の学期末行事を年2回に削減できるので，授業時間を多めに確保できることです。

二学期制を導入している主な高校
浅草，大島海洋国際，桐ヶ丘，国立，忍岡，新宿山吹，世田谷泉，総合芸術，晴海総合，日比谷，六本木，産業技術高専

(3) 習熟度別授業の導入

　学力低下を食い止める目的で，習熟度別授業や少人数制授業を導入し，きめ細かい指導を行う高校もかなり増えてきています。特に，高1・2の英語や数学にこれらを導入することで，基礎学力の充実を図ろうと考えている高校が多いようです。今や何らかの形で，ほとんどの都立高校が習熟度別授業を実施していると言っても過言ではありません。

(4) カリキュラム変更

　学力向上を図るべく，カリキュラムに変更を加える高校も見られます。何と言っても目に付くのは，英語・数学・国語など主要科目の単位数を多くしている高校が目立つことです。基礎学力を充実させることが第一の目的ですが，国立高校のように，高2での文系・理系のクラス分けを行わず，高2までほとんどの科目を共通の必修履修にして，基礎学力の徹底を図る高校もあります。これらの高校では，高3での選択科目を多くすることで，生徒一人ひとりの多様な進路に対応できるカリキュラムになっています。

(5) 土曜日の有効活用

　土曜日をどのように活用するかというのも大きな関心事になっています。

　多くの高校で行われているのが自習室の開放。それだけにとどまらず，国立高校や駒場高校，調布北高校などで実施されている「サポートティーチャー」のように，現役大学生や大学院生が勉強でわからないところを教えたり，高校生活の過ごし方などの相談を受けたりする高校も見られるようになってきました。

　また，進学指導重点校や進学重視型単位制高校を中心に，土曜日に補習・講習などを実施する高校が増えてきています。形態は高校によって異なりますが，その高校の教員が自ら教える場合と，塾講師など外部講師を招いて実施する場合に大きく分けることができます。その両方を使い分けている高校もあるようです。

　そんな中で注目されるのが，大手予備校のサテライト（衛星放送）講座やライブ授業，インターネットによる通信講座を土曜日（その他，放課後など）の講習に利用している高校です。このように，完全週5日制の導入を機に，これまでには考えられなかった都立高校と予備校の提携も進行中です。

(6) 放課後・長期休業中の補習・補講

　放課後や，夏・冬・春休みなどの長期休業時の補習・補講に力を入れている学校もあります。これまでも多くの高校で実施されてきてはいましたが，授業時間数確保のために，さらに充実を図ろうとする高校も少なくありません。土曜日も含めて，それぞれの時間を有効活用して，生徒の学力アップを試みる高校は，今後さらに増えていくと思われます。

土曜日に授業・補習・補講などを実施している主な高校

高校名	実 施 例
青井	土曜補習講座「まなぶ」（月2回程度）
青山	土曜日授業（年間20回），講習デー（模擬試験など・年間4回）
足立	大学生による補習講座（年間22回），予備校講師によるライブ授業（年間23回程度）
井草	土曜授業（年間20回・国数英社）
板橋	土曜講習（年間17回・国数英）
板橋有徳	土曜特訓（年間20回程度・国数英の演習中心）
上野	土曜講習（月2回程度・平日の授業よりも発展的な内容）
江戸川	土曜授業（年間18回）
青梅総合	土曜授業（年間17回）
大泉	土曜日授業（年間27回・4時間）
大崎	特進講座（年間18回・1，2年生対象・特進クラス40名＋希望者40名）
小川	土曜講習
葛飾総合	土曜講習（年間15回・1年は基礎・2，3年は進路に合わせて選択）
清瀬	土曜授業（年間18回・4時間），土曜講習（1，2年生英数国・3年生受験対策）
国立	土曜日授業（年間20回・4時間）
久留米西	土曜講習（進学対策）
小岩	土曜授業（隔週・年間18回・午前中4時間）
江北	土曜授業（年間18回），土曜講座（授業のない土曜日に問題演習等を実施）
小金井北	土曜授業（年間20回）
国分寺	土曜授業（年間20回程度）
小平	土曜講習（年間18回）
小平西	予備校講師による土曜講習（毎週・1年英語）
小平南	土曜授業（月2回程度）
狛江	土曜授業（年間17回）
小松川	土曜授業（年間20回・午前中4時間）
駒場	土曜授業（年間20回）
小山台	土曜日授業（年間20回）
鷺宮	土曜授業（年間18回）
石神井	土曜授業（年間18回）
上水	小論文講座，面接講座，補習
城東	土曜授業（年間20回程度）
翔陽	土曜日授業（隔週・年間18回）
昭和	土曜授業（年間17回）
新宿	土曜日授業（年間18回）
杉並	土曜授業（月2回程度・年間18回）

高校名	実　施　例
墨田川	土曜授業（年間20回）
第五商業	各種検定試験対策
竹台	大学生による学習支援（月3回程度）
竹早	土曜授業（年間20回）
多摩科学技術	土曜授業（年間18回），土曜講習
調布北	土曜授業（年間18回），土曜講習
田園調布	土曜授業（年間18回），土曜講習
戸山	土曜授業（年間20回）
豊多摩	土曜教室（年間17回程度），土曜講座（国数英地理など）
西	土曜特別講座（24講座・ほぼ毎週実施）
練馬	土曜講習
白鷗	土曜授業（隔週）
八王子東	土曜授業（年間20回）
八丈	八高熱中塾（基礎学習から受験指導までの個別指導塾・産官学民連携による活動）
羽村	土曜講習（年間12回。希望者対象）
東村山西	チャレンジ検定応援講座
東久留米総合	土曜授業（年間17回）
東大和南	土曜授業（年間18回），補習など（午後）
日野台	土曜授業（年間20回）
日比谷	土曜講習（第1・3・5土曜）
広尾	土曜授業（年間18回），講習など
深川	土曜授業（年間18回・午前4時間），土曜講習（午後）
富士	土曜授業（年間18回）
富士森	土曜授業（年間18回）
文京	土曜授業（隔週・年間20回程度）
保谷	土曜授業（年間18回）
本所	土曜授業（隔週・年間18回）
町田	土曜講習（1年14回・2年20回・3年毎週）
三田	土曜授業（年間20回）
向丘	土曜授業（年間18回）
武蔵	土曜授業（隔週・年間20回）
武蔵丘	土曜授業（年間18回）
武蔵野北	土曜授業（年間20回）
武蔵村山	村高土曜講座（公務員受験対策等）
目黒	土曜授業（年間18回）
紅葉川	土曜授業（年間18回）
雪谷	土曜授業（年間18回）

4 今後の改革計画（設置・改編など）

　都立高校の教育内容の充実や教育環境の整備を図るため，「都立高校改革推進計画・新実施計画」が実施されてきました。その計画に基づいて，平成30年度に葛西工業高校と多摩工業高校にデュアルシステム科が設置され，また，中野工業高校がエンカレッジスクールに指定されました。そして31年３月には第二次計画が策定，発表されました。第二次計画に基づいて，令和３年度に都立高校で初めて家庭学科，福祉学科の二つの学科を兼ね備えた赤羽北桜高校が開校しました。令和４年度には，立川高等学校において理数に関する新たな学科「創造理数科」を新設，足立地区チャレンジスクールとして小台橋高校を開校しました。また，立川国際中等教育学校附属小学校が開校し，日本の公立校としては初の小中高一貫教育校が誕生しました。なお，創造理数科については，立川高等学校につづき，令和６年度，科学技術高等学校で科学技術科の一部を改編し新設されましたた。

　令和６年度以降も次のような内容が計画されています。（時期について特に記載のないものは未定。）

◎学校の設置
＜専門高校＞
　新国際高校（仮称）　対象校：（東京都職員白金住宅地）　開校予定：未定
＜チャレンジスクール＞
　立川地区チャレンジスクール　対象校：（多摩教育センター敷地）　開校予定：令和７年度

都立高校の合否はこうして決まる！

1　推薦入試はこうして行われる

　推薦入試は，島嶼の高校以外のすべての全日制高校，定時制の新宿山吹（情報科２・４部），産業技術高等専門学校で実施されています（島嶼の高校では，八丈と大島海洋国際で実施）。推薦入試の種類は，一般推薦と文化・スポーツ等特別推薦，令和４年度から新たに設けられました理数等特別推薦があります。一般推薦での合否は，調査書，集団討論および個人面接，小論文や作文，実技検査，その他学校が設定する検査を，総合して行われます。なお，特別推薦の選抜方法は各高校ごとに異なりますが，面接のほか小論文・作文・実技検査等を組み合わせた選抜資料を用いて，総合的に判定することになっています。

　平成25年度入試から，総合成績に占める調査書点の割合は50％が上限となりました。

2　推薦入試の面接・小論文などの中身は？

(1) 面接・集団討論

　平成25年度から，それまでの面接に加えて集団討論が原則としてすべての高校の推薦入試で行われるようになりました。（新型コロナウイルス感染症への対応として令和３年度から集団討論の実施は行なわれていませんでしたが，令和６年度入学者選抜では換気等の基本的な感染症対策を継続した上で，必要と判断した学校で実施しました。）

　面接は，合否の重要な判定材料であることに変わりはありません。面接形態は個人面接で行われますが，特別推薦では高校により複数の受検者がいっしょに受けるグループ面接の場合もあります。また，高校によっては「英語による問答」や「パーソナル・プレゼンテーション」のように自己表現や自己ＰＲなどを行うところも。調査書に比べると，面接の満点は比重が軽い高校が多いようです。

　面接で確認されるのは次のような内容です。

・出願の動機・理由，興味・関心，高校生活への意欲，適性，規範意識・生活態度，自己ＰＲカードの記載内容，中学校におけるさまざまな活動の状況，将来の進路希望。
・質問の内容を的確に把握し適切に応答する能力や表現力。
・高校生活においてこれまでの経験を生かす力があるか。

　　　など

　「志望動機」「高校入学後の抱負」「中学時代の思い出」などはよく質問されるテーマですが，いずれにしても面接を通して，高校の面接官は「自校の特色に合った生徒かどうか」を見ようとしています。「なぜこの高校を志望したのか」という目的意識や意欲をアピールし，「ここに入りたい」という熱意をしっかりと伝えることが必要です。

　集団討論は，司会役の面接官が議論を進めていく形や，受検生たちにより議論が進められていく形などで行われ，その形態は各学校が決定します。

集団討論で確認されるのは，次のような内容です。

・提示されたテーマに対して自分の考えが明確に述べられるか。

・複数名の受検生同士が協力して一つのテーマに関して議論を進め，結論が導けるか。

など

これらを通じて，コミュニケーション能力，協調性，思考力・判断力・表現力などが評価されます。

集団討論では，まず，上手に話そうと意識しすぎず，落ち着いて話すことを心がけましょう。内容的には，他の人の発言をよく聞き尊重しながらも，自分の考えがはっきりと的確に示されることが大事です。普段の学校生活，話し合い活動・学習の場で，テーマ（話題）に沿った発言となっているか，意見・考え・主張が簡潔に述べられているか，といったことを意識してみるのもよいでしょう。

(2) 小論文・作文・実技検査

やはり平成25年度から，小論文，作文，実技検査，その他学校が設定する検査のいずれかから一つ以上を，すべての学校で実施することとなりました。これは各校の特色を踏まえた選抜方法を行う意図により改善が図られたものです。

小論文・作文は24年度では60校ほどの実施でしたが，25年度の入試からは，特に全日制普通科のほとんどの学校で実施される検査となりました。小論文・作文を実施しない学校では，その多くで実技検査が実施されました。

面接と同様に調査書に比べて配点の比重が軽い高校が多いですが，小論文の場合は少し重めに比重を置いている高校もありますので，推薦入試の検査内容に小論文が入っている場合には確認しておきましょう。

また，実技検査は工業系や芸術系，体育系の科・コースなどで実施されるケースが多いですが，配点の比重はかなり重い場合があり，合否のカギを握っていると言えます。

3 推薦入試の自己PRカード

(1) 自己PRカードとは

自己PRカードは，推薦入試に出願する際，調査書といっしょに提出します。

かつて自己PRカードは点数化されていましたが，現在では点数化されません。しかしながら，選抜資料として，総合成績が同一の場合に順位を決定する資料として利用される場合があります。さらに，面接を行う高校では面接の資料として活用されるので，大切に考える必要があります。

記入する内容は「志望理由について」「中学校生活の中で得たことについて」「高等学校卒業後の進路について」の3項目です。

(2) 自己PRカードの書き方

まず，自分の志望する学校の下調べが必要です。学校案内や説明会・文化祭などで感じた学校の印象を箇条書きにしてまとめてみましょう。その学校独自の特徴がつかめるほど，自分がどうしてその学校に入りたいのかという志望理由が強くアピールできることになります。

文章は，無理に難しい表現を使わずに，自分の言葉で表現することを心がけます。内容は，自分なりの独自性をアピールするためにも，具体的なエピソードを効果的に入れて，印象に残るようにしましょう。

書き終えた後は，必ず誰かに読んでもらい，おかしなところは修正します。最後に，自分用にコピーを一部とっておきましょう。

（記入例・普通科志望の場合）

受検番号	※		コース・科（分野）・部	受検番号	※		コース・科（分野）・部
文化・スポーツ等 特別推薦	※			一般推薦	※		
理数等 特別推薦	※			一般選抜	※		

自己ＰＲカード

_____ 年 ____ 月 ____ 日

東京都立_____高等学校長　殿

_____立_____中　学　校

氏　名 _____

1　志望理由について
　（この学校を志望した理由と入学してから自分が取り組みたいと思うことなどについて『本校の期待する生徒の姿』を参考にして記入しましょう。）

> 　　私は貴校の学校説明会に出席して、英語力を高めるカリキュラムが充実していることに魅力を感じました。また、自由な校風も自分に合っていると思い、貴校を志望しました。
> 　　貴校に入学できましたら、将来の進路希望の実現に向けて英語の学習に力を注ぎ、特に英会話の力を高めたいと思います。

2　中学校生活の中で得たことについて
　（中学校生活の中で自分が特に伝えたいことを学校内外で体験したことから選び、そこから自分が得たことについて具体的に記入しましょう。）

> 　　私は学級委員を3年間務め、クラスのまとめ役としてがんばりました。また、部活動では、バスケットボール部のレギュラーとして、都大会に出場しました。私はこれらの経験から、目標に到達するためには、自分の役割を責任を持って果たしていくこと、そして常に問題点を考え解決する努力を重ねていくことが重要であるということを学びました。

3　高等学校卒業後の進路について
　（将来の夢や目標、将来なりたい職業など、高等学校卒業後の進路について自分が考えていることを具体的に記入しましょう。）

> 　　高校卒業後は大学の経済学部に進学したいと考えています。社会科で学んだ為替のしくみがたいへんおもしろく感じられ、国際経済に興味を持ったからです。そして、将来は海外で活躍するビジネスパーソンになりたいと思っています。そのために今は、英会話教室に通ったり、外国映画を吹き替えなしで見たりするなど、英語の力をつける努力をしています。

（注意）　1　志願者が手書き又は電子ファイルへの入力及び印刷により作成する。手書きにより作成する場合は、黒のペン又はボールペンで記入する。ただし、摩擦に伴う温度変化等により消色するインクを用いたペン又はボールペンは、使用しないこと。
　　　　　　　なお、コピー等鮮明な表記のものは認める。
　　　　　2　推薦に基づく選抜を志望する者、学力検査に基づく選抜において面接を実施する都立高校を志願する者は、この自己ＰＲカードを出願時に提出する。また、面談の対象となる者、一般の学力検査における引揚生徒の受検についての措置又は定時制成人受検者特別措置により受検する者についても、出願時に提出する。
　　　　　3　※欄は記入しないでください。

受検番号	※		コース・科（分野）・部	受検番号	※		コース・科（分野）・部
文化・スポーツ等 特別推薦	※			一般推薦	※		
理数等 特別推薦	※			一般選抜	※		

自己ＰＲカード

_____年___月___日

東京都立_____高等学校長　殿

___立_____中学校

氏　名_____

1　志望理由について
　（この学校を志望した理由と入学してから自分が取り組みたいと思うことなどについて『本校の期待する生徒の姿』を参考にして記入しましょう。）

　　　　私は小さい頃からパソコンやインターネットに興味があり、将来はコンピュータに関連した仕事をしたいと考えています。学校見学で、貴校の施設、設備の素晴らしさに感動し、また熱心な先生方が多いということを先輩から聞き、志望しました。

2　中学校生活の中で得たことについて
　（中学校生活の中で自分が特に伝えたいことを学校内外で体験したことから選び、そこから自分が得たことについて具体的に記入しましょう。）

　　　　私は3年間、科学部に所属していました。特に力を入れたのはロボットの製作で、文化祭の展示用作品として、空気を利用したジャンケンのできるロボットを完成させ、先生方やクラスメイトたちから大好評でした。自分の力で何かを作りあげる喜びを味わえたことは本当にすばらしい経験だったと思いますし、大きな自信になりました。

3　高等学校卒業後の進路について
　（将来の夢や目標、将来なりたい職業など、高等学校卒業後の進路について自分が考えていることを具体的に記入しましょう。）

　　　　私は将来プログラマーとして、様々なシステム作りに関わりたいと考えています。以前、自宅のパソコンが突然起動しなくなってしまった時に、元の状態に戻す作業をしたことがきっかけで、プログラミングやコンピュータのシステムに興味を持つようになりました。そして、今は専門知識を学ぶための基礎学力をつける時だと考えているので、プログラミングに不可欠な数学や英語といった科目に一生懸命取り組んでいます。

（注意）　1　志願者が手書き又は電子ファイルへの入力及び印刷により作成する。手書きにより作成する場合は、黒のペン又はボールペンで記入する。ただし、摩擦に伴う温度変化等により消色するインクを用いたペン又はボールペンは、使用しないこと。
　　　　　　　なお、コピー等鮮明な表記のものは認める。
　　　　　2　推薦に基づく選抜を志望する者、学力検査に基づく選抜において面接を実施する都立高校を志願する者は、この自己ＰＲカードを出願時に提出する。また、面談の対象となる者、一般の学力検査における引揚生徒の受検についての措置又は定時制成人受検者特別措置により受検する者についても、出願時に提出する。
　　　　　3　※欄は記入しないでください。

＜自己ＰＲカード項目別の書き方＞

1　志望理由について

「本校の期待する生徒の姿」やその学校の特徴と，自分のやりたいこと・将来の夢とを上手に結びつけて，「ぜひこの学校に入りたい」という熱意が伝わるように書きましょう。

2　中学校生活の中で得たことについて

学級活動，生徒会活動，学校行事，部活動，ボランティア活動など，学校内外の様々な活動において，自分がどのように取り組み，そこから何をつかんだかをわかりやすく伝えましょう。具体的な数値や成績が示せるものは，積極的にアピールするとよいでしょう。

3　高等学校卒業後の進路について

高校卒業後の将来に向けた希望を具体的に記します。希望を抱いた理由や，夢や目標に近づくために努力している（またはしようとしている）ことなどにも触れてみましょう。

４　一般入試はこうして行われる

平成28年度より，都立高校全日制一般入試の学力検査は，**第一次・分割前期募集**で**5教科**（国語・数学・英語・社会・理科），**分割後期・第二次募集**で**3教科**（国語・数学・英語）となりました。これに，学校によって，面接・作文（小論文），実技が検査として加わります。なお，定時制課程では，第一次・分割前期募集での教科数が，3〜5教科（教科数は学校が決定），分割後期・第二次募集は3教科です。（他の検査は面接が必須，作文（小論文），実技は学校によって実施。）

※エンカレッジスクール，チャレンジスクールでの学力検査の実施については確認が必要です。

一般入試の合否判定は，主に調査書，学力検査（面接，小論文又は作文及び実技検査を実施する都立高校にあってはそれらを含む。）を換算した総合成績で行ないます。これらに加えて令和5年度入試からは東京都中学英語スピーキングテスト（ESAT-J）の結果を活用することになりました。（原則，英語の学力検査を実施する都立高校においてのみ，選考に用いる。）

なお，学力検査の得点と調査書点の合計は，１０００点を満点とし，点数化したスピーキングテスト結果を加えた合計を「総合得点」といい，１０２０点を満点とします。

　　　＜全日制＞
　　　　　第一次・分割前期募集　　7：3　　※芸術及び体育に関する学科は6：4
　　　　　分割後期・第二次募集　　6：4
　　　＜定時制＞
　　　　　第一次・分割前期募集　　7：3　　または　　6：4　　※学校が決定
　　　　　分割後期・第二次募集　　6：4　　または　　5：5　　※学校が決定

また，採点に関する改善を図ることを目的として，平成28年度の入試から「マークシート方式」が全都立高校で導入されました。（全校導入の前に，27年度入試では20校のモデル校で実際にこの方式で入試が実施されました。）

出題形式の点で見ますと記述式の問題が減りましたが，学力検査を通して見る力に変化はありません。

なお，自校で問題を作成する学校では，マークシート方式ではありませんので，注意が必要です。

東京都教育委員会のホームページでは過去の入試の解答用紙が公表されていますので，確認してみるとよいでしょう。

5 一般入試における調査書点などの扱いは？

(1) 調査書点

一般入試では，中3の成績（2学期まで）が調査書点になります。9教科の成績を5段階に評定し，学力検査を実施しない**実技4教科に重みをつけて**（平成28年度からは**2倍**），5教科の評定と合計して算出します（65点満点，小数点以下は切り捨て）。

なお，コース，単位制の各校，専門学科の一部の学校では別に定める可能性があり，注意が必要です（学力検査の代わりに面接・作文を実施する定時制も同様）。

調査書点の評定合計
※平成28年度から

＜5教科入試の場合＞

5教科（25点）	実技4教科（40点）	評定の満点
5教科を5段階で評定	実技4教科を5段階で評定し，2倍	65点

＜3教科入試の場合＞

3教科（15点）	学力検査を実施しない6教科（60点）	評定の満点
3教科を5段階で評定	学力検査を実施しない6教科を5段階で評定し，2倍	75点

(2) 自己PRカード

推薦入試と同様に，一般入試においても全受検者が出願時に自己PRカードを提出します。推薦入試と同様に，面接を実施する高校では資料として活用される他，選抜資料として総合成績が同一となった場合に順位を定めるための資料の一つとなる場合があります。また，面接を実施しない高校では，中学校生活で得たこと，高校入学に対する目的意識などを確認する資料として活用されます。

6　学力検査のない高校は，どうやって選抜するの？

　このケースの代表的な高校が，**エンカレッジスクール**と**チャレンジスクール**です。

　エンカレッジスクールは，基本的に調査書・面接・小論文または作文・実技検査の結果を点数化し，その総合成績をもとに合否を判定します（各校の実施状況は下記参照）。定時制で学力検査を実施しない高校は，調査書・面接・作文（実技検査を実施する場合はその結果も含む）の結果を点数化し，その総合成績をもとに合否を判定します。また，自己PRカードは面接の際には資料として活用されます。

　一方，定時制でもチャレンジスクール（チャレンジ枠）の場合は少々異なり，学力検査だけでなく，調査書の提出も不要。自己PRカードの代わりに提出する志願申告書（各校で配布）と面接および作文を点数化して，合否を判定します。

エンカレッジスクールの選抜方法（令和6年度）

・**東村山，足立東**……調査書，面接，作文
・**蒲田，秋留台**……調査書，面接，小論文または作文
・**中野工科，練馬工科**……調査書，面接および実技検査

学力検査を実施しない高校（令和6年度入試）		
課程	高校名	実施する検査など
全日制	エンカレッジスクール（蒲田,足立東,東村山,秋留台,中野工科*1,練馬工科*1）	面接*2・実技検査*3・小論文または作文
定時制普通科	八王子拓真(チャレンジ枠)	面接・作文
定時制総合学科	チャレンジスクール(六本木,大江戸,世田谷泉,稔ヶ丘,桐ヶ丘,小台橋)	

※第一次募集，分割募集（前期・後期）
*1 中野工科と練馬工科は小論文または作文を実施しない。
*2「自己PRスピーチ」の実施を含む（蒲田，足立東，東村山，秋留台）。
*3 実技検査を実施するのは中野工科と練馬工科。

7　合格者の決め方は？

　都立高校入学者選抜では，これまで，全日制課程の普通科高校（単位制，コースを除く。）において，男女別に定員を設けていましたが，男女別定員の緩和措置実施校の規模や緩和率の拡大を段階的に行ない，その結果を踏まえ，男女合同選抜への移行を進めてきました。そして，令和6年度入学者選抜においては，対象校の全校で，男女合同選抜を実施しました。

移行イメージ

第一段階	男女別定員のうち男女合同で決定する割合10％を全校に拡大

↓

第二段階	男女別定員のうち男女合同で決定する割合20％を全校に拡大

↓

第三段階	男女合同定員に移行（推薦に基づく選抜と同時移行）

8 第二次募集と分割募集

　第二次募集は，第一次募集で入学手続者が募集人員に達しなかった高校で実施されます。出願できるのは１校のみで，すでに別の都立高校の推薦または第一次募集・分割前期募集で合格している人が，その高校を辞退して出願することはできません。

　一方，分割募集は一般入試の募集人員を，あらかじめ分割前期（第一次募集期間）と分割後期（第二次募集期間）の２回に分割して募集を行う方法です。

　第二次募集と分割後期募集の選抜方法は以下の通りです。

☆選抜方法

・学力検査…原則として，国語・数学・英語の３教科。各50分・100点満点

・調査書…第一次募集と同様のものを使用

・学力検査点と調査書点の比率…全日制は６：４。定時制は６：４，５：５のいずれかから，高校ごとに選択

・傾斜配点，面接，小論文・作文，実技検査を実施する高校もある

※エンカレッジスクールでは学力検査は実施されず，面接・小論文または作文（中野工科と練馬工科を除く）・実技検査（東村山）が実施されます。

分割募集実施校（令和６年度入試：全日制）

普　通　科
日本橋，八潮，田園調布，深沢，竹台，大山，田柄，青井，足立新田，淵江，南葛飾，府中東，山崎，羽村
エンカレッジスクール
蒲田，足立東，東村山，秋留台，中野工科（食品サイエンス），練馬工科（キャリア技術）
専門学科
野津田（体育）

令和6年度入試を振り返る

1 推薦入試（1／26・27→合格発表2／2）

(1) 平均倍率はほぼ横ばい傾向

　令和5年度推薦入試の全日制の平均応募倍率は2.48倍（昨年度は平均2.47倍）。25年度に上昇した平均倍率は，近年，その数値は下落傾向です。

　推薦入試は2倍以上の倍率（全日制の合計）の狭き門であるため，一般入試で本来の実力が出せない，といったことにならないよう，推薦入試には「だめでもともと」ぐらいの気持ちで臨んだ方がよいでしょう。

(2) 人気が高いジャンルも多い特別推薦

　また，一芸入試ともいえる「文化・スポーツ等特別推薦」は多くの学校で実施され，東久留米総合高校，東大和高校，紅葉川高校，南葛飾高校，狛江高校の「サッカー」，紅葉川高校，城東高校，小平南高校，杉並高校の「硬式野球」，本所高校，広尾高校，小平西高校，東大和南高校の「バスケットボール」，晴海総合高校，葛飾総合高校，片倉高校の「吹奏楽」などが，人気を集めました。その一方で，応募者がゼロだった種目のある高校もあり，種目や募集する高校によって，応募状況にかなりの差が見られます。

　高校側にとって特別推薦は，「推薦枠を広げられる」「力を入れていきたいものを明確に打ち出せる」などのメリットがあり，都教委としては，今後も状況を見ながら，実施校・種目を広げていく方針のようです。

2 一般入試〈第1次・分割前期〉（2／21→合格発表3／1）

　令和6年度一般入試（全日制第一次募集・分割前期募集）の平均倍率（受検倍率）は，1.29倍。受験生の都立志向が一気に強まった平成15年度以降，倍率は1.3倍を超え，21年度以降は，1.4倍を超える状況が続きましたが，30年から倍率が下降しました。特に総合学科，専門学科では大きく倍率が下がりました。これは私立高校授業料の軽減助成による影響と見られますが，次年度以降もこうした状況が続くのではと推測されます。

　全体的には都心部ないしはターミナル駅近郊の高校，進学指導重点校に人気が集まる傾向が見受けられます。

⑤ どうなる!? 令和7年度入試

1 推薦入試は高校ごとに対策が必要!

　推薦対策を立てる上で，まず確認しておきたいのが，各校ごとに公表される推薦入試の選抜方法。「評定を活用する学校」だけではなく，「観点別学習状況の評価を活用する高校」「面接でパーソナルプレゼンテーションを取り入れる高校」「文化・スポーツ等特別推薦を行う高校」など，高校によって違いがあります。つまり，高校ごとに推薦対策は違ってくるわけです。

　志望校に推薦で入学することを希望しているなら，まず志望校の選抜方法を確認し，選抜する上で何を重視しているのかを知ること。これこそが推薦対策の第一歩になります。

　また，特技がある人は特別推薦を活用してみましょう。同一校の一般推薦と同時に出願でき，仮に特別推薦で不合格でも，一般推薦で合格する可能性があるからです。（ただし，この場合は一般推薦の検査も受検しなければなりません。）

　なお，平成25年度の推薦入試の選抜方法から，次のような実施方針が示されました。改善された主な内容を下に記します。

- ・総合成績に占める調査書点の割合の上限を50％に。
- ・小論文，作文，実技検査，その他学校が設定する検査の中から，いずれか一つ以上を全ての学校で実施。
- ・個人面接に加え，集団討論を，原則として全ての学校で実施。（エンカレッジスクールや専門学科の高校では，学校により実施しない場合もある。）
- ・対象人員枠の上限を，普通科は20％に，専門学科や新しいタイプの高校（総合学科，普通科単位制，併設型高校，コース制，エンカレッジスクール）は30％に。

　例年，9月には選抜実施要綱・細目が，10～11月には募集案内が発表されます。これらの資料は東京都教育委員会のホームページでも公開されています。令和7年度入試の詳しい内容はそこでしっかりチェックするようにしましょう。

2 入試状況を視野に入れた受験校選びを!

　学区撤廃（平成15年度入試）以後，進学指導重点校やエンカレッジスクール，単位制高校などに代表されるように，高校の特色がはっきりしている高校に人気が集中する傾向が続いています。今後も都立高校の新設・改編が進めば，それに伴い，募集人員や選抜方法を変更する高校も出てくることでしょう。インターネットなどを活用し，志望校の入試情報は最新のものを手に入れていく努力をしていきたいものです。

　また，大きな動きとして，東京都中学校英語スピーキングテスト（ＥＳＡＴ－Ｊ）の結果を活用するようになりました。

東京都中学校英語スピーキングテスト（ＥＳＡＴ－Ｊ）について

　東京都立高等学校入学者選抜では，東京都中学校英語スピーキングテスト（ＥＳＡＴ－Ｊ）の結果を令和5年度入学者選抜（令和4年度実施）から活用しました。

1　実施方法について

　中学校英語スピーキングテストのために用意されたタブレットとヘッドセット（マイク付きヘッドフォン）を使います。

タブレット（タブレットのサイズ　幅197.97×奥行119.82×高さ8.95mm　重さ約320g）

・バックアップのための音声が録音されます。

・録音の状況を、「見て」確認できます。

・画面上で文字の大きさを選択できます。

・指示文にはルビが付いています。

・問題のイラストを白黒で見やすいように表示します。

ヘッドセット（装着時にマイクは左側にきます。）

・耳をしっかり覆い、集中できるように設計されています。

2　問題の構成と評価の観点について

Part	出題形式	出題数	評価の観点 コミュニケーション達成度	言語使用	音声
A	英文を読み上げる	2			○
B	質問を聞いて応答する／意図を伝える	5	○		
C	ストーリーを英語で話す	1	○	○	○
D	自分の意見を述べる	1	○	○	○

3　令和６年度の実施ついて（予定）

　実施日　令和６年１１月２４日（日）　予備日：令和６年１２月１５日（日）

各高校の難易度と併願校選択例一覧

・主に全日制の普通科設置校（普通科に類する学科を含む学校については一部掲載）について，平成14年度入試まで用いられていた学区で整理し掲載しています。
・併願校には共学校，男子校，女子校が含まれています。
・併願校名は選択例であり，必ずしもその学校を受験した場合に合格の可能性が高いことを示すものではありません（選択例には私立を第一志望にした場合の学校も含んでいます）。また，併願校の難易度は，推薦，一般などの受験種別や男女により異なる場合があります。

<難易度の目安>
　ＡＡ～Ｅ－２の15段階でだいたいのランクを示しています。なお，目安となる偏差値については462ページをご参照ください。

校　　名	難易度	併　願　校　選　択　例
旧第1学区（大田区・品川区・千代田区・港区）		
大田桜台	Ｅ－１	蒲田女子，京華商業，自由ヶ丘学園，東京実業，日本体育大荏原
大森	Ｅ－１	蒲田女子，自由ヶ丘学園，中央学院中央，宝仙学園女子，横浜学園
蒲田	－	大森学園，自由ヶ丘学園，品川エトワール女子，東京実業，白鵬女子
つばさ総合	Ｃ－３	大森学園，錦城学園，駒場学園，正則，立正大付属立正
田園調布	Ｃ－２	郁文館，大森学園，駒場学園，朋優学園，立正大付属立正
美原	Ｄ－２	大森学園，蒲田女子，神田女学園，日本工業大駒場，日本体育大荏原
雪谷	Ｃ－１	大森学園，駒澤大，東京，日本大櫻丘，文教大付属
大崎	Ｄ－２	大森学園，正則学園，東京家政学院，文教大付属，目黒学院
小山台	Ａ－２	國學院，順天，青稜，東洋，朋優学園
八潮	Ｄ－３	品川翔英，京華，自由ヶ丘学園，昭和鉄道，東京実業
日比谷	ＡＡ	開成，慶應義塾女子，国際基督教大，豊島岡女子学園，早稲田実業
三田	Ｂ－１	國學院，東洋，法政大，朋優学園，明治学院
旧第2学区（渋谷区・新宿区・世田谷区・目黒区）		
青山	ＡＡ	青山学院，國學院，中央大，東洋，日本大鶴ケ丘
広尾	Ｃ－１	郁文館，國學院，駒場学園，東洋女子，目黒学院
新宿	Ａ－２	青山学院，錦城，中央大，東洋，法政大
戸山	ＡＡ	城北，順天，慶應義塾女子，東京学芸大附属，明治大付属明治
桜町	Ｄ－１	駒澤大，駒場学園，二松學舍大附属，日本工業大駒場，立正大付属立正
世田谷総合	Ｄ－１	駒場学園，品川エトワール女子，大東学園，立川女子
千歳丘	Ｄ－３	自由ヶ丘学園，大東学園，立川女子，日本体育大荏原，八王子実践
深沢	Ｅ－１	大東学園，東京実業，目黒学院
松原	Ｄ－１	関東国際，佼成学園女子，大成，東京立正，保善
芦花	Ｃ－３	国士舘，駒場学園，日本大櫻丘，八王子実践，目白研心
国際	Ａ－２	國學院，駒場学園，順天，青稜，錦城
駒場	Ａ－２	普通：國學院，東京成徳大，桐朋，日本大鶴ケ丘，早稲田実業
目黒	Ｂ－３	青稜，多摩大目黒，日本大櫻丘，文教大付属，目黒学院
旧第3学区（杉並区・中野区・練馬区）		
杉並	Ｃ－２	京華女子，杉並学院，大成，豊島学院，保善
杉並総合	Ｃ－３	駒場学園，東亜学園，大成，東京立正
豊多摩	Ｂ－２	錦城，実践学園，専修大附属，日本大櫻丘，明治学院
西	ＡＡ	東京学芸大附属，筑波大附属，桐朋，法政大，中央大杉並

校　　名	難易度	併　願　校　選　択　例
鷺宮	C−3	大成，東亜学園，日本学園，文化学園大杉並，武蔵野
武蔵丘	C−2	実践学園，東亜学園，豊島学院，文京学院大女子，目白研心，東洋女子
井草	B−3	実践学園，淑徳巣鴨，杉並学院，保善，明星学園
大泉	B−1	駒込，淑徳，拓殖大第一，豊南，目白研心
大泉桜	D−3	品川翔英，トキワ松学園，豊島学院，日本学園，日本体育大荏原
石神井	C−1	杉並学院，大成，東亜学園，日本大鶴ケ丘，目白研心
田柄	E−1	普通（一般）：安部学院，新渡戸文化，大東学園，豊南，堀越
練馬	D−3	品川エトワール女子，大東学園，豊島学院，堀越，武蔵野
光丘	D−3	京華商業，自由ケ丘学園，文華女子，豊南，武蔵野
旧第4学区（板橋区・北区・豊島区・文京区）		
板橋	D−3	上野学園，正則学園，豊南，宝仙学園，武蔵野，東洋女子
板橋有徳	D−2	京華女子，大東文化大第一，豊島学院，日本工業大駒場，豊南
大山	E−1	安部学院，貞静学園，宝仙学園，堀越，武蔵野
北園	B−2	錦城，國學院，淑徳，淑徳巣鴨，豊島学院
高島	C−3	錦城学園，帝京，東京成徳大，豊島学院，豊南
飛鳥	D−1	郁文館，神田女学園，共栄学園，貞静学園，豊南
王子総合	D−2	関東第一，京華商業，東京成徳大，日本工業大駒場，武蔵野，東洋女子
千早	D−2	修徳，貞静学園，豊島学院，豊南，目黒学院，東洋女子
豊島	C−2	大東文化大第一，東京成徳大，豊島学院，日本大豊山，豊南，東洋女子
文京	B−3	國學院，淑徳巣鴨，順天，成立学園，東京成徳大
竹早	A−3	國學院，駒込，淑徳，淑徳巣鴨，成城
向丘	C−3	大東文化大第一，帝京，豊島学院，文京学院大女子，豊南，東洋女子
旧第5学区（足立区・荒川区・台東区・中央区）		
青井	E−1	安部学院，岩倉，修徳，武蔵野，安田学園
足立	D−2	岩倉，関東第一，共栄学園，修徳，中央学院大中央
足立新田	D−3	岩倉，上野学園，関東第一，修徳，武蔵野
足立西	D−3	岩倉，北豊島，貞静学園，東京実業，武蔵野
足立東	—	愛国，安部学院，岩倉，武蔵野，村田女子
江北	C−3	上野学園，共栄学園，駒込，修徳，安田学園，東洋女子
淵江	D−3	安部学院，岩倉，上野学園，品川エトワール女子，潤徳女子
竹台	D−2	岩倉，品川翔英，瀧野川女子学園，中央学院大中央，武蔵野
上野	B−2	駒込，桜丘，淑徳巣鴨，東京成徳大，安田学園，東洋女子
忍岡	D−2	普通：関東第一，修徳，昭和第一，貞静学園
白鷗	B−2	郁文館，國學院，駒込，順天，東洋
晴海総合	C−1	関東第一，錦城学園，大成，二松學舍大附属，文京学院大女子
旧第6学区（江戸川区・葛飾区・江東区・墨田区）		
江戸川	C−1	関東第一，駒込，正則，東京成徳大，安田学園
葛西南	E−1	大森学園，関東第一，京華商業，大東学園，中央学院大中央
小岩	D−1	関東第一，錦城学園，国士舘，修徳，正則学園
小松川	B−1	駒込，桜丘，順天，専修大附属，東洋
篠崎	E−1	愛国，岩倉，関東第一，昭和第一学園，中央学院大中央
紅葉川	D−2	岩倉，関東第一，正則学園，中央学院大中央
葛飾総合	D−2	愛国，関東第一，錦城学園，修徳，東京学館浦安
葛飾野	D−3	愛国，共栄学園，修徳，大東学園，武蔵野
南葛飾	E−1	愛国，安部学院，岩倉，潤徳女子，武蔵野
科学技術	C−2	関東第一，國學院，芝浦工業大附属，日本工業大駒場，保善
城東	B−2	関東第一，駒込，順天，朋優学院，安田学園

校　　名	難易度	併　願　校　選　択　例
東	C - 3	関東第一，錦城学園，東京家政大附属女子，二松學舍大附属，安田学園
深川	C - 1	錦城学園，駒込，実践学園，正則，安田学園，東洋女子
墨田川	B - 3	駒込，桜丘，中央大，東京成徳大，安田学園，東洋女子
日本橋	D - 3	関東第一，共栄学園，國學院，修徳，東洋女子
本所	C - 3	郁文館，関東第一，錦城学園，成立学園，安田学園，東洋女子
両国	A - 2	江戸川女子，桜丘，順天，東洋，安田学園

旧第7学区（八王子市・日野市・町田市）

校　　名	難易度	併　願　校　選　択　例
片倉	D - 1	普通（一般）：東海大菅生，昭和第一学園，鶴川，八王子実践，明星
翔陽	C - 2	共立女子第二，工学院大附属，昭和第一学園，杉並学院，八王子実践
八王子北	D - 3	昭和第一学園，白梅学園，立川女子，八王子実践，堀越
八王子東	A - 1	錦城，拓殖大第一，帝京大，八王子学園八王子，明治大付属中野八王子
富士森	C - 3	駒沢学園女子，昭和第一学園，帝京八王子，東海大菅生，八王子実践
松が谷	C - 3	普通（一般）：関東国際，駒沢学園女子，昭和第一学園，八王子実践，和光，立川女子
日野	C - 3	共立女子第二，駒沢学園女子，昭和第一学園，八王子実践，明星
日野台	B - 2	桜美林，杉並学院，専修大附属，拓殖大第一，八王子学園八王子
南平	B - 2	杉並学院，拓殖大第一，東海大菅生，八王子学園八王子，明治大付属中野
小川	D - 1	駒場学園，鶴川，東京実業，日本工業大駒場，八王子実践
成瀬	C - 2	八王子実践，八王子学園八王子，国体女子，工学院大附属，桜美林
野津田	E - 1	普通：，大東学園，鶴川，日本体育大荏原，八王子実践，立川女子
町田	B - 1	桜美林，工学院大附属，八王子学園八王子，拓殖大第一，中央大附属
町田総合	D - 2	国本女子，英理女子学院，鶴川，八王子実践，堀越
山崎	D - 3	光明学園相模原，大東学園，鶴川，八王子実践，立川女子

旧第8学区（昭島市・あきる野市・青梅市・立川市・羽村市・東大和市・福生市・武蔵村山市・西多摩郡）

校　　名	難易度	併　願　校　選　択　例
昭和	B - 2	錦城，拓殖大第一，工学院大附属，昭和第一学園，杉並学院
拝島	E - 1	文華女子，昭和第一学園，立川女子，八王子実践，藤村女子
秋留台	—	自由ヶ丘学園，日本体育大桜華，東野，文華女子，堀越
五日市	E - 1	普通（ことばと情報）：昭和第一学園，大東学園，鶴川，日本体育大桜華，東野
青梅総合	C - 3	昭和第一学園，白梅学園，大成，立川女子，東海大菅生
多摩	E - 1	大東学園，立川女子，昭和第一学園，日本体育大桜華，堀越
立川	Ａ Ａ	錦城，東京電機大，八王子学園八王子，明治大付属明治，早稲田実業
羽村	E - 1	昭和第一，立川女子，八王子実践，堀越，和光
東大和	C - 3	工学院大附属，東亜学園，昭和第一学園，東海大菅生，八王子実践
東大和南	B - 3	昭和第一学園，杉並学院，拓殖大第一，東亜学園，八王子学園八王子
福生	D - 2	昭和第一学園，白梅学園，大成，立川女子，八王子実践
上水	C - 2	昭和第一学園，白梅学園，拓殖大第一，八王子実践，明法
武蔵村山	D - 3	立川女子，東海大菅生，日本体育大桜華，八王子実践，堀越

旧第9学区（清瀬市・小金井市・国分寺市・小平市・西東京市・東久留米市・東村山市・武蔵野市）

校　　名	難易度	併　願　校　選　択　例
清瀬	B - 3	錦城，西武台，白梅学園，拓殖大第一，明法
小金井北	B - 1	錦城，杉並学院，聖徳学園，拓殖大第一，中央大杉並
多摩科学技術	C - 1	錦城，白梅学園，杉並学院，日本工業大駒場，八王子学園八王子
国分寺	A - 3	錦城，拓殖大第一，八王子学園八王子，明治学院東村山，明治大付属明治
小平	B - 3	普通（一般）：白梅学園，杉並学院，拓殖大第一，明法，目白研心
小平西	D - 3	昭和第一学園，大成，大東学園，八王子実践，藤村女子，立川女子
小平南	C - 2	昭和第一学園，杉並学院，白梅学園，大成，明星
田無	D - 1	文華女子，東亜学園，東野，藤村女子，豊南
保谷	C - 3	豊南，文華女子，西武台，大成，東亜学園
久留米西	D - 3	昭和第一学園，立川女子，貞静学園，八王子実践，豊南

校　名	難易度	併願校選択例
東久留米総合	D－1	西武台，成立学園，大成，文化学園大杉並，文華女子
東村山	－	昭和第一学園，大東学園，東野，日本体育大桜華，文華女子
東村山西	D－3	昭和第一学園，大成，日本体育大桜華，東亜学園，東野
武蔵野北	A－3	錦城，杉並学院，拓殖大第一，中央大杉並，八王子学園八王子
旧第10学区（稲城市・国立市・狛江市・多摩市・調布市・府中市・三鷹市）		
若葉総合	D－2	関東国際，大成，大東学園，八王子実践，藤村女子
国立	ＡＡ	錦城，早稲田実業，帝京大，明治大付属明治，拓殖大第一
狛江	B－3	麻布大附属，桜美林，桜丘，杉並学院，日本大櫻丘
永山	E－1	大成，立川女子，鶴川，八王子実践，堀越
神代	B－3	駒場学園，杉並学院，日本工業大駒場，日本大櫻丘，八王子学園八王子
調布北	B－2	共立女子第二，錦城，杉並学院，拓殖大第一，日本大鶴ケ丘
調布南	C－1	昭和第一学園，杉並学院，日本大櫻丘，日本大鶴ケ丘，八王子学園八王子
府中	C－3	駒場学園，昭和第一学園，大成，東海大菅生，八王子実践
府中西	D－1	駒沢学園女子，白梅学園，杉並学院，大成，八王子実践，立川女子
府中東	D－3	昭和第一学園，大成，大東学園，東京立正，八王子実践，立川女子

東京都立学校入学考査料・入学料について

区分	課程	入学考査料	入学料
高等学校	全日制	2,200円	5,650円
	定時制	950円	2,100円
	通信制	950円	500円

※入学考査料・入学料は令和4年3月現在の金額です。なお，上記の各金額については
　改定になることがあります。

※授業料については下記にお問い合わせください。

　教育庁都立学校教育部高等学校教育課経理担当　TEL：03-5320-6744

※高等専門学校については下記にお問い合わせください。

　東京都公立大学法人

　都立産業技術高等専門学校（高専品川キャンパス）TEL：03-3471-6331（代表）

　都立産業技術高等専門学校（高専荒川キャンパス）TEL：03-3801-0145（代表）

☆その他の諸経費

① PTA会費等について

　各高等学校には，家庭と学校の連携により，教育の充実を図ることを目的としたPTA，生徒
のさまざまな活動をスムーズに進めるための生徒会が設置されています。そのため，これらの
会費が別途必要になる場合があります（金額等は学校によって異なります）。

② その他の経費について

　上記のほかに，学校によって，遠足や修学旅行，文化的行事のための積立金や学年共通の経費，
給食費（定時制）を納入する必要のある場合があります。

東京都公立高校難易度一覧

ランク		目安となる偏差値	都立高校名
AA		75～73	
			国立, 西, 日比谷
		72～70	立川(創造理数), 戸山, 八王子東
			青山, 立川
A	1	69～67	国際(国際), 小山台, 新宿
	2		国分寺, 駒場, 竹早
	3	66～64	小松川, 三田, 武蔵野北
			町田
B	1	63～61	小金井北, 調布北, 豊多摩, 日野台
			北園, 城東
	2		昭和
			上野, 狛江, 多摩科学技術(科学技術), 文京, 南平
	3	60～58	小平, 目黒
			井草, 工芸(デザイン／グラフィックアーツ), 小平(外国語), 駒場(保健体育), 産業技術高専[荒川](ものづくり工学), 産業技術高専[品川](ものづくり工学), 神代, 墨田川, 東大和南
			江戸川, 清瀬, 小平南, 調布南, 雪谷
C	1	57～55	科学技術(創造理数), 工芸(アートクラフト／インテリア), 石神井, 上水, 総合芸術(舞台表現), 広尾, 深川(外国語), 深川
			工芸(マシンクラフト), 翔陽, 総合芸術(音楽／美術), 田園調布, 豊島, 成瀬
	2		科学技術(科学技術), 向丘, 武蔵丘
		54～51	江北, 杉並, 晴海総合(総合), 東, 府中, 保谷, 芦花
			東大和, 本所
	3		青梅総合(総合), 鷺宮, 日野, 富士森, 松が谷(普／外国語)
			小岩, つばさ総合(総合), 農業(食物), 八王子桑志(デザイン／システム情報／ビジネス情報)
D	1	50～47	小川, 杉並総合(総合), 高島, 八王子桑志(クラフト), 東久留米総合(総合), 府中西, 松原
			飛鳥, 片倉, 桜町, 田無, 紅葉川
			足立, 園芸(動物), 王子総合(総合), 片倉(造形美術), 忍岡, 世田谷総合(総合), 千早(ビジネスコミュニケーション), 福生
	2		板橋有徳, 園芸(食品), 大崎, 大島海洋国際(海洋国際), 葛飾総合(総合), 蔵前工科(機械／電気／建築／設備工科), 久留米西, 忍岡(生活科学), 第五商業(ビジネス), 農業(服飾), 府中東, 町田総合(総合), 若葉総合(総合)
		46～43	足立, 葛飾野, 小平西, 芝商業(ビジネス), 竹台, 八王子北, 瑞穂農芸(畜産科学), 美原
			足立新田, 板橋, 園芸(園芸), 大泉桜, 篠崎, 日本橋, 農業(食品科学), 武蔵村山
	3		赤羽北桜(保育・栄養／調理), 総合工科(機械・自動車／電気・情報デザイン／建築・都市工学), 第一商業(ビジネス), 永山, 農業(都市園芸／緑地計画), 農業(園芸科学／食品科学／緑地環境), 東村山西, 光丘, 瑞穂農芸(食品), 山崎
			千歳丘, 練馬, 農産(園芸デザイン／食品), 拝島, 府中工科(情報技術)
E	1	42～38	赤羽北桜(介護福祉), 江東商業(ビジネス), 田柄, 羽村, 淵江, 府中工科(機械／電気／工業技術), 瑞穂農芸(園芸科学／生活デザイン), 南葛飾, 八潮, 六郷工科(システム工学／デザイン工学)
			大田桜台(ビジネスコミュニケーション), 葛飾商業(ビジネス), 墨田工科(機械／自動車／電気／建築), 第三商業(ビジネス), 野津田, 町田工科(総合情報), 六郷工科(オートモビル工学)
			五日市, 大森, 葛西工科(機械／電子／建築／デュアルシステム), 葛西南, 北豊島工科(都市防災技術), 第四商業(ビジネス), 橘(産業), 田無工科(機械／建築／都市工学), 多摩, 多摩工科(機械／電気／環境化学／デュアルシステム), 野津田(体育／福祉), 深沢, 六郷工科(プロダクト工学)
			青井, 大山, 杉並工科(IT・環境), 六郷工科(デュアルシステム)
			足立工科(総合技術), 荒川工科(電気／電子／情報技術)
	2	37～	

＊( )内は学科・コースを示します。
＊データが不足している高校, または学科・コースなどにつきましては掲載していない場合があります。
＊エンカレッジスクールの6校(足立東, 蒲田, 練馬工業, 秋留台, 東村山, 中野工業), 島嶼部の高校につきましては, 掲載していません。
＊公立高校の入学者は, 「学力検査の得点」のほかに, 「調査書点」や「面接点」などが大きく加味されて選抜されます。上記の内容は想定した目安ですので, ご注意ください。
＊公立高校入学者の選抜方法や制度は変更される場合があります。また, 統廃合による閉校や学校名の変更, 学科の変更などが行われる場合もあります。教育委員会などの関係機関が発表する最新の情報を確認してください。

東京都
公　立
高校

学校ガイド

＜全日制　旧第１学区＞

学校を紹介したページの探し方については、2ページ
「この本の使い方＜知りたい学校の探し方＞」を参照して
ください。

次のページもご覧ください ▶▶▶

ビジネスコミュニケーション科

都立 大田桜台 高等学校
（おおた さくら だい）

https://www.metro.ed.jp/otasakuradai-h/

☏ 143-0027　大田区中馬込 3-11-10
☎ 03-6303-7980
交通　東京メトロ・都営地下鉄西馬込駅　徒歩 10 分

| 制服 | あり（令和6年度より新制服導入） |

[カリキュラム] ◇三学期制◇

・1年次より文科系大学受験を見通した授業を行う。国語と英語は**少人数・習熟度別授業**（国語は2年次より）。**ビジネス教育と英語を重視**。学校設定科目として、「キャリアデザイン」「東京の経済」「プレゼンテーション」など（以上、ビジネス科目）「スペイン語Ⅰ・Ⅱ」「中国語Ⅰ・Ⅱ」「国際理解」など（以上、外国語科目）等を配置し、未来に適応できる能力の育成を図る。

・選択科目は2年次に7単位、3年次に8単位ある。英語は選択により卒業までに30単位履修でき（必修は20単位）、大学受験を目指している一般的な普通高校よりも時間数を多く設定している。

・1年次より、**模擬試験**を導入し、文科系大学受験へのモチベーションを高める。**振り返り講演**も行い、ステップアップをめざす。

・英語は**多読・多聴**により「**使える英語**」を身につける。

・**英語検定、TOEIC、簿記検定**などに対応した指導を行う。

[部活動]

・参加は希望制、約8割が参加。**卓球部**をはじめとして、部活動に力を入れている。

・令和4年度には、**卓球部**が関東大会予選男子学校対抗5位に入賞し、関東高等学校卓球大会に進出（2年連続2回目）。ベスト16の成績を収めた。東京卓球選手権大会ジュニア男子の東京都代表に1名選出された。

・令和3年度には、**卓球部**が関東大会予選女子学校対抗5位、同予選男子

学校対抗5位に入賞し、関東高等学校卓球大会進出（初）。インターハイ予選女子学校対抗ベスト4（第3位入賞）、同予選男子学校対抗ベスト8。東京都国公立高等学校卓球大会では、女子団体優勝（5大会連続5回目）、男子団体優勝（3年ぶり4回目）。

・★設置部（※は同好会）
サッカー、陸上競技、卓球、ダンス、硬式テニス、バスケットボール、バドミントン、野球、バレーボール(女)、水泳、華道、茶道、軽音楽、吹奏楽、写真、漫画アニメ、美術、伝統文化、PC・資格検定、自然研究、演劇、国際交流、※フラダンス、※デザイン

[行　事]

1年次に全員が参加する**イングリッシュサマーキャンプ**では、国内の宿泊施設で2泊3日の英語づけの生活をする。2年次には**修学旅行**を実施している。

4月	芸術鑑賞教室
6月	体育祭・TGG（TOKYO GLOBAL GATEWAY）（1年）
7月	専修大学体験入学（2年）
9月	文化祭
11月	平安装束を着る会（1年）
3月	レシテーションコンテスト（1年）

[進　路]（令和5年3月）

大学への一般受験体制だけでなく、**小論文や面接指導**など、AO入試・推薦入試に対応した指導体制も充実させている。また、日常的な補習の他に、**長期休業中の講習、週末課題**により、学力の伸長を図る。1年次より**キャリア教育**を積み重ね、3年次では全教職員体制で1対1の進路指導を実施している。

★卒業生の進路状況
　＜卒業生145名＞
　大学78名、短大4名、専門学校46名、就職5名、その他12名
★卒業生の主な進学先
　青山学院大、神奈川大、国士舘大、駒澤大、産業能率大、城西国際大、専修大、拓殖大、東洋大、文京学院大、武蔵野大、

明治大、目白大、横浜商科大、立正大

[トピックス]

・全都で2校目、城南地区ではじめての**ビジネスコミュニケーション科**の全日制高校として、平成21年4月に開校。23年4月に旧都立南高校敷地内へ移転し、体育館以外は建て替えて新校舎となった。

・生活マナーを重視し、茶髪・化粧・ピアスの禁止など、生活指導も徹底する。

・「**本当に英語を使える人を育てます。**」をキャッチフレーズとして英語教育に力を入れている。図書館には英語多読用と海外から取り寄せた15,000冊の英書があり、それらの本を活用した「**多読・多聴**」を英語の授業に取り入れている。

・ビジネス教育として、**資格取得**に積極的に取り組んでいる。

・都立高校では珍しい250名収容の**可動式（階段部）視聴覚室**があり、プレゼンテーション（3年次）や英語朗読コンテスト（1年次）、ダンス部発表会、学年末集中講座などで活用している。

・平成30年度、全国高等学校簿記コンクール東京大会において、個人3等に入賞し、2年連続全国大会への出場を果たした。

・平成30年度、イングリッシュ・ビジネスプラン・コンテストにおいて最優秀賞を受賞した（3大会連続）。

・英語以外の言語として**中国語、スペイン語**を選択できる。令和2年には、中国語・日本語通訳コンテストにて逐次通訳部で最優秀賞、通訳訓練の部で優秀賞、明海大学地域学校教育センター奨励賞を受賞。

[学校見学]（令和5年度実施内容）

★オープンスクール　7月1回　8月2回（8月は体験授業、部活動体験も実施）
★学校説明会　10・11・12月各1回（11月は体験授業も実施）
★文化祭　9月

※本欄の内容はすべて令和6年度入試のものです。

受検状況

科名・コース名	募集人員	推薦に基づく入試				第一次募集・分割前期募集			
		募集人員	応募人員	応募倍率	合格人員	募集人員	受検人員	受検倍率	合格人員
ビジネスコミュニケーション	175	70	82	1.17	70	105	93	0.89	93

入学者選抜実施方法

推薦

科名・コース名	推薦枠 割合(%)	特別推薦の有無	調査書の活用 観点別学習状況の評価	評定	満点 調査書点	集団討論・個人面接	小論文	作文	実技検査	備考
ビジネスコミュニケーション	40	○	○	–	650	500	–	150	–	

観点別学習状況の評価の活用方法

科名・コース名 / 教科名・観点	国語			社会			数学			理科			音楽			美術			保健体育			技術・家庭			外国語(英語)			観点別学習状況の評価の得点の満点	重視している教科や観点
観点	I	II	III	I	II	III	I	II	III	I	II	III	I	II	III	I	II	III	I	II	III	I	II	III	I	II	III		
A	15	15	25	12	12	21	6	6	13	6	6	13	6	6	13	6	6	13	6	6	13	6	6	13	20	20	35	325	教科(国・社・英) 全教科の観点III (主体的に学習に取り組む態度)
B	10	10	12	8	8	10	4	4	7	4	4	7	4	4	7	4	4	7	4	4	7	4	4	7	10	10	14		
C	1	1	1	1	1	1	1	1	1	1	1	1	1	1	1	1	1	1	1	1	1	1	1	1	1	1	1		

第一次・分割前期

科名・コース名	分割募集	男女枠緩和	学力検査 教科	学校指定による傾斜配点	調査書 教科の評定の扱い 学力検査を実施する教科	学力検査を実施しない教科	学力検査:調査書	満点 学力検査	調査書点	面接	小論文・作文	実技検査	備考
ビジネスコミュニケーション	–		5	国英社1.5倍	1倍	2倍	7:3	700	300	–	–	–	

〈本校の期待する生徒の姿〉

　本校は大きく変化する今日の経済社会において主体的に生き、国際社会において活躍できる人材の育成を目指します。また、生徒一人一人が自ら将来のキャリアを形成し、目標達成のための進路選択が行えるようキャリア教育を充実させています。本校はこの教育目標の実現に向けて、日々努力する生徒を募集します。

1　基礎能力を充実させ、文系四年制大学を志望する生徒
2　国際社会における社会人として必要な語学力やビジネスに関する専門教育に関心がある生徒
3　自ら課題を発見し、解決に向けて取り組む生徒
4　身だしなみやマナー等を身に付け、学校行事や生徒会活動、部活動等に積極的に取り組む生徒
※　特に推薦選抜においては、将来、国際社会において活躍する夢をもち、語学力の向上、ビジネスに関する知識の習得に向け意欲をもって学習に取り組むことができる生徒が望ましい。

難易度（偏差値）	E－1 (42－38)		併願校選択例	蒲田女子、京華商業、自由ヶ丘学園、東京実業、日本体育大荏原

次のページもご覧ください ▶▶▶

普通科

都立 大森 高等学校
（おおもり）

https://www.metro.ed.jp/omori-h/

〒144-0051　大田区西蒲田2-2-1
☎ 03-3753-3161
交通　東急線池上駅　徒歩8分
　　　ＪＲ京浜東北線・東急線蒲田駅　徒歩18分
　　　ＪＲ京浜東北線大森駅より東急バス「堤方橋」下車徒歩8分

制　服　あり

[カリキュラム]◇三学期制◇
・1年次から少人数制授業と習熟度別授業を導入し、個に応じた丁寧な指導を実践している。
・国語や英語など言語科目の単位数を増加し、言語活動を充実させることで、学びの基本となる言語能力の向上を図る。
・2年次より、文系・理系に分かれて学習する。
・3年次では、最大3科目までの自由選択科目を選んで学ぶことができる。
・ICTを活用し、生徒が主体的に参加する「わかりやすい授業」を行っている。
・講習や個別指導を通じて、漢字検定や英語検定などの資格取得を支援している。
・放課後や長期休業中などに講習を実施し、基礎的・基本的な学力を定着させるとともに応用力を身に付ける指導をしている。
・多様な進路希望に対応した、きめ細かい指導を行っている。

[部活動]
・約6割が参加。
・吹奏楽部、ダンス部は地域の行事等に積極的に参加している。
＜令和5年度＞
硬式野球部が春季大会でベスト64。ダンス部が全国大会出場。
＜令和4年度＞
男子バスケットボール部が関東大会予選で2回戦進出、インターハイ予選で2回戦に進出。女子バレーボール部が春季リーグで優勝し本大会に出場。バドミントン部が総合体育大会予選大会の団体・東ブロックで2回戦に進出。ダンス部がダンススタジアム新人戦東日本大会で準優勝。
★設置部
硬式野球、サッカー、硬式テニス、ソフトテニス、バスケットボール、バドミントン、バレーボール、卓球、ダンス、陸上、茶道、吹奏楽、演劇、文芸、軽音楽、華道、クッキング、天文、芸術

[行　事]
4月　新入生歓迎会
5月　体育祭
8月　部活動合宿
9月　森高祭（文化祭）
11月　修学旅行
12月　芸術鑑賞教室
2月　マラソン大会（1・2年）
3月　球技大会（1・2年）

[進　路]（令和5年3月）
・進路指導部を中心に、組織的、計画的な進路指導体制を確立している。
・1年次から利用できる「進路の手引き」を作成し、進路目標を立てさせる取り組みを行っている。
・1年次の3月に「職業を知ろう」、2年次の11月に「進路先を知る」、3年次の4月に「模擬授業体験」として、それぞれ進路ガイダンスを実施している。校外ガイダンスとして上級学校への訪問も行う。
・夏休みには夏期講習を実施。平常授業の補習の他、進学や就職の対策講座も開講される。
・進路室を設置。生徒一人ひとりの進学相談に応じるほか、マナー指導や面接指導も行われる。
★卒業生の進路状況
＜卒業生139名＞
大学34名、短大2名、専門学校55名、就職26名、その他22名
★卒業生の主な進学先
川村学園女子大、高千穂大、鶴見大、東京工芸大、東京富士大、東洋大、東洋学園大、田園調布学園大、日本大、文教大、和光大、桜美林大、関東学院大、国士舘大、城西大、聖徳大、大正大、明海大、淑徳大、神奈川大、同志社大、駒澤大
♣指定校推薦枠のある大学・短大など♣
大妻女子大、神奈川工科大、杏林大、国士舘大、実践女子大、拓殖大、鶴見大、東京家政学院大、東京富士大、東京福祉大、東洋大、東洋学園大、日本大、和光大　他

[トピックス]
・昭和18年、東京府立第二十三中学校として府立一中（現日比谷高校）に併設。平成25年11月には創立開校70周年を迎えた。
・現在、スポーツや文化活動の伝統復活を目指し、改革を続々と実行中。キャッチフレーズは、「わかる授業とスポーツ・文化の大森高校」。
・教育目標は「敬愛、誠実、努力」。愛称は「森高」。
・平成26年に新校舎が完成、コンピュータ教室の他、天文ドームや生徒ホールがある。
・本校独自の「進路ノート」を活用したキャリア教育を実践し、生徒一人一人に即した指導を組織的に行っている。
・平成28年度から「自立支援チーム」を継続して派遣され、生徒の心の健康に対応している。
・遅刻指導などを通じて、基本的な生活習慣の確率や身だしなみを整える指導を行っている。
・令和5年に東京都教育委員会より「スキルアップ推進校」に指定された。

[学校見学]（令和5年度実施内容）
★授業公開日　6・11月各1回
★学校説明会　11・12・1月各1回
★森高祭　9月
★学校見学は月・木曜16時20分から（祝日等を除く）　夏季休業中…指定日
★部活動体験・見学会　6・8月各1回
※要予約・本校HPより電子申込

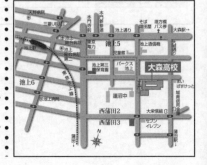

入試！インフォメーション

※本欄の内容はすべて令和6年度入試のものです。

受検状況

科名・コース名	募集人員	推薦に基づく入試				第一次募集・分割前期募集			
		募集人員	応募人員	応募倍率	合格人員	募集人員	受検人員	受検倍率	合格人員
普　通	197	40	34	0.85	32	165	63	0.38	63

入学者選抜実施方法

推薦

科名・コース名	推薦枠		調査書の活用		満点					備考
	割合(%)	特別推薦の有無	観点別学習状況の評価	評定	調査書点	集団討論個人面接	小論文	作文	実技検査	
普　通	20	○	－	○	360	240	－	120	－	

第一次・分割前期

科名・コース名	分割募集	男女枠緩和	学力検査		調査書		学力検査：調査書	満点					備考
			教科	学校指定による傾斜配点	教科の評定の扱い			学力検査	調査書点	面接	小論文・作文	実技検査	
					学力検査を実施する教科	学力検査を実施しない教科							
普　通	－	－	5	/	1倍	2倍	7：3	700	300	－	－	－	

〈本校の期待する生徒の姿〉

—わかる授業とスポーツ・文化の大森高校—

　創立80年の歴史と伝統を受け継ぎ、生徒に誇りと自信をもたせます。また、校訓（敬愛・誠実・努力）を実生活の中で体現するための豊かな人間性を育成し、生徒一人一人が笑顔で生き生きと活躍できる学校づくりを進めます。

　本校では以下の4点の姿勢を重視しながら、コミュニケーション能力を向上させようとする生徒の入学を期待しています。

1　明るく挨拶をし、マナーを身に付けるとともに、基本的生活習慣の確立を大切にする生徒
2　授業を大切にして意欲的に学び、資格や検定等にも挑戦するなど、学力向上を目指す生徒
3　学校行事や部活動、委員会等の校内活動だけではなく、インターンシップ、ボランティア等の学校外の活動にも積極的に取り組む生徒
4　将来に向けて自己の目標を具体的に定め、進路実現に向け努力をし続ける生徒

難易度（偏差値）	E－1（42－38）	併願校選択例	蒲田女子、自由ヶ丘学園、中央学院中央、宝仙学園女子、横浜学園

次のページもご覧ください ▶▶▶

都立 蒲田(かまた) 高等学校

普通科

https://www.metro.ed.jp/kamata-h/

☎ 144-0053 大田区蒲田本町 1-1-30
☎ 03-3737-1331
交通 ＪＲ京浜東北線・東急線蒲田駅 徒歩7分
　　　京浜急行線京急蒲田駅 徒歩15分

エンカレッジスクール

制　服　あり

[カリキュラム] ◇三学期制◇

・平成19年度より、生徒一人ひとりの
やる気や頑張りを応援し励ますこと
を打ち出した、**エンカレッジスクー
ル**となった。幅広い進路選択に対応
するカリキュラムとなっている。
・1年次は、**30分授業**を取り入れ、**基
礎・基本の定着**を図る。教科学習に
加えて、**体験学習**を設定し、生涯ス
ポーツ・伝統文化・園芸等、特色あ
る種々の体験的な学習を行う。2年
次は、30単位の共通科目を置く。3
年次からは、選択を取り入れて、多
様な進路に対応した教育課程を展開
する。今後さらに教科内容を充実さ
せるため、新しい教科、科目を追加
していく。
・中間・期末考査の代わりに確認テス
トを行い、平素の授業に対する取り
組みを総合的に判断して、学習評価
を行う。
・**体験学習**を重視し、学校設定科目"体
験"では「茶道」や「スリーオンス
リー」などの講座を設定し、選択し
たものを学習する。
・数学と英語は**習熟度別・少人数授業**
を、家庭・体育・情報では**少人数制
授業**を実施し、生徒一人ひとりに目
が届く授業を行っている。
・**漢字・英語・パソコン**の検定を放課
後に行っている。

[部活動]

約6割が参加。令和元年度は、**美術
部**が高校生国際美術展において、優秀
賞を受賞した。

★設置部

硬式テニス、バドミントン、硬式野
球、サッカー、バスケットボール、
女子バレーボール、卓球、陸上、水
泳、柔道、ダンス、写真、美術、文
芸、ハンドメイキング、吹奏楽、ロッ
クバンド、アニスト、eスポーツ

[行　事]

・**宿泊体験研修**では、伝統文化や就
労を体験する。
・**体育祭**は赤・青・黄の3つの団に分

かれ、競技を行う。
5月　体育祭、校外学習（1年）
10月　くすのき祭
11月　宿泊体験研修（2年）
2月　マラソン大会

[進　路]（令和5年3月）

3年間を通しての「個」に応じた進
路指導を"オール蒲田"で取り組ん
でいる。分野別や学年横断の進路ガ
イダンスを実施し、進路実現を目指
している。

★卒業生の進路状況

＜卒業生126名＞
大学21名、短大0名、専門学校62名、
就職28名、その他16名

★卒業生の主な合格状況

神奈川大、関東学院大、国士舘大、
駿河台大、高千穂大、帝京科学大、
帝京大、帝京平成大、東京福祉大、
東洋学園大、文京学園大、横浜商科
大、和光大

♣指定校推薦枠のある大学・短大など♣

跡見学園女子大、桜美林大、神奈川
工科大、関東学院大、工学院大、国
士舘大、駒沢女子大、城西大、湘南
工科大、聖徳大、大東文化大、多摩大、
玉川大、鶴見大、田園調布学園大、
東京医療保健大、東京工芸大、東洋
学園大、文京学院大、明海大、横浜
商科大、立正大、和光大　他

[トピックス]

・教育目標は「**進取内省**」「**健康人愛**」
「**規範醸成**」「**自己有用**」「**未来志向**」
の5点を重視する。
・**特別教室**としてCALL・視聴覚室、
コンピュータ室、調理室などがある。
・**エンカレッジスクール**であるため、
入学選抜では学力検査を行わず、**人
物重視**の選抜を行う。
・**安心して学べる学校づくり**のため、
頭髪・服装などの**生活指導**をしっか
りと行っている。
・地域との連携・貢献を積極的に実施
しており、「人間と社会」の時間では
地域のボランティア活動に参加する。

・平成24年3月にすべての**改修工事**が
完了し、屋上プールや生徒相談室、
新設のトレーニング室、中庭のウッ
ドデッキテラスなど、充実した施設・
設備を整えている。
・令和4年度より、**女子制服**と体育着
がリニューアルとなった。

[学校見学]（令和5年度実施内容）

★学校見学会　7月1回　8月3回
★学校説明会　10・11・12・1月各
　1回
★授業公開　4・10・11・1月
★くすのき祭　10月

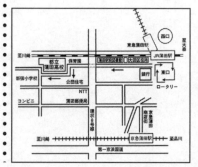

受検状況

（数字は男/女/計。仕切られていない場合は男女問わず。）

科名・コース名	募集人員	推薦に基づく入試				第一次募集・分割前期募集				分割後期募集・第二次募集		
		募集人員	応募人員	応募倍率	合格人員	募集人員	受検人員	受検倍率	合格人員	募集人員	受検人員	合格人員
普通	133	48	93	1.94	48	85	79	0.93	79	31	16	16

入学者選抜実施方法

推薦

科名・コース名	推薦枠 割合(%)	特別推薦の有無	調査書の活用 観点別学習状況の評価	満点 評定	調査書点	集団討論・個人面接	小論文	作文	実技検査	備考
普通	30	○	○	－	300	400*	300	－	－	＊個人面接のみ行う。面接の一部で「自己PRスピーチ」を行う。

観点別学習状況の評価の活用方法

科名・コース名	観点	国語			社会			数学			理科			音楽			美術			保健体育			技術・家庭			外国語(英語)			観点別学習状況の評価の得点の満点	重視している教科や観点
		I	II	III	I	II	III	I	II	III	I	II	III	I	II	III	I	II	III	I	II	III	I	II	III	I	II	III		
普通	A	9	9	15	9	9	15	9	9	15	9	9	15	9	9	15	9	9	15	9	9	15	9	9	15	9	9	15	297	観点III（全教科）
	B	6	6	9	6	6	9	6	6	9	6	6	9	6	6	9	6	6	9	6	6	9	6	6	9	6	6	9		
	C	3	3	3	3	3	3	3	3	3	3	3	3	3	3	3	3	3	3	3	3	3	3	3	3	3	3	3		

科名・コース名	分割募集	男女枠緩和	学力検査 教科	学校指定による傾斜配点	調査書 教科の評定の扱い 学力検査を実施する教科	学力検査を実施しない教科	学力検査	満点 調査書	学力検査	調査書点	面接	小論文・作文	実技検査	備考
第一次・分割前期 普通	○		実施しない		＊1	－			＊1 300	個人 ＊2 400		小論文 200	－	＊2 面接の一部で自己PRカードに則して2分程度の「自己PRスピーチ」を行う。
分割後期・第二次 普通	○		実施しない		＊1	－			＊1 300	個人 ＊2 400		小論文 200	－	＊2 面接の一部で自己PRカードに則して2分程度の「自己PRスピーチ」を行う。

＊1　調査書点は、観点別学習状況の評価を用いて得点化する。

〈本校の期待する生徒の姿〉

　本校はエンカレッジスクールとして、「中学校時代までに力を発揮できなくて学び直したい」「自分をもっと鍛えて伸ばしたい」「可能性を広げたい」という意欲ある生徒を勇気付け応援します。そのため、30分授業と朝学習、反復学習による「基礎学力の定着」、厳しい生活指導による「規範意識の育成」、多様な体験学習による「自己再発見」、地域活動による「自己有用性の認識」等特色ある教育を推進します。このことをよく理解して主体的に学習に取り組み、下記の項目に該当する生徒の入学を期待します。
1　授業に真面目に取り組み、学力を身に付け、更に伸ばそうとする生徒
2　規律ある学校生活を目指し、本校の生活指導の意義を理解してルールを守ることができる生徒
3　体験学習で新たな自分の可能性を高め、宿泊的行事で勤労と社会性を学び、その成果を自分の将来に活用できる生徒
4　学校に誇りをもって、学校行事、生徒会活動、委員会活動、部活動に積極的に取り組むことができる生徒
5　身に付けた知識・技術・能力を生かし、ボランティア活動や地域貢献をする生徒
※　特に推薦選抜においては、規律ある学校生活を目指し、授業や部活動に真面目に取り組む意欲に秀でた生徒が望ましい。

併願校選択例

大森学園、自由ヶ丘学園、品川エトワール女子、東京実業、白鵬女子

総合学科

都立 つばさ総合 高等学校
そうごう

https://www.metro.ed.jp/tsubasasogo-h/

〒144-8533　大田区本羽田 3-11-5
☎ 03-5737-0151
交通　京浜急行線大鳥居駅　徒歩8分
　　　JR京浜東北線・東急線蒲田駅　バス

単位制

制　服　あり

[カリキュラム] ◇三学期制◇
・必履修科目の他に、普通科から専門教科まで120科目以上の自由選択科目、また、以下の**5つの系列**があり、2年次以降はそのなかにある科目を選んで自分に適した時間割を作って学習する。他の系列から科目を選択することも可能。

<美術・デザイン系列>
「美術」「工芸」を中心に、絵画・デザイン・工芸の基本を学ぶ。コンピュータを活用した映像表現の手法や、美術史、陶芸なども学べる。

<科学・技術系列>
「数学」「理科」より技術を支える理論を学ぶ他、「工業」「情報」を中心に基礎的な理念や技術を学ぶ。実習・演習を通じて基礎技術とものつくりの楽しさを体得し、その技術をさまざまな学習に応用する。

<国際・コミュニケーション系列>
「国語」「歴史」「公民」「外国語」を中心に学び、外国語の実践的科目により、社会で役立つ語学力を身に付ける。「国際文化理解」では国際社会に生きる教養・思考力を高める多様な科目を学ぶ。

<スポーツ・健康系列>
生涯学習に対応したスポーツや心と身体の健康について学び、社会体育・社会福祉について実践する。

<生活・福祉系列>
「家庭」「福祉」を中心に生きる力と福祉に関する知識や技術を高める。介護・フードデザイン・ライフデザイン・ファッションデザイン室などの施設を活用し、コミュニケーション技術についても考えを深める。

校庭

[部活動]
・約7割が参加。令和4年度は、**陸上競技部**がインターハイ（高校総体）に出場した。
★設置部（※は同好会）
陸上競技、バスケットボール、テニス、バドミントン、バレーボール、ハンドボール、水泳、弓道、サッカー、※卓球、ダンス、硬式野球、茶道、吹奏楽、写真、美術、イラスト、クッキング、演劇、放送、軽音楽、福祉

[行　事]
4月	つばさゼミ（1年）、校外学習（2年）
5月	芸術鑑賞教室
6月	飛翔祭（体育祭）
9月	銀翼祭（文化祭）
11月	環境サミット
2月	修学旅行（2年）
3月	奏翼祭（合唱祭）（1・2年）、スポーツ大会

[進　路]（令和5年3月）
・必修科目「**産業社会と人間**」を中心に、1年次からきめ細かい進路指導を行っている。放課後や土曜日には**補習**を、長期休業中には**特別講習**を実施している。
・ガイダンスセンター（進路指導室）は常時開放してあり、**キャリアカウンセラー**が常駐して指導にあたっている。
・ワープロ実務検定、手話技能検定、**視覚障害者移動支援従業者養成研修**など、検定や資格取得に力を入れている。

★卒業生の進路状況
<卒業生231名>
大学125名、短大5名、専門学校74名、就職3名、その他24名

★卒業生の主な合格実績
青山学院大、亜細亜大、桜美林大、工学院大、女子美術大、成蹊大、成城大、専修大、多摩美術大、東洋大、獨協大、日本大、武蔵大、武蔵野美術大、明治大、立教大

♣指定校推薦枠のある大学・短大など♣

國學院大、駒澤大、成城大、専修大、東京電機大、日本大、神奈川大　他

[トピックス]
・令和4年に創立20周年を迎えた。
・自主性、自発性を重んじ、チャイムを鳴らさないノーチャイム制を採用。
・自分の進路や興味、関心に応じて科目を選択し、「**やりたいことを実現できる**」学校である。キャリア教育に力を入れている。
・全天候型400mトラックのある広いグラウンド、**屋上開閉式の屋内プール**、2つのアリーナなど、恵まれた施設を活用して部活動が盛ん。
・美術やCGの設備・教員が充実している。美大への進学者が多く、イラストなどの制作活動が盛んに行われている。
・都立高校初の「**ISO 14001**」（国際的に認定された環境マネージメントシステム）認定校。また、本校環境活動は平成21年度・25年度文部科学大臣賞を受賞した。平成27年度にはアメリカ環境保護庁長官の公式訪問を受けた。

[学校見学]（令和5年度実施内容）
★学校見学会　7・8月各1回（要予約）
★学校説明会　10・11月各1回（要予約）
★個別見学会　7・8月計10回（要予約）
★銀翼祭　9月　見学可（事前申込制）

受検状況

科名・コース名	募集人員	推薦に基づく入試				第一次募集・分割前期募集			
		募集人員	応募人員	応募倍率	合格人員	募集人員	受検人員	受検倍率	合格人員
総 合	236	72	124	1.72	72	164	148	0.90	148

入学者選抜実施方法

推薦

科名・コース名	推薦枠		調査書の活用		満点					備考
	割合(%)	特別推薦の有無	観点別学習状況の評価	評定	調査書点	集団討論個人面接	小論文	作文	実技検査	
総 合	30	○	–	○	400	200	–		200	

第一次・分割前期

科名・コース名	分割募集	男女枠緩和	学力検査		調査書		学力検査：調査書	満点					備考
			教科	学校指定による傾斜配点	教科の評定の扱い			学力検査	調査書点	面接	小論文・作文	実技検査	
					学力検査を実施する教科	学力検査を実施しない教科							
総 合	–		5	–	1倍	2倍	7：3	700	300	–	–	–	

〈本校の期待する生徒の姿〉

　総合学科である本校の特色に魅力を感じ、本校の5系列の学習内容に興味をもち、将来の進路選択について自覚を深め、積極的に取り組む意思をもっている生徒
　具体的には次の4項目のうちいずれか1項目以上に該当する生徒
1　主体性・創造性・自律性に富み、学習活動や特別活動を通じて、自らの個性・能力・才能の伸長に強い意欲をもっている生徒
2　学習面で得意分野をもち、中学校での学習成績が優れている生徒
3　生徒会活動、部活動、学校行事等において優れた実績があり、入学後も継続して活動することが期待できる生徒
4　文化、芸術、スポーツ、ボランティア活動や検定資格取得等の学校外活動において優れた実績のある生徒
※　特に推薦選抜においては、上記に加えて、発想力や表現力、理解力、集中力などに富む生徒が望ましい。
※　「文化・スポーツ等特別推薦」においては、募集する各種スポーツの部活動や教科に、入学後も積極的に取り組むことができる生徒が望ましい。

難易度（偏差値）	C－3　（54－51）	併願校選択例	大森学園、錦城学園、駒場学園、正則、立正大付属立正

次のページもご覧ください ▶▶▶

普通科

都立 田園調布 高等学校
（でんえんちょうふ）

https://www.metro.ed.jp/den-enchofu-h/

〒145-0076　大田区田園調布南27-1
☎ 03-3750-4346
交通　東急線沼部駅　徒歩6分
　　　東急線御嶽山駅　徒歩10分
　　　東急線多摩川駅　徒歩15分

| 制　服 | 推奨服あり |

[カリキュラム] ◇三学期制◇

・国公立大学受験を念頭に置いたカリキュラム編成になっている。1・2年次は基礎基本となる科目及び共通テストに必要な科目を重点的に学び、3年次には進路希望に沿って、大学受験に必要な科目を選択履修する。
・50分授業、1日6時限編成（一部7時限の場合もある）である。**土曜日は4時間授業**（年間18回）を行う。教科によっては**習熟度別・少人数制授業**を実施している。**補習**も多い。夏季は**特別講座**を多く実施している。土曜日には大学受験用**特別講習**（3学年）を実施している。
・3年次には、直前入試対策など**特別講座**を設けている。
・**アドバンストクラス**（先進学習クラス）を設置し、難関大学に「団体戦」でチャレンジ。土曜授業日の午後に英数国の講習があるほか、夏季集中講習に参加した上で模試を受ける（夏季集中講習には一般生徒も参加可能）。
・**漢字検定**に力を入れており、1～2年次に全員受検している。
・GTEC「アセスメント版」を受検し、「検定版」「CBTタイプ」に対応している。

[部活動]

約8割が参加。複数の部に所属している生徒も多い。（兼部は文化部のみ）
＜令和5年度＞
　吹奏楽部が都コンクールC組で銀賞を受賞。**女子バレーボール部**がリーグ優勝、都大会進出。**卓球部**が新人戦

大学入試説明会

シングルス6回戦進出。

★設置部

剣道、野球、陸上、サッカー、テニス、バスケットボール、バレーボール、バドミントン、水泳、卓球、ワンダーフォーゲル、ダンス、吹奏楽、箏曲、茶道、演劇、美術、総合科学、漫画研究、フォークソング、ピアノ、マーブル、かるた

[行　事]

6月	体育祭
7月	芸術鑑賞教室
9月	ぽろにあ祭（文化祭）
10月	修学旅行（2年）
12月	ビブリオバトル（1・2年）
2月	合唱祭（1・2年）

[進　路] （令和5年3月）

・「学年別キャリアガイダンス」「プレカレッジプログラム」からなる「田高進路プロジェクト」には定評がある。より具体的に様々な情報を知る機会が設定されている。
・「学年別キャリアガイダンス」では、1学年において各界で活躍中のプロフェッショナルを招いて話をうかがう。
・「プレカレッジプログラム」は、大学というところをよく知るためにキャンパス体験をしたり、大学の先生をお招きして出張講義をしていただいたりする企画である。

★卒業生の進路状況

＜卒業生238名＞
大学184名、短大5名、専門学校21名、就職1名、その他27名

★卒業生の主な合格実績

秋田大、東京学芸大、信州大、愛知教育大、横浜市立大、神奈川県立保健福祉大、早稲田大、東京理科大、学習院大、明治大、青山学院大、立教大、中央大、法政大、成蹊大、成城大、明治学院大、國學院大、武蔵大、日本大、東洋大、駒澤大、専修大、東海大、津田塾大、東京女子大、日本女子大

♣指定校推薦枠のある大学・短大など♣

青山学院大、学習院大、國學院大、駒澤大、成城大、中央大、東京都市大、東洋大、日本大、法政大、武蔵大、明治大、明治学院大、立教大、立命館大、龍谷大　他

[トピックス]

・昭和25年、東京都立大田高等学校として開校。令和元年に70周年記念式典を挙行。閑静な住宅地の一角に、地域の小中学校及び区立図書館と隣接して建っている。近くを多摩川が流れ、河川敷には**専用グラウンド**も持っている。
・東京都教育委員会より、**進学指導研究校**および**英語教育研究推進校**、**理数研究校**に指定されている。進学指導研究校として、国立大を目指すカリキュラム、アドバンスクラスの導入を行っている。英語教育研究推進校としては、ネイティブの外国人講師を複数配置しており、GTECの受検にも東京都から補助がある。理数研究校としては、サイエンスフェアなどへ参加している。

[学校見学] （令和5年度実施内容）

★学校見学会　7月2回、8月1回
★授業公開　6・11月各5日間
★部活動体験　11月中旬頃
★学校説明会　10・11・1・3月各1回
★ぽろにあ祭　9月　見学可

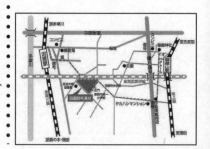

入試!インフォメーション

※本欄の内容はすべて令和6年度入試のものです。

受検状況

科名・コース名	募集人員	推薦に基づく入試				第一次募集・分割前期募集				分割後期募集・第二次募集		
		募集人員	応募人員	応募倍率	合格人員	募集人員	受検人員	受検倍率	合格人員	募集人員	受検人員	合格人員
普 通	216	48	121	2.52	48	168	279	1.66	168	20	22	22

入学者選抜実施方法

推薦

科名・コース名	推薦枠		調査書の活用		満点					備考
	割合(%)	特別推薦の有無	観点別学習状況の評価	評定	調査書点	集団討論個人面接	小論文	作文	実技検査	
普 通	20	–	–	○	375	125	250	–	–	

	科名・コース名	分割募集	男女枠緩和	学力検査		調査書		学力検査：調査書	満点					備考
				教科	学校指定による傾斜配点	教科の評定の扱い			学力検査	調査書点	面接	小論文・作文	実技検査	
						学力検査を実施する教科	学力検査を実施しない教科							
第一次・分割前期	普 通	○	○	5		1倍	2倍	7：3	700	300	–	–	–	
分割後期・第二次	普 通	○		3		1倍	2倍	6：4	600	400	–	–	–	

〈本校の期待する生徒の姿〉

　　本校は学習活動を大切にし、学力向上を図るとともに、『未来社会で活躍できる人材の育成』を目指し、「誠実・敬愛・自主・自律」の生活信条のもとに、未来社会を「自ら考え、自ら創り上げる」ことのできる生徒を育んでいます。
　　本校では、次のような生徒の入学を期待します。
1　これからの社会で自ら行動し、活躍しようと目標をもっている生徒
2　高校での全ての学びに、真剣に取り組み努力を続けられる生徒
3　高い志をもち、上級学校等へ進学を通して生涯学び続ける意志がある生徒
4　本校の生活信条を理解し、日々の生活で実行できる生徒
5　規範意識と自主・自律の精神に富む生徒
※　特に推薦選抜においては、上記1から5のそれぞれについて、明確な考えや具体的な目標をもっていることを求める。また、高校生活において、これらのことにしっかりと取り組む意思がある生徒を望む。

難易度（偏差値）	C－2（54－51）	併願校選択例	郁文館、大森学園、駒場学園、朋優学院、立正大付属立正

次のページもご覧ください ▶▶▶

普通科

都立 美原（みはら）高等学校

https://www.metro.ed.jp/mihara-h/

〒143-0012　大田区大森東 1-33-1
☎ 03-3764-3883
交通　京浜急行線平和島駅　徒歩7分

単位制

制　服　あり

[カリキュラム] ◇三学期制◇
・授業は1時限50分、1日6時限。
・必履修科目以外に、多くの選択科目が用意されており、2～3年次に自分の進路目標や興味関心にあわせて科目選択ができる。
・必履修科目の英語と数学では、**習熟度別少人数制授業**を行う。
・**選択科目**は約70講座あり、社会人としての知識・教養を身につけるための「**人間力向上科目群**」（実用書道、ワープロ実務、介護入門、陸上競技など）と基礎学力の向上や受験対策のための「**学力向上科目群**」（英語演習、数学ⅡB演習、化学演習、古文演習など）とに大別される。なお、科目の選択に際しては、特定の科目群に偏らないように**履修指導**が行われる。
・Microsoft Office Specialist や秘書検定、漢字検定、英語検定、保育検定など、様々な**資格取得**に向けた学習にも取り組んでいる。

[部活動]
・約7割が参加。高い実績を残している**男子サッカー、女子バレーボール、陸上競技、和太鼓、弓道**など各部が熱心に活動を展開中。
・令和4・5年度は、和太鼓部が全国高等学校総合文化祭郷土芸能部門に出場した。
・令和3年度は、**陸上競技部**が全国総体に出場。**弓道部**が全国総体（個人・団体）に出場。**サッカー部**が高校総

体で東京都ベスト32となった。
・令和2年度は、**男子バスケットボール部**が東京都大会でベスト32となった。

★設置部
サッカー、バレーボール（女）、テニス、バドミントン、バスケットボール（男女）、弓道、ソフトボール（男）、卓球、陸上競技、和太鼓、茶道、福祉、パソコン、箏曲、吹奏楽、写真、美術、家庭科、演劇、書道、文芸、イラスト

[行　事]
4月　Ice Breaking Camp（1年）、遠足（2・3年）
6月　体育祭
9月　四葉祭（文化祭）
12月　修学旅行（2年）
2月　合唱祭
3月　球技大会、芸術鑑賞教室

[進　路]（令和5年3月）
・進路相談室を活用しながら、進路について多面的に考えさせるためのカウンセリングを行う。
・進路実現を強力にバックアップするために、全学年において「**総合的な学習の時間**」にキャリア教育を実施。「**Gateway to Careers- 未来の扉 -**」をテーマに、様々な進路行事を設定し、将来について考える時間となっている。

★卒業生の進路状況
＜卒業生218名＞
大学86名、短大6名、専門学校100名、就職7名、その他19名

★卒業生の主な合格実績
横浜国立大、亜細亜大、桜美林大、神奈川大、関東学院大、国士舘大、駒澤大、拓殖大、帝京大、帝京平成大、東京都市大、日本大、日本女子体育大、明海大、明星大、目白大、立正大

♣指定校推薦枠のある大学・短大など♣
亜細亜大、桜美林大、大妻女子大、神奈川大、関東学院大、工学院大、国士舘大、大東文化大、鶴見大、東

京工科大、東京電機大、東洋大、日本大、文教大、明海大、立正大　他

[トピックス]
・平成17年、**全日制、普通科、単位制**の高等学校として開校。
・地域に根ざし、地域から愛され、信頼される学校を目指している。
・**冷暖房が完備**している。また、介護入浴実習室、福祉実習室、2つのパソコンルーム、トレーニングルーム、弓道場など、**施設・設備が充実**。
・普通教室に Wi-Fi 完備し、ICT を活用した授業を行っている。
・平成27年度から、**スポーツ特別強化校**、令和2年度から、**Society 5.0 に向けた学習方法研究校**に指定されている。
・生徒会による地域清掃活動を行っている。

[学校見学]（令和5年度実施内容）
★学校見学会　7月1回、8月4回
★部活動体験　8月2回
★学校説明会　10・12月各1回、11月2回
★四葉祭　9月
★夏休みや冬休みに学校見学を行っている。（要連絡）

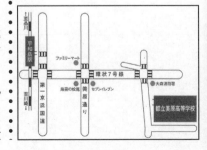

受検状況

科名・コース名	募集人員	推薦に基づく入試				第一次募集・分割前期募集			
		募集人員	応募人員	応募倍率	合格人員	募集人員	受検人員	受検倍率	合格人員
普通	196	40	133	3.33	40	156	162	1.04	157

入学者選抜実施方法

推薦

科名・コース名	推薦枠		調査書の活用		満点					備考
	割合(%)	特別推薦の有無	観点別学習状況の評価	評定	調査書点	集団討論・個人面接	小論文	作文	実技検査	
普通	20	○	−	○	500	300	−	200	−	

第一次・分割前期

科名・コース名	分割募集	男女枠緩和	学力検査		調査書		学力検査：調査書	満点					備考
			教科	学校指定による傾斜配点	教科の評定の扱い 学力検査を実施する教科	学力検査を実施しない教科		学力検査	調査書点	面接	小論文・作文	実技検査	
普通	−		5	−	1倍	2倍	7:3	700	300	−	−	−	

〈本校の期待する生徒の姿〉

本校は開校以来変わらぬ教育理念である「自律共生」の精神の涵養(かんよう)の下、個性や適性、進路希望に応じて幅広く学習できる単位制の利点を生かし、豊富な選択科目、習熟度別指導、少人数指導等きめ細かな教育を実践しています。具体的には「キャリア教育を基調とし、上級学校に進学する高等学校」を目指し、本校独自のキャリア教育「Gateway To Careers ―未来への扉―」を実施しています。

本校では、次のような生徒が入学することを期待しています。

1　将来に向けた生活設計を考え、それに向かい実践的な学習活動及びキャリア教育活動を積極的に行える生徒
2　他人をよく理解し協力して学校行事・生徒会活動・委員会活動等に取り組み、自分の可能性を伸ばそうと努力する生徒
3　部活動やボランティア活動等に積極的に参加するとともに、課題を自ら発見し解決しながら学習との両立を目指す生徒
4　健康や安全に心を配りルールやマナーを遵守し、自らの役割を把握しながら責任ある行動をとることができる生徒
※　特に推薦選抜においては、学習を中心とした活動に意欲が高く、他の模範となりリーダーシップがとれる生徒が望ましい。
※　「文化・スポーツ等特別推薦」は、女子バレーボール、男子サッカー、陸上競技、男子バスケットボールについて実施する。

難易度(偏差値)	D−2(46−43)	併願校選択例	大森学園、蒲田女子、神田女学園、日本工業大駒場、日本体育大荏原

次のページもご覧ください ▶▶▶

都立 雪谷（ゆきがや）高等学校

https://www.metro.ed.jp/yukigaya-h/

📮146-0085　大田区久が原1-14-1
☎03-3753-0115
交通　東急池上線御嶽山駅　徒歩8分

普通科

制　服　あり

[カリキュラム] ◇三学期制◇

・50分×6時限授業。平成27年度より**土曜授業**を導入。年18回、4時限の授業を行い、授業時数の確保を図る。

・1年次の数Ⅰ、論理・表現Ⅰ、2年次の論理・表現Ⅱで**習熟度別授業**を実施し、学習内容の理解・定着に努める。

・1年次は、芸術を除き共通履修で、幅広い教養を身につけ、基礎・基本の学力をつける。

・2年次は、一部の授業で文系・理系に分かれるが、**国公立大学受験**に対応するために、文理とも同じ科目を異なる単位数で実施する。

・3年次は、さらに大学入試に対応するために、文理別の必修選択（週12単位分）と自由選択（6単位分）を設ける。

[部活動]

・約20の部・同好会があり、生徒の9割弱が参加。体育系では全国大会出場の**チアリーディング部**、**野球部**をはじめ、様々な部活が頑張っている。

・令和4年度は、**バドミントン部**が関東大会予選で7位入賞。

・令和3年度には、**チアリーディング部**が第32回全日本高等学校選手権大会に出場し、全国6位入賞。

・**ソフトテニス部**が5年連続インドア大会に出場している。

★**設置部**（※は同好会）
バレーボール、バスケットボール、バドミントン、チアリーディング、陸上、サッカー、硬式野球、ソフトテニス、硬式テニス、水泳、剣道、吹奏楽、茶道、軽音楽、美術、クッキング、コンピューター、演劇、書道、天文、※海外文化研究

[行　事]

・9月の雪谷祭（文化祭）では中庭で行われるチアリーディング部や吹奏楽部が人気を集める。

・5月　生徒総会、スタディキャンプ（1年）

6月　体育祭
8月　勉強合宿
9月　雪谷祭（文化祭）
10月　修学旅行（2年）
2月　マラソン大会
3月　合唱祭

[進　路]（令和5年3月）

・進路指導は1年次から力を入れ、**ガイダンス**や**面談**などを適宜実施している。

・入学後の4月または5月に**スタディキャンプ**を実施。この宿泊ガイダンスで勉強の仕方について学ぶ。

・2年次の冬季休業中に**受験スタートアップ講習**を実施。

・放課後・土曜日・長期休業中に**補習**や**講習**を実施（全学年）。

・1、2年次は**夏期講習**で苦手科目の克服をめざす。また、8月下旬、全学年の希望者を対象に**勉強合宿**を行う。

★**卒業生の進路状況**
＜卒業生 274名＞
大学236名、短大1名、専門学校14名、就職1名、その他22名

★**卒業生の主な合格大学**
筑波大、東京都立大、東京海洋大、埼玉大、茨城大、横浜国立大、信州大、神奈川県立保健福祉大、早稲田大、慶應義塾大、上智大、東京理科大、学習院大、明治大、青山学院大、立教大、中央大、法政大

♣**指定校推薦枠のある大学・短大など**♣
学習院大、國學院大、成蹊大、専修大、東京電機大、東京都市大、東京農業大、日本大、武蔵大、明治学院大　他

[トピックス]

・大正2年、東京府荏原郡調布村立調布女子実業補習学校として創立。昭和25年に現校名となり、現在に至る。

・良き伝統を受け継ぎ、「**文武両立**」をモットーに掲げる本校の活発な課外活動は、今や地域の誇りとなっている。

・閑静な住宅街に位置し、自然にも恵まれた環境の学校である。

・200名以上収容可能な**視聴覚室**は、階段教室で、ビジュアル機器が整っている。

・この他、36,000冊の蔵書がある**図書館**など、都立高校では最新式の施設・設備を誇る。

・**文化・スポーツ等特別推薦**で野球・チアリーディングの2種目を実施。

・**自習室**があり、平日8:00～18:50の間使用することができる。

・平成22年度より制服を改定。

・平成29年度には硬式野球部の全国高校野球選手権大会東東京大会予選において、**全校応援**を実施した。

・令和2年度より「Society 5.0に向けた学習方法研究校」に指定される。

[学校見学]（令和5年度実施内容）

★学校見学会　7月1回、8月3回（要予約）

★授業公開　4・11月

★学校説明会　10・11・12・1月各1回（要予約）

★雪谷祭　9月　見学可

★合同学校説明会　10月

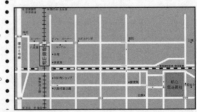

※本欄の内容はすべて令和6年度入試のものです。

受検状況

科名・コース名	募集人員	推薦に基づく入試				第一次募集・分割前期募集			
		募集人員	応募人員	応募倍率	合格人員	募集人員	受検人員	受検倍率	合格人員
普通	277	56	162	2.89	56	221	338	1.53	223

入学者選抜実施方法

	科名・コース名	推薦枠		調査書の活用		満点					備考
		割合(%)	特別推薦の有無	観点別学習状況の評価	評定	調査書点	集団討論・個人面接	小論文	作文	実技検査	
推薦	普通	20	○	－	○	300	100	－	200	－	

	科名・コース名	分割募集	男女枠緩和	学力検査		調査書		学力検査：調査書	満点					備考
				教科	学校指定による傾斜配点	教科の評定の扱い			学力検査	調査書点	面接	小論文・作文	実技検査	
						学力検査を実施する教科	学力検査を実施しない教科							
第一次・分割前期	普通	－	○	5		1倍	2倍	7：3	700	300	－	－	－	

〈本校の期待する生徒の姿〉

　本校の目標は、「文武両立」すなわち、知性が高く健康で調和の取れた人材の育成です。このため学業に積極的に取り組み、目的意識をもって学校生活を送ることができる生徒を期待します。
1　本校への志望動機が明確であり、入学後、積極的に高校生活に取り組む意欲をもつ生徒
2　将来の進路に対する目的意識がしっかりしており、目標の実現に向けて日々努力できる生徒
3　学習意欲が高く、入学後も探究心、向上心により成果が期待できる生徒
4　中学校で学校行事や部活動等の特別活動に積極的に参加し、入学後はリーダーシップのとれる生徒
※　特に推薦選抜においては、中学校での学業の成績に優れ、学校行事や部活動等の特別活動において中心的な活躍をしてきた生徒が望ましい。
※　「文化・スポーツ等特別推薦」においては、その種目に優れた能力をもち、入学後は3年間当該部活動を継続し本校における学業と両立できる生徒が望ましい。

難易度（偏差値）	C－1（57－55）	併願校選択例	大森学園、駒澤大、東京、日本大櫻丘、文教大付属

次のページもご覧ください ▶▶▶

都立 六郷工科 高等学校
(ろくごうこうか)

https://rokugokoka-h.metro.ed.jp/

プロダクト工学科
オートモビル工学科
システム工学科
デザイン工学科
デュアルシステム科

☎ 144-8506　大田区東六郷 2-18-2
☎ 03-3737-6565
交通　京浜急行線雑色駅　徒歩3分

単位制

制　服　あり

[カリキュラム] ◇三学期制◇
・デュアルシステム科と他の4科ではカリキュラムが大きく異なる。4科の1年次は共通の科目を履修。2、3年次からは**70科目以上の自由選択科目**が用意される。入学後は、より専門性を高めるべく、4科では用意された**履修パターン**から選んで学習する。

★プロダクト工学科
・各種工作機械やものづくりの技術を学習。
・コンピュータを使ったものづくりやデザインについて学ぶ。
・主に金属素材を使った造形作品やデザイン立案、プレゼンテーションに関し学ぶ。
・ガス溶接技能講習修了証、危険物取扱者（乙種4種）、機械製図検定、基礎製図検定、CAD検定、情報技術検定、3級技能士検定、2級ボイラー技士検定などの資格が取得可能。

★オートモビル工学科
・「自動車整備」パターンでは、自動車整備技術に関し学習。卒業時には**3級自動車整備士の実技試験**が免除。
・「自動車製作」パターンでは、実践的な工業技術全般（溶接技術、板金技術、製図技術など）に関し幅広く学習。**省エネルギー自動車・ソーラーカー**の製作なども行う。
・ガス溶接技能講習修了証、危険物取扱者（乙種4種）、情報技術検定、3級自動車整備士資格等が取得可能。

★システム工学科
・「電気システム」パターンでは、発電機・電気機器や半導体・電子回路など、電気に関する事柄を幅広く学習。卒業後に**第2種電気工事士の筆記試験**が免除される。
・「コンピュータシステム」パターンでは、コンピュータのハードウェアやソフトウェア、ネットワーク、情報処理システムについて学習。
・ITパスポート、情報技術検定、パソコン検定などの取得が可能。

★デザイン工学科
・「ビジュアルデザイン」パターンでは、CGやアニメーション制作、書籍・雑誌の編集デザインなどを学習。
・「プロダクトデザイン」パターンでは、身近な生活用品などに関するデザインについて学習。

・色彩検定、CG検定、画像処理検定、DTP検定などが取得可能。

★デュアルシステム科
・企業と学校がいっしょになって生徒を育成する学科で、日本では本校が初の導入となる。「デュアル」とは「2つの」という意味で、「企業」と「学校」を指す。
・1年次は自分にあった職種や業種を見つけるため、企業見学や**インターンシップ**（1社あたり5日間を2社）でいくつかの工業系の職業を体験する。
・2・3年次では6～7月（前期）、11～12月（後期）のそれぞれ1ヶ月間の**長期就業訓練**を実施。現場の社員の方から直接指導を受け、生きた技術・技能を身につける。

[部活動]
・希望者参加制。

★設置部（※は同好会）
バスケットボール、バレーボール、硬式野球、サッカー、硬式テニス、バドミントン、ラグビー、スピードボール、剣道、卓球、イラスト、アート、軽音楽、コンピュータ、自動車、映画研究、※機械工作、※ねぶた、※写真、※デジタルドローン

[行　事]
5月　校外学習
6月　体育祭
10月　修学旅行（2年）
11月　六郷祭（文化祭）

[進　路]（令和5年3月）
・全科とも1年次に学校設定科目「働くこと生きること（人間と社会）」を通じ、進路に対する意識を養う。
・夏季休業中には**夏期講習**を開催。
・基礎学力の定着のため朝学習を実施。
・選んだ履修パターンに応じ、工芸系・グラフィック系から情報系、工業系まで幅広い分野へ進学・就職が可能。

★卒業生の進路状況
＜卒業生 121名＞
大学7名、短大1名、専門学校32名、就職61名、その他20名

★卒業生の主な進学先
東京電機大、嘉悦大、城西大、城西国際大、帝京大、明星大、和光大

[トピックス]
・平成16年4月、都内初の**単位制工科高校**として開校。**資格指導・進路指導・地域活動**を重視している。豊富な選択科目により、一人ひとりの進路計画に対応。
・教育目標は、「あいさつを大事にして職業人としての立ち居振る舞いができる人財（生徒）の育成」「就職試験に合格できる学力の定着」。
・デュアルシステム科は、インターンシップや長期就業訓練の教育プログラム。その他専門学科は、企業見学やインターンシップの取り組み等、企業と連携したものづくり人材の育成を行っている。
・文化祭などの学校行事をはじめとして、全日制と定時制が連携。相互の授業・科目を併修することができる。
・学習・進路・生活についての相談等、**チューター**による個別支援を生徒一人ひとりに実施。
・**アクティブラーニング**「わかる授業」「活動的な授業」を取り入れ、就職試験に合格できる学力を定着させる。
・全教室、全実習室、**冷暖房完備**。
・広い実習スペースを確保。実習機器も完備。**自動車施設**は都内一の充実度を誇る。
・多文化共生社会の実現に向けた教育活動を推進しており、海外修学旅行の実施（台湾）、海外姉妹校との交流や、スタディツアーを実施している。
・2021年度より、日本工学院専門学校との教育連携をスタート。AIシステム・eスポーツ等の先端技術が学べる新規講座を開設。

[学校見学]（令和5年度実施内容）
★授業公開　6・11月各1回
★学校見学会　6・8月各1回
★体験授業　8・10月各1回
★学校説明会　10・11・12月各1回
★六郷祭　11月　見学可

受検状況

科名・コース名	募集人員	推薦に基づく入試				第一次募集・分割前期募集			
		募集人員	応募人員	応募倍率	合格人員	募集人員	受検人員	受検倍率	合格人員
プロダクト工学	32	12	6	0.50	9	23	12	0.52	18
オートモビル工学	32	12	18	1.50	12	20	21	1.05	20
システム工学	32	12	19	1.58	12	20	28	1.40	20
デザイン工学	32	12	21	1.75	12	20	17	0.85	19
デュアルシステム	32	12	7	0.58	10	25	4	0.16	5

入学者選抜実施方法

推薦

科名・コース名	推薦枠		調査書の活用		満点					備考
	割合(%)	特別推薦の有無	観点別学習状況の評価	評定	調査書点	集団討論・個人面接	小論文	作文	実技検査	
プロダクト工学	40	○	–	○	500	400	–	100	–	
オートモビル工学	40	○	–	○	500	400	–	100	–	
システム工学	40	○	–	○	500	400	–	100	–	
デザイン工学	40	○	–	○	500	400	–	100	–	
デュアルシステム	40	○	–	○	500	400	–		100	

第一次・分割前期

科名・コース名	分割募集	男女枠緩和	学力検査		調査書		学力検査：調査書	満点					備考
			教科	学校指定による傾斜配点	教科の評定の扱い 学力検査を実施する教科	学力検査を実施しない教科		学力検査	調査書点	面接	小論文・作文	実技検査	
プロダクト工学	–		5	–	1倍	2倍	7:3	700	300	–	–	–	
オートモビル工学	–		5	–	1倍	2倍	7:3	700	300	–	–	–	
システム工学	–		5	–	1倍	2倍	7:3	700	300	–	–	–	
デザイン工学	–		5	–	1倍	2倍	7:3	700	300	–	–	–	
デュアルシステム	–		5	–	1倍	2倍	7:3	700	300	–	–	–	

〈本校の期待する生徒の姿〉
★プロダクト工学科・オートモビル工学科・システム工学科・デザイン工学科

全国初の単位制工業高校です。多様な学習目的・進路選択に対応する4学科を設置し、次に示すような生徒の入学を期待します。
○プロダクト工学科　「ものづくり」を通して自分の将来を考え、何事にも誠実に取り組む生徒
○オートモビル工学科　自動車の構造・整備に興味があり、学習面等に積極的に取り組む生徒
○システム工学科　電気やコンピュータに興味があり、粘り強く学習に取り組み資格取得にもチャレンジできる生徒
○デザイン工学科　広告・ポスター・写真・動画・Webのデザインや生活に関連する工業製品のデザインに興味のある生徒
1　本校の教育目標を理解し、その実現に向け、自ら積極的に取り組む生徒
2　学業と部活動等を両立させ、「知力・気力・体力づくり」にすすんで取り組む生徒
3　努力を惜しまず、資格取得にすすんで取り組む生徒
4　本校の規則を守り、奉仕活動にすすんで取り組む生徒

★デュアルシステム科

デュアルシステム科は、企業での「職場体験（＝働くこと）」を授業として認めている学科です。これは、学校と企業が協力して生徒を育てる教育の仕組みです。生徒は、働くことで社会の厳しさやマナーの大切さを感じ、現場での技術等を身に付けることができます。また、3年間、将来の進路に向け真剣に考えることができます。デュアルシステム科を目指す生徒は、次のような項目に該当する生徒であることを望みます。
1　本校の教育目標を理解し、その実現に向け、自ら積極的に取り組む生徒
2　ものづくりに興味があり、将来、日本のものづくりを支えていきたいと考えている生徒
3　マナー、コミュニケーション等、社会人に必要な基礎・基本の定着を目指す生徒
4　資格取得等に積極的に挑戦し、何事にも粘り強く取り組むことができる生徒

難易度（偏差値）	プロダクト工学・オートモビル工学・システム工学・デザイン工学　E-1（42-38）／デュアルシステム　E-2（42-38）

都立 大崎 高等学校

おおさき

普通科

https://www.metro.ed.jp/osaki-h/

☏ 142-0042　品川区豊町 2-1-7
☎ 03-3786-3355
交通　東急大井町線戸越公園駅　徒歩 4 分
　　　都営地下鉄浅草線戸越駅　徒歩 12 分
　　　東急池上線荏原中延駅　徒歩 12 分

制 服　あり

[カリキュラム]　◇三学期制◇

・平成28年度から「特進クラス」を設置。
・1 年次には芸術以外は共通履修で、基礎をしっかりと習得。
・2 年次から文系と理系に分かれ、1 年次の学習内容を発展・強化する。
・3 年次には、文系・理系に分かれる。自由選択科目も豊富に用意して、進路希望や適性に配慮。
・土曜日には土曜講習を年間16回実施（希望者）。
・毎朝、10分間の朝の学習活動（読書、速読、リスニング）を実施。

[部活動]

・約 8 割が参加。ペーパージオラマ部は第 9 回、10回と連続して全国高等学校鉄道模型コンテスト（一畳レイアウト部門）で最優秀賞受賞（全国 1 位）の実績を誇る。その特色ある活動ぶりは、テレビ、新聞などにたびたび取り上げられている。
・最近の主な実績は以下のとおり。
＜令和 5 年度＞
男子バスケットボール部がインターハイ予選で都ベスト16。硬式野球部が春季本大会 3 回戦進出。
★設置部（※は同好会）
バスケットボール、ソフトテニス、硬式テニス、バレーボール、硬式野球、剣道、柔道、卓球、ハンドボール、バドミントン、サッカー、水泳、ダンス、空手、陸上、吹奏楽、演劇、美術、漫画研究、和太鼓、クッキング、軽音楽、ペーパージオラマ、茶道、防災、箏曲・華道、天文、※百人一首

[行 事]

・10月後半に実施する強歩遠足では、31km（1 年生は 26km）の距離を踏破する。
・夏休みには希望者を対象に、10日間のオーストラリア海外体験（語学研修）を実施している。コロナ禍は休止。
6 月　体育祭
7・8 月　部活動合同合宿
9 月　黎明祭（文化祭）
10月　強歩遠足
12月　校外学習
1 月　修学旅行（2 年）
3 月　球技大会（1・2 年）

[進 路]（令和 5 年 3 月）

・学力向上への取り組みとして、放課後や長期休業中の補講や、勉強マラソンを実施。
・大学進学を希望する全学年の生徒を対象に、土曜講習を実施（一般受験対応）
・1 年次から進路ガイダンスを実施。
・3 年間の計画に基づいたキャリア教育を実施。
＜進路関係の主な行事＞
4 月　進路調査、実力テスト（全学年）
5 月　進路ガイダンス（全学年）、志望理由書講演会（3 年）
7 月　実力テスト（全学年）、面接指導（3 年）
9 月　指定校・共通テスト説明会（3 年）、実力テスト（1・2 年）
10月　模擬試験（3 年）
11月　実力テスト（1・2 年）、模擬試験（3 年）
12月　進路調査、共通テスト説明会（3 年）
1 月　実力テスト（1・2 年）
2 月　小論文テスト（2 年）
3 月　進路ガイダンス（1・2 年）、社会人講話（1 年）、卒業生講話（1・2 年）、看護系講話（1・2 年）

★卒業生の進路状況
＜卒業生260名＞
大学182名、短大 5 名、専門学校56名、就職 1 名、その他16名

★卒業生の主な合格実績

青山学院大、神奈川大、駒澤大、国士舘大、専修大、拓殖大、東京電機大、東京都市大、東京理科大、東洋大、獨協大、日本大、法政大、明治学院大、明治大、早稲田大、日本体育大　他

♣指定校推薦枠のある大学・短大など♣
神奈川大、関東学院大、工学院大、国士舘大、大東文化大、拓殖大、玉川大、帝京大、東京経済大、東京電機大、東京農業大、二松學舍大、日本大、法政大、武蔵野大、立正大他

[トピックス]

・明治44年創立。令和 3 年に創立110周年を迎えた都立有数の伝統校。
・平成11年 8 月に竣工した 7 階建ての校舎は、地震対策として、全国の高校ではじめて「免震構造」によってつくられている。東日本大震災時にも、本の落下が一冊もなかった。
・平成30年人工芝グラウンドも竣工。
・平成24年度に都の「防災教育推進校」に指定された。地域とともに取り組む防災活動として、防災活動支援隊（防災部）となり、月 1 回以上の活動を行っている。この活動を通じ、上級救命技能認定証の取得をする。
・男子バスケットボール部、野球部について、文化・スポーツ特別推薦を実施。

[学校見学]（令和 5 年度実施内容）

★学校説明会　10月 2 回
　11・12月各 1 回
★授業公開　6・11月各 1 回
★黎明祭　9 月　見学可
★学校見学会　6・7・8 月各 1 回

受検状況

科名・コース名	募集人員	推薦に基づく入試				第一次募集・分割前期募集			
		募集人員	応募人員	応募倍率	合格人員	募集人員	受検人員	受検倍率	合格人員
普通	277	56	185	3.30	56	221	298	1.35	223

入学者選抜実施方法

推薦

科名・コース名	推薦枠		調査書の活用		満点					備考
	割合（％）	特別推薦の有無	観点別学習状況の評価	評定	調査書点	集団討論・個人面接	小論文	作文	実技検査	
普通	20	○	−	○	450	250	−	200	−	

科名・コース名	分割募集	男女枠緩和	学力検査		調査書		学力検査：調査書	満点					備考
			教科	学校指定による傾斜配点	教科の評定の扱い			調査書	学力検査	調査書点	面接	小論文・作文	実技検査	
					学力検査を実施する教科	学力検査を実施しない教科								
第一次・分割前期 普通	−	○	5		1倍	2倍	7:3		700	300	−	−	−	

〈本校の期待する生徒の姿〉

　大崎高校は、「変化の激しい社会をたくましく生きる、タフな人材の育成」を教育目標に掲げ、生きている間に訪れる様々な困難や問題に対して、自ら立ち向かい、解決を図ろうとする、強い心と体をもった人材を育てていきたいと願っています。そのため、毎日の授業やホームルーム活動、部活動、学校行事等で生徒の意欲的な取り組みが行われている、活気ある学校です。本校の特長を理解し、次の項目に該当する人の入学を希望します。

1　本校での学校生活の目的を明確にもっている生徒
2　3年間継続して、勉学やホームルーム活動、部活動、生徒会活動、学校行事に意欲的に取り組む生徒
3　自分自身の将来を考え、人生を意欲的に切り拓いていこうとする強い意志をもつ生徒
4　自分と社会の幸福を願い、社会における自己の役割を探究する努力のできる生徒
※　特に推薦に基づく選抜では、上記1から4の各項目に該当する生徒が望ましい。
※　「文化・スポーツ等特別推薦」を、硬式野球部、男子バスケットボール部について実施する。

難易度（偏差値）	D−2（46−43）	併願校選択例	大森学園、正則学園、東京家政学院、文教大付属、目黒学院

都立 小山台 高等学校
こやまだい

https://www.metro.ed.jp/koyamadai-h/

☎ 142-0062　品川区小山 3-3-32
☎ 03-3714-8155 ～ 7
交通　東急線武蔵小山駅　徒歩0分

普通科

制　服	あり

[カリキュラム] ◇三学期制◇

・東京都より「進学指導特別推進校」及び「英語教育研究推進校」に指定されている。
・カリキュラムは、基礎の充実と幅広い教養を身に付けることを目指し、2年生までは共通履修とし、国公立大学の入試や大学進学共通テストに対応している。
・土曜日授業を年間20回実施することで授業時間数を確保し、さらに、きめ細かな指導のために、2年生以上では数学と英語で習熟度別授業を実施している。
・3年生では、受験用の多様な演習講座を用意し、国公立大学や難関私立大学の入試に必要な学力を培う。

[部活動]

・約10割が参加。本校では部活動のことを班活動と呼んでいる。班の総数は29。
・甲子園出場の経験がある野球班をはじめ、各班とも活発に活動し、開校以来の文武両道の伝統を守っている。
・令和4年度には、ダンス班が全国高校ダンス部選手権（ダンススタジアム）関東甲信越大会において、Cブロックスモールクラス4位入賞、全国大会に出場した。ブラスバンド班が東京都高等学校吹奏楽コンクールに出場し金賞を受賞、都大会に出場した。弦楽班は関東甲信越地区グランプリ大会に出場した。
・令和元年度は硬式野球班が全国高等学校東京大会で2年連続準優勝。陸上競技班が男子三段跳で全国大会で出場した。

★設置班

硬式野球、ラグビー、サッカー、陸上競技、男女バレーボール、男女バスケットボール、バドミントン、硬式テニス、ソフトテニス、剣道、器械体操、卓球、水泳、ダンス、物理ラジオ、化学、生物、天文、ホームサークル、美術、演劇、ESS、将棋、ブラスバンド、茶道、KBS（放送）、弦楽

[行　事]

・数ある学校行事のなかで、いわゆる体育祭は、日常の体育の授業での運動の成果を披露する場だということで、「運動会」という名称で伝統的に行っている。高度な種目内容、団結した応援合戦などは、「全都一」との評判である。
・合唱コンクールは課題曲と「校歌」を、学年ごとに競う。（平成28年度以降は府中の森芸術劇場で実施。）

6月	合唱コンクール（全校）
7月	大学見学会（2年）、水泳大会
8月	夏季合宿、国際交流デー（小山台デー）、英独海外派遣
9月	寒菊祭（運動会、文化祭）
12月	修学旅行（2年）、遠足（1年）
1月	百人一首大会（1年）、勉強合宿（2年）
2月	マラソン大会（1・2年）、剣道大会、ダンス発表会
3月	球技大会（1・2年）、進路講演会（1・2年）

[進　路]（令和5年3月）

・年間を通して講習が行われる。
・2年次冬休みには勉強合宿を実施。
・予備校の授業のDVDやスタディサプリで受講するサテライト講座（10講座以上）を実施。
・生徒が自分自身の将来を考えるために、社会人によるキャリアガイダンスや「学問の面白さ体験講座」などを企画・実施している。
・夜7時まで開放される夜間自習室を設定している。

★卒業生の主な合格実績

京都大、東京工業大、一橋大、東北大、北海道大、九州大、東京医科歯科大、東京外国語大、千葉大、筑波大、埼玉大、お茶の水女子大、東京海洋大、東京学芸大、東京農工大、横浜国立大、東京都立大、横浜市立大、早稲田大、慶應義塾大、青山学院大、学習院大、上智大、中央大、東京理科大、法政大、明治大、明治学院大、立教大

♣指定校推薦枠のある大学・短大など♣

東京都立大（5）、早稲田大（5）、慶應義塾大（2）、青山学院大（1）、学習院大（9）、中央大（7）、東京理科大（2）、法政大（2）、明治大（1）、立教大（2）他

[トピックス]

・大正12年、東京府立第八中学校として開校された。
・進学重視の指導体制、活発な学校行事と班活動、着実に成果を残している国際交流。
・本学の国際交流は小山台教育財団の後援で行われている。ドイツ・イギリス交換留学を実施（隔年に派遣・受入）したり、イギリス（ボーンマス・ブリッドポート）での語学研修に派遣したりして、活発な国際交流を行っている。
・都教育委員会の進学指導特別推進校および英語教育研究推進校の指定を受けている。

[学校見学]（令和5年度実施内容）

★授業公開　6・10月各1回
★学校説明会　10・11・12月各1回
★学校見学会　6月1回、8月2回
★運動会　9月
★文化祭　9月
★学校見学は随時可（要予約）

受検状況

科名・コース名	募集人員	推薦に基づく入試				第一次募集・分割前期募集			
		募集人員	応募人員	応募倍率	合格人員	募集人員	受検人員	受検倍率	合格人員
普 通	316	64	164	2.56	64	252	316	1.25	256

入学者選抜実施方法

	科名・コース名	推薦枠		調査書の活用		満点					備考
		割合(%)	特別推薦の有無	観点別学習状況の評価	評定	調査書点	集団討論個人面接	小論文	作文	実技検査	
推薦	普 通	20	−	−	○	450	200	250	−		

	科名・コース名	分割募集	男女枠緩和	学力検査		調査書		学力検査	調査書	満点					備考
				教科	学校指定による傾斜配点	教科の評定の扱い				学力検査	調査書点	面接	小論文・作文	実技検査	
						学力検査を実施する教科	学力検査を実施しない教科								
第一次・分割前期	普 通	−	○	5		1倍	2倍	7:3		700	300	−	−	−	

〈本校の期待する生徒の姿〉

　本校は「敬愛・自主・力行(りっこう)」の態度を養うことを教育目標に掲げ、向上心にあふれ常日頃から努力を怠らず、自らの目標を達成できる人材の育成に努めています。そこで、次のような生徒の入学を期待します。
1　大学進学への意欲が高く、また、自らすすんで学業に取り組み、目標を達成しようとする志の高い生徒
2　学校行事や生徒会・委員会活動、部活動等において、中心的な存在であった生徒、もしくは、何事に対しても真剣な態度で臨み、地道な努力を重ねてきた生徒で、入学後も引き続き努力を続けられる生徒
3　諸外国の歴史や文化及び国際交流等に強い興味と関心をもつ生徒
※　特に推薦選抜においては、上記2に該当する生徒が望ましい。

難易度（偏差値）	A−2（69−67）	併願校選択例	國學院、順天、青稜、東洋、朋優学院

普通科

都立 八潮（やしお）高等学校

https://yashio-h.metro.ed.jp/

☎ 140-0002　品川区東品川 3-27-22
☎ 03-3471-7384
交通　京浜急行線青物横丁駅、りんかい線品川シーサイド駅　徒歩５分
　　　ＪＲ京浜東北線、東急線大井町駅　徒歩 15 分またはバス

制　服　あり

[カリキュラム] ◇三学期制◇

・平成25年度入学生より共通テストなどに対応できる充実したカリキュラムを導入。
・平成27年度入学生より「**特進クラス**」を設置。特進クラス希望者の中から入試結果により総合的に判断し選抜する。特進クラスでは週４日の進学ゼミ（放課後講習）とアドバンストシステム（土曜講習）を行い、夏季休業中には勉強会に参加する。
・１年次は全員が共通の科目を学習する。
・２年次は、**理科選択**（物理基礎と地学基礎）と**文理選択**（古典演習と数学B）が設置される。また、「総合的な探究の時間」を週時程内で実施するなどの措置により、**キャリア教育**に力を入れている。
・３年次は**選択科目**が大幅に増え、8単位の選択A、8単位の選択B、3単位の地歴/数学選択が設置されるので、進路に応じた学習が行える。
・本校の教員と現役塾講師による大学受験講座である本校独自の「**アドバンストシステム**」を設定して生徒をバックアップする（希望登録制）。アドバンストシステムでは、通常の授業の他に放課後講習、土曜講習（年間19回）、塾講習を実施。長期休業中には講習や勉強会に参加する。
・英語検定、漢字検定、日本語検定、パソコン検定など各種検定の受検指導を行っている。
・全校生徒に「スタディサプリ」を導入。

[部活動]

・弓道部はインターハイ出場経験をもつ。また、**合唱部**は初代NHK合唱コンクール全国優勝校であり、過去に同大会5年連続優勝などの実績がある。
・最近の主な実績は以下のとおり。
＜令和４年度＞
　女子バレーボール部が、春季大会兼関東大会予選大会３チームリーグで準優勝した。**硬式テニス部**が、第一学区大会で団体準優勝。**和太鼓部**が、第31回中央大会で銀賞を受賞

した。
＜令和３年度＞
　弓道部が東京都個人選手権大会にて関東大会に出場した。
＜令和元年度＞
　ダンス部がダンススタジアム全国大会に出場し、特別賞を受賞した。
★設置部（※は同好会）
　剣道、弓道、柔道、バレーボール、バスケットボール、硬式テニス、バドミントン、卓球、軟式野球、サッカー、陸上競技、水泳、ダンス、フットサル、茶華道、写真、食物、理数研究、美術、演劇、管弦楽、合唱、情報処理、軽音楽、漫画研究、園芸、和太鼓、百人一首、※英語、※ボランティア

[行　事]

5月　校外学習
6月　体育祭
7月　夏の勉強会
9月　八潮祭（文化祭）
11月　修学旅行（2年）
12月　漢字力・計算力コンテスト、芸術鑑賞教室
2月　マラソン大会（1・2年）、合唱祭

[進　路] （令和5年3月）

・卒業生による**進路体験発表会**、各大学、専門学校による**学校説明会**、夏季休業中の**補習・補講**、**公務員ガイダンス**、**公務員模擬テスト**、大学教授による**出張授業**、**模擬テスト**、**進路適性検査**など「総合的な学習の時間」とリンクして実施し、きめの細かい指導を行っている。
・四年制大学への進学率など、進路実績も安定している。
★卒業生の主な進学先
　駒澤大、立正大、国士舘大、神奈川大、関東学院大、流通経済大、桜美林大、専修大、大正大、高千穂大、多摩大、帝京科学大、帝京平成大、東海大、東京造形大、東京電機大、日本大、武蔵野大、目白大
♣指定校推薦枠のある大学・短大など♣
　桜美林大、神奈川大、関東学院大、工学院大、国士舘大、駒澤大、駒沢

女子大、産業能率大、城西大、実践女子大、専修大、大正大、大東文化大、拓殖大、玉川大、鶴見大、東京家政学院大、東京電機大、東洋大、二松學舎大、日本大、文教大、立正大、和光大　他

[トピックス]

・大正7年、東京府荏原郡実科女学校として創立。以後、数度の校名変更の後、昭和24年、男女共学の実施と共に東京都立八潮高等学校となり、現在に至る。100年の歴史をもつ**伝統校**である。
・**生活指導**は厳しく、頭髪・服装・装飾品についての指導がされている。
・東京都学力向上研究校に指定されている。
・基礎学力の定着を目指し、放課後に**校内寺子屋**を実施。

[学校見学] （令和5年度実施内容）

★学校見学会　6・7・8月各1回（8月は体験授業も実施）
★学校説明会　10・11・12・1月各1回
★授業公開　6・11月各1回
★八潮祭　9月　見学可
★学校見学は火・木曜日に実施。学期中は16時より、長期休業中は10時より（2日前までに電話にて予約）
※日程や内容の変更の可能性があるので、HPにてご確認ください。

入試!インフォメーション

※本欄の内容はすべて令和6年度入試のものです。

受検状況

科名・コース名	募集人員	推薦に基づく入試				第一次募集・分割前期募集				分割後期募集・第二次募集		
		募集人員	応募人員	応募倍率	合格人員	募集人員	受検人員	受検倍率	合格人員	募集人員	受検人員	合格人員
普通	196	48	93	1.94	48	148	155	1.05	148	42	33	33

入学者選抜実施方法

推薦

科名・コース名	推薦枠		調査書の活用		満点					備考
	割合(%)	特別推薦の有無	観点別学習状況の評価	評定	調査書点	集団討論個人面接	小論文	作文	実技検査	
普通	20	○	－	○	500	250	－	250	－	

科名・コース名	分割募集	男女枠緩和	学力検査		調査書		学力検査 : 調査書	満点					備考
			教科	学校指定による傾斜配点	教科の評定の扱い			学力検査	調査書点	面接	小論文・作文	実技検査	
					学力検査を実施する教科	学力検査を実施しない教科							
第一次・分割前期 普通	○	○	5		1倍	2倍	7:3	700	300	－	－	－	
分割後期・第二次 普通	○		3		1倍	2倍	6:4	600	400	個人300	－	－	

〈本校の期待する生徒の姿〉

本校は自己の幸福を願い、自己と社会との関わりを考え、幸福な社会の実現を願う人財を育成します。この実現に向けて、人生を力強く切り拓き、自己実現を意欲的に図ろうとする意志をもつ生徒を育てるため、次の点に該当する生徒の入学を期待します。
1　真面目な態度で学校生活を送りつつ、自分の進路や生き方を真剣に考え、その実現に向けて意欲的に取り組むことができる生徒
2　学習活動に課題意識をもって取り組み、自ら考え、資格取得や補習・講習等に積極的に参加することができる生徒
3　学習活動と部活動を両立し、学校行事、ホームルーム活動、生徒会活動等の特別活動に積極的に取り組む生徒
4　歴史と伝統ある本校の一員としての帰属意識をもち、社会人として恥じることのない望ましい規範意識をもつ生徒
※　特に推薦選抜においては、上記1から4までの項目に加えて、次の点に該当する生徒の入学が望ましい。
（1）　本校での学校生活における目的意識を明確にもち、3年間継続して勉学と部活動に取り組む意欲をもつ生徒
（2）　諸活動において積極的にリーダーシップを発揮し、自主性、協調性等豊かな人間性を身に付けようとする生徒
※　「文化・スポーツ等特別推薦」を、合唱、和太鼓、軟式野球について実施する。

難易度（偏差値）	D－3（46－43）	併願校選択例	品川翔英、京華、自由ヶ丘学園、昭和鉄道、東京実業

普通科

都立 日比谷 高等学校
(ひびや)

https://hibiya-h.metro.ed.jp/

☎ 100-0014　千代田区永田町 2-16-1
☎ 03-3581-0808
交通　東京メトロ赤坂見附駅・永田町駅・国会議事堂前駅・溜池山王駅　徒歩5分

制　服　あり

[カリキュラム] ◇二学期制◇

・1、2年次は芸術の選択科目を除いて、全員が共通の教科・科目（計35単位）を履修する。日課は **45分7時間授業**。
・2年次には自由選択科目として**第2外国語**のドイツ語、フランス語、中国語、ハングルから1科目を選択履修できる。
・3年次は現代文、政治経済、体育、英語（コミュニケーション英語、英語表現）を共通履修し、進路希望にあわせて**文類型・理類型**に分かれる。
・3年次の午後の授業はすべて**自由選択**で、多様な科目から最高で6科目まで選択履修できる。
・2・3年の英語と2年次の数学で**習熟度別授業**を実施。

[部活動]

・約9割が参加。
・令和5年度は、**硬式野球部**女子部員が、全国高等学校女子硬式野球選手権大会に出場した。
・令和4、5年度は、**硬式野球部**が東京都秋季大会において都大会に進出した。
・令和3年度は、**弓道部**が全国大会の競射の部（女子個人）、女子団体で優勝を果たした。
・令和元年度は、**棋道部、クイズ研究部**が全国大会に出場した。
・★設置部（※は同好会）
弓道、剣道、柔道、硬式野球、サッカー、ラグビー、陸上競技、硬式テニス、ソフトテニス、バスケットボール、バレーボール、水泳、バドミントン、卓球、ダンス、生物研究、天文、音楽（合唱班・オーケストラ班）、茶道、箏曲、美術研究、棋道、演劇、化学探究、軽音楽、雑草研究、クイズ研究、物理地学、漫画文芸、写真、※ESS

[行　事]

　星陵祭は体育大会、合唱祭と共に三大行事の一つであり、最大の行事といえる。例年、全クラスが教室劇を行い、夏休み前から脚本選びに取り組み、夏休みには稽古や大道具作りに精を出す。開催当日、3学年24クラスがいっせいに上演する姿は、なかなか壮観である。

5月	体育大会、遠足
6月	合唱祭
7月	勝山臨海合宿、夏山キャンプ
8月	SSH派遣研修、ボストン・ニューヨーク海外派遣研修
9月	星陵祭(文化祭)、卒業生講演会（2年）
10月	進路講演会（1年）
12月	スキー教室
3月	修学旅行（2年）、球技大会（1・2年）、海外姉妹校交流（韓国）

[進　路]（令和5年3月）

・どのような大学に進学することで自分の将来の夢が実現可能か、またそのためにはどういう学習が必要なのか、といったことについて、年4回の面談やセミナー（Ⅰ～Ⅱ、星陵セミナー）などを通じて助言している。
・3年生はほぼ毎週（理・社）、1・2年生は月に1～2回（英・数・国）、教員による**土曜講習**を実施している。
・**全国模試**を年3回、土曜日に実施。
・都教育委員会より**進学指導重点校**に指定されて以来、「骨太で重厚な進学校」たるべく様々な学校改革を実施。その結果、**難関国立4大学**（東京大・京都大・東京工業大・一橋大）と**国公立大学医学部医学科**の合格者数は大きく上昇し、近年では100名を超える年もある。

★卒業生の進路状況

　＜卒業生314名＞
大学192名、短大0名、専門学校0名、就職0名、その他122名

★卒業生の主な合格実績

東京大、京都大、北海道大、東北大、千葉大、筑波大、お茶の水女子大、東京医科歯科大、東京外国語大、東京学芸大、東京工業大、東京農工大、一橋大、横浜国立大、東京都立大、防衛医科大学校、早稲田大、慶應義塾大、上智大、東京医科大、日本医科大

♣指定校推薦枠のある大学・短大など♣

早稲田大、慶應義塾大　他

[トピックス]

・明治11年、東京府第一中学として創立。昭和25年、東京都立日比谷高等学校に改称、現在に至る。
・日本の政治経済の中枢と言うべき場所に位置しながらも、ちまたの喧騒からは隔てられた**静かな環境**にある。130年以上の歴史を有する**伝統校**で、**進学指導重点校**。グローバルリーダー育成を目標に掲げる **GE-NET20 指定校**。
・「創造性豊かに国際舞台で活躍できる科学者の育成」をテーマとするＳＳＨ指定校。令和4年度に四期目の指定を受けた（5年間）。1年次から3年次まで理数探究活動を実施。東京大学などと連携し、研究・技術の最先端や第一線の研究者の指導を受ける機会を設けるなどしている。
・**全人教育・全科目履修型**のカリキュラムで、3年次まで合唱祭・星陵祭に全力で取り組み、人間形成を行う。その上で難関国立（東京大、医学部医学科）を中心とした国立大学や慶應義塾大学・早稲田大学への進学をめざす。現役で40%が上記大学に進学している。
・3年生の秋まで行事・部活に取り組む。**文武両道**の伝統的な校風である。
・日比谷OBとの交流が活発で進路実現に向けたよい刺激になっている。

[学校見学]（令和5年度実施内容）

★学校説明会　10・11・3月各1回
★学校見学会　7・8月計6回
★入学相談会　12月1回
★星陵祭　9月
★海外の生徒など、説明会に参加できない場合は応相談
★学校見学は指定日時有（要連絡・HPで告知）

受検状況

科名・コース名	募集人員	推薦に基づく入試				第一次募集・分割前期募集			
		募集人員	応募人員	応募倍率	合格人員	募集人員	受検人員	受検倍率	合格人員
普通	317	64	163	2.55	64	253	354	1.40	268

入学者選抜実施方法

推薦

科名・コース名	推薦枠		調査書の活用		満点					備考
	割合(%)	特別推薦の有無	観点別学習状況の評価	評定	調査書点	集団討論個人面接	小論文	作文	実技検査	
普通	20	–	–	○	450	200	250	–		

第一次・分割前期

科名・コース名	分割募集	男女枠緩和	学力検査		調査書		学力検査 : 調査書	満点						備考
			教科	学校指定による傾斜配点	教科の評定の扱い 学力検査を実施する教科	学力検査を実施しない教科		学力検査	調査書点	面接	小論文・作文	実技検査		
普通	–	○	5*		1倍	2倍	7：3	700	300	–	–	–		＊国数英は自校作成。

〈本校の期待する生徒の姿〉

1　自律的人格を育成し、幅広い教養と高い学力を目指す本校の教育目標の下、誠実に努力する決意を有する生徒
2　将来の進路選択について、明確な目的意識をもって本校への入学を志望する生徒
3　学習成績が優れ、自主的な学習・学校行事・生徒会活動・部活動等に積極的に取り組んだ実績を有する生徒
※　特に推薦選抜においては、下記（1）から（5）までの項目に該当する生徒であることが望ましい。
(1)　9教科の観点別学習状況評価が優れていること
(2)　教科学習に関連する分野で、英語検定準2級又は同等の能力を有すること
(3)　学校行事・生徒会活動・部活動等において、中心的な役割を担った実績を有すること
(4)　学校内外の諸活動（都大会又はそれに準ずるコンクール等）で、優秀な成果を収める程度の能力を有すること
(5)　論理的な思考力や考察力、自分の意見を的確に表現する能力を有すること

難易度（偏差値）	AA（72-70）	併願校選択例	開成、慶應義塾女子、国際基督教大、豊島岡女子学園、早稲田実業

次のページもご覧ください ▶▶▶

都立 芝商業 高等学校
しば しょう ぎょう

ビジネス科

https://www.metro.ed.jp/sibasyogyo-h/

☎ 105-0022　港区海岸 1-8-25
☎ 03-3431-0760
交通　ＪＲ山手線・京浜東北線浜松町駅、ゆりかもめ竹芝駅　徒歩５分
　　　都営地下鉄大門駅　徒歩５分

| 制　服 | あり |

[カリキュラム] ◇三学期制◇

・普通科目(数・英・国など)と商業科目をあわせて学ぶ。商業科目は全体の約３分の１。
・１年次の商業科目は「ビジネス基礎」「簿記」「情報処理」。商業の基礎を学習する。「英語コミュニケーションⅠ」は少人数授業を実施。また、「数学Ⅰ」「簿記」は習熟度別に授業を行う。
・２年次の商業科目は、基礎的な学習を踏まえて「簿記演習」「ソフトウェア活用」「ビジネスアイデア」を学習する。
・３年次の商業科目は「総合実践」と「課題研究」。また、生徒各自の様々な進路に対応するべく、「Ａ選択」「Ｂ選択」として多様な選択科目が用意されている。
・「選択授業」や「課題研究」の授業では、企業とのコラボレーションとして、商品の企画を行うこともある(「模擬株式会社　芝翔」)。
・「簿記」や「情報処理」の資格取得は当然のこととして、その上で必要なビジネスの知識や実践を身に付けることを大きな目標としている。

[部活動]

・約７割が参加。簿記部や珠算競技部は都大会優勝、全国大会出場の実績を誇る。
・最近の主な実績は以下のとおり。
＜令和５年度＞
珠算競技部は、競技会(東京大会)で２年連続優勝し全国大会に出場。バスケットボール部は商業高校大会で女子は準優勝、男子は３位。
＜令和４年度＞
珠算競技部、コンピュータ部は競技会(東京大会)で優勝し、全国大会に出場した。女子バスケットボール部は東京都立商業高校大会で優勝。
★設置部（※は同好会）
バレーボール、硬式テニス、ソフトテニス、バスケットボール、ダンス、バドミントン、卓球、水泳、陸上競技、剣道、サッカー、弓道、軽音楽、ワープロ、映画研究、漫画研究、コンピュータ、ホームメイキング、吹奏楽、写真、珠算競技、簿記、美術、華道、放送、演劇、茶道、英語、※理科

[行　事]

4月　ＨＲ合宿(1年)、遠足(2年)
5月　芝商祭(体育部門)
6月　防災訓練(1年)
7月　セーフティ教室
9月　修学旅行(2年)
10月　芝商祭(文化部門)
12月　芸術鑑賞教室
2月　送別会

[進　路] (令和5年3月)

＜卒業生 193名＞
大学57名、短大5名、専門学校46名、就職75名、その他10名
・将来の社会人育成として、大学や短大を卒業してからも使える就職指導に力を入れている。
・1年生全員及び2年生就職希望者がインターンシップを実施している。
・就職内定率と大学・短大現役推薦入試合格率については、共に100%を確保している。卒業後の進路について希望進路実現のための取組みを行っており、進路達成率は100%。

＜進路関連の主な行事＞
4月　進路面談(～6月・3年)
5月　企業見学会(～6月・3年)
6月　専門学校・大学短大説明会(3年)、就職懇談会
7月　分野別説明会、小論文講座
11月　進路別説明会(2年)
12月　面接ガイダンス(2年)、インターンシップ(1・2年)
2月　集団模擬面接(2年)、進学説明会(2年)、卒業前進路講演会(3年)
3月　大学模擬講座(2年)

★卒業生の主な進学先
桜美林大、専修大、駒澤大、成蹊大、高千穂大、拓殖大、東洋大、日本大、国士舘大、千葉商科大、日本体育大、立正大　他

♣指定校推薦枠のある大学・短大など♣
國學院大、駒澤大、専修大、成蹊大、大東文化大、東洋大、日本大、文教大、明治学院大、東京経済大、桜美林大、拓殖大、千葉商科大、国士舘大、城西大　他

[トピックス]

・大正13年創立。令和6年度に創立100周年を迎える。100周年を機に新制服がスタートする。
・地上8階建の校舎には、室内温水プール、トレーニングルームが完備。
・本校の隣に新しく建設されたJR東日本の複合施設「ウォーターズ竹芝」の水辺を活かしたまちづくりに積極的に関わっている。「ふれ愛まつり」「竹芝夏ふぇす」「浜祭」等で、販売などの手伝いを通じて地域の人々と交流をする「まちづくりイベント」を行っている。また、福井県池田町と連携して商品開発等を行っている。
・多くの企業との連携により実践力を養い、多くの資格取得に向けた取組みを行っている。
・土曜日に検定対策補習等を行っている。
・「東京プランニングラボ」最優秀賞。

[学校見学] (令和5年度実施内容)

★学校説明会(要予約) 10・1月各1回、11・12月各2回(11月は体験授業も実施)
★学校見学会(要予約) 7月1回、8月1回(体験授業も実施)
★文化祭　10月
★学校見学は平日の15時30分～16時30分。長期休業中は平日10時(要予約)
★個別相談会(要予約) 2月1回

※本欄の内容はすべて令和6年度入試のものです。

受検状況

科名・コース名	募集人員	推薦に基づく入試				第一次募集・分割前期募集			
		募集人員	応募人員	応募倍率	合格人員	募集人員	受検人員	受検倍率	合格人員
ビジネス	175	70	106	1.51	70	102	96	0.94	96

入学者選抜実施方法

推薦

科名・コース名	推薦枠		調査書の活用		満点						備考
	割合(%)	特別推薦の有無	観点別学習状況の評価	評定	調査書点	集団討論・個人面接	小論文	作文	実技検査		
ビジネス	40	○	–	○	300	200	–	100			

第一次・分割前期

科名・コース名	分割募集	男女枠緩和	学力検査		調査書		学力検査:調査書	満点					備考
			教科	学校指定による傾斜配点	学力検査を実施する教科の評定の扱い	学力検査を実施しない教科		学力検査	調査書点	面接	小論文・作文	実技検査	
ビジネス	–		5	–	1倍	2倍	7:3	700	300	–	–	–	

〈本校の期待する生徒の姿〉

　本校は、将来の社会人として有用な人材の育成を目指す学校です。自己の進路実現に向けて努力を惜しまず、地道に学習活動・学校行事・部活動等に励む生徒を希望します。
1　商業高校の授業内容や学習の特色を理解し、ビジネスに関する学習に興味・関心をもつ生徒
2　簿記・情報処理・英語というビジネス3言語に関する高度資格取得に意欲的に取り組む生徒
3　服装・頭髪等の身だしなみ、挨拶・言葉遣い等のマナー等、基本的生活習慣を身に付けており、本校の生徒として規律を守る生活ができる生徒
4　体育祭・文化祭・朝学習、インターンシップ、部活動等に積極的に取り組む生徒
5　自己の進路実現に向けて、強い意志をもって取り組む生徒
※　特に推薦選抜においては、学習活動、部活動、生徒会活動で率先してリーダーを目指す生徒が望ましい。
※　「文化・スポーツ等特別推薦」をバスケットボールについて実施する。

難易度（偏差値）　D-2（46-43）

普通科

都立 三田 <ruby>三田<rt>みた</rt></ruby> 高等学校

https://www.metro.ed.jp/mita-h/

☎108-0073　港区三田 1-4-46
☎03-3453-1991
交通　都営地下鉄赤羽橋駅・芝公園駅　徒歩 6 分
　　　ＪＲ山手線・京浜東北線田町駅、都営地下鉄三田駅、東京メトロ麻布十番
　　　駅　徒歩 12 分

制　服	あり

[カリキュラム] ◇三学期制◇

・土曜日に 4 時間授業を実施(年間20回)。

・1 年次は基礎学力、特に国語・数学・外国語に主眼を置く。そのため、将来文理いずれにも進める。**第二外国語**（独・仏・中）が自由選択科目として設置されている。

・2 年次は地学基礎・物理基礎、日本史探究・世界史探究・化学のいずれかを選択する。数学Ⅱと論理・表現Ⅱは習熟度別に学習する。

・3 年次からは**文系**と**理系**に分かれ、一人ひとりの適性、希望に応じて幅広く選択履修可能。自由選択科目は10 名前後の少人数講座も多く、きめの細かい指導を行っている。

[部活動]

・最近の主な実績は以下のとおり。
　ダンス部　全国大会　準優勝（令和5年度）
　　　　　　全国大会　第4位　優秀賞・産経新聞社賞（令和2年度）

　卓球部　関東大会出場(令和5年度)
　弓道部　関東大会出場（令和1・3年度）
　吹奏楽部　吹奏楽コンクール・東京大会　金賞（令和4・5年度）

★設置部（※は同好会）
　男女バスケットボール、男女バレーボール、バドミントン、アメリカンフットボール、サッカー、硬式テニス、ソフトテニス、陸上競技、水泳、弓道、剣道、卓球、ワンダーフォーゲル、ダンス、硬式野球、吹奏楽、弦楽、コーラス、フォークソング、放送、生物、化学、物理、美術、漫画研究、ホームメイド、茶道、写真、競技かるた、英語、※地学、※劇団

[行事]

・他校に比べ、行事が豊富である。なかでも、**体育祭・白珠祭（文化祭）・球技大会・合唱コンクール**は、四大行事として定着している。

4月	グローバル市民デー（1年）
5月	体育祭
6月	国際理解講演会（3年）
9月	白珠祭（文化祭）、修学旅行（2年）
12月	国際理解講演会（1年）
1月	合唱コンクール（1・2年）
3月	大使館訪問（1・2年の希望者）、球技大会（1・2年）

[進路]（令和5年3月）

・**キャリアガイダンス、大学ガイダンス、進路ガイダンス**等、進路指導が充実している。

・**進路相談室**では個別の相談に応じている。また、各大学などの資料や過去問題集が備えられていて自由に閲覧でき、貸し出しも行っている。卒業生の受験報告書など貴重な資料も閲覧できる。

・弱点補強や入試対策として、**講習**が開かれる。また、夏季・冬季・春季休業中には**夏期講習・冬期講習・春期講習**を実施。また、1 年次のオリエンテーションで学習の仕方を身につけ、2 年次で大学受験の勉強に備える。

・進学を見据えた学習指導を行い、**進学実績を年々伸ばしている**。平成22年度から都教育委員会より**進学指導推進校**の指定を受けている。国公立大学、難関大学進学が最重点課題。

・「学年＋1 時間」の家庭学習の習慣を身につけさせている。

★卒業生の進路状況
　＜卒業生 271 名＞
　大学238名、短大1名、専門学校1名、就職2名、その他29名

★卒業生の主な進学先
　東京大、京都大、筑波大、東北大、千葉大、東京外国語大、東京学芸大、東京農工大、東京海洋大、一橋大、横浜国立大、信州大、大分大、埼玉県立大、東京都立大、横浜市立大、大阪市立大、早稲田大、慶應義塾大、上智大、東京理科大

♣指定校推薦枠のある大学・短大など♣
　東京都立大、早稲田大、慶應義塾大、上智大、青山学院大、学習院大、中

央大、東京理科大、法政大、明治大、立教大　他

[トピックス]

・大正12年、東京府立第六高等女学校として創立。昭和25年男女共学となり、都立三田高等学校に改称、現在に至る。20,000 名を超える多彩な卒業生を有する**伝統校**である。

・都立高校で最初に**海外帰国生徒学級**を設置し、国際理解教育の草分け的存在である。

・半世紀以上の伝統をもつ**ユネスコスクール**で国際理解教育を柱とする本校では、各学年ごとに国際理解講演会、国際理解シンポジウムを実施している。この行事は 20 年以上の歴史があり、主に比較文化に焦点をあて、生徒の国際理解に役立っている。また、**大使館訪問**や「**留学生が先生**」なども実施。

・外国人講師が日常会話を直接指導する**外国語クラブ**を実施。放課後に自由参加で、スペイン語・韓国語の講座が開かれている。

・特色ある教育活動…①国際理解教育②探究学習（課題研究）

・特色ある施設…室内プール（4～11月授業で使用）、音楽講堂（音楽の授業、各種集会に使用。スタインウェイのピアノがあり、音楽の催しに使用。）

・国際理解教育の一環で、語学研修等が盛ん。
　夏季休業中…ブリティッシュ・ヒルズ、カナディアンキャンプ、TOKYO GLOBAL GATEWAY
　春季休業中…ボストン・アカデミックツアー（MIT、ハーバード大学、公立高校訪問）今年度より

・TOKYO デジタルリーディングハイスクール / Global Education Network20/ 海外学校間交流推進校 / 東京都国際交流リーディング校 / 都立図書館連携推進事業指定校

[学校見学]（令和5年度実施内容）

★学校見学会　6月1回　7・8月各4回（要予約）

★学校説明会　10月2回　11・12月各1回（要予約）

★白珠祭　9月　見学可

★「学校ミニツアー」を実施（夏季休業中・要連絡）

※本欄の内容はすべて令和6年度入試のものです。

受検状況

科名・コース名	募集人員	推薦に基づく入試				第一次募集・分割前期募集			
		募集人員	応募人員	応募倍率	合格人員	募集人員	受検人員	受検倍率	合格人員
普通	256	52	276	5.31	52	204	359	1.76	208

入学者選抜実施方法

推薦

科名・コース名	推薦枠		調査書の活用		満点					備考
	割合(%)	特別推薦の有無	観点別学習状況の評価	評定	調査書点	集団討論個人面接	小論文	作文	実技検査	
普通	20	–		○	300	150	150	–	–	

第一次・分割前期

科名・コース名	分割募集	男女枠緩和	学力検査		調査書 教科の評定の扱い		学力検査：調査書	満点					備考
			教科	学校指定による傾斜配点	学力検査を実施する教科	学力検査を実施しない教科		学力検査	調査書点	面接	小論文・作文	実技検査	
普通	–	○	5		1倍	2倍	7：3	700	300	–	–	–	

〈本校の期待する生徒の姿〉

　本校は、「教養・探究・立志そして世界へ」のスローガンの下、主体的な学びを通して、自ら考え課題解決を図り、イノベーターとしてすすんで国際社会に貢献できる人間の育成を目標に掲げ、多彩な人材を送り出しています。また、海外との交流の機会を多く確保し、海外帰国生徒・留学生の受け入れ・送り出し等を行い、国際理解教育推進に力を入れています。そこで、次のような生徒を期待します。
1　しっかりした家庭学習の習慣が身に付いており、大学進学への強い意志を持ち、積極的に授業に取り組む生徒
2　学業成績優秀であり、総合的な学習の時間等においても、高い課題意識と意欲をもって探究をはじめとした様々な活動に取り組み、入学後もその維持・向上が期待できる生徒
3　部活動や生徒会・委員会活動、ボランティア活動等に自主的に取り組み、入学後も継続して活動が期待できる生徒
4　国際理解に関わる事柄について、強い興味・関心をもって、入学後も意欲的に学習する意志のある生徒
※　特に推薦選抜においては、上記2から4のいずれかに該当する生徒が望ましい。

難易度（偏差値）	B-1（63-61）	併願校選択例	國學院、東洋、法政大、朋優学院、明治学院

学校ガイド

＜全日制　旧第２学区＞

学校を紹介したページの探し方については、2ページ「この本の使い方＜知りたい学校の探し方＞」を参照してください。

次のページもご覧ください ▶▶▶

都立 青山 高等学校
（あおやま）

普通科

https://www.metro.ed.jp/aoyama-h/

〒150-0001　渋谷区神宮前 2-1-8
☎ 03-3404-7801
交通　東京メトロ外苑前駅　徒歩３分
　　　都営地下鉄国立競技場駅　徒歩15分
　　　ＪＲ中央線・総武線信濃町駅　徒歩15分
　　　ＪＲ中央線・総武線千駄ケ谷駅　徒歩15分

制　服	標準服あり

[カリキュラム]　◇三学期制◇

・１、２年次は英語、数学、国語に力を入れながら共通科目を履修し、国公立大学進学や大学での専門的研究に備えて幅広い学力を身につける。
・２年次には自由選択科目としてドイツ語やフランス語も選択が可能。
・３年次は文系と理系に分かれ、それぞれ幅広い選択科目のなかから進路希望にあわせて選択履修し、希望実現を図る。
・「土曜日授業」を実施（平成24年度からは年間20回実施）。また、講習デー（年３回）も実施している。

[部活動]

・常に９割以上が参加。
・全国大会出場の実績をもつ青山フィルハーモニー管弦楽団やラグビー部をはじめ、いずれの部も熱心に活動している。
・令和２年度は、ラグビー部が全国大会予選で準決勝に進出し、東京都第３位となった。
★設置部（※は同好会）
硬式野球、バレーボール、バスケットボール、バドミントン、剣道、陸上競技、水泳、サッカー、ラグビー、硬式テニス、ソフトテニス、アルペン、ダンス、生物、演劇、軽音楽、青山フィルハーモニー管弦楽団、クッキング、漫画研究、百人一首、美術、英語、クイズ研究、※鉄道研究

[行　事]

文化祭は本校最大のイベント。全クラスがミュージカルや演劇を上演して競いあう全国的にも有名な行事で、生徒は熱く燃える。
5月　遠足（1・2年）
6月　体育祭
9月　外苑祭（文化祭）
12月　球技大会（1・2年）
2月　体育的行事（1・2年）
3月　修学旅行（2年）

[進　路]（令和５年３月）

・進路ガイダンスは１年次より実施し、面談も各学年で実施するなど、早い時期から進路や受験を意識して取り組んでいけるよう指導している。
・ほとんどの生徒が大学進学を希望しており、ほぼ全員が共通テストを受ける。
・１年生86％、２年生82％、３年生52％が塾や予備校に通っていない。
・平日7:30〜20:00、授業のある土曜日の7:30〜18:00に自習室を設置。「自学自習」の習慣を養っている。
・１、２年生を対象とした大学分野別模擬講座では、東京工業大学や一橋大学、筑波大学などから講師を招き、最先端の研究についての講義を受けることができる。
★卒業生の主な合格実績
東京大、京都大、一橋大、東京工業大、北海道大、東北大、大阪大、東京外国語大、東京学芸大、筑波大、千葉大、東京農工大、横浜国立大、東京都立大、早稲田大、慶應義塾大、上智大、東京理科大
♣指定校推薦枠のある大学・短大など♣
東京都立大、早稲田大、慶應義塾大、青山学院大、学習院大、北里大、中央大、津田塾大、東京理科大、東京薬科大、明治薬科大、法政大、立教大　他

[トピックス]

・昭和15年、東京府立第十五中学校として青山師範学校跡地に開校。現在地に移転したのは33年。平成11年に新校舎が落成。
・東京都教育委員会指定の進学指導重点校の一つであり、「高きを望めと、青山で」を合言葉に、難関国公立大学を目指す進学校である。その一方で、知徳体のバランスのとれた全人教育も目指している。
・落ち着いた学習環境の中、「自主自律」の考え方に基づく指導によって精神面を支えられつつ、高い目標に向かって全力投球できる学校である。
・部活動や学校行事も盛んで、生徒は生き生きと学校生活を送りながら進学実績を上げている。
・私服可ではあるが、校外学習や式典など決められたときには標準服を着用する。
・全室冷暖房完備の新校舎は、外音を完全に遮断する硝子を壁面としているため、明るく美しい外観になっている。サンルーフ付きプール、人工芝のテニスコート、体育館冷房完備など、設備も充実している。
・東京都教育委員会より、英語教育研究推進校に指定されている。

[学校見学]（令和５年度実施内容）

★学校説明会　10・11・12月各1回
★学校公開　6・2月各1回
★外苑祭　9月　見学可
★学期中の学校見学は毎週火曜日15時40分より（要予約）。夏季休業期間中には学校見学会を実施（要予約）。

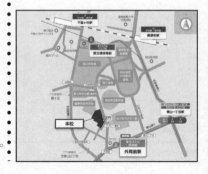

入試!インフォメーション

※本欄の内容はすべて令和6年度入試のものです。

受検状況

科名・コース名	募集人員	推薦に基づく入試				第一次募集・分割前期募集			
		募集人員	応募人員	応募倍率	合格人員	募集人員	受検人員	受検倍率	合格人員
普通	277	56	212	3.79	56	221	412	1.86	227

入学者選抜実施方法

推薦

科名・コース名	推薦枠			調査書の活用		満点				備考
	割合(%)	特別推薦の有無	観点別学習状況の評価	評定	調査書点	集団討論 個人面接	小論文	作文	実技検査	
普通	10	-	-	○	450	100	400	-	-	

第一次・分割前期

科名・コース名	分割募集	男女枠緩和	学力検査		調査書		学力検査 : 調査書	満点					備考
			教科	学校指定による傾斜配点	教科の評定の扱い（学力検査を実施する教科）	教科の評定の扱い（学力検査を実施しない教科）		学力検査	調査書点	面接	小論文・作文	実技検査	
普通	-	○	5*		1倍	2倍	7:3	700	300	-	-	-	＊国数英は自校作成。

〈本校の期待する生徒の姿〉

　青山高校は、自立した考えをもって行動するという伝統の下、質の高い授業が展開され、部活動も大変盛んです。したがって、以下の項目に該当する生徒を望んでいます。
1　学習に意欲的に取り組むことができ、極めて優秀な成績の生徒
2　入学後も着実に努力を重ね、将来の進路に対する明確な目標をもつことができる生徒
3　学校行事・部活動・生徒会活動等に積極的に参加し、リーダーシップを発揮できる生徒
4　自分の行動に責任をもち、集団生活のルールとマナーを守ることができる生徒
※　特に推薦選抜においては、上記1から4の高い意識をもち、難関国立大学への現役合格を目指す生徒が望ましい。

難易度（偏差値）	ＡＡ（72−70）	併願校選択例	青山学院、國學院、中央大、東洋、日本大鶴ケ丘

ビジネス科

都立 第一商業 高等学校
（だいいちしょうぎょう）

https://www.metro.ed.jp/daiichishogyo-h/

〒150-0035　渋谷区鉢山町8-1
☎ 03-3463-2606
交通　東急線代官山駅　徒歩8分
　　　ＪＲ・東急線・京王線・東京メトロ渋谷駅　徒歩15分またはバス

制　服	あり

[カリキュラム] ◇三学期制◇
※平成30年度入学生よりビジネス科に改編。令和3年4月より地域探究推進校の指定を受ける。

・本校では、第1学年においては普通教科8科目と専門教科（商業）3科目を全員が学習する。第2学年と第3学年においては選択科目が設定されており、生徒本人の適性や興味、または卒業後の進路実現のために必要な科目を選択して1年間学習する。

・普通教科の「数学」「英語」や専門教科（商業）の「簿記」において習熟度別授業を実施している。

・商業や英語に関する多くの資格を取得することができる。おもな、資格取得のための検定（日商簿記検定・全商簿記実務検定・全商情報処理検定・全商ビジネス計算検定・全商ビジネス文書実務検定・全商商業経済検定・全商英語検定・STEP英検など）

・検定対策や補習などで土曜日や平日の放課後に講習を実施している。

[部活動]
・部活動は活発で、多くの生徒が参加している。**ソフトボール部**は多くの大会において好成績を収めている。**簿記研究部**は、東京都大会において毎回好成績を収めている。

・令和5年度は、商業大会において、**男子バスケットボール部**が優勝、**硬式テニス部**が準優勝した。**簿記研究部**が東京都高等学校簿記競技大会において、団体戦2位、個人戦3等となった。**パソコン部**が東京都大会で団体2位、個人2位・3位となり、全国大会に出場した。

・令和4年度には、**ソフトボール部**が公立新人大会で準優勝した。

★**設置部**（※は同好会）
硬式テニス、サッカー、女子バスケットボール、男子バスケットボール、女子バレーボール、水泳、ソフトテニス、ソフトボール、ダンス、バドミントン、バトン、軟式野球、イラスト創作文芸、華道、家庭科、軽音楽、茶道、写真、珠算・電卓、吹奏楽、パソコン、簿記研究、国際交流ボランティア、※剣道、※卓球、※ESS

[行　事]
4月　新入生歓迎会
6月　スポーツ大会
9月　一商祭（文化祭）
10月　修学旅行（2年）
2月　歓送会

[進　路]（令和5年3月）
・第1学年より進路対策を段階的に実施
・第2学年では進路ガイダンス、卒業生や上級生徒の進路懇談会、面接指導を適宜実施
・公務員志望者対象に適宜模擬テスト実施
・第3学年において三者面談、模擬面接を実施
・第3学年において、推薦入試または総合型入試での進学希望者に対して、生徒と教員とのマンツーマン指導方式での受験対策を実施している。

★卒業生の進路状況
　＜卒業生186名＞
大学68名、短大4名、専門学校62名、就職32名、その他20名

★卒業生の主な進学先
亜細亜大、神奈川大、國學院大、国士舘大、駒澤大、産業能率大、順天堂大、専修大、高千穂大、拓殖大、千葉商科大、中央大、東京経済大、東洋大、日本大、武蔵大、明治大、明治院大

♣指定校推薦枠のある大学・短大など♣
亜細亜大、桜美林大、大妻女子大、神奈川大、関東学院大、國學院大、国士舘大、駒澤大、産業能率大、女子栄養大、専修大、大東文化大、拓殖大、多摩大、千葉商科大、中央大、中央学院大、東京経済大、日本大、法政大、明治大、明治院大　他

[トピックス]
・平成30年に本校は創立100周年と

なり、それを機に、商業科からビジネス科に科改編をする。

・令和3年度より東京都教育委員会より地域探究推進校に指定され、渋谷や代官山エリアを中心とした地域の課題解決に貢献するための探究学習に取り組むこととなる。（本校ではこの探究学習について商標登録を有する國學院大学の了承を得たうえで「渋谷学」と名称している）

※渋谷学とは、渋谷区に立地する國學院大学のさまざまな研究者がチームを組み、渋谷を研究するプロジェクトで、同大の登録商標です。

[学校見学]（令和5年度実施内容）
★学校見学会　7・8月各2回
★学校説明会　10・11月各2回　12月1回
★体験授業　7・8月各1回
★一商祭　9月　一般の見学可

受検状況

科名・コース名	募集人員	推薦に基づく入試				第一次募集・分割前期募集			
		募集人員	応募人員	応募倍率	合格人員	募集人員	受検人員	受検倍率	合格人員
ビジネス	210	84	109	1.30	84	126	106	0.84	106

入学者選抜実施方法

推薦

科名・コース名	推薦枠		調査書の活用		満点					備考
	割合(%)	特別推薦の有無	観点別学習状況の評価	評定	調査書点	集団討論個人面接	小論文	作文	実技検査	
ビジネス	40	–	–	○	180	90	–	90	–	

第一次・分割前期

科名・コース名	分割募集	男女枠緩和	学力検査		調査書		学力検査：調査書	満点					備考
			教科	学校指定による傾斜配点	教科の評定の扱い			学力検査	調査書点	面接	小論文・作文	実技検査	
					学力検査を実施する教科	学力検査を実施しない教科							
ビジネス	–		5	–	1倍	2倍	7:3	700	300	–	–	–	

〈**本校の期待する生徒の姿**〉

　本校は、創立100周年を機に商業科からビジネス科へと生まれ変わりました。令和3年度からは、地域探究推進校の指定を受け、これまで以上に渋谷・代官山地域に根差した教育活動を進めていきます。私たちは、入学後に意欲的・積極的に学習に取り組み、さらに本校で学んだビジネスの知識や技能を活かし、この地域の課題解決にも貢献してくれる生徒を期待しています。
1　公務員を含む就職や大学の文化系学部（商学部・経済学部・経営学部等）への進学等を希望し、簿記・情報・英語を中心とした検定資格の取得及び学習活動に、意欲的・積極的に取り組める生徒
2　中学校における総合的な学習の時間、部活動、生徒会活動、学校行事、ボランティア活動等に意欲的・積極的に取り組み、本校入学後も継続して活動に励む意志がある生徒
3　挨拶・服装等についての本校の指導方針を理解し、高校生としての自覚をもった生活習慣が確立できる生徒
※　特に推薦選抜においては、学習成績が良好であることが望ましい。

難易度（偏差値） D-3（46-43）

都立 広尾 (ひろお) 高等学校

https://www.hiroo-h.metro.ed.jp/

☏ 150-0011　渋谷区東 4-14-14
☎ 03-3400-1761
交通　JR山手線・東京メトロ恵比寿駅　徒歩10分またはバス
　　　JR山手線・東京メトロ渋谷駅　徒歩20分またはバス

普通科

制　服　あり

[カリキュラム] ◇三学期制◇

・習熟度別授業を導入し、一人ひとりに行き届いたきめ細かい指導をしている。
・1年次は共通科目を履修し、基礎学力をつける。2年次からは、文系と理系に分かれる。3年次は、12単位分の必修授業の上に、進路希望にあわせて、8単位分の必修選択授業を選ぶ。さらに、8単位分の自由選択科目も用意されている。
・令和3年度より土曜授業を廃止し、城南予備校講師による受験対策講座を実施している。(年間15回)

[部活動]

・約10割が参加。
・野球部は令和3年東東京大会にてベスト16に進出した。
・令和2年度には、**ダンス部**は全日本学生チアダンス選手権大会のHipHop部門全国大会に出場した。
・令和3年度には、**男子バスケットボール部**がインターハイ東京都予選と関東大会東京都予選でベスト32となった。**女子バスケットボール部**が関東大会予選、総体予選、新人大会でベスト16となった。
・令和4年度には、**バレーボール部**が春季大会兼関東大会予選の本戦に出場した。男子バスケットボール部が関東大会東京都予選でベスト32となった。
・令和5年度は、陸上部が全国大会に出場した。男子バスケットボール部が関東大会及び全国大会東京都予選でベスト16となった。
★設置部（※は同好会など）

ハンドボール、卓球、硬式テニス、バレーボール、バスケットボール、野球、陸上競技、サッカー、バドミントン、水泳、ダンス、軽音楽、美術、放送、写真、マルチメディア、吹奏楽、書道、映画研究、科学研究、文芸、かるた、ESS、※家庭科、※合唱、※鉄道

[行　事]

4月　遠足
6月　体育祭
7月　勉強合宿
8月　部活動合宿
9月　文化祭
11月　修学旅行(2年)
2月　持久走大会(1・2年)
3月　合唱祭

[進　路] (令和5年3月)

・個を大切にした進路指導には定評があり、**普通科進学充実校**としての実績を出している。
・**分野別講演会**など、各種講演会を数多く実施。
・**外部模試**によって生徒の学力を定点観測的に把握し、進路指導に活用している。
・東京理科大学野田キャンパスを借りて、3泊4日の勉強合宿を夏季休業中に行っている。
・城南予備校と協力して本校生徒用に作成したカリキュラムのもと、希望者を対象に、「数学」と「英語」のGMARCH受験対策講座を実施。
・近年、大学進学実績が飛躍的にアップしている。
★卒業生の進路状況
大学85.5%、短大2.6%、専門学校5.2%、就職0%。その他6.7%
★卒業生の主な進学先
千葉大、公立はこだて未来大、川﨑市立看護大、早稲田大、慶應義塾大、東京理科大、学習院大、明治大、青山学院大、立教大、中央大、法政大、日本大、東洋大、駒澤大、専修大、成城大、成蹊大、明治学院大、獨協大、國學院大、武蔵大

♣指定校推薦枠のある大学・短大など♣

青山学院大、学習院大、國學院大、成蹊大、成城大、東京農業大、東京家政大、東京都市大、東京理科大、東洋大、獨協大、日本大、武蔵大、明治大、立教大、立正大　他

[トピックス]

・昭和25年創立。合い言葉は、「**広尾には未来を拓く力がある**」。
・平成24年度から3年間、都の「**理数フロンティア校**」に指定されていた。その後もインターンシップ協定を結ぶ東京理科大の協力の下、大学生や大学院生による学習指導などが自習室や勉強合宿において行われている。また、國學院大学とも高大連携協定を結んでいる。
・令和3年度、**スポーツ特別強化校、文化部推進校、進学指導研究校**となる。
・野球部、男女バスケットボール部で、スポーツ推薦入試を実施している。
・**先端技術活用実証研究校**の指定を受けている。
・部活動も盛んで文武両道を目指す生徒が多い。

[学校見学] (令和5年度実施内容)

★施設見学会　8月
★学校説明会　10・11月
★受検相談会　12月1回
★文化祭　9月
★学校見学は週2回（令和5年度は月・木）15：45～16：50（要予約）

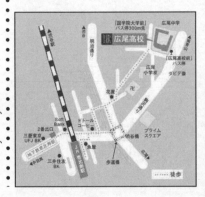

入試!インフォメーション

※本欄の内容はすべて令和6年度入試のものです。

受検状況

科名・コース名	募集人員	推薦に基づく入試				第一次募集・分割前期募集			
		募集人員	応募人員	応募倍率	合格人員	募集人員	受検人員	受検倍率	合格人員
普通	197	40	168	4.20	40	157	284	1.81	159

入学者選抜実施方法

推薦

科名・コース名	推薦枠		調査書の活用		満点					備考
	割合(%)	特別推薦の有無	観点別学習状況の評価	評定	調査書点	集団討論個人面接	小論文	作文	実技検査	
普通	20	○	–	○	500	300	–	200	–	

第一次・分割前期

科名・コース名	分割募集	男女枠緩和	学力検査		調査書		学力検査：調査書	満点					備考
			教科	学校指定による傾斜配点	教科の評定の扱い 学力検査を実施する教科	学力検査を実施しない教科		学力検査	調査書点	面接	小論文・作文	実技検査	
普通	–	○	5		1倍	2倍	7：3	700	300	–	–	–	

〈本校の期待する生徒の姿〉

広尾高校では、教育目標の実現のために、以下のような生徒の入学を求めています。
1 広尾高校の教育目標や教育内容を理解し、本校への入学の意志が明確な生徒
2 自ら高い進路目標をもち、その実現のために、意欲的に学習等に取り組む生徒
3 部活動や学校行事、生徒会活動や地域貢献活動等に、積極的に取り組む生徒
4 基本的な生活習慣と規範意識を身に付け、ルールやマナーを順守する生徒

難易度（偏差値）	C－1（57－55）	併願校選択例	郁文館、國學院、駒場学園、東洋女子、目黒学院

都立 新宿 高等学校
しんじゅく

普通科

https://www.metro.ed.jp/shinjuku-h/

進学重視型単位制

☎160-0014　新宿区内藤町11-4
☎03-3354-7411
交通　JR・私鉄各線新宿駅、東京メトロ新宿三丁目駅　徒歩4分
　　　京王新線・都営地下鉄新宿駅　徒歩7分
　　　西武線西武新宿駅　徒歩11分

制　服	標準服あり

[カリキュラム] ◇三学期制◇

・主に国公立大学への進学を目指す「進学重視型単位制」を導入。1・2年次は、必修選択の芸術を除いて、全員が共通の科目を履修する。
・1・2年次では、放課後に第2外国語などの自由選択科目が設置されている。
・3年次は、12単位分が必履修科目。残りは、各自の進路に応じて選ぶ14単位分の必修選択科目と12単位の自由選択科目を設置。
・授業は習熟度別少人数クラス編成によって行われるものが多く、生徒一人ひとりの理解が進むよう工夫されている(古典、英語、数学、化学で実施)。土曜日にも午前中4時間の授業を実施(年間18回)。

[部活動]

・約12割が参加。(複数あり)
・最近の主な実績は以下のとおり。
<令和5年度>
女子バレーボール部が、東京都春季二部大会で優勝した。
<令和4年度>
チアリーディング部がチアリーディング関東大会で優勝した。**卓球部**が東京都卓球大会男子で優勝した。**化学部**が日本生物オリンピック本選で銀賞を受賞した。
<令和3年度>
生物部が第14回高校生バイオコンで審査員特別賞を受賞。**チアリーディング部**がチアリーディングジャパンカップ2021日本選手権大会で第3位になった。
★設置部(※は同好会)
陸上競技、ソフトテニス、硬式テニス、卓球、バレーボール、バスケットボール、水泳、軟式野球、硬式野球、サッカー、剣道、バドミントン、ソフトボール、チアリーディング、ダンス、弓道、山岳、放送、化学、生物、音楽、演劇研究、美術、写真、茶道、華道、管弦楽、軽音楽、料理研究、漫画研究、ESS、囲碁将棋、映画研究

[行　事]

5月	運動会
6月	新宿・戸山部活動対抗戦
7月	臨海教室(1年)
9月	朝陽祭(文化祭)、修学旅行(2年)
12月	合唱コンクール(1・2年)
1月	マラソン大会(1・2年)
3月	球技大会

[進　路] (令和5年3月)

・生徒の全員が進学を希望。進路の実現を「補欠なき団体戦」と捉え、生徒・教職員・保護者・卒業生が一体となって取り組む。
・勉強合宿・夏期講習への参加・指定外部模試の受験などが義務付けられ、高いレベルで切磋琢磨する。
・自習室は平日午後8時まで開放。質問を受けるチューター(本校卒業の大学一年生)も配置している。
★卒業生の進路状況
　<卒業生307名>
　大学262名、短大0名、専門学校0名、就職0名、その他45名
★卒業生の主な合格実績
　東京大、京都大、北海道大、東北大、茨城大、埼玉大、筑波大、千葉大、お茶の水女子大、東京医科歯科大、東京海洋大、東京外国語大、東京学芸大、東京工業大、東京農工大、横浜国立大、一橋大、東京都立大、国立看護大学校、早稲田大、慶應義塾大、上智大、青山学院大、学習院大、中央大、東京理科大、法政大、明治大、立教大
♣指定校推薦枠のある大学・短大など♣
　東京都立大(5)、早稲田大(7)、慶應義塾大(4)、立教大(2)、中央大(5)、東京理科大(4)、明治大(2)　他

[トピックス]

・大正10年、東京府立第六中学校として開校。令和4年には創立100周年を迎えた伝統校。
・平成15年に進学重視型の単位制高校に。18年には文部科学省指定の学力向上拠点形成事業推進校、19年には東京都の**進学指導特別推進校**となり、進学指導に力を入れている。
・1～3年次の英・数・国・理にまたがる習熟度別授業、土曜授業、年間1,700時間を超す講習、週末課題など、幅広い対応がなされている。
・自律的生活習慣や規範意識の育成に力を入れており、頭髪を染めることは禁止している。
・平成16年に完成した7階建ての校舎は全室空調完備。東京都心に位置しながら新宿御苑に隣接しているため、四季折々の美しい自然に恵まれた静かな修学環境が保たれている。

[学校見学] (令和5年度実施内容)

★夏の学校見学会　7月1回、8月2回(ホームページより登録、抽選)
★自校作成問題説明会　12月1回(要予約)
★学校説明会　10月2回(要予約)
★朝陽祭　9月
★学校訪問受付(入試説明・校内見学)　4月～毎週木曜日(要予約)

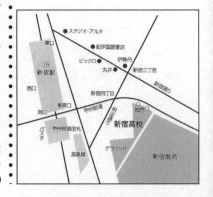

入試!インフォメーション
※本欄の内容はすべて令和6年度入試のものです。

受検状況

科名・コース名	募集人員	推薦に基づく入試				第一次募集・分割前期募集			
		募集人員	応募人員	応募倍率	合格人員	募集人員	受検人員	受検倍率	合格人員
普通	316	32	245	7.66	32	284	610	2.15	288

入学者選抜実施方法

推薦

科名・コース名	推薦枠		調査書の活用		満点					備考
	割合(%)	特別推薦の有無	観点別学習状況の評価	評定	調査書点	集団討論・個人面接	小論文	作文	実技検査	
普通	10	–	–	○	450	180	270	–	–	

第一次・分割前期

科名・コース名	分割募集	男女枠緩和	学力検査		調査書		学力検査:調査書	満点					備考
			教科	学校指定による傾斜配点	学力検査を実施する教科	学力検査を実施しない教科		学力検査	調査書点	面接	小論文・作文	実技検査	
普通	–		5*		1倍	2倍	7:3	700	300	–	–	–	*国数英は自校作成。

〈本校の期待する生徒の姿〉

　本校は「進学重視型単位制高校」「進学指導特別推進校」として、きめ細かい習熟度別授業を行い、多様な選択科目を設置して「生徒一人一人が希望する進路実現」を目指している学校です。教育目標「全員指導者たれ」の下で、次代を担う、心優しくたくましいリーダーを育てるため、学力向上を第一としつつ、生活面、学校行事、部活動等においても生徒を鍛えて伸ばすことを重視しています。
　このような特色をもつ本校は、以下の項目に該当する生徒の入学を期待しています。
1　学習成績が優秀であり、入学後も学習に対する向上心をもち、難関大学への進学を目指す生徒
2　社会や自然に対する幅広い知的興味や探求心をもち、自ら学び、自ら考え、判断し、表現できることを目指す生徒
3　挨拶・時間厳守・人の話を聞くこと・きちんとした服装や頭髪等、集団の一員としてのマナーを身に付けている生徒
4　部活動や生徒会・委員会活動及び奉仕活動等に積極的に取り組んだ経験をもち、学習との両立を前提に、高校生活においても様々な分野で活躍することに意欲をもつ生徒
※　特に推薦選抜においては、本校入学後も上記の項目において、リーダーとしての役割を果たすことに意欲をもつ生徒が望ましい。

難易度（偏差値） A－2（69－67）　　**併願校選択例** 青山学院、錦城、中央大、東洋、法政大

音楽科
美術科
舞台表現科

都立 総合芸術 高等学校
（そうごうげいじゅつ）

https://www.metro.ed.jp/sogo-geijutsu-h/

〒162-0067　新宿区富久町22-1
☎03-3354-5288
交通　東京メトロ丸の内線新宿御苑駅　徒歩11分
　　　都営新宿線曙橋駅　徒歩9分

単位制

制服　標準服あり

[カリキュラム] ◇二学期制◇

・教育課程の**約3分の1**が専門科目である。1年次より基礎、応用、発展へと学習を積み上げていき、3年間で**高度な専門性**が身につくようになっている。

・芸術の領域に偏らず幅広い視野に立てるように、1年次には異なる芸術分野も学ぶ。また、2年次には三科の生徒が**合同で作品を制作する**科目もある。

・普通科目においては**国語**と**英語**を重視しており、授業時間数も多くなっている。**文科系大学進学**にも対応している。

・英語と数学では**習熟度授業**を行う。

・土曜学習日（年間11回程度）には**学校の施設が開放**され、自主練習（音楽科）、自主制作（美術科）、補講（舞台表現科）などが行われている。

★音楽科
・「**器楽**」「**声楽**」「**楽理**」「**作曲**」の四つの専攻がある。器楽専攻ではピアノ、管楽器、弦楽器、打楽器の楽器が対象となる。専攻の授業では**個別指導**を行う。「**ソルフェージュ**」では習熟度別授業を行う。

★美術科
・「**絵画（日本画・油彩画）**」「**彫刻**」「**デザイン**」「**映像**」の五つの専攻がある。芸術高校からの改編に伴い、新たに映像メディア表現専攻が加わり、定員も2倍の80名になった。

★舞台表現科
・都立校として初めて設置された学科。
・「**演劇**」「**舞踊**」の2つの専攻がある。三年間を通して全員が舞台表現者としての専門性を身に付ける。

[部活動]

約8割が参加。**写真部**は、令和3年度に写真甲子園2021本戦大会へ出場し敢闘賞を受賞。令和4年度も写真甲子園2022本戦大会へ出場した。本戦大会への出場は2年連続4回目となった。**映像放送制作部**は、平成29年度にアジア最大規模の映像コンテスト「第19回DigiCon6 ASIA」にてユース部門銀賞を受賞した。

★設置部（※は同好会）
空手道、コンテンポラリーダンスコース、ダンス、テニス、ヴォーカルアンサンブル、造形、演劇、カレー、写真、ジャズ研究、プチコンセール、漫画研究、理科、茶道、メサイア研究、映像放送制作、軽音楽、殺陣、陶芸、※バドミントン、※フットサル、※バレーボール、※陸上、※食物研究、※書道、※伝統文化、※バックステージ、※卓上ゲーム、※Art Night、※百人一首、※園芸

[行事]

年間を通して生徒が活躍できる行事が多数実施されている。各種**演奏会**、**展覧会**、**発表会**をはじめとし、各科とも年に数回、専門の授業の成果発表会を実施している。

[進路]（令和5年3月）

・いずれの学科においても**大学進学**を視野に入れた指導が行われる。キャリア教育も重視し、芸術家の方を招いての**講演会**や、**芸術鑑賞教室**等が年間計画に組み込まれ、進路意識が高まるようになっている。

・美術科、音楽科は東京藝術大学への志向が強い。舞台表現科の舞踊コースは、海外のバレエ学校へ留学する生徒もいる。

★卒業生の主な合格実績
東京藝術大、茨城大、信州大、横浜国立大、国立音楽大、昭和音楽大、多摩美術大、東京音楽大、東京造形大、東京工芸大、桐朋学園大、日本大、武蔵野音楽大、武蔵野美術大、明治学院大、立命館大

♣指定校推薦枠のある大学・短大など♣
桐朋学園大、成城大、東京造形大、横浜美術大、東京音楽大、国立音楽大、武蔵野音楽大、武蔵野美術大、立教大　他

[トピックス]

・都立芸術高校を改編し平成22年4月に開校した都立で唯一の**芸術（美術・舞台表現・音楽）**分野における専門高校である。

・新校舎が平成23年度に現在地に完成。専門設計の**アトリエ**、**映像編集室**、**個別音楽レッスン室**、ダンス練習室、照明設備の整った**舞台演習室**、音楽ホール（540名収容）等、本格的な充実した施設を有している。

・展覧会、公演、コンサート等、公開型の発表会を随時開催。

[学校見学]（令和5年度実施内容）

★授業公開　6・11月各1回
★体験入学　夏季休業期間中に実施（HPにてご案内）
★施設見学会　7・8月各1回
★学校説明会　10・11月各1回
★文化祭　9月　見学可

新校舎パース画

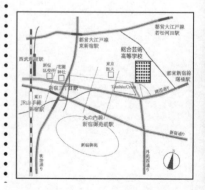

受検状況

科名・コース名	募集人員	推薦に基づく入試				第一次募集・分割前期募集			
		募集人員	応募人員	応募倍率	合格人員	募集人員	受検人員	受検倍率	合格人員
音楽	40	12	46	3.83	12	28	39	1.39	30
美術	80	24	131	5.46	24	56	118	2.11	58
舞台表現	40	12	58	4.83	12	28	48	1.71	30

入学者選抜実施方法

推薦

科名・コース名	推薦枠		調査書の活用		満点					備考
	割合(%)	特別推薦の有無	観点別学習状況の評価	評定	調査書点	集団討論・個人面接	小論文	作文	実技検査	
美術	30	－	－	○	500	100*	－	－	700	＊個人面接のみを実施。
舞台表現	30	－	－	○	500	100*	－	－	600	＊個人面接のみを実施。
音楽	30	－	－	○	500	100*	－	－	1000	＊個人面接のみを実施。

第一次・分割前期

科名・コース名	分割募集	男女枠緩和	学力検査		調査書		学力検査:調査書	満点					備考
			教科	学校指定による傾斜配点	教科の評定の扱い			学力検査	調査書点	面接	小論文・作文	実技検査	
					学力検査を実施する教科	学力検査を実施しない教科							
美術	－		3	－	1倍	2倍	6:4	600	400	－	－	700	
舞台表現	－		3	－	1倍	2倍	6:4	600	400	－	－	600	
音楽	－		3	－	1倍	2倍	6:4	600	400	－	－	1000	

〈本校の期待する生徒の姿〉

★美術科

本校は都立で唯一の芸術に関する高度な専門教育を行う単位制高校であり、特定の芸術の領域に偏らない総合的な芸術全般に関する見方や考え方を学ぶことができる学校です。本校では、芸術各分野での高度な専門性を備え、豊かな教養や広い視野をもち、芸術活動を通じて社会に貢献することのできる人間の育成を目指しています。
1 本校美術科志望の意志が強く、芸術全般を愛好し、明確な目的意識をもって学習に取り組む生徒
2 絵画(日本画、油彩画)、彫刻、デザイン、映像のいずれかの専攻に対する適性及び優れた能力をもつ生徒
3 学習成績が良好であり、学校生活全般を通して自らを向上させる意欲のある生徒
※ 特に推薦選抜においては、上記2と3のバランスのとれた生徒が望ましい。

★舞台表現科

本校は都立で唯一の芸術に関する高度な専門教育を行う単位制高校であり、特定の芸術の領域に偏らない総合的な芸術全般に関する見方や考え方を学ぶことができる学校です。本校では、芸術各分野での高度な専門性を備え、豊かな教養や広い視野をもち、芸術活動を通じて社会に貢献することのできる人間の育成を目指しています。
1 本校舞台表現科志望の意志が強く、芸術全般を愛好し、明確な目的意識をもって学習に取り組む生徒
2 演劇、舞踊のいずれかの専攻に対する適性及び優れた能力をもつ生徒
3 学習成績が良好であり、学校生活全般を通して自らを向上させる意欲のある生徒
※ 特に推薦選抜においては、上記2と3のバランスのとれた生徒が望ましい。

★音楽科

本校は都立で唯一の芸術に関する高度な専門教育を行う単位制高校であり、特定の芸術の領域に偏らない総合的な芸術全般に関する見方や考え方を学ぶことができる学校です。本校では、芸術各分野での高度な専門性を備え、豊かな教養や広い視野をもち、芸術活動を通じて社会に貢献することのできる人間の育成を目指しています。
1 本校音楽科志望の意志が強く、芸術全般を愛好し、明確な目的意識をもって学習に取り組む生徒
2 器楽、声楽、作曲、楽理のいずれかの専攻に対する適性及び優れた能力をもつ生徒
3 学習成績が良好であり、学校生活全般を通して自らを向上させる意欲のある生徒
※ 特に推薦選抜においては、上記2と3のバランスのとれた生徒が望ましい。

難易度(偏差値) 音楽 C-2 (57-55) ／美術・舞台表現 C-2 (54-51)

都立 戸山 高等学校

とやま

https://www.metro.ed.jp/toyama-h/

☎ 162-0052　新宿区戸山 3-19-1
☎ 03-3202-4301
交通　東京メトロ西早稲田駅　徒歩 1 分、
　　　ＪＲ山手線・西武線・東京メトロ高田馬場駅　徒歩 12 分、
　　　都営地下鉄東新宿駅　徒歩 13 分

普通科

| 制　服 | なし |

[カリキュラム]　◇三学期制◇

・月～金曜日は50分授業を 6 時間、土曜日は 4 時間授業（年間20回）を行う。

・1・2 年次は、芸術科目を除いて全員が同じ科目を履修し、文理分けしない。また、英語・数学で少人数習熟度別授業を実施。

・3 年次では、大幅な科目選択制となり、進路に応じた科目を選択する。

・正規の授業のほかに、100講座以上に及ぶ夏期講習や放課後の講習なども充実している。また、自習室は夜 8 時まで開放。

[部活動]

部活動加入率は124％。ほぼ全員が加入。運動部では近年、水泳部・陸上競技部が全国大会、ソフトテニス部が関東大会に出場。他に、アメリカンフットボール部・女子サッカー部・剣道部などが都大会で活躍。文化系では囲碁将棋部が全国大会の常連で、27・28年度は全国優勝。写真部は令和元年の全国総文化祭に参加。他に、新聞部・地理歴史部などが実績をあげている。

★設置部（※は同好会）

剣道、バドミントン、卓球、バスケットボール（男女）、バレーボール（男女）、硬式野球、サッカー（男女）、アメリカンフットボール、陸上競技、硬式テニス、ソフトテニス、水泳、山岳、空手道、文学、化学、生物、天文気象、管弦楽、ブラスバンド、軽音楽、合唱、美術、演劇、漫画研究、写真、囲碁将棋、地理歴史、新聞、放送、※ダンス、※パソコン、※クイズ、※競技かるた

[行　事]

毎年 6 月に実施される新宿戦は、運動部を中心とする都立新宿高校との学校対抗戦で、伝統行事となっている。

5 月　運動会
6 月　新宿戸山対抗戦
9 月　ホームルーム合宿（1 年）、戸山祭（文化祭）
10月　クラスマッチ（2・3 年）

3 月　修学旅行（2 年）、クラスマッチ（1 年）

[進　路]（令和 5 年 3 月）

1、2 年次より多数の受験対策講座を開講。3 年次にはセンター試験対策や国公立記述式対策の講座も開かれる。学習意欲を刺激するため、校外模試に加え、実力テストも適宜実施。

★卒業生の進路状況

＜卒業生312名＞

大学218名、短大 1 名、専門学校 0 名、就職 0 名、その他93名

★卒業生の主な合格実績

東京大、京都大、北海道大、東北大、神戸大、名古屋大、大阪大、お茶の水女子大、千葉大、筑波大、東京医科歯科大、東京外国語大、東京学芸大、東京工業大、東京農工大、一橋大、横浜国立大、早稲田大、慶應義塾大、上智大、東京理科大

♣指定校推薦枠のある大学・短大など♣

東京都立大、青山学院大、学習院大、北里大、慶應義塾大、中央大、津田塾大、東京女子大、東京薬科大、東京理科大、明治大、早稲田大　他

[トピックス]

・国際社会に貢献するトップリーダーの育成が本校のミッション。「幅広い教養」「自主自立」を教育の柱とし、進学指導のみでなく、高校時代を通じての人間形成を大切にしている。

・明治21年創立の伝統校。平成13年度に都の「進学指導重点校」に指定された。東京大合格 9 名をはじめ、毎年最難関国立大への合格を数多く出している。

・平成28年度より、国公立大学医学部進学希望者のためのプログラムであるチームメディカルを実施。令和 5 年度には現役で国公立医学部 8 名、私立大医学部 7 名の合格者を出した。

・普通教室は冷暖房完備。350 名収容の講堂、3 つの階段教室、天文台を備える。また、校外施設として那須寮がある。

・平成16年度から文部科学省より科

学技術や理数教育を重点的に行う学校として、スーパーサイエンスハイスクール（ＳＳＨ）に指定されている（26年度に新たに 5 年指定）。希望者を対象としたSSH海外研修も実施。また、SSHの成果は、学内の発表会に加え、全国約200校のSSH指定校が一堂に会するSSH生徒研究発表会全国大会や、SSH関東近県合同発表会などでも行われている。

・平成27年度SSH生徒研究発表会全国大会にて日本科学技術振興機構理事長賞受賞。また、バイオサミットにて山形県知事賞同28年度審査員特別賞を受賞した。28年度には神奈川大学全国高校生科学論文大賞受賞。

・令和 4 年度「リカジョ育成賞」で準グランプリを獲得した。

[学校見学]（令和 5 年度実施内容）

★学校説明会　10・11月各 1 回
★生徒による学校説明会　11月 1 回
★自校作成問題解説動画　10月配信
★戸山祭　9 月
★学校見学会　7・8 月に10回の見学会を実施（要予約）。都外および海外在住の方については要相談。

受検状況

科名・コース名	募集人員	推薦に基づく入試				第一次募集・分割前期募集			
		募集人員	応募人員	応募倍率	合格人員	募集人員	受検人員	受検倍率	合格人員
普通	316	64	214	3.34	64	252	401	1.59	258

入学者選抜実施方法

推薦

科名・コース名	推薦枠		調査書の活用		満点					備考
	割合(%)	特別推薦の有無	観点別学習状況の評価	評定	調査書点	集団討論個人面接	小論文	作文	実技検査	
普通	20	–	–	○	450	150	300*	–	–	＊異なる分野の課題を2題出題する。

第一次・分割前期

科名・コース名	分割募集	男女枠緩和	学力検査		調査書 教科の評定の扱い		学力検査 : 調査書	満点					備考
			教科	学校指定による傾斜配点	学力検査を実施する教科	学力検査を実施しない教科		学力検査	調査書点	面接	小論文・作文	実技検査	
普通	–	○	5*		1倍	2倍	7：3	700	300	–	–	–	＊国数英は自校作成。

〈本校の期待する生徒の姿〉

東京都立戸山高校では、以下に該当する生徒を募集します。
1 文系・理系を問わず幅広い興味・関心をもち、豊かな知識・教養と、未知の状況にも対応できる思考力・判断力・表現力・創造力を併せもつ生徒
2 集団の中で、他者と協働し高め合い、自らの責任で主体性をもって行動し、社会に貢献しようとする強い意志と高い志をもつ生徒
3 本校の特色をよく理解し、社会生活を送るために必要なマナーが身に付いており、充実した高校生活を創造し、自己の目的達成の場として本校を強く志望する生徒
※ 特に推薦選抜においては、リーダーとして活躍した経験があり、将来にわたり、リーダーとしての資質を伸ばそうとする生徒が望ましい。

難易度（偏差値）	ＡＡ（72-70）	併願校選択例	城北、順天、慶應義塾女子、東京学芸大附属、明治大付属明治

都立 園芸（えんげい）高等学校

園芸科
食品科
動物科

https://www.metro.ed.jp/engei-h/

〒158-0081　世田谷区深沢5-38-1
☎ 03-3705-2154
交通　東急線等々力駅　徒歩15分またはバス
　　　東急線桜新町駅　徒歩20分またはバス

制　服	あり

[カリキュラム] ◇三学期制◇

・実習や実験など体験的な学習に重点をおき、専門性に富んだ授業を展開。
・静岡県の下田市にある下田農場で宿泊を伴った実習を実施。
・園芸科、食品科は学科内で選択できる科目を設置。
・3年次での選択科目も多く、幅広い進路希望に対応。

★園芸科
植物や栽培環境のコントロール、利用について学び、食と住環境を豊かにするために植物の生産・活用の汎用的能力を身につける授業を展開。
＜取得可能な資格＞
フラワー装飾技能士3級、造園技能士2・3級、日本農業技術検定2・3級

★食品科
農場実習や食品加工実習、調理実習、食品分析実験など、実践的な加工・調理・栄養の知識と技術を身につける授業を展開する。
＜取得可能な資格＞
食品衛生責任者、初級バイオ技術者、販売士検定3級、料理検定、菓子検定

★動物科
愛玩・産業動物の飼育技術や衛生管理、環境調査、生物活用など、人と動物・自然との関わりについて理解を深める授業を展開。
＜取得可能な資格＞
愛玩動物管理士2・準2級、生物分類技能検定4級
・上記の他に、全科で日本農業技術検定3級、英検、漢検、パソコン検定などの取得に力を入れている。また、食品科においては、提携した専門学校に通うことで、調理師免許・製菓衛生師の受験資格取得が可能。

[部活動]
約6割の生徒が参加。専門技術系の特色ある部活動が展開されている。
★設置部（※は同好会）
卓球、陸上、剣道、硬式テニス、ソフトテニス、バレーボール、バドミントン、バスケットボール（男女）、サッカー、合気道、軟式野球、マンガ・イラスト、軽音楽、演劇、写真、吹奏楽、野菜、果樹、花卉、フレンズ・オブ・アニマル、食品科学、造園、盆栽、昆虫、茶道、バラ園、植物バイオ、※水泳、※ダンス、ハト、植物バイオテクノロジー、ソーラーシェアリング

[行　事]
4月	新入生歓迎会
5月	遠足
6月	体育祭
9月	修学旅行（2年）
11月	園芸展（文化祭）
2月	三年生を送る会
3月	芸術鑑賞教室（1・2年）

[進　路]（令和5年3月）
・1年次から3年次まで、学年ごとに進路ガイダンスや適性検査、基礎学力テストなどを実施。小論文指導、模擬面接なども繰り返し行う。
・就職希望の生徒は1割ほど。農業や食品関係はもちろんのこと、幅広い分野の企業から毎年数多くの求人が寄せられている。
・進路相談室もあり。

★卒業生の進路状況
＜卒業生132名＞
大学52名、短大8名、専門学校45名、就職21名、その他6名

★卒業生の主な進学先
東京農業大、日本大、日本獣医生命科学大、麻布大、東京家政学院大、鎌倉女子大、帯広畜産大、北里大、東洋大、二松学舎大、日本体育大、帝京科学大

[トピックス]
・明治41（1908）年に「東京府立園芸学校」として開校した農業・園芸の専門高校で、創立以来、農業・園芸教育の中心を担う。
・世田谷区深沢という閑静な住宅街に90,000㎡（東京ドーム2.3倍）という広大な校地を持ち、その約7割を園庭や圃場が占める。他にも玉川果樹園、静岡県に伊豆下田農場がある。
・園芸科2、食品科1、動物科1の一学年4学級といった小規模編成。
・校内には100年を超える多くの巨樹が育ち、「百年の森」に見守られながら日々の学習に励む。
・11月の園芸展は生産品販売などでにぎわい、6,000人以上の来校者が訪れ、地域に開かれた学校である。
・愛知県立安城農林高等学校と友好校締結を行い、交流事業を実施している。
・アメリカ合衆国バージニア州にある公立高校アーリントン・キャリア・センター（Arlington Career Center）と姉妹校締結し、交流事業を実施している。
・SDGsの理念を活かした持続可能な農業と環境の両立、スマート農業技術を授業に取り入れ、新しい農業学習にも取り組んでいる。
・東京都教育委員会より、TOKYOデジタルリーディングハイスクール、海外学校間交流推進校に指定されている。
・食品科では、企業と連携した新商品を開発する等ブランディングに係る学習を推進している。

[学校見学]（令和5年度実施内容）
★学校公開　5・9・10月
★体験入学　9月1回
★学校説明会　10・11・12・1月各1回
★学校見学会　8・1・3月各1回
★園芸展　11月
★オープンスクール（実習見学会）　7月
★学校見学は可・指定日時有（要連絡・HP参照のこと）

入試！インフォメーション
※本欄の内容はすべて令和6年度入試のものです。

受検状況

科名・コース名	募集人員	推薦に基づく入試				第一次募集・分割前期募集			
		募集人員	応募人員	応募倍率	合格人員	募集人員	受検人員	受検倍率	合格人員
園芸	70	21	42	2.00	21	49	49	1.00	51
食品	35	10	26	2.60	10	25	33	1.32	26
動物	35	10	42	4.20	10	25	50	2.00	26

入学者選抜実施方法

推薦

科名・コース名	推薦枠		調査書の活用		満点					備考
	割合(%)	特別推薦の有無	観点別学習状況の評価	評定	調査書点	集団討論個人面接	小論文	作文	実技検査	
園芸	30	–	–	○	500	300*	–	200	–	*個人面接の時間内に「自己PRタイム」を設ける。
食品	30	–	–	○	500	300*	–	200	–	
動物	30	–	–	○	500	300*	–	200	–	

第一次・分割前期

科名・コース名	分割募集	男女枠緩和	学力検査		調査書		学力検査:調査書	満点					備考
			教科	学校指定による傾斜配点	教科の評定の扱い			学力検査	調査書点	面接	小論文・作文	実技検査	
					学力検査を実施する教科	学力検査を実施しない教科							
園芸	–		5	–	1倍	2倍	7：3	700	300	–	–	–	
食品	–		5	–	1倍	2倍	7：3	700	300	–	–	–	
動物	–		5	–	1倍	2倍	7：3	700	300	–	–	–	

〈本校の期待する生徒の姿〉
★園芸科・食品科・動物科

　園芸高校は、創立110年を超えた伝統校です。数多くの教育財産（園芸植物、盆栽、校内庭園、食品製造設備、愛玩動物等）を活用した活動を通して生徒を育成しています。高校生活のあらゆる場面で意欲的に取り組む生徒を期待します。次の項目に該当する生徒の入学を希望します。
1　農業に関する各分野（園芸、食品、動物等）に対する興味・関心が高く、将来の進路に生かそうとする生徒
2　実習・実験に対して積極的に取り組む生徒
3　基本的な生活習慣を身に付けている生徒
4　挨拶ができ、ルールを守り、汗をかくことをいとわない生徒
5　地域での活動や文化・スポーツ・ボランティア活動に打ち込んだ経験をもつ生徒
※　特に推薦選抜においては、農業に関する各分野の学習に対する興味・関心、目的意識、将来の進路をはっきりと表現できる生徒が望ましい。

難易度（偏差値）	園芸　E-1（42-38）／食品、動物　D-3（46-43）

次のページもご覧ください ▶▶▶

都立 桜町 （さくらまち） 高等学校

https://www.metro.ed.jp/sakuramachi-h/

〒158-0097　世田谷区用賀2-4-1
☎ 03-3700-4330
交通　東急田園都市線桜新町駅・用賀駅　徒歩10分

普通科

| 制　服 | あり |

[カリキュラム] ◇三学期制◇

・「確かな学力」の定着の実現と、大学進学を念頭に置いたカリキュラム編成。
・1年次の言語文化(古典)、数学Ⅰ、英語コミュニケーションⅠ、2年次の英語コミュニケーションⅡ、文系古典探究、文理別数学Ⅱの授業で**習熟度別授業**を実施。
・2年次では進路を意識した**文理別の必修選択科目**を設置。
・3年次では個別の進路に対応できる豊富な**必修選択科目、自由選択科目**を設置。
・タブレット端末を、授業や総合的な探究の時間、家庭学習での課題提出やプレゼン資料作成等で活用。
・家庭での学習習慣定着のために、英語・数学・国語で毎週末、週末課題を実施。

[部活動]

・全生徒の約70%が部活動に参加。
・運動部では近年、**野球部**が全国高等学校野球選手権大会西東京大会ベスト32。**男子バスケットボール部**が関東予選東京都ベスト64、インターハイ予選ベスト64。**バドミントン部**が西東京大会女子団体ベスト16。**剣道部**が段・級審査　合格者数3段2名・2段1名・初段5名・1級3名。**卓球部**が男子インターハイ予選個人ベスト64、男子関東大会予選団体ベスト64。文化部では、**軽音楽部**が全国高等学校軽音楽コンテスト奨励賞（第4位）。**演劇部**が東京都高等学校文化祭演劇部門中央大会に出場するなどの実績をあげている。

★設置部

硬式野球、サッカー、剣道、卓球、陸上、女子バレーボール、バスケットボール(男女)、硬式テニス(男女)、ソフトテニス、水泳、バドミントン、ハンドボール、ダンス、演劇、吹奏楽、美術、天文、漫画愛好、軽音楽、茶道

[行　事]

5月	遠足
6月	体育祭
7月	芸術鑑賞教室
9月	桜華祭(文化祭)
10月	修学旅行(2年)、TGG校外学習(1年)
3月	球技大会

[進　路] （令和5年3月）

・1年次から3年次まで、**進路希望調査、進路適性検査、模試、進路講話・ガイダンス、進路分野別説明会**などを計画的に行う。
・夏季休業中には1～3年生を対象に**進学補習**を実施。（3年は全教科実施）
・**進路指導室・自習室**あり。
・**土曜日**の取り組みとして、希望者を対象に**予備校講師による英語講習**を実施（全12回）。
・指定校推薦が充実している。
・一般推薦・指定校推薦だけでなく、**AO推薦**に関しても、一人ひとり細かく丁寧な受験指導を行い、生徒の進路決定をサポートしている。

★卒業生の進路状況

＜卒業生 307名＞
大学169名、短大7名、専門学校78名、就職3名、その他5名

★卒業生の主な合格実績

青山学院大、亜細亜大、桜美林大、神奈川大、工学院大、国士舘大、駒澤大、産業能率大、成蹊大、専修大、拓殖大、玉川大、帝京大、東海大、東京家政学院大、東京医療保健大、東京工芸大、東京農業大、東洋大、日本大、日本体育大、法政大、武蔵野大、明治大、立正大、和光大

♣指定校推薦枠のある大学・短大など♣

亜細亜大、桜美林大、大妻女子大、神奈川大、工学院大、国士舘大、駒澤大、産業能率大、成蹊大、専修大、拓殖大、玉川大、東京医療保健大、東京電機大、東京都市大、日本大、武蔵野大、立正大　他

[トピックス]

・充実した生活指導により、穏やかな校風となっている。
・**全館冷暖房完備**。
・最新機器を備えたコンピュータ教室やCALL教室に加え、屋上には**天文ドーム**があり、地域の小学生を招いて天体観測会を実施している。
・中国の北京市の**匯文（ワイブン）中学校**と姉妹校の関係にあり、希望者による研修旅行が行われている。2・3年次の自由選択科目にも「**中国語**」を設置。
・文武にバランスのとれた**進学校**を目指して努力している。
・令和5年度、軽音楽部が全国高等学校軽音楽コンテストで奨励賞受賞。

[学校見学] （令和5年度実施内容）

★学校見学会　夏季休業中に実施（要予約）
★学校説明会　10・11・12・1月各1回
★個別入試相談　12・1月の水曜日を除く放課後
★桜華祭　9月

受検状況

科名・コース名	募集人員	推薦に基づく入試				第一次募集・分割前期募集			
		募集人員	応募人員	応募倍率	合格人員	募集人員	受検人員	受検倍率	合格人員
普　通	316	64	131	2.05	64	252	250	0.99	250

入学者選抜実施方法

推薦

科名・コース名	推薦枠		調査書の活用		満点					備考
	割合(%)	特別推薦の有無	観点別学習状況の評価	評定	調査書点	集団討論個人面接	小論文	作文	実技検査	
普　通	20	－	－	○	600	400	200	－	－	

第一次・分割前期

科名・コース名	分割募集	男女枠緩和	学力検査		調査書		学力検査：調査書	満点						備考
			教科	学校指定による傾斜配点	教科の評定の扱い 学力検査を実施する教科	学力検査を実施しない教科		学力検査	調査書点	面接	小論文・作文	実技検査		
普　通	－	○	5		1倍	2倍	7：3	700	300	－	－	－		

〈本校の期待する生徒の姿〉

「進路指導の充実等、教育環境の向上を図る、地域に信頼される進学校」
1　明るく穏やかで、地域を大切にする校風、教育目標・内容に共感し、入学の意志の固い生徒
2　集団生活のルールとマナーを守ることができ、他の人を思いやる心をもった生徒
3　各種行事、委員会・生徒会活動、部活動や本校独自の中国との交流等、特別活動に対しても積極的に取り組み、学校生活を充実させるよう取り組める生徒
4　大学進学等、将来への目的意識をもち、本校での学習を自らの進路実現に生かそうと努力できる生徒
5　学習態度が良好であり、入学後も基礎学力の充実と国際理解教育等、発展的な学習に自ら取り組める生徒
※　特に推薦選抜においては、以下(1)から(3)のいずれかに該当する生徒が望ましい。
　(1)　ボランティア活動の経験　(2)　資格の取得、検定の合格　(3)　得意教科や興味関心がある分野への継続的な努力・成績の伸長

難易度（偏差値）	D－1（50－47）		併願校選択例	駒澤大、駒場学園、二松學舍大附属、日本工業大駒場、立正大付属立正

次のページもご覧ください ▶▶▶

都立 世田谷総合 高等学校

せたがやそうごう

https://www.metro.ed.jp/setagayasogo-h/

☎ 157-0076　世田谷区岡本 2-9-1
☎ 03-3700-4771
交通　東急田園都市線大井町線・二子玉川駅　徒歩 15 分
　　　小田急線成城学園前駅　バス

総合学科

単位制

制　服　あり

[カリキュラム]　◇三学期制◇

・1 年次は必履修科目の授業が中心となるが、2 年次から総合学科高校の特色でもある約 100 科目の選択科目から履修。基礎的科目の他に大学受験対応演習科目、系列専門科目、ものづくりなどのユニークな学校設定科目を多数用意。
・異文化理解に関する学習、コミュニケーションやプレゼンテーションに関する学習、課題研究を行うなど、特色ある教育活動を展開する。
・50 分授業。英語・数学は習熟度別・少人数制授業。
・調査・発表・実験・実習などの体験的・主体的学習を重視。
・選択科目は社会・教養（文系大学進学に対応）、サイエンス・環境（理系大学進学に対応）、国際・文化理解（語学・比較文化系学部の大学進学に対応）、情報デザイン（情報・工学系の進学に対応）、ライフデザイン（保育・家政・福祉・体育系の進学に対応）、美術・ものづくり（美術・工芸・デザイン系の進学に対応）の 6 つの系列に分かれている。
・コース制とは異なるため、系列に縛られず、自分の適性や進路に合わせて自分に最適な時間割を 2・3 年次に向けて作成する。
・選択科目を工夫することで、国公立や私立、文系や理系などそれぞれの大学入試に合わせた科目選択が可能。
・第 2 外国語を設置している。

[部活動]

・約 7 割が参加。
・令和 5 年度は、ダンス部がダンスド

リル選手権大会関東大会で優勝し、全国大会に進出した。女子バレーボール部が夏季大会でブロック 3 位となった。女子バスケットボール部が夏季大会でブロック 2 位となった。
・令和 4 年度には、ダンス部が全国ダンスドリル冬季大会で準優勝した。吹奏楽部が東京都吹奏楽コンクールで金賞を受賞した。

★設置部（※は同好会）
　弓道、硬式テニス（男女）、サッカー（男女）、ダンス、軟式野球、バスケットボール（男女）、バドミントン、バレーボール（男女）、陸上競技、水泳、演劇、クッキング、軽音楽、文芸、美術、写真、吹奏楽、漫画研究、茶道華道、※クリエイト、※トレーニング、※コーラス、※科学、※ソフトボール

[行　事]

6 月　　体育祭
9 月　　文化祭
11 月　修学旅行（2 年）
2 月　　合唱コンクール

[進　路]（令和 5 年 3 月）

・総合学科の必修科目「産業社会と人間」を計画的に進めて職業理解を深めるとともに、各生徒の職業意識を育成する。進路実現に向けて自主・自律の態度を身につけるよう、日頃から学校全体として工夫している。
・進路室にて、生徒が常時相談可能な体制を整える。
・日常的な補習の他に、長期休業中の講習、週末課題によって学力の充実を図る。
・「産業社会と人間」の授業では、1 年次に将来の夢の実現のためキャリア学習を行う。2 年次から自分の適性・進路先に合わせた自分だけの時間割づくりに全教員が助言。

★卒業生の進路状況
　＜卒業生 187 名＞
　大学 92 名、短大 8 名、専門学校 64 名、就職 8 名、その他 15 名

★卒業生の主な合格実績
　富山大、関西大、日本大、東京家政大、

東洋大、武蔵野大、獨協大、駒沢女子大、明星大、神奈川大、神田外語大、帝京大、桜美林大、産業能率大、千葉工業大、東京都市大、拓殖大、国士舘大、目白大、日本体育大、日本女子体育大、武蔵野美術大、女子美術大、東京造形大、東京工芸大

♣指定校推薦枠のある大学・短大など♣
　亜細亜大、桜美林大、神奈川大、国士舘大、専修大、大東文化大、拓殖大、玉川大、帝京大、日本大

[トピックス]

・世田谷地区に初めての全日制総合学科高校として、平成 20 年 4 月開校。
・冷暖房完備の講義室、国際交流室やパソコン室が 5 部屋、ものづくり棟、体育館が 2 つ、保育実習室、福祉実習室等の充実した施設・設備がある。
・生活マナーを重視。ノーチャイム・ノー放送により自主・自律の態度を育む。また、身だしなみや言葉遣い等の指導で規範意識を育てる。
・学校全体として環境教育に重点。日常生活での環境問題を意識付ける。
・制服は濃紺 3 つボタンブレザー。
・都教育委員会による海外学校間交流推進校。土曜日の教育支援体制等構築事業実施校となっている。令和 5 年度よりヴェトナム研修旅行を実施（希望者より選抜、12 月）。ものづくりを通した国際交流を図っており、大使館・諸外国の学生との交流活動も盛ん。令和 5 年度はフランスリマン高校との交流、駐日インドネシア共和国学校との交流の実績がある。
・女子サッカーと美術を対象に文化・スポーツ等特別推薦入試を実施。

[学校見学]（令和 5 年度実施内容）

★学校見学会　6・7・9 月各 1 回
★学校説明会　10・11 月各 1 回
★授業公開　6・9 月各 1 回
★文化祭　9 月　見学可
★入試相談会　12・1 月各 1 回
★学校見学ツアーは夏休みに実施
※説明会と見学会は予約制。

入試!インフォメーション

※本欄の内容はすべて令和6年度入試のものです。

受検状況

科名・コース名	募集人員	推薦に基づく入試				第一次募集・分割前期募集			
		募集人員	応募人員	応募倍率	合格人員	募集人員	受検人員	受検倍率	合格人員
総 合	236	72	138	1.92	72	164	157	0.96	157

入学者選抜実施方法

推薦

科名・コース名	推薦枠		調査書の活用		満点					備考
	割合(%)	特別推薦の有無	観点別学習状況の評価	評定	調査書点	集団討論個人面接	小論文	作文	実技検査	
総 合	30	○	–	○	500	300	–	200	–	

第一次・分割前期

科名・コース名	分割募集	男女枠緩和	学力検査		調査書		学力検査:調査書	満点						備考
			教科	学校指定による傾斜配点	教科の評定の扱い			学力検査	調査書点	面接	小論文・作文	実技検査		
					学力検査を実施する教科	学力検査を実施しない教科								
総 合	–		5	–	1倍	2倍	7:3	700	300	–	–	–		

〈本校の期待する生徒の姿〉

　本校は、「高い志を持ち、心身ともにたくましく、かつ柔軟な感性を磨き、これからの時代を充実した人生と共に生き抜く人間」の育成を目指している。本校の教育理念・方針等について十分理解し、特色ある総合学科教育により自己実現に努める強い意志のある生徒の入学を期待する。
1　いずれの教科の学習も真剣な態度で取り組んできた生徒
2　中学校での学習において得意教科があり、入学後も本校の特色ある教科・科目の学習によってその力を伸ばそうと考えている生徒
3　生徒会活動や委員会・係の活動、部活動等における役割を、責任をもって果たしてきた生徒
4　学校外における文化・スポーツ、ボランティア等の活動や検定資格取得等において継続的に取り組んできた生徒
※　特に推薦選抜においては、上記項目1～4の全てに該当する生徒が望ましい。
※　「文化・スポーツ等特別推薦」においては、入学後3年間、部活動や学校行事と学習を両立させ、他の模範となる生徒が望ましい。

難易度（偏差値）	D－1（50－47）	併願校選択例	駒場学園、品川エトワール女子、大東学園、立川女子

次のページもご覧ください ▶▶▶

機械・自動車科
電気・情報デザイン科
建築・都市工学科

都立 総合工科 高等学校
（そうごうこうか）

https://www.metro.ed.jp/sogokoka-h/

☎ 157-0066　世田谷区成城 9-25-1
☎ 03-3483-0204
交通　小田急線成城学園前駅　徒歩 15 分またはバス
　　　京王線仙川駅　徒歩 20 分またはバス
　　　京王線千歳烏山駅　バス

制　服	あり

[カリキュラム]◇三学期制◇

・最新の機器を備え、それを活用した授業を実施。機械・自動車科以外は2年次から生徒それぞれの進路に応じて、**電気・情報デザイン科**は**電気類型**と**情報デザイン類型**に、**建築・都市工学科**は**建築類型**と**都市工学類型**に、いずれも分かれて学習を行う。また、進路に応じた選択科目も用意される。

・数学、英語、物理において、**習熟度別授業**を実施。

・3年次に40科目以上の必修選択科目を設けて、生徒の進路希望実現を支援。

・**国際理解教育**重視の表われとして、年2回の国際交流および海外修学旅行を実施。

・令和2年度より全学年で**朝学習**を実施。

・**夏季休業中**には、学力向上のための**講習**を実施。

・資格取得に向けた**講座**や、プロの技術者による指導も実施。

・在学中に電気類型では第一種および第二種電気工事士、情報デザイン類型では色彩検定、建築類型では2級建築施工技術者、都市工学類型では2級土木施工技術者などの国家資格の合格を目指す。

[部活動]

・約6〜7割が参加。

・**硬式野球部**は、甲子園を目指して日々活動している。敷地内には、都立で唯一の**専用野球場**があり、外野が全面芝生で両翼92mセンター125mと公式野球場とほぼ同等の広さである。また、マシン3台・ブルペン5カ所と設備も充実している。東京都の春季・秋季大会の一次予選の会場校となっている。平成29年度の選手権大会では、ベスト16に進出した。**都内で最も甲子園に近い都立校の一校**である。

・令和4年度は**自転車競技部**がインターハイへ出場した。**演劇サークル**が中央大会（都大会）へ出場した。

・令和3年度は、**自転車競技部**がインターハイに出場し、団体種目で入賞した。

★**設置部**（※は同好会など）
硬式野球、サッカー、バスケットボール、バレーボール、硬式テニス、剣道、卓球、バドミントン、ロボット技術研究、自動車、美術、家庭科、軽音楽、ラジコンカー、柔道、※自転車競技、※デジタルグラフィック、※プログラムクリエイター、※交通研究、※建築、※演劇、※ラグビー、※造形（プラモデル）

[行　事]

6月　すばる祭（体育祭）
9月　総工祭（文化祭）
11月　修学旅行（2年）、芸術鑑賞教室
1月　課題研究発表会

[進　路]（令和5年3月）

・専門高校ではあるが、理工系4年制**大学への進学**を重視。

・キャリアガイダンスは1年次から実施。

・2年次には全員**インターンシップ**を実施。

・進路関連行事として、外部の講師による**職業講話**を実施。

・**高大連携**により、大学の先生の**出前授業**も実施。

★**卒業生の進路状況**
＜卒業生170名＞
大学56名、短大1名、専門学校37名、就職69名、その他7名

★**卒業生の主な進学先**
神奈川大、神奈川工科大、国士舘大、芝浦工業大、拓殖大、多摩大、東海大、東京工芸大、東京電機大、日本大、日本工業大、明星大、玉川大、東京工科大、千葉大、都立大

♣**指定校推薦枠のある大学・短大など**♣
神奈川大、芝浦工業大、拓殖大、東海大、東京電機大、東洋大、日本大、明星大、工学院大、東京工科大、神奈川工科大　他

[トピックス]

・都立の2つの高校（世田谷工業高校と小石川工業高校）が発展的に統合し平成18年4月に誕生した、**進学、就職共**にしっかり指導する工業系専門高校。

・日々の学校生活を通じてテクノロジーやものづくりの魅力を伝え、確かな技術と豊かな国際感覚をもった人材の育成を目指す。

・全面芝生のサッカー場やオムニコートのテニス場、体育館、武道場など、**体育関連施設が充実**している。また、3D−CAD、3Dプリンタ、3D−CG製作環境、自然エネルギー実習装置、電子基板加工機、高出力レーザー加工機、エンジン性能試験機、GPS・GIS装置など工業設備が充実している。

・土曜日授業として総Ⅰサポート、外部講師による数学の授業を実施。

[学校見学]（令和5年度実施内容）

★**学校見学会**　詳細は学校HP
★**学校説明会**　10月各2回
★**総工祭**　9月
★**体験入学**　8・9・11月各1回
★**体験入部**　8・11月
★**入試説明会**　11・12月
★**直前相談会**　1月1回、2月1回

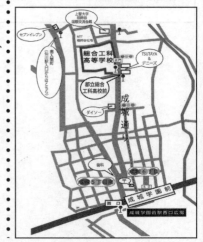

受検状況	科名・コース名	募集人員	推薦に基づく入試				第一次募集・分割前期募集			
			募集人員	応募人員	応募倍率	合格人員	募集人員	受検人員	受検倍率	合格人員
	機械・自動車	35	14	20	1.43	14	21	19	0.90	19
	電気・情報デザイン	70	28	39	1.39	28	42	23	0.55	23
	建築・都市工学	70	28	31	1.11	28	42	10	0.24	10

入学者選抜実施方法

	科名・コース名	推薦枠		調査書の活用		満点					備考
		割合(%)	特別推薦の有無	観点別学習状況の評価	評定	調査書点	集団討論個人面接	小論文	作文	実技検査	
推薦	機械・自動車	40	○	－	○	500	300	－	－	200	
	電気・情報デザイン	40	○	－	○	500	300	－	－	200	
	建築・都市工学	40	○	－	○	500	300	－	－	200	

	科名・コース名	分割募集	男女枠緩和	学力検査		調査書		学力検査	調査書	満点					備考
				教科	学校指定による傾斜配点	教科の評定の扱い				学力検査	調査書点	面接	小論文・作文	実技検査	
						学力検査を実施する教科	学力検査を実施しない教科								
第一次・分割前期	機械・自動車	－		5	－	1倍	2倍	7：3	700	300	－	－	－		
	電気・情報デザイン	－		5	－	1倍	2倍	7：3	700	300	－	－	－		
	建築・都市工学	－		5	－	1倍	2倍	7：3	700	300	－	－	－		

〈本校の期待する生徒の姿〉
★機械・自動車科／電気・情報デザイン科／建築・都市工学科

1　技術革新やDXの推進に興味・関心をもち、理工系大学への進学を目指す生徒
2　本校の教育の理念・教育方針についてよく理解し、本校への入学を強く希望する生徒
3　すすんで学校づくりに取り組もうとする等、意欲的で協調性に富んだ生徒
4　本校の生活指導内容を十分に理解し、ルールやマナーを守り、自ら判断し責任ある行動をとることができる生徒
5　総合的な学習の時間等の学習において積極的に取り組んできた生徒で、本校でも自ら課題を見つけ探究していく意欲に満ちた生徒
6　部活動やボランティア活動等に積極的に参加し、入学後も学習と両立させていく強い意志のある生徒
※　特に推薦による選抜においては、上記1、2に該当する生徒が望ましい。
※　「文化・スポーツ等特別推薦」を、硬式野球、バスケットボールについて実施する。特に意欲のある生徒が望ましい。

難易度（偏差値）	機械・自動車、電気・情報デザイン、建築・都市工学　D-3　（46-43）

都立 千歳丘（ちとせがおか）高等学校

普通科

https://www.metro.ed.jp/chitosegaoka-h/

☎ 156-0055　世田谷区船橋 3-18-1
☎ 03-3429-7271
交通　小田急線千歳船橋駅　徒歩7分

制　服	あり

[カリキュラム]　◇三学期制◇

- 1年次は、芸術科目以外は全員同じ科目を履修する。古典と数学で**習熟度別**、英語で**少人数制**の授業を実施し、きめ細かな指導を行っている。
- 2年次には、週4時間の必修選択が設けられ、「政治経済・数学B・英語4技能演習」と「古典基礎・芸術科目・化学基礎演習・英語4技能演習」という枠組みから各1科目を選ぶ。
- 3年次には、多様な自由選択科目が設置され、各自目指す進路に向けて学力を充実させるため、4～14単位を取得する。
- 放課後に**補習講座**を開設し、基礎力・応用力を充実させている。
- 総合的な探究の時間を利用して活気のある授業を展開しており、「**自己創造**」を共通のテーマとする。
- **漢字検定・英語検定・時事検定**等を実施し、資格取得に取り組みやすいよう指導している。

[部活動]

- 約4割が参加。
- 令和4年度は、**合唱部**がNHK全国学校音楽コンクールの本選進出を果たし、「春こん。」ユースの部の混声、女声の2部門で金賞を受賞した。
- 令和2年度には、**合唱部**が「春こん。」で金賞第1位を獲得した。
- 令和元年度には、**合唱部**がNHK全国学校音楽コンクールの東京都コンクール予選で銀賞を受賞した。

★設置部（※は同好会）
卓球、水泳、テニス、剣道、バドミントン、バレーボール、バスケットボール、硬式野球、サッカー、陸上、ダンス、創作、軽音楽、演劇、天文、美術、吹奏楽、茶道、パソコン、合唱、※テーブルゲーム

[行事]

スポーツ大会は平成22年度より実施されている体育祭的な行事。
4月　遠足
5月　体育祭

8月　クラブ合宿
9月　美稲（うましね）祭（文化祭）
11月　修学旅行（2年・台湾）、芸術鑑賞教室

[進路]

- 生徒一人ひとりが自主的に進路の開拓ができるよう、1年次より計画的に**進路説明会**、**個別面談**、**実力テスト**などを実施している。
- **進路指導室**を設け、大学、短大、専門学校や就職に関する資料を豊富に取りそろえている。
- 夏休みなどを中心に、各教科の**講習**や補講を実施。
- AO入試や推薦入試対策として個別の**小論文指導**を教員全員で入試直前まで行っている。同様に**面接指導**も実施。面接ガイダンス、面接練習、模擬面接週間などを行う。
- 予備校講師による**土曜講習**（希望制）を実施。

★卒業生の進路状況（令和5年3月）
＜卒業生244名＞
大学118名、短大2名、専門学校81名、就職12名、その他31名

★卒業生の主な合格実績
工学院大、國學院大、国士舘大、高千穂大、拓殖大、帝京大、東京医療学院大、東京経済大、亜細亜大、桜美林大、武蔵野大、立正大、杏林大、玉川大、駒澤大、明星大、和光大

♣指定校推薦枠のある大学・短大など♣
亜細亜大、桜美林大、工学院大、國學院大、国士舘大、駒澤大、相模女子大、白百合女子大、拓殖大、帝京大、東京経済大、東洋大、日本大、明星大、和光大、立正大、高千穂大、武蔵野大、恵泉女学園大　他

[トピックス]

- 昭和17年、東京府立第十九高等女学校として創立。25年、東京都立千歳丘高等学校となる。令和4年に**創立80周年**を迎えた。
- 広々とした敷地に緑があふれ、**のびのびとした校風**が形づくられている。

- 入学から卒業までの3年間で生徒を育て、大きな夢を実現させることを目標に全教職員で取り組んでいる。「相談できる体制」「少人数授業」「生活指導」「進路指導」「特別活動」を5つの柱に、教育活動を行っている。
- 都内有数の広さを誇るグラウンドや、充実した施設・設備を備えた体育館、柔・剣道場、プール、テニスコート（4面）など、**恵まれた運動施設**がある。
- 図書館には約3万冊の蔵書があり、**CALL教室**など、学習のための設備も整っている。
- 制服着用、茶髪・化粧・ピアス類禁止、遅刻指導の強化を毎朝の校門指導やHR指導などで**生活指導**を徹底している。
- 硬式野球部・合唱部は**文化・スポーツ等特別推薦**を実施。
- 令和3年度、グラウンド・テニスコート完成。

[学校見学]（令和5年度実施内容）

★学校説明会　10・11・12月各2回、1月1回
★学校見学会　7・8月各1回
★部活動見学会　8月1回
★美稲祭　9月　見学可

入試!インフォメーション

※本欄の内容はすべて令和6年度入試のものです。

受検状況

科名・コース名	募集人員	推薦に基づく入試				第一次募集・分割前期募集			
		募集人員	応募人員	応募倍率	合格人員	募集人員	受検人員	受検倍率	合格人員
普通	277	56	151	2.70	56	221	273	1.24	223

入学者選抜実施方法

推薦

科名・コース名	推薦枠		調査書の活用		満点					備考
	割合(%)	特別推薦の有無	観点別学習状況の評価	評定	調査書点	集団討論個人面接	小論文	作文	実技検査	
普通	20	○	–	○	600	300	–	300		

第一次・分割前期

科名・コース名	分割募集	男女枠緩和	学力検査		調査書		学力検査:調査書	満点						備考
			教科	学校指定による傾斜配点	教科の評定の扱い 学力検査を実施する教科	学力検査を実施しない教科		学力検査	調査書点	面接	小論文・作文	実技検査		
普通	–	○	5		1倍	2倍	7:3	700	300	–	–	–		

〈本校の期待する生徒の姿〉

　本校は、毎日の授業を大切にして、一人一人の個性と能力の伸長を図るとともに、社会のルールやマナーを遵守する心をもち、自律的で責任ある行動ができる人材を育成することを目標としている。
　このような本校の目標を理解し、本校志望の意志が強く、次の項目に該当する生徒の入学を期待している。
1　学習に意欲的に取り組み、相応な成績を収め、本校入学後もそれが期待できる生徒
2　礼儀正しく規則正しい生活ができ、中学校3年間の学校生活が良好な生徒
3　学級活動、部活動、委員会活動、学校行事等に積極的に参加することが期待できる生徒
4　将来の進路に対する明確な目的意識をもち、努力することが期待できる生徒
※　特に推薦選抜においては、上記1から4までの全てに該当する生徒が望ましい。
※　「文化・スポーツ等特別推薦」を、硬式野球部、合唱部について実施する。

難易度（偏差値）	D－3　（46－43）	併願校選択例	自由ヶ丘学園、大東学園、立川女子、日本体育大荏原、八王子実践

次のページもご覧ください ▶▶▶

普通科

都立 深沢（ふかさわ）高等学校

https://www.metro.ed.jp/fukasawa-h/

☎ 158-0081　世田谷区深沢7-3-14
☎ 03-3702-4145
交通　東急線桜新町駅　徒歩15分またはバス

制　服　あり

[カリキュラム] ◇三学期制◇

・50分授業を1日6時限行う。
・授業を受ける姿勢を確かなものにするため、成績評価は授業参加度点、平常点、定期考査点の総合によって行う（総合評価方式）。
・1年次には、言語文化、論理表現Iで少人数授業を行う。
・2年次には、数学II、英語コミュニケーションIIで習熟度別授業を、古典探求、論理表現III、体育、家庭基礎で少人数授業を実施する。また、幅広い選択科目が設置され、各自の興味関心や進路希望に応じて選択する。
・3年次には、さらに多くの選択科目が用意されている。
・特色ある教育活動の一環として学校設定科目に国際文化理解を設け、日本の伝統・文化の授業を実施。茶道・華道などの日本の伝統文化について学習する。中国語の授業もある。
・3年選択での保育の授業で実際に近隣の幼稚園や保育園での実習など体験的学習を重視している。
・英語検定、パソコン検定、漢字検定など多くの検定資格取得に向けて、授業での指導はもちろんのこと、週休日や長期休業期間などにも講習会を実施し、卒業までに社会に通用する学力としての検定合格を目指している。

[部活動]

・約7割が参加。
・新入生は全員が部活に仮入部し、部活お試し期間に自分にあった部を探すことになっている。部活動を通じ、教科学習以外にも何か一つ、得意分野を身につけることを目標にしている。
・最近の主な実績は以下のとおり。
＜令和4年度＞
　男子バレーボール部が都立大会で準優勝し、関東大会に出場した。インターハイ予選など各大会でベスト16以上の成績を収めている。
＜令和元年度＞
　男子バレーボール部が関東大会に出場した。
　演劇部が都大会に出場した。

★設置部

サッカー、バドミントン、バスケットボール、バレーボール、硬式野球、硬式テニス、卓球、水泳、和太鼓、茶道、演劇、家庭科、ダンス（男女）、美術、吹奏楽、軽音楽、生物

[行　事]

4月　校外学習
5月　体育祭、防災訓練
7月　部活動合宿、芸術鑑賞教室
9月　深高祭（文化祭）
1月　修学旅行
2月　マラソン大会
3月　合唱コンクール、茶道教室

[進　路]（令和5年3月）

・全学年で「今⇔未来手帳」を配布。スケジュール管理能力の育成が目的である。
・大学出張講義を実施。
・3年次には、就職ガイダンスを7月まで毎週行う。また公務員試験模試や入社試験演習、面接練習などを実施。
・進路決定率95％を達成。5年連続90％以上を継続。

★卒業生の進路状況

　＜卒業生166名＞
　大学66名、短大6名、専門学校67名、就職18名、その他9名

★卒業生の主な進学先

亜細亜大、跡見学園女子大、桜美林大、神奈川大、関東学院大、国士館大、産業能率大、淑徳大、城西大、白百合女子大、大正大、大東文化大、高千穂大、拓殖大、玉川大、中央学院大、帝京大、帝京平成大、東京工芸大、東京農業大、日本大、日本体育大、北海道医療大、明星大、横浜創英大、和光大

♣指定校推薦枠のある大学・短大など♣

亜細亜大、桜美林大、神奈川大、亀田医療大、関東学院大、杏林大、国士舘大、駒澤大、産業能率大、白百合女子大、大東文化大、玉川大、拓殖大、帝京大、日本大、和光大　他

[トピックス]

・昭和38年開校。
・文部科学省の「キャリア教育推進校」の指定を受け、キャリア教育を軸に進路指導、生活指導、学習指導を展開。1年次の総合的学習の時間奉仕）では、全員にインターンシップ（職業奉仕）を実施している。
・頭髪、服装指導を徹底して行っている。毎朝、校門での挨拶指導など生活指導を重視。部活動を奨励。努力の成果を学期の終業式に表彰するなど、生徒の意欲を起こさせている。
・平成24年、文部科学大臣より「キャリア教育優良校」として表彰された。本校のキャリア教育プログラムで、社会に出ても恥ずかしくない生徒を育てる。
・令和5年度から、東京都教育委員会より「スキルアップ推進校」に認定されている。

[学校見学]（令和5年度実施内容）

★公開授業　11・2月各1回
★学校説明会　10・11・12・1・2月各1回
★深高祭　9月
★学校見学会　7・11月各2回　8月3回　9・10・2月各1回
★学校見学は、随時可（要連絡）。

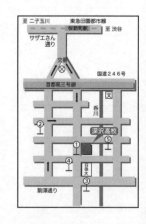

入試!インフォメーション

※本欄の内容はすべて令和6年度入試のものです。

受検状況

科名・コース名	募集人員	推薦に基づく入試				第一次募集・分割前期募集				分割後期募集・第二次募集		
		募集人員	応募人員	応募倍率	合格人員	募集人員	受検人員	受検倍率	合格人員	募集人員	受検人員	合格人員
普 通	182	40	48	1.20	40	142	112	0.79	112	50	45	45

入学者選抜実施方法

推薦

科名・コース名	推薦枠		調査書の活用		満点					備考
	割合(%)	特別推薦の有無	観点別学習状況の評価	評定	調査書点	集団討論・個人面接	小論文	作文	実技検査	
普 通	20	○	–	○	270	240	–	100	–	

第一次・分割前期 / 分割後期・第二次

科名・コース名	分割募集	男女枠緩和	学力検査		調査書		学力検査:調査書	満点					備考
			教科	学校指定による傾斜配点	教科の評定の扱い			学力検査	調査書点	面接	小論文・作文	実技検査	
					学力検査を実施する教科	学力検査を実施しない教科							
普 通 (第一次・分割前期)	○	○	5		1倍	2倍	7:3	700	300	–	–	–	
普 通 (分割後期・第二次)	○		3		1倍	2倍	6:4	600	400	個人300	–	–	

〈本校の期待する生徒の姿〉

1　教育目標を理解し、本校を志望する目的が明確である生徒
2　自己実現に向けて自主的に考え、自発的・積極的に努力する生徒
3　礼儀やマナーを守り、身だしなみを整え、日々の授業を大切にし、意欲的に取り組む生徒
4　様々な検定や資格を積極的に取得しようと考えている生徒
5　特別活動、部活動、行事に積極的に取り組み、入学後も継続して取り組む意思のある生徒

難易度（偏差値）	E-1（42-38）	併願校選択例	大東学園、東京実業、目黒学院

都立 松原（まつばら）高等学校

https://www.metro.ed.jp/matsubara-h/

☎ 156-0045　世田谷区桜上水 4-3-5
☎ 03-3303-5381
交通　京王線桜上水駅　徒歩5分
　　　京王線・東急線下高井戸駅　徒歩7分

普通科

| 制　服 | あり |

[カリキュラム] ◇三学期制◇

・1年次は全科目必修でバランスのとれた基礎学力の充実に努める。芸術科目のみ音楽、美術、書道から1科目選択する。
・2年次は大まかに文系と理系に分かれる選択科目を設定。言語文化演習・数学Bより1科目、世界史探究・日本史探究・地理探究・化学概論より1科目選択して学習する。
・1年次の数学と1・2年次の英語で習熟度別授業を実施。
・3年次は進路希望にあわせて8単位の必修選択科目と7単位の自由選択科目を組み合わせて、一人ひとりの進路や受験校にあわせた教科の選択が可能。
・令和4年度より土曜日に城南進学研究社による「受験講習」（年15回英数）を実施しており、1〜3年生の希望者が受講している。

[部活動]

・約8割が参加。
・1年次は全員参加制。
・様々な器具を備えたトレーニング室があり、筋力トレーニングなどで各部が有効に利用している。
・平成30年度は、ダンス部が4年連続で全国大会に出場。またイラスト文芸部は、高校生書評合戦で全国大会に出場した。
・平成29年度にはイラスト文芸部が優秀賞を受賞した。

★設置部（※は同好会）
サッカー（男女）、陸上競技、硬式野球、バスケットボール（男女）、バレーボール（男女）、水泳、バドミントン、硬式テニス（男女）、剣道、卓球、ダンス、クッキング、軽音楽、美術、科学、イラスト文芸、※合唱・吹奏楽、※演劇

[行　事]

生徒の自主的な運営により行われている。輝松祭では演劇、展示などの企画について、生徒たちがそれぞれの役割に創意工夫をこらしている。体育祭の応援団は毎年、生徒が中心となって盛り上がる。
5月　校外学習
6月　体育祭
9月　輝松祭（文化祭）
11月　修学旅行（2年）

[進　路]（令和5年3月）

・日本大学（文理学部）と高大連携。大学の授業を受けることができる。
・キャリア教育は3年間を見通したものを実施。

<進路関係の行事など>
4月　実力テスト
6月　3年一般入試懇談会
7月　2年進路講演会、3年就職オリエンテーション
9月　課題テスト、3年センター試験説明会
10月　3年模擬面接
11月　3年模擬面接、進路ホームルーム、大学訪問
12月　1年職業講話
1月　課題テスト
2月　1・2年実力テスト、進路ホームルーム

★卒業生の進路状況
　<卒業生182名>
　大学128名、短大2名、専門学校33名、就職0名、その他19名

★卒業生の主な進学先
防衛大、東京芸大、国学院大、東海大、東京電機大、大正大、東京農業大、明星大、立正大、日体大、千葉工業大、成蹊大、成城大、日本大、専修大、東洋大、駒澤大、亜細亜大、帝京大、国士舘大、拓殖大、東京経済大、大妻女子大、共立女子大、実践女子大

♣指定校推薦枠のある大学・短大など♣
亜細亜大、杏林大、駒沢女子大、駒澤大、高千穂大、国士舘大、産業能率大、実践女子大、城西大、成城大、成蹊大、専修大、大妻女子大、拓殖大、帝京科学大、帝京大、東京医療学院大、東京医療保健大、東京経済大、東京工科大、東京工芸大、東京女子体育大、東京電機大、東京福祉大、東洋大、日本大、日本薬科大、武蔵野大、明星大、目白大、立正大、和光大、新渡戸文化短期大、玉川大、千葉工業大　他

[トピックス]

・昭和25年開校。世田谷区桜上水の閑静な住宅街に立地する。
・教育目標は「人格の完成を目指し、有為な社会人を育成する」こと。
・本校では、勉強も部活動も両方真剣に打ち込むことを通して、「自分を鍛える」という考え方を持っている。

[学校見学]（令和5年度実施内容）

★学校説明会　10・11・12・1月各1回
★オープンスクール　8月2回
★輝松祭　9月　今年度は事前予約者のみ見学可

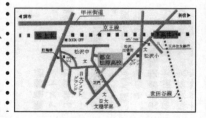

※本欄の内容はすべて令和6年度入試のものです。

受検状況

科名・コース名	募集人員	推薦に基づく入試				第一次募集・分割前期募集			
		募集人員	応募人員	応募倍率	合格人員	募集人員	受検人員	受検倍率	合格人員
普通	196	40	69	1.73	40	156	157	1.01	156

入学者選抜実施方法

推薦

科名・コース名	推薦枠		調査書の活用		満点					備考
	割合(%)	特別推薦の有無	観点別学習状況の評価	評定	調査書点	集団討論・個人面接	小論文	作文	実技検査	
普通	20	○	―	○	450	200	―	250	―	

第一次・分割前期

科名・コース名	分割募集	男女枠緩和	学力検査		調査書		学力検査:調査書	満点					備考
			教科	学校指定による傾斜配点	教科の評定の扱い			学力検査	調査書点	面接	小論文・作文	実技検査	
					学力検査を実施する教科	学力検査を実施しない教科							
普通	―	○	5		1倍	2倍	7:3	700	300	―	―	―	

〈本校の期待する生徒の姿〉

　松原高校では、「人格の完成を目指し、有為な社会人を育成する」という教育目標を実現するために、学習活動を中心とした全ての教育活動を通して、主権者として必要な資質・能力を伸長し、自らの可能性を追求しようとする生徒を育成しています。そのため、次のような生徒の入学を期待します。
1　学習活動に意欲的に取り組み、粘り強く探究し続ける生徒
2　部活動、学校行事、委員会活動などに主体的に取り組み、常に自分を高めようとする生徒
3　自分の将来の目標を明確にし、希望する進路の実現に向けて全力で取り組む生徒
4　あいさつをする、身だしなみ、時間の厳守等、社会生活での基本的なルールやマナーを守る生徒
5　地域や社会に貢献する意欲があり、他者の人格を尊重することのできる生徒
※　特に推薦選抜においては、上記1から5について特に優れ、リーダーシップを発揮できる生徒が望ましい。

難易度(偏差値)	D-1（50-47）	併願校選択例	関東国際、佼成学園女子、大成、東京立正、保善

都立 芦花（ろか）高等学校

普通科

https://www.metro.ed.jp/roka-h/

☎ 157-0063　世田谷区粕谷 3-8-1
☎ 03-5315-3322
交通　京王線千歳烏山駅　徒歩 13 分
　　　小田急線千歳船橋駅・成城学園前駅　バス

単位制

制服　あり

[カリキュラム] ◇三学期制◇

・45 分授業を 1 日 6〜7 時限（選択科目によっては 8 時限）の授業を実施。
・少人数制授業、習熟度別授業などにより、きめ細かく指導。英語の授業についても、1 年次から 3 年次まで習熟度別授業で展開。
・単位制の特色を生かし、2〜3 年次には 70 科目ほどの選択科目を開講。
・大学進学に必要な科目や入試問題演習を行う科目をはじめ、「第二外国語」（ドイツ語・フランス語・中国語・ハングル）、「保育基礎」「上級体育」「弓道」「応用デザイン」「声楽アンサンブル」など多彩な科目を設置し、教養を高めることが可能。
・英語検定、情報処理検定などの合格により、増単位とする制度がある。

[部活動]

・80％以上の生徒が熱心に取り組み、「文武両道」実践している。
・全国大会には、弓道部をはじめ、陸上競技部や水泳部に出場実績がある。
・令和 4 年度には、女子バレーボール部が都春季リーグ戦でブロック第 1 位になり、春季 1 部大会兼関東大会予選本戦に出場した。硬式テニス部が都立高等学校テニス選手権大会男子シングルスでベスト 32 となった。
・★設置部（※は同好会）
陸上競技、弓道、卓球、サッカー（男女）、バスケットボール（男女）、バレーボール（女）、硬式野球、バドミントン、硬式テニス、ダンス、水泳、吹奏楽、合唱、園芸、軽音楽、フォークソング、美術、描く、写真、家庭科、ESS、天文、※文芸、※将棋、※勉強

[行　事]

体育祭、合唱祭、文化祭の三大行事を中心として、生徒が作り上げる各行事はたいへんな盛り上がりとなる。
5 月　遠足
6 月　体育祭
9 月　けやき祭（文化祭）
10 月　修学旅行（2 年）

3 月　合唱祭

[進　路]（令和 5 年 3 月）

・教科指導と進学指導の実践力を高めるための研究協議を深めるとともに、生徒の進学希望を実現するための教育活動を積極的に行なっている学校。組織的な進学指導体制を整備し、充実させる努力を継続している。
・大学進学に力を入れ、放課後や土日曜日には大学受験のための講習を行っている。また、夏休みなどの長期休業中には、全年次を対象に主要教科全てで大学受験用の講習を多数開講している。
・実力テストは、1 年次に年 3 回、2 年次に年 4 回、3 年次に年 4 回実施。
・横断的、総合的な学習を行うことを通して自己の在り方生き方を考えながら、よりよく課題を発見し解決していくための資質や能力を育成することを目指して、1・2 年次に「総合的な探究の時間」を設置している。

★卒業生の進路状況
＜卒業生 266 名＞
大学 197 名、短大 4 名、専門学校 42 名、就職 2 名、その他 21 名

★卒業生の主な合格実績（過去 3 年間）
東京都立大、東京農工大、信州大、宮崎大、岡山県立大、滋賀県立大、早稲田大、慶應義塾大、東京理科大、学習院大、明治大、青山学院大、立教大、中央大、法政大、成蹊大、成城大、明治学院大、國學院大、武蔵大、獨協大、日本大、東洋大、駒澤大、専修大、芝浦工業大、工学院大、北里大、津田塾大、東京女子大、日本女子大

♣指定推薦枠のある大学・短大など♣
成蹊大、武蔵大、日本大、東洋大、駒澤大、専修大、東京電機大、東京農業大、白百合女子大　他

[トピックス]

・平成 15 年、新時代の全日制普通科単位制高等学校として開校。
・「自主」「創造」「誠実」を教育目標に掲げている。

・ゆったりした敷地にオープンスペースが豊富にある校舎は、風の通う学校と呼ばれ、平成 15 年度に新築された。
・進学型単位制普通科
・単位制高校として多様な選択科目の授業展開を可能にする小教室や 300 名収容の視聴覚教室等を確保。屋上には天文台を設置している。
・弓道場の併設された体育館、トレーニングルームなど、体育施設が充実。
・「勉強も部活動も行事も主体的に、意欲的に取り組むことのできる文武両道の学校」を目指し「自らの将来像を早期に描き、希望する進路実現を果たす学校」である。1 年次ではキャリア教育に力を入れ、大学生、留学生、様々な仕事に携わる社会人との交流等、自己を見つめ個性を伸ばす指導をし、2 年次では緩やかな文系、理系の選択科目、3 年次ではそれぞれの進路実現のために幅広く学べる選択科目を豊富に設置。進学に直結した科目の履修が多くできる単位制の強みを生かしたシステムになっている。
・コミュニケーション能力・プレゼンテーション能力・グループワーク・問題解決能力を育てるキャリア教育を行っている。
・平成 31 年度から、都教育委員会の「進学指導研究校」（令和 5 年度から第三期）、令和 4 年度から「体育健康教育推進校」、令和 5 年度から「海外学校間交流推進校」に指定されている。
・夏用指定ポロシャツ（紺・白）も着用可。
・夏季休業中、3 年次対象の予備校講習を実施している。

[学校見学]（令和 5 年度実施内容）

★授業公開　6・11 月各 1 回
★オープンスクール　7・8 月各 1 回
★夏季休業中の見学　平日に実施
★学校説明会　10・11・12・1 月各 1 回
★部活単位のみでの学校見学を実施している。（各部活動顧問に申込）
※HP でご確認下さい

入試!インフォメーション
※本欄の内容はすべて令和6年度入試のものです。

受検状況

科名・コース名	募集人員	推薦に基づく入試				第一次募集・分割前期募集			
		募集人員	応募人員	応募倍率	合格人員	募集人員	受検人員	受検倍率	合格人員
普通	276	56	182	3.25	56	220	417	1.90	222

入学者選抜実施方法

推薦

科名・コース名	推薦枠		調査書の活用		満点					備考
	割合(%)	特別推薦の有無	観点別学習状況の評価	評定	調査書点	集団討論・個人面接	小論文	作文	実技検査	
普通	20	–	–	○	400	200	–	200	–	

第一次・分割前期

科名・コース名	分割募集	男女枠緩和	学力検査		調査書		学力検査:調査書	満点					備考
			教科	学校指定による傾斜配点	教科の評定の扱い			学力検査	調査書点	面接	小論文・作文	実技検査	
					学力検査を実施する教科	学力検査を実施しない教科							
普通	–		5	–	1倍	2倍	7:3	700	300	–	–	–	

〈本校の期待する生徒の姿〉

　芦花高校は大学進学に必要な科目をはじめ、多様な選択科目を設置するなど単位制高校の特色を生かすとともに、少人数・習熟度別授業やキャリア教育を通して、生徒一人一人の個性や可能性を引き出す教育活動を行っています。また、「文武両道」の実践を目標に掲げ、生徒が学習、部活動、学校行事、生徒会活動の全てに情熱をもって取り組む学校を目指しています。

　本校では、次のような生徒の入学を期待します。

1　本校の特色をよく理解し、入学を希望する理由が明確な生徒。大学進学等将来への目標が明確であり、入学後も主体的に学習に取り組むことができる生徒
2　思考力、判断力、表現力を幅広く身に付けるため、全ての教科の学習に積極的に取り組むことができる生徒
3　授業とともに、学校行事、生徒会活動、部活動に積極的に取り組むことのできる生徒
4　時間や行動の自己管理とともに、集団の一員としての自覚をもって他の生徒と協力することができる生徒
※　特に推薦選抜においては、上記1から4までのそれぞれについて、明確な考えや具体的な目標をもっていることを求める。

難易度（偏差値）	C-3（54-51）	併願校選択例	国士舘、駒場学園、日本大櫻丘、八王子実践、目白研心

次のページもご覧ください ▶▶▶

国際学科　＜国際バカロレアコース＞

都立 国際 高等学校
こくさい

https://kokusai-h.metro.ed.jp/

☎ 153-0041　目黒区駒場 2-19-59
☎ 03-3468-6811
交通　京王線駒場東大前駅　徒歩 5 分
　　　京王線池ノ上駅　徒歩 8 分

制　服	あり

[カリキュラム] ◇三学期制◇

・45分7時限授業を実施。普通教科と専門教科で構成されている。

・専門教科は国際感覚の育成に重点をおき、**外国語・国際理解・課題研究**などの分野があり、本校の特色になっている。第2外国語は5科目(独仏西中朝)から選択。

・多彩な進路選択に対応できるように、1年次は普通教科中心の共通科目を多く履修し、2・3年次と学年が進むにつれて幅広くなる選択科目のなかから、それぞれの進路にあわせて各自選択履修する。

・1年次から多くの科目において**多展開授業**が実施され、生徒一人ひとりの学力に応じた指導システムが構築されている。特に英語学習は細分化され(4～5段階)、きめ細かく指導する(上位クラスは native の講師が担当)。

・全員が **TOEIC IP** を受検。令和5年4月の本校の平均点は600点で、大学生平均を上回った。(2・3年生は国際バカロレアコースを除く)

＜高大連携教育＞

希望者が大学の講義を受ける機会がある。東京外国語大学と国際基督教大学とは高大連携協定を締結している。

★＜国際バカロレアコース＞

・海外大学進学を目指し**国際バカロレア(IB)**の教育プログラムで学ぶ。1年次から数学、理科、社会などで英語による授業を実施。2年次以降はIBのディプロマ・プログラムで授業が行われる。

[部活動]

約9割が参加。兼部も可能。チアリーディング部、ウインドアンサンブル部、女子サッカー部などの活躍が目立つ。チアリーディング部は全日本高校選手権大会準優勝の実績がある。

＜令和4年度＞

チアリーディング部が、全日本高等学校チアリーディング選手権大会において、全国20位となった。テニス部が、東京都立高等学校対抗テニス大会で5位、東京都高等学校新人テニス選手権大会で女子団体ベスト32となった。**女子バスケットボール部**が、目黒区春季大会で優勝した。**シンポジウム部**が、全国中学・高校ディベート選手権(ディベート甲子園)に出場した。

★設置部 (※は同好会)

野球、水泳、女子バレーボール、バスケットボール(男女)、サッカー(男女)、テニス、バドミントン、ダンス、チアリーディング、ウインドアンサンブル、演劇、クッキング、茶道、表象文化、弦楽、ジャズ、シンポジウム、ジャパニーズスタイル、※国際協力ボランティア

[行　事]

海外ホームステイは隔年実施。

5月　体育祭、遠足
6月　スピーチコンテスト(各学年有志による外国語のスピーチ)
7月　英語研修(1年・2泊3日の英語合宿)
9月　桜陽祭(文化祭)
11月　修学旅行(2年)
1月　国際交流デー
3月　球技大会(1・2年)

[進　路](令和5年3月)

・AO、推薦入試に対応する小論文指導がたいへん充実している。

・毎年10名を超える**海外大学進学者**がいる。

★卒業生の進路状況

＜卒業生225名＞
大学161名、短大0名、専門学校2名、就職0名、その他62名

★卒業生の主な進学先

北海道大、東北大、東京外国語大、筑波大、東京農工大、横浜国立大、早稲田大、慶應義塾大、上智大、青山学院大、学習院大、国際基督教大、成蹊大、成城大、中央大、津田塾大、東京女子大、日本女子大、法政大、明治大、明治学院大、立教大

♣指定校推薦枠のある大学・短大など♣

早稲田大、慶應義塾大、上智大、国際基督教大、青山学院大、東京理科大、立教大、東京都立大　他

[トピックス]

・国際化時代に対応した国際性豊かな生徒の育成を目指し、平成元年に創立。都立校のなかでもユニークな**国際学科**をもつ高校である。

・外国語に関するコンテストでは多数の実績を収めており、平成28年度は全国高等学校英語スピーチコンテストで準優勝、令和3年度も全国大会に進んでいる。

・平成27年度より**IB**の教育プログラムで学ぶ**国際バカロレアコース**を設置。

・都心の交通至便のよいところに位置しているにもかかわらず、緑豊かな静かな環境にある。

・生徒は、都内の中学校出身者、日本人学校・現地校出身の**海外帰国生**、東京在住の**外国人生徒**などから構成される。様々なバックグラウンドをもつ生徒が、共にきわめて前向きに高校生活を送っている。

・韓国修学旅行や隔年のオーストラリア研修旅行など、**国際交流**が盛ん。

・約300名を収容できる多目的ホール(桜陽ホール)や、12ヶ所のゼミ室など、施設も充実している。特にゼミ室(少人数用教室)は本校の特色の多展開授業に大いに役立っている。

・平成28年9月からはIBコース用校舎が完成し、使用を開始した。

・**進学指導特別推進校**(H25年度より)。

・**Global Education Network 20**(令和4年度より)。

[学校見学](令和5年度実施内容)

★**学校施設見学会**　7月1回
★**学校説明会**　10・11月各1回
★**授業公開**　6・10月各2回
★**桜陽祭**　9月
★**学校見学会**　8月9回　11月4回
★**学校見学会・学校説明会**(詳細はHP参照)

受検状況

科名・コース名	募集人員	推薦に基づく入試				第一次募集・分割前期募集			
		募集人員	応募人員	応募倍率	合格人員	募集人員	受検人員	受検倍率	合格人員
国 際	225	42 *一般生徒対象	154	3.67	42	98 *一般生徒対象	195	1.99	101

科名・コース名	国際バカロレアコース入学者選抜				
	対象生徒	募集人員	応募人員	応募倍率	合格人員
国 際	日本人生徒	15	73	4.87	17
	外国人生徒	5	33	6.60	3

入学者選抜実施方法

	科名・コース名	推薦枠		調査書の活用		満点					備考
		割合(%)	特別推薦の有無	観点別学習状況の評価	評定	調査書点	集団討論個人面接	小論文	作文	実技検査	
推薦	国 際	30	-	-	○	500	200*	300	-	-	*個人面接で1分程度の「自己PR」を行う。

	科名・コース名	分割募集	男女枠緩和	学力検査	調査書			学力検査	調査書	満点					備考
				教科	学校指定による傾斜配点	教科の評定の扱い				学力検査	調査書点	面接	小論文・作文	実技検査	
						学力検査を実施する教科	学力検査を実施しない教科								
分割前期 第一次	国 際	-		5*	英2倍	1倍	2倍	7:3		700	300	-	-	-	*英語はリスニング問題を含めて自校作成で50分、100点満点。

科名・コース名		検査等及び満点						備考（選考における留意点）
		英語運用能力検査	数学活用能力検査	小論文	個人面接	集団討論	調査書	
国 際 (国際バカロレアコース)	4月入学	*1 100	*2 100	200	200	-	*3 30	全ての検査の得点に基準を設け、一つでも基準に達しない場合は選考の対象としない。 *1 英語運用能力検査は、英語による授業に必要な力の有無(適・不適)の判定のみに使用し、得点は総合成績に含めない。 *2 数学活用能力検査は、数学や科学の授業に必要な力の有無(適・不適)の判定のみに使用し、得点は総合成績に含めない。
	9月入学	*1 100	*2 100	200	200	-	*3 30	

☆ 推薦に基づく入試は実施しません。
☆ 英語運用能力検査は自校作成で、リスニング問題を含めた筆記問題を60分で実施し、別途、スピーキングテストを10分で実施します。
☆ 数学活用能力検査は自校作成で、検査時間を60分で実施します。
* 3 現地校出身者及び外国籍を有する者のうち外国人学校等の出身者については、成績証明書等をもって調査書に代えます。成績証明書等を記載する際の注意事項については、学校が配布する実施要項を参照してください。ただし、中学校に在学している者又は既に卒業した者については調査書を活用します。

〈本校の期待する生徒の姿〉

★国際科

本校は、国際学科の学校として、また国際バカロレアワールドスクールとして、世界の人々から信頼され、尊敬される人材の育成を目指して、豊かな国際感覚を磨く国際理解科目と、高度な外国語運用能力を身に付ける外国語の授業を特徴とする学校です。
1 国際学科を志望する目的意識が明確である生徒
2 国際学科に関する興味・関心をもち、すすんで学習する意欲を有する生徒
3 協調性に富み、豊かな人間性を有する生徒
4 学校内外の活動に自主的・積極的に取り組んでいる生徒
5 学習成績が良好であり、特に外国語の成績が優れている生徒
※ 特に推薦選抜においては、上記1、2、4の全てに該当する生徒が望ましい。

★〈国際バカロレアコース〉

本コースは、一部の科目を除いて英語で学び、国際的に認められる大学進学資格を取得して海外大学進学を目指すコースです。国際社会の様々な場面において英語で諸外国の人々と議論し、リーダーとして活躍できる生徒の育成を目指しています。
1 国際バカロレアコースを志望する明確な目標を有し、国際社会への貢献を念頭に置いて、海外大学進学に挑戦する強い意志がある生徒
2 国際バカロレアコースでの学びに対して、自らすすんで学ぶ意欲と探究心を有し、困難な課題にも勇気をもって取り組む生徒
3 協調性や相手を思いやる心をもち、他者との意見や考えの違いを積極的に理解しようとするなど、豊かな人間性を有する生徒
4 幅広い視野を身に付けようとする意識や心身を鍛えようとする意欲をもち、学校内外の活動に自主的・積極的に取り組んでいる生徒
5 全ての教科の学習成績が良好で、英検2級から準1級程度に相当する英語の力を有する生徒

難易度（偏差値）	A-2（69〜67）	併願校選択例	國學院、駒場学園、順天、青稜、錦城

次のページもご覧ください ▶▶▶

都立 駒場(こまば) 高等学校

普通科
保健体育科

https://www.metro.ed.jp/komaba-h/

☎ 153-0044　目黒区大橋 2-18-1
☎ 03-3466-2481
交通　京王井の頭線駒場東大前駅、東急田園都市線池尻大橋駅　徒歩7分

制　服	標準服あり

[カリキュラム] ◇三学期制◇

土曜授業(年間20回)を実施。

★普通科

・国公立大学・難関私立大学受験を見据えた「進学型教育課程」を編成するとともに、地歴・数学・理科において「学期ごとの単位認定」を導入して先取り学習を行い3学期に発展的な内容を学習。
・1年次は芸術、2年次は理科が教科内選択となるほかは共通履修で、基礎・基本を固める。
・2年次の数学・英語で一部習熟度別授業を実施。
・3年次は文系・理系に分かれ、4時間分の選択科目とあわせて各自の受験パターンに対応する。
・JET 2名 ALT 1名を活用し英語教育に力をいれている。

★保健体育科

・高校生として必要な普通教科に加え、充実した専門教科を学ぶことにより、心身ともに健康で、将来スポーツや保健体育に関する指導者として活躍できる人物の育成を目指す。
・英語は1～3年まで習熟度別授業。
・陸上競技、体操競技、水泳、柔道、剣道、サッカー、女子バレーボール、男女バスケットボールの9つの専攻があり、部活動とともに3年間継続していずれかの専攻を学ぶ。
・専門教科には、スポーツ概論、スポーツI・II・III・IVなどの専門実技と、Vとして野外活動、VIとして体づくりを行っている。他に専攻実技、スポーツ総合演習がある。
・1年次に遠泳実習、2年次にスキー実習、3年次にキャンプ実習があり、知識や技能を習得する。

[部活動]

・9割以上の生徒が参加。
・過去5年(R1～R5)では、運動部では体操競技部、陸上競技部、水泳部、柔道部が、文化部では駒場フィルハーモニーオーケストラ部、百人一首部、新聞局、KMC(駒場ミュージッククラブ)が全国大会に出場。関東大会に

は、これらの運動部・文化部に加えて、女子バレーボール部、女子バスケットボール部や演劇部が出場。
・令和5年度は、運動部では陸上競技部、水泳部が、文化部では駒場フィルハーモニーオーケストラ部、百人一首部、新聞局、KMC(駒場ミュージッククラブ)が全国大会に出場。関東大会にはこれらの部に加えて体操競技部、女子バレーボール部、女子バスケットボール部が出場。
・サッカー、男子バスケットボール、硬式テニスなど他の部活動も都大会や国公立大会等で活躍。

★設置部

陸上競技、柔道、剣道、サッカー、水泳、硬式野球、体操競技、バレーボール、バスケットボール、硬式テニス、ソフトテニス、卓球、KMC(駒場ミュージッククラブ)、写真、演劇、放送局、新聞局、美術、ESS、文芸、茶道、箏曲、駒場フィルハーモニーオーケストラ、科学、漫画研究、書道研究、百人一首、沖縄太鼓

[行　事]

5月	校外学習、体育祭
7月	芸術鑑賞教室
9月	都駒祭(文化祭)、水泳大会
12月	修学旅行
2月	文化部発表会
3月	球技大会

[進　路] (令和5年3月)

・夏季休業中に3年生対象の夏期講習40講座を開講するなど、補習や講習が充実している。
・130名以上収容の自習室は19時50分まで開放し、東大生サポート・ティーチャーによる自習指導など学力向上に向けた体制を強化。
・ベネッセの全国模試の分析会、国公立大学説明会など、国公立大学合格を目指して取り組んでいる。

★卒業生の進路状況

＜卒業生317名＞
大学261名、短大1名、専門学校2名、就職1名、その他52名

★卒業生の主な合格実績

東京大、北海道大、東北大、大阪大、一橋大、東京医科歯科大、筑波大、東京工業大、横浜国立大、東京学芸大、東京農工大、電気通信大、東京都立大、慶応義塾大、早稲田大、上智大、東京理科大、明治大、立教大、法政大、中央大、青山学院大、学習院大

♣指定校推薦枠のある大学・短大など♣

東京都立大、慶応義塾大、早稲田大、東京理科大、明治大、立教大、法政大、中央大、青山学院大、学習院大、成城大、北里大

[トピックス]

・ハイレベルの文武両道。
・明治35年、東京府立第三高等女学校として創立。120余年の伝統を持つ「高きに挑み、深く学ぶ進学校」として、東京都教育委員会より「進学指導特別推進校」「Sport-Science Promotion Club指定校(柔道〈男女〉、サッカー〈男〉、水泳〈男女〉、体操競技〈男女〉、バレーボール〈女〉)」「理数研究校」「英語教育研究推進校」「海外学校間交流推進校」に指定されている。
・広い敷地に5階建て本館・東館・南館・生徒ホールや文化・スポーツ施設など充実した施設。
・仰光寮(香淳皇后陛下がご学問所としていたお花御殿が敷地内に移設・保存されている)

[学校見学] (令和5年度実施内容)

★夏のオープンキャンパス　7・8月各1回
★秋のオープンキャンパス　9・11月各1回
★学校説明会　10月2回
★個別相談会　複数回
★塾対象説明会　9月1回
★授業公開　6・9・11月各1回
★体育祭　5月
★都駒祭　9月
★文化部発表会　2月
★駒場スポーツ教室(保健体育科各専攻ごとに実施)

受検状況

科名・コース名	募集人員	推薦に基づく入試				第一次募集・分割前期募集			
		募集人員	応募人員	応募倍率	合格人員	募集人員	受検人員	受検倍率	合格人員
普通	316	64	195	3.05	64	252	429	1.70	254
保健体育	40	12	49	4.08	12	28	43	1.54	30

入学者選抜実施方法

推薦

科名・コース名	推薦枠		調査書の活用		満点					備考
	割合(%)	特別推薦の有無	観点別学習状況の評価	評定	調査書点	集団討論個人面接	小論文	作文	実技検査	
普通	20	–	–	○	360	180	–	180		
保健体育	30	–	–	○	270	90	–	90	600*	＊運動能力テスト

第一次・分割前期

科名・コース名	分割募集	男女枠緩和	学力検査		調査書		学力検査：調査書	満点					備考
			教科	学校指定による傾斜配点	教科の評定の扱い 学力検査を実施する教科	学力検査を実施しない教科		学力検査	調査書点	面接	小論文・作文	実技検査	
普通	–	○	5		1倍	2倍	7：3	700	300	–	–	–	
保健体育	–		3	–	1倍	2倍	6：4	600	400	–		運動能力テスト等 300	

〈本校の期待する生徒の姿〉

★普通科

駒場高校は120年を超える歴史の中で、進学指導特別推進校として学業と部活動の両立の下に優れた実績と伝統を築いてきました。そのような本校の良き伝統と校風を理解し、学校生活の様々な場面において意欲的に取り組む生徒を期待しています。具体的には、以下の項目に該当する生徒を望んでいます。

1　難関大学進学等、将来への高い志をもって具体的な目的意識のもと、学習活動に取り組む生徒
2　部活動、生徒会活動、学校行事等の特別活動、ボランティア活動等に積極的に取り組んできた生徒で、入学後もいろいろな場面で活躍が期待できる生徒
3　総合的な学習の時間等において、はっきりとした問題意識や目的意識をもって意欲的に取り組んできた生徒
※　特に推薦選抜においては、上記1から3において、高い意識をもって取り組む意欲のある生徒が望ましい。

★保健体育科

駒場高校は120年を超える歴史の中で、学業と部活動の両立の下に優れた実績と伝統を築いてきました。そのような本校の良き伝統と校風を理解し、学校生活の様々な場面において意欲的に取り組む生徒を期待しています。具体的には、以下の項目に該当する生徒を望んでいます。

1　本学科における「広い教養と保健体育の専門性を目指す」教育内容を理解し、明確な目的意識をもって学習する生徒
2　本学科の指定する次の種目のいずれかを専門種目とする生徒
　　陸上競技（男女）、体操競技（男女）、柔道（男女）、剣道（男女）、水泳（男女）、サッカー（男）、バレーボール（女）、バスケットボール（男女）
3　上記種目において将来性があると認められる生徒
4　特に学習面においても、本学科の教育活動に適応できる学力を有する生徒
5　将来、スポーツ、保健体育に関する指導者として、社会各方面での活躍を希望する生徒

難易度（偏差値）	普通　A－2（69－67）　保健体育　B－2（60－58）
併願校選択例	國學院、東京成徳大、桐朋、日本大鶴ケ丘、早稲田実業

次のページもご覧ください ▶▶▶

都立 目黒 高等学校
めぐろ

https://www.metro.ed.jp/meguro-h/

〒153-0052　目黒区祐天寺 2-7-15
☎ 03-3792-5541
交通　東急東横線（副都心線直通）祐天寺駅　徒歩 5 分

普通科

制　服	あり

[カリキュラム] ◇三学期制◇

・50 分 6 時限で最大の効果をあげる授業の展開を工夫している。
・2 年次までは原則必修科目。ただし、1 年次の芸術と 2 年次の社会理科には選択を取り入れている。数学は 2 年次までに共通テスト受験に必要な科目を履修することで国公立大受験に対応できるカリキュラムとなっている。
・1 年次は国数英 3 教科を重点的に学び、さらに 2 年次では数・英で**習熟度別授業**を実施している。また、**朝テスト**を実施して基礎・基本の定着を図っている。
・3 年次は、進路希望にあわせて多様な科目を選択履修する。
・2、3 年次の総合の時間に「**キャリアガイダンス**」を導入。進路学習と課題研究に取り組み、社会人基礎力を育成する。
・2 年次の 11 月までに進路を決定するため（**2 年次選択制度**）、進路の悩みに柔軟に対応できるカリキュラムになっている。
・年間 18 回の**土曜授業**を行っている。
・1 人 1 台のタブレットにより時間管理を行い、学力の向上を図っている。

[部活動]

・約 9 割が参加。
・令和 4 年度は、**競技かるた部**が全国高校総合文化祭東京大会「とうきょう総文 2022」小倉百人一首かるた部門（初級）で優勝・敢闘賞を受賞。
・令和 3 年度は、**女子バスケットボール部**が関東大会に出場した。
・令和元年度は、**華道部**が花の甲子園で 4 位に入賞した。**吹奏楽部**は東京都高等学校アンサンブルコンテストに出場し、金管四重奏で金賞、管楽八重奏で銀賞を受賞した。

★設置部

サッカー、硬式テニス、ソフトテニス、卓球、陸上、バスケットボール、バレーボール、バドミントン、硬式野球、剣道、水泳、ダンス、合唱、茶道、吹奏楽、美術、華道、演劇、科学、フォークソング、ホームメイド、写真、書道、競技かるた

[行　事]

4 月	新入生歓迎会、防災訓練
5 月	体育祭
6 月	遠足
7 月	芸術鑑賞教室（3 年）、夏期講習（〜8 月）
9 月	文化祭
11 月	修学旅行（2 年）
12 月	冬期講習、合唱大会
3 月	球技大会

[進　路] （令和 5 年 3 月）

・高 1 から学力向上のため初期指導を重視して、複数回行っている。
・選択科目決定時の**個人面談**、**卒業生による進路懇談会**など、年間を通して進路を考える機会を数多く設け、指導している。**進路指導室**も充実している。
・**自習室**を設置。7:30〜18:00 まで開放されている。
・授業のある土曜日の放課後、外部講師による**特別講習**を実施。
・長期休業中には**集中講習期間**を設けて特別講習を実施。また、1・2 年生に論理的思考力・表現力を育成する小論文トレーニングを実施。予備校と連携した e-ラーニングを導入。

★卒業生の進路状況

＜卒業生 231 名＞
大学 190 名、大学校 2 名、その他 10 名、進学準備 29 名

★卒業生の主な合格実績

東京外国語大、埼玉大、千葉大、電気通信大、九州大、東京都立大、東京農工大、早稲田大、慶應義塾大、上智大、東京理科大、青山学院大、国際基督教大、学習院大、国士舘大、駒澤大、成蹊大、成城大、専修大、中央大、東洋大、日本大、法政大、明治大、明治学院大、立教大

♣指定校推薦枠のある大学・短大など♣

青山学院大、学習院大、駒澤大、専修大、成蹊大、成城大、中央大、東京都市大、東洋大、日本大、法政大、明治学院大　他

[トピックス]

・大正 8 年、東京府荏原郡目黒村立目黒実科高等女学校として設立。
・令和元年 10 月、創立百周年記念式典を実施。
・伝統的な校風である**自主・自律（自立）の精神**に基づき、体育祭、文化祭などの学校行事や委員会活動も生徒の企画委員会などの運営に任されている。
・エレベータ付き 6 階建て、**冷暖房完備**の校舎には、図書館、教室、パソコン教室、視聴覚教室などがあり、東館の体育館にはトレーニングルーム、剣道場、柔道場、屋上プール、部室などがある。
・硬式野球、バスケットボールにおいて**文化・スポーツ等特別推薦**を実施。
・平成 30 年度から制服として指定した夏用のポロシャツが好評。
・令和 4 年度「**高校生ビジネスプラン・グランプリ**」で学校賞を受賞。
・**英語教育研究推進校**
・**進学指導研究校**

[学校見学] （令和 5 年度実施内容）

★学校見学　7 月 4 回、8 月 3 回
★授業公開　詳細は HP
★学校説明会　10・11・1 月各 1 回
★文化祭　9 月（中学 3 年生とその保護者のみ公開）
★学校見学　詳細は HP

受検状況

科名・コース名	募集人員	推薦に基づく入試				第一次募集・分割前期募集			
		募集人員	応募人員	応募倍率	合格人員	募集人員	受検人員	受検倍率	合格人員
普通	237	48	156	3.25	48	189	304	1.61	195

入学者選抜実施方法

推薦

科名・コース名	推薦枠		調査書の活用		満点					備考
	割合(%)	特別推薦の有無	観点別学習状況の評価	評定	調査書点	集団討論・個人面接	小論文	作文	実技検査	
普通	20	○	−	○	450	150	−	300	−	

第一次・分割前期

科名・コース名	分割募集	男女枠緩和	学力検査		調査書		学力検査	調査書	満点					備考
			教科	学校指定による傾斜配点	教科の評定の扱い		学力検査	調査書	学力検査	調査書点	面接	小論文・作文	実技検査	
					学力検査を実施する教科	学力検査を実施しない教科								
普通	−	○	5		1倍	2倍	7:3		700	300	−	−	−	

〈**本校の期待する生徒の姿**〉

目黒高校は、自分からすすんで学び、自分を高め、自己実現を図るなどの自主・自律の精神を育て、思いやりや感動する心等豊かな人間性を育み、互いに高め合う学校を目指しています。学習活動を充実させながらも、受け身の学校生活となることのないように、生徒の主体的な活動を大切にしています。そこで、以下のような生徒を期待します。
1　本校志望の意志が強く、自分からすすんで学習に励み、その学習の成果が期待できる生徒
2　規則正しい生活を送り、頭髪・身だしなみを整え、ルール・マナーをしっかりと守る心構えのある生徒
3　基礎学力が身に付いていて、大学進学等、将来に向けてのはっきりとした目的意識をもち、その目的を達成するために、学習に意欲的に取り組んでおり、入学後も続けて学力の向上が期待できる生徒
4　生徒会活動や部活動、学校行事等に積極的に参加し、努力したと認められる生徒で、これからも学校生活の中でその活動を続けることが期待できる生徒。特に推薦選抜においては、前述の活動で中心的役割を果たした者が望ましい。
※　「文化・スポーツ等特別推薦」を、硬式野球、男子バスケットボール及び女子バスケットボールについて実施する。

難易度（偏差値）	B−3　(60−58)	**併願校選択例**	青稜、多摩大目黒、日本大櫻丘、文教大付属、目黒学院

東京都公立高校

学校ガイド

＜全日制　旧第3学区＞

学校を紹介したページの探し方については、422ページ「この本の使い方＜知りたい学校の探し方＞」を参照してください。

次のページもご覧ください ▶▶▶

都立 杉並 高等学校
すぎなみ

https://www.metro.ed.jp/suginami-h/

☎ 166-0016　杉並区成田西 4-15-15
☎ 03-3391-6530
交通　ＪＲ中央線阿佐ヶ谷駅　徒歩 14 分
　　　東京メトロ南阿佐ヶ谷駅　徒歩 7 分

普通科

| 制　服 | あり |

[カリキュラム] ◇三学期制◇

・1～2年次は英語、数学、国語などの主要教科を中心に、全教科共ほぼ必修とし、基礎学力の強化に努めている。2年次に緩やかな選択制（6単位）。
・3年次には、生徒それぞれの進路実現に向けて必修選択8単位、自由選択0～10単位設置。数学・英語・国語では**習熟度別授業**を実施。

[部活動]

・8割以上が参加。学習との両立を図りながら活動している。
・部活動指導員・外部指導員（サッカー、水泳、ソフトテニス、ハンドボール、バドミントン、バレーボール〈男〉、陸上、ダンス、硬式野球、卓球、吹奏楽、美術、合唱、書道、茶道、華道）がおり、専門的な技術指導を行っている。
・**吹奏楽部**は東京都吹奏楽コンクールやアンサンブルコンテストで金賞を受賞するなどの実績の他、平成30年度は横浜開港祭ザ・ブラスクルーズ2018にて自由民主党総裁賞を受賞。令和4年度は、東京都吹奏楽コンクールで銀賞を受賞した。
・**ダンス部**は、令和4年度はダンススタジアム入賞。
・**水泳部**は、2019年インターハイに出場した。
・**★設置部**
　硬式野球、剣道、水泳、陸上競技、バレーボール、バスケットボール、硬式テニス、ソフトテニス、サッカー、ハンドボール、バドミントン、卓球、ダンス、吹奏楽、演劇、生物、家庭、茶道、美術、英語、漫画研究、軽音楽、合唱、華道、文芸、書道

[行　事]

・体育祭、杉高祭（文化祭）、合唱祭、といった大きな行事の類は、いずれも生徒が企画・運営している。
・台湾とニュージーランドの高校と姉妹校交流をし、台湾への海外修学旅行（2学年全員）、英語合宿（希望制）、

ニュージーランドへの語学研修（希望制）等を実施し、**グローバル人材の育成**に取り組んでいる。
・**体育祭**はクラス全員リレーや大なわとびなどにより、おおいに盛り上がる。
・**杉高祭**（文化祭）は2日間開催。

4月	ホームルーム合宿（1年）
5～6月	生徒総会、生徒会役員選挙、TGG体験（1・2年）、体育祭
7～8月	クラブ合宿
9月	杉高祭
11月	台湾修学旅行（2年）
12月	芸術鑑賞教室
2月	合唱祭
3月	球技大会

[進　路]（令和5年3月）

・生徒のほとんどが大学への進学を志望している。
・土曜日や長期休業中には**補習や講習**を実施。
・進路指導は1年次から計画的に行っている。
・**★卒業生の主な合格実績**
　青山学院大、亜細亜大、桜美林大、大妻女子大、学習院大、共立女子大、杏林大、工学院大、國學院大、駒澤大、昭和女子大、成蹊大、専修大、拓殖大、玉川大、中央大、東海大、東京電機大、東洋大、獨協大、日本大、日本女子大、法政大、武蔵大、武蔵野大、明治大、立教大
・**♣指定校推薦枠のある大学・短大など♣**
　青山学院大、共立女子大、学習院大、工学院大、國學院大、昭和女子大、実践女子大、成蹊大、芝浦工業大、専修大、東京都市大、東邦大、日本大、法政大、武蔵大、立教大　他

[トピックス]

・昭和28年開校の「地域に信頼される名門校」。令和5年6月には**創立70周年記念式典**を実施。
・**教育目標**は「**自主・素直・気魄**」。
・校舎は平成11年に竣工したもので、

パソコン室やオープンスペースを備える。また、平成29年にはCALL教室のパソコンを全面的に更新した。
・**武道棟**には柔・剣道場やトレーニングルームが完備。屋上にはプールを設置。
・**テニスコート、ハンドボールコート**もあり。
・ボランティア活動に力を入れており、生徒会を中心に、発展途上国への教育支援や清掃活動、区の支援活動への参加などを行っている。
・冷暖房完備。
・40人収容の**自習室**を備える。
・**英語教育研究推進校**
・**国際交流リーディング校**
・吹奏楽、硬式野球、水泳で文化・スポーツ等特別推薦を実施。

[学校見学]（令和5年度実施内容）

★学校見学会　7月2日間
★学校説明会　10・11月　計5回
★杉高祭　9月　見学可
★個別相談会　12月　計4回
★学校見学については見学日を設定。日程はホームページ参照（要連絡）

受検状況

科名・コース名	募集人員	推薦に基づく入試				第一次募集・分割前期募集			
		募集人員	応募人員	応募倍率	合格人員	募集人員	受検人員	受検倍率	合格人員
普通	317	64	232	3.63	64	253	379	1.50	256

入学者選抜実施方法

	科名・コース名	推薦枠		調査書の活用		満点						備考
		割合(%)	特別推薦の有無	観点別学習状況の評価	評定	調査書点	集団討論個人面接	小論文	作文	実技検査		
推薦	普通	20	○	－	○	500	250	－	250	－		

	科名・コース名	分割募集	男女枠緩和	学力検査		調査書		学力検査	調査書	満点					備考
				教科	学校指定による傾斜配点	教科の評定の扱い				学力検査	調査書点	面接	小論文・作文	実技検査	
						学力検査を実施する教科	学力検査を実施しない教科								
第一次・分割前期	普通	－	○	5		1倍	2倍	7：3		700	300	－	－	－	

〈本校の期待する生徒の姿〉

　本校は、素直な心と強い意志をもって自分で正しく判断し、物事に取り組むとともに、明るく、活動的な生徒を育てようとする学校です。特に国際社会の一員としての自覚と、これからの多文化共生社会に貢献できる人材を育成することを目指し、豊かな国際感覚を備えたグローバル人材を育成することを進めています。本校の特色をよく理解して、自ら学び、心身ともに健康な知力、体力を身に付け、社会や世界の動きを見通す力を備え、より高い目標を目指して、人生をたくましく切り開いていく気持ちをもった生徒の入学を期待します。
1　各教科への学習に意欲的に取り組み、総合的な学習の時間にも積極的であった生徒
2　学校行事や生徒会活動に主体的・能動的に取り組み、貢献した生徒
3　部活動を3年間継続してやり遂げ、かつ十分に努力した生徒
4　文化・芸術・体育活動に入学後も継続して努力を積み重ねていく意欲のある生徒
※　特に推薦選抜においては、上記1から4までのうちで、二つ以上に該当することが望ましい。

難易度（偏差値）	C－2（54－51）	併願校選択例	京華女子、杉並学院、大成、豊島学院、保善

都立 杉並工科（すぎなみこうか）高等学校

https://www.metro.ed.jp/suginamikoka-h/

〒167-0023　杉並区上井草 4-13-31
☎ 03-3394-2471
交通　西武線上井草駅　徒歩15分
　　　西武線上石神井駅　徒歩20分
　　　ＪＲ中央線荻窪駅・西荻窪駅　バス

IT・環境科

| 制　服 | あり |

[カリキュラム] ◇三学期制◇

本校は、普通科と工科の垣根を超え新しい時代の教育を行う学校である。本校は大学進学を目指した教育を行う学校である。カリキュラムは普通科高校と専門学科高校、それぞれの良いところをミックスした、どちらかと言えば、普通科に近い新しい形の教育を行う学校である。

1　ITや環境に関する教科から普通教科まで幅広く学習できる時間割
幅広く3年間勉強する中で、自分の好きなことや得意なことを見つけることができる時間割である。体育・芸術・家庭などの教養科目を土台にし、国語や数学、英語など大学受験に係る科目の学習に多くの時間を割き、ITや環境に関する科目も勉強することができる。目の前の目標である大学受験に向けて実力を身につけることができる内容になっている。

2　体験型・課題解決型の教科横断的な授業
3年間通じて、野外フィールドワークや企業・大学訪問などを実践し、本物に触れる機会を数多く設けている。五感を刺激して探求心や好奇心を育む。授業の中身は探求活動である。教室でただ単に知識を覚えるだけの授業ではなく、実験や実習を通じて、知識と知識を関連付けながら思考力・判断力・表現力を磨く。そして、仲間と一緒に活動する中で協働する力を身につける。国語や数学、英語などの不変的な科目で学んでいる様々な知識を、ＩＴや環境をテーマに体系化し教科横断的に学ぶのがＩＴ・環境科の学びである。

3　大学へ進学するためのプログラム
①大学受験スタイル別クラス編成
　1年生から、特進クラス（大学一般入試受験を目指すクラス）と総合クラス（大学総合型入試受験を目指すクラス）を置き、個々の受験スタイルに合わせた質の高い指導を行う。
②重点指導教科、数学、英語、IT（情報）授業以外に、朝学習を毎日行なったり、オンライン学習教材により自学習したりするなど、反復して学習する機会を作る。また、英語検定、数学検定、ITパスポート試験は全員受験、全員合格を目指し、大学受験に有用で、将来的にも役立つ資格を在校中に取得する。
情報に係る授業は全部で7時間あり、実力がつき情報科目で大学受験に挑戦することができる。
③高大連携プログラム
現在、法政大学理工学部と連携関係の覚書を締結している。今後、東京農大、工学院大、玉川大、実践女子大、東京家政大、IU専門職大とも連携関係を結ぶ予定。これらの大学の先生による特別授業や、大学ゼミ講座への参加、大学生との交流など3年間通じて行う。大学を身近に感じながら将来の夢を描き、目標とする大学への進学を目指す。

[部活動]

強化指定部活動として、運動部では、柔道部、男子バスケットボール部、硬式野球部、文化部では、電子工作部、コンピュータ部を指定。令和4年度は、柔道部が関東大会に、電子工作部が全国大会に出場した。また、令和5年度からコンピュータ部は本格的にeスポーツに取り組んでいる。いずれの部も技術指導ができる顧問がいる。また、充実した施設設備をもっている。

[行　事]

4月	HR合宿　富士山フィールドワーク
6月	体育祭
7月	野外体験研修奥多摩合宿（1年生）
8月	シンガポール海外語学研修（2年生）
9月	文化祭
11月	修学旅行（2年生）
1月	英語検定週間
2月	数学検定週間

[進　路]（令和5年3月）

学びのロードマップ
高校時代に好きなこと得意なことを見つけ、それを極めるため大学へ進学する。そして好きなこと得意なことを生かし職に就き、社会で活躍する。ロードのスタートとなる高校3年間で、以下の資質能力を身につける。
・幅広い教養、学び続ける力
・大学へ進学するための学力
・電子工学、情報工学の基礎的知識、環境リテラシー
・高度な学びに向かう姿勢
・社会の課題を解決に導く志
・自他を思いやる心、仲間と協働してものを作りだす力
これらの資質能力を身につけ、大学へ進学する。目指す大学は、本校と連携関係を結ぶ法政大学をはじめ、東京農業大学、工学院大学、実践女子大学、玉川大学、東京家政大学などの各大学である。これらの大学には本校の学びの、その先の学びがある。大学で職に結びつく高度な知識技能そして社会人力を身につけ、社会に出ていくことになる。将来、社会での活躍の場は、あらゆる分野の様々な企業や会社が想定される。本校での学びから続くロードの先には大きな可能性が広がる。

★卒業生の主な進学先
国士舘大、城西国際大、聖学院大、高千穂大、拓殖大、千葉工業大、東京工芸大、東京国際大、日本大、日本経済大、日本工業大

[トピックス]

都立高校改革の一環として、令和5年度に杉並工科高校と名称を変え、令和6年度から機械科、電子科、理工環境科の募集を停止、新たにＩＴ・環境科をスタートさせた。今の時代、一人一台コンピュータを持ち歩き、あらゆる行動にSDGsが求められる。ＩＴや環境に関する知識は、誰にとっても必要で、当たりまえの知識となった。また、産業界のあらゆる企業や会社で、今、ＩＴや環境に関する知識を持ったＤＸ人材、ＧＸ人材が必要とされている。今、ＩＴや環境について学ぶことは、時代のニーズである。
ＩＴ・環境科での学びは、一人一人の将来を切り拓く糧となる。

受検状況

科名・コース名	募集人員	推薦に基づく入試				第一次募集・分割前期募集			
		募集人員	応募人員	応募倍率	合格人員	募集人員	受検人員	受検倍率	合格人員
IT・環境	140	56	45	0.80	36	104	33	0.32	33

入学者選抜実施方法

推薦

科名・コース名	推薦枠		調査書の活用		満点					備考
	割合(%)	特別推薦の有無	観点別学習状況の評価	評定	調査書点	集団討論・個人面接	小論文	作文	実技検査	
IT・環境	40	○	－	○	500	300	－	－	200	

第一次・分割前期

科名・コース名	分割募集	男女枠緩和	学力検査		調査書		学力検査：調査書	満点					備考
			教科	学校指定による傾斜配点	教科の評定の扱い			学力検査	調査書点	面接	小論文・作文	実技検査	
					学力検査を実施する教科	学力検査を実施しない教科							
IT・環境	－		5	－	1倍	2倍	7：3	700	300	－	－	－	

〈本校の期待する生徒の姿〉

★IT・環境科

本校は、IT・環境科をおく進学重視型の学校です。IT、環境に関する教科から普通教科まで幅広く学習するカリキュラムを編成しています。本校で好きなこと得意なことを見付け、将来は大学に進学したいと考えている生徒の入学を期待しています。
1　ITや環境に関心があり、将来は大学に進学する意思をもって積極的に授業に取り組む生徒
2　中学校で学ぶ基礎学力を概ね身に付けている生徒
3　学校行事、部活動、生徒会活動等に積極的に参加し、自他を思いやり、仲間と協働することができる生徒
※　特に推薦選抜においては、本校の特色ある教育内容を理解し、本校で学びたいと強く希望する生徒が望ましい。

難易度（偏差値）　機械・電子・理工環境　E-2（42-38）

121

都立 杉並総合 高等学校
(すぎなみそうごう)

https://www.metro.ed.jp/suginamisogo-h/

☎ 168-0073　杉並区下高井戸 5-17-1
☎ 03-3303-1003
交通　京王線浜田山駅　徒歩 10 分
　　　京王線上北沢駅　徒歩 12 分

単位制

制 服　あり

[カリキュラム] ◇三学期制◇

・英語、数学や実技、実習系の科目では、**少人数制・習熟度別授業**を実施している。
・1年次は共通科目で基礎学力を養成する。
・2〜3年次は、総合選択、自由選択をあわせて100を越える選択科目から、興味・関心や進路に応じて自分の時間割をつくる。
・3年次の共通履修科目「課題研究」では、自分でテーマや研究計画を立てて論文や作品を完成させる。
・**フランス語、スペイン語、中国語、韓国語**など、語学系の選択科目も23講座設置。
・**土曜講習**を実施（3年次、英・数・国・他）。
・選択科目に「ライセンスイングリッシュ」という対策講座を設け、資格取得を支援。**日商簿記検定やビジネス実務マナー検定**の受検対策講座もある。
・平成29年度入学生より、第2外国語（中国語または韓国語）を必修化。

[部活動]

・全学年希望制。9割近い生徒が活動している。**ウインドアンサンブル部、バドミントン部、弓道部、水泳部、ダンス部**などが、実績を残している。
・**女子バスケットボール、女子バレーボール、男子サッカー、女子サッカー、吹奏楽（ウインドアンサンブル）**で文化・スポーツ推薦を実施し、学校全体として部活動に力を入れている。
・最近の主な実績は以下のとおり。
＜令和5年度＞
　バドミントン部が商業大会で女子団体・男子団体優勝。
＜令和4年度＞
　ウインドアンサンブル部が、東京都高等学校吹奏楽コンクールで銀賞を受賞した。**女子サッカー部**が、関東大会に出場した。
★設置部
　バレーボール（女）、バスケットボー

ル、バドミントン、サッカー（男女）、硬式テニス、柔道、ダンス、弓道、水泳、剣道、陸上、卓球、柔道、軟式野球、ウインドアンサンブル、英語、日本の伝統文化、茶道、野外活動、軽音楽、文芸創作、写真、美術、ファッション＆クッキング、合唱、和太鼓、生物、演劇、韓国語

[行　事]

・数多い行事の中でも、**合唱祭、体育祭、杉総祭**（文化祭）は特に盛り上がりを見せる。
4月　芸術鑑賞教室
5月　遠足
6月　体育祭
9月　杉総祭（文化祭）
2月　修学旅行（2年）
3月　スピーチコンテスト、合唱祭

[進　路]（令和5年3月）

・1〜2年次には、原則履修科目「**サクセス・プランニング（産業社会と人間）**」を中心にキャリアガイダンスを実施。
・**土曜講習**や進路相談を早い時期から計画的に実施。**三者面談**は計画的に行っている。
・夏冬春の休業中にも**講習**を実施。
＜進路関連の主な行事＞
7月　三者面談、第1回実力テスト、夏期講習I
8月　夏期講習II
12月　第2回三者面談、冬期講習I
1月　冬期講習II
3月　春期講習
★卒業生の進路状況
　＜卒業生221名＞
　大学134名、短大6名、専門学校58名、就職6名、その他13名、留学4名
★卒業生の主な進学先
　弘前大、亜細亜大、桜美林大、大妻女子大、神奈川大、國學院大、国士舘大、駒澤大、成蹊大、専修大、東洋大、日本体育大、日本大、武蔵大、武蔵野美術大
♣指定校推薦枠のある大学・短大など♣
　国立音楽大、國學院大、駒澤大、成

蹊大、東京農業大、東洋大、日本大他

[トピックス]

・生徒一人ひとりの能力や関心・意欲を大切にし、さまざまな選択科目（進学に備える演習科目、資格・検定科目、語学・コンピュータ科目、芸術関係科目）で進路志望の実現をはかる総合学科高校。
・表現力や思考力、判断力を育てることを重視し、責任ある態度を育てようとして、**国際理解教育**をはじめとする多くの体験学習の機会を設定している。
・同時通訳ブースが備えられた国際理解室、舞台が設置された約100畳の伝統芸能・日本文化室など、設備も充実している。
・オーストラリアでのホームステイ、留学生の受け入れ、海外修学旅行など、**国際理解教育**を通じてグローバル人材の育成に力を入れている。
・**ノーチャイム制**を採用し、生徒自身が学校生活の時間を管理することで、自主・自律の精神を養っている。
・UNESCOスクールに指定されている。
・土曜日には、予備校講師による英語の授業を行っている。（希望制、5月下旬〜、全20回）

[学校見学]（令和5年度実施内容）

★学校見学会　7、8月
★部活動体験　7・8月各1回
★個別相談会　11・1月各1回
★学校説明会　10月2回、11月1回
★授業公開週間　6・10月

入試!インフォメーション
※本欄の内容はすべて令和6年度入試のものです。

受検状況

科名・コース名	募集人員	推薦に基づく入試				第一次募集・分割前期募集			
		募集人員	応募人員	応募倍率	合格人員	募集人員	受検人員	受検倍率	合格人員
総 合	216	66	196	2.97	66	150	231	1.54	153

入学者選抜実施方法

推薦

科名・コース名	推薦枠		調査書の活用		満点					備考
	割合(%)	特別推薦の有無	観点別学習状況の評価	評定	調査書点	集団討論個人面接	小論文	作文	実技検査	
総 合	30	○	−	○	225	150	−	100	−	

第一次・分割前期

科名・コース名	分割募集	男女枠緩和	学力検査		調査書		学力検査:調査書	満点					備考
			教科	学校指定による傾斜配点	教科の評定の扱い			学力検査	調査書点	面接	小論文・作文	実技検査	
					学力検査を実施する教科	学力検査を実施しない教科							
総 合	−		5	−	1倍	2倍	7:3	700	300	−	−	−	

〈本校の期待する生徒の姿〉

　総合学科である本校は、生徒一人一人が様々な体験や学習を通じて、自らの適性や興味・関心を自覚し自己理解を深め、将来の「なりたい自分」に向かって進んでいく力、一生学び続ける力、異文化を理解し受け入れる能力を身に付けることを目指しています。
1　本校の多彩な選択科目から自分の「時間割」を作り、しっかり学習し、自分の進路を実現しようとする生徒
2　授業や部活動、学校行事等に意欲的に取り組み、充実した高校生活を送りたいと望んでいる生徒
3　時間を守り、身だしなみを整え、高校生として責任ある行動を取ることができる生徒
4　海外に興味と関心をもち、将来は世界を舞台に活動したいと考えている生徒
※　特に推薦選抜において、総合学科を理解し、何ごとにも意欲的に取り組み、リーダーシップを発揮できる生徒が望ましい。
※　「文化・スポーツ等特別推薦」を、吹奏楽、女子サッカー、女子バスケットボール、女子バレーボールについて実施する。

難易度（偏差値）	C−3 （50−47）	併願校選択例	駒場学園、東亜学園、大成、東京立正

次のページもご覧ください ▶▶▶

普通科

都立 豊多摩（とよたま）高等学校

https://www.metro.ed.jp/toyotama-h/

〒166-0016　杉並区成田西2-6-18
☎03-3393-1331
交通　京王線浜田山駅　徒歩10分

制　服	なし

[カリキュラム] ◇三学期制◇

・1年次ではあらゆる分野に通用する学力を育むため共通科目を徹底して学習する。2年次は世界史、日本史、化学、生物から1科目を選択する。文系、理系クラスは設けないがゆるやかな文理選択をおこなう時間割が導入されるのがこの学年の特徴である。三年次では国公立文系、理系向け、医療看護向けなど大学進学を念頭に置いた幅広い選択科目モデルが示される。
・国語の指導目標は、「〈知ること（知識）〉だけではなく、〈考える力（思考力）〉も育成する」。
・社会科（地理・歴史・公民科）は、社会の様々な現象について考える力、調べる力、意見を言う力などを育てることを重視。
・理科（物理・化学・生物・地学科）はすべての教科において、実験や実習を重視し、それぞれの基本法則の充分な理解と科学的な探求心の育成を図る。
・保健体育科は、1〜2年は週3時間を3種目通年で実施。3年生は多種目選択となる。
・多くの教科で、小テストや補習、週末課題などを実施し、日々生徒の力をつけていく工夫をしている。

[部活動]

・100%以上が参加（兼部を含む）。「学友会」という組織があり、学校行事の運営や部活、委員会活動などを生徒が自主的に行っている。
・令和元年度には、硬式野球部が西東京大会でベスト8となり、文芸部は2年連続で全国大会に出場した。
・平成30年度には、水泳部が男子50m自由形で全国大会に出場した。また、文芸部も全国大会に出場した。
★設置部（※は同好会）
バドミントン、サッカー、バレーボール（女子）、剣道、陸上競技、硬式テニス、ソフトテニス、バスケットボール（男女）、ハンドボール（男女）、卓球、ラグビー、水泳、硬式野球、体操ダンス、映画研究、漫画研究、茶道、吹奏楽、演劇、写真、放送、生物、軽音楽、美術、合唱、天文、ファッションクリエイト、文芸、パソコン、ESS、クイズ研究、※歴史研究、※競技かるた

[行　事]

下記の行事のほかに、年2回の球技大会、芸術鑑賞教室などを行っている。また、昭和27年に始まった伝統の合唱コンクールはクラス単位で舞台衣装まで揃え、会場を借りて行われる大イベント。

4月	遠足
6月	合唱コンクール
9月	記念祭（文化祭）、体育祭
11月	修学旅行（2年）
12月	芸術鑑賞教室

[進　路]（令和5年3月）

・進路講演会やガイダンスなどを実施。夏季休業中には講習を行う。土曜教室も開設（年間18回程度）。講座は国数英地理など随時実施。
・進路指導室がある。
★卒業生の主な合格実績
東北大、東京工業大、東京学芸大、東京都立大、横浜国立大、早稲田大、慶應義塾大、上智大、東京理科大、国際基督教大、明治大、立教大、青山学院大、学習院大、法政大、中央大、成蹊大、成城大、東京農業大、北里大、津田塾大、東京女子大、日本女子大、武蔵野美術大
♣指定校推薦枠のある大学・短大など♣
早稲田大、上智大、東京理科大、明治大、青山学院大、中央大、法政大、立教大、学習院大、成城大、成蹊大、日本女子大、明治学院大、芝浦工業大、東京農業大、日本獣医生命科学大

[トピックス]

・昭和15年、東京府立第十三中学校として創立。24年に東京都立豊多摩高等学校となる。多数の卒業生が各界で活躍している。
・平成22年度より都の進学指導推進校に指定されている。
・緑豊かなキャンパス。イチョウ並木のある広大な敷地に充実した教育施設が整い、たいへん恵まれた環境にある。
・自主的、自律的精神を教育方針の一つにしており、生徒は伸びやかな学校生活を送っている。
・一人ひとりの生徒が勉強、部活動、仕事をやりきる高校生活を送ることを大切にしている。

＜教育目標＞
平和で民主的な国家・社会の有為な形成者を育成する。

[学校見学]（令和5年度実施内容）

★学校説明会　10・11・12月各1回
★少人数制（20名単位）の学校見学会を8月、10月、11月に実施
★記念祭　9月
★学友会主催学校見学会　8月1回
★学校見学はHPからの申込み

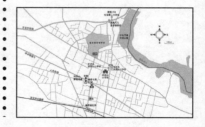

入試!インフォメーション
※本欄の内容はすべて令和6年度入試のものです。

受検状況

科名・コース名	募集人員	推薦に基づく入試				第一次募集・分割前期募集			
		募集人員	応募人員	応募倍率	合格人員	募集人員	受検人員	受検倍率	合格人員
普通	316	64	185	2.89	64	252	407	1.62	254

入学者選抜実施方法

推薦

科名・コース名	推薦枠		調査書の活用		満点					備考
	割合(%)	特別推薦の有無	観点別学習状況の評価	評定	調査書点	集団討論個人面接	小論文	作文	実技検査	
普通	20	–	–	○	500	250	–	250	–	

第一次・分割前期

科名・コース名	分割募集	男女枠緩和	学力検査		調査書		学力検査:調査書	満点					備考
			教科	学校指定による傾斜配点	教科の評定の扱い 学力検査を実施する教科	学力検査を実施しない教科		学力検査	調査書点	面接	小論文・作文	実技検査	
普通	–	○	5		1倍	2倍	7:3	700	300	–	–	–	

〈本校の期待する生徒の姿〉

　本校では、創造性を養い育ててきた伝統や、生徒が自らを律する伸びやかな校風に共感し、向学心をもって自らの可能性や個性を伸長するとともに、すすんで社会に貢献する生徒の入学を期待します。
1　将来の大学進学等、目標に向け各教科の学習に意欲的に取り組む生徒
2　学習と部活動、学校行事、生徒会活動、学級活動が両立できる生徒
3　総合的な探究の時間や選択教科の学習に積極的に取り組む生徒
4　学校外の社会的・文化的活動や自分が興味・関心をもつ分野に意欲的に取り組む生徒
※　特に推薦選抜においては、大学進学に強い意欲とその実現に向けた積極的な学習に意欲的に取り組む生徒が望ましい。

難易度（偏差値）	B-2（63-61）	併願校選択例	錦城、実践学園、専修大附属、日本大櫻丘、明治学院

都立 西(にし) 高等学校

https://www.metro.ed.jp/nishi-h/

☎ 168-0081 杉並区宮前 4-21-32
☎ 03-3333-7771
交通　京王井の頭線久我山駅　徒歩10分
　　　ＪＲ中央線西荻窪駅、ＪＲ中央線荻窪駅　バス

普通科

制　服	なし

[カリキュラム] ◇三学期制◇

・授業は1コマ50分。週3回7時間授業。平成31年度から**3学期制**に戻る。
・**「自主自律」**、**「文武二道」**、**「授業で勝負」**で、とどまることのない技術革新・グローバル化等、これからの予測困難な社会で通用する**「調和のとれた器の大きな人間」**を日常的・継続的かつ多様で自律的な質の高い学びと実践の累積で育成する。
・早い時期に進路を決定せず、多くの教科、科目を学ぶことによって自分の能力や適性を熟慮し、それから進路を選ぶよう指導している。そのため1〜2年次は全員共通の必修科目をできるだけ多く設定し、幅広い分野の学習をする。
・3年次には、**文系**と**理系**に分かれ、さらにセンター対応の選択科目を設けることにより、一人ひとりの進路希望の実現に対応している。
・英語の4技能検定試験を1・2・3年生全員受験。

[部活動]

加入率180%。運動部と文化部の兼部加入も少なくない。最近の主な実績は以下のとおり。
<令和4年度>
囲碁将棋部が全国高校囲碁選抜大会で準優勝した。
<令和3年度>
陸上競技部がインターハイに出場し、男子400mで全国第2位になった。**アメリカンフットボール部**が全国高校選手権予選兼関東大会秋季都予選でベスト8、**女子ハンドボール部**が全国選抜大会都予選でベスト16になった。文芸部が全国高等文芸コンクール小説部門で入賞した。**生物部**が日本生物学オリンピックに参加した。**数学研究会**がAlympiad（数学国際大会）の国内予選に参加した。
★設置部（※は同好会）
アメリカンフットボール、剣道、ソフトテニス、硬式テニス、サッカー、水泳、体操、卓球、バスケットボール、バドミントン、バレーボール、ハンドボール、硬式野球、陸上競技、ワンダーフォーゲル、ダンス、囲碁将棋、イラスト研究、宇宙研究、映画研究、園芸、演劇、化学、華道、管弦楽、写真、吹奏楽、生物、美術、物理、文芸、歴史研究、茶道、ゴスペルフリークス、かるた、新聞、放送、CR東日本、ディベート、※軽音楽、※シブ楽隊、※つるばみ、※数学研究

[行事]

年2回実施される**クラスマッチ**は、2週間ほどかけて放課後に行われ、全クラス対抗で得点を競う。種目はサッカー、卓球、バスケットボール、バレーボールといった球技の他、百人一首大会や大縄跳びなどもある。締めくくりに学校の外周を走る駅伝も、たいへんな盛り上がりを見せる。
5月　運動会、遠足（2・3年）
6月　生徒総会、夏季クラスマッチ
7月　林間学校（1年、志賀高原3泊4日）
9月　記念祭（文化祭）
10月　修学旅行（2年）
11月　文化講演会（2年）
3月　芸術鑑賞教室、春季クラスマッチ

[進路] （令和5年3月）

・ほぼ全員が四年制大学進学を希望。第一志望の大学への**現役合格**を目指した進路指導が行われている。
・学年集会やＨＲ担任との**面接**などにより、生徒一人ひとりに高い目標をもたせ、そのための支援をしている。**自習室**も設置（夜8時まで開放）。
・実力考査も年に2回実施。また**土曜特別講座**（全34講座開設・ほぼ毎週実施）、**訪問講座**、夏期講習などにも力を入れている。
・**キャリアガイダンス**（各界の第一線で活躍する先輩の話を聞く会）や**「進路ノート」**による情報提供など、様々なサポートを行っている。
★卒業生の進路状況

<卒業生312名>
大学161名、短大0名、専門学校0名、就職0名、その他151名
★卒業生の主な合格実績
東京大、京都大、北海道大、東北大、お茶の水女子大、千葉大、筑波大、電気通信大、東京外国語大、東京学芸大、東京工業大、東京農工大、一橋大、横浜国立大、大阪大、防衛医科大学校、東京都立大、横浜市立大、早稲田大、慶應義塾大、上智大、東京理科大

[トピックス]

・昭和12年、府立第十中学校として創立。25年より都立西高等学校と名称を変える。卒業生は28,000名を超え、各界で活躍している。
・都の教育委員会より**進学指導重点校**、**Global Education Network20**、**理数研究校**の指定を受けている。
・課題図書を挙げ、年間25冊以上の本を読ませる**読書指導**を行っている。
・教科教育や部活動だけでなく、**海外交流、言語活動、理数研究**を3本柱として、広い教養を身につける機会を設けている。
・他の都立高校に先駆け**「海外リーダーシッププログラム」**を実施。アメリカを訪れ、世界最先端の大学や研究機関で学生や研究者と交流し、進学に向けての意欲を高めていく。
・平成28年から**英国大学進学支援事業**、29年からインドネシア（ジャカルタ）の高校と姉妹校提携、英語教育も充実し**オンライン英会話**がスタート。

[学校見学] （令和5年度実施内容）

★授業公開　6月5回　7・10月各1回　11月4回
★入試問題解説会　7・12月（要予約）
★夏の学校見学会　7・8月計13回（要予約）
★学校説明会　10・11月（要予約）

受検状況

科名・コース名	募集人員	推薦に基づく入試				第一次募集・分割前期募集			
		募集人員	応募人員	応募倍率	合格人員	募集人員	受検人員	受検倍率	合格人員
普 通	316	64	189	2.95	64	252	368	1.46	260

入学者選抜実施方法

科名・コース名	推薦枠		調査書の活用		満点					備考
	割合(%)	特別推薦の有無	観点別学習状況の評価	評定	調査書点	集団討論個人面接	小論文	作文	実技検査	
推薦　普 通	20	–	–	○	360	240	–	300	–	

科名・コース名	分割募集	男女枠緩和	学力検査		調査書		学力検査：調査書	満点					備考
			教科	学校指定による傾斜配点	教科の評定の扱い			学力検査	調査書点	面接	小論文・作文	実技検査	
					学力検査を実施する教科	学力検査を実施しない教科							
第一次・分割前期　普 通	–	○	5*		1倍	2倍	7:3	700	300	–	–	–	*国数英は自校作成。

〈本校の期待する生徒の姿〉

　本校は生徒に確かな学力を身に付けさせ、希望進路を実現させるとともに、卒業後も更に伸びる生徒の育成に努めています。

　そして、生徒・保護者が「ここで学べて」・「ここに入れて」良かったと言える学校であるように、常に改善を重ねています。

　次の1から5までが本校の期待する生徒の姿です。

　できるだけ多くの項目に該当し、学校見学や学校説明会等を通して、本校の教育内容を理解している生徒の入学を期待します。

1　教科と教科以外の活動のそれぞれにおいて、得意な分野をもっている生徒
2　読書を通じて、幅広い教養を身に付けようとする生徒
3　他者のため、集団のために行動することができる生徒
4　自然現象、社会事象、文学、芸術、スポーツ等の分野に、強い興味や探究心をもっている生徒
5　自己の生き方について将来の展望をもち、諦めずに挑戦する意欲の高い生徒
※　特に推薦選抜においては、上記1から5のいずれかの項目で、本校入学後も指導的役割を果たしていこうとする生徒が望ましい。

難易度（偏差値）	ＡＡ（72－70）	併願校選択例	東京学芸大附属、筑波大附属、桐朋、法政大、中央大杉並

次のページもご覧ください ▶▶▶

都立 農芸(のうげい) 高等学校

園芸科学科
食品科学科
緑地環境科

https://www.metro.ed.jp/nogei-h/

〒167-0035 杉並区今川 3-25-1
☎ 03-3399-0191
交通 西武新宿線上井草駅 徒歩10分
　　 ＪＲ中央線荻窪駅・西荻窪駅、西武池袋線石神井公園駅 バス

制 服 あり

[カリキュラム] ◇三学期制◇

　本校では、3分の2が普通教科、3分の1が専門教科の学習をする。食品科学科は2年次から類型学習を行う。卒業に必要な単位は77単位。

　園芸科学科・食品科学科・緑地環境科の3つの学科があり、少人数制授業を多く取り入れている。実験・実習などの体験型授業を重視して授業を実施。

★園芸科学科…100年度の未来環境を創造する園芸グローバルクリエイター

・園芸の生産・流通・利用などに関する基礎知識と技術を学ぶ。

・日本農業技術検定2・3級、初級バイオ技術者認定、FFJ検定初級・中級・上級などの資格取得が可能。

・草花・野菜・果樹を露地や温室で栽培する知識と技術を学ぶとともに、バイオテクノロジーを利用した園芸植物の栽培も学ぶ。

★食品科学科…命をつなぐ未来の食環境クリエイター

・加工食品の生産・製造・分析に必要な基礎知識や技術を学ぶ。

・日本農業技術検定2級・3級、パソコン検定、食品衛生責任者、食生活アドバイザーなどの資格取得が可能。

・食品製造の原理を学び、加工食品に必要な知識と技術を身に付ける。

・食品の合理的な流通方法を学び、実践に必要な知識や技術を身に付ける。

・食品や原材料の栄養価値について学ぶとともに、環境科学について学習する。

★緑地環境科…街の環境を創造する緑の芸術家

・緑化保全・改善の知識・技術を学ぶ。自然と調和した社会環境づくりに携わる者を養成する。

・日本農業技術検定2・3級、トレース技能検定、レタリング技能検定、造園技能工2・3級、小型車両建設機械（ミニショベル 操作、玉掛け クレーン）などの資格取得が可能。

・緑地環境の改善に最も必要な製図・設計、都市の緑地空間、公園や庭園の景観を作る知識・技術を学ぶ。

[部活動]

・約9割が参加。和太鼓部は地域の行事に参加するなど活躍している。馬術部は都立高校の中で本校にのみ設置。インターハイや全国大会に出場するなど、好成績を収めている。その他、農業の専門性を活かした部活動が本校の特徴の一つである。

・令和3年度は、柔道部が全国高等学校総合体育大会東京予選会女子個人の部でベスト16に入賞した。

★設置部（※は同好会）

　剣道、サッカー、硬式テニス、バドミントン、卓球、陸上競技、バスケットボール、ウォーキング、バレーボール(女)、軟式野球、合気道、馬術、ダンス、和太鼓、演劇、文芸、美術、フラワーアレンジメント、漫画イラスト、生物、家庭科、茶道、写真、音楽、外国研究、植物バイオ、果樹、農産加工、製菓・製パン、測量、草花、造園、野菜

[行　事]

6月	体育祭
10月	校外学習（緑）
11月	農芸祭（文化祭）、校外学習（園）
12月	球技大会
2月	長距離走大会

[進　路] （令和5年3月）

★卒業生の進路状況

　　＜卒業生132名＞

　　大学48名、短大3名、専門学校39名、就職33名、その他9名

★卒業生の主な進学先

　東京家政学院大、東京聖栄大、東京農業大、日本獣医生命科学大、日本大、亜細亜大

♣指定校推薦枠のある大学・短大など♣

　麻布大、東京家政学院大、東京聖栄大、東京農業大、日本獣医生命科学大、ヤマザキ学園大、東京農業大短大部 他

[トピックス]

・1900年に創立された都立農業系専門学校の中で一番歴史と伝統のある学校である。都心の住宅地の真ん中に位置し、緑に囲まれた校舎、実習棟や農場など合わせて広い敷地がある。最新の施設や設備が導入され、教育活動の充実を図っている。誠実・勤勉・自主・協調の校訓のもと、農業に関する基礎を体験的に学びながら、生き生きとした生活を送ることができる。

・都庁前広場の花壇作り、地元阿佐ヶ谷駅前の花壇作り、地域貢献活動の推進として、保育園、小学校等の児童と農場体験活動を地域社会との連携を積極的に行っている。また、「環境教育実践宣言校」として、都市及び自然環境の創造とごみの減量・節電に日々取り組み、環境にやさしい農業高校を目指している。

・ボランティア、サポート委員会のメンバーによる地域連携（マルシェ運営、生産品販売、落ち葉掃き等）やボランティア活動、農福連携活動。

・3月に東京都GAPを、6月にJGAPの認証を取得した。

・「時を守り、場を清め、礼を正す」をモットーに生活指導を行っている。

・進路相談員、面接指導員、補習授業（化学、年間15回）など、外部指導員による進路指導を充実させている。

[学校見学] （令和5年度実施内容）

★体験入学 　9・10月各1回

★学校見学会 　8月3回

★学校説明会 　10・12月各1回

★個別相談会 　10・1月各1回 12月2回

★農芸祭 　11月 見学可

受検状況

科名・コース名	募集人員	推薦に基づく入試				第一次募集・分割前期募集			
		募集人員	応募人員	応募倍率	合格人員	募集人員	受検人員	受検倍率	合格人員
園芸科学	35	12	16	1.33	12	23	30	1.30	24
食品科学	70	24	41	1.71	24	46	44	0.96	45
緑地環境	35	12	13	1.08	12	23	19	0.83	23

入学者選抜実施方法

推薦

科名・コース名	推薦枠		調査書の活用		満点					備考
	割合(%)	特別推薦の有無	観点別学習状況の評価	評定	調査書点	集団討論個人面接	小論文	作文	実技検査	
園芸科学	35	–		○	450	360	–	100	–	
食品科学	35	–		○	450	360	–	100	–	
緑地環境	35	–		○	450	360	–	100	–	

第一次・分割前期

科名・コース名	分割募集	男女枠緩和	学力検査		調査書		学力検査	調査書	満点					備考
			教科	学校指定による傾斜配点	教科の評定の扱い				学力検査	調査書点	面接	小論文・作文	実技検査	
					学力検査を実施する教科	学力検査を実施しない教科								
園芸科学	–		5	–	1倍	2倍	7:3		700	300	–	–	–	
食品科学	–		5	–	1倍	2倍	7:3		700	300	–	–	–	
緑地環境	–		5	–	1倍	2倍	7:3		700	300	–	–	–	

〈本校の期待する生徒の姿〉

★園芸科学科・食品科学科・緑地環境科

　本校は、農業の専門高校として、「環境教育実践宣言校」を掲げ、あらゆる場面で環境に配慮しながら行動できる人材の育成をすすめています。以下の項目に該当する生徒を期待します。
1　志望する学科の内容に興味・関心を高くもち、意欲的に実習・実験に取り組むことができる生徒
2　挨拶、マナーやきまり等規範意識を高め、自他の人権を大切にしようとする生徒
3　学校行事、農業クラブ活動、生徒会活動、部活動、委員会等に積極的に取り組み、学校生活を充実させることができる生徒
4　農業関連の進学及び就職の実現に向けて、キャリア教育に積極的に取り組み、基礎学力を向上できる生徒
5　これまでに地域での活動やボランティア等に積極的に取り組み、入学後も継続させようとする生徒
※　特に推薦選抜においては、農業に関する学習内容を理解し、将来農業関連に進学、就職する希望が明確である生徒が望ましい。

難易度（偏差値）	園芸科学・食品科学・緑地環境　D-3　(46-43)

次のページもご覧ください ▶▶▶

都立 鷺宮（さぎのみや）高等学校

https://www.metro.ed.jp/saginomiya-h/

〒165-0033 中野区若宮3-46-8
☎ 03-3330-0101
交通 西武線都立家政駅 徒歩3分
西武線鷺ノ宮駅 徒歩10分
JR中央線阿佐ヶ谷駅、西武線中村橋駅 バス

普通科

| 制 服 | あり |

[カリキュラム] ◇三学期制◇

・日課は1時限50分の6時限授業。
・2年の家庭科基礎、3年の体育で**少人数制授業**を、1年の数学Ⅰ、2年の数学Ⅱ、2、3年の論理表現は**習熟度別授業**を実施。
・1、2年で基礎を固め、3年には進路実現のための大幅な選択制を導入。
・平成28年度入学生より**土曜授業**（年18回）を実施。

[部活動]

　約80％が参加。**サッカー部、剣道部、硬式野球部、バスケットボール部、バドミントン部**が活躍している。**書道部**は全国大会9回出場の実績をもつ。**軽音楽部**は都内屈指の実力で、テレビ番組主催の関東大会で優勝したこともある。全国大会にも出場。**ダンス部**は毎年USA全国大会に出場している。

＜令和4年度＞
　軽音楽部がTokyo Music Rise 2022 Spring Final Stageで優勝した。**女子バレーボール部**が春季大会兼関東大会予選リーグ戦で第2位となった。

＜令和3年度＞
　サッカー部が3年連続で全国選手権大会都本選に出場。**ダンス部**がUSA大会Hip Hop部門Largeで全国1位となった。

★設置部

　バレーボール、バスケットボール、硬式野球、サッカー、硬式テニス、バドミントン、卓球、剣道、水泳、ダンス、ソフトテニス、演劇、美術、写真、漫画研究、家庭科、和太鼓、文芸、英語、華道、茶道、書道、吹奏楽、軽音楽、ジャグリング、サイエンス

[行　事]

　生徒が主体となり、様々な行事が展開されている。
4月　校外学習
6月　体育祭
8月　部活動夏季合宿
9月　鷺高祭（文化祭）
11月　修学旅行（2年）

2月　合唱祭
3月　球技大会

[進　路]（令和5年3月）

・進路室の資料閲覧は随時可能。
・4月には全校生徒に「**進路ガイドブック**」を配布。
・1～2年より**学力診断テスト、予備校模試、進路適性検査、進路講演会、大学体験授業**などを実施。
・3年には**看護・医学大学模試、全国センター模試、公務員試験準備**など、進路別にきめ細かく対応。
・夏休みに**補習・講習**を実施（1～3年生・希望者対象）。

★卒業生の進路状況

　＜卒業生260名＞
　大学182名、短大0名、専門学校52名、就職5名、その他21名

★卒業生の主な合格実績

　早稲田大、都留文科大、慶応大、上智大、立教大、青山学院大、明治大、中央大、学習院大、法政大、獨協大、國學院大、成蹊大、成城大、武蔵大、明治学院大、東京女子大、日本女子大、日本大、東洋大、駒澤大、専修大、芝浦工業大、東京経済大、神奈川大、千葉工大、共立女子大、昭和女子大、実践女子大、武蔵野大、亜細亜大、東海大、大東文化大、国士舘大、帝京大、日本体育大、明星大、目白大、拓殖大、玉川大、立命館大、関西大

♣指定校推薦枠のある大学・短大など♣

　法政大、獨協大、武蔵大、日本大、東洋大、駒澤大、専修大、神奈川大、大東文化大、東海大、亜細亜大、帝京大、国士舘大、拓殖大、玉川大、武蔵野大、東京経済大、工学院大、東京農業大、東京電機大、大妻女子大、実践女子大、女子栄養大、産業能率大　他

[トピックス]

・明治45年7月、現都立農芸高校の前身にあたる豊多摩郡立農業学校の附設実業女学校として設立。第二次世界大戦後、定時制課程設置、男女

共学化に引き続き、現在の校名に変更。平成21年度定時制閉課程。**110年の歴史**をもつ。
・教育目標に掲げた、**挑戦 Challenge、協調 Cooperation、信頼 Confidence、創造 Creation**は「**鷺高の4C**」と呼ばれている。その目標通り、自主・自律の精神、自他を認めあう心、思いやりの心を持ち、社会に貢献できる生徒の育成を目指している。
・部活動は、運動部・文化部あわせて30程度あり、生徒たちが熱心に活動に取り組んでいる。体育祭・文化祭を2大柱とする学校行事に力を注ぐ生徒も多い。
・体育館・武道場空調設備設置。
・剣道部、硬式野球部、サッカー部、バスケットボール部は「**文化・スポーツ等特別推薦**」を実施している。
・1年はほぼ共通履修で、基礎・基本の徹底をはかる。2年には週6時間分の選択科目が設けられ、進路を視野に入れた学習が始まる。3年生は週8～14時間分が選択科目となり、多彩な科目が用意されている。

[学校見学]（令和5年度実施内容）

★夏季見学会　8月
★授業公開　11月1回
★学校説明会　10月2回、11月2回
★文化祭　9月　一般公開あり

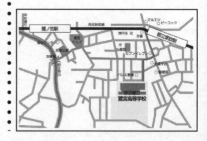

受検状況

科名・コース名	募集人員	推薦に基づく入試				第一次募集・分割前期募集			
		募集人員	応募人員	応募倍率	合格人員	募集人員	受検人員	受検倍率	合格人員
普通	276	56	183	3.27	56	220	342	1.55	222

入学者選抜実施方法

推薦

科名・コース名	推薦枠		調査書の活用		満点					備考
	割合(%)	特別推薦の有無	観点別学習状況の評価	評定	調査書点	集団討論個人面接	小論文	作文	実技検査	
普通	20	○	–	○	500	200	–	300	–	

第一次・分割前期

科名・コース名	分割募集	男女枠緩和	学力検査		調査書		学力検査	調査書	満点					備考
			教科	学校指定による傾斜配点	教科の評定の扱い				学力検査	調査書点	面接	小論文・作文	実技検査	
					学力検査を実施する教科	学力検査を実施しない教科								
普通	–	○	5		1倍	2倍	7：3		700	300	–	–	–	

〈本校の期待する生徒の姿〉

　本校は、明治45年創立の伝統校であり、平成25年新校舎完成を機に、制服や土曜授業を導入するなど新たな歴史づくりに取り組んでいます。教育目標「挑戦　協調　信頼　創造」の下、大学進学をはじめとする第一志望の進路を実現させるための学力の定着と伸長を図るとともに、これからの時代をたくましく生き抜く人間力を育成します。
1　高い志をもって卒業後の進路目標を定め、目標実現に向けて強い意志をもって「挑戦」し、新たな価値を「創造」する生徒
2　基本的な生活習慣が身に付いており、他者と「協調」しながらルールやマナーを守って生活できる生徒
3　学習と特別活動（部活動、学校行事、生徒会活動等）のどちらにも積極的に取り組むとともに、他者と「信頼」関係を築いて活動し、リーダーとしても活動できる生徒
※　特に推薦選抜においては、中学校3年間の学習成績が良好な生徒が望ましい。
※　「文化・スポーツ等特別推薦」においては、その種目に優れた能力をもち、入学後3年間、向上心をもって学習と部活動の両立に向けて努力できる生徒が望ましい。

難易度（偏差値）	C－3（50－47）	併願校選択例	大成、東亜学園、日本学園、文化学園大杉並、武蔵野

次のページもご覧ください ▶▶▶

食品サイエンス科

都立 中野工科 高等学校
なかのこうか

https://www.metro.ed.jp/nakanokoka-h/

〒165-0027　中野区野方 3-5-5
☎03-3385-7445
交通　西武線野方駅　徒歩 7 分
　　　ＪＲ高円寺駅・中野駅・新宿駅・赤羽駅、西武線練馬駅　バス

エンカレッジスクール

制　服　あり

[カリキュラム]◇三学期制◇

・平成 30 年度より、エンカレッジスクールとして再スタート。国語・数学・英語の学び直し体験を通しての学習が特徴。

・1 年次は全員が共通の授業を履修。わかりやすい授業によって基礎学力の定着を図る。

・1〜3 年次の国語・数学・英語で**習熟度別授業**を実施。また、工業情報数理、工業技術基礎、実習などで**少人数授業**を実施するなど、きめ細かな指導が行われている。

・令和 6 年度入学生より学科改編「食品サイエンス科」となる。

・2 学年からそれぞれの興味・関心、進路などに応じ、「食品工業基礎コース」「食品サイエンスコース」にわかれて学ぶ。

・「食品サイエンスコース」は、「食品製造系列」「食品分析系列」「食品デザイン系列」の 3 つの系列を設置している。

・在学中にさまざまな資格取得のための講座が用意されている。
●計算技術検定（1 年全員受検）
●情報技術検定●基礎製図検定
●機械製図検定●ガス溶接技能講
●危険物取扱者（丙種・乙種）
●食品衛生責任者養成講習　等

[部活動]

・約 7 割が参加。各部とも実績が伸びている。

・**食品加工部**では、行事に合わせ様々な食品製造を行っている（クリスマスケーキ、バレンタインチョコなど）。

・令和 3 年度は、**化学研究部**が全国高等学校総合文化祭自然科学部門に出場した。高校生理科研究発表会でヨウ素学会研究奨励賞を受賞した。東京都高等学校工業科生徒研究成果発表大会で PTA 連合会理事長賞を受賞した。

★設置部
野球、バスケットボール、バドミントン、卓球、バレーボール、テニス、サッカー、ダンス、ハイキング、機械工作、写真、軽音楽、華道、吹奏楽、食品加工、化学研究、イラスト、生物

[行　事]

5 月　校外学習（1・2 年）、修学旅行（3 年）
6 月　体育祭
10 月　中工祭（文化祭）
11 月　インターンシップ（2 年）

[進　路]（令和 5 年 3 月）

・進路指導は 1 年次より計画的に実施。面接指導や自己の適性を知るための各種検査など、生徒一人ひとりの進路希望の実現に向けた指導を各学年で行う。徹底した進路指導で、**進路決定率 100%** を目指している。

・関係機関と連携した**進路ガイダンス**や**進路講話**を行っている。

・論文や面接に備えるため、国語などの授業を通して**プレゼンテーション能力**、**表現力**を養っている。

・**キャリア教育**の一環として、展示会見学、工場見学などの体験学習を実施。

★卒業生の進路状況
＜卒業生 101 名＞
大学・短大 6 名、専門学校等 16 名、就職 76 名、その他 3 名

★卒業生の主な進学先
日本工業大、東京福祉大、多摩大、東洋学園大、東京医療保健大

[トピックス]

・生徒の**育成目標**として次の 2 点を掲げている。
①あいさつを大事にして、職業人としての立ち居振る舞いができる生徒。
②就職試験に合格できる学力の定着。

・就職（進路）に対する意識を 1 年次から高める活動として、**インターンシップ**などを実施している。

・平成 30 年度より、工業高校の**エンカレッジスクール**になった。

・平成 30 年度より、制服リニューアル。

・新校舎全面建設中。

[学校見学]（令和 5 年度実施内容）
★学校見学会　7・8 月各 1 回
★学校説明会　11・12 月各 1 回
★個別相談会　1 月
★中工祭　10 月　見学可
★授業公開　6・11 月各 1 回

受検状況

科名・コース名	募集人員	推薦に基づく入試				第一次募集・分割前期募集			
		募集人員	応募人員	応募倍率	合格人員	募集人員	受検人員	受検倍率	合格人員
食品サイエンス	119	56	73	1.30	56	63	57	0.90	57

入学者選抜実施方法

推薦

科名・コース名	推薦枠		調査書の活用		満点					備考
	割合(%)	特別推薦の有無	観点別学習状況の評価	評定	調査書点	集団討論・個人面接	小論文	作文	実技検査	
食品サイエンス	40	–	○	–	400	300*	–	–	300	＊個人面接のみ行う。面接の一部で「パーソナルプレゼンテーション」を行う。

観点別学習状況の評価の活用方法

教科名	国語			社会			数学			理科			音楽			美術			保健体育			技術・家庭			外国語(英語)			観点別学習状況の評価の得点の満点	重視している教科や観点
科名・コース名 観点	I	II	III	I	II	III	I	II	III	I	II	III	I	II	III	I	II	III	I	II	III	I	II	III	I	II	III		
食品サイエンス A	9	9	12	9	9	12	9	9	12	12	12	12	9	9	12	9	9	12	9	9	12	12	12	12	9	9	12	282	教科（理・技家）観点（国・社・数・音・美・保体・外）
B	5	5	7	5	5	7	5	5	7	7	7	7	5	5	7	5	5	7	5	5	7	7	7	7	5	5	7		
C	1	1	1	1	1	1	1	1	1	1	1	1	1	1	1	1	1	1	1	1	1	1	1	1	1	1	1		

	科名・コース名	分割募集	男女枠緩和	学力検査		調査書		学力検査	調査書	満点					備考
				教科	学校指定による傾斜配点	教科の評定の扱い 学力検査を実施する教科	学力検査を実施しない教科			学力検査	調査書点	面接	小論文・作文	実技検査	
第一次・分割前期	食品サイエンス	○	/	実施しない		＊1	–	–			＊1 300	個人 350	–	350	
分割後期・第二次	食品サイエンス	○	/	実施しない		＊1	–	–			＊1 300	個人 350	–	350	

＊1　調査書点は、観点別学習状況の評価を用いて得点化する。

〈本校の期待する生徒の姿〉

　本校は、学習への興味・関心・意欲があり、３年間を通じて基本的な生活習慣や社会性を身に付け、ものづくりを通した職業人として、卒業後自立した社会生活を営む力を身に付けるために、自らの可能性を信じて学び直し、チャレンジさせる学校である。
　以上の特色を理解し、次の項目に該当する生徒の入学を期待します。
1　食品サイエンスに関する工業技術に興味があり、社会人として自立していくために意欲的に授業に取り組む生徒
2　自分の在り方生き方を見つめ、就職、進学、資格取得等に向けて、目標をもってコースを選択する生徒
3　社会人として自立して、将来、ものづくりの分野で活躍することを目指している生徒
4　学校や社会の規則・マナーを守り、責任のある行動のとれる生徒
5　すすんで挨拶するなど、よりよい人間関係を築き、他人を思いやることのできる生徒
6　学校行事、部活動、生徒会活動、学級活動に積極的に参加し、意欲的で協調性のある生徒
7　自ら決めた目標に対し、最後まであきらめずに努力を惜しまずチャレンジする生徒

次のページもご覧ください ▶▶▶

普通科

都立 武蔵丘 高等学校
（むさしがおか）

https://www.metro.ed.jp/musashigaoka-h/

〒165-0031　中野区上鷺宮2-14-1
☎ 03-3999-9308
交通　西武線富士見台駅　徒歩10分
　　　西武線鷺ノ宮駅　徒歩12分

制　服	標準服あり

[カリキュラム] ◇三学期制◇
・令和4年度より**新課程カリキュラム**を採用。英語については通常よりも単位数を増加した。
・1年次は全員が共通の科目を学ぶ（芸術は選択科目）。
・2年次には**文系・理系**に分かれ、6単位の必修選択科目が設置される。数学Ⅱ・数学B・論理・表現Ⅱは習熟度別授業を行う。
・3年次には16単位分が**選択科目**となり、各自の進路に応じた学習を行う。自由選択科目は8単位に抑えられている。論理・表現Ⅲは習熟度別授業を行う。

[部活動]
・9割以上が参加。運動部も文化部も活発に活動。広大なグラウンド、4面のテニスコート、2つの体育館など、施設も充実。
・最近の主な実績は以下のとおり。
＜令和4年度＞
軽音楽部が東京都高等学校文化祭軽音楽部門中央大会で奨励賞を受賞した。**硬式野球部**が東京都高等学校野球大会の本選に出場した。**女子バスケットボール部**が関東予選大会の4回戦に進出した。
＜令和3年度＞
軽音楽部が東京都高等学校軽音楽コンテストで準グランプリとなった。**卓球部**が秋季大会で女子団体ベスト8となった。
★設置部（※は同好会など）
水泳、剣道、硬式野球、陸上、サッカー、ソフトテニス、硬式テニス、卓球、バスケットボール、バレーボール、バドミントン、ソフトボール、ダンス、軽音楽、美術工芸、吹奏楽、演劇、茶道、合唱、クッキング、ESS、漫画研究、華道、天文、生徒会執行部、※文芸、※パソコン

[行　事]
・体育祭・文化祭・英語暗誦大会・合唱祭を「**四大行事**」と位置付けている。
・文化祭の参加団体は40を超え、今年度は4500名を超える来場者でにぎわった。
・**英語暗誦大会**は、世界における名演説を英語で暗誦する半世紀以上続くアカデミックな行事。
5月　遠足（1・2年）
6月　体育祭
9月　武高祭（文化祭）
11月　英語暗誦大会（1年）、修学旅行（2年）
2月　合唱祭
3月　球技大会

[進　路] （令和5年3月）
・学年別の進路シラバスを作成。3年間を見通した進路指導を行っている。教職員はHRでの指導や個人面談のみならず、**進路講演会や進路ガイダンス**などの行事を通じて、生徒一人ひとりの進路希望実現に向けて取り組んでいる。
・通常の授業に加えて、1年次は基礎力養成のための補習を、2年次は実力アップのための補習を、3年次には受験対策のための補習を行う。
・夏休みの最初の5日間と最後の3日間を夏期講習集中期間とし、全校で午前中講習に取り組む。予備校講師による講習会も行われる。
★卒業生の進路状況
　＜卒業生310名＞
　大学238名、短大4名、専門学校47名、就職6名、その他15名
★卒業生の主な合格実績
　電気通信大、東京学芸大、学習院大、國學院大、駒澤大、成蹊大、成城大、専修大、中央大、東海大、東京農業大、東京薬科大、日本大、法政大、武蔵大、武蔵野美術大、明治大、立教大、早稲田大　他
♣指定校推薦枠のある大学・短大など♣
　東京理科大、立教大、法政大、学習院大、武蔵大、成蹊大、國學院大、獨協大、日本大、東洋大、専修大、東京電機大、芝浦工業大　他

[トピックス]
・昭和16年、東京府立第二十一中学校として創立。25年東京都立武蔵丘高等学校と改称、現在に至る。
・「**日本一賞**」を設けている。これは各分野で日本一になった在校生や、卒業生に授与するもの。過去には、野球部（第1回国民体育大会で全国優勝）、青島幸夫氏、みつはしちかこ氏が受賞している。
・1年生時から英検受検を推奨し、3年で2級、準1級合格を目指し、大学合格への支援としている。
・平成22年度、東京都の**学力向上推進校**および**部活動推進指定校**に指定。同23年度には**重点支援校**に指定された。24年には**理数教育チャレンジ団体**にも指定された。令和2年度から**文化推進校**に指定された。
・硬式野球、サッカーにおいて**文化・スポーツ等特別推薦**を実施。

[学校見学] （令和5年度実施内容）
★授業公開　5・10・11月各1回
★体験授業　7・8月各1回
★学校見学会　夏休み16回（要予約）
★部活動体験　夏季休業中、秋（HP掲載）
★学校説明会　10・11・12・1月各1回（計4回）
★武高祭　9月　見学可

入試！インフォメーション
※本欄の内容はすべて令和6年度入試のものです。

受検状況

科名・コース名	募集人員	推薦に基づく入試				第一次募集・分割前期募集			
		募集人員	応募人員	応募倍率	合格人員	募集人員	受検人員	受検倍率	合格人員
普通	317	64	224	3.50	64	253	446	1.76	255

入学者選抜実施方法

推薦

科名・コース名	推薦枠		調査書の活用		満点					備考
	割合(%)	特別推薦の有無	観点別学習状況の評価	評定	調査書点	集団討論・個人面接	小論文	作文	実技検査	
普通	20	○	–	○	500	200	–	300	–	

第一次・分割前期

科名・コース名	分割募集	男女枠緩和	学力検査		調査書		学力検査	調査書	満点					備考
			教科	学校指定による傾斜配点	教科の評定の扱い				学力検査	調査書点	面接	小論文・作文	実技検査	
					学力検査を実施する教科	学力検査を実施しない教科								
普通	–	○	5		1倍	2倍	7：3		700	300	–	–	–	

〈本校の期待する生徒の姿〉

　武蔵丘高校は、人を育て、学力を磨き、進路の夢を実現する学校です。「自由と規律が調和した穏やかで落ち着いた校風」のもと、学校生活全般を通じて仲間との絆を深め、社会貢献の精神を培うとともに、第一志望の大学等への進学に対応できる学力を身に付けることを目標としています。このため、少人数や習熟度に応じた授業、放課後・土曜日・長期休業日中の講習・補習、3年間を見通した計画的な進路指導、部活動や学校行事への指導に力を入れています。そこで、次のような生徒の入学を期待しています。

1　何のために学ぶのかを考えながら、自らすすんで学びに向かい、将来の夢の実現のために努力できる生徒
2　学校行事、部活動、生徒会活動、ホームルーム活動等に積極的に参加し、高校生活においても、自分が何をなすべきかを真剣に考えて、意欲をもって活動しようとしている生徒
3　広い心で周囲と協力することができ、また、社会の一員としてルールやマナーを守り、責任ある行動がとれる生徒
※　特に推薦選抜においては、上記1から3までに向けて、より積極的に努力する生徒が望ましい。「文化・スポーツ等特別推薦」においては、入学後3年間、当該部活動と学習との両立を継続し、知・徳・体をバランスよく向上させていこうとする生徒が望ましい。

難易度（偏差値）	C－2（54－51）	併願校選択例	実践学園、東亜学園、豊島学院、文京学院大女子、目白研心

次のページもご覧ください ▶▶▶

都立 井草 高等学校
（いぐさ）

普通科

https://www.metro.ed.jp/igusa-h/

☎ 177-0044　練馬区上石神井 2-2-43
☎ 03-3920-0319
交通　西武線上石神井駅　徒歩10分
　　　西武線上井草駅　徒歩8分
　　　ＪＲ中央線荻窪駅・吉祥寺駅、西武線石神井公園駅　バス

制　服　なし

[カリキュラム] ◇三学期制◇
・1年次には全員が共通の科目を履修。基礎学力の充実を図る。
・2年次には、3年次の理社の内容を選択授業（理系は理科を2科目、文系は日本史と世界史）で先取り学習する。
・3年次には多くの選択科目を設定している。
・英語と数学では、習熟度別学習を導入。きめの細かい指導を行っている。
・土曜日は年間18回程度で4時間授業や土曜講習を実施。

[部活動]
・約80％が参加。各部とも活発に活動している。弓道部には弓道場がある。書道部は国際高校生選抜で毎年多数入選。
＜令和4年度＞
書道部は全国大会に出場した。
＜令和3年度＞
弓道部は関東大会東京都予選で男子団体が準優勝となり、関東大会に出場した。書道部は全国大会に出場した。
★設置部（※は同好会）
剣道、硬式テニス、ソフトテニス、硬式野球、サッカー、水泳、ダンス、卓球、バスケットボール、バドミントン、フットサル、陸上、バレーボール、弓道、演劇、ＥＳＳ、茶道、文芸、写真、書道、社会福祉研究、吹奏楽、天文、美術、漫画研究、料理研究、生物、※ギター、※パソコン

[行　事]
体育祭ではクラスごとに応援団を結成し、ダンスのパフォーマンスを行うなど、たいへん熱心に取り組む。
5月　生徒総会、体育祭、綱引き大会
6月　芸術鑑賞教室
7月　球技大会
8月　部合宿、国際交流
9月　井草祭（文化祭）
11月　修学旅行（2年）
3月　球技大会

[進　路]（令和5年3月）
・進路指導の試みとして「井草夢プロジェクト」を行っている。
・外部講師によるキャリアガイダンスを実施。社会人による講演（「キャリアアップ講座」）や進路ガイダンス、大学説明会、大学受験のノウハウを説明する「受験のＡＢＣ」などを行う。
・大学について知ることで入学後のミスマッチを防ぐ目的で、プレカレッジプログラムとして、大学教授による模擬講義（アカデミック講座）や、成蹊大学の講義に聴講生として参加する高大連携プログラムを実施。
・各種検定や模擬試験による実力養成プログラムや、進路カウンセリング・進路オリエンテーションを通して各自の進路をサポートする。
・長期休業中には進学準備や基礎充実のための講習・補習が全学年で行われ、生徒は積極的に参加している。

★卒業生の進路状況
＜卒業生270名＞
大学220名、短大1名、専門学校9名、就職2名、その他38名

★卒業生の主な合格実績
信州大、埼玉大、東京外国語大、東京芸術大、山梨大、東京農工大、早稲田大、慶應義塾大、上智大、青山学院大、学習院大、学習院女子大、國學院大、駒澤大、芝浦工業大、成蹊大、成城大、専修大、中央大、東京家政大、東京女子大、東京農業大、東京理科大、東洋大、獨協大、日本大、法政大、武蔵大、武蔵野大、明治大、明治学院大、立教大

♣指定校推薦枠のある大学・短大など♣
青山学院大、学習院大、國學院大、女子栄養大、芝浦工業大、成蹊大、成城大、中央大、東京理科大、東洋大、日本大、法政大、武蔵大、立教大　他

[トピックス]
・昭和16年、東京府立第十八高等女学校として中野区鷺宮で開校。18年に現在地に移転。25年に男女共学へ移行。「自主・自由・自律」の精神を古くから尊重している。
・生徒一人ひとりが夢を実現できるよう、きめ細かい指導をする学校。生徒の自主性を尊重し、部活動や行事を通して、人間的に大きく成長するよう見守っている。
・海外学校間交流推進校であり、国際理解教育プロジェクトの一環として、海外修学旅行や海外語学研修（短期）などを実施している。
①2年生全員・海外修学旅行（4日間）。
②希望者・海外語学研修（オーストラリア10日間）。
③1・2年生全員、ESS部、生徒会役員・米国高校生、海外の留学生との交流（3日間）。
④希望者、ホストファミリーの募集（9泊10日間）。
・パソコン教室完備。

[学校見学]（令和5年度実施内容）
★授業公開週間　6・10月各1回
★学校見学会　7・8月各1回（要約）
★学校説明会　10・11月各1回（要予約）
★井草祭　9月　見学可
★生徒会主催学校見学　7月1回（要予約）

受検状況

科名・コース名	募集人員	推薦に基づく入試				第一次募集・分割前期募集			
		募集人員	応募人員	応募倍率	合格人員	募集人員	受検人員	受検倍率	合格人員
普通	277	56	146	2.61	56	221	364	1.65	222

入学者選抜実施方法

推薦

科名・コース名	推薦枠			調査書の活用		満点					備考
	割合(%)	特別推薦の有無	観点別学習状況の評価	評定	調査書点	集団討論個人面接	小論文	作文	実技検査		
普通	20	–	–	○	500	200	300	–			

第一次・分割前期

科名・コース名	分割募集	男女枠緩和	学力検査		調査書		学力検査：調査書	満点					備考
			教科	学校指定による傾斜配点	教科の評定の扱い			学力検査	調査書点	面接	小論文・作文	実技検査	
					学力検査を実施する教科	学力検査を実施しない教科							
普通	–	○	5		1倍	2倍	7:3	700	300	–	–	–	

〈本校の期待する生徒の姿〉

グローバルに活躍する人材を育てる進学校として、次のような生徒の入学を期待します。
1　学習意欲に富み、自らの目標に向けて学業に励むとともに、高い教養を身に付けようとする生徒
2　学校行事や部活動等の特別活動に積極的に参加し、自主・自律の精神を磨こうとする生徒
3　志を高くもち、失敗にくじけず、物事に前向きに取り組む意欲をもつ生徒
4　異文化に興味と関心をもち、国際理解教育に積極的に取り組む意欲をもつ生徒

難易度（偏差値）	B－3（60－58）	併願校選択例	実践学園、淑徳巣鴨、杉並学院、保善、明星学園

都立 大泉桜 高等学校
おお いずみ さくら

https://oizumisakura-h.metro.ed.jp

〒178-0062　練馬区大泉町 3-5-7
☎ 03-3978-1180
交通　西武線大泉学園駅、東武東上線・副都心線・有楽町線和光市駅・大江戸線光が丘駅　バス

普通科

単位制

制　服　あり

[カリキュラム] ◇三学期制◇

・自由選択科目は、**大学進学対応科目群**を中心としつつ、単位制の特長を活かした**美術・デザイン系**、**福祉系**の各専門科目群も設置。
・1年次は必履修科目が中心であるが、自由選択科目は4単位まで履修することができる。
・英語コミュニケーションⅠ・Ⅱ・Ⅲ、数学Ⅰ、数学Aは習熟度別授業を実施し、基礎学力を養う。
・2年次は自由選択科目が10単位となり、各々の進路希望に柔軟に対応していく。
・2年次以降の授業では、主要5教科の**大学進学演習科目**に重点が置かれ、受験を見据えた発展的な内容を集中して学習する一方、多彩な選択科目の設置により、将来を視野に入れた専門的な内容を系統的に学習することもできる。
・卒業には 74 単位以上の修得が必要。

<主な選択科目>

（大学進学対応科目群）
・主要5教科の各科目、および、主要5教科の各演習科目など。
・文系科目から理系科目まで、幅広く設置する。幅広く学ぶことも、集中して学ぶこともできる。
・受験対策中心の少人数演習で実戦力を高める。希望進路にあわせ早くから計画的に取り組むことができる。

（美術科目群）
・美術Ⅰ～Ⅲ、素描Ⅰ～Ⅲ、ビジュアルデザインⅠ～Ⅱ、絵画Ⅰ～Ⅱ、クラフトⅠ～Ⅱ、構成、メディアアートなど多彩な授業を展開し専任の美術科教諭6名がいる。
・絵画、ビジュアルデザインは美大進学を目指す。美術関連以外の進学者も幅広く美術について多く学べるカリキュラムである。

（家庭科目群）
・保育基礎、保育実践、ファッション造形基礎、フードデザイン、服飾手芸など。

（福祉科目群）
・社会福祉基礎、介護福祉基礎、コミュニケーション技術（手話・点字）など。
・人を支える職業に活かせる知識や技術が身につく。介護・保育・看護・教育・リハビリ等へ進学する者が多い。

[部活動]

約7割が参加。令和5年度、**フェンシング部**が関東大会出場。**美術部**が第24回高校生国際美術展多数出展、また「東京都知事賞」受賞。令和4年度、**演劇部**が短編演劇発表会で優秀演技賞を受賞した。また、フェンシング同好会は関東大会（学校対抗フルーレ）に出場した。

★設置部（※は同好会）
サッカー（男女）、ソフトボール（女）、陸上、バスケットボール（男女）、バレーボール（女）、テニス（男女）、バドミントン（男女）、剣道、ダンス、美術、イラスト、演劇、吹奏楽、文芸、パソコン、クッキング、ボランティア、合唱、被服、理科研究、手話、写真、茶道、現代視覚文化研究、アコースティックギター、フェンシング

[行　事]

体育祭・文化祭などのクラス単位の行事を大切にしている。特に、**秋桜祭**は美術作品が多数展示され、美術館のような装いになる。

5月	校外学習
6月	体育祭
7月	芸術鑑賞教室
9月	秋桜祭（文化祭）
1月	百人一首大会
2月	卒業制作展、修学旅行
3月	スポーツ大会

[進　路] （令和5年3月）

・進路を見据えた科目選択により、希望の実現を図っている。美術や福祉では特技や実績を活かし推薦入試で成果を挙げている。一方、受験科目を選択し集中的に学ぶことも可能である。大学進学演習科目は少人数の手厚い指導体制である。近年、一般入試での合格が急増している。
・3年間を見通したキャリア教育計画の下、1・2年次に必修科目「キャリアガイダンス」を設定し、自己理解、職業理解、勤労観育成等のキャリア開発を行っている。主体的な学びを重視し、ワークショップや上級学校見学等が効果的に行われる。授業を通して進路を考える上で重要な情報（大学・短大・専門学校の違い、入試制度の特徴、進学費用等）を得る。
・科目選択に関しては、年2回の**科目選択**

説明会と面談週間が設けられ、個々の興味や目標に合った選択ができるよう支援が行われる。

★卒業生の進路状況
　＜卒業生180名＞
　大学94名、短大14名、専門学校54名、就職6名、その他12名

★卒業生の主な進学先
　東京藝術大、武蔵野美術大、多摩美術大、日本大、東京造形大、女子美術大、東京工芸大、東京家政大、目白大、西武文理大、東京国際大、東京福祉大、亜細亜大、駿河台大、跡見学園女子大、大正大、東京農業大、東洋大、武蔵大、和光大

[トピックス]

・平成17年4月に開校した**全日制普通科の単位制高校**。単位制のメリットを最大限にいかし、大学進学を中心とした「**進路実現**」を目指す。2年次から大幅に自由選択科目が導入されるため、早い段階から進路対策に取り組める。
・入学年次を基本として**ホームルーム活動**を積極的に展開すると共に、部活動や特別活動、学校行事などの活動も積極的に奨励する。全教職員が生活指導にあたり、落ち着いた学習環境を保障する。
・毎年2月に行われる**卒業制作展**や地域の福祉施設などで行う**人間と社会体験活動**など、地域との交流を積極的に実施している。
・通常の設備に加え、開講科目にあわせて、**ゼミ室、多目的講義室、工芸室、デザイン室、福祉講義室、福祉実習室**などを設置。
・様々な個性を尊重し思いやりにあふれる生徒ばかり。多くの生徒が「桜高が好きだ」と口にする。

[学校見学] （令和5年度実施内容）

★学校説明会　10・11月計3回
★個別相談会　12・1月各1回
★学校見学会　7月1回　8月2回
★授業公開　5・11月各1回
★秋桜祭　9月　見学可
★美術特別推薦説明会　12月

入試！インフォメーション

※本欄の内容はすべて令和6年度入試のものです。

受検状況

科名・コース名	募集人員	推薦に基づく入試				第一次募集・分割前期募集			
		募集人員	応募人員	応募倍率	合格人員	募集人員	受検人員	受検倍率	合格人員
普通	196	40	149	3.73	40	156	167	1.07	158

入学者選抜実施方法

	科名・コース名	推薦枠		調査書の活用		満点					備考
		割合(%)	特別推薦の有無	観点別学習状況の評価	評定	調査書点	集団討論・個人面接	小論文	作文	実技検査	
推薦	普通	20	○	–	○	400	300*	–	200	–	＊個人面接の一部で「自己PR」を行う。

	科名・コース名	分割募集	男女枠緩和	学力検査		調査書		学力検査：調査書	満点					備考
				教科	学校指定による傾斜配点	教科の評定の扱い			学力検査	調査書点	面接	小論文・作文	実技検査	
						学力検査を実施する教科	学力検査を実施しない教科							
第一次・分割前期	普通	–		5	–	1倍	2倍	7：3	700	300	–	–	–	

〈本校の期待する生徒の姿〉

　本校は、普通科単位制の制度を活用した教育課程の下、基礎・基本の学力の上に得意分野を十分に伸ばし、進路実現ができる学校、特別活動等を通じて健全育成を図り、地域社会から信頼される学校を目指しています。したがって、以下の1から5までのような生徒を望んでいます。
1　本校の特色をよく理解し、将来の目標をもっている生徒
2　美術・デザイン系、福祉・看護系、又は一般の文系・理系の大学などへの進学を希望するなど、将来への目標が明確な生徒
3　入学後も学習活動をはじめとする高校生活に積極的かつ継続的に取り組み、本校の発展に寄与することができる生徒
4　本校の校則をきちんと守り、規律ある学校生活を送ることができる生徒
5　豊かな感性と思いやりの心、責任感や規範意識をもって地域社会に貢献できる生徒
※　特に推薦選抜においては、上記の1から5までに該当し、熱心に学業に取り組む生徒が望ましい。
※　「文化・スポーツ等特別推薦」を実施する美術においては、上記2に該当し四年制美術系大学への進学を希望する生徒が望ましい。

難易度（偏差値）	D－3（46－43）	併願校選択例	品川翔英、トキワ松学園、豊島学院、日本学園、日本体育大荏原

都立 石神井（しゃくじい）高等学校

https://shakujii-h.sakura.ne.jp

☎ 177-0051　練馬区関町北4-32-48
☎ 03-3929-0831
交通　西武線武蔵関駅　徒歩7分
　　　ＪＲ中央線三鷹駅・吉祥寺駅・荻窪駅・西武線・大泉学園駅　バス

普通科

制服　あり

[カリキュラム] ◇三学期制◇

・1年次は基礎学力の充実を図り、芸術科目を除き全員同じ科目を履修。
・2年次で**文系**、**理系**に分かれ、志望にそった授業を選択履修。
・3年次では必修科目を最小限にし、各自の**進路志望**にそった**時間割**で学習する。
・1・2年次の数学、英語などの授業を**少人数**で実施。きめ細かい指導を行っている。
・学力の向上を図り、**難関大学進学**への支援体制に力を入れている。
・放課後などを利用して、様々な**補習**を実施。**夏期講習**も前後各5日、60講座以上から選択可能。
・年間18回の**土曜授業**を実施。
・**特進クラス**を設置。国公立大・難関私立大に一般受検で合格を目指す。内容を改善し充実したハイレベルな授業を行う。
・日々の学習を通して学力定着を図るため、**自主学習の習慣化**を推進。
・生徒間の切磋琢磨による学力向上を目指し、各試験では**成績上位者を公表**している。
・自習室を2つ設置し、放課後多くの生徒が勉強できるスペースが整っている。

[部活動]

・約9割が参加。運動部は都大会で上位に進出する部が多く、「スポーツの石神井」といわれている。文化系の活動も盛んである。平成26・27年度**オリンピック・パラリンピック教育推進指定校**に選ばれている。
・最近の主な実績は以下のとおり。
＜令和4年度＞
サッカー部はU-18サッカーリーグ2022東京T3Bブロックで優勝し、T2昇格。
★設置部（※は同好会）
剣道、男女硬式テニス、硬式野球、サッカー、水泳、ソフトボール、陸上競技、柔道、男女バスケットボール、バドミントン、女子バレーボール、男女ハンドボール、ラグビー、ダンス、演劇、軽音楽、茶道、写真、吹奏楽、ファッション、美術、漫画研究、生物、物理化学、英語、※料理、※福祉、※デジタルクリエイト、※ジャズ

[行事]

体育祭は最も盛り上がる行事であり、これまでにＮＨＫから3度も取材を受けている。全生徒が応援団・マスゲーム・マスコットのどれかに参加し、観客も3千名を超す人気の行事である。
4月or5月　校外学習
5月or6月　体育祭
9月　文化祭
11月　芸術鑑賞教室
12月　国内語学研修、修学旅行

[進路]（令和5年3月）

・進学は一般受験でのチャレンジを推奨。「文武二道の両立」を通して、難関大学を推薦に頼らず、**一般・共通テスト入試で合格すること**を目指している。
・各生徒の個性や能力に応じた希望進路の実現に向け、**1年：自己理解→2年：進路決定→3年：進路実現**、といった体系的な進路指導を展開。
・「進路のしおり」や「進路ニュース」の発行により進路情報を提供。また、コンピュータを使用して、内外の資料を徹底的に管理・活用している。
・**模擬試験**を計画的に実施。進路説明会や進路懇談会なども行っている。
★卒業生の主な進学先
埼玉大、東京学芸大、宇都宮大、茨城大、青山学院大、学習院大、慶應義塾大、國學院大、駒澤大、上智大、成蹊大、成城大、専修大、中央大、東洋大、日本大、法政大、武蔵大、明治大、明治学院大、立教大、早稲田大
♣指定校推薦枠のある大学・短大など♣
学習院大、國學院大、芝浦工業大、女子栄養大、成蹊大、成城大、中央大、東京理科大、東京都市大、武蔵大、立教大　他

[トピックス]

・昭和15年、東京府立第十四中学校として創立され、25年東京都立石神井高等学校と改称。平成22年に都の**重点支援校**となった。
・様々な学校行事・クラブ活動などが生徒自身により企画・運営されている。**自主・自立**の精神を重んじ、明るく活発な校風である。
・**「チーム石神井」で文武二道の両立を！**をスローガンに学力の向上、人間力の向上を目指し、グローバルな社会人力の醸成に力を入れている。
・**約1万坪**の広い校地に深い緑が茂り、恵まれた自然環境のなかにある。
・平成19年に新校舎の建設と体育棟の改修が完了した。20年にはグラウンドとテニスコートを改修。29年には体育施設に人工芝を一部設置。また、ハンドボールコートも一面人工芝に改修。30年には特別教室にも全て冷暖房を完備。最新型語学教室（CALL教室）や350名収容の視聴覚ホール、さらには3万9千冊蔵書の図書館など、最新の教育設備で学習することができる。
・平成25年度入学生より、それまでの**標準服を制服として着用**。あわせて、頭髪の染色・脱色を禁止している。
・令和4年度は、**進学指導研究校、海外学校間交流推進校、国際交流リーディング校、スポーツ特別強化校**に指定された。
・文化・スポーツ等特別推薦を英語、サッカー、男子バスケットボール、ラグビーで実施。

[学校見学]（令和5年度実施内容）
★学校見学会　7月2回、8月3回
★学校説明会　10・11・12月各1回
★授業公開　6・11月各1回
★体育祭　5月or6月
★文化祭　9月

受検状況

科名・コース名	募集人員	推薦に基づく入試				第一次募集・分割前期募集			
		募集人員	応募人員	応募倍率	合格人員	募集人員	受検人員	受検倍率	合格人員
普通	276	56	183	3.27	56	220	333	1.51	224

入学者選抜実施方法

	科名・コース名	推薦枠		調査書の活用		満点					備考
		割合(%)	特別推薦の有無	観点別学習状況の評価	評定	調査書点	集団討論・個人面接	小論文	作文	実技検査	
推薦	普通	20	○		○	400	200	–	200		

	科名・コース名	分割募集	男女枠緩和	学力検査		調査書		学力検査：調査書	満点					備考
				教科	学校指定による傾斜配点	教科の評定の扱い			学力検査	調査書点	面接	小論文・作文	実技検査	
						学力検査を実施する教科	学力検査を実施しない教科							
第一次・分割前期	普通	–	○	5		1倍	2倍	7：3	700	300	–	–	–	

〈本校の期待する生徒の姿〉

　本校は広い敷地と静かで落ち着いた学習環境の下、「文武二道の両立」を実践する伝統校です。学業では日常の学習と充実した補習・補講で学習を深め、四年制大学を中心とした進路希望を実現しています。また、部活動にはほぼ全員が加入し、高い目標をもって日々活動しています。「文武二道の両立」を実践する本校の特色に合った以下の生徒の入学を強く希望します。

1　日常の授業に主体的・積極的に取り組むとともに、地道に粘り強く努力し、自ら学力を向上させようとする意志が強い生徒。また、本校での学びを深めることで、四年制大学進学等の進路実現を目指す生徒

2　中学校の各教科や総合的な学習の時間を含めた学習活動全般において意欲的に取り組み、十分に習得、理解している生徒

3　体育祭・文化祭等の学校行事や部活動等に積極的に参加し、前向きに取り組むことができる生徒

※　特に推薦選抜においては、学業成績のほか、(1)英検、数検、漢検等で上位級取得に積極的な生徒、(2)部活動での部長・キャプテンの経験や都大会出場等と同等の能力がある生徒、(3)生徒会長、各種委員会委員長等を経験している生徒、(4)ボランティア等校外の活動で実績がある生徒が望ましい。なお、「文化・スポーツ等特別推薦」を男子3種目、女子3種目実施します。

難易度（偏差値）	C-1（57-55）	併願校選択例	杉並学院、大成、東亜学園、日本大鶴ケ丘、目白研心

次のページもご覧ください ▶▶▶

ビジネス科

都立 第四商業 高等学校
（だいよんしょうぎょう）

https://www.metro.ed.jp/daiyonsyogyo-h/

☎ 176-0021　練馬区貫井 3-45-19
☎ 03-3990-4221
交通　西武池袋線富士見台駅　徒歩8分

制 服	あり

[カリキュラム]　◇三学期制◇

・平成30年度より、商業科と情報処理科が学科統合しビジネス科となった。
・1年次は全員同じ科目を履修し、2年次より、多様な選択科目から一人ひとりの興味・関心、進路希望にあう科目を選択する。
・1年次の専門科目は、**ビジネス基礎・簿記・情報処理**。
・2・3年次における選択科目として、ビジネス・コミュニケーション、マーケティング、観光ビジネス、財務会計、ソフトウェア活用、プログラミング、ビジュアルデザイン、オフィス文書、ビジネス計算等がある。
・商業科目や英語では**習熟度別授業**および**少人数制授業**を展開している。
・検定については、簿記（日商・全商）、情報処理（ITパスポート、全商ビジネス情報・ビジネス文書）、秘書、販売士、英語などの**資格**が在学中に取得できる。
・専門科目（簿記・マーケティング等）を幅広く学ぶことにより、社会で役に立つ高い専門性と教養を身につける。
・Word、Excelだけでなく、様々なソフトウェアを使い、動画編集やデザインなど、**高度なパソコン技術**が習得できるカリキュラムになっている。
・都立有数の恵まれた設備で実習ができる。

[部活動]

・約7割が参加。近年の実績として、令和4年度は**アーチェリー部**が関東選抜大会に出場した。東京都国体強化選手に選ばれた。全国高等学校アーチェリー選抜大会東京都予選で優勝、第4位になり、全国大会に出場。また、**女子ソフトボール部**が平成26年度のインターハイ予選でベスト16となった。その他では、**硬式野球部**が夏季大会ベスト32の実績をもつ。**テニス部、バレーボール部（男女）、バスケットボール部（男女）、サッカー部、バドミントン部**などの運動部も各大会に積極的に参加し優秀な成績をおさめている。また、文化部では、**吹奏楽部**がコンクールに出場し、**簿記部やワープロ部**も大会に出場している。**演劇部**は東京都演劇連盟コンクールでベスト7に入り優良賞を受賞した。
・**硬式野球部、女子バレーボール部、女子バスケットボール部**では、文化・スポーツ等特別推薦を実施している。

★設置部（※は同好会）

硬式野球、バドミントン、バスケットボール（男女）、アーチェリー、水泳、バレーボール（男女）、ソフトボール（女）、卓球、剣道、テニス、サッカー、フォークソング、吹奏楽、料理、茶道、アニメーション、ワープロ、簿記、演劇、園芸、珠算、放送、生物、パソコン、写真、※囲碁、※英語、※書道、フラ

[行　事]

4月	遠足（1・2年）
5月	体育祭
9月	修学旅行（2年）、防災訓練（1年）
10月	四商祭（文化祭）
2月	マラソン大会（1・2年）
3月	予餞会、球技大会

[進　路]（令和5年3月）

・1、2年次に**大学・短大教養セミナー**を実施。各分野の専門家による講義を体験する。
・3年次に行う**卒業生を囲む会**では、進学先や就職先での実体験を聞いたりアドバイスを受けたりする。
・就職希望者には**面接指導**を行う。また、進学希望者には**小論文セミナー**を行う。

★卒業生の進路状況

大学26%、短大2%、専門学校30%、就職37%、その他5%

★卒業生の主な進学先

亜細亜大、嘉悦大、駒澤大、淑徳大、城西国際大、城西大、駿河台大、専修大、高千穂大、拓殖大、多摩大、東京国際大、東京福祉大、文京学院大、東洋大、日本大、明星大

[トピックス]

・昭和15年創立。80余年の歴史に育まれた伝統があり、夢を実現させるための設備や指導者がそろっている。
・最新機種の**パソコン**が200台以上設置されており、都内No.1のパソコン環境の中、充実した授業が行われている。また、広大なグラウンドや全天候型のテニスコート、アーチェリー場がある。
・「マナーの四商、資格の四商、ビジネス社会で活躍できる社会人基礎力の養成」をモットーとし、〝ビジネス社会で通用する人づくり〟を目標としている。
・令和5年度入学生より、制服が新しくなった。

[学校見学]（令和5年度実施内容）

★学校説明会　10・12・1月各1回
★四商祭　10月　見学可
★学校見学会　7月1回、8月3回
★体験授業　10月1回、11月2回

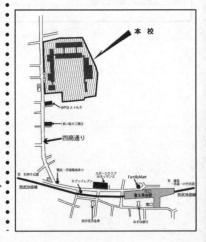

受検状況

科名・コース名	募集人員	推薦に基づく入試				第一次募集・分割前期募集			
		募集人員	応募人員	応募倍率	合格人員	募集人員	受検人員	受検倍率	合格人員
ビジネス	175	70	87	1.24	70	105	88	0.84	88

入学者選抜実施方法

推薦

科名・コース名	推薦枠		調査書の活用		満点					備考
	割合(%)	特別推薦の有無	観点別学習状況の評価	評定	調査書点	集団討論個人面接	小論文	作文	実技検査	
ビジネス	40	○	–	○	500	250	–	250		

第一次・分割前期

科名・コース名	分割募集	男女枠緩和	学力検査		調査書		学力検査	調査書	満点					備考
			教科	学校指定による傾斜配点	教科の評定の扱い				学力検査	調査書点	面接	小論文・作文	実技検査	
					学力検査を実施する教科	学力検査を実施しない教科								
ビジネス	–		5	–	1倍	2倍	7:3		700	300	–	–	–	

〈本校の期待する生徒の姿〉

　本校は、83年の歴史に育まれた伝統があり、ビジネス社会で活躍できる基礎力を学びます。部活動や体育祭・文化祭等の学校行事も盛んに行われています。本校では次のような生徒を期待します。
1　ビジネス科を志望する目的意識が明確であり、ビジネスに興味・関心があり、将来働く基礎を学びたい生徒
2　就職・進学に向けて強い意志をもち、目標に向けて学力の向上と資格取得に努力できる生徒
3　勉強の予習・復習を行うなど、基本的な生活習慣と学習習慣が確立しており、入学後も継続して社会に適応できるマナーを身に付け、積極的に地域に出て活動できる生徒
4　中学校3年間の学習活動に意欲的に取り組み、生徒会活動・部活動等の特別活動に積極的に参加した生徒
5　本校入学後も部活動や生徒会活動等に積極的に参加し、3年間継続して部活動と学業を両立する意志のある生徒
※　特に推薦選抜においては上記1から3を満たし、4又は5に該当する生徒が望ましい。また、「文化・スポーツ等特別推薦」を、硬式野球、女子バスケットボールについて実施する。

難易度（偏差値）　E－1（42－38）

次のページもご覧ください ▶▶▶

都立 田柄（たがら）高等学校

https://www.metro.ed.jp/tagara-h/

☎ 179-0072　練馬区光が丘2-3-1
☎ 03-3977-2555
交通　都営地下鉄線光が丘駅　徒歩13分
　　　東京メトロ営団赤塚駅、東武線下赤塚駅　徒歩18分

普通科

制　服　あり

[カリキュラム]　◇三学期制◇

・全授業の7割以上を**習熟度別・少人数編成**で実施。
・2年次より、適性や進路に応じて**文系と理系**に分かれる。選択科目には、**古典演習、数学B、フランス語、情報Ⅱ**などがある。
・3年次には、3科目6単位の選択科目制を取り入れている。
・3学年全員が「**日本の伝統・文化**」で市民講師の専門指導を受ける。和太鼓・津軽三味線・茶道・合気道・空手・将棋・陶芸およびアニメーション・囲碁・琴曲の10講座開設
・**英語検定・漢字検定・TOEIC**受検を奨励し、希望生徒全員に勉強会を実施。
・都教育委員会・外部機関と連携し、3年間徹底したキャリア教育を実施。
・大学進学希望者を対象に土曜講習を実施。

[部活動]

　全校生徒の約6割が参加。**陸上競技部**は都大会参加。**ボランティア部**は様々なイベントや清掃活動等に参加。**ダンス部**は地域イベントなどでも活躍。また、**水泳部**は練馬区民体育大会で上位入賞。
・最近の実績は以下のとおり。
＜令和4年度＞
　演劇部が都大会で全国高等学校演劇協議会長賞、審査員特別賞、東京都教育委員会賞を受賞し、関東大会で優秀賞、創作脚本賞を受賞した。**陸上競技部**が、都新人大会で女子砲丸投げ6位入賞。
★**設置部**（※は同好会）
　バレーボール、バスケットボール（男女）、バドミントン、サッカー、陸上競技、硬式野球、硬式テニス（男女）、水泳、ダンス、茶道、華道、吹奏楽、美術、演劇、家庭科、マンガ・アニメ、ボランティア、Vocal、※ソフトテニス、※女子サッカー、※科学、※文芸、※ゲームプログラミング、TESS、※百人一首、和太鼓、※科学研究

[行　事]

5月　遠足
6月　体育祭
7月　留学生交流会
9月　飛翔祭（文化祭）
11月　修学旅行（2年）
12月　伝統・文化発表会
1月　百人一首大会
2月　ロードレース大会

[進　路]　（令和5年3月）

・1学年から3学年まで、都教育委員会や外部機関と連携した、徹底した**キャリア教育（進路教育）**を実施。
・1学年（キャリアデザインⅠ）「総合的な探求」の時間で人間づくり。
・2学年（キャリアデザインⅡ）「人間と社会」コミュニケーション能力と自ら考え行動できる力を身につける。
・3学年（キャリアデザインⅢ）進路実現へ向けた指導を実施。

★**卒業生の進路状況**
　＜卒業生155名＞
　大学40名、短大16名、専門学校44名、就職24名、その他31名

★**卒業生の主な進路先**
　嘉悦大、東洋大、二松學舍大、桜美林大、順天堂大、帝京大、法政大、立教大、早稲田大

♣**指定校推薦枠のある大学・短大など**♣
　工学院大、恵泉女子大、跡見学園女子大、国士舘大、駒沢女子大、玉川大、帝京大、二松學舍大、拓殖大、桜美林大、東洋大、白梅学園大　他

[トピックス]

・昭和55年創立。
・平成20年度より「**普通科**」と「**外国文化コース**」に改編。
・東京都教育委員会より、**スキルアップ推進校**、**学力向上研究校**に指定されている。
・**TAGARA**から世界へ！
　TAGARAから未来へ！
　「Step forward!」（前を向こう）
　「Look up!」（上を目指そう）
　「Think globally!」（視野を広げよう）

・令和4年度より外国文化コースの募集を停止。これまでの外国文化コースの特徴を生かした新しい普通科高校となった。

[学校見学]　（令和5年度実施内容）

★学校見学会　7・8月各1回
★学校説明会　10・11・12月計3回
★授業公開　10月1回
★個別相談会　1月1回
★飛翔祭　9月

入試!インフォメーション

※本欄の内容はすべて令和6年度入試のものです。

受検状況

科名・コース名	募集人員	推薦に基づく入試				第一次募集・分割前期募集				分割後期募集・第二次募集		
		募集人員	応募人員	応募倍率	合格人員	募集人員	受検人員	受検倍率	合格人員	募集人員	受検人員	合格人員
普通	158	35	24	0.69	24	134	110	0.82	110	44	44	44

入学者選抜実施方法

推薦

科名・コース名	推薦枠		調査書の活用		満点					備考
	割合(%)	特別推薦の有無	観点別学習状況の評価	評定	調査書点	集団討論個人面接	小論文	作文	実技検査	
普通	20	−	−	○	500	300	−	200	−	

	科名・コース名	分割募集	男女枠緩和	学力検査		調査書		学力検査	調査書	満点					備考
				教科	学校指定による傾斜配点	教科の評定の扱い				学力検査	調査書点	面接	小論文・作文	実技検査	
						学力検査を実施する教科	学力検査を実施しない教科								
第一次・分割前期	普通	○	○	5		1倍	2倍	7:3		700	300	−	−	−	
分割後期・第二次	普通	○		3		1倍	2倍	6:4		600	400	−	−	−	

〈本校の期待する生徒の姿〉

　本校では、生徒一人一人の関心、適性、能力に合うよう、習熟度別・少人数授業を数多く取り入れ、きめ細かい授業を展開しています。また、地域に根ざす学校として社会に貢献できる生徒の育成を目指すとともに、国際理解教育を推進しています。

このような特色のある本校で、以下のことをよく理解している生徒の入学を期待します。
1　規則を遵守し、自発的・主体的に考え行動できる生徒
2　学習に真剣に取り組み、自らの進路を切り開いていこうとする生徒
3　学校行事、委員会活動、部活動、ボランティア活動等に積極的に取り組む生徒
4　国際交流や日本の伝統・文化の授業に積極的に取り組む生徒
※　特に推薦選抜においては、上記1から4までの全てに該当する生徒が望ましい。

難易度（偏差値）	普通（一般）・外国文化コース　E−1（42−38）

併願校選択例	普通（一般）：安部学院、大東学園、新渡戸文化、豊南、堀越

次のページもご覧ください ▶▶▶

都立 練馬 高等学校
ねりま

https://www.metro.ed.jp/nerima-h/

〒179-0074　練馬区春日町4-28-25
☎ 03-3990-8643
交通　都営地下鉄練馬春日町駅　徒歩12分
　　　東京メトロ平和台駅　徒歩17分

普通科

制　服	あり

[カリキュラム] ◇三学期制◇

・1・2年次は全員共通科目を履修し、全教科をバランスよく学び、基礎となる学力を身につける。各自の到達度に応じた指導を行うべく、数学・英語では少人数授業や習熟度別授業を実施。

・3年次は各自必要な科目を選択し、進路の希望実現を図る。そのため、多様な進路が実現できるよう、選択科目が充実している。

・英語検定、漢字検定、数学検定、硬筆書写技能検定、ICTプロフィシエンシー検定などの受検を奨励し、放課後などに対策講座を行っている。夏期講習は、部活動とのすみわけを行い、学力定着のための指導も行っている。

[部活動]

・全員参加制（1年生）。
・最近の主な実績は以下のとおり。
＜平成31〜令和5年度＞
硬式野球部は夏季甲子園西東京大会ベスト16。ソフトテニス部は関東大会出場。男子バスケットボール部は練馬区民大会優勝。軽音楽部は全国大会出場。ボランティア部は東京都教育委員会児童・生徒表彰。

★設置部（※は同好会）
弓道、剣道、硬式テニス、バスケットボール、バレーボール(女)、サッカー、水泳、卓球、バドミントン、硬式野球、陸上、ダンス、ソフトテニス、柔道、演劇、軽音楽、茶道、

天文学、美術、吹奏楽、イラストレーション、メーキング、ボランティア、※文芸、※写真

[行　事]

体育祭は体育祭実行委員会の他に、有志実行委員により競技内容を決める。文化祭は、文化祭実行委員が中心となりテーマ等を決める。年々、2大祭りは活性化しつつあり、生徒も多くの場面で活躍している。

6月	体育祭
7月	芸術鑑賞教室
9月	銀杏祭（文化祭）
11月	修学旅行（2年）
12月	映画鑑賞教室
3月	球技大会

[進　路]（令和5年3月）

・1・2年次に各週1時間、3年次に週2時間、系統的な進路指導の総合計画「夢・人プラン」を推進。2年次3学期を、3年0学期と位置づけ、立ち上げガイダンスを行い、本格的な進路指導を行う。進学のみならず、看護・就職・公務員指導会も実施し、希望進路への実現を目指す指導を行っている。

・進路指導室には担当教員が常駐し、資料提供、相談などに応じている。

★卒業生の進路状況
＜卒業生261名＞
大学99名、短大8名、専門学校102名、就職29名、その他23名

★卒業生の主な進学先
亜細亜大、国士舘大、こども教育宝仙大、実践女子大、淑徳大、城西大、駿河台大、大東文化大、高千穂大、拓殖大、玉川大、帝京大、帝京平成大、東京国際大、東京成徳大、東洋大、日本大、文京学院大、明星大、目白大、立正大

♣指定校推薦枠のある大学・短大など♣
亜細亜大、国士舘大、実践女子大、城西大、尚美学園大、大東文化大、拓殖大、玉川大、東京女子体育大、日本大、明星大、目白大、東京国際大、和光大、淑徳大、東京電機大、

工学院大、東京農業大、東京家政大他

[トピックス]

・昭和38年に設立。グラウンド・体育館・テニスコートを地域の人々に開放するなどして積極的に地域と関わり、地域に愛される学校づくりを目指している。

・身だしなみの指導など、きめ細かな生活指導を実施。頭髪の加工や装飾品の装着は禁止されている。

・20cmの屈折を有する都立校随一の天文台がある。

・男子バスケットボール、硬式野球、女子バスケットボール、女子バレーボールで文化・スポーツ等特別推薦を実施（令和4年度）。

・平成25〜27年度、東京都重点支援校に指定された。

・東京都部活動推進指定校（平成26・27年度）。

・情報モラル推進校（平成30・31年度）。

・株式会社リクルートの学習コンテンツ「スタディサプリ」を全学年で導入。

・令和5年度から株式会社リクルートが提供する国数英の到達度テスト範囲をまとめた冊子「Basement」を導入（春季休業日・夏季休業日の課題）。

[学校見学]（令和5年度実施内容）

★学校見学会　7月1回
★学校説明会　10・11・12月各1回
★個別相談会　1月1回
★銀杏祭　9月（今年度は2日目のみ一般公開）
★授業公開　6・11月各1回

入試!インフォメーション

※本欄の内容はすべて令和6年度入試のものです。

受検状況

科名・コース名	募集人員	推薦に基づく入試				第一次募集・分割前期募集			
		募集人員	応募人員	応募倍率	合格人員	募集人員	受検人員	受検倍率	合格人員
普通	237	48	142	2.96	48	189	249	1.32	192

入学者選抜実施方法

推薦

科名・コース名	推薦枠		調査書の活用		満点					備考
	割合(%)	特別推薦の有無	観点別学習状況の評価	評定	調査書点	集団討論・個人面接	小論文	作文	実技検査	
普通	20	○	–	○	450	360	–	90	–	

第一次・分割前期

科名・コース名	分割募集	男女枠緩和	学力検査		調査書		学力検査:調査書	満点					備考
			教科	学校指定による傾斜配点	教科の評定の扱い 学力検査を実施する教科	学力検査を実施しない教科		学力検査	調査書点	面接	小論文・作文	実技検査	
普通	–	○	5		1倍	2倍	7:3	700	300	–	–	–	

〈本校の期待する生徒の姿〉

　練馬高校は「文武両道の中堅校」として、「立志」「自律」「飛躍」を校訓に掲げ、大学進学等生徒の進路希望を実現し、「分かる授業」を実施し生徒の確かな学力を向上させ、学校行事や部活動の振興を通して生徒の心身を鍛え、地域の伝統校として信頼される学校づくりを目指しています。
　練馬高校の期待する生徒像は、次のとおりです。
1　学習活動に興味・関心をもち、大学進学等進路実現に向けて前向きに取り組む生徒
2　集団生活におけるマナーやルールを守り、友人や教職員とのよい人間関係が築ける生徒
3　部活動、委員会活動、学校行事等において、自主性をもって熱心に活動することができる生徒
※　特に推薦選抜においては、上記1から3までの全てについて日常的に取り組んでいる生徒が望ましい。
※　「文化・スポーツ等特別推薦」を、硬式野球、男子バスケットボール、女子バスケットボール、女子バレーボールについて実施する。入学後も本校で当該部活動を3年間継続できること、かつ上記1から3までを踏まえていることが望ましい。

難易度（偏差値）	D-3（46-43）	併願校選択例	品川エトワール女子、大東学園、豊島学院、堀越、武蔵野

次のページもご覧ください ▶▶▶

キャリア技術科

都立 練馬工科（ねりまこうか）高等学校

https://www.metro.ed.jp/nerimakoka-h/

〒179-8909　練馬区早宮2-9-18
☎ 03-3932-9251
交通　東京メトロ平和台駅　徒歩5分
　　　都営地下鉄練馬春日町駅　徒歩15分
　　　西武線豊島園駅　徒歩20分
　　　西武線練馬駅　徒歩25分

エンカレッジスクール

制　服　あり

[カリキュラム]　◇三学期制◇

・レポートや作品などの提出物、授業態度や小テストなどの**日常の取り組み**、学期末の確認テストを評価の対象とする。
・体験学習講座や選択科目を豊富に用意。
・**朝学習**を実施。
・**資格取得**を積極的に支援しており、在学中に計算技術検定（3・4級）、情報技術検定（3級）、日本語ワープロ検定（3・4級）、基礎製図検定、機械製図検定、ガス溶接技能講習、情報処理技能検定（2・3級）、第二種電気工事士、危険物取扱者（乙種4類）、色彩検定（3級）、レタリング技能検定（3級）、パソコン検定試験（4級）などが取得できる。
・1年次の国語、数学、英語では、集中して学べる**30分授業**を実施。
・1～2年次は全員が共通の科目を受講し、工業分野の基礎を幅広く体験的に学ぶ。
・1年次の「**体験Ⅰ**」では、福祉介護体験、アニメーション制作体験、農業体験など12の講座の中から選択して学習する。2年次の「**体験Ⅱ**」で情報処理技能検定、パソコン検定、色彩検定などの資格取得を目指す。
・3年次には、以下の**5つの系**から希望進路や適性に応じて一つを選び、より専門性の高い内容を体験的に学習する。

★機械加工技術系
機械加工に関する基礎的な知識や技術を体験的に学習する。

★オートメカニック技術系
自動車に関する基礎的な知識や技術を体験的に学習する。

★電気設備技術系
電気・空調・水道などの設備に関する基礎的な知識や技術を体験的に学習する。

★電子コンピュータ技術系
コンピュータに関する基礎的な知識や技術を体験的に学習する。

★デザイン工芸技術系
平面デザインやパソコンによる編集、家具デザインやインテリアデザインに関する基礎的な知識や技術を、体験的に学習する。

[部活動]

約3割が参加。令和4年度は、e-sports同好会がぷよぷよeスポーツの全国大会に出場した。**自転車部**が自転車ロードレース第2回わたらせクリテリウムで第1位、第2位を獲得、第3回わたらせクリテリウムで第6位を獲得した。

★設置部（※は同好会）
硬式野球、硬式テニス、バレーボール、バドミントン、男子バスケットボール、サッカー、サイクリング、陸上競技、剣道、柔道、卓球、ハイキング、水泳、ダンス、トレーニング、写真、パソコン、自動車、読書、無線、園芸、美術、軽音楽、吹奏楽、鉄道研究、電子機械工作、ユースボランティア、e-sports、※総合格闘技

[行　事]

5月	校外学習（1・2年）、修学旅行（3年）
6月	体育祭
9月	けやき祭（文化祭）
11月	インターンシップ（1・2年）
2月	徒歩大会

[進　路]（令和5年3月）

・1年次より週1時間、「**キャリアガイダンス**」の授業で生徒一人ひとりが自分の興味や適性を知り、進路について考える。さらに、1・2年次には全員参加の**インターンシップ**（就業体験：3日間）を実施するなど、各生徒の進路希望を実現させるため、きめ細かい指導をしている。
・各学年で「**進路ガイダンス**」を実施。業界別の講話・体験や、進路情報等を幅広く知り、進路意識を高めることをねらいとしている。
・就職希望者には、夏休みにSPI講習を実施。その他、ビジネスマナー講座、**模擬面接**などを組織的に行っている。

★卒業生の進路状況

＜卒業生134名＞
大学9名、短大1名、専門学校43名、就職73名、その他8名

★卒業生の主な進学先
淑徳大、日本映画大、日本文化大、浦和大、東京電機大、東洋学園大、目白大、国学院大、東京交通短期大

[トピックス]

・平成18年度より、都立の**工業高校**のエンカレッジスクールとして改編。同時に、従来の機械科、電子機械科、電気科は廃止され、**キャリア技術科**1科となった。
・**2人担任制**で、教育相談や進路指導などにおいて、きめ細かな指導を受けることができる。（1年生）
・「練馬ピーポーズ練馬工業高校」として、防犯ボランティアに登録し、練馬まつりや消防庁出初め式などの**地域活動へ活発に参加**している。
・平成28年度秋にすべての施設が完成し、行事、学習活動がスタートしている。最新設備を備え、ガラスをふんだんに使った明るい教室が特徴。
・カリキュラムマネジメント推進校、ゆめナビプロジェクト研究校、国際交流リーディング校。

[学校見学]（令和5年度実施内容）

★授業公開週間　6・10月
★学校見学会　7～8月
★学校説明会　10月2回　11・12月各1回
★体験入学　10月2回
★けやき祭　10月　見学可（予約制）

受検状況

科名・コース名	募集人員	推薦に基づく入試				第一次募集・分割前期募集			
		募集人員	応募人員	応募倍率	合格人員	募集人員	受検人員	受検倍率	合格人員
キャリア技術	158	70	121	1.73	70	88	113	1.28	88

入学者選抜実施方法

推薦

科名・コース名	推薦枠		調査書の活用		満点					備考
	割合(%)	特別推薦の有無	観点別学習状況の評価	評定	調査書点	集団討論・個人面接	小論文	作文	実技検査	
キャリア技術	40	–	○	–	400	350*	–	–	250	＊個人面接のみ行う。面接の一部で「パーソナルプレゼンテーション」を行う。

観点別学習状況の評価の活用方法

科名・コース名	教科名観点	国語			社会			数学			理科			音楽			美術			保健体育			技術・家庭			外国語(英語)			観点別学習状況の評価の得点の満点	重視している教科や観点
		I	II	III	I	II	III	I	II	III	I	II	III	I	II	III	I	II	III	I	II	III	I	II	III	I	II	III		
キャリア技術	A	7	7	10	7	7	10	7	7	10	7	7	10	7	7	10	10	10	10	7	7	10	10	10	10	7	7	10	228	教科(美術・技家) 全教科の観点III (国・社・数・理・音・保体・外)
	B	5	5	7	5	5	7	5	5	7	5	5	7	5	5	7	7	7	7	5	5	7	7	7	7	5	5	7		
	C	1	1	1	1	1	1	1	1	1	1	1	1	1	1	1	1	1	1	1	1	1	1	1	1	1	1	1		

第一次・分割前期

科名・コース名	分割募集	男女枠緩和	学力検査		調査書 教科の評定の扱い		学力検査	調査書	満点					備考
			教科	学校指定による傾斜配点	学力検査を実施する教科	学力検査を実施しない教科			学力検査	調査書点	面接	小論文・作文	実技検査	
キャリア技術	○		実施しない		＊1	–	–			＊1 300	個人 350	–	350	

＊1　調査書点は、観点別学習状況の評価を用いて得点化する。

〈本校の期待する生徒の姿〉

　本校は、「挨拶を大事にして職業人としての適切な行動ができる人材の育成、働くために必要な学力の定着」を教育目標とし、基礎的な工業技術を身に付け、インターンシップや国際理解教育を通して将来を考え、何事にも誠実に取り組み、人権尊重の精神と多文化共生に基づく職業人としての行動ができる人材を育成する工科高校です。そこで、本校では、以下の項目を満たす生徒の入学を期待します。

1　本校への志望動機が明確であり、ものづくりに関する旺盛な探究心と想像力をもつ生徒
2　主体的に学ぶ意欲と規範意識を持ち、高い人間性を育もうとする生徒
3　自己の能力を高め、切磋琢磨しながら社会に有為となる生徒
4　国際交流に興味・関心を持つ生徒
※　特に推薦選抜においては、上記1から4までの全てに該当する生徒が望ましい。

次のページもご覧ください ▶▶▶

都立 光丘 高等学校
（ひかりがおか）

https://www.metro.ed.jp/hikarigaoka-h/

☎ 179-0071　練馬区旭町 2-1-35
☎ 03-3977-1501
交通　都営地下鉄光が丘駅　徒歩12分
　　　東武線成増駅　徒歩15分

普通科

| 制　服 | あり |

[カリキュラム]　◇三学期制◇

・1年次は、基礎学力の充実の時期とし、芸術科目以外は**全員が同じ科目を履修**する。また「論理・表現Ⅰ」は**少人数制授業**を、「数学Ⅰ」「現代の国語」は**習熟度別の少人数制授業**を行う。
・2年次より、生徒の興味、適性や進路に応じて、**文系**と**理系**に分かれる。
・3年次では最大4科目8単位という大幅な自由選択制を取り入れているので、一人ひとりの希望にあわせた学習ができる。国語総合、日本史探究、数学Ⅲ、物理基礎、化学基礎、生物基礎などの選択科目が開講される。
・**英語検定**と**漢字検定**の取得に力を入れている。
・3年間で英語を13単位以上学習する。また、国語は12単位以上、数学は8単位以上学習することが可能。

[部活動]

・全員参加制。
・**写真部**は全国総合文化祭に東京都代表として出品したことがある。
・最近の主な実績は以下のとおり。
＜令和4年度＞
茶道部が全国高等学校総合文化祭に東京都代表として出場。
＜令和3年度＞
演劇部が全国高等学校総合文化祭優秀校特別推薦で国立劇場に出演した。
＜令和元年度＞
剣道部が春季大会女子個人の部で3位となり、関東大会に出場した。**男子バスケットボール部**は春季大会でベスト32。
★**設置部**
サッカー、陸上、硬式野球、バドミントン、剣道、柔道、水泳、硬式テニス、バレーボール、バスケットボール、卓球、ダンス、写真、吹奏楽、科学、演劇、美術、マイコン、軽音楽、書道、茶道、ＥＳＳ、中国語、文芸

[行　事]

4月　遠足
5月　生徒総会、体育祭
7月　芸術鑑賞教室
8月　部活動合宿
9月　光陵祭（文化祭）
1月　修学旅行
3月　球技大会

[進　路]（令和5年3月）

　1・2年次には、**進路説明会、進路講演会**や**模擬授業、実力テスト、小論文模試**などを実施。また、3年次では、**進路別説明会**や**小論文・面接指導**など生徒それぞれの希望実現に直結するきめ細やかな指導を行っている。

★卒業生の主な進学先
　亜細亜大、跡見学園女子大、嘉悦大、神田外語大、国士舘大、城西大、駿河台大、専修大、大東文化大、拓殖大、帝京大、東京工芸大、東京国際大、東洋大、日本経済大、明星大、目白大

♣指定校推薦枠のある大学・短大など♣
　亜細亜大、跡見学園女子大、嘉悦大、工学院大、城西大、聖学院大、駿河台大、西武文理大、大東文化大、拓殖大、帝京大、帝京平成大、東京経済大、東洋大、明星大　他

[トピックス]

・昭和51年創立。広大な**光が丘公園**に隣接し、緑に囲まれ落ち着いた環境で、生徒たちは明るくのびのびと学校生活を送っている。
・教育目標は、
信愛：人間尊重を心がけ、つねに誠意をもって人に接し、人から信じられ愛される人間となる。
気魄：なにごとにも責任をもってやりとげる気概と忍耐力を養う。
創造：広い視野にたって常に新しいものを創り出すように努力する。
・校舎内は冷暖房完備。
・硬式野球（男）、サッカー（男）、バスケットボール（男）、剣道（男・女）において「文化・スポーツ等特別推薦」を実施している（令和5年度入試）。
・**「授業で勝負！」**をモットーに先生方は授業研究に熱心に取り組んでいる。
・服装・頭髪などの**生活指導**は徹底して行っている。
・練馬区よさこい祭など、**地域の行事**にも積極的に関わっている。
・平成28年度より**ICTパイロット校**に**指定**（全都で2校）。
・平成30年度より**「学びの基盤」プロジェクト研究協力校**に指定（令和5年度まで）。
・令和4年度より**TOKYOデジタル・リーディング・ハイスクール**に指定。
・入学生全員にタブレットPCを無償貸与し活用。

[学校見学]（令和5年度実施内容）

★学校見学会　7・8月各2回、12月1回
★学校説明会　10・11・12月各1回
★入試相談会（要予約）　1月1回
★光陵祭　9月
★学校見学は指定日時有（要連絡）

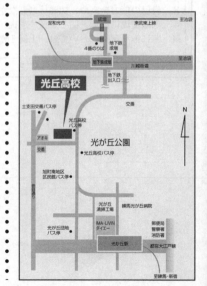

入試!インフォメーション
※本欄の内容はすべて令和6年度入試のものです。

受検状況

科名・コース名	募集人員	推薦に基づく入試				第一次募集・分割前期募集			
		募集人員	応募人員	応募倍率	合格人員	募集人員	受検人員	受検倍率	合格人員
普 通	231	46	94	2.04	46	185	172	0.93	172

入学者選抜実施方法

推薦

科名・コース名	推薦枠		調査書の活用		満点					備考
	割合(%)	特別推薦の有無	観点別学習状況の評価	評定	調査書点	集団討論個人面接	小論文	作文	実技検査	
普 通	20	○	−	○	300	150	−	150		

第一次・分割前期

科名・コース名	分割募集	男女枠緩和	学力検査		調査書		学力検査:調査書	満点					備考
			教科	学校指定による傾斜配点	教科の評定の扱い			学力検査	調査書点	面接	小論文・作文	実技検査	
					学力検査を実施する教科	学力検査を実施しない教科							
普 通	−	○	5		1倍	2倍	7:3	700	300	−	−	−	

〈本校の期待する生徒の姿〉

　本校は、緑豊かな光が丘公園に隣接した落ち着いた環境にある高校として、地域から高い評価を得てきました。特に、近年、様々な地域行事に参加することによって、地域連携を教育活動に取り入れようとしています。また、生徒や保護者の学校参加を促進し、生徒が主人公の学校づくりを進めています。さらに、重点課題として、「授業で勝負」を合言葉に、授業改善に取り組んでいます。

　こうした取り組みを通して、本校では、以下のような生徒を育てています。
1　人の話を聴き、共感する心をもちつつ、自分の意見をもち、自分の言葉で表現できる生徒
2　仲間を大切にし、学び合い、育ち合うことにより、自らを高めようとする生徒
3　地道な努力を続ける忍耐力をもち、その自信に裏打ちされた自己肯定感をもつ生徒

　このような本校の教育方針を深く理解し、本校への入学を強く希望する生徒の受検を期待します。
※　特に推薦選抜においては、中学校で学習活動や部活動、ボランティア活動等に積極的に取り組んだ生徒が望ましい。
※　「文化・スポーツ等特別推薦」を、男子バスケットボール、硬式野球、男子サッカー、剣道について実施する。

難易度（偏差値）	D-3（46-43）	併願校選択例	京華商業、自由ケ丘学園、文華女子、豊南、武蔵野

学校ガイド

＜全日制　旧第４学区＞

　学校を紹介したページの探し方については、2ページ「この本の使い方＜知りたい学校の探し方＞」を参照してください。

次のページもご覧ください ▶▶▶

都立 板橋 高等学校
（いたばし）

https://www.metro.ed.jp/itabashi-h/

〒173-0035　板橋区大谷口 1-54-1
☎ 03-3973-3150
交通　東京メトロ千川駅　徒歩5分
　　　東武線大山駅　自転車5分

普通科

制　服	あり

[カリキュラム] ◇三学期制◇
・「わかりやすい授業」がモットー。
・大学進学を目指した新しい教育課程となっている。
・1年次は、全員が共通の科目を学習。
・2年次から、国語・数学の一部が選択制となり、ゆるやかに文・理系に分かれる。
・3年次には、必修選択以外にも大幅に**自由選択科目**を導入した。生徒は希望する進路の実現をめざす。
・**特進クラス**を設置。また、大学受験に対応できる実力を身につけさせるため、**土曜講習や勉強（学習）合宿**を実施している。
・土曜日は年2回授業を実施。

[部活動]
・約6割が参加。1年次は全員参加制。
・最近の主な実績は以下のとおり。
<令和4年度>
　陸上競技部は3年連続全国大会に出場。**演劇部**は東京都高等学校文化祭演劇部門地区大会で奨励賞を受賞。
<令和3年度>
　陸上競技部は全国大会に出場。**女子バスケットボール部**は都ベスト16。
<令和元年度>
　陸上競技部は6年連続関東大会に出場。
★設置部（※は同好会）
硬式野球、サッカー、バスケットボール、水泳、硬式テニス、バドミントン、ダンス、バレーボール、卓球、剣道、陸上競技、クッキング、吹奏楽、美術、作法、演劇、写真、漫画イラスト研究、生物、天文、軽音楽

[行　事]
4月	新入生歓迎会
5月	遠足、体育祭
7月	学習合宿、芸術鑑賞教室
8月	夏季部活動合宿
9月	板高祭（文化祭）
11月	修学旅行（2年）
3月	進路ガイダンス

[進　路]（令和5年3月）
・1年次から3年次まで、**進路適性検査、模擬試験、ガイダンス、論文指導、面接指導**などを計画的に実施。
・土曜日や夏季休業中には**講習**および**補習**を行い、センター試験や一般入試に備える。
・**進路指導室**あり。昼休みや放課後には教員が常駐している。
★卒業生の進路状況
　<卒業生261名>
　大学134名、短大4名、専門学校87名、就職13名、その他23名
★卒業生の主な進学先
　亜細亜大、跡見学園女子大、桜美林大、神奈川大、国士舘大、駒澤大、城西大、駿河台大、大正大、大東文化大、高千穂大、帝京大、帝京平成大、東京国際大、東京電機大、東洋大、文京学院大、日本大
♣**指定校推薦枠のある大学・短大など**♣
　亜細亜大、跡見学園女子大、大妻女子大、杏林大、工学院大、国士舘大、実践女子大、淑徳大、城西大、尚美学園大、女子栄養大、駿河台大、専修大、大正大、大東文化大、拓殖大、玉川大、帝京大、東京家政学院大、東京工科大、東京国際大、東京電機大、東京農業大、東洋大、二松學舍大、立正大、流通経済大、和光大　他

[トピックス]
・東京都「**学びの基盤**」プロジェクト研究協力校として、変化の激しいこれからの社会を生き抜く、知・徳・体のバランスのとれた人間を育成する学校を目指す。
・創立90年を超える歴史を持つ。平成30年夏に**新校舎**が完成し、9月から新校舎にて授業。新たな伝統をつくるべく、生徒職員とも勉強・部活に頑張っている。令和元年度に新グラウンドが完成。
・学校全体で頭髪等を厳しく指導（茶髪、カーディガン、スウェット、傘差し運転等の禁止）。
・**文化・スポーツ等特別推薦**を硬式野球、バスケットボール、陸上競技で実施。

[学校見学]（令和5年度実施内容）
★学校説明会　10・11月各1回、12月2回
★授業公開　10月1回
★板高祭　9月　見学可
★入試対策講座　12月1回

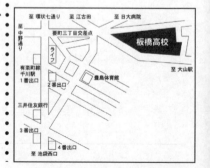

入試!インフォメーション
※本欄の内容はすべて令和6年度入試のものです。

受検状況

科名・コース名	募集人員	推薦に基づく入試				第一次募集・分割前期募集			
		募集人員	応募人員	応募倍率	合格人員	募集人員	受検人員	受検倍率	合格人員
普通	277	56	280	5.00	56	221	336	1.52	223

入学者選抜実施方法

推薦

科名・コース名	推薦枠		調査書の活用		満点					備考
	割合(%)	特別推薦の有無	観点別学習状況の評価	評定	調査書点	集団討論個人面接	小論文	作文	実技検査	
普通	20	○	−	○	450	250	−	200	−	

第一次・分割前期

科名・コース名	分割募集	男女枠緩和	学力検査		調査書		学力検査:調査書	満点					備考
			教科	学校指定による傾斜配点	教科の評定の扱い 学力検査を実施する教科	学力検査を実施しない教科		学力検査	調査書点	面接	小論文・作文	実技検査	
普通	−	○	5		1倍	2倍	7:3	700	300	−	−	−	

〈本校の期待する生徒の姿〉

　規律と自主性を重んじる校風の下、生徒一人一人の個性を育む教育をモットーとしている。そこで、本校の特色を理解し、以下の項目に該当する生徒を望む。
1　全ての教科に対して、真面目に学習活動に取り組む生徒
2　社会や学校のマナーやルールをしっかりと守り、他人に対する思いやりのある生徒
3　自分の将来を真剣に考え、本校での学習活動をその目的の達成に生かす生徒
4　学校行事、生徒会活動、部活動等（「文化・スポーツ等特別推薦」においては女子バスケットボール、陸上競技、硬式野球）に積極的に取り組む生徒
※　特に推薦選抜においては、本校の校風に魅力を感じ、かつ中学校での出席状況が良好である生徒が望ましい。
※　「文化・スポーツ等特別推薦」においては、上記に加えて、入学後3年間部活動を継続し、本校の指導方針に従い学校生活のルールを守り、学業との両立ができる生徒が望ましい。

難易度（偏差値）	D−3（46−43）	併願校選択例	上野学園、正則学園、豊南、宝仙学園、武蔵野

普通科

都立板橋有徳（いたばしゆうとく）高等学校

https://www.metro.ed.jp/itabashiyutoku-h/

☏ 175-0083　板橋区徳丸 2-17- 1
☎ 03-3937-6911
交通　東武線東武練馬駅　徒歩5分

単位制

制　服　あり

[カリキュラム] ◇三学期制◇

・1～2年次を基礎固めの時期、3年次を発展期と位置づけ、進路幅を狭めない教育課程を編成。2～3年次にも学校必履修科目を設置し、学ぶべき内容は全員がしっかり学ぶ。
・年間5回の定期考査と生活実態調査の実施により、学習習慣の確立を目指す。
・英・数・国の3教科を重点教科とし、3年間に渡って、習熟度別（1年次）、到達度目標別（2～3年次）など少人数多展開講座とする。個々の習熟度・目標によって授業を選択することで、より高いレベルへの到達を目指す。
・土曜日には特別講習として「土曜特訓」を実施（希望制・年間15回）。選抜者および希望者を対象として、国・数・英の3教科を行う。
・文字文化教養や落ち着いた学習環境を作るため、3分間書写を毎朝実施している。（年間100回）
・英検・漢検・書写検・ニュース検定に力を入れている。英検・漢検・数検は校内で実施している。

[部活動]

・1年次は全員参加。芸術とスポーツを愛する校風の確立を目指し、部活動の活性化を図る。
・書道部が全国高校総合文化祭に出展。令和4年度は、全日本高等学校書道コンクールで大賞を受賞、高校生国際美術展で東京都知事賞を受賞、東京都高等学校文化連盟書道展で団体3位など、優秀な成績を収めている。
・ラグビー部は、スポーツ推薦が導入される予定。

★設置部（※は同好会）
サッカー（男）、陸上競技、水泳、バドミントン、硬式テニス（男女）、バスケットボール（男女）、バレーボール（女）、卓球、ダンス、剣道、ハンドボール、ラグビー、ガーデニング、演劇、茶道、吹奏楽、書道、箏曲、文芸、イラスト、パソコン、料理、フォークソング、被服・手芸、

写真、※数学解法研究

[行　事]

・宿泊行事による共同生活を通して、規律の維持、他への思いやりを育む。
・芸術鑑賞教室は年に1回、質の高いものを企画する。
4月　防災訓練、遠足
6月　体育祭
7月　芸術鑑賞教室
8月　部活動合宿
9月　蒼天祭（文化祭）
11月　修学旅行
3月　球技大会

[進　路]（令和5年3月）

・生徒一人ひとりの第一希望進路を実現するため、教員全員が進路指導に取り組む。
・校内定期考査、外部模試の結果などを生徒の個人カルテに反映させ、進路指導検討会を実施する。
・定期的な学習状況・学力リサーチと合わせて、面談、補習・補講等の支援体制と連動させるなど、組織的な指導体制で取り組む。
・早稲田大学教職大学院と連携し、教員免許をもつ大学院生による面接小論文指導などが行われている。
・自分が希望する専門分野について専門教科の先生からさまざまなアドバイスを聞く進路アドバイザー制度を行っている。

★卒業生の進路状況
＜卒業生190名＞
大学98名、短大6名、専門学校54名、就職15名、その他17名

★卒業生の主な合格実績
亜細亜大、跡見学園女子大、桜美林大、学習院大、國學院大、国士舘大、大正大、大東文化大、拓殖大、帝京大、東京電機大、東洋大、日本大、法政大、武蔵大、目白大、早稲田大

[トピックス]

・全都立高校最後の開設となる単位制高校として、平成19年4月に開校。定時制課程を併置する。

・教育理念は、「自由の精神は規律ある生活から生まれる－自由と規律」。
・指導方針は「人格を磨き地道な努力で夢をつかむ一流の高校生を育てる。」教育。
・生徒の規律を大変重視しており、落ち着いた環境で学校生活を送ることができる。
・250名収容の大視聴覚教室を含む新築の体育館や格技棟（柔・剣道場、ダンスフロア、プール）、大小二つのPCLL教室、自習室、キャリアガイダンス室など、充実した施設・設備をもつ。
・冬季語学研修（1年次必修）、海外修学旅行（2年次）、GTEC受験（全学年）など、英語力の育成や国際理解教育に力を入れている。

[学校見学]（令和5年度実施内容）

★学校説明会　10・11・12月計4回
★授業公開　6月・11月各1回
★蒼天祭　9月　見学可（個別相談あり）
★夏季休業期間中の学校見学有
★学校見学についてはホームページ参照

東武練馬駅からの経路

●東武東上線
「東武練馬駅」下車
徒歩5分
●バス停
「板橋有徳高校入口」
下車　徒歩3分
「不動通り」
下車　徒歩3分

板橋有徳高校
まきば幼稚園
バス停
板橋有徳高校入口
バス停
不動通り
東武練馬中央病院
イオン板橋店
天丼てんや
ミスタードーナツ
東武練馬駅

受検状況

科名・コース名	募集人員	推薦に基づく入試				第一次募集・分割前期募集			
		募集人員	応募人員	応募倍率	合格人員	募集人員	受検人員	受検倍率	合格人員
普通	196	40	82	2.05	40	156	171	1.10	158

入学者選抜実施方法

推薦

科名・コース名	推薦枠		調査書の活用		満点					備考
	割合(%)	特別推薦の有無	観点別学習状況の評価	評定	調査書点	集団討論・個人面接	小論文	作文	実技検査	
普通	20	○	–	○	450	300	–	150		

第一次・分割前期

科名・コース名	分割募集	男女枠緩和	学力検査		調査書		学力検査：調査書	満点					備考
			教科	学校指定による傾斜配点	教科の評定の扱い（学力検査を実施する教科）	教科の評定の扱い（学力検査を実施しない教科）		学力検査	調査書点	面接	小論文・作文	実技検査	
普通	–		5	–	1倍	2倍	7：3	700	300	–	–	–	

〈本校の期待する生徒の姿〉

　本校は、「規律ある学校生活を通し『自由と規律』の教育理念を実現するため、品位と教養を高める。新しい価値を生みだす自由の精神を養う。国際社会で活躍できる知徳体の能力をバランスよく伸長する。」を教育目標としています。

　目標実現のため目指す学校像を「落ち着いた環境の中で、心身を伸びやかに、知を鍛え、徳を育てる学校」とし、育てたい生徒像を、「人格を磨き、知性を育み、地道な努力で夢をつかむ生徒」としました。この本校の考え方に共感し、以下のいずれかの項目に該当する生徒の入学を期待します。

1　将来、自分がどの分野で社会に貢献するのか明確な進路目標をもち、高校でその基礎を備えたいと真剣に願っている生徒

2　規律ある生活態度が身に付いており、高校入学後、板橋有徳高校生として、更に人格を磨いていく志をもっている生徒

3　学習活動、部活動、学級活動、生徒会活動、ボランティア活動等で得た経験を引き続き生かしたいと考えている生徒

※　特に推薦選抜においては、1から3までの全てに該当し、コミュニケーション能力に富み、リーダーシップを有する生徒が望ましい。

難易度（偏差値）	D-2（50-47）	併願校選択例	京華女子、大東文化大第一、豊島学院、日本工業大駒場、豊南

都立 大山 高等学校
おおやま

https://www.metro.ed.jp/ohyama-h/

☏ 173-0037　板橋区小茂根 5-18-1
☎ 03-3958-2121
交通　東武線上板橋駅、東京メトロ氷川台駅・小竹向原駅　徒歩15分
　　　ＪＲ赤羽駅・池袋駅・高円寺駅　小茂根バス停　徒歩９分

普通科

制　服　あり

[カリキュラム] ◇三学期制◇
・１年次の国語、１・２年次の数学や家庭科、１～３年次の英語や体育などで**習熟度別授業や少人数制授業**を実施。基礎学力の定着を図る。
・**山高ゼミ**総合型選抜対策（放課後実施、年13回、希望者対象）。
・**校内寺子屋**で大学生ボランティアと教員が７限授業を行い、基礎学力の定着を図る。

[部活動]
・約６割が参加。１年次は全員参加制。グラウンドや格技棟、トレーニングルームなど、**広く充実した施設**の中で運動部が日々励んでいる。
・広い校舎の中には４つの音楽室や美術室・工芸室の他に、高校では珍しい陶芸用の窯がある陶芸室がある。また、バレーコートが３面とれる大きな体育館や全天候型のテニスコートなど、どの部活も充実した施設で活動している。

★設置部
硬式野球、サッカー、陸上競技、硬式テニス、バレーボール（男女）、バスケットボール（男女）、バドミントン、柔道、卓球、水泳、ワンダーフォーゲル、女子ダンス、フットサル、剣道、茶道、吹奏楽、和太鼓、演劇、写真、美術陶芸、漫画研究、軽音楽、ボランティア、家庭科

[行　事]
４月　新入生歓迎会（クラブ紹介）
６月　体育祭
７月　芸術鑑賞教室
９月　茂呂祭（文化祭）
11月　修学旅行（２年）、校外学習

[進　路] （令和５年３月）
　以下のような行事を実施し、高校３年間とその先を見すえた指導を行っている。
＜進路関連の主な行事＞
【１年】
○ 大学模擬授業

○ 模擬試験
○ 大学等説明会
○ キャリア教育講演会
【２年】
○ 大学模擬授業
○ 模擬試験
○ 大学等説明会
○ キャリア教育講演会
○ 卒業生講演会
【３年】
○ 進路分野別ガイダンス
○ 大学入学共通テストガイダンス
○ 就職・専門学校・大学模擬面接

★卒業生の進路状況
＜卒業生165名＞
　大学51名、短大６名、専門学校65名、就職26名、その他17名

★卒業生の主な進学先
東京理科大、帝京大、女子栄養大、淑徳大、尚美学園大、駿河台大、聖徳大、大正大、大東文化大、高千穂大、東京工芸大、東京国際大、東京成徳大、東洋学園大、東洋大、目白大、武蔵大、亜細亜大

♣指定校推薦枠のある大学・短大など♣
跡見学園女子大、桜美林大、杏林大、国士舘大、埼玉学園大、十文字学園女子大、淑徳大、尚美学園大、大正大、大東文化大、高千穂大、帝京平成大、東京成徳大、東洋大（Ⅱ部）、東洋学園大、日本大　他

[トピックス]
・都立城北公園に隣接したキャンパスは、都内でも指折りの広さ。
・視聴覚ホール、多目的ホール、および美術・工芸室などがあり、校内の施設はとても充実している。
・**学力向上研究校**の指定を受け、学習指導に力を入れている。進路実現のために山高ゼミを実施している。
・令和４年度SIP拠点校（第Ⅰ期）に指定され、理数教育の推進を行っている。
・**身だしなみ指導**を行っている。頭髪を染める、ピアス・ネックレスなどの装身具、化粧などは禁止している。
・探究心を高める「**哲学対話**」を実施。

・町内会の行事や近隣の保育園との交流など地域での活動にも積極的に参加している。
・「Learning begins ～学び、はじめる ～」学び始めるために、問う・考える・話す・聞く・書く の５つの作業を通して学びの方法を知ることをキャッチフレーズとしている。

[学校見学] （令和５年度実施内容）
★学校見学会　７・８月各１回
★学校説明会　10・11・12・１月各１回
★授業公開　11月
★茂呂祭　９月　見学可
★夏季休業中の学校見学はHPから予約

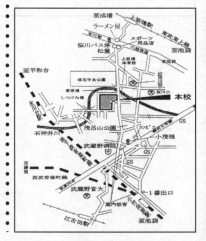

受検状況

科名・コース名	募集人員	推薦に基づく入試				第一次募集・分割前期募集				分割後期募集・第二次募集		
		募集人員	応募人員	応募倍率	合格人員	募集人員	受検人員	受検倍率	合格人員	募集人員	受検人員	合格人員
普通	217	48	50	1.04	48	169	92	0.54	92	97	81	81

入学者選抜実施方法

推薦

科名・コース名	推薦枠		調査書の活用		満点					備考
	割合(%)	特別推薦の有無	観点別学習状況の評価	評定	調査書点	集団討論・個人面接	小論文	作文	実技検査	
普通	20	–	–	○	500	250	–	250	–	

第一次・分割前期 / 分割後期・第二次

	科名・コース名	分割募集	男女枠緩和	学力検査		調査書		学力検査:調査書	満点					備考
				教科	学校指定による傾斜配点	教科の評定の扱い			学力検査	調査書点	面接	小論文・作文	実技検査	
						学力検査を実施する教科	学力検査を実施しない教科							
第一次・分割前期	普通	○	○	5		1倍	2倍	7:3	700	300	–	–	–	
分割後期・第二次	普通	○		3		1倍	2倍	6:4	600	400	個人100	–	–	

〈本校の期待する生徒の姿〉

　本校は、高校に入学してからも「学び、はじめる（Learning begins）」生徒へ、授業や総合的な探究の時間、部活動や学校行事等を通して、「学び(Learning)」から「探究(Research)」へ発展させ、大学進学の他生徒の進路希望に応える取り組みを行っています。基礎学力の充実を図るために習熟度別授業や少人数授業を実施し、より発展的な学びにつなげるために放課後等の講習も実施しています。このような本校の取り組みを正しく理解し、真面目な態度で意欲的に学習に取り組むとともに、規則正しい生活を送り、何事においてもひたむきに努力する生徒の入学を望んでいます。以上の本校の特色を理解し、本校への入学を強く志望する、次のような生徒を期待します。
1　大学等に進学する強い意志を持っている生徒
2　学習に興味・関心を持ち、深い学びを追求することのできる生徒
3　部活動を3年間継続してやり遂げる生徒
4　生徒会活動や学校行事等に積極的に参加し、リーダーシップを発揮できる生徒
※　特に推薦選抜においては、上記1に該当する生徒が望ましい。

難易度（偏差値）	E-1（42-38）	併願校選択例	安部学院、貞静学園、宝仙学園、堀越、武蔵野

次のページもご覧ください ▶▶▶

普通科

都立 北園 高等学校
きたぞの

https://www.metro.ed.jp/kitazono-h/

☏ 173-0004　板橋区板橋 4-14-1
☎ 03-3962-7885
交通　ＪＲ埼京線板橋駅　徒歩9分、都営地下鉄新板橋駅　徒歩6分、東武線下板橋駅　徒歩7分

制　服	なし

[カリキュラム] ◇三学期制◇
・本校は、「探究の北園」として昔から有名である。基本は「毎日の授業を大切にすること」。大学入試共通テストの5(6)教科7科目に対応できるカリキュラムである。
・1、2年次はすべての教科をバランスよく学び、基礎学力をつける。3年次には多様な選択科目のなかから進路希望にあわせて各自選択履修し、希望実現を図る。
・1年次から3年間、第二外国語としてフランス語・ドイツ語・ロシア語・中国語のなかから選択履修できるのも本校の特色の一つである。
・習熟度別授業を導入し、放課後や長期休業中には補習や講習を行うなど、生徒一人ひとりの力を伸ばす指導方法を工夫している。
・国際交流の一環として、オーストラリアでの約2週間の語学研修も行っている。
・土曜日は午前授業（年間17回）を行う。

[部活動]
・兼部も合わせて105%の生徒が参加。
・最近の主な実績は以下のとおり。
＜令和5年度＞
女子バスケットボール部が、C支部大会3位トーナメント優勝。硬式テニス部が、東京都高等学校選手権大会（女子団体戦）4回戦・ベスト64。
＜令和4年度＞
軟式野球部が、春季都大会ベスト16。剣道部が、秋季都大会男子団体Ⅱ部ベスト16。吹奏楽部が、第62回東京都高等学校吹奏楽コンクールC組銅賞。
★設置部（※は同好会など）
陸上、剣道、山岳、サッカー、ラグビー、水泳、軟式野球、バドミントン、バスケットボール、バレーボール、軟式テニス、硬式テニス、卓球、ソフトボール、ストリートパフォーマンス、演劇、文芸、美術、写真、吹奏楽、放送、茶道、フリーミュージック、クッキング、アコースティッ

クハーモニー、服飾、天文地球科学、理科研究、漫画イラスト研究、映像研究、百人一首、※英語、ジャグリング、※合唱、ドイツPASCHクラブ

[行　事]
文化祭は生徒によって企画・運営され、毎年盛んに行われる。来客数は2日間で2,500名を超える。
5月　生徒大会、新入生セミナー（1年）
6月　体育祭
7月　勉強合宿（1・2年）、部活動合宿（〜8月）
8月　オーストラリア海外語学研修
9月　柊祭（文化祭）
11月　生徒大会
12月　修学旅行（2年）、森林保全奉仕合宿（2年）

[進　路]（令和5年3月）
・各学年で数多く行う進路ガイダンスや、数多く発行される進路ニュースなどで、生徒や保護者に必要な情報を提供している。
・ほぼ全員が進学を希望しているため、進路指導室には進路指導部の先生が常駐し、いつでも相談できる体制が整っている。進路資料は自由に閲覧でき、入試過去問題集の一時貸借も可能。
・1年次の早い時期から進路に関する行事を数多く開催し、2・3年次には説明会や国公立大・難関私立大希望者ガイダンスを実施して具体的に理解する機会を設けるなど、きめ細かく行き届いた指導を行っている。
・土曜は年17回授業を実施。
★卒業生の進路状況
＜卒業生314名＞
大学267名、短大0名、専門学校2名、就職0名、その他45名
★卒業生の主な合格実績
東北大、東京外国語大、東京学芸大、東京医科歯科大、電気通信大、横浜国立大、埼玉大、千葉大、大阪大、長崎大、東京農工大、東京都立大、

早稲田大、慶應義塾大、青山学院大、学習院大、上智大、中央大、東京理科大、法政大、明治大、立教大
♣指定校推薦枠のある大学・短大など♣
早稲田大、青山学院大、学習院大、成蹊大、成城大、中央大、東京理科大、法政大、明治薬科大、立教大他

[トピックス]
・昭和3年、東京府立第九中学校として開校し、25年に現校名に変更。平成元年に校舎を全面改築した。23年度から、東京都の進学指導推進校に指定されている。
・創立以来、自由闊達な雰囲気は変わらず、「自由」と「責任」を重んじる教育が受け継がれている。
・平成22年度より、信州大学と長野県の支援を得て「信州北園プロジェクト」を開始。1年次の新入生セミナー、2年次の森林保全奉仕合宿において、信州大訪問、模擬授業、キャリア講演会、信州の森体験などを行う。
・ドイツ外務省のプロジェクトPASCHパートナー校。「環境」「国際交流」をテーマとしてプロジェクトに参加している。条件を満たした生徒は3週間のドイツ国内語学研修に赴くことができる。
・平成28年度より理数研究校に指定を受け、東京農工大との高大連携、科学の甲子園、科学の祭典に参加。
・海外学校間交流推進校、国際交流リーディング校の指定を受け、オーストラリアのスミスヒルハイスクール、ウヌーナハイスクール、ドイツのテレッタ・グロース、ギムナジウムと姉妹校提携を行う。

[学校見学]（令和5年度実施内容）
★学校見学会　8月2回
★学校説明会　10・11・12月各1回
★柊祭　9月
★学校見学は日時指定で実施（要予約）

※本欄の内容はすべて令和6年度入試のものです。

受検状況

科名・コース名	募集人員	推薦に基づく入試				第一次募集・分割前期募集			
		募集人員	応募人員	応募倍率	合格人員	募集人員	受検人員	受検倍率	合格人員
普通	317	64	148	2.31	64	253	414	1.64	256

入学者選抜実施方法

推薦

科名・コース名	推薦枠		調査書の活用		満点					備考
	割合（%）	特別推薦の有無	観点別学習状況の評価	評定	調査書点	集団討論・個人面接	小論文	作文	実技検査	
普通	20	–	–	○	500	200	300	–	–	

第一次・分割前期

科名・コース名	分割募集	男女枠緩和	学力検査		調査書		学力検査：調査書	満点					備考
			教科	学校指定による傾斜配点	教科の評定の扱い 学力検査を実施する教科	学力検査を実施しない教科		学力検査	調査書点	面接	小論文・作文	実技検査	
普通	–	○	5		1倍	2倍	7：3	700	300	–	–	–	

〈本校の期待する生徒の姿〉

　歴史と伝統ある本校では、高い学力を身に付け、知・徳・体のバランスの取れた良識あるリーダーを育成することを目指しています。そのために「自由と責任を重んじ、自立の精神に充ちた、個性豊かな人間を育成する」という教育目標を掲げて様々な教育活動を行っています。以下に「本校の期待する生徒」を示します。
1　本校の教育目標を理解し、将来に対して明確な目標をもっている生徒
2　中学校での学習活動に意欲的・自主的に取り組んで成果を上げ、その旺盛な知識欲・探究心によって高校での学習活動でも成果が見込める生徒
3　学校行事、部活動、生徒会活動等の課外活動に積極的に取り組んだ実績があり、入学後もこれらの活動に積極的に参加する意志のある生徒
※　特に推薦選抜においては、上記1から3の項目に該当する生徒が望ましい。

難易度（偏差値）	B－2（63－61）	併願校選択例	錦城、國學院、淑徳、淑徳巣鴨、豊島学院

都市防災技術

都立 北豊島工科 高等学校
（きたとしまこうか）

https://www.metro.ed.jp/kitatoshimakoka-h/

〒 174-0062　板橋区富士見町 28-1
☎ 03-3963-4331
交通　東武東上線中板橋駅　徒歩9分、都営三田線板橋本町駅　徒歩11分

| 制 服 | あり |

[カリキュラム] ◇三学期制◇

・1年次は全員が共通の基礎科目を履修。国語、数学、英語、情報技術基礎は**習熟度別**による**少人数制授業**。
・探究防災（1・2年次2単位ずつ）
・2・3年次には、機械系のものづくり、制御・整備、電気系の**電気、電子情報**の合計4つの類型からいずれかを選択し、より専門的な勉強をする。各類型の目指す内容は以下の通り。
・卒業までに全員がそれぞれ**3種の資格**を取るのが目標。
・**電気工事士、情報技術検定、危険物取扱者**といった実用価値の高い資格については、朝学習、夏季休業中や放課後に**講習会**を実施。
・在学中に、第一種・第二種電気工事士や工事担任者デジタル3種、初級システムアドミニストレータ、技能検定（機械加工、電子・電気機器組立など）、危険物取扱者、消防設備士（乙種6、7類）などの**国家資格**や計算技術検定、情報技術検定、初級CAD検定、基礎製図検定、パソコン検定、ワープロ検定、日本漢字能力検定、実用英語技能検定などの**資格・検定**を取得することが可能。また、資格ごとに設定されたポイントの合計が45点以上となると、就職や進学に有利になる**ジュニアマイスターゴールド顕彰**を授与される。
★機械設計
　工業製品の設計・製図・製作などについて知識や技術を学ぶ。
★制御
　ＮＣ旋盤その他、工作機械の各制御法の知識や技術を学ぶ。
★自動車（整備）
　エンジンの分解・組立など、自動車や原動機に関する知識や技術を学ぶ。
★電気
　発電、モータ、パワーエレクトロニクスなど電気エネルギーについて学ぶ。
★電子情報
　コンピュータの利用技術や電子回路など、音響・映像に関する基本的な知識や技術を学ぶ。

[部活動]

　約7.5割が参加。平成30年度は**陸上競技部**が新人大会男子ハンマー投げで3位に入賞し、インターハイに出場した。
★設置部
　サッカー、バレーボール、バスケットボール、バドミントン、剣道、硬式テニス、卓球、柔道、陸上競技、硬式野球、空手道、水泳、釣り、ソフトテニス、理化、機械工作、電力、数学、無線技術、コンピュータ、美術、現代視聴覚文化研究、軽音楽、英語、写真、料理

[行　事]

　類型発表会は3年の各類型の生徒がその学習の成果を全校生徒、保護者に発表する催しで、外部にも公開される。
5月　芸術鑑賞教室、校外学習（1・2年）、修学旅行（3年）
6月　体育祭
11月　白堊祭（文化祭）
2月　校外学習（3年）

[進　路]（令和5年3月）

・多様な**キャリアガイダンス**などを1～2年次から計画的に行い、生徒が早期に進路選択をできるよう配慮している。
・就職希望者については、100％の内定率を目指して指導。
・進路指導室は1年中生徒に開放されている。
<進路関連の主な行事>
7月　模擬面接（3年）、進路ガイダンス
9月　模擬面接（3年）
11月　**インターンシップ**（2年・地元の企業で就職体験）
★卒業生の進路状況
　<卒業生99名>
　大学6名、短大0名、専門学校25名、就職68名、その他0名
★卒業生の主な合格実績
　東京電機大、千葉工業大、城西国際大、聖学院大、宝塚大学、東洋学園大、日本工業大、文化学園大、もの

つくり大

[トピックス]

・大正9年、東京府北豊島郡商工学校として創立。**100年以上の歴史**を有する。
・令和6年度より全国初！**「都市防災技術科」**に学科改編。防災を学びながら社会貢献できる人材！そして一歩早い自立を目指す。
・**パソコン室は全部で5つ、機器の総数は約200台。図書室、視聴覚室、トレーニング室**なども完備。
・設備拠点校であり、**大型のレーザー加工機や5軸加工のできるロボドリル、ターニングセンター**などの最新の設備が導入されている。
・板橋産業見本市などの展示会において生徒が説明を行ったり体験実習を補佐したりするなど、外部での活動が活発である。
・**東京版デュアルシステム実施校**。3年次に希望者はデュアルシステム（週一回企業実習）を行い、企業と生徒の合意があれば、卒業後に当該企業への就職が可能となる。

[学校見学]（令和5年度実施内容）

★学校説明会　10・11月各1回
★一日体験入学　10月1回（要予約）
★授業公開週間　11月
★文化祭　10月
★学校見学　7・8月各2回
★個別相談会　12・1月各1回

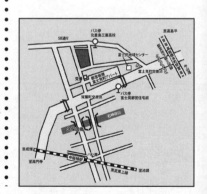

受検状況

科名・コース名	募集人員	推薦に基づく入試				第一次募集・分割前期募集			
		募集人員	応募人員	応募倍率	合格人員	募集人員	受検人員	受検倍率	合格人員
都市防災技術	140	56	42	0.75	42	98	40	0.41	40

入学者選抜実施方法

	科名・コース名	推薦枠		調査書の活用		満点					備考
		割合(%)	特別推薦の有無	観点別学習状況の評価	評定	調査書点	集団討論個人面接	小論文	作文	実技検査	
推薦	都市防災技術	40			○	450	300	–	150	–	

	科名・コース名	分割募集	男女枠緩和	学力検査		調査書		学力検査	調査書	満点					備考
				教科	学校指定による傾斜配点	教科の評定の扱い									
						学力検査を実施する教科	学力検査を実施しない教科	学力検査	調査書	学力検査	調査書点	面接	小論文・作文	実技検査	
第一次・分割前期	都市防災技術	–		5	–	1倍	2倍	7:3		700	300	–	–	–	

〈本校の期待する生徒の姿〉

　本校では、全国初となる都市防災技術科として、工業技術を活用し、都市防災に対応できる知識や技術を身に付けた人材を育てます。
　次のような生徒の入学を期待します。
1　防災・機械・制御・電気・情報通信等の技術・技能に興味・関心がある生徒
2　身に付けた知識や技術を生かした進路に進もうという目的意識があり、何事にも一生懸命に取り組む生徒
3　特別活動・部活動・資格取得・検定等において、粘り強く努力し、自分の目標を達成しようとする生徒
4　授業等において、「ものづくり」や「実験」に興味・関心があり、根気強く取り組める生徒
5　中学校の総合的な学習の時間等において、体験的な学習活動に積極的に参加した生徒

難易度（偏差値） E-1（42-38）

次のページもご覧ください ▶▶▶

都立 高島 高等学校
たかしま

普通科

https://www.takashima-h.metro.ed.jp/

〒175-0082　板橋区高島平 3-7-1
☎ 03-3938-3125
交通　都営地下鉄新高島平駅　徒歩7分
　　　東武線成増駅　バス

制　服　あり

[カリキュラム] ◇三学期制◇

・1年次は全員共通科目を履修し、基礎学力を身につける。2年次では6単位分の必修選択が設けられる。3年次は必修選択と幅広い自由選択科目のなかから、進路希望にあわせて各自選択履修する。
・朝学習を実施。放課後や長期休業中には、1年次より受験講習会を実施。希望があれば随時指導を行っている。
・理科について、それぞれの科目（物理・生物・化学）に実験室と講義室がある。
・自由選択科目は、多くの受験対策講座を開講し、演習などの実戦的な授業を実施する他、保育実習や裁判傍聴などのフィールドワークを主としたユニークな講座も用意されている。
・英語検定、漢字検定には、学校として力を入れ、実績を上げている。
・高大接続改革に対応するため、平成30年度入学生からのカリキュラムを変更。
・全学年で GTEC を実施。

[部活動]

・9割以上が参加。7割は運動部。1年次は全員加入。
・学習部は学力向上や進学をめざした勉強の部活動。英語検定の指導等を行っている。
・最近の主な実績は以下のとおり。
＜令和5年度＞
硬式野球部が春季東京都大会出場。女子バレーボール部が関東大会出場。ソフトテニス部がインハイ予選個人戦男子決勝大会出場。
＜令和4年度＞
硬式テニス部が東京都高等学校新人テニス選手権大会男子団体でベスト32。硬式野球部が東東京大会でベスト16。剣道部が国公立大会でベスト8。バトントワール部が全日本バトン選手権大会で6度目の最優秀賞を受賞。
★設置部（※は同好会）
硬式野球、バレーボール（女）、バドミントン、バスケットボール（男女）、硬式テニス、サッカー、剣道、陸上競技、水泳、バトントワール、ソフトテニス、軟式野球、卓球、ダンス、吹奏楽、軽音楽、調理、演劇、茶道、箏曲、華道、美術、漫画研究、コンピュータ、写真、学習、※生物

[行　事]

体育祭、文化祭は生徒が主体となって企画・実施している。

4月	校外学習
6月	体育祭
9月	高島祭（文化祭）
12月	修学旅行（2年）
3月	球技大会

[進　路] (令和5年3月)

・3年間を見通したきめ細かな進路指導が早い時期から行われており、生徒や保護者への進路ガイダンス・個人面談、外部講師を招いての進路講演会を実施する他、補習、講習、模擬面接などを随時行っている。
・教員志望の大学生による補習講座を実施。
・意欲のある生徒を対象とした「日東駒専突破講習」を実施し、実績をあげている。

★卒業生の進路状況
＜卒業生310名＞
大学219名、短大8名、専門学校54名、就職5名、その他24名

★卒業生の主な合格実績
東京理科大、学習院大、中央大、法政大、明治大、青山学院大、立教大、日本大、東洋大、駒澤大、大東文化大、亜細亜大、帝京大、国士舘大、成蹊大、明治学院大、武蔵大

♣指定校推薦枠のある大学・短大など♣
学習院大、東洋大、大東文化大、国士舘大、杏林大、東京家政大、亜細亜大、東京経済大、東京電機大、工学院大、武蔵野大、大正大、立正大、跡見学園女子大、駿河台大　他

[トピックス]

・昭和48年に設立。平成30年度に都教育委員会から「新しい学び」の研究

校およびスポーツ特別強化校の指定を受けている。文武両道をモットーに、地域に根ざす開かれた学校を目指している。また、スポーツ教育に力を入れており、オリンピック教育推進校、東京アスリート育成推進校にも選ばれたことがある。
・3階建ての体育館（1,500名収容）にはアリーナ（冷暖房完備）、柔道場、剣道場、トレーニングルームがそれぞれ独立して設置されている他、特別講義室など空調完備のユーティリティールームが6教室ある。理科の実験室も、生物実験室・物理実験室・化学実験室と充実しており、高度な実験装置が備えられている。また、広いグラウンドや9コースあるプールなど、施設が充実している。
・令和4年度より制服が一部変更。
・近隣の板橋特別支援学校や高島特別支援学校と夏まつり、授業体験等を通じて交流教育を行っている。
・入学生が本校を選択する上で、もっとも重視したものとして校風や生徒の雰囲気が良かったことを挙げている。

[学校見学] (令和5年度実施内容)

★学校説明会　10月2回、11・1月各1回（要予約）
★学校見学会（要予約）　7月・8月
★都立高校入試対策講座　12・1月各1回
★授業公開　10・11月各1回
★高島祭　9月　見学可

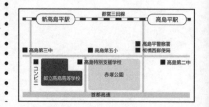

受検状況

科名・コース名	募集人員	推薦に基づく入試				第一次募集・分割前期募集			
		募集人員	応募人員	応募倍率	合格人員	募集人員	受検人員	受検倍率	合格人員
普通	316	64	243	3.80	64	252	317	1.26	256

入学者選抜実施方法

推薦

科名・コース名	推薦枠		調査書の活用		満点					備考
	割合(%)	特別推薦の有無	観点別学習状況の評価	評定	調査書点	集団討論個人面接	小論文	作文	実技検査	
普通	20	○	–	○	500	250	–	250	–	

第一次・分割前期

科名・コース名	分割募集	男女枠緩和	学力検査		調査書		学力検査:調査書	満点					備考
			教科	学校指定による傾斜配点	教科の評定の扱い 学力検査を実施する教科	学力検査を実施しない教科		学力検査	調査書点	面接	小論文・作文	実技検査	
普通	–	○	5		1倍	2倍	7:3	700	300	–	–	–	

〈本校の期待する生徒の姿〉

　本校は「生きる力を育み社会へつなげる文武両道の中堅進学校」を目指し、各分野できめ細かい指導を行っています。生徒一人一人の進路希望に応じた学習内容を充実させ、個に応じた学習指導を行うとともに、技術と精神力を鍛える部活動等の指導を通して、健全な心身と人間力の育成を目指しています。そこで次のような生徒の入学を期待します。

1　希望する進路の実現に向けて、自分を高める意欲をもち、自ら進んで学習に取り組むことができる生徒
2　中学校での部活動や学校行事、生徒会活動等の教育活動全般にわたり積極的に取り組み、本校に入学後も引き続き学習との両立を実現できる生徒
3　本校に入学後の生活において、基本的生活習慣や学習習慣の確立などを通じ、自己管理を行うことができる生徒
※　特に推薦選抜においては、優れた学力を身に付け、上記1から3について、より一層該当するとともに、本校の中心的な存在として他の生徒の模範となる生徒が望ましい。また、「文化・スポーツ等特別推薦」においては、該当する種目で高い競技力をもち、入学後3年間該当の部活動を継続し、学習との両立を果たせる生徒が望ましい。

難易度（偏差値）	C-3（54-51）	併願校選択例	錦城学園、帝京、東京成徳大、豊島学院、豊南

次のページもご覧ください ▶▶▶

都立 飛鳥（あすか）高等学校

普通科

単位制

制服　あり

https://www.metro.ed.jp/asuka-h/

☎ 114-8561　北区王子 6-8-8
☎ 03-3913-5071
交通　東京メトロ王子神谷駅　徒歩8分
　　　ＪＲ京浜東北線・東京メトロ王子駅　徒歩14分またはバス
　　　都電荒川線王子駅前停留場　徒歩15分

[カリキュラム] ◇三学期制◇

・英語はすべての学年で外国人講師の授業があり、他校にはないユニークな選択科目が豊富にある。
・単位制の利点を生かし、大幅な選択制を採用。選択科目の数は90以上におよぶ。そのなかには、国、数、英、理、社の演習科目の他にプロの俳優の演技指導を受けられる「劇表現」、陶芸室において12名の少人数で焼き物作りなどを学ぶ「陶芸」、夏休はキャンプ・サーフィン、冬休みはスキーの実習を行う「野外活動」、農園などを利用して農作物や花卉を栽培する「生物活用」、といったユニークな科目が多数ある。さらに、「素描基礎」「音楽Ⅲ」「生活と福祉」など、将来芸術や福祉の分野を志望する生徒のための講座や、「フランス語」「スペイン語」「中国語」その他の語学講座なども、豊富に用意されている。
・国語、英語、数学をはじめ普通教科でも習熟度別授業や少人数制授業を数多く実施。
・入学後、英語や漢字など、各種の検定に合格すると、それも卒業に必要な単位として認められる。
・土曜日の授業は、全学年月1回程度。

[部活動]

・全生徒の約80%が参加。
・女子サッカー部は全国大会に5回出場の実績を持つ。インターハイ全国ベスト8が最高位。令和5年度は関東高校女子サッカー秋季大会で3位入賞。令和3年度はインターハイ、選手権、都予選に出場。関東LigaStudent 1部A、東京U-18女子サッカーリーグに参加した。
・ラクロス部は令和5年度、全国大会に出場。令和3年は度春季関東大会でベスト8、秋季関東大会でベスト8の成績を収めた。U18代表選手に3名選出された。
・書道部は令和3年度、高円宮杯で日本武道館賞、特選に選ばれた。全日本書初め展で特選に選ばれた。

★設置部 （※は同好会）

剣道、硬式テニス、サッカー（男女）、水泳、ソフトボール、ダンス、バスケットボール（男女）、バドミントン、バレーボール（女）、ラクロス、陸上競技、日本拳法、E.S.S、映画アニメ、演劇、科学、合唱、華道、茶道、軽音楽、写真、吹奏楽、陶芸、美術、弦楽オーケストラ、書道、※クッキング

[行　事]

・海外修学旅行を実施。これまでの行き先はシンガポール、韓国、ハワイ、グアム、台湾など。
・毎年夏休みには、友好交流校提携を結んでいるアメリカ・サンフランシスコ郊外のラスロマス高校で希望者が語学研修を行う。
・飛鳥祭の1日目にはレベルの高い演劇コンクールが行われる（要予約）。

4月	新入生ホームルーム合宿
6月	体育祭
7月	芸術鑑賞教室
8月	アメリカホームステイ
9月	飛鳥祭（文化祭）
12月	球技大会
1月	海外修学旅行（2年）

[進　路] （令和5年3月）

・長期休業中には講習を実施。毎年40講座以上が開講される。
・国公立大に現役合格。指定校推薦も多数来ている。

★卒業生の進路状況
　＜卒業生217名＞
　大学136名、短大5名、専門学校50名、就職2名、その他24名

★卒業生の主な合格実績
　慶應義塾大、学習院大、明治大、青山学院大、立教大、中央大、法政大、明治学院大、東洋大、専修大、獨協大、日本大、日本女子大、芝浦工業大

♣指定校推薦枠のある大学・短大など♣
　法政大、日本大、東洋大、明治学院大、獨協大、大東文化大、東京家政大、明治学院大、都立板橋看護専門

学校　他

[トピックス]

・単位制の高校ながら、ホームルーム活動も重視。
・令和4年4月から東京GE-NET20の指定校となっている。
・茶道の実習ができる30畳の和室、大型の電気窯を備えた陶芸室もある。
・農場では「生物活用」の授業を行う。
・英語は1年次には年2～3回プレゼンコンテストを実施。スキットや英語劇などを通して英語を使って表現する力を培う。充実した英語教育の成果として、スピーチコンテストや高校生英作文コンテストに出場・出品し、優秀な成績を収めている。また、多数の洋書を揃え多読活動にも取り組んでいる。
・地域の環境美化のためのボランティア活動なども実施している。
・施設は冷暖房完備。
・交通は文教地域にあり2駅利用可。

[学校見学] （令和5年度実施内容）

★授業公開　4・10・11月各1回（要予約）
★学校見学会　7・8月各1回（要予約）
★学校説明会　10・11・1月各1回（要予約）
★飛鳥祭　9月　見学可（1日目の演劇コンクールは要予約）
★個別進学相談会　12月1回
★学校見学は原則火・木 16:00 から（要連絡）
★夏季休業中の学校見学は火・木 14:00 から（8月の数日を除く。要予約）

受検状況

科名・コース名	募集人員	推薦に基づく入試				第一次募集・分割前期募集			
		募集人員	応募人員	応募倍率	合格人員	募集人員	受検人員	受検倍率	合格人員
普通	213	43	107	2.49	43	170	169	0.99	169

入学者選抜実施方法

推薦

科名・コース名	推薦枠			調査書の活用		満点					備考
	割合(%)	特別推薦の有無	観点別学習状況の評価	評定	調査書点	集団討論・個人面接	小論文	作文	実技検査		
普通	20	○	–	○	500	250	–	250	–		

第一次・分割前期

科名・コース名	分割募集	男女枠緩和	学力検査		調査書 教科の評定の扱い		学力検査:調査書	満点					備考
			教科	学校指定による傾斜配点	学力検査を実施する教科	学力検査を実施しない教科		学力検査	調査書点	面接	小論文・作文	実技検査	
普通	–		5	–	1倍	2倍	7：3	700	300	–	–	–	

〈本校の期待する生徒の姿〉

　飛鳥高校は、「国際社会で健やかにたくましく生き抜く力」「個性や特性を大きく伸ばす豊かな創造力」「社会に貢献できる能力・態度」の育成を教育目標とする単位制普通科高校です。国際理解教育、演劇コンクール、日本の伝統・文化や多言語等授業といった特色ある教育活動を通じて、幅広い教養を身に付け、主体的にかつグローバルに活躍する生徒を育成します。本校の教育方針を理解し、以下の項目のいずれかに該当する生徒の入学を期待します。
1　英語や国際交流に関心をもち、将来、国際化が進む社会で活躍しようという意欲ある生徒
2　4年制大学等を目指す高い学習意欲を有し、探究心が旺盛で主体的に学ぶ生徒
3　個性を認め合い、他者と協働して粘り強く努力する生徒
4　学習活動と部活動等を両立させ、積極的に学校生活を送る生徒
5　芸術文化活動に関心をもち、豊かな想像力とコミュニケーション能力をもつ生徒
※　特に推薦選抜においては、読解力と表現力に優れ、英語評定が4以上であることが望ましい。

難易度（偏差値）	D－1（50－47）	併願校選択例	郁文館、神田女学園、共栄学園、貞静学園、豊南

都立 王子総合 高等学校
（おうじそうごう）

https://www.metro.ed.jp/oujisogo-h/

〒114-0023　北区滝野川 3-54-7
☎ 03-3576-0602
交通　都営三田線西巣鴨駅　徒歩 6 分、JR 京浜東北線王子駅　徒歩 13 分
　　　JR 埼京線板橋駅　徒歩 14 分

総合学科

単位制
制　服　あり

[カリキュラム] ◇三学期制◇

・総合学科高校なので、普通科目に加えて専門学科の内容も学習することができる。
・どの教科も「質の高いわかる授業」に努める。また、習熟度別、多展開・少人数、ゼミ形式など様々な形態で授業は行われ、各自の能力に合った学習ができるよう工夫される。
・1 年次は芸術を除いて全員が共通の科目を履修する。
・1 年次には科目「産業社会と人間」を学習する。自己を知り職業について調べ、自己の在り方、生き方を探究する。また、科目選択に対する助言や進路指導などのガイダンス機能を充実させている。
・2、3 年次には100 を超す選択科目（普通教科・専門教科）を用意。その中から 4 系列に属する科目を選び自分に最適な時間割を組み立てる。
・4 系列とは、多彩に用意された選択科目を各自が進路に生かせるように目安として設定された「国際・ビジネス」「データサイエンス」「芸術・デザイン」「スポーツ・健康」の各系列のこと。
・体験型学習を重視。4 系列の系列選択科目のうち、50 以上の講座が体験型学習や実習を中心とした内容となる。
・日本語ワープロ検定、情報処理検定、簿記実務検定、食物調理技術検定、保育技術検定などの合格を目標とした講座を設置する。

[部活動]

・約 88％が参加。
・運動部、文化部とも各種大会で活躍できるよう、施設・指導体制を準備している。
・最近の主な実績は以下のとおり。
＜令和 5 年度＞
フェンシング部がインターハイ出場。ダンス部が全日本高等学校チームダンス選手権大会決勝大会出場。
＜令和 4 年度＞
フェンシング部がインターハイ女子

個人対抗サーブル優勝。美術部が全国高等学校総合文化祭美術・工芸部門東京代表出品。

★設置部

硬式野球、サッカー（男女）、陸上競技、バスケットボール（男女）、バレーボール（男女）、卓球、ダンス、バドミントン、フェンシング、硬式テニス、剣道、水泳、チアリーディング、茶道、和太鼓、吹奏楽、弦楽、イラスト、パソコン、美術、軽音楽、家庭科、演劇、新聞、科学、映画研究　等

[行　事]

4 月	OD セミナー（1 年）
6 月	体育祭
9 月	桜橙祭（文化祭）
10 月	修学旅行（韓国）
11 月	芸術鑑賞教室
12 月	課題研究発表会
3 月	合唱コンクール

[進　路]（令和 5 年 3 月）

・総合学科指定科目「産業社会と人間」の学習を通して、地域に根差し、充実したキャリア教育を推進する。
・大学進学等へ向けて、学年全体および生徒一人ひとりに対する一貫した計画・指導体制を整備する。
・個人面談、履修相談週間などを通してきめ細かな指導を実施。

★卒業生の進路状況

＜卒業生 226 名＞
大学 108 名、短大 6 名、専門学校 85 名、就職 10 名、その他 17 名

★卒業生の主な進学先

筑波大、芝浦工業大、大妻女子大、亜細亜大、国士舘大、淑徳大、専修大、大正大、拓殖大、多摩美術大、千葉工業大、帝京大、東京農業大、東洋大、日本大、武蔵大、明治大

[トピックス]

・平成 23 年 4 月、都立で 10 番目の総合学科高等学校として、都立王子工業高等学校の跡地に開校。第 1 期卒業生は平成 26 年 3 月に送り出された。

・「Design Your Dream」をキャッチコピーとし、「自己の生き方を真剣に考え将来を切り開く力をつける学校」を目指している。
・平成 24 年度に新校舎が完成した。充実した施設・設備の中で、快適な総合学科教育が行われている。
・自己管理能力を養うべく、「ノーチャイム制・ノー放送」を採用。
・視聴覚ホールは 260 名収容。体育館にはアリーナや武道場、トレーニング室を備える。その他、メディアスペース、ものづくりコート、各種実習室、芸術系室、スポーツ科学室、PC 教室は 7 教室（うち、1 教室は最新の Apple 社の iMac を設置）などが設置され、その内容は総合学科にふさわしいものとなっている。
・一足制のため上履きは不要。
・1 年次で履修する「産業社会と人間」において、総合学科高校におけるNPO 等と連携した社会人基礎力向上事業を実施。「人生 100 年時代の社会人基礎力」を身に付けるための実践的・体験的な学習に取り組んでいる。

[学校見学]（令和 5 年度実施内容）

★学校案内会　7 月 1 回　8 月 2 回
★学校見学会　7/26 〜 8/29 の平日9 日間　10:00、14:00 〜（要予約）8/7 〜 30 の平日 5 日間　10：00〜（当日受付）
★桜橙祭　9 月
★学校説明会　10・11・12 月各 1 回

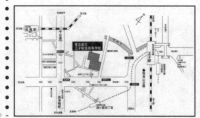

受検状況

科名・コース名	募集人員	推薦に基づく入試				第一次募集・分割前期募集			
		募集人員	応募人員	応募倍率	合格人員	募集人員	受検人員	受検倍率	合格人員
総合	236	72	190	2.64	72	164	224	1.37	166

入学者選抜実施方法

推薦

科名・コース名	推薦枠		調査書の活用		満点					備考
	割合(%)	特別推薦の有無	観点別学習状況の評価	評定	調査書点	集団討論・個人面接	小論文	作文	実技検査	
総合	30	○	−	○	500	250	−	250	−	

第一次・分割前期

科名・コース名	分割募集	男女枠緩和	学力検査		調査書		学力検査:調査書	満点						備考
			教科	学校指定による傾斜配点	教科の評定の扱い			学力検査	調査書点	面接	小論文・作文	実技検査		
					学力検査を実施する教科	学力検査を実施しない教科								
総合	−		5	−	1倍	2倍	7:3	700	300	−	−	−		

〈本校の期待する生徒の姿〉

　本校は、総合学科高校としての特性を十分に生かしながら多様で幅広く設定した選択科目を生徒が主体的に選択し学習します。また、キャリア教育をはじめとした学習活動全般を通して、将来の進むべき道について真剣に考え、行動できる人材の育成を目指します。自身の可能性を伸ばし将来を切り拓いていこうとする意欲のある生徒の入学を期待しています。とりわけ、下記の特長を有する生徒の入学を求めています。
1　学習面において得意な教科があり、一層の伸長を図るとともに、その他の教科についても一生懸命努力していく生徒
2　生徒会活動・委員会活動・部活動、学校行事等で積極的に活動してきた実績があり、本校入学後もその実績を伸ばそうとする生徒
3　中学校において服装や生活態度等のルールやマナーがしっかりと守れていた生徒
4　地域活動や日本の伝統・文化に興味・関心をもち、積極的に参加し活動する生徒
5　人間性豊かで他の人を思いやる心があり、良好な人間関係を築いていける生徒

難易度（偏差値）	D−2（46−43）	併願校選択例	関東第一、京華商業、東京成徳大、日本工業大駒場、武蔵野

ビジネスコミュニケーション科

都立 千早 高等学校
ちはや

https://www.metro.ed.jp/chihaya-h/

☎ 171-0044　豊島区千早 3-46-21
☎ 03-5964-1721
交通　東京メトロ千川駅　徒歩7分
　　　西武線東長崎駅　徒歩10分

制　服　あり

[カリキュラム] ◇三学期制◇
- 使える英語、経済の仕組み、コンピュータによる発信能力、コミュニティの大切さを学ぶ。
- 3年次は進路希望実現を目指してきめ細かく指導をする。

<本校の英語教育>
- 都立高校では**最多の英語授業時数**。
- 「**聞く・話す・読む・書く**」という4つの技能をバランスよく学び、コミュニケーション能力を養う。
- ネイティブスピーカーの先生が8名在籍している。
- イングリッシュルームには英語の本が約16,500冊ある。図書館にも約500冊あり、貸出が可能となっている。
- **少人数教育**によるきめ細かい指導を実施する他、**マルチメディア**を活用して楽しく英語を学ぶ。

<本校のビジネス教育>
- 新しいビジネスのあり方を学べる。
- 大学・地域・企業と連携した授業を実践している。
- パソコンの施設がたいへん充実。
- 1年次は「ビジネス基礎」「簿記」「情報処理」の各分野を全員共通に履修。また、近年注目を集めているNPO活動やソーシャル・ビジネスについての学習も行う。2年次は特定の分野を選択し、科目を選択してより深く学ぶ。
- 「**ビジネス基礎**」分野では、変化するビジネス環境に柔軟に対応する意欲と能力を養い経済のしくみを学ぶ。
- 「**簿記**」分野では、企業の会計・経理業務で必要な簿記の基礎的な知識・技術の習得を目指す。
- 「**情報処理**」分野では、ビジネス活動に必須とも言えるワープロソフト,表計算ソフトの活用をはじめ、画像処理、ネットワークの学習など、ユーザーとしての幅広い知識と技術の習得を目指し情報発信能力を高める。
- 希望者には日商簿記検定や英語検定などの各種資格取得を支援するための「**資格取得講座**」を実施。

[部活動]
- 約7割が参加。兼部も可能(一部)。
- **演劇部**が3年連続で全国大会に出場している。
- 令和4年度は**女子バレーボール部**がインターハイ予選でベスト32、夏季大会ではブロック優勝の成績を収めた。

★設置部
硬式野球、サッカー(男女)、ソフトテニス、水泳、ダンス、硬式テニス、バスケットボール(男女)、バドミントン、バレーボール(女)、陸上競技、剣道、吹奏楽、演劇、英語、軽音楽、茶道、華道、ボランティア、和太鼓、IT写真、MIC(マンガイラスト)、競技かるた

[行　事]
- 1年次の2月には福島県ブリティッシュヒルズで**イングリッシュキャンプ**を全員参加で実施。英語漬けの2泊3日を過ごす。
- ベトナムへの**海外修学旅行**、**海外大学連携プログラム**、夏期休業中2週間の**英国語学研修**、10日間の**海外ビジネス研修**など、グローバルな視野を広げる機会が豊富である。

4月	校外学習(1・2・3年)
5月	芸術鑑賞教室
6月	体育祭
9月	千早祭(文化祭)
10月	海外修学旅行(2年)
2月	イングリッシュキャンプ(1年)

[進　路]（令和5年3月）
- 実社会への理解を深める**キャリア教育**として、**学術アドバイザー**や企業、NPOなどで活躍中の方を迎えての**セミナー**などを開催。生徒が夢や目標をもつための絶好の機会となっている。
- 全教員でサポートする**小論文指導**により、総合型・学校推薦型選抜に対応。
- 年間10回、**土曜日にトリニティ講座**を開催。英語による英語・数学・歴史・ビジネスなどの特別授業がアイルランドダブリン大学トリニティ・カレッジ教授陣により行われる。

★卒業生の進路状況
<卒業生194名>
大学129名、短大6名、専門学校30名、就職1名、その他28名

★卒業生の主な進学先
亜細亜大、神田外語大、杏林大、国士舘大、駒澤大、上智大、成蹊大、専修大、拓殖大、多摩美術大、東京経済大、東京国際大、東洋大、獨協大、日本大、文教大、法政大、武蔵大、立教大

♣指定校推薦枠のある大学・短大など♣
嘉悦大、駒澤大、成蹊大、専修大、東洋大、日本大、日本薬科大、文教大、武蔵大、セントアンドリュース大、バンガー大　他

[トピックス]
- 平成16年に開校。英語とビジネス教育を重視した新タイプの**進学型専門高校**。
- 東京都教育委員会から「**GE-NET20**」「**海外学校間交流推進校**」に指定されている。
- **格技棟や50mプール**、校舎には、図書館併設の**自習室**、220席を備えた**視聴覚室**、**カウンセリング室**などがあり、コンピュータが導入された教室も7室ある(2室が英語学習用)。
- エレベータの設置、階段周りなど主要な場所への点字ブロック敷設、全廊下の手すりの設置や、可能な限り段差をなくした構造など、**バリアフリー対策**もなされている。
- 平成28年より、女子バレーボール部で**文化・スポーツ等特別推薦**を実施。
- 英検準2級・2級については、年間3回とも校内で実施している。また、GTECを1～3学年で実施している。

[学校見学]（令和5年度実施内容）
★授業公開　6・10・11月各1回
★学校見学会　7・8月3回(要連絡)
★学校説明会　10月2回、11・12・1月各1回(要連絡)
★文化祭　9月
★学校見学　月曜日16:00～16:50(要連絡)

※本欄の内容はすべて令和6年度入試のものです。

受検状況

科名・コース名	募集人員	推薦に基づく入試				第一次募集・分割前期募集			
		募集人員	応募人員	応募倍率	合格人員	募集人員	受検人員	受検倍率	合格人員
ビジネスコミュニケーション	210	84	162	1.93	84	126	145	1.15	128

入学者選抜実施方法

推薦

科名・コース名	推薦枠		調査書の活用		満点					備考
	割合(%)	特別推薦の有無	観点別学習状況の評価	評定	調査書点	集団討論個人面接	小論文	作文	実技検査	
ビジネスコミュニケーション	40	○	–	○	400	300	100	–	–	

第一次・分割前期

科名・コース名	分割募集	男女枠緩和	学力検査		調査書		学力検査:調査書	満点					備考
			教科	学校指定による傾斜配点	教科の評定の扱い			学力検査	調査書点	面接	小論文・作文	実技検査	
					学力検査を実施する教科	学力検査を実施しない教科							
ビジネスコミュニケーション	–		5	国英1.5倍	1倍	2倍	7:3	700	300	–	–	–	

〈本校の期待する生徒の姿〉

　本校は、RESPECTの精神の下、英語とビジネスに重点を置き、文系大学等への進学を目指す専門学科高校です。英語を中心に国語、社会等の普通科目とビジネスの専門科目を学習します。本校では、次のような生徒の入学を期待します。
1　ビジネスコミュニケーション科の特色を十分に理解し、本校を第一志望とする生徒
2　お互いを認め合い、理解し合い、相手の立場でコミュニケーションを図ることができる生徒
3　英語とビジネスに強い興味・関心をもち、広い視野をもって主体的な学習を継続する生徒
4　将来の進路について真剣に考え、その実現に向けて意欲的に挑戦し、大学進学を目指す生徒
5　学校行事、生徒会活動、部活動、社会貢献活動等に積極的に参加する生徒
6　友人や教職員と共に、学校の良き校風を継承し、新たな歴史をつくり上げようとする生徒
※　特に推薦選抜においては、面接で英語・ビジネス・大学進学への関心を示すことが望ましい。
※　「文化・スポーツ等特別推薦」を、英語、ビジネス、バレーボールについて実施する。

難易度（偏差値）	D-2（50-47）	併願校選択例	修徳、貞静学園、豊島学院、豊南、目黒学院

都立 豊島 高等学校
（としま）

http://www.toshima-h.metro.tokyo.jp/

〒171-0044　豊島区千早 4-9-21
☎ 03-3958-0121
交通　東京メトロ小竹向原駅　徒歩 8 分
　　　東京メトロ千川駅　徒歩 8 分
　　　西武線江古田駅　徒歩 12 分

普通科

| 制　服 | あり |

［カリキュラム］◇三学期制◇

・多くの教科において少人数制を取り入れ、さらには**個人指導**も行うなど、きめ細かい授業を展開。

・2 年次からゆるやかな文理選択を行い、幅広い進路に対応できる基礎学力を身につける。3 年次は進路希望の実現に焦点を絞り、多彩な**自由選択科目**のなかから各自選択履修し、効率よく学習する。

・夏季、冬季休業中には、全学年とも**補習・講習**を実施。

・**朝学習**を実施。

・土曜授業はないが、大学生のチューター在駐の自習室で学習が可能。

・大学生による「**理数サポート塾**」開講。

［部活動］

・約 9 割が参加。本校の部活動には歴史と伝統があり、指導する側も生徒も共に熱心である。特に**吹奏楽部、男子硬式テニス部、柔道部**などが優れた成績を修めている。

・最近の主な実績は以下のとおり。
＜令和 3 年度＞
吹奏楽部が東京都高等学校吹奏楽コンクール A 組で金賞受賞・代表、都大会出場銀賞受賞。日本管楽合奏コンテストで最優秀賞を受賞、全国大会出場。

★設置部（※は同好会）
バレーボール、サッカー、陸上、硬式テニス、ソフトテニス、バレーボール、ソフトボール、バスケットボール、卓球、軟式野球、バドミントン、柔道、科学、茶道、パソコン、料理研究、演劇、美術、※マジック、吹奏楽、写真、※社会科、ダンス、漫画イラスト

［行　事］

・「歩こう会」では、近郊の自然路を 1 日かけて歩く。

・豊島祭のなかの「**弁論大会**」は本校の伝統行事。また、「**舞台祭**」は練馬文化センター大ホールで行われる一大イベントである。

6 月　歩こう会
7 月　部活動合宿、体育祭
8 月　夏期講習
9 月　豊島祭（弁論大会・舞台祭・文化祭）
10 月　修学旅行
3 月　球技大会

［進　路］（令和 5 年 3 月）

・ほぼ全員が進学を希望しており、卒業生の約 8 割が四年制大学に現役合格している。

・進路指導は 1 年次から行い、先輩の話を聞く機会を設けたり、**個人面談**を実施したりするなどして、早い時期から生徒が進路に意識を向けるように配慮している。夏休み中の補習・補講を実施。

★卒業生の主な合格実績
宇都宮大、岡山大、信州大、山梨大、福島大、東京都立大、埼玉県立大、東京海洋大、山梨県立大、横浜国立大、早稲田大、東京理科大、学習院大、明治大、青山学院大、立教大、中央大、法政大

♣指定校推薦枠のある大学・短大など♣
大妻女子大、学習院大、共立女子大、國學院大、芝浦工業大、十文字学園女子大、女子栄養大、創価大、帝京科学大、帝京平成大、東京工科大、東京成徳大、東京電機大、東洋大、日本女子大、文教大、武蔵大、立教大　他

［トピックス］

・昭和 11 年、東京府立第十高等女学校として設立。24 年には男女共学モデル校となる。翌 25 年現校名に改称。

・緑豊かで静かな住宅地に囲まれている本校は、**穏やかで落ち着いた雰囲気**の学校である。何事にもまじめに取り組む姿勢をはじめ、先輩方のよき伝統が脈々と受け継がれている。勉強と部活動の両立を「**文武一道**」ととらえており、**部活のできる進学校**である。

・校舎の全面改築。新校舎は令和 3 年

10 月に完成した。グラウンドは令和 5 年 11 月に完成する予定。

・三秒礼法指導、清整指導、茶髪指導、着こなし指導、あいさつ指導など、**規範指導**を徹底している。

・球技大会を発展させた形で e-スポーツの導入など、伝統と特色ある数々の学校行事でも生徒が輝けるよう、生徒会を中心に取り組みを進めている。

・東京都「**理数教育重点校**」と「**ALCM 推進校**」「**海外学校間交流推進校**」に指定されている。

・第 2、3 学年において各 1 学級を特進クラスとして設置している。

［学校見学］（令和 5 年度実施内容）

★学校見学会　6 月 1 回
★学校説明会　10・11・12・1 月各 1 回
★豊島祭　9 月　見学可
★夏期休業中の学校見学会　7 月 1 回、8 月 6 回

受検状況

科名・コース名	募集人員	推薦に基づく入試				第一次募集・分割前期募集			
		募集人員	応募人員	応募倍率	合格人員	募集人員	受検人員	受検倍率	合格人員
普通	316	64	298	4.66	64	253	527	2.08	255

入学者選抜実施方法

推薦

科名・コース名	推薦枠		調査書の活用		満点					備考
	割合(%)	特別推薦の有無	観点別学習状況の評価	評定	調査書点	集団討論・個人面接	小論文	作文	実技検査	
普通	20	○	–	○	500	200	300	–		

第一次・分割前期

科名・コース名	分割募集	男女枠緩和	学力検査		調査書		学力検査：調査書	満点					備考
			教科	学校指定による傾斜配点	教科の評定の扱い 学力検査を実施する教科	学力検査を実施しない教科		学力検査	調査書点	面接	小論文・作文	実技検査	
普通	–	○	5		1倍	2倍	7：3	700	300	–	–	–	

〈本校の期待する生徒の姿〉

　本校は、穏やかで落ち着いた雰囲気の学習環境の中で、積極的に考え行動し、自ら進路を切り拓こうとする生徒が集う学校です。また、部活動にも力を入れていて、「文化・スポーツ等特別推薦」を実施しています。
　次のような生徒に来てほしいと思っています。
1　大学進学をはじめ将来への目的意識をもち、その達成に向けて学習意欲をもって本校で努力しようとする生徒
2　得意教科の発展的な学習に主体的に取り組んできた生徒及び資格・検定への取り組みに意欲がある生徒
3　部活動・生徒会活動等に積極的に取り組んできた生徒及びこれから取り組もうとする生徒で、特に様々な活動の中でリーダーとしての経験がある生徒
※　特に推薦選抜においては、上記1から3までに該当するほか、次の①から③までに該当する生徒が望ましい。①全ての教科・科目に興味をもって取り組み、主体性と自学自習ができる強い自立心がある。②読解力や論理的な思考力、表現力がある。③礼儀正しく規範意識があり、学習意欲とコミュニケーション能力がある。

難易度（偏差値）	C-2（57-55）	併願校選択例	大東文化大第一、東京成徳大、豊島学院、日本大豊山、豊南

次のページもご覧ください ▶▶▶

都立 文京 高等学校
(ぶん きょう)

https://www.metro.ed.jp/bunkyo-h/

〒170-0001　豊島区西巣鴨 1-1-5
☎ 03-3910-8231
交通　ＪＲ山手線大塚駅　徒歩7分
　　　都電荒川線巣鴨新田駅　徒歩1分
　　　都営地下鉄西巣鴨駅　徒歩11分

普通科

制　服　あり

[カリキュラム] ◇三学期制◇
・国公立大学・私立上位校への進学を重視した教育課程となっている。
・**土曜日も授業**があり、50分授業を月～金曜日は6時限、土曜日は2週間に1度程度（年間20回）で4時限実施。
・1、2年次は共通履修のため、芸術以外は選択科目がない。理科も社会も全員がすべてをこなす。数学と英語の授業では**習熟度別授業**を行う。
・2年次では理科（物理・生物）の単位数の違いによるクラス編成を行う。
・3年次には**理系**と**文系**に分かれ、必修選択科目以外に最大6単位までの**自由選択科目**を設置。各自の進路に応じた学習が可能となっている。文系の英語や理系の数学は習熟度別授業。
・**国公立大学対応クラス**を設置。授業内容等は工夫されているが、特進クラスではなく、本人の希望をもとに編制。1、2年次には全員が**夏期講習**（国数英）を受ける。

[部活動]
・約9割が参加。勉強との両立を求め、どの部も活発に活動し、めざましい実績を挙げつつある。
・入試では**文化・スポーツ等特別推薦**を実施。対象となる部は、硬式野球部、陸上競技部（男女）、バスケットボール部（男女）、バレーボール部（女子）である。
・最近の主な実績は以下のとおり。
＜令和5年度＞
　女子バレーボール部が夏季大会で優勝。**陸上競技部**が関東大会に出場。
＜令和4年度＞
　女子バレーボール部が夏季大会で優勝。**陸上競技部**が関東大会に出場。**バドミントン部**が都ベスト32。**水泳部**が関東大会で第15位。
＜令和3年度＞
　チアリーディング部が、高体連チアリーディング選手権大会で5位入賞。**バドミントン部**がインターハイ都予選の個人ダブルスで女子ベスト32と

なった。

★設置部
　硬式野球、陸上競技、バスケットボール、バレーボール、サッカー、バドミントン、硬式テニス、ソフトテニス、卓球、剣道、水泳、チアリーディング、ダンス、吹奏楽、軽音楽、美術、演劇、茶道、箏曲、生物、家庭科、漫画研究、文芸、社会調査、写真

[行　事]
　6月の**体育祭**、9月の**紫雲祭**（文化祭）が二大行事である。企画から運営進行まで生徒自治会を中心とした実行委員会が中心的役割を果たす。
4月　セミナー合宿、遠足
6月　体育祭
9月　紫雲祭（文化祭）
12月　修学旅行
1月　芸術鑑賞教室
3月　球技大会

[進　路]（令和5年3月）
・4年制大学への現役進学率は約90%。
・1年次は入学直後の**セミナー合宿**や「総合的な学習の時間」を利用した**キャリアガイダンス**を、2年次には**大学授業体験**などを実施。
・3年次を中心に**平日講習**や**土曜講習**、**夏期講習**、**冬期講習**などを大学受験対策として開講している。
・放課後18時45分まで利用可能の**自習室開設**に加え、自習室に**サポートティーチャー**を置くなど、学習面でのサポート体制の充実を進めている。

★卒業生の進路状況
　＜卒業生 348名＞
　大学 316名、短大 0名、専門学校 8名、就職 0名、その他 24名
★卒業生の主な合格実績
　北海道大、秋田大、埼玉大、千葉大、東京海洋大、東京医科歯科大、東京都立大、早稲田大、慶應義塾大、上智大、東京理科大、学習院大、明治大、青山学院大、立教大、中央大、法政大、國學院大、明治学院大、成蹊大、東洋大、獨協大、日本大
♣指定校推薦枠のある大学・短大など♣

東京都立大、芝浦工業大、成蹊大、中央大、東京理科大、東洋大、法政大、明治学院大、立教大　他

[トピックス]
・昭和15年、第三東京市立中学として創立。25年東京都立文京高等学校に改称、現在に至る。
・「夢を叶える通り道－努力の汗、感動の涙、僕らの本気が文京（ここ）にある－」がキャッチコピー。ハイレベルな文武両道で、明日の日本、世界を支える人材の育成を目指す。

[学校見学]（令和5年度実施内容）
★学校説明会　10月3回
★紫雲祭　9月　見学可
★学校見学会　7・8月各2回
★授業公開　6・11月各1回

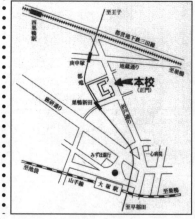

入試!インフォメーション

※本欄の内容はすべて令和6年度入試のものです。

受検状況

科名・コース名	募集人員	推薦に基づく入試				第一次募集・分割前期募集			
		募集人員	応募人員	応募倍率	合格人員	募集人員	受検人員	受検倍率	合格人員
普通	356	72	182	2.53	72	284	369	1.30	285

入学者選抜実施方法

推薦

	科名・コース名	推薦枠		調査書の活用		満点					備考
		割合(%)	特別推薦の有無	観点別学習状況の評価	評定	調査書点	集団討論個人面接	小論文	作文	実技検査	
推薦	普通	20	○	–	○	300	150	150	–		

第一次・分割前期

	科名・コース名	分割募集	男女枠緩和	学力検査		調査書		学力検査：調査書	満点					備考
				教科	学校指定による傾斜配点	教科の評定の扱い（学力検査を実施する教科）	（学力検査を実施しない教科）		学力検査	調査書点	面接	小論文・作文	実技検査	
第一次・分割前期	普通	–	○	5		1倍	2倍	7：3	700	300	–	–	–	

〈本校の期待する生徒の姿〉

本校は、将来をしっかり見つめ、学習活動に力を注ぐとともに、学校行事や部活動にも熱心に取り組み、自らの可能性を追求する生徒が集う学舎である。「夢を叶える通り道−努力の汗、感動の涙、僕らの本気が文京にある−」は本校生徒の心意気である。以下の項目に該当し、本校に入学することを心から希望する生徒を望む。

1　学習活動、行事や部活動について本校の特色をよく理解している生徒
2　大学進学等、自分の進路についてよく考えている生徒
3　中学校で、総合的な学習の時間を含め、学習活動全般に意欲的に取り組んだ生徒
※　特に推薦選抜においては、以下の項目に該当する生徒が望ましい。
 (1)　部活動、生徒会活動、地域での活動、その他ボランティア活動に積極的に取り組み、入学後もその意欲をもち続けられる生徒
 (2)　学業と部活動等の両立に取り組んだ生徒
 (3)　資格・検定の取得に意欲的に取り組んだ生徒
※　「文化・スポーツ等特別推薦」を、硬式野球、バスケットボール、女子バレーボール、陸上競技について実施する。

難易度（偏差値）	B−3（60−58）	併願校選択例	國學院、淑徳巣鴨、順天、成立学園、東京成徳大

次のページもご覧ください ▶▶▶

都立 工芸 <ruby>工芸<rt>こうげい</rt></ruby> 高等学校

https://www.metro.ed.jp/kogei-h/

☎ 113-0033　文京区本郷 1-3-9
☎ 03-3814-8755
交通　ＪＲ中央・総武線・都営地下鉄水道橋駅　徒歩１分
　　　東京メトロ後楽園駅　徒歩７分

マシンクラフト科
アートクラフト科
インテリア科
デザイン科
グラフィックアーツ科

制　服	なし（希望者のみ標準服）

［カリキュラム］◇三学期制◇

火曜・木曜日に**7時間目**を設定。各種の進路に対応した自由選択講座や、個別指導の時間が充実。

★マシンクラフト科

金属やプラスチックなど、各種素材を使って、各テーマごとに自分でデザインした作品を制作。ものづくりの理論、デザイン技術の基礎、CADやCGなどのコンピュータ関連、能率よく加工するための機械操作を学習。

★アートクラフト科

伝統的な金属工芸（彫金・鋳金・鍛金）の作品制作を中心としジュエリーの制作などをとおして技術と理論を学習。就職や美大受験を視野に入れた、デッサン、造形デザイン、製図を基礎から学習。

★インテリア科

住宅・店舗のインテリアや家具などのデザインから実際の製作までを総合的に学習。色彩・デッサンなどの基礎から始めて、CADや３次元CGを学習。

★デザイン科

様々なデザインの分野にいかせる基礎力をつけるため、手仕事、デジタル、平面、立体と広い領域を学習。広告・イラストなどのビジュアルコミュニケーションデザイン、文具・家電などの工業デザインを中心に学習。

★グラフィックアーツ科

マーケティング、企画、グラフィックデザイン、写真、文字組版編集、その総合としてDTPの学習。応用として、Webデザイン、CG、アニメーション、映像などマルチメディア関連の技術・理論についても幅広く学習。

［部活動］

・全生徒の約９割が加入。
・インターハイに出場経験のある**山岳部**、本校ならではの工芸技術や設備を活かした**クラフト部**や**陶芸部**など、計29の部が活発な活動を行っている。

★設置部（※は同好会）

バレーボール（男女）、バスケットボール（男女）、サッカー、軟式野球、硬式テニス、バドミントン、卓球、山岳、陸上、水泳、体操、柔道、剣道、空手、演劇、写真、美術、音楽、漫画研究、陶芸、映画研究、クラフト、模型、理科、囲碁、茶華道、テクニカル、グラスアート、文芸、※ラグビー、※百人一首、※ダンス

［行　事］

5月	見学会、写生会・撮影会、体育祭
10月	工芸祭（文化祭）
2月	卒業制作プレゼンテーション
3月	球技大会、卒業制作展

［進　路］

・１年次から**キャリアガイダンス**を行い、進路に対する意識を啓発。
・長期休業中には**受験対策・補習講座**を開設。
・３年間を通した**進路ガイダンス**や**三者面談**、**企業見学**や**インターンシップ**を実施。

★卒業生の進路状況

＜卒業生172名＞
大学99名、短大1名、専門学校44名、就職7名、その他21名

★卒業生の主な進学先

＜マシンクラフト科＞
千葉大、東京藝術大、京都造形芸術大、多摩美術大、中央大、東京家政大、東京造形大、東京農業大、日本大、武蔵野美術大

＜アートクラフト科＞
東京学芸大、東京藝術大、金沢美術工芸大、女子美術大、多摩美術大、東京工芸大、長岡造形大、武蔵野美術大

＜インテリア科＞
東京学芸大、国士舘大、東京造形大、東京電機大、日本大、武蔵野美術大

＜デザイン科＞
筑波大、日本大、女子美術大、多摩美術大、東京造形大、武蔵野美術大

＜グラフィックアーツ科＞
東京家政大、多摩美術大、東京造形大、日本大、武蔵野美術大

♣指定校推薦枠のある大学・短大など♣

跡見学園女子大、大妻女子大、桜美林大、神奈川大、関東学院大、京都造形芸術大、工学院大、実践女子大、昭和女子大、女子美術大、杉野服飾大、拓殖大、玉川大、中央大、東海大、東京工芸大、東京電機大、東洋大、日本大、武蔵野美術大、明星大、横浜美術大、立正大　他

［トピックス］

・明治40年開校。都立で唯一の**工芸・デザイン系専門高校**。
・令和８年度に**創立120周年**を迎える。
・校舎は地上９階、地下２階の**インテリジェントビル**で、**全館冷暖房完備**。
・コンピュータ教室、ＬＬ教室、温水プールなど、施設も充実。
・**高校生ものづくりコンテスト全国大会優勝**をはじめ、各種コンテストでの最優秀および入賞。展覧会入賞。作品の意匠登録などで活躍。
・**高大連携事業**として、大学の先生によるデッサン講習会や特別講義、講演会などを実施。

［学校見学］（令和5年度実施内容）

★授業公開　6・9月各1回
★学校見学会　7月1回、8月5回
★学校説明会　10月
★工芸祭　10月末　見学可、説明会あり

※本欄の内容はすべて令和6年度入試のものです。

受検状況

科名・コース名	募集人員	推薦に基づく入試				第一次募集・分割前期募集			
		募集人員	応募人員	応募倍率	合格人員	募集人員	受検人員	受検倍率	合格人員
マシンクラフト	35	10	19	1.90	10	25	27	1.08	26
アートクラフト	35	10	30	3.00	10	25	35	1.40	26
インテリア	35	10	25	2.50	10	25	33	1.32	26
デザイン	35	10	45	4.50	10	25	51	2.04	26
グラフィックアーツ	35	10	47	4.70	10	25	52	2.08	25

入学者選抜実施方法

推薦

科名・コース名	推薦枠		調査書の活用		満点					備考
	割合(%)	特別推薦の有無	観点別学習状況の評価	評定	調査書点	集団討論個人面接	小論文	作文	実技検査	
マシンクラフト	30	–		○	450	300	–	150	–	
アートクラフト	30	–		○	450	300	–	150	–	
インテリア	30	–		○	450	300	–	150	–	
デザイン	30	–		○	450	300	–	150	–	
グラフィックアーツ	30	–		○	450	300	–	150	–	

第一次・分割前期

科名・コース名	分割募集	男女枠緩和	学力検査		調査書		学力検査:調査書	満点					備考
			教科	学校指定による傾斜配点	教科の評定の扱い 学力検査を実施する教科	学力検査を実施しない教科		学力検査	調査書点	面接	小論文・作文	実技検査	
マシンクラフト	–		5	–	1倍	2倍	7:3	700	300	–	–	–	
アートクラフト	–		5	–	1倍	2倍	7:3	700	300	–	–	–	
インテリア	–		5	–	1倍	2倍	7:3	700	300	–	–	–	
デザイン	–		5	–	1倍	2倍	7:3	700	300	–	–	–	
グラフィックアーツ	–		5	–	1倍	2倍	7:3	700	300	–	–	–	

〈本校の期待する生徒の姿〉
★マシンクラフト科・アートクラフト科・インテリア科・デザイン科・グラフィックアーツ科

① 自分の将来の進路についてよく考え、本校での学習をそれに生かそうとする生徒
② 教科の学習や総合的な学習の時間、委員会活動や部活動、ボランティア活動、各種コンクール等において、自ら目的意識をもって積極的に取り組む生徒
③ 創作意欲が高く、各科の教育内容に興味・関心をもち、熱心に取り組もうとする生徒
　○アートクラフト科　銅・銀等の素材によるジュエリーや花瓶・レリーフ等のものづくりとデッサン・製図・デザイン
　○マシンクラフト科　デッサン、コンピュータによるデザイン、マシン・鋳造等による立体造形やプロダクト製品の製作
　○インテリア科　建物、室内、家具等の生活環境に関するデザインと製作、及びインテリアのコーディネート
　○グラフィックアーツ科　ポスター、写真、出版・編集、アニメーション、Ｗｅｂコンテンツ制作に至るトータルワーク
　○デザイン科　広告・イラスト等の視覚的に伝達するクリエイティブワークや、文具・家電等の立体的な製品のデザイン

難易度（偏差値）　マシンクラフト　C-2(57-55)／アートクラフト・インテリア　C-1(57-55)／デザイン・グラフィックアーツ　B-3(60-58)

次のページもご覧ください ▶▶▶

普通科

都立 竹早(たけはや) 高等学校

https://www.metro.ed.jp/takehaya-h/

☎ 112-0002　文京区小石川 4-2-1
☎ 03-3811-6961
交通　東京メトロ茗荷谷駅・後楽園駅、都営地下鉄春日駅　徒歩 10 分〜13 分
　　　都営バス　都 02 系統　春日二丁目（竹早高校正門前）

| 制　服 | 標準服あり |

[カリキュラム] ◇三学期制◇

・令和 4 年度より新カリキュラムに移行。2 年次まで共通履修で理科基礎 4 科目を学ぶ。3 年次には文系・理系・国公立・私立にコース分けを行い、受験科目を中心に学習する。1 単位時間は 50 分授業。年間 20 日（または 20 回）、土曜授業を実施。

・「授業第一主義」を掲げ、「チャイムで始まり、チャイムで終わる授業」で授業での集中力を高めている。

・1 年次から進路学習を十分に行い、探究活動、学会セミナーなどで、将来について多面的に考えていく。

[部活動]

・加入率 119%（兼部を含む）。

＜令和 5 年度実績＞

吹奏楽部が、東京都高等学校吹奏楽コンクール B 組金賞となった。陸上競技部が、新人大会（女子 1500m）都大会決勝に進出した。バドミントン部が、春季高校バドミントン大会男子団体 4 組 3 位になった。

★設置部

サッカー、バレーボール、剣道、陸上競技、バスケットボール、水泳、バドミントン、硬式テニス、ソフトテニス、卓球、軟式野球、ダンスパフォーマンス、演劇、化学研究、文芸、茶道、写真、吹奏楽、箏曲、天文、美術、放送、漫画研究、軽音楽、囲碁・将棋、クッキング、模型、折り紙研究、コーラス、映像研究

[行　事]

体育祭や竹早祭（文化祭）は、それぞれの執行部による自主的な運営方法で開催され、毎年盛大に行われている。体育祭では 3 学年縦割りの 6 色対抗のパフォーマンス、竹早祭では 2・3 年生のクラスごとによる演劇の発表などがある。

修学旅行は、長崎方面で実施。

5 月　体育祭
9 月　竹の子祭・竹早祭（文化祭）
11 月　修学旅行（2 年）
12 月　合唱コンクール（1・2 年）

3 月　球技大会（1・2 年）

[進　路]（令和 5 年 3 月）

・ほとんどの生徒が大学進学を目指し、現役進学率は約 90%であり、都立高校の中ではトップクラス。

・「入れる学校」ではなく「入りたい学校」を目指す「第一志望主義」を生徒に奨励している。

・3 学年対象「夏期講習」には、約 40 講座が設けられ、延べ約 1000 名が参加した。また、自習室を設置し、放課後の学習を支援している。（原則 19:00 まで）

・放課後や土曜日には、「先輩が先生」の自習室・質問塾である「竹早塾」を実施。

・卒業生による進路懇談会（「篁(たかむら)会セミナー」）が催され、進路先の決定の仕方や受験勉強の方法など、具体的な話を聞くことができる。

★卒業生の進路状況
＜卒業生 238 名＞
大学 208 名、短大 0 名、専門学校 2 名、就職 0 名、その他 28 名

★卒業生の主な進学先
北海道大、東北大、お茶の水女子大、名古屋大、東京工業大、東京農工大、埼玉大、千葉大、筑波大、東京外語大、東京海洋大、東京学芸大、電気通信大、横浜国立大、東京都立大、早稲田大、慶應義塾大、青山学院大、学習院大、上智大、中央大、東京理科大、法政大、明治大、立教大　他

♣指定校推薦枠のある大学・短大など♣
東京都立大、早稲田大、慶應義塾大、青山学院大、学習院大、北里大、芝浦工業大、津田塾大、中央大、東京薬科大、東京理科大、法政大、明治大、明治薬科大、立教大　他

[トピックス]

・明治 33 年、東京府立第二高等女学校として創立。120 年に及ぶ歴史と、自主自律の精神を重んずる伝統があり、3C（Chance・Challenge・Change）を学校で共有し、伸びやかではつらつとした校風が醸成されている。

・東京都より進学指導推進校・英語教育研究推進校・理数研究校・帰国生徒受入校に指定されている。

・募集人員に海外帰国生徒枠が設けられているなど、国際理解教育を推進している。

・令和 4 年度より探究学習（3 年間継続）が新たに開始。大学と連携して、大学研究室訪問や、一人一テーマの課題研究等を行っている。さらに生徒「1 人 1 台端末」が始まり、主体的な学びを支援する予定。

・1 学年で TGG を活用して国際交流と語学研修をする。

[学校見学]（令和 5 年度実施内容）

★夏季学校見学会　8 月上旬（平日 4 日間）
★学校説明会　10・11・12 月各 1 回
★授業公開　6・9・10 月各 1 回
★竹早祭　9 月　一般公開

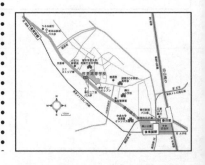

受検状況

科名・コース名	募集人員	推薦に基づく入試				第一次募集・分割前期募集			
		募集人員	応募人員	応募倍率	合格人員	募集人員	受検人員	受検倍率	合格人員
普通	222	45	163	3.62	45	177	296	1.67	179

入学者選抜実施方法

	科名・コース名	推薦枠		調査書の活用		満点					備考
		割合(%)	特別推薦の有無	観点別学習状況の評価	評定	調査書点	集団討論個人面接	小論文	作文	実技検査	
推薦	普通	20	–	–	○	400	150	250	–	–	

	科名・コース名	分割募集	男女枠緩和	学力検査		調査書		学力検査:調査書	満点					備考
				教科	学校指定による傾斜配点	教科の評定の扱い			学力検査	調査書点	面接	小論文・作文	実技検査	
						学力検査を実施する教科	学力検査を実施しない教科							
第一次・分割前期	普通	–	○	5		1倍	2倍	7:3	700	300	–	–	–	

〈本校の期待する生徒の姿〉

本校は、進学指導推進校として進学指導の充実を図っています。また、「自主自律の精神」を掲げて、人間尊重の精神と豊かな感性をもつ人間を育成するとともに、海外帰国生徒の受け入れ校として国際理解教育の推進にも努めています。

本校が期待する生徒の姿は以下のとおりです。

1 将来への目的意識を高くもち、志望する大学への進学の実現に向けて、意欲的に学習する努力を継続できる生徒
2 基本的な生活習慣を身に付けているとともに、社会の一員としての自覚をもってモラルやマナーを大切にする生徒
3 中学校での委員会活動や部活動等で優れた成果や実績があり、高校でもその経験を生かして中心となって活動する生徒
4 地域活動への参加等、社会のために貢献しようとする態度を身に付け、自分自身にふさわしい生き方を探求する生徒
※ 特に推薦選抜においては、上記2、3に該当する生徒で、かつ本校で学びたいと強く望んでいる生徒が望ましい。

難易度（偏差値）	A－3（66－64）	併願校選択例	國學院、駒込、淑徳、淑徳巣鴨、成城

次のページもご覧ください ▶▶▶

普通科

都立 向丘 高等学校
（むこうがおか）

https://www.metro.ed.jp/mukogaoka-h/

☎ 113-0023　文京区向丘 1-11-18
☎ 03-3811-2022
交通　都営地下鉄白山駅、東京メトロ東大前駅　徒歩7分
　　　東京メトロ本駒込駅　徒歩5分
　　　東京メトロ千駄木駅　徒歩12分

制服　あり

[カリキュラム] ◇三学期制◇

・10分間朝学習や土曜日授業（年間18回）と実施し、授業時間を確保。
・Web学習システムを学習支援や宿題配信などに活用。

[進路を実現する本校の授業]

近年、本校は大幅に4年制大学への進学実績を向上させている。国立大学をはじめ、早慶理大へも現役で合格者を輩出するようになった。

①「最新の教育手法を実践的に取り入れ工夫した授業を行い進学実績を向上」

アクティブラーニングやICT機器を利用した授業はもちろんのこと、週末課題や模試ごとの事前事後学習の徹底を図り、学校を挙げて生徒の学力向上に取り組んでいる。また、総合的な学習の時間やHRを利用し、進路部を中心として展開する系統的なキャリア教育を通して、生徒の生きる力を育成しながら進学指導を重点的に行っている。

②「習熟度別授業や少人数制授業」

英語と数学で習熟度授業を取り入れている。理解度に合わせた少人数のクラス編成によって、学力の向上と苦手意識の克服が可能となる。また、芸術・家庭・体育などの実技中心の科目では少人数制の授業を取り入れ、一人ひとりの生徒に行き届いた指導を行っている。

③「幅広い選択科目」

2年生から一部文系・理系に分かれ早期に受験体制に入れるように指導を行っている。3年生では幅広い選択科目の中から、自分の目指す大学の受験科目に合わせた科目が選択できる。また、中国語やフランス語などを用意しグローバルな視野の育成を図る。

④「模試結果を元にした指導」

「模試分析会」を定期的に開催し、生徒の学習状況・学力定着状況を全教員で分析・共有し、授業に還元している。模試の成績を元に「成績上位者・国公立大志望者確認会議」や「指導方針検討会議」などを開催し、個々の生徒の学習指導や出願方針の検討に生かしている。

[部活動]

・1年生は全員加入。全生徒の約85%が参加。入試では、**女子バレーボール、女子バスケットボール、剣道**で「文化・スポーツ推薦」を実施。

＜令和4年度＞

女子バレーボール部が春季大会で都ベスト32となった。**女子バスケットボール部**が春季大会で3回戦に進出、インターハイ予選で2回戦に進出した。**男子バスケットボール部**が関東大会予選に出場、インターハイ予選で2回戦に進出した。

＜令和3年度＞

剣道部が高体連盟剣道専門部第二支部大会（個人戦）で、優勝・準優勝を果たし、春季大会で女子団体ベスト32、秋季大会で男子団体ベスト32となった。**女子バレーボール部**が東京都ベスト32。

★設置部（※は同好会）

サッカー、陸上競技、バレーボール（女）、バスケットボール、ソフトテニス、硬式テニス、剣道、バドミントン、卓球、ダンス、軟式野球、演劇、イラスト研究、放送、吹奏楽、茶道、写真、軽音楽、生物、ガーデニング、美術、合唱、料理研究、文芸、※書道、※華道、※地学、※海外文化研究、※ボードゲーム

[行　事]

5月	遠足
6月	体育祭
9月	向陵祭（文化祭）
12月	修学旅行（2年）
3月	球技大会、芸術鑑賞教室（1・2年）

[進　路]（令和5年3月）

・各生徒の進路希望に対応するため、**進路ガイダンス、進路講話、大学模擬授業、卒業生による合格体験講話、面接練習**など、きめの細かい指導を行っている。
・模試における**個々の生徒の成績や志望動向を確認し、指導方針を検討する会議**を定期的に開催し、学習指導や出願方針の検討に生かしている。
・**自習室**を設置している他、豊富な資料を取りそろえた進路室を毎日生徒に開放している。

・長期休業中は多くの科目で**講習**を実施している。（全60講座）
・**指定校推薦**については、120ほどの4年制大学から指定校枠がある。

★卒業生の進路状況

＜卒業生 267名＞

大学　201名、短大　4名、専門学校20名、就職　5名、その他 37名

★卒業生の主な合格実績

広島大、茨城大、宇都宮大、富山大、鹿児島大、早稲田大、慶應大、国際基督大、明治大、青山学院大、立教大、中央大、法政大、学習院大、成蹊大、成城大、明治学院大、武蔵大、工学院大、東京電機大、東京都市大、芝浦工業大、La Trobe University（オーストラリア）、延世大（韓国）他

♣指定校推薦枠のある大学・短大など♣

武蔵大、獨協大、東京電機大、芝浦工業大、東京農業大、日本大、東洋大、駒澤大、専修大、日本女子大　他

[トピックス]

「DIGITAL LEADING HIGH SCHOOL」「NIE 実践指定校」「進学指導研究校」「理数研究校」に指定されている。

＜様々な学習コンテンツ＞

学習指導、進路指導に関するモデル校事業の一つとして学習チューターを配置し、生徒の質問や相談に答える。／Web学習の導入を行い、個別自主学習を推進。／毎日朝学習の実施。／英語の多読リーディング。／生徒の学習状況を把握するための模試分析会。

＜校舎・施設の特徴＞

全館冷暖房完備で生徒が自由に使えるエレベーター付き。／砂入り人工芝グラウンドやトレーニングルーム完備。／教室にWi-Fi完備。

[学校見学]（令和5年実施内容）

★学校見学会　7月2回　9月1回
★授業公開　6・10月各1回
★向陵祭　9月　見学可
★学校説明会　10・11・12月　各1回
★学校見学は設定日制のみ可（要連絡）

※本欄の内容はすべて令和6年度入試のものです。

受検状況

科名・コース名	募集人員	推薦に基づく入試				第一次募集・分割前期募集			
		募集人員	応募人員	応募倍率	合格人員	募集人員	受検人員	受検倍率	合格人員
普通	276	56	189	3.38	56	220	418	1.90	222

入学者選抜実施方法

推薦

科名・コース名	推薦枠		調査書の活用		満点					備考
	割合(%)	特別推薦の有無	観点別学習状況の評価	評定	調査書点	集団討論個人面接	小論文	作文	実技検査	
普通	20	○	-	○	500	300	-	200	-	

第一次・分割前期

科名・コース名	分割募集	男女枠緩和	学力検査		調査書		学力検査：調査書	満点					備考
			教科	学校指定による傾斜配点	教科の評定の扱い 学力検査を実施する教科	学力検査を実施しない教科		学力検査	調査書点	面接	小論文・作文	実技検査	
普通	-	○	5		1倍	2倍	7：3	700	300	-	-	-	

〈本校の期待する生徒の姿〉

　本校は、「自主・誠実・明朗」の教育目標を掲げ、進学指導研究校として、進学指導の充実を図っています。また、Tokyoデジタルリーディングハイスクール及び理数研究校として、主体的な学びを実践しています。本校の教育活動に共感し、自己を高め、明るい未来を展望し、自らの世界を切り開くため、学校生活に見通しを立て計画的に取り組むことができる次のような生徒を期待します。
1　将来の目標に照らし合わせ、志をもって、学習に意欲的かつ計画的に取り組む生徒
2　4年制大学進学への強い意志をもち、自分の進路を積極的に切り開くことができる生徒
3　学習活動のみならず、部活動・学校行事・生徒会活動等に積極的に参加する生徒
4　他者を理解し、問題解決に向けて協働ができ、リーダーシップを発揮しようとする生徒
※　特に推薦選抜においては、上記1から4までの高い意識をもち、他の模範となる生徒が望ましい。

難易度（偏差値）	C-3（54-51）	併願校選択例	大東文化大第一、帝京、豊島学院、文京学院大女子、豊南

都立 赤羽北桜 高等学校
（あかばねほくおう）

https://www.metro.ed.jp/akabanehokuo-h/

〒115-0056　北区西が丘 3-14-20 （旧・都立赤羽商業高等学校）
☎ 03-5948-4390
交通　ＪＲ埼京線赤羽駅・十条駅　徒歩 20 分、地下鉄都営三田線本蓮沼駅
　　　徒歩 10 分

家庭学科　＜保育・栄養科＞
　　　　　＜調理科＞
福祉学科　＜介護福祉科＞

共　学

制　服　あり

[カリキュラム] ◇三学期制◇
- 少子高齢化という国家的課題に対応できる人材として保育や介護の分野におけるスペシャリストを育てる。
- 資格取得に必要な専門科目では体験的・実践的な教育が行われる。

★家庭学科　保育・栄養科
- 幼児教育・保育系や栄養健康系の上級学校へ進学することを目標とする。
- 専門科目の学習は26単位。それ以外の時間は上級学校進学を見据えた普通科目の学習にあてられる。
- 2年次に幼児教育・保育系と栄養・健康系に分かれて学習する。
- 3年次の授業では選択科目が充実され、各自の進路に合った学習を行うことができる。
- 幼児教育・保育系では、将来幼稚園教諭や保育士をめざす人のために「保育基礎」「保育実践」「子供と音楽」「子供と体育」「子供と造形」などの専門科目を設置。
- 栄養・健康系では、将来管理栄養士や栄養士をめざす人のために「フードデザイン」「食文化」「栄養」「食と健康」などの専門科目を設置する。
- プレゼンテーション能力や課題解決能力を養うため、「家庭総合」（1年）や「課題研究」（2・3年）の授業では探究型の学習を行う。

★家庭学科　調理科
- 調理師養成課程を設置。卒業時には調理師の資格を取ることができる。
- 「食生活と健康」や「調理実習」などを学んでいく。
- 2年次ではホテルのレストランや集団給食施設でのインターンシップを行う。
- 評価の高い都内の飲食店を訪問・調査・研究し、食事体験も含めたグループ研究を行う。
- スクールレストランを運営し本格的な料理とサービスマナーを身に付けることができる。

★福祉学科　介護福祉科
- 介護福祉士養成過程を設置。卒業時には介護福祉士受験資格を得ることができる。
- 「生活支援技術」や「介護実習」などについて学習する。
- 介護用品市場や都内バリアフリーの調査や施設実習などを行う。
- 介護ロボット・介護テクノロジーへの知識・理解を深めるべく、施設や製作過程の見学・体験を行い、「10年後の介護の仕事」についての研究発表に取り組む。
- 3年間で450時間以上の施設実習をはじめとした体験的・実践的な学習活動を行う。

[部活動]
★設置部（※は同好会）
バスケットボール、サッカー、卓球、ダンス、バレーボール（女）、バドミントン、テニス、吹奏楽、軽音楽、アート、料理、社会福祉、※男子バレーボール、※剣道、※陸上競技、※演劇

[行　事]
10月　文化祭、修学旅行（2年）
11月　体育祭
12月　芸術鑑賞教室
3月　成果報告会、球技大会

[進　路]
- オープンキャンパス参加や研究室訪問、講義の聴講など、大学等との連携を充実させる。また、ＡＯ入試や推薦入試による上級学校進学をめざす。1年次にはインターンシップを行うことで、2年次における系列の選択や将来の進路を考えるための参考にする。

[トピックス]
- 令和3年4月、家庭・福祉の専門学科高校として開校。都立赤羽商業高等学校の校舎を改修して使用する。
- 教育理念は、「高い志と豊かな人間性」「専門分野への興味・関心の喚起とプロ意識の涵養」「体験的・実践的な教育」
- 教育目標は、「家庭、福祉分野における専門的知識・技術とともに倫理観、

広い視野を育成する」「自ら学び、自ら考え、自ら行動できる力と逞しさを育成する」「社会に貢献する意欲をもち、人との関わりに喜びを感じる 社会性を育成する」
- 制服は、スカートとスラックスを選択できる。スカートの場合はリボン、スラックスの場合はネクタイを着用する。
- インターンシップや実習、「高齢者ふれあいカフェ」、「親子サロン」、「スクールレストラン」の運営等をとおして、地域と一緒に生徒を育てる。
- 6・7・9・10・11・12月に土曜日授業を実施。（月1回、主に専門科目）

[学校見学] （令和5年度実施内容）
- ★授業公開　6・7・9・10・11・12・1月各1回
- ★学校見学会　6・7・9月各1回　8月3回
- ★体験授業　8月3回
- ★学校説明会　10・11・12月各1回
- ★個別相談会　10・11・12・1・2月
- ※電子申請にて要予約。
- ※変更が生じた場合、HPにてお知らせを行う。

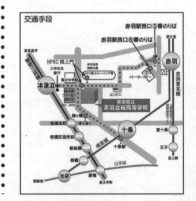
交通手段

受検状況

科名・コース名	募集人員	推薦に基づく入試				第一次募集・分割前期募集			
		募集人員	応募人員	応募倍率	合格人員	募集人員	受検人員	受検倍率	合格人員
保育・栄養	140	42	58	1.38	42	98	52	0.53	66
調理	35	10	40	4.00	10	25	48	1.92	25
介護福祉	35	10	11	1.10	10	25	5	0.20	5

入学者選抜実施方法

推薦

科名・コース名	推薦枠		調査書の活用		満点					備考
	割合(%)	特別推薦の有無	観点別学習状況の評価	評定	調査書点	集団討論個人面接	小論文	作文	実技検査	
保育・栄養	30	–	–	○	450	300	–	150	–	
調理	30	–	–	○	450	300	–	150	–	
介護福祉	30	–	–	○	450	300	–	150	–	

第一次・分割前期

科名・コース名	分割募集	男女枠緩和	学力検査		調査書		学力検査	調査書	満点					備考
			教科	学校指定による傾斜配点	教科の評定の扱い				学力検査	調査書点	面接	小論文・作文	実技検査	
					学力検査を実施する教科	学力検査を実施しない教科								
保育・栄養	–		5		1倍	2倍	7:3		700	300	–	–	–	
調理	–		5		1倍	2倍	7:3		700	300	–	–	–	
介護福祉	–		5		1倍	2倍	7:3		700	300	–	–	–	

〈本校の期待する生徒の姿〉

　本校は、家庭学科（保育・栄養、調理）と福祉学科（介護福祉）の併設校で、「スペシャリストの育成」「探究活動の充実」「地域との連携」の三つのコンセプトを掲げています。
　本校が期待する生徒の姿は以下のとおりです。
★保育・栄養科，調理科
1　家庭分野（保育、栄養、調理）に高い興味・関心をもち、将来のスペシャリストとして学んだ知識・技能を将来の進路に生かそうとすることができる生徒
2　日々の授業や実験、実習等に自ら意欲的に取り組み、将来の進路実現に向け粘り強く努力を続けることができる生徒
3　自分が興味・関心をもつ分野や、学校外の社会的・文化的活動に意欲的に取り組み、社会貢献することができる生徒
4　基本的な生活習慣が身に付いており、礼節、マナーやルールをしっかり守ることができる生徒
※　特に推薦選抜においては、上記の1から4までの項目全てに該当する生徒が望ましい。
★介護・福祉
1　福祉に高い興味・関心をもち、将来のスペシャリストとして学んだ知識・技能を将来の進路に生かそうとすることができる生徒
2　日々の授業や実験、実習等に自ら意欲的に取り組み、将来の進路実現に向け粘り強く努力を続けることができる生徒
3　自分が興味・関心をもつ分野や、学校外の社会的・文化的活動に意欲的に取り組み、社会貢献することができる生徒
4　基本的な生活習慣が身に付いており、礼節、マナーやルールをしっかり守ることができる生徒
※　特に推薦選抜においては、上記の1から4までの項目全てに該当する生徒が望ましい。

難易度（偏差値） E-2（37-）

学校ガイド

＜全日制　旧第5学区＞

学校を紹介したページの探し方については、2ページ
「この本の使い方＜知りたい学校の探し方＞」を参照して
ください。

次のページもご覧ください ▶▶▶

都立 青井（あおい）高等学校

https://www.metro.ed.jp/aoi-h/

☎ 120-0012　足立区青井 1-7-35
☎ 03-3848-2781
交通　東武線五反野駅、つくばエクスプレス青井駅　徒歩 12 分

普通科

制　服　あり

[カリキュラム]　◇三学期制◇

・中学校の復習をしながら丁寧に指導し、基礎学力の充実を図る。
・全学年にアドバンストクラスを設置（平成 28 年度から）。大学進学希望、公務員志望の増加などに対応するため、より発展的な学習を行う。
・令和 4 年度入学生より、多様な進路に対応できる新教育課程となった。
・1 年次は、英語コミュニケーション I と言語文化、数学 I、体育の授業を習熟度別または少人数で実施し、きめ細かな指導を行う。
・2 年次からは選択科目が用意され、大学入試のための「受験講座」、推薦入試に備えた小論文講座「小論文」、保育・福祉系進学のための「幼児教育」「保育音楽」、就職希望者のための「数学演習」「社会研究」など、生徒の多様な進路希望や興味・関心に応えることのできる講座が並ぶ。
・2、3 年次の家庭総合の授業は少人数制で実施。選択科目では実際に保育園に赴き幼児たちと触れ合う。
・1～3 年次の体育の授業は多展開で実施。剣道、陸上競技、サッカー、ソフトボール、バドミントン、バレーボール、テニスなどの種目が用意されている。
・実用英語、漢字、パソコンなどの検定試験を校内で実施。資格取得のための対策講習も行っている。

[部活動]

・約 6 割が参加。
★設置部（※は同好会）
　バレーボール、バスケットボール、バドミントン、柔道、剣道、卓球、サッカー、硬式野球、陸上競技、硬式テニス、水泳、ダンス、科学、吹奏楽、イラスト、茶華道、音楽村、メーキング、パソコン、演劇、ボランティア、箏曲、映像研究、天文、※文芸、※写真、※モルック、※カルタ

[行　事]

・体育祭・文化祭は、生徒の力を十分発揮できるよう、全員参加している。体育祭では団ごとに T シャツを作成。
・保育実習、普通救命講習など、体験的行事を多く取り入れている。

4 月	防災訓練（1 年）
6 月	体育祭
7 月	校外学習、部活合宿
10 月	葵高祭（文化祭）
11 月	生徒会役員選挙
1 月	修学旅行（2 年沖縄）
3 月	芸術鑑賞教室

[進　路]

・進路適性検査や進路調査を 1 年次より実施し、3 年間を見通した系統的な進路指導を行っている。
・1 年次より、外部団体と連携したキャリア教育を実践している。
・進学希望者には講習や個別の小論文・面接指導を行う。

＜進路関連の主な行事＞

4 月	面談週間
7 月	進路ガイダンス
8 月	夏期講習
9 月	面談週間、就職模擬面接

★卒業生の進路状況
　＜卒業生 167 名＞
　大学 23 名、短大 2 名、専門学校 65 名、就職 61 名、その他 9 名
★卒業生の主な進学先（令和 5 年 3 月）
　国士舘大、淑徳大、専修大、千葉商科大、帝京科学大、東京理科大、東洋大、明海大、流通経済大
♣指定校推薦枠のある大学・短大など♣
　跡見学園女子大、大妻女子大、十文字学園女子大、淑徳大、城西大、城西国際大、聖徳大、千葉商科大、中央学院大、帝京科学大、流通経済大、和洋女子大、戸板女子短大、東京立正短大、江戸川大、国士舘大、文京学院大、文教大　他

[トピックス]

・LL 教室やパソコン教室、サッカーの試合ができるグラウンド、柔・剣道場その他、広くて充実した設備が整っている。
・地域清掃や地域の町会の避難訓練への協力など、地元との交流にも力をいれている。
・「キャリア教育で未来を拓く」をキャッチフレーズにしており、都教育委員会から「重点支援指定校」の指定を受けた（平成 24 年度）。
・平成 29 年度入学生より制服が新しくなった。
・SIP 拠点校（理数教育の充実）、エンジョイスポーツプロジェクト指定校（豊かなスポーツライフに向けた資質・能力の向上）、スキルアップ推進校（検定・資格の講座）

[学校見学]（令和 5 年度実施内容）

★学校見学会　7 月 1 回・8 月 1 回（要予約）
★学校説明会　11・12・1・3 月各 1 回　（要予約）
★葵高祭　10 月
★学校見学は電話受付により日程調整

※本欄の内容はすべて令和6年度入試のものです。

受検状況

科名・コース名	募集人員	推薦に基づく入試				第一次募集・分割前期募集				分割後期募集・第二次募集		
		募集人員	応募人員	応募倍率	合格人員	募集人員	受検人員	受検倍率	合格人員	募集人員	受検人員	合格人員
普通	177	40	58	1.45	40	137	159	1.16	137	20	30	20

入学者選抜実施方法

推薦

科名・コース名	推薦枠		調査書の活用		満点					備考
	割合(%)	特別推薦の有無	観点別学習状況の評価	評定	調査書点	集団討論・個人面接	小論文	作文	実技検査	
普通	20	–	–	○	500	300	–	200	–	

第一次・分割前期 / 分割後期・第二次

科名・コース名	分割募集	男女枠緩和	学力検査		調査書		学力検査:調査書	満点					備考
			教科	学校指定による傾斜配点	教科の評定の扱い			学力検査	調査書点	面接	小論文・作文	実技検査	
					学力検査を実施する教科	学力検査を実施しない教科							
第一次・分割前期 普通	○	○	5		1倍	2倍	7:3	700	300	–	–	–	
分割後期・第二次 普通	○		3		1倍	2倍	6:4	600	400	個人300	–	–	

〈本校の期待する生徒の姿〉

本校は「自信と誇りのある生徒の育成」、「キャリア教育で未来を拓く」を柱として、社会人としての基本的なルール・マナーを身に付けさせ、自覚と責任をもって社会貢献しようとする人間を育て、一人一人の進路実現を図っています。したがって、次の項目を満たす生徒の入学を期待します。
1 社会の一員としての自覚をもち、将来の目標をもって高校生活を送ることができる生徒
2 時間を守り、日々の生活を大切にしながら高校生活を送ることができる生徒
3 授業規律を守り、学習活動に真剣に取り組み、学力向上を目指す生徒
4 本校の生活指導上のルールやマナーをしっかり守ることができる生徒
5 部活動・生徒会活動・委員会活動・学校行事等に意欲的に取り組める生徒
※ 特に推薦選抜においては、部活動、生徒会活動、委員会活動に意欲をもって参加することができる生徒が望ましい。

難易度（偏差値）	E－1 （42－38）	併願校選択例	安部学院、岩倉、修徳、武蔵野、安田学園

都立 足立 高等学校
（あだち）

https://www.metro.ed.jp/adachi-h/

☏ 120-0011　足立区中央本町1-3-9
☎ 03-3889-2204
交通　東武線五反野駅・梅島駅　徒歩7分

普通科

| 制　服 | あり |

[カリキュラム] ◇三学期制◇

- 1学年は主要5教科を週4〜週5単位実施。これにより、**基礎基本の充実**、および共通テストに対応できる**学力の伸長**を図る。
- 論理・表現Ⅰ（1学年）、論理・表現Ⅱ（2学年）は1クラス2展開（予定）の習熟度別授業を実施。
- 2学年から、**特進クラス**を導入。2学年から**文系**と**理系**に分かれ、一部選択科目を設置。
- 3学年には豊富な**選択科目**が用意され、進路実現をめざす。
- 平常授業の補講として**朝学習**を実施。
- 放課後の講習や模擬試験などにより、**英語検定**、**漢字検定**などの受検希望者を支援。

[部活動]

- 約8割が参加。運動部では**男子バスケットボール部**、**女子テニス部**、**陸上競技部**、**サッカー部**、**ダンス部**などが各種大会で実績を残している。文化部では、**美術部**が全国大会に出品。**吹奏楽部**や**演劇部**も活発に活動している。
- 令和4年度までの3年間で収めた実績には次のようなものがある。**女子テニス部**が5学区テニス大会で優勝。**バスケットボール部**は男子が都大会ベスト32に。**サッカー部**は都大会に出場、**軟式野球部**は都大会ベスト16に進出。また、**演劇部**は城東地区発表会にて優秀賞を獲得した。
- ★設置部（※は同好会）
  剣道、硬式テニス、サッカー、水泳、卓球、バスケットボール、バドミントン、軟式野球、ラグビー、陸上競技、バレーボール、ダンス、演劇、音楽村、茶道、吹奏楽、ストリングオーケストラ、くっきんぐ、生物、美術、囲碁、放送、アニメーション研究、※書道

[行　事]

- **体育祭**は、団対抗で競うため、クラスや学年を越えて盛り上がる。**弥生野祭（文化祭）**は展示から舞台発表まで幅が広い。

  5月　校外学習
  6月　体育祭
  9月　弥生野祭（文化祭）
  12月　修学旅行（2年）
  2月　合唱祭

[進　路] （令和5年3月）

- 土曜日は教員志望の**大学生による自主学習支援講座**を実施（考査前を中心に年間16回）。
- 入学時から進路指導をスタートさせ、継続して指導。**分野別進路ガイダンス**、**進路体験発表会**、**進路面談週間**、**推薦入試センター試験ガイダンス**、**模擬面接**など、多彩な進路関連行事を行っている。
- 長期休業中には、進学および補講のための**講習**を実施している。
- 平日放課後に利用できる**自習室**を設置。
- 学習支援アプリを活用し、5教科18科目1.5万本以上の講義を自分のペースで受講できる。到達度テストによる弱点分析とAIによるフォローアップ配信の活用もできる。

★卒業生の進路状況
　＜卒業生262名＞
　大学167名、短大9名、専門学校73名、就職12名、その他1名

★卒業生の主な合格実績
　亜細亜大、学習院女子大、國學院大、国士舘大、駒澤大、淑徳大、成蹊大、大正大、中央大、帝京大、帝京平成大、東京電機大、東洋大、獨協大、日本大、日本体育大、文教大、法政大、武蔵大、立正大

♣指定校推薦枠のある大学・短大など♣
　跡見学園女子大、国士舘大、駒澤大、成蹊大、聖徳大、専修大、大東文化大、東京経済大、東京電機大、東京農業大、東洋大、獨協大、二松學舎大、日本大、文教大、立正大、和洋女子大　他

[トピックス]

- 「学業第一」を実践すると同時に、部活動や学校行事にも力を注いでいる。
- 校舎の大規模改修を実施。平成27年1月より**新校舎**にて授業を開始。
- 全教室に加え、体育館にも冷暖房完備。
- グラウンドが広く、体育施設が充実している。
- 図書室は蔵書数が3万冊あまりにのぼり、都内でも有数の規模。
- 生徒の**進路志望達成**を支援するため、朝学習や家庭学習を含めた学習指導に力を入れている。
- **文化・スポーツ等特別推薦入試**をサッカー、陸上競技、バスケットで実施している。
- 美術部は区からの依頼で北千住商店街のシャッターアートを手がけた。テレビや新聞にも取り上げられ、東京都からも表彰された。足立区役所本庁舎内にも環境エコ活動PRのためのシャッターアートを作成し、区からも表彰を受けている。

[学校見学] （令和5年度実施内容）

★学校見学会　　8月1日
★体験部活動　　夏季休業中
★学校説明会　　10・11月各1回
★個別相談会　　12月1日
★弥生野祭　　　9月

188

受検状況

科名・コース名	募集人員	推薦に基づく入試				第一次募集・分割前期募集			
		募集人員	応募人員	応募倍率	合格人員	募集人員	受検人員	受検倍率	合格人員
普通	316	64	190	2.97	64	252	329	1.31	253

入学者選抜実施方法

推薦

科名・コース名	推薦枠		調査書の活用		満点					備考
	割合(%)	特別推薦の有無	観点別学習状況の評価	評定	調査書点	集団討論・個人面接	小論文	作文	実技検査	
普通	20	○	–	○	450	240	–	240	–	

第一次・分割前期

科名・コース名	分割募集	男女枠緩和	学力検査		調査書		学力検査:調査書	満点					備考
			教科	学校指定による傾斜配点	教科の評定の扱い			学力検査	調査書点	面接	小論文・作文	実技検査	
					学力検査を実施する教科	学力検査を実施しない教科							
普通	–	○	5		1倍	2倍	7：3	700	300	–	–	–	

〈本校の期待する生徒の姿〉

　本校は創立100年を迎え、地域に根ざした伝統校として主体的・意欲的に学習に取り組み、自らの進路を切り開く気概と力量のある生徒の育成を目指しています。そこで、次に該当する生徒を期待します。
1　「学業第一」の校風を十分理解し、将来の進路についてよく考え、目標をもって学習に励む生徒
2　部活動や学校行事等に積極的に取り組む能力があり、入学後もそれらの活動を意欲的に続けていくことができる生徒
3　ルールを理解し、守ることができる生徒
4　地域社会に貢献する意欲のある生徒
※　特に推薦選抜においては、上記に加え、地道に粘り強く努力することができる生徒が望ましい。
※　「文化・スポーツ等特別推薦」においては、次の点を特に重視する。
　(1)　東京都大会等にレギュラーとして出場する能力がある者、又はそれに相当する能力、技術に自信のある者
　(2)　学業と部活動を両立させ、教育活動の様々な場面において模範となる生徒

難易度（偏差値）	D-2（46-43）	併願校選択例	岩倉、関東第一、共栄学園、修徳、中央学院大中央

総合技術科

都立 足立工科 高等学校
（あだちこうか）

https://www.metro.ed.jp/adachikoka-h/

〒123-0841 足立区西新井 4-30-1
☎ 03-3899-1196
交通 東武線大師前駅 徒歩15分
日暮里・舎人ライナー谷在家駅 徒歩10分
東武線西新井駅 バス

制 服 あり

[カリキュラム]◇三学期制◇
・令和4年度入学生より、カリキュラムを大幅に変更。
・1学年では、機械・電気の基礎的、基本的な技術について全員が同じ内容を学ぶ。1年間の学びの中で、2学年以降のコース（機械系1コース、電気系3コース）を決定する。

★機械コース
ものづくりの技術と知識の基本となる「機械設計」「エネルギー」「生産技術」の3つの分野を深く学び、これまで受け継がれてきた「旋盤」「フライス盤」「鋳造」「溶接」などの技術を習得し、生活を支える技術者の育成を目指す。

★電気システムコース
電気基礎、発電・変電、送電・配電、機器・照明、制御などについて学ぶ。実習や課題研究を通して、計測や制御、屋内配線などの技術を身につけ社会で活躍できる人材を育てる。電気系の所定の単位を修得し卒業すると、第2種電気工事士の筆記試験が免除となり、また電力系企業で所定の実務を3年以上経験することで、電気主任技術者（電験三種）の資格認定申請をすることができる。

★制御システムコース
「ものづくり」をテーマに制御回路（電子回路）の設計・製作・制御・プログラミングやシーケンス制御について学ぶ、電気・電子・情報系のコースである。ものづくりに携わるエンジニアを目指す。

★情報コミュニケーションコース
コンピュータを活用した基礎的・基本的な技術を中心に学習し、正しい情報リテラシーに基づく情報発信ができる技術者を目指す。また、定められた科目を履修し単位を修得することによって、在学中に総務省国家資格「工事担任者第2級デジタル通信・第2級アナログ通信」受験時の科目免除、および卒業時に総務省国家資格「第三種陸上特殊無線技士」を無試験で取得することができる。

[部活動]
・全員参加を奨励。

<令和4年度>
マシンクラフト部が、WRO Japan 2022東京都予選会のエキスパート部門とミドル部門の両部門で2年連続優勝し、全国大会に出場した。
<令和3年度>
マシンクラフト部が、高校生パフォーマンスロボット競技大会で優勝、日本工業大学特別賞、パフォーマンス賞を受賞した。WRO Japan 2021東京都予選会のエキスパート部門とミドル部門の両部門で優勝し、全国大会に出場した。全国大会ではミドル部門で第4位になった。ロボコンチャレンジ大会ミドル競技で準優勝した。

★設置部（※は同好会）
硬式野球、バスケットボール、バレーボール、卓球、サッカー、バドミントン、硬式テニス、剣道、ウエイトトレーニング、陸上競技、水泳、釣り、軽音楽、漫画研究、マシンクラフト、模型、原動機、園芸、無線、※鉄道研究、※写真、※囲碁将棋、※自転車競技、※ボクシング、※ダンス

[行 事]
4月	芸術鑑賞教室
5月	体育祭
8月	部活動合宿
10月	足工祭（文化祭）
12月	校外学習
2月	修学旅行

[進 路]（令和5年3月）
・1年次に企業見学会を実施。
・2年次にインターンシップにより、企業での職業体験を実施。
・土曜日には、資格・検定試験向けの講座を難易度に応じた日程で実施。

★卒業生の進路状況
<卒業生141名>
大学14名、短大0名、専門学校18名、就職100名、その他9名

★卒業生の主な合格実績
日本工業大、東京電機大、拓殖大、聖学院大、千葉工業大、東洋学園大、帝京科学大

♣指定校推薦枠のある大学・短大など♣
帝京科学大、東京工芸大、東京情報大、東京電機大、東京未来大、東洋学園大、日本経済大、日本工業大 他

[トピックス]
・昭和37年、機械、電気、電子の工業系3科よりなる専門高校として創立。平成9年度から学科改変、都内でも数少ない「総合技術科」に生まれ変わった。
・毎年約7割の生徒が就職をすることを踏まえ、社会人としてのマナーを身につけられるような指導を徹底している。
・校舎は平成9年3月に改築。
・パソコンの数は約100台。
・施設設備拠点校に指定されており、充実した実習設備を誇る。ウォータージェット、マシニングセンター、レーザ加工機、実習用車両3台（ハイブリッド車1台）などの最先端の設備を使用して学習を行っている。
・近隣の保育園でのお手伝い、足立区の「自転車盗難なくし隊」「おもちゃトレードセンター」など、地域のさまざまな活動に参加している。
・令和4年度より、「防災教育研究指定校」、「エンジョイスポーツプロジェクトモデル事業指定校」の指定を受けている。
・少人数制で勉強振り返り授業進路指導就職希望者（100%）大学進学者英数補習あり。

[学校見学]（令和5年度実施内容）
★学校見学会 7・8月各1回
★学校説明会 10・11・12月各1回
★個別相談会 1月1回
★1日体験入学 8・11月各1回
★足工祭 10月 見学可

受検状況

科名・コース名	募集人員	推薦に基づく入試				第一次募集・分割前期募集			
		募集人員	応募人員	応募倍率	合格人員	募集人員	受検人員	受検倍率	合格人員
総合技術	140	56	33	0.59	33	107	70	0.65	70

入学者選抜実施方法

推薦

科名・コース名	推薦枠		調査書の活用		満点					備考
	割合(%)	特別推薦の有無	観点別学習状況の評価	評定	調査書点	集団討論個人面接	小論文	作文	実技検査	
総合技術	40	–	–	○	450	400	–	–	350	

第一次・分割前期

科名・コース名	分割募集	男女枠緩和	学力検査		調査書		学力検査:調査書	満点					備考
			教科	学校指定による傾斜配点	教科の評定の扱い			学力検査	調査書点	面接	小論文・作文	実技検査	
					学力検査を実施する教科	学力検査を実施しない教科							
総合技術	–		5	–	1倍	2倍	7:3	700	300	–	–	–	

〈**本校の期待する生徒の姿**〉

　「総合技術科」の工業高校として、1学年で機械や電気の基礎的な学習をした後、2学年以降の4コース（機械、電気システム、制御システム、情報コミュニケーション）のコース選択において、専門性を高める教科・科目を学習していき、地元企業の中核となり、日本の産業を支える人材の育成を目指します。
1　「ものづくり」に興味・関心をもち、将来、工業に関する職業に就くことを希望している生徒
2　本校の教育目標を理解し、個性や能力を伸ばしたい生徒。工業技術を身に付け、各種資格取得に意欲的な生徒
3　社会のマナーを守り、本校の生活指導方針に従って学校生活を送ることができる生徒。特に他人に対して思いやりがあり、クラスの中で協力し合うことができる生徒
4　数学や理科、技術・家庭を得意とし、授業中、前向きに努力を重ねている生徒
5　学校行事及び学級活動、奉仕活動、生徒会や委員会活動、部活動等に積極的に参加し、入学後も活動できる生徒
※　特に推薦選抜においては、クラスや部活動でリーダーシップが取れる生徒及び「ものづくり」の能力を伸ばしたい生徒が望ましい。

難易度（偏差値） E-2（37）

次のページもご覧ください ▶▶▶

都立 足立新田 高等学校
（あだちしんでん）

https://www.metro.ed.jp/adachishinden-h/

☎ 123-0865　足立区新田 2-10-16
☎ 03-3914-4211
交通　東京メトロ王子神谷駅　徒歩 12 分
　　　ＪＲ京浜東北線・東京メトロ王子駅、ＪＲ・東京メトロ・東武線北千住駅、
　　　東武線西新井駅、ＪＲ赤羽駅　バス

普通科

制　服　あり

[カリキュラム] ◇三学期制◇
・1 年次は、全員で共通の科目を学習する。
・2 年次以降は普通科目の他、「スポーツ健康系」「保育生活系」「メディア文化系」の 3 つの学系（**学系列選択科目制**）から、それぞれの興味・関心や進路希望に応じて 1 つを選び、各系の科目群から授業を選択。
・大学受験に対応すべく、1 年次より**特進クラス**を設置。国数英で習熟度別少人数授業を行っている。
・**漢字検定、ワープロ検定、パソコン検定、保育技術検定、食物検定**などの取得が可能。

[部活動]
・約 8 割が参加。
・東京都教育庁指定の「Sport-Science Promotion Club」指定校。
・相撲部は 17 年連続全国大会出場の実績を誇り、全国高校相撲大会団体 3 位、国体団体 3 位などの記録をもつ。ＯＢには角界の幕内力士も。
・**男子バレーボール部**は、関東大会に 9 回出場している。
・最近の主な実績は以下のとおり。
＜令和 5 年度＞
　相撲部が、高等学校相撲金沢大会で団体ベスト 8。**男子バレーボール部**が、関東大会に出場した。
＜令和 4 年度＞
　陸上部が、東京都高等学校選抜陸上競技大会の男子走幅跳で第 6 位、女子走幅跳で第 5 位になった。東京都高等学校陸上競技大会 1 年生大会では、男子 100 ｍで第 6 位、男子走幅跳で優勝した。
＜令和 3 年度＞
　アーチェリー部が、世界ユース選手権大会女子団体で金メダルを獲得した。インターハイでは、男子個人で優勝した。**相撲部**が、関東高等学校相撲大会都予選会で団体優勝、個人では軽中量級・軽重量級・重量級で優勝。**男子バレーボール部**が、関東大会に出場した。
＜令和 2 年度＞

相撲部が、全国大会で団体・個人ともにベスト 32。**アーチェリー部**が全国選抜で優勝（女子個人）、準優勝（男子個人）。**吹奏楽部**が、アンサンブルコンテスト木管四重奏で銀賞。

★設置部
硬式野球、陸上競技、バレーボール、バドミントン、ダンス、バスケットボール、サッカー、硬式テニス、水泳、卓球、登山、相撲、ソフトボール、チアリーディング、アームレスリング、アーチェリー、社会福祉、吹奏楽、放送、料理研究、茶道、美術、英語、演劇、軽音楽、文芸

[行　事]
4 月	遠足
6 月	体育祭
8 月	クラブ合宿
9 月	新田祭（文化祭）
12 月	球技大会
1 月	修学旅行（2 年）
2 月	ロードレース大会
3 月	合唱コンクール

[進　路]（令和 5 年 3 月）
・夏季休業中には、**補習や講習、面接指導**などを実施。
・学期末ごとに**進路ガイダンス**あり。
・個人面談は随時。

★卒業生の進路状況
＜卒業生 264 名＞
大学 115 名、短大 10 名、専門学校 99 名、就職 20 名、その他 20 名

★卒業生の主な合格実績
早稲田大、東京理科大、中央大、立教大、日本大、東洋大、駒澤大、国士舘大、大東文化大、拓殖大、帝京大、東海大、日本体育大、目白大

♣指定校推薦枠のある大学・短大など♣
神奈川大、国士舘大、駒澤大、淑徳大、城西大、女子栄養大、大正大、大東文化大、拓殖大、千葉工業大、中央学院大、帝京科学大、東京工科大、東京女子体育大、東京電機大、東洋学園大、二松学舎大、日本大、日本女子体育大、文教大、文京学院

大、明海大、目白大、流通経済大、麗澤大　他

[トピックス]
・「**夢に挑戦する学校**」を目指し、学校改革に取り組んでいる。
・都立の高校としてはじめて**学系列選択科目制（学系）**を導入。
・平成 15 ～ 17 年度と 19 ～ 21 年度の 2 度、都教育庁より「**重点支援校**」に指定。「**部活動推進指定校**」にも指定。
・運動関連の施設や設備が充実。タータントラック（全天候走路）、テニスコートは 5 面。プールは 10 レーン。トレーニングルーム、剣道場、柔道場も完備。
・パソコン室は 2 つ。ｃａｌｌ教室もあり。
・平成 26 年 4 月に校舎が全面改修された。

[学校見学]（令和 5 年度実施内容）
★学校説明会　10・11・12 月各 1 回
★個別相談会　12 月 1 回
★イブニング相談会（予約制）
　2・3 月各 2 回
★新田祭　9 月　見学可
★体験入学　7・10 月各 1 回

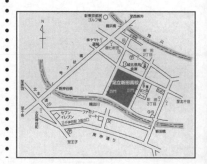

受検状況

科名・コース名	募集人員	推薦に基づく入試				第一次募集・分割前期募集				分割後期募集・第二次募集		
		募集人員	応募人員	応募倍率	合格人員	募集人員	受検人員	受検倍率	合格人員	募集人員	受検人員	合格人員
普通	265	56	157	2.80	56	209	235	1.12	209	13	15	14

入学者選抜実施方法

推薦

科名・コース名	推薦枠		調査書の活用		満点					備考
	割合(%)	特別推薦の有無	観点別学習状況の評価	評定	調査書点	集団討論・個人面接	小論文	作文	実技検査	
普通	20	○	–	○	600	400*	–	200	–	*個人面接において2分間の「自己PR」を実施する。

科名・コース名	分割募集	男女枠緩和	学力検査		調査書		学力検査：調査書	満点					備考
			教科	学校指定による傾斜配点	教科の評定の扱い（学力検査を実施する教科）	教科の評定の扱い（学力検査を実施しない教科）		学力検査	調査書点	面接	小論文・作文	実技検査	
第一次・分割前期 普通	○	○	5		1倍	2倍	7：3	700	300	–	–	–	
分割後期・第二次 普通	○		3		1倍	2倍	6：4	600	400	個人200	–	–	

〈本校の期待する生徒の姿〉

本校は、学系列選択科目制を取り入れ、「生徒の多様な能力を、新田の教育活動で、確実な進路実現」を目指してきました。その結果、保護者、地域の協力で成果を収めることができました。今後、より一層本校の発展に貢献できる以下のような生徒を期待します。

1 本校の特色である、2学年からの三つの学系列選択科目制（スポーツ健康系・保育生活系・メディア文化系）をよく理解し、将来への展望をもって学習に取り組むなど、志望動機が明確である生徒
2 中学校において、学習活動や部活動、生徒会活動、ボランティア活動に積極的に取り組み、本校入学後もそれらの継続が期待できる生徒。特に部活動を積極的に取り組む意志のある生徒
3 中学校での学校生活を真面目に取り組み、本校入学後もその姿勢が期待できる生徒
※ 特に推薦選抜においては、部活動、生徒会活動への積極的な取り組みができる生徒が望ましい。
※ 「文化・スポーツ等特別推薦」を、相撲、陸上競技、硬式野球、男子バレーボール、女子バレーボールについて実施する。入学後も本校の部活動に所属し、3年間継続して部の中心として活躍できる生徒であることが望ましい。

難易度（偏差値）	D-3（46-43）	併願校選択例	岩倉、上野学園、関東第一、修徳、武蔵野

次のページもご覧ください ▶▶▶

普通科

都立 足立西 高等学校
（あだちにし）

https://adachinishi-h.metro.ed.jp/

☎ 123-0872　足立区江北 5-7-1
☎ 03-3898-7020
交通　東武線大師前駅　徒歩 18 分
　　　日暮里・舎人ライナー江北駅　徒歩 8 分、西新井大師西駅　徒歩 10 分
　　　JR山手線日暮里駅、JR山手線・東京メトロ西日暮里駅、
　　　JR京浜東北線・東京メトロ王子駅、東武線西新井駅　バス

制　服	あり

[カリキュラム] ◇三学期制◇
・1～2年次は、基本となる学力を養成する。英語と数学は2クラスを3つに分けた**習熟度別授業**を実施している。
・3年次には**選択講座**を大幅に導入し、生徒各自の進路に対応。
・**進路実現システム**を導入。希望者に大学進学を視野に入れた学習を行う。
・HR、生徒会、部活動、行事の他、**ボランティア活動**などの特別活動も重視。東京都設定教科・科目「奉仕」には、実績のあるインターンシップで対応。
・インターンシップには全員が参加する（1年）。
・**漢字、英語、パソコン、数学**など、**各種の検定資格取得**に取り組んでいる。

[部活動]
・全生徒の約6割が参加。
・最近の主な実績は以下のとおり。
＜令和5年度＞
　女子バスケットボール部が夏季大会でブロック優勝した。**軽音楽部**があだちけいおんフェスタで区長賞を受賞。**女子バレーボール部**が江戸川近隣大会で準優勝した。**バドミントン部**が足立区民大会ダブルス優勝。**ソフトテニス部**が国公立大会団体戦3位。
＜令和4年度＞
　女子バスケットボール部が夏季大会で準優勝した。**演劇部**が城東地区朗読劇コンクールで最優秀賞を受賞。城東地区新人デビューフェスで優良賞を受賞した。**軽音楽部**が東京都学校対抗バンドフェスティバル決勝大会に出場した。
★設置部（※は同好会）
　剣道、サッカー、硬式テニス、ソフトテニス、バドミントン、バスケットボール、バレーボール、硬式野球、陸上、柔道、水泳、卓球、演劇、美術、吹奏楽、漫画研究、ハンドメイキング、茶道、軽音楽、伝統文化（かるた・和太鼓）、※文芸

[行　事]
5月　遠足
6月　桜友祭（体育祭）
8月　部活動合宿
9月　桜友祭（文化祭）
11月　修学旅行
2月　マラソン大会

[進　路]（令和5年3月）
　資料の充実した**進路相談室**で、生徒の相談を随時受け付けている。
＜進路関連の主な行事＞
【1年】
　進路ガイダンス、職業講話、進路調査、進路説明会、実力テスト、インターンシップ（1日8時間、3日間の就業体験。11月実施）、進学模試、看護体験
【2年】
　進路ガイダンス、職業講話、進路調査、進路説明会（分野別）、実力テスト、**上級学校訪問**、公務員・就職模試、進学模試、看護医療模試
【3年】
　卒業生との進路懇談会、進学・就職模擬面接、進路ガイダンス、進路説明会、実力テスト、就職斡旋・職業ガイド講座、進学・就職・公務員模試

★卒業生の進路状況
　＜卒業生182名＞
　大学70名、短大11名、専門学校72名、就職19名、その他10名
★卒業生の主な合格実績
　明治学院大、獨協大、國學院大、東洋大、日本大、専修大、駒澤大、亜細亜大、拓殖大、国士舘大、東京電機大、東京工科大、帝京科学大
♣指定校推薦枠のある大学・短大など♣
　亜細亜大、跡見学園女子大、江戸川大、工学院大、国士舘大、駒澤大、大東文化大、拓殖大、東京電機大、東洋大、日本大、文京学院大、立正大、流通経済大、玉川大　他

[トピックス]
・頭髪指導や服装指導に力を入れ、落ち着いた学習環境を整えている。
・地域の防犯・安全活動にボランティアとして参加しており、その活動が認められて、平成24年6月には警視庁と東京防犯協会連合会から表彰され、同年12月には**東京都教育委員会賞**を受賞した。
・令和3年度から、「**海外学校間交流推進校**」に指定され、韓国の高校と交流している。令和5年7月に希望者による海外研修旅行を実施した。
・令和5年度入学生から制服が変わった。

[学校見学]（令和5年度実施内容）
★授業公開　6・10月
★学校見学会　6・7・8月各1回
★学校説明会　10・11・12月各1回
★桜友祭　9月
★個別相談会　1月1回
★学校見学は木曜16時～（長期休業中は木曜15時～）随時行っている。

受検状況

科名・コース名	募集人員	推薦に基づく入試				第一次募集・分割前期募集			
		募集人員	応募人員	応募倍率	合格人員	募集人員	受検人員	受検倍率	合格人員
普通	196	40	106	2.65	40	156	173	1.11	157

入学者選抜実施方法

推薦

科名・コース名	推薦枠		調査書の活用		満点					備考
	割合(%)	特別推薦の有無	観点別学習状況の評価	評定	調査書点	集団討論・個人面接	小論文	作文	実技検査	
普通	20	○	–	○	350	200	–	150	–	

第一次・分割前期

科名・コース名	分割募集	男女枠緩和	学力検査		調査書		学力検査：調査書	満点					備考
			教科	学校指定による傾斜配点	教科の評定の扱い 学力検査を実施する教科	学力検査を実施しない教科		学力検査	調査書点	面接	小論文・作文	実技検査	
普通	–	○	5		1倍	2倍	7：3	700	300	–	–	–	

〈本校の期待する生徒の姿〉

　本校は、きめ細かい生徒指導で安心していきいきと学べる学習環境を整えています。分かりやすく、魅力ある授業により学力の向上を図っており、「特進システム」や「習熟度別学習指導」を活かして生徒一人一人の良さを伸ばし、進路目標の実現をサポートします。
　また、インターンシップをはじめとした充実したキャリア教育や地域貢献活動への積極的な参加によって、豊かな人間性や思いやりの心を育て、自らの進路を切り拓いていこうとする意欲を育てます。このような本校の特色を理解し、本校への入学を強く希望する、以下の項目に該当する生徒の受検を期待します。
1　常に主体的に学力向上に取り組む姿勢のある生徒
2　積極的にチャレンジする意欲のある生徒
3　部活動、生徒会・委員会活動、学校行事、地域ボランティア活動や資格取得に意欲的に取り組み、継続できる生徒
※　特に推薦選抜においては、上記の1から3について模範的な行動のできる生徒が望ましい。

難易度（偏差値）	D-3 (46〜43)	併願校選択例	岩倉、北豊島、貞静学園、東京実業、武蔵野

普通科

都立 足立東（あだちひがし）高等学校

https://www.metro.ed.jp/adachihigashi-h/

エンカレッジスクール

| 制　服 | あり |

☎ 120-0001　足立区大谷田 2-3-5
☎ 03-3620-5991
交通　ＪＲ常磐線・東京メトロ亀有駅　徒歩 25 分またはバス 10 分
　　　東京メトロ北綾瀬駅　徒歩 25 分

[カリキュラム] ◇三学期制◇

・1 年次は芸術・体験学習を除いて全員が共通の科目を学ぶ。学校設定科目として**キャリアガイダンス、体験学習Ⅰ**を設置。
・2 年次からは理科が選択になるほか、4 単位分の選択科目が用意され、デザインや国語探究、理科基礎などの中から 2 科目を選んで学習する。キャリアガイダンス、体験学習Ⅱも引き続き設置。
・3 年次には最大 8 単位までの自由選択科目が用意され、国語表現やメディアとサービスなどの中から進路に必要なものを選んで学習する。
・**キャリアガイダンス**については全員が履修する。
・体験学習Ⅰでは、演劇、囲碁、茶道、和太鼓などの**文化的講座**や、ニュースポーツ、トレーニングなどの**体育的講座**の中から 1 講座を選んで学習する。
・体験学習Ⅱでは、手話、福祉などの**ボランティア学習**や、整備、保育などの**就業体験**、ニュース検定、漢字検定などの**資格取得**に向けた学習を行う。
・1 年生は、通常の 2 時間目までを**30 分授業 3 コマ**で構成。
・一つのクラスをいくつかに分け、小教室を使っての**少人数制授業**（社理家）を実施している。
・国数英は 2 クラス 4 段階の**習熟度別授業**。午後は「**体験学習**」を取り入れ（1 年次週 1 回・2 年次週 2 回）、広い視野を養成。
・授業態度、宿題、レポート提出、出席状況、小テスト、確認テスト（年 4 回）などで評価。
・2 年次必修の「**体験Ⅱ**」の検定には、**英語検定や数学検定、理科検定、食物検定、保育検定**など、資格取得のための講座もある。
・毎朝 10 分間授業**スタディガイダンス**を行っている。

[部活動]

・約 6 割の生徒が参加。

＜令和 5 年度＞
　ボクシング部が、インターハイ 3 位となった。
＜令和 4 年度＞
　ボクシング部が、インターハイに出場した。陸上競技部が、関東大会に出場した。
＜令和 3 年度＞
　陸上競技部が、関東大会に出場した。書道同好会が、全国高等学校総合文化祭に出場した。
＜令和 2 年度＞
　音楽館部が、高文連軽音楽音楽の力コンテスト作詞部門で優秀作詞賞を受賞した。
★設置部（※は同好会）
　バスケットボール、バレーボール、サッカー、硬式野球、バドミントン、硬式テニス、陸上競技、ダンス、卓球、ボクシング、演劇、美術、家庭科、和太鼓、吹奏楽、軽音楽、イラスト研究、茶道、手話、ボランティア、箏曲、※書道、※パソコン

[行　事]

4 月	修学旅行
5 月	生徒総会、校外学習、体育祭
8 月	部活動合宿
9 月	東輝祭（文化祭）
12 月	合唱コンクール
2 月	マラソン大会（1・2 年）

[進　路]（令和 5 年 3 月）

　1 年次から**キャリアガイダンス**（進路指導）を毎週 1 回実施。**進路適性検査**や**自立支援チーム**と関係機関との連携各界の第一人者による**講演**などを通じ、自己の将来や職業への認識を深める。
★**卒業生の進路状況**
　＜卒業生 127 名＞
　大学 10 名、短大 3 名、専門学校 40 名、就職 66 名、その他 8 名
★**卒業生の主な進学先**
　江戸川大、淑徳大、聖学院大、帝京科学大、流通経済大、東京情報大
♣**指定校推薦枠のある大学・短大など**♣
　埼玉学園大、東京未来大、聖学院大、城西短期大　他

[トピックス]

・平成 15 年春、都の「**エンカレッジスクール**」に指定。基本からやり直したいという生徒の夢と希望を応援（**エンカレッジ**）する学校として再スタートを切った。
・1 クラスは**2 人の担任**で指導する。（1・2 年次）
・地域活動（吹奏楽、和太鼓、手話、ボランティア部など）を積極的におこなっている。
・令和 4 年度から「学力向上研究校」に指定。放課後学び直し教室「マナビバ」を開催している。
・令和 5 年度から「スキルアップ推進校」の指定を受けている。

[学校見学]（令和 5 年度実施内容）

★学校見学会　7 月・8 月各 1 回
★学校説明会　10・11・12 月各 1 回
★個別相談会　12・1・3 月各 1 回
★東輝祭　9 月　見学可
★個別学校見学　毎金曜 16 時

受検状況

科名・コース名	募集人員	推薦に基づく入試			第一次募集・分割前期募集				分割後期募集・第二次募集		
		募集人員	応募人員	応募倍率	合格人員	募集人員	受検人員	受検倍率	合格人員	募集人員	受検人員	合格人員
普通	182	60	140	2.33	60	122	161	1.32	122	16	21	16

入学者選抜実施方法

推薦

科名・コース名	推薦枠		調査書の活用		満点					備考
	割合(%)	特別推薦の有無	観点別学習状況の評価	評定	調査書点	集団討論・個人面接	小論文	作文	実技検査	
普通	30	○	○	−	400	400*	−	200	−	*個人面接のみ行う。面接の一部で「自己PRスピーチ」を行う。

科名・コース名	教科名 観点	国語			社会			数学			理科			音楽			美術			保健体育			技術・家庭			外国語(英語)			観点別学習状況の評価の得点の満点	重視している教科や観点
		I	II	III	I	II	III	I	II	III	I	II	III	I	II	III	I	II	III	I	II	III	I	II	III	I	II	III		
普通	A	13	13	18	13	13	18	13	13	18	13	13	18	13	13	19	13	13	19	13	13	19	13	13	19	13	13	18	400	観点III(全教科)
	B	10	10	10	10	10	10	10	10	10	10	10	10	10	10	10	10	10	10	10	10	10	10	10	10	10	10	10		
	C	1	1	1	1	1	1	1	1	1	1	1	1	1	1	1	1	1	1	1	1	1	1	1	1	1	1	1		

科名・コース名	分割募集	男女枠緩和	学力検査		調査書		学力検査:調査書	満点					備考
			教科	学校指定による傾斜配点	教科の評定の扱い 学力検査を実施する教科	学力検査を実施しない教科		学力検査	調査書点	面接	小論文・作文	実技検査	
第一次・分割前期 普通	○		実施しない		*1	−	−	*1 400	個人 *2 400	作文 400	−		*2 面接の一部で1分以上1分30秒以内の「自己PRスピーチ」を行う。
分割後期・第二次 普通	○		実施しない		*1	−	−	*1 400	個人 *2 400	作文 400	−		*2 面接の一部で1分以上1分30秒以内の「自己PRスピーチ」を行う。

*1 調査書点は、観点別学習状況の評価を用いて得点化する。

〈本校の期待する生徒の姿〉

　本校はエンカレッジスクールとして、「社会人として求められる基礎学力を養う教育」、「社会人として通用する良識を育てる教育」、「体験学習を通して、生徒自らが生き方を探す教育」を進めています。この特色をよく理解し、次に当てはまる『元気・本気・やる気』にあふれた生徒の入学を期待します。
1　学び直しにより基礎学力を身に付け、スキルアップに挑戦しようとする生徒
2　基本的な生活習慣を身に付け、規則をきちんと守って生活しようとする生徒
3　学校行事や部活動等に意欲的に取り組もうとする生徒
4　体験学習やキャリアガイダンス等の特色ある学習に積極的に取り組もうとする生徒
5　ボランティア活動や地域行事等に積極的に参加しようとする生徒
※　特に推薦選抜においては、上記1から5までの全てに当てはまる生徒が望ましい。

併願校選択例	愛国、安部学院、岩倉、武蔵野、村田女子

普通科

都立 江北 高等学校
（こうほく）

https://www.metro.ed.jp/kohoku-h/

☎ 120-0014　足立区西綾瀬 4-14-30
☎ 03-3880-3411
交通　JR常磐線・東京メトロ綾瀬駅　徒歩10分
　　　東武スカイツリーライン五反野駅　徒歩12分
　　　つくばエクスプレス青井駅　徒歩7分

制　服　あり

[カリキュラム] ◇三学期制◇

・50分6時間授業を実施している。
・特進クラスを2クラス設置。国公立大学や難関私立大学合格が目標。早稲田大学などの院生から個人指導を受けられる自学自習の「自主学習室」は毎日19時まで開室している。
・1年次はすべての教科を全員が共通に履修し、基礎学力をつける。数学と英語は習熟度別少人数授業を実施。
・2年次からはⅠ型（文系）とⅡ型（理系）に分かれて学習する。3年次には個々の進路に対応したカリキュラムとなり、それぞれの必修科目に加えて、多くの自由選択科目のなかから進路希望にあわせて各自選択履修。3年間を通して、国公立大学や難関私立大学受験に対応したカリキュラムを編成している。
・50分4時間の土曜授業を約2週間に1回のペースで実施（年間20回）。
・6月に2年生を対象に大学模擬授業や大学別ガイダンスなどを実施。
・令和5年度より「校内予備校」を1・2年対象に実施。部活後も受講できるように工夫している。
・年に3回、校内で英検を実施。ネイティブの教員による2次試験対策も行っている。
・校内夏期講習を1学年で10講座、2学年で17講座、3学年で58講座実施。

[部活動]

約9割が参加している。
＜令和4年度＞
放送部がNHK杯全国高校放送コンテスト東京都大会で奨励賞を受賞した。**ソフトテニス部**が男子女子ダブルスで都ベスト64に入った。
＜令和3年度＞
音楽村があだちけいおんフェスタライオンズカップ2021で優勝した。**軟式野球部**が都大会で3位になった。**ソフトボール部**が東京都の公立高校新人戦でベスト8に入った。
★設置部（※は同好会）
空手道、剣道、硬式テニス、サッカー、柔道、水泳、ソフトテニス、ソフト

ボール、体操、卓球、ダンス、軟式野球、バスケットボール、バドミントン、バレーボール、フリークライミング、陸上競技、演劇、合唱、音楽村（軽音楽）、化学、華道、茶道、吹奏楽、生物、箏曲、調理、天文・地学、美術、物理・コンピュータ、放送、ボランティア、漫画研究、和太鼓、弦楽、アコースティックギター、※写真

[行　事]

・**体育祭、文化祭**などは生徒の自主的運営に任せている。
・夏季休業中には**夏期講習**を実施。
4月　新入生オリエンテーション
5月　芸術鑑賞教室、校外学習（1・2年）
6月　体育祭
9月　江北祭（文化祭）
11月　修学旅行（2年）
3月　球技大会（1・2年）

[進　路]（令和5年3月）

・**進路室**には、常時豊富な資料が整えられ、本校独自の「**進路の手引き**」も作成している。
・**進路調査**が年に2回以上、全校一斉に実施されている。
・教職員は毎学期、進路に関する研究会を持ち、適切な指導にあたれるよう、熱心に検討を重ねている。
・令和4年度より、全生徒がスタディサプリを登録し、到達度テストも実施している。
・特進クラスを2クラス設置し、1年次から難関大を目指して取り組ませている。
・1・2年生は特進クラスおよび希望者に対して、夏期講習とは別に、夏季セミナーを実施している。
・長期休業中には**講習**を実施。例年のべ70～80の講座が開かれる。
・約180席ある自主学習室を開室（月～金の17～19時）。現役大学生をチューターとして常駐させている。
・『学校がど真ん中』という合言葉を掲げて、生徒に最後まで第一志望を

諦めさせない進路指導を行っている。
★卒業生の進路状況
　＜卒業生304名＞
大学258名、短大3名、専門学校19名、就職1名、その他23名
★卒業生の主な合格実績
北海道大、千葉大、埼玉大、茨城大、福島大、早稲田大、慶應義塾大、東京理科大、学習院大、明治大、青山学院大、立教大、中央大、法政大、日本大、東洋大、駒澤大、専修大、獨協大、芝浦工業大、東京電機大、東京農業大、文教大
♣指定校推薦枠のある大学・短大など♣
学習院大、明治大、青山学院大、法政大、東京理科大、武蔵大、日本大、東洋大、専修大、芝浦工業大、東京都市大、文教大　他

[トピックス]

・昭和13年、東京府立第十一中学校として開校した。25年、現校名に改称。令和元年1月に新校舎完成。令和2年夏、新グラウンド完成。
・文武両道を目指し、勉強、部活動、特別活動などに「**本気**」で取り組める生徒の育成に努めている。地域からの期待も大きい、**伝統ある進学校**である。
・都教育委員会より、平成22年度に**進学指導推進校**に指定されている。令和4年度には、**英語教育研究推進校**にしていされている。

[学校見学]（令和5年度実施内容）

★授業公開　10月1回
★学校説明会　10月2回　12月1回
★イブニング説明会　12月中旬～下旬
★文化祭　9月　見学可
★夏期見学会　6月1回　7・8月各2回

受検状況

科名・コース名	募集人員	推薦に基づく入試				第一次募集・分割前期募集			
		募集人員	応募人員	応募倍率	合格人員	募集人員	受検人員	受検倍率	合格人員
普通	316	64	164	2.56	64	252	361	1.43	255

入学者選抜実施方法

推薦

科名・コース名	推薦枠		調査書の活用		満点					備考
	割合(%)	特別推薦の有無	観点別学習状況の評価	評定	調査書点	集団討論・個人面接	小論文	作文	実技検査	
普通	20	–	–	○	450	150	300	–	–	

第一次・分割前期

科名・コース名	分割募集	男女枠緩和	学力検査		調査書		学力検査:調査書	満点					備考
			教科	学校指定による傾斜配点	教科の評定の扱い 学力検査を実施する教科	学力検査を実施しない教科		学力検査	調査書点	面接	小論文・作文	実技検査	
普通	–	○	5		1倍	2倍	7:3	700	300	–	–	–	

〈本校の期待する生徒の姿〉

　本校は、「地域に誇れる進学校、文武両道を実践する学校、地域社会に貢献する学校」を目指し、進学指導推進校・英語教育推進校の指定を受けて進学指導に重点を置いた充実した教育活動を推進しています。この「本校の期待する生徒の姿」をよく理解して高い目標を掲げ、本校において努力を重ね、自己実現を図ろうとする生徒の入学を期待します。
1　学習意欲が旺盛で大学進学等の進路目標が明確であり、高い志望を掲げて学習に励み、進路実現に向けて努力する生徒
2　部活動、学校行事、生徒会活動、ボランティア活動等に意欲的に取り組み、文武両道を実践して自己を高めるために努力する生徒
3　規範意識を身に付けてルールやマナーを守り、社会の一員として責任ある行動がとれる生徒
4　学校生活でリーダーシップを発揮し、将来社会においても活躍しようとする意欲をもった生徒
※　特に推薦選抜においては、1から4までの全てに該当する優れた能力と適性のある生徒で、難関大学への現役合格を目指して努力を惜しまない生徒が望ましい。

難易度（偏差値）	C－3（54－51）	併願校選択例	上野学園、共栄学園、駒込、修徳、安田学園

次のページもご覧ください ▶▶▶

都立 淵江（ふちえ）高等学校

https://www.metro.ed.jp/fuchie-h/

☎ 121-0063　足立区東保木間2-10-1
☎ 03-3885-6971
交通　東武スカイツリーライン竹ノ塚駅、つくばエクスプレス六町駅　バス、
　　　ＪＲ常磐線・東京メトロ綾瀬駅　バス

普通科

| 制　服 | あり |

[カリキュラム] ◇三学期制◇

・生徒一人ひとりの進路実現のために様々な科目が設けられている。
・論理・表現Ⅰ、数学Ⅰ、化学基礎、家庭基礎では**少人数制授業（1クラス2展開）**、英語コミュニケーションⅠ・Ⅱ・Ⅲで**習熟度別授業（2クラス3展開）**を実施し、基礎学力の向上に努めている。
・インターンシップ・プログラムやボランティア活動を3年間で6単位を上限として単位認定するなど、生徒の学習意欲を引き出す指導体制。
・長期休業中には**講習、補習**（例年30講座以上）を実施している。
・漢字検定、英語検定、数学検定、ワープロ検定などの資格取得に力を入れている。
・定期考査前の土曜日には講習を実施。（年間5回）

[部活動]

・約7割が参加。
・運動部では、**男子バスケットボール、硬式野球、陸上競技、女子硬式テニス**が各大会で健闘、**男子バレーボール部**は都立高校大会で第3位となった。なかでもビーチボールバレーは正式な部活動として他校にあまり例がない。文化部では、関東大会出場や都大会3年連続出場の**演劇**、地域でも活躍する**和太鼓**をはじめ、**吹奏楽、軽音楽、イラスト、美術、書道、華道**などががんばっている。

★設置部（※は同好会）
バスケットボール、バレーボール、バドミントン、硬式野球、サッカー、硬式テニス、陸上競技、剣道、水泳、ダンス、卓球、ビーチボールバレー、柔道、吹奏楽、家庭科、演劇、イラスト、美術、天文学、茶道、華道、物理コンピュータ、軽音楽、和太鼓、書道、放送、コーラスパフォーマンス、※化学、※写真、※英語

[行　事]

・9月に行われる**藍青祭（文化祭）**は本校最大の行事で、全校生徒が一丸となって取り組み、熱気にあふれ、6月の体育祭、2月の合唱祭とともに淵高生の熱き心が燃える。
・修学旅行は2年次に沖縄（九州・北海道）方面へ赴く。
・**国際交流**では様々な国の中学生や高校生、大学生と交流を行う。

5月　校外学習
6月　体育祭
7月　部活動合同合宿
9月　藍青祭（文化祭）
10月　国際交流
11月　修学旅行（2年）
12月　芸術鑑賞教室
1月　国際交流
2月　合唱祭

[進　路]（令和5年3月）

・大学や短大への進学、専門学校への入学、就職。それらすべてにきめ細かな進路指導を行っている。
・個人面談や体験型進路説明会、大学などの出張模擬授業、インターンシップ・プログラムなどを行い、進路希望の確立をはかっている。
・面接や小論文はもちろんのこと、資格取得にも力を入れている。
・公務員予備校と提携し年14回の**公務員講習**を実施している。

★卒業生の進路状況
　＜卒業生211名＞
　大学45名、短大2名、専門学校95名、就職50名、その他19名

★卒業生の主な進学先
　文教大、亜細亜大、江戸川大、千葉商科大、中央学院大、帝京科学大、東京電機大、東京福祉大、東洋学園大、日本大、文京学院大、目白大、立正大、流通経済大

♣指定校推薦枠のある大学・短大など♣
　跡見学園女子大、江戸川大、嘉悦大、川村学園女子大、杏林大、工学院大、国士館大、城西大、城西国際大、十文字学園女子大、聖徳大、大東文化大、千葉商科大、中央学院大、東京家政学院大、東洋学園大、日本大、流通経済大、立正大　他

[トピックス]

・昭和46年創立、足立区で3校目の普通科高校。本校の教育の柱は「**厳しくあたたかくそしてのびのびと**」。自主的な判断ができ、責任を重んずる、個性豊かな人間の育成を目標とする。
・**社会貢献活動と国際理解教育**（ボランティア活動と国際交流）に力を入れている。
・**足立区最大規模**を誇る緑豊かな校地に、縦横いずれも直線で100m以上とれるグラウンド、テニスコートでフル4面の全天候型球技コートが整備されている。
・平成23年度に大規模改修工事が完了し、**校舎・体育館・武道場・プール・グラウンド**とほぼ全ての施設が一新された。令和4年には、テニスコートの全面改修工事が完了した。
・平成29年度入学生より、制服をフルモデルチェンジした。
・平成28～30年度、東京都教育委員会「**アクティブ・ラーニング推進校**」。
・平成29年度から4年間、「**ボランティア活動推進校**」。
・平成29～30年度、「**カリキュラムマネジメント推進校**」。
・「**海外学校間交流推進校**」。
・令和4年度から**東京都東部学校経営支援センター特別指定校「進路指導」**の認定を受けさらなる進路指導の充実を目指す。

[学校見学]（令和5年度実施内容）

★学校見学会　学校HPにて随時お知らせ
★学校説明会　10・11・12・1月各1回
★イブニング学校説明会　10～3月月2回程度
★藍青祭（文化祭）9月　2日目見学可（中学生および保護者）

受検状況

科名・コース名	募集人員	推薦に基づく入試				第一次募集・分割前期募集				分割後期募集・第二次募集		
		募集人員	応募人員	応募倍率	合格人員	募集人員	受検人員	受検倍率	合格人員	募集人員	受検人員	合格人員
普通	227	48	145	3.02	48	179	225	1.26	179	10	19	11

入学者選抜実施方法

推薦

科名・コース名	推薦枠		調査書の活用		満点					備考
	割合(%)	特別推薦の有無	観点別学習状況の評価	評定	調査書点	集団討論・個人面接	小論文	作文	実技検査	
普通	20	○	–	○	500	300	–	200	–	

科名・コース名	分割募集	男女枠緩和	学力検査		調査書		学力検査	調査書	満点					備考
			教科	学校指定による傾斜配点	教科の評定の扱い				学力検査	調査書点	面接	小論文・作文	実技検査	
					学力検査を実施する教科	学力検査を実施しない教科								
第一次・分割前期 普通	○	○	5		1倍	2倍	7:3		700	300	–	–	–	
分割後期・第二次 普通	○		3		1倍	2倍	6:4		600	400	集団300	–	–	

〈本校の期待する生徒の姿〉

　淵江高校は、自己実現のために努力を積み重ねることのできるチャレンジ精神に満ちた生徒の育成を目指しています。本校は、アクティブ・ラーニングをはじめとする積極的な学習活動と、国際交流やボランティアに代表される多様な特別活動を通して「確かな学力」と「健やかな体」、そして「豊かな人間性」を育て、キャリア教育を通して全生徒の学力向上と進路実現を目指す学校です。

　本校を志望する強い意志と明確な目的意識をもち、以下の項目を満たす生徒の入学を期待します。
1　自らの進路について主体的に考え、その実現に向けて努力する生徒
2　日々の学習活動に積極的に取り組み、良好な学業成績が期待できる生徒
3　学校行事や部活動、国際交流やボランティア活動等に積極的に取り組んでいく生徒
4　本校の規則を遵守し、けじめと礼節のある生活を送ることができる生徒
※　特に推薦選抜においては、上記のいずれかにおいてリーダーシップを発揮し、他の模範となることができる生徒が望ましい。

難易度（偏差値）	D－3（46－43）	併願校選択例	安部学院、岩倉、上野学園、品川エトワール女子、潤徳女子

電気科
電子科
情報技術科

都立 荒川工科 高等学校
あらかわこうか

https://www.metro.ed.jp/arakawakoka-h/

〒116-0003　荒川区南千住 6-42-1
☎ 03-3802-1178
交通　京成電鉄千住大橋駅、ＪＲ常磐線・つくばエクスプレス・東京メトロ日比谷
　　　線南千住駅　徒歩 12 分
　　　都電荒川線荒川区役所前停留場　徒歩 10 分

制　服　あり

[カリキュラム]　◇三学期制◇

・朝や放課後、土曜・日曜日を利用して、**資格取得のための講座を多数開講**している。
・**第二種電気工事士**の受検には、課外特別講座を開設。
・合格取得した検定資格は単位に認定。
・**電気科**の卒業生は、**第二種電気工事士試験**を受検する場合、筆記試験が免除に。また一定の実務経験を経ると、**第三種電気主任技術者**の国家資格が取得可能に。
・**電子科**の卒業生は、**工事担任者（ＤＤ三種）**国家資格の受検にあたり、科目試験が一部免除に。
・そのほかにも、アマチュア無線技士、計算技術検定 3・4 級、情報技術検定 1〜3 級、MOS 検定、IT パスポート試験、各種特殊無線技士 2 級などの資格・検定を在学中に取得可能。
★電気科
・1 年次には、電気の基礎を学習。
・2〜3 年次には、電力設備の工事や管理などに関する技術を習得。
★電子科
・1〜2 年次は、電気系や電子系の各分野の基礎を学習。
・3 年次には、電子回路、通信技術などを学ぶ。
★情報技術科
・1 年次には、電気やコンピュータの基礎を学習。
・2〜3 年次には、コンピュータネットワークの原理から Web デザイン、動画制作など情報コミュニケーション技術まで幅広く学ぶ。

[部活動]

・全生徒の約 5 割が参加。
・東京都東部地区では数少ない**ラグビー部**がある。
・**硬式テニス部、バスケットボール部、ラグビー部、バドミントン部、柔道部、硬式野球部、卓球部、陸上競技部**が都大会に出場。
★設置部（※は同好会）
　硬式テニス、卓球、バドミントン、バスケットボール、サッカー、硬式

野球、水泳、陸上競技、柔道、ラグビー、ダンス、写真、美術、軽音楽、囲碁将棋、パソコン研究、模型、園芸、茶道、吹奏楽、AI、※バレーボール、※ものづくり

[行　事]

5 月　校外学習、修学旅行
6 月　体育祭
8 月　工作スタジオ
10 月　荒工祭（文化祭）
12 月　芸術鑑賞教室
2 月　マラソン大会

[進　路]

・各学期に 1 回、**進路講演会**などの行事を開催。
・就職に向けたきめ細かい指導を行っており、**就職率は 100％**。
・希望者を対象に**インターンシップ**（就業体験）を実施。参加者には単位を認定。
・**模擬面接**も行っている。
★卒業生の進路状況（令和 5 年 3 月）
　＜卒業生 90 名＞
　大学 7 名、短大 0 名、専門学校 23 名、就職 54 名、その他 6 名
★卒業生の主な進学先
　江戸川大、千葉商科大、東京国際工科専門職大、東京電機大、日本工業大
♣指定校推薦枠のある大学・短大など♣
　敬愛大、工学院大、拓殖大、千葉工業大、東京情報大、東京電機大、東京理科大、東洋学園大、日本工業大、平成国際大　他

[トピックス]

・全国でも数少ない**電気・情報技術系の工業高校**。
・昭和 23 年、都立上野高等学校三河島分校として設立。38 年に今の校名に変更。62 年に**情報技術科**を新設。
・6 階建ての校舎は**冷暖房完備**。エレベーターも 2 基設置。
・進路ガイダンス、インターンシップ、資格取得のための講習会など、手厚い進路指導により**就職率 100％**を実

現している。
・平成 26 年度生（情報技術科）がマイクロソフトオフィススペシャリスト（パワーポイント部門）日本大会で優勝、日本代表として世界大会に出場し第 9 位の成績を収めた。
・平成 26 年度、高校生ものづくりコンテスト都大会の電子回路組立部門で本校生徒が優勝、関東大会でも 3 位となった。
・MOS 世界学生大会 2017 日本代表選考会の高等学校・専門学校ワード部門で第 2 位の成績を収めた。
・平成 29 年度、東京都教育委員会による「体力気力鍛錬道場」指定校。部活動がたいへん盛んな学校である。
・硬式野球部、柔道部、ラグビー部、バスケットボール部は文化・スポーツ推薦を実施。

[学校見学]（令和 5 年度実施内容）

★学校見学会　9・10 月各 1 回
★体験入学　9・10 月各 1 回
★学校説明会　11・12・1・2 月各 1 回
★授業公開　11 月
★荒工祭　11 月

※本欄の内容はすべて令和6年度入試のものです。

受検状況

科名・コース名	募集人員	推薦に基づく入試				第一次募集・分割前期募集			
		募集人員	応募人員	応募倍率	合格人員	募集人員	受検人員	受検倍率	合格人員
電 気	35	14	16	1.14	12	23	15	0.65	15
電 子	35	14	5	0.36	5	30	7	0.23	7
情報技術	70	28	3	0.11	3	67	22	0.33	22

入学者選抜実施方法

推薦

科名・コース名	推薦枠		調査書の活用		満点					備考
	割合（％）	特別推薦の有無	観点別学習状況の評価	評定	調査書点	集団討論個人面接	小論文	作文	実技検査	
電 気	40	○	–	○	450	400	–	–	150	
電 子	40	○	–	○	450	400	–	–	150	
情報技術	40	○	–	○	450	400	–	–	150	

第一次・分割前期

科名・コース名	分割募集	男女枠緩和	学力検査		調査書		学力検査:調査書	満点					備考
			教科	学校指定による傾斜配点	教科の評定の扱い 学力検査を実施する教科	学力検査を実施しない教科		学力検査	調査書点	面接	小論文・作文	実技検査	
電 気	–	/	5	–	1倍	2倍	7:3	700	300	–	–	–	
電 子	–	/	5	–	1倍	2倍	7:3	700	300	–	–	–	
情報技術	–	/	5	–	1倍	2倍	7:3	700	300	–	–	–	

〈本校の期待する生徒の姿〉

★電気科・電子科・情報技術科

　本校は電気・電子・情報技術科からなる電気系工業高校として、「ものづくり」を中心に基礎的な学力を身に付けさせている。また、資格取得に力を入れ、学習に対する意欲と社会に出て活用できる力を育てている。本校では次に示すような生徒の入学を期待している。

1　電気工事、電子技術、情報技術、ロボット製作、ホームページ制作等に興味・関心があり、「ものを作る」ことが好きで、すすんで取り組み、将来の進路に生かそうとする生徒
2　服装・頭髪等の規則を守ることができ、他人を思いやる、礼儀正しい生徒
3　免許・資格取得を積極的に目指す生徒
4　部活動に積極的に参加し、学習との両立ができる生徒
5　学校・地域での諸活動を積極的に行う生徒
※　特に推薦選抜においては、上記1から3までの全てに該当する生徒が望ましい。また、「文化・スポーツ等特別推薦」においては、各種目において3年間部活動を継続するとともに、学業と両立する強い意志がある生徒が望ましい。

難易度（偏差値）	電気・電子・情報技術　E－2（37）

次のページもご覧ください ▶▶▶

都立 竹台 高等学校
（たけのだい）

https://www.takenodai-h.metro.ed.jp/

☎ 116-0014　荒川区東日暮里 5-14-1
☎ 03-3891-1515
交通　ＪＲ山手線鶯谷駅　徒歩6分
　　　ＪＲ山手線、京浜東北線、常磐線・京成線・日暮里・舎人ライナー日暮里駅　徒歩8分
　　　ＪＲ常磐線三河島駅　徒歩10分
　　　東京メトロ入谷駅　徒歩15分　4駅6路線

普通科

| 制　服 | あり |

[カリキュラム]　◇三学期制◇
・1・2年次には英語で習熟度別少人数授業を行っている。
・2年次より文理選択。
・3年次には30を超える多彩な選択科目を用意。そのなかには「フランス語」「朝鮮語」「中国語」といった本校独自の科目もある。
・英語検定に関しては、選択科目で検定合格のための演習を実施している。
・東京英語村に全員参加（1年次）。
・明海大学と高大連携を実施している。
・体育は少人数展開の授業を実施。

[部活動]
・約6.5割が参加。
・弓道部は弓道場が校内にあり人気。
・軟式野球部は令和2年度東京都高等学校秋季大会で第3位になった。
・軽音部は令和3年度ミュージックデイズ東京大会に出場した。
・吹奏楽部は、令和3年度に吹奏楽コンクールで銀賞を受賞、また令和2年度にアンサンブルコンテストで金賞を受賞した。
★設置部（※は同好会）
　バレーボール（男女）、バスケットボール（男女）、バドミントン、サッカー、軟式野球、テニス、陸上競技、剣道、弓道、ダンス、水泳、演劇、吹奏楽、軽音楽、美術、華道、茶道、クッキング、写真、放送、外国文化研究、天文、文芸、パソコン、アニメ研究、※硬式野球

[行　事]
5月　生徒総会、校外学習
6月　体育祭
9月　若竹祭（文化祭）
11月　生徒総会
1月　修学旅行（2年）
2月　マラソン大会（1・2年）

[進　路]（令和5年3月）
・適切な進路選択のため、実力テストや模擬テストなどを適宜実施。長期休業中には補習・講習を開催している。
・進路意識調査などについては、毎学年計画的に実施している。
・キャリア教育講座を1・2年次に各1回実施している。

<進路関連の主な行事>
4月　進路ガイダンス（1・2・3年）　就職者面接・就職講習（3年）
6月　キャリア講座
7月　共通テスト説明会・面接講座（3年）
8月　会社見学（3年）
9月　進路模擬面接（3年）、実力テスト（3年）
10月　進学者保護者会（2年）
12月　進路ガイダンス（1・2年）
3月　キャリア講座（1年）

★卒業生の進路状況
　＜卒業生187名＞
　大学73名、短大3名、専門学校67名、就職14名、その他30名

★卒業生の主な合格実績
　慶應義塾大、青山学院大、大正大、拓殖大、中央大、帝京大、獨協大、日本大、立正大、明治大

♣指定校推薦枠のある大学・短大など♣
　亜細亜大、跡見学園女子大、江戸川大、川村学園女子大、杏林大、城西大、白百合女子大、大正大、大東文化大、拓殖大、千葉工業大、千葉商科大、中央大、鶴見大、帝京科学大、東京成徳大、東京電機大、東京福祉大、東洋大、二松學舎大、日本大、武蔵野大、明海大、立正大　他

[トピックス]
・令和3年度から5学級に、令和4年度から6学級に、令和5年度から7学級に変更。
・令和2年度入学生から新制服になった。
・令和3年度9月、新校舎完成。令和6年度にグラウンド完成予定。
・令和5年9月、クラブハウス完成。
・昭和15年、第四東京市立高等女学校として設立。25年に男女共学へ移行。令和2年に創立80周年を迎えた。
・地域との連携で軽音楽部・吹奏楽部は荒川区主催の行事などに参加している。
・外国籍を持つ生徒が全体の10%程で、国際的な環境である。
・在京外国人生徒対象選抜実施校。
・校舎5階に弓道場がある。
・アクティブラーニング室がある。自習室や講義室が充実している。

[学校見学]（令和5年度実施内容）
★学校見学会　7月2回　8月4回（Web予約制）
★学校説明会　10月1回　11月2回（Web予約制）
★若竹祭　9月　中学生、保護者公開
★個別相談会　12月2回（Web予約制）
★在京説明会　11月1回（TEL予約制）
★授業公開　10月1回

▶ＪＲ日暮里駅南口
京成日暮里駅南口
日暮里・舎人ライナー日暮里駅徒歩8分
▶東京メトロ日比谷線入谷駅徒歩15分
▶ＪＲ三河島駅徒歩10分
▶ＪＲ鶯谷駅北口徒歩6分

入試!インフォメーション

※本欄の内容はすべて令和6年度入試のものです。

受検状況

科名・コース名	募集人員	推薦に基づく入試				第一次募集・分割前期募集				分割後期募集・第二次募集		
		募集人員	応募人員	応募倍率	合格人員	募集人員	受検人員	受検倍率	合格人員	募集人員	受検人員	合格人員
普通	234	51	187	3.67	51	183	276	1.51	183	20	23	23

入学者選抜実施方法

推薦

科名・コース名	推薦枠		調査書の活用		満点					備考
	割合(%)	特別推薦の有無	観点別学習状況の評価	評定	調査書点	集団討論・個人面接	小論文	作文	実技検査	
普通	20	–	–	○	450	200	–	250	–	

科名・コース名	分割募集	男女枠緩和	学力検査		調査書		学力検査 : 調査書	満点					備考
			教科	学校指定による傾斜配点	教科の評定の扱い 学力検査を実施する教科	学力検査を実施しない教科		学力検査	調査書点	面接	小論文・作文	実技検査	
第一次・分割前期 普通	○	○	5		1倍	2倍	7:3	700	300	–	–	–	
分割後期・第二次 普通	○		3		1倍	2倍	6:4	600	400	–	–	–	

〈本校の期待する生徒の姿〉

　竹台高校は、「学習の充実」と「人権尊重」を基本に、「社会性」「責任感」「思いやり」のある生徒を育てます。また、進路を自らの力で切り開いていくことのできる個性豊かな人間形成を目指します。授業はもちろん、あらゆる学校生活の場で、生徒一人一人に行き届いた指導を行っています。そこで、以下のような生徒を期待します。
1　本校の特色や目標を理解して、入学を強く希望する生徒
2　学習面において、どの教科も真面目に取り組み、授業に集中し、努力を惜しまず、勉学に励む生徒
3　特別活動において、生徒会活動、ボランティア活動、地域貢献等に積極的に取り組む生徒
4　基本的生活習慣を身に付け、ルールを守り、目標に向かって一生懸命に努力する生徒
5　他者に感謝する心、他者を思いやる心をもった生徒

難易度（偏差値）	D－2（50－47）	併願校選択例	岩倉、品川翔英、瀧野川女子学園、中央学院大中央、武蔵野

次のページもご覧ください ▶▶▶

都立 上野 高等学校

うえの

普通科

https://www.metro.ed.jp/ueno-h/

☎ 110-8717　台東区上野公園 10-14
☎ 03-3821-3706
交通　東京メトロ根津駅　徒歩6分
　　　ＪＲ・京成線上野駅、ＪＲ日暮里駅　徒歩13分
　　　東京メトロ上野駅　徒歩13分

制　服	あり

[カリキュラム]　◇三学期制◇

- 45分7時限授業により、十分な授業時間を確保。大学入学共通テストに対応した6教科8科目を学ぶことができる。
- 進路指導推進校として、国公立大学、難関私立大学の現役合格にむけたカリキュラムを編成。
- 英語教育研究推進校に指定され、英語を母国語とする指導助手JET・ALTで英語のTT授業を充実化させるとともに、学校生活の中で、日常的に英語に触れる機会を増やし英語によるコミュニケーション能力の向上を図る。
- 1年次は「基礎学力の充実」をモットーに、芸術以外は全員が同じ科目を履修。数学Ⅰ、論理・表現Ⅰでは習熟度別授業を実施。
- 2年次は「大学合格のための実力養成」に向けて理科と社会の選択がある。国公立大学進学に向けて2年次まではできるだけ共通履修としている。数学と英語は習熟度別授業。
- 3年次には文系と理系のクラスに分かれる。文理別必修、選択必修、自由選択という多彩な選択科目が用意されており、自分の進路に応じた学習が可能となっている。
- 英語民間試験（4技能試験）、小論文模試、ポートフォリオの作成。
- スタディサプリ（リクルート）利用。

[部活動]

- 9割以上が加入。生徒集会のもと、部活動連絡会が自主的に運営している。
- 最近の主な実績は以下のとおり。軟式野球部、男子バレーボール部が、関東大会に出場。文芸部・美術部が全国高等学校総合文化祭に出場した。

★設置部
硬式テニス、バレーボール、バスケットボール、ハンドボール、水泳、錬身（柔道）、剣道、サッカー、軟式野球、バドミントン、陸上競技、卓球、空手、ソフトテニス、ダンス、吹奏楽、演劇、茶道、写真、軽音楽、美術、天文地学、生物、アコースティックギター、漫画研究、合唱、文芸、囲碁将棋、料理研究、クイズ研究

[行　事]

- 文化祭、運動会、球技大会は有志による実行委員会の主催で行う。

5月	運動会
6月	芸術鑑賞教室
8月	部活動合宿
9月	東叡祭（文化祭）
11月	修学旅行（2年）
12月	不忍駅伝
1月	百人一首大会（1年）
3月	球技大会

[進　路]（令和5年3月）

- 1年次から大学進学に向けての講演会、進路面談、ＬＨＲでの進路学習、模擬試験、個別進路相談など、計画的なきめ細かい対応をしている。
- 土曜日の授業は公開日のみ（年3回）、土曜講習を年20回実施。また、夏季休業中には約100講座の講習会が行われる。
- 自習室180席（キャレルデスク42席）あり。放課後、静かな環境で勉強できる。大学生（卒業生）によるチューターがサポートしている。
- 1年次に行われるフロンティア講座は、本校出身の著名人による進路講話。正しい職業観を培いながら、キャリア教育充実を図っている。
- 現役四年制大学合格9割以上。

★卒業生の進路状況
　＜卒業生312名＞
　大学285名、短大0名、専門学校4名、就職1名、その他22名

★卒業生の主な合格実績
東京学芸大、信州大、筑波大、埼玉大、千葉大、東京工業大、東京外語大、東京都立大、埼玉県立大、早稲田大、慶應義塾大、上智大、東京理科大、青山学院大、学習院大、成蹊大、成城大、中央大、法政大、武蔵大、明治大、明治学院大、立教大

♣指定校推薦枠のある大学・短大など♣
青山学院大、学習院大、北里大、成蹊大、成城大、中央大、東京理科大、法政大、立教大　他

[トピックス]

- 大正13年、第二東京市立中学として創立。令和6年度に創立100周年を迎える。令和5年度より新たに進学指導推進校に指定され国公立大学、難関私立大学をはじめとした、個々の希望をかなえるための進学指導の充実を図る。
- 進学校であると同時に、生徒の自主性を重んじ、周囲の環境の良さでも知られる。
- 320名収容の視聴覚室で、学年集会や各種講演会などを実施している。
- 上野公園内にあり、博物館、美術館、動物園、芸大等に囲まれており、東大も徒歩圏という日本屈指の恵まれた環境にある。その環境を生かし、授業や課外活動で博物館、美術館を利用したり、東大訪問も1年生全員で実施している。
- 男子バレーボールについては、文化・スポーツ等特別推薦あり。

[学校見学]（令和5年度実施内容）

★学校見学会　6月1回
★学校説明会　10・11・12月各1回
★東叡祭　9月
★平日の見学会　随時（要予約）

受検状況

科名・コース名	募集人員	推薦に基づく入試				第一次募集・分割前期募集			
		募集人員	応募人員	応募倍率	合格人員	募集人員	受検人員	受検倍率	合格人員
普通	316	64	167	2.61	64	252	450	1.79	254

入学者選抜実施方法

推薦

科名・コース名	推薦枠		調査書の活用		満点					備考
	割合(%)	特別推薦の有無	観点別学習状況の評価	評定	調査書点	集団討論個人面接	小論文	作文	実技検査	
普通	20	○	−	○	500	150	350	−	−	

第一次・分割前期

科名・コース名	分割募集	男女枠緩和	学力検査		調査書		学力検査:調査書	満点					備考
			教科	学校指定による傾斜配点	教科の評定の扱い 学力検査を実施する教科	学力検査を実施しない教科		学力検査	調査書点	面接	小論文・作文	実技検査	
普通	−	○	5		1倍	2倍	7:3	700	300	−	−	−	

〈本校の期待する生徒の姿〉

　本校は創立99年を迎える伝統校であり、国際社会で活躍する新しい時代のリーダーにふさわしい豊かな教養と人間性を育成し、「地域・東京を代表する進学校」を目指しています。
　そこで、次のような生徒の入学を期待します。
1　本校の教育目標「自主協調」「叡智健康」を理解し、本校への志望の意志が明確である生徒
2　学習成績が優秀で、国公立大学や難関私立大学への進学意志が強く、自主的・意欲的に学習に取り組む生徒
3　入学後も向学心に燃え、将来の進路実現に向けて常に努力を続けることができる生徒
4　学校行事、部活動、有志活動、ボランティア活動等に積極的に取り組み、入学後も継続して活動する生徒
※　特に推薦選抜においては、国公立大学への現役合格を目指すという目的意識の高い生徒が望ましい。
※　「文化・スポーツ等特別推薦」においては、活動を3年間継続し、学業と両立できる生徒が望ましい。

難易度（偏差値）	B−2（60−58）	併願校選択例	駒込、桜丘、淑徳巣鴨、東京成徳大、安田学園

次のページもご覧ください ▶▶▶

機械科
電気科
建築科
設備工業科

都立 蔵前工科 高等学校
（くらまえこうか）

https://www.metro.ed.jp/kuramaekoka-h/

☎ 111-0051　台東区蔵前 1-3-57
☎ 03-3862-4488
交通　ＪＲ総武線浅草橋駅　徒歩10分
　　　都営地下鉄浅草橋駅　徒歩8分
　　　都営地下鉄蔵前駅　徒歩6分

制　服　あり

[カリキュラム] ◇三学期制◇

・スペシャリストの育成をめざす。**資格取得**に力を入れている。
・1・2年次には、**拠点校実習**で最新機器を使った先端技術を学ぶ。
・第2種電気工事士、2級ボイラー技士、危険物取扱者（乙4）などの合格者数・合格率は都内で1番の実績。
・電気科の卒業生は、**第3種電気主任技術者**の資格を3年の実務経験で取得可能。
・建築科は、卒業時に**2級建築士**の受験資格が得られ、実務経験3年で**2級建築施工管理技士**の受験資格が得られる。
・設備工業科は、卒業時に**2級建築士**の受験資格が得られる。**2級管工事施工管理技士**については、在学中に第一次検定を受験することができ、第一次検定合格者で卒業後、実務経験3年で第二次検定の受験資格が得られる。
・そのほかにも、ガス溶接技能講習、アーク溶接特別教育、アマチュア無線技士、工事担当者（DD第一、第三種など）、2・3級建築大工、3級とび、3級鉄筋施工などの技能検定、2級建築施工管理技士補、消防設備士などの**国家資格**や情報技術検定、計算技術検定、初級CAD検定、漢字検定、実用英語検定、福祉住環境コーディネーター、建築CAD検定などの**資格・検定**を在学中に取得できる。

★機械科
機械を使ってものづくりや制御技術を学習。専門科目は「機械製図」「機械工作」「原動機」など。ロボティクスコースを設置し、2年次よりコース選択が可能。

★電気科
電気技術や制御、コンピュータなどを学習。専門科目は「電気製図」「電子技術」「プログラミング技術」など。

★建築科
建築に関する設計・デザイン・施工（工事）などを学習。専門科目は、「建築製図」「建築構造設計」「建築施工」など。

★設備工業科
都内で唯一、日本ではじめて「空調・給排水」を扱う学科。電気や機械・建築についても学習。専門科目は、「設備工業製図」「空気調和設備」「衛生・防災設備」など。

[部活動]

約8割が参加。工科高校ならではの特色を生かした文化系の部活動が多数ある。**自動車工作部**は毎年エコマイレッジチャレンジに出場し、上位入賞を目指して活動している。**ロボット研究部**はさまざまなロボコン大会へ参加。WRO2023 Japan決勝大会ミドル競技第3位入賞。**建築研究部**は建築模型の制作や建築設計に取り組み、コンペティションや作品展に出展し、数多く最優秀賞を受賞している。**模型部**は全国高等学校鉄道模型コンテスト等の全国大会に出展し、特別賞等の受賞歴がある。

★設置部
バレーボール、バスケットボール、バドミントン、硬式テニス、サッカー、軟式野球、卓球、水泳、剣道、柔道、山岳、釣り、陸上競技、自動車工作、ロボティクス研究、音楽、科学、写真、美術、模型、料理研究、建築研究、華道、情報電気、吹奏楽

[行　事]

都立高校初の**海外修学旅行**を実施。平成28〜令和元年度は台湾へ行った。
5月　校外学習（1・2年）、芸術鑑賞教室、修学旅行（3年）
6月　体育祭
10月　蔵工祭（文化祭）
11月　インターンシップ（2年全員）
1月　校外学習（3年）

[進　路] (令和5年3月)

・就職希望者1人に対し6社以上（最近5年間）の多数の求人があり、専門分野を生かした就職をしている。令和4年度卒業生を対象とした求人企業数は2060社。信頼と実績がもたらす求人状況である。
・大学進学率も都立の工科高校のなかではトップクラス。そのほとんどは推薦入学によるもの。
・1〜2年の秋に行う「見学会」では、製造工場や建設現場を見学。

★卒業生の進路状況
　＜卒業生163名＞
大学40名、短大0名、専門学校22名、就職97名、その他4名

★卒業生の主な進学先
国士館大、大正大、拓殖大、千葉工業大、東京電機大、東京未来大、東洋大、日本大、日本工業大、ものつくり大、立正大　他

♣指定校推薦枠のある大学 短大など♣
足利大、神奈川大、工学院大、国士舘大、埼玉工業大、湘南工科大、成蹊大、拓殖大、千葉工業大、東京工芸大、東京電機大、東京農業大、東洋大、日本大、日本工業大、日本薬科大、ものつくり大、立正大　他

[トピックス]

・在校生の半数以上が皆勤か精勤。**社会人としてのマナー**が身につく真面目な校風である。
・大学や専門学校の卒業生にも負けない**資格取得実績**を誇る。令和4年度の資格取得件数は、742件。
・工場見学、現場見学、講演会などを多数実施している。

[学校見学] (令和5年度実施内容)

★学校見学会　7・8月各1回（要予約）
★学校説明会　10・11・12月各1回（要予約）
★一日体験入学　7月1回（要予約）
★授業公開　6・11月各1回（要予約）
★蔵工祭　10月　見学可（要予約）
★学校見学は随時可（要連絡）

受検状況

科名・コース名	募集人員	推薦に基づく入試				第一次募集・分割前期募集			
		募集人員	応募人員	応募倍率	合格人員	募集人員	受検人員	受検倍率	合格人員
機 械	70	28	35	1.25	28	41	33	0.80	39
電 気	35	14	20	1.43	14	20	21	1.05	20
建 築	35	14	33	2.36	14	19	32	1.68	19
設備工業	35	14	17	1.21	14	20	9	0.45	16

入学者選抜実施方法

推薦

科名・コース名	推薦枠		調査書の活用		満点					備考
	割合(%)	特別推薦の有無	観点別学習状況の評価	評定	調査書点	集団討論・個人面接	小論文	作文	実技検査	
機 械	40	–	–	○	500	300	–	–	200	
電 気	40	–	–	○	500	300	–	–	200	
建 築	40	–	–	○	500	300	–	–	200	
設備工業	40	–	–	○	500	300	–	–	200	

第一次・分割前期

科名・コース名	分割募集	男女枠緩和	学力検査		調査書		学力検査	調査書	満点					備考
			教科	学校指定による傾斜配点	教科の評定の扱い				学力検査	調査書点	面接	小論文・作文	実技検査	
					学力検査を実施する教科	学力検査を実施しない教科								
機 械	–		5	–	1倍	2倍	7:3		700	300	–	–	–	
電 気	–		5	–	1倍	2倍	7:3		700	300	–	–	–	
建 築	–		5	–	1倍	2倍	7:3		700	300	–	–	–	
設備工業	–		5	–	1倍	2倍	7:3		700	300	–	–	–	

〈本校の期待する生徒の姿〉

★機械科・電気科・建築科・設備工業科

　本校は伝統と実績のある工業高校として、実力のあるスペシャリスト（専門家）の育成を目指して教育活動に取り組んでいます。

　専門性を活かした企業への就職、大学等への進学等生徒の進路実現を応援します。

1　「ものづくり」に興味・関心をもつ生徒
2　将来の仕事に生かせる資格取得に意欲をもつ生徒
3　工業や科学技術に関する専門的な知識・技能を身に付け、社会に貢献したい生徒
4　国際感覚を養い、グローバル社会で活躍したい生徒
5　学校行事、生徒会活動、部活動に積極的に参加し、責任を果たす生徒
6　学校や社会のルール・マナーを守ることのできる生徒
※　特に推薦選抜においては、上記1から4のいずれかに該当し、スペシャリスト（専門家）を目指す意欲をもつ
　　生徒が望ましい。

難易度（偏差値）

機械・設備工業　D-2（46-43）／電気・建築　D-2（50-47）

次のページもご覧ください ▶▶▶

都立 忍岡高等学校
しのぶ がおか

https://www.metro.ed.jp/shinobugaoka-h/

☎ 111-0053　台東区浅草橋5-1-24
☎ 03-3863-3131
交通　ＪＲ総武線浅草橋駅　徒歩5分
　　　都営浅草線浅草橋駅　徒歩5分
　　　ＪＲ山手線・京浜東北線・東京メトロ秋葉原駅、都営地下鉄・つくばエクスプレス新御徒町駅　徒歩10分

普通科
生活科学科

単位制

制　服　あり

[カリキュラム] ◇三学期制◇
・23区内で唯一の**生活科学科**（家庭に関する学科）と普通科を併設。
・2、3年次には、自分の進路・学習希望に応じて、**多様な選択科目の中から選ぶことができる。**
・和洋女子大等の授業の聴講や各種検定等の資格取得を単位として認める制度がある。
・**国際人としての教養**を高めるため、以下の自由選択科目を7時限、第二外国語は7・8時限に置いている。
○日本の伝統文化を学ぶ
　茶道、華道、おこと、日本舞踊、和太鼓、囲碁、将棋、着付けと作法
○自己を表現する力を高める
　演劇・朗読、モダンバレエ
○教養を高める授業
　ドイツ語、フランス語、中国語、韓国語
・被服製作技術検定、食物調理技術検定、保育技術検定、文書デザイン検定、色彩検定などを、在学中に取得可能。
★普通科
　少人数編制授業、習熟度に応じた授業や、大学受験対策用の演習科目の設置など、大学進学に有利な教育課程を編成している。
★生活科学科
　「食物」「服飾」「保育」などの**多様な専門科目**は、**少人数**で授業を行っている。また、**大学教授や市民講師による専門性の高い授業**も受けることができる。また、進学に対応した学習も行われており、進路に応じた授業を選択することができる。

[部活動]
　約6割が参加。令和5年度は、**陸上部**が東京都高等学校陸上競技大会女子3000m、女子走り高跳び、女子砲丸投げに出場した。**吹奏楽部**が、第63回東京都高等学校吹奏楽コンクールC組金賞を受賞した。**演劇部**が、朗読劇コンクールで優良賞を受賞した。
★設置部（※は同好会）
　バドミントン、バスケットボール、硬式テニス、バレーボール、ダンス、フットサル、剣道、陸上、吹奏楽、箏曲、演劇、放送、クッキング、パソコン、ファッション、茶道、文芸、漫画研究、軽音楽、英語、ガーデニング、百人一首、美術、物理研究、写真、※弓道、※生物

[行　事]
4月　校外学習
6月　体育祭（非公開）
9月　忍祭（文化祭）
11月　修学旅行（2年）、国内英語研修（1年）
3月　球技大会
　奉仕体験活動として、保育園・学童保育クラブの各種行事の手伝い、地域清掃活動などを年間を通して行っている。

[進　路]（令和5年3月）
・キャリアガイダンスや生活産業基礎の授業で進路実現のための学習計画や科目選択について指導する。
・夏期講習会を実施。3年次には**進学対策集中講座**が開かれる。
・進路指導はHR担任と進路指導部の系列担当者が連携して行う。
・①理数、②社会科学、③国際・教育、④日文・芸術、⑤生活科学、⑥就職の**6つの系列**があり、それぞれの分野の大学・短大・専門学校への進学をめざす。
★卒業生の進路状況
　＜卒業生209名＞
　大学104名、短大10名、専門学校66名、就職10名、その他19名
★卒業生の主な進学先
　青山学院大、大妻女子大、共立女子大、国士舘大、成城大、専修大、大正大、中央大、津田塾大、東京女子大、東京電機大、獨協大、東洋大、日本大、日本女子大、武蔵大、武蔵野大、立正大
♣指定校推薦枠のある大学 短大など♣
　亜細亜大、大妻女子大、共立女子大、國學院大、国士舘大、実践女子大、女子栄養大、女子美術大、杉野服飾大、清泉女子大、大正大、千葉工大、東京家政大、東京電機大、東洋大、獨協大、日本大、フェリス女学院大、立正大　他

[トピックス]
・都立の伝統校、忍岡高校と上野忍岡高校を統合し、平成18年4月に普通科と生活科学科を併設する**全日制単位制高校**として再スタート。交通アクセスが良く通学のしやすい、**落ち着いた校風**の学校である。
・教育目標は「**たくましく生きる力を身に付けた国際社会に有為な人材を育成する**」。
・被服室・調理室・パソコン室は2部屋ずつあり、きめ細かい指導ができる少人数制授業に対応している。被服室には40台のコンピュータミシンとパソコンを設置し、**充実した施設・設備と最新の機器**を用いた家庭科の授業が行われる。
・視聴覚室には舞台照明設備を設置。体育館や和室を備えた武道場のほか、テニスコートが3面ある。
・プールは格技棟の屋上にあり、教室棟からは見えない配置となっている。
・生活科学科では、フランス・パリにあるポール・ポワレ高校と姉妹校協定を結び、合同ファッションショーや作品交換など、国際交流に力を入れている。

[学校見学]（令和5年度実施内容）
★学校見学会　7・8月各1回
★学校説明会　10・11・12月各1回
★体験授業　8・10・11月各1回
★忍祭　9月　見学可
★個別相談会　1月
★学校見学は月・木16時から、夏季休業中は月～金曜日の10時から可（要予約）

※本欄の内容はすべて令和6年度入試のものです。

受検状況

科名・コース名	募集人員	推薦に基づく入試				第一次募集・分割前期募集			
		募集人員	応募人員	応募倍率	合格人員	募集人員	受検人員	受検倍率	合格人員
普通	156	32	56	1.75	32	124	122	0.98	122
生活科学	70	21	40	1.90	21	49	52	1.06	50

入学者選抜実施方法

	科名・コース名	推薦枠		調査書の活用		満点					備考
		割合(%)	特別推薦の有無	観点別学習状況の評価	評定	調査書点	集団討論・個人面接	小論文	作文	実技検査	
推薦	普通	20	–	–	○	600	300*	–	300	–	＊個人面接の最初に「自己PRタイム」を設ける。
	生活科学	30	–	–	○	600	300*	–	300	–	＊個人面接の最初に「自己PRタイム」を設ける。

	科名・コース名	分割募集	男女枠緩和	学力検査		調査書		学力検査：調査書	満点					備考
				教科	学校指定による傾斜配点	学力検査を実施する教科	学力検査を実施しない教科		学力検査	調査書点	面接	小論文・作文	実技検査	
第一次・分割前期	普通	–		5	–	1倍	2倍	7：3	700	300	–	–	–	
	生活科学	–		5	–	1倍	2倍	7：3	700	300	–	–	–	

〈本校の期待する生徒の姿〉

★普通科

本校は、普通科と生活科学科（家庭科）の併設校で、「たくましく生きる力を身に付けた国際社会に有為な人材を育成する」ことを教育目標としています。日本の伝統文化や外国語等を含む多様な選択科目の他、学外の学習における単位認定等の特色があります。普通科の目標は、「四年制大学進学等への進路希望や将来の夢の実現を図る」です。単位制であるため、卒業までに受講する教科・科目の選択等を自分で考え、決定し、どのように学ぶかを自己管理することが求められます。

そこで、本校では次のような生徒の入学を期待します。
1　四年制大学等へ進学希望や将来の夢をもち、その実現に向け、本校に入学を希望する生徒
2　授業に積極的に取り組み、毎日自宅学習をする等、主体的に学習する意欲のある生徒
3　奉仕活動、地域行事への参加等、様々な社会活動に取り組む生徒
4　社会のマナーやルールを守り、高校生活を充実させる意欲のある生徒
※　特に推薦選抜においては、上記の1から4のすべてに該当する生徒が望ましい。

★生活科学科

本校は、普通科と生活科学科（家庭科）の併設校で、「たくましく生きる力を身に付けた国際社会に有為な人材を育成する」ことを教育目標としています。生活科学科の目標は、「将来のスペシャリスト（専門家）として必要な資質や能力を育てる」です。技術検定を通して創造力・向上心・計画性を育て、発表やコンクールにチャレンジして自分の可能性を広げます。単位制であるため、卒業までに受講する教科・科目の選択等を自分で考え、決定し、どのように学ぶかを自己管理することが求められます。

そこで、本校では次のような生徒の入学を期待します。
1　家庭科が好き、又は得意な生徒で、将来の夢をもち、その実現に向け、本校に入学を希望する生徒
2　四年制大学等への進学希望や上級の資格取得に挑戦しようとする等、学習意欲の高い生徒
3　奉仕活動や地域行事への参加等、様々な社会活動に取り組む生徒
4　社会のマナーやルールを守り、高校生活を充実させる意欲のある生徒
※　特に推薦選抜においては、将来、スペシャリスト（専門家）として活躍することを強く希望する生徒が望ましい。

難易度（偏差値）	普通・生活科学　D－2（50－47）
併願校選択例	普通：関東第一、修徳、昭和第一、貞静学園

総合学科

都立 晴海総合 (はるみそうごう) 高等学校

https://www.metro.ed.jp/harumisogo-h/

☎ 104-0053　中央区晴海 1-2-1
☎ 03-3531-5021
交通　東京メトロ有楽町線・都営地下鉄大江戸線月島駅　徒歩8分

単位制

制服　あり

[カリキュラム] ◇二学期制◇

・本校の特徴ともいえる科目「産業社会と人間」は1年次の必修科目。総合学科の基本となる科目であり、自分の生き方について考えを深めることを目標とする。2年次の必修科目「課題研究」では、一人一人がテーマを決めて教科ごとのゼミに分かれて研究する。9月に中間発表、12月にゼミ代表発表を行っている。

・また、本校の教育活動の特色として専門的な教育活動がある。2年次からそのなかの1つを選択し、それぞれの系列選択科目群と自由選択科目群から選んで自分の「時間割」を作り、進路希望実現を目指していく。

<情報システム系列>
将来コンピュータやデザイン・アニメーションに関する仕事につきたい人に向いている。情報に関する実践的な知識や技術を身につけることができる。

<国際ビジネス系列>
大学で経営学や商学を学ぶために必修となる基礎的な力を身につける系列。実践的な授業を通じて知識とともに、起業意識を高める。

<語学コミュニケーション系列>
実践的な英語の学習によって、4つのスキルと表現力を高めることができる系列。主に大学の語学系学部への進学をめざす。

<芸術・文化系列>
音楽、美術、演劇、ダンスなどを学び、さらに上級学校への進学をめざす系列。実技とともに理論をじっくりと学ぶことができる。

<自然科学系列>
理科系・医薬系の大学や看護系の大学・専門学校への進学をめざす。数学や理科の学習に時間をかけ、確実に身につけることができる。

<社会・経済系列>
大学の文系学部への進学をめざす系列。国語や地理公民の授業を中心に、個別指導を含めた徹底した指導を行っている。

[部活動]

・1年生は全員参加制。**女子サッカー部**は全国大会ベスト8・関東大会優勝の実績がある（平成23・24年度など）。

・令和4年度には、**ダンス部**が全国中学校・高等学校ダンスコンクールの全国大会に出場した。**剣道部**が東京都高体連剣道専門部第3支部大会1年女子団体で優勝した。**書道部**が東京都高等学校文化連盟書道展で奨励賞を受賞した。

★**設置部**（※は同好会）
硬式テニス、剣道、陸上、サッカー（男女）、バスケットボール（男女）、バレーボール（女）、バドミントン、ソフトボール、ダンス、弓道、水泳、卓球、美術・工芸、茶道、吹奏楽、箏曲、合唱、演劇、放送、フリーライティング、クッキング、服飾、生物、天文、写真、百人一首、書道、※ボランティア、※パソコン、※ハンドボール

[行　事]

体育祭や**文化祭**など、行事はすべて生徒が主体的に行っている。

4月	フレッシュマンキャンプ（1年）、遠足
5月	体育祭
8月	部活動合宿
9月	晴海祭（文化祭）
12月	芸術鑑賞教室
2月	修学旅行（2年）

[進　路]（令和5年3月）

・夏期休業中に2週間の補習を行う。約70講座に約1,300名ほどが参加。

・専任のキャリアカウンセラーによるきめ細かい進路指導も実施している。

・大学生のチューターによる学習や進路相談を定期的に実施。

★**卒業生の進路状況**
<卒業生 262名>
大学 165名、短大7名、専門学校54名、就職5名、その他24名

★**卒業生の主な合格実績**
東京都立大、東京海洋大、青山学院大、学習院女子大、学習院大、駒澤大、上智大、東京理科大、国際基督教大、成蹊大、成城大、専修大、大東文化大、中央大、帝京大、東海大、東京農業大、東洋大、獨協大、日本女子大、日本大、文教大、法政大、武蔵大、明治学院大、明治大

♣**指定校推薦枠のある大学・短大など**♣
青山学院大、神田外語大、共立女子大、上智大、成蹊大、成城大、専修大、大東文化大、多摩美術大、中央大、東京経済大、東京造形大、東京理科大、東洋大、日本大、日本女子大、日本体育大、法政大、武蔵野美術大　等590学部・学科

[トピックス]

・平成8年開校。東京都立初の総合学科として「青い海 潮風の中 自分探しの旅に出よう」のコンセプトの下、28年目を迎えた。海の玄関口晴海に臨み、コバルトブルーの校舎が美しく建ち並んでいる。

・本校では生徒の自主性、自立性を重んじ、**チャイムは鳴らさない**。自発的な行動と成果をあげることが期待されている。

・令和3年度に、理数教育重点校に指定された。**海外学校間交流推進校**、**進学指導研究校**に指定されている。

・年間18回、**土曜日**の午前中に授業を行っている。

[学校見学]（令和5年度実施内容）

★学校見学会　7・8月計3回
★学校説明会　10・11・12・1月各1回
★晴海祭　9月　見学可

受検状況

科名・コース名	募集人員	推薦に基づく入試				第一次募集・分割前期募集			
		募集人員	応募人員	応募倍率	合格人員	募集人員	受検人員	受検倍率	合格人員
総　合	276	84	277	3.30	84	192	392	2.04	194

入学者選抜実施方法

推薦

科名・コース名	推薦枠		調査書の活用		満点					備考
	割合(%)	特別推薦の有無	観点別学習状況の評価	評定	調査書点	集団討論個人面接	小論文	作文	実技検査	
総　合	30	○	–	○	720	480*	–	240	–	＊個人面接の一部で3分程度の「パーソナル・プレゼンテーション」を行う。

第一次・分割前期

科名・コース名	分割募集	男女枠緩和	学力検査		調査書		学力検査:調査書	満点					備考
			教科	学校指定による傾斜配点	教科の評定の扱い 学力検査を実施する教科	学力検査を実施しない教科		学力検査	調査書点	面接	小論文・作文	実技検査	
総　合	–		5	–	1倍	2倍	7：3	700	300	–	–	–	

〈本校の期待する生徒の姿〉

　自己の生き方や進路についての考えを深め、その上で主体的に科目を選択し、個性や能力を伸ばすという本校の総合学科としての特色に魅力を感じる生徒・「自立心や主体性を養い、自己責任能力を育てる」、「感性を磨き、創造力・思考力・表現力を育てる」、「コミュニケーション能力を高め、共に生きる姿勢を育てる」という本校の教育目標に共鳴する生徒
1　自主性・積極性・協調性に富み、学習活動や特別活動を通じて、自らの個性や能力の伸長に強い意欲をもっていること
2　学習成績が良好で、いずれかの教科で優れた成果を上げ、得意な教科・科目の探究に強い意欲をもっていること
3　入学後の本校の教育活動に深く関連する活動実績や各種検定資格または同等の能力を有していること
※　特に推薦選抜においては、上記1から3のいずれかに該当する生徒が望ましい。
※　「文化・スポーツ等特別推薦」においては、募集する各部活動に入学後も継続的に取り組み、学業と両立させる努力を怠らない生徒が望ましい。

難易度（偏差値）	C－1（57－55）	併願校選択例	関東第一、錦城学園、大成、二松學舍大附属、文京学院大女子

学校ガイド

＜全日制　旧第６学区＞

学校を紹介したページの探し方については、２ページ
「この本の使い方＜知りたい学校の探し方＞」を参照して
ください。

次のページもご覧ください ▶▶▶

普通科

都立 江戸川 高等学校
（えどがわ）

https://www.metro.ed.jp/edogawa-h/

☎ 132-0031　江戸川区松島2-38-1
☎ 03-3651-0297
交通　ＪＲ総武線新小岩駅　徒歩15分またはバス
　　　東京メトロ葛西駅・西葛西駅、都営地下鉄船堀駅　バス

制　服	標準服あり

[カリキュラム] ◇三学期制◇

・多彩な授業形態を用いて「やる気を引き出す授業」を行っている。
・1年次は芸術以外は全員共通科目を履修し、基礎学力をつける。
・2年次は進路により文系、理系に分かれる。文系では地歴で、理系では理科で、進路にあった科目を選択する。数学（理系）と英語は習熟度別少人数制授業を展開。
・3年次は進路により、文系、理系に分かれる。幅広い自由選択科目のなかから進路にあった科目を選択履修し、進路希望実現を図る。
・平成24年度より、土曜授業を実施（年間18回）。
・英検、漢検の資格取得に取り組んでいる。

[部活動]

・約9割が参加。1年次は全員参加制。広い校庭と大きい体育館を生かし、部活動が盛んに展開されている。
・最近の主な実績は運動部では、ハンドボール部・ソフトボール部・女子バレーボール部・女子バスケットボール部が関東大会に、弓道部が全国大会に出場した。文化部では、写真部が全国高等学校総合文化祭に出場した。

★設置部（※は同好会）
陸上競技、野球、サッカー、バスケットボール、バレーボール（女）、ハンドボール（男）、バドミントン、ソフトボール（女）、ソフトテニス、硬式テニス、水泳、剣道、弓道、卓球、ダンス、合気道、写真、放送、吹奏楽、美術、茶道、イラストコミック、華道、ミュージック、演劇、書道、科学、料理、※文芸

[行　事]

・体育祭、文化祭、合唱祭は「江戸高3大行事」として、生徒が情熱的かつ本格的に取り組んでいる。
・2年生の修学旅行は、班別自主研究活動を中心に行う。1年次から続けてきた「平和学習」は、沖縄の人々との交流を通して、「戦争と平和」についてさらに深く学ぶ。また、シュノーケリングやカヌーなどの体験学習も行う。

5月　体育祭、芸術鑑賞教室
7月　球技大会、自然体験合宿（1年）
8月　部活動合宿
9月　文化祭
11月　体験活動（1年）
12月　修学旅行（2年・沖縄）
2月　マラソン大会（1・2年）、合唱祭（1・2年）、百人一首大会
3月　球技大会（1・2年）

[進　路] （令和5年3月）

・年間を通して各学年ごとに講演会や体験発表会、各種の説明会を開催する他、本校で作成した「進路の手引き」や「進路資料」を配布し、進路に対する意識を高めていけるように指導している。
・自習室が夜7時半まで使用できる。（週3）。
・進学指導推進校の名にふさわしい講習、土曜授業が行われ、進学指導が充実している。
・3年生を対象として、10～12月に6講座（各5回）を実施している。

＜進路関係の主な行事＞
4月　進路講話（全学年）
7月　出張講義（2年）、スタディマラソンⅡ（3年）
9月　進路ガイダンス
12月　江戸高版ようこそ先輩（1年）、スタディマラソンⅠ（2年）
1月　進路体験発表会（2年）
3月　卒業生による進路講話（1年）、受験体験発表会（2年）

★卒業生の進路状況
＜卒業生317名＞
大学278名、短大1名、専門学校14名、就職1名、その他23名

★卒業生の主な合格実績
静岡大、東京都立大、早稲田大、東京理科大、学習院大、明治大、青山学院大、立教大、中央大、法政大他

♣指定校推薦枠のある大学・短大など♣
学習院大、関西学院大、芝浦工業大、成城大、東京理科大、東洋大、日本女子大、法政大、武蔵大、明治大、明治学院大、立教大　他

[トピックス]

・昭和15年、東京府立第十六中学校として設立された。81年の伝統を守りつつも新しい時代に適応した学校づくりを目指す、地域で親しまれている学校である。愛称は「江戸高（えどこう）」。
・33,281㎡の広さを誇る校地には、アリーナ、柔道場、剣道場、弓道場、プール、視聴覚室、コンピュータ室、図書室、和室、および11の特別教室の他、全天候型テニスコートや、サッカーや野球ができる広大なグラウンドがある。
・セレモニーの時は全員標準服を着用する。
・平成22年、東京都教育委員会より進学指導推進校に指定された。
・令和4年、東京都教育委員会よりSport-Science Promotion Club に指定された。
・青春偏差値80%

[学校見学] （令和5年度実施内容）

★学校見学会　7・8月各2回（要予約）
★学校説明会　10・11・12月各1回（要予約）
★文化祭　9月
★学校公開　5・10・11月　各1回

入試!インフォメーション

※本欄の内容はすべて令和6年度入試のものです。

受検状況

科名・コース名	募集人員	推薦に基づく入試				第一次募集・分割前期募集			
		募集人員	応募人員	応募倍率	合格人員	募集人員	受検人員	受検倍率	合格人員
普通	317	64	233	3.64	64	253	410	1.62	256

入学者選抜実施方法

推薦

科名・コース名	推薦枠		調査書の活用		満点					備考
	割合(%)	特別推薦の有無	観点別学習状況の評価	評定	調査書点	集団討論・個人面接	小論文	作文	実技検査	
普通	20	○	–	○	400	200	–	200	–	

第一次・分割前期

科名・コース名	分割募集	男女枠緩和	学力検査		調査書		学力検査：調査書	満点					備考
			教科	学校指定による傾斜配点	教科の評定の扱い 学力検査を実施する教科	学力検査を実施しない教科		学力検査	調査書点	面接	小論文・作文	実技検査	
普通	–	○	5		1倍	2倍	7:3	700	300	–	–	–	

〈本校の期待する生徒の姿〉

　本校では、「進学指導推進校」「Spotr-Science Promotion Club」の指定を受け、進学指導及び部活動に重点を置き、充実した教育活動を展開しています。したがって、努力を惜しまず高い志をもつ、以下の項目に該当する生徒を希望します。

1　本校の特色をよく理解し、勉学、生徒会活動、部活動に積極的に取り組む生徒
2　日々の学習活動において努力を重ね、四年制大学への進学に向け、高い目標を掲げて努力する生徒
3　生徒会役員や委員会のリーダーとなり、自らすすんで生徒会活動や学校行事に積極的に取り組む生徒
4　中学校の部活動において優れた技能をもち、入学してからも継続して部活動に励む意志の強い生徒
5　社会や学校の決まりを守ることができる規範意識の高い生徒
※　特に推薦選抜においては、生徒会活動や委員会活動、部活動において優れた取り組み等があることが望ましい。

難易度（偏差値）	C-1（57-55）	併願校選択例	関東第一、駒込、正則、東京成徳大、安田学園

次のページもご覧ください ▶▶▶

都立 葛西工科 高等学校
かさいこうか

https://www.metro.ed.jp/kasaikoka-h/

☏ 132-0024　江戸川区一之江 7-68-1
☎ 03-3653-4111
交通　都営地下鉄一之江駅　徒歩8分
　　　ＪＲ総武線新小岩駅、東京メトロ葛西駅　バス

機械科
電子科
建築科
デュアルシステム科

制　服	あり

[カリキュラム] ◇三学期制◇

・放課後や長期休業中には、資格取得のための**講習**を実施。

・**機械科**ではガス溶接技能講習、基礎製図検定、計算技術検定、情報技術検定など、**電子科**では電気工事士、工事担当者、ITパスポート試験、パソコン検定、消防設備士、アマチュア無線技士など、**建築科**では2級建築施工管理技士、移動式クレーン・玉掛取扱者、鉄筋・とび・大工3級、小型車両系建設機械取扱者などの資格・検定の取得を奨励している。

★機械科

「ものづくり」の基礎から応用まで幅広く学ぶ。機械加工・手仕上げ・溶接・鋳造・製図・先端工作機械・エンジン・CAD・自動車整備・材料実験などを学ぶ。

★電子科

電子回路やコンピュータなどの原理、仕組み、プログラミングやマイコン制御、ソフトウェアの活用・電気工事など電子及び電気・情報・通信の分野において幅広く学ぶ。

★建築科

建築科は生活の基本となる「住」について、3年間で構造、計画、力学、施工、法規、空間・デザイン、歴史や人間の行動などを学ぶ。座学の学習と共に、建築実習や建築製図など、実際に体で体験しながら学習し、総合的に理解を深める。

★デュアルシステム科

「デュアル」とは「二重」という意味の言葉で、本校では学校と企業のことを指す。学校では工業人として必要とされる基本的な知識や技能を学び、授業の一部として企業へ行き実際に仕事をしながら学習を深める。卒業までに4か月近い日々を企業で過ごすことにより、仕事への向き不向きを判断し、企業が求める人材像について理解することができる。また、企業で過ごす時間は、コミュニケーション能力や人間関係能力を養うことにつながる。デュアルシステム科での日々は、将来の自分を強く意識しながら過ごしていくことができる。

[部活動]

・1年次は全員参加型。

・**自転車競技部**はインターハイ出場、全国選抜に出場の実績を持つ。

・**ねぶた部**は11月に本校から最寄駅までねぶた巡行を実施。地元町内会のイベントとコラボレーションしている。

★設置部

卓球、バドミントン、バスケットボール、サッカー、陸上競技、水泳、ラグビーフットボール、硬式野球、硬式テニス、剣道、柔道、バレーボール、ダンス、自転車競技、マシンクラフト、電子、建築、写真、軽音楽、生花茶道、現代視覚文化研究、家庭科、パソコン、園芸、自動車、ねぶた、鉄道研究、演劇

[行　事]

5月	修学旅行、校外学習
6月	体育大会
7月	夏季クラブ合宿（〜8月）
12月	競技大会

[進　路]（令和5年3月）

・就職希望達成率は100%。

・機械・電子・建築科では2年次に3日間就業体験ができる。

・デュアルシステム科では1年次に4日間2回、2年次に1ヶ月2回、3年次に1ヶ月の実践的な就業体験ができる。

<進路関連の主な行事>

4月	進路希望調査（全学年）、職業適性検査（3年）
6月	進路ガイダンス（3年）、模擬面接（3年）就業実践Ⅰ・Ⅱ（2、3年デュアルシステム科）
7月	会社見学（3年）、進路ガイダンス（2年）
9月	模擬面接（3年）、就職応募書類提出・就職試験（3年）
10月	就業実践Ⅰ（2年デュアルシステム科）
11月	インターンシップ（2年デュアルシステム科）、就業実践基礎（1年デュアルシステム科）
12月	進路ガイダンス（2年、1年）
2月	キャリアガイダンス（1年）、インターンシップ（1年デュアルシステム科）進路講話（2年、1年）
3月	進路ガイダンス（1年）

★卒業生の進路状況

＜卒業生161名＞
大学16名、短大0名、専門学校18名、就職114名、その他13名

★卒業生の主な進学先

千葉工業大、日本工業大、東京工芸大、ものつくり大、東京情報大

[トピックス]

・都立の工科高校の先導的な役割を担う学校として、**設備拠点校**に指定され、最新設備が導入された。

・令和元年9月、全日本ロボット相撲関東大会入賞。11月、「第27回高校生ロボット相撲全国大会」に出場。

[学校見学]（令和5年度実施内容）

★施設見学会　7月2回、8月1回
★体験授業　9月1回（同日授業見学開催）
★学校説明会　10月2回
★入試説明会　11月・12月各1回
★個別相談会　1月1回
★江紫祭（文化祭）　11月
★個別学校見学は電話でお問い合わせください。

受検状況

科名・コース名	募集人員	推薦に基づく入試				第一次募集・分割前期募集			
		募集人員	応募人員	応募倍率	合格人員	募集人員	受検人員	受検倍率	合格人員
機械	35	14	7	0.50	7	28	16	0.57	16
電子	35	14	14	1.00	14	21	20	0.95	20
建築	70	28	21	0.75	21	49	24	0.49	24
デュアルシステム	35	14	13	0.93	13	22	12	0.55	12

入学者選抜実施方法

推薦

科名・コース名	推薦枠		調査書の活用		満点					備考
	割合(%)	特別推薦の有無	観点別学習状況の評価	評定	調査書点	集団討論個人面接	小論文	作文	実技検査	
機械	40	–		○	500	200	–	–	300	
電子	40	–		○	500	200	–	–	300	
建築	40	–		○	500	200	–	–	300	
デュアルシステム	40	–		○	500	200	–	–	300	

第一次・分割前期

科名・コース名	分割募集	男女枠緩和	学力検査		調査書		学力検査:調査書	満点					備考
			教科	学校指定による傾斜配点	教科の評定の扱い			学力検査	調査書点	面接	小論文・作文	実技検査	
					学力検査を実施する教科	学力検査を実施しない教科							
機械	–		5	–	1倍	2倍	7:3	700	300	–	–	–	
電子	–		5	–	1倍	2倍	7:3	700	300	–	–	–	
建築	–		5	–	1倍	2倍	7:3	700	300	–	–	–	
デュアルシステム	–		5	–	1倍	2倍	7:3	700	300	–	–	–	

〈本校の期待する生徒の姿〉
★機械科・電子科・建築科・デュアルシステム科

　本校では、機械科、電子科、建築科、デュアルシステム科のそれぞれの学習を通して、創造的なものづくりができるスペシャリスト（専門家）の育成を目指します。
1　機械、電子、建築の分野に興味・関心を持ち、ものづくりの技術・技能を身に付けたい生徒
2　身に付けた技術・技能を将来に生かしたい生徒
3　資格取得・検定試験にチャレンジする生徒
4　積極的に企業での就業体験に参加する生徒
5　部活動や生徒会活動を3年間続ける意志があり、学校行事に積極的に取り組む意欲のある生徒
6　良好な人間関係をつくることができる生徒
7　基本的生活習慣が良好で、学校や社会のルールを守ることのできる生徒

難易度（偏差値） 機械・電子・建築・デュアルシステム　E-1（42-38）

次のページもご覧ください ▶▶▶

都立 葛西南（かさいみなみ）高等学校

https://www.metro.ed.jp/kasaiminami-h/

☎ 134-8555　江戸川区南葛西 1-11-1
☎ 03-3687-4491
交通　東京メトロ葛西駅　徒歩 15 分またはバス
　　　ＪＲ京葉線葛西臨海公園駅　徒歩 20 分またはバス
　　　東京メトロ西葛西駅、ＪＲ総武線亀戸駅　バス

普通科

制　服　あり

[カリキュラム] ◇三学期制◇

・「生徒一人一人と真剣に向き合う学校」をモットーに、基礎基本を重視した授業を行っている。
・数学と英語では習熟度別授業を導入。また、国語の一部の科目で、少人数指導を実施。
・3 年次からは必修選択に加え、多種多様な進路に応じた自由選択科目を設置。
・資格取得指導に力を入れており、実用英語技能検定や漢字能力検定だけでなく日本語検定やプレゼンテーション作成検定、実用数学技能検定なども学校で受検することができる。

[部活動]

・約 65 ％が参加。野球やサッカーの試合ができる広さのグラウンドがあるほか、ハンドボールとテニスのコートは全天候型で、恵まれた施設を利用してのびのびと活動している。
・ハンドボール部はかつて関東大会に出場したことがある古豪。
・最近の主な実績は、陸上部、剣道部が都大会に出場した。

★設置部（※は同好会）
陸上、硬式テニス、バレーボール（男女）、バスケットボール（男女）、バドミントン、ハンドボール、野球、サッカー、剣道、柔道、卓球、ソフトボール、ダンス、空手、美術、メディア、茶道、囲碁将棋、軽音楽、吹奏楽、演劇、漫画研究、Cooking、検定、生物、ハンドメイド、※百人一首、声優研究、※歴史研究、※English、※水泳

[行　事]

5 月　遠足
6 月　体育祭
7 月　部合宿
9 月　文化祭
12 月　芸術鑑賞教室
2 月　修学旅行（2 年）、インターンシップ（1 年）
3 月　球技大会（1・2 年）

[進　路]（令和 5 年 3 月）

・生徒の進路選択能力を高めるため、数回の進路ガイダンスを 1 年次より計画的に配置している。キャリアアンケート、模試、適性検査をはじめ、進路講演会や体験的進路ガイダンスを実施。また二者面談、三者面談も繰り返し行う。
・1 年次でインターンシップを行う。手厚いサポートのもと、全員参加。
・年 3 回の期末考査のあとには、補講として徹底的な個別指導を実施。
・進路指導室あり。
・就職決定率は 100 ％（直近 5 年間実績）。

★卒業生の進路状況
大学 45 名、短大 4 名、専門学校 87 名、就職 34 名

★卒業生の主な進学先
神奈川大、千葉経済大、千葉商科大、桜美林大、国士舘大、淑徳大、拓殖大、帝京平成大、東洋大、日本大、明海大、流通経済大

♣指定校推薦枠のある大学・短大など♣
江戸川大、神奈川大、国士舘大、淑徳大、城西国際大、城西大、高千穂大、玉川大、千葉経済大、千葉工業大、帝京平成大、東京工芸大、日本大、明星大、立正大、流通経済大、麗澤大、和洋女子大　他

[トピックス]

・昭和 48 年、地域の要望に応える形で設立。令和 4 年 11 月に創立 50 周年記念式典を開催。
・教育目標は、
　ア　自ら判断し、律して行動する（自主）
　イ　豊かな創造力で未来を招く（創造）
　ウ　愛と責任感をはぐくむ（連帯）
　＜スローガン＞
　「生徒とともに教師も前進する学校」
　「生徒一人一人と向き合う学校」
　「地域から信頼され喜ばれる学校」
・ボランティア活動として、地域の清掃を生徒会が中心に実施。また、地域町会と一体となった交通安全運動を行っている。他にも保育園での絵本の読み聞かせに取り組むなど、地域社会へ積極的に貢献する学校を目指している。
・生徒のニーズや進路希望に合わせ多種多様な検定の受検を奨励している。
・施設や設備は都立高校有数の充実した内容を誇る。冷暖房完備。校庭にも、テニスコート 2 面に加え、ハンドボールのコートが 2 面設置され、各種の公式戦に利用されている。（平成 25 年 3 月に全面改修。）
・4 階建ての体育館には、トレーニング室・柔道場・剣道場などを完備。令和 4 年 10 月に改修工事が完了した。
・令和 2 年度に学力向上研究校に指定され、外部人材を活用した個に応じた学習支援の充実を図っている。
・剣道において、文化・スポーツ等特別推薦を実施。
・女子の制服は、スカートまたはスラックス、ネクタイまたはリボンを自由に組み合わせて着用できる。夏季はワイシャツまたはポロシャツのいずれかを選べる。令和 6 年度 4 月入学生より、性別による着用の指定はなくなる。

[学校見学]（令和 5 年度実施内容）

★学校見学会　7 月 1 回
★学校説明会　10・11・12 月各 1 回
★個別相談会　1 月各 1 回
★授業公開　6・11 月各 1 回
★オープン部活動デイ　8 月 1 回
★学校見学は原則として、火・金曜日の 16 時から（要予約）

受検状況

科名・コース名	募集人員	推薦に基づく入試				第一次募集・分割前期募集			
		募集人員	応募人員	応募倍率	合格人員	募集人員	受検人員	受検倍率	合格人員
普通	238	48	66	1.38	48	190	190	1.00	190

入学者選抜実施方法

推薦

科名・コース名	推薦枠		調査書の活用		満点					備考
	割合(%)	特別推薦の有無	観点別学習状況の評価	評定	調査書点	集団討論・個人面接	小論文	作文	実技検査	
普通	20	○	−	○	300	150	−	150	−	

第一次・分割前期

科名・コース名	分割募集	男女枠緩和	学力検査		調査書		学力検査:調査書	満点					備考
			教科	学校指定による傾斜配点	教科の評定の扱い			学力検査	調査書点	面接	小論文・作文	実技検査	
					学力検査を実施する教科	学力検査を実施しない教科							
普通	−	○	5		1倍	2倍	7:3	700	300	−	−	−	

〈本校の期待する生徒の姿〉

本校は、主体的に行動し、社会に貢献できる若者の育成を目指して、基礎学力と規範意識の定着を重視している学校です。

幅広い進路選択に対応できる充実したカリキュラムを用意し、きめ細かな進路指導を実施しています。また、行事や部活動も、広大な敷地や恵まれた施設・設備を利用して活発に行われています。本校では以下のような生徒を期待します。

1　生活面では、時間やルールを守り、「挨拶をする」などのマナーを身に付け、しっかりとした集団生活を送ることのできる生徒
2　学習面では、成績優良を目指し、苦手な教科があってもあきらめず努力するなど、真剣な態度で主体的に学習活動に取り組む生徒
3　学校行事や生徒会・委員会活動に積極的に取り組み、特別活動や部活動を通じて、社会性を身に付け、自立しようとする生徒
4　ボランティアや社会の活動に参加するなど、積極的に地域に貢献する生徒
5　将来についてよく考え、資格・検定取得に励むなど、進路実現に向けて惜しまず努力する生徒
※　特に推薦選抜においては、上記1、3、4のいずれかに該当する生徒が望ましい。
※　なお、「文化・スポーツ等特別推薦」を実施する。

難易度（偏差値）	E−1（42−38）	併願校選択例	大森学園、関東第一、京華商業、大東学園、中央学院大中央

都立 小岩 (こいわ) 高等学校

https://www.metro.ed.jp/koiwa-h/

☎ 133-0044　江戸川区本一色 3-10-1
☎ 03-3651-2250
交通　ＪＲ総武線新小岩駅　徒歩 18 分またはバス「本一色」下車徒歩 5 分

普通科

| 制　服 | あり |

[カリキュラム] ◇三学期制◇

・日課は 50 分授業が 6 時限。
・1 年次は芸術を除き、全員が共通の科目を履修。
・2 年次には文系か理系かの志望に応じ、必修選択科目を受講。
・3 年次は、**文系・理系（1、2）の 3 つの系**に分かれて学習。
・**英語重視のカリキュラム。**理系は 18 時間、文系は 19 時間が必修で、3 年で自由選択科目（英会話、発展英語演習など）を受講すればそれ以上の学習が可能。
・論理・表現Ⅱは**習熟度別授業**で展開。
・**英語、漢字**などの検定合格に力を入れている。試験の前には補習や面接指導も実施。

[部活動]

・約 8 割が参加。
・中学生を対象に 11 月「**部活動トライ＆チャレンジ月間**」を開催。
・最近の主な実績は以下のとおり。
＜令和 5 年度＞
バドミントン部女子が関東大会に春秋出場した。**ハンドボール部男子**が東京都ベスト 8。
★設置部（※は同好会など）
硬式野球、サッカー、バレーボール、バスケットボール、ハンドボール、硬式テニス、ソフトテニス、バドミントン、水泳、陸上競技、卓球、剣道、弓道、ダンス、吹奏楽、美術、家庭科、軽音楽、茶華道、放送、演劇、※コンピュータ、※写真、※書道、※英検

[行　事]

・**体育祭、白鷺祭（文化祭）、合唱祭**が三大行事。
・**体育祭**は赤、黄、白の 3 つの団に分かれ、応援と総合の 2 部門で争う。
・**修学旅行**は 2 年生で海外へ。平成 25 年はマレーシア、26 ～令和元年は台湾に。令和 2・3 年はコロナ禍のため中止。令和 4・5 年は関西方面に 2 泊 3 日。
5 月　校外学習

6 月　体育祭
7 月　芸術鑑賞教室、実力テスト、球技大会
8 月　部活動合宿、勉強合宿（3 年）
9 月　面接週間、白鷺祭
10 月　修学旅行（2 年）
2 月　マラソン大会、合唱祭
3 月　球技大会（1・2 年）

[進　路]（令和 5 年 3 月）

・二者面談を学期ごとに 1 回ずつ、三者面談を年に 1 回実施。
・**模擬試験**が各学年とも年 3 回行われている。
・夏季休業中には、おもに 3 年生を対象に、主要教科の**講習**が 50 講座以上開講されている。
・小論文対策として、「国語表現」を 3 年次に設置。
・8 月と 12 月に**大学受験対策勉強合宿**を実施。
・インターネット環境の整備された**進路指導室**がある。
＜進路関連の主な行事＞
5 月　保護者向け進路説明会（1 ～ 3 年）、分野別学部学科説明会（3 年）
6 月　進路説明会、進路懇談会
7 月　上級学校訪問（2 年）、大学説明会（3 年）、実力テスト
11 月　実力テスト、進路別説明会
12 月　入試動向説明会（3 年）
1 月　実力テスト（1・2 年）
3 月　進路懇談会（2 年）
★卒業生の進路状況
＜卒業生 345 名＞
大学 203 名、短大 11 名、専門学校 96 名、就職 8 名、その他 27 名
★卒業生の主な合格実績
早稲田大、慶應義塾大、東京理科大、上智大、明治大、青山学院大、立教大、日本大、東洋大、駒澤大、専修大、獨協大、大東文化大、亜細亜大、帝京大、国士館大、千葉工業大、千葉商科大、帝京平成大、文教学院大、立正大、目白大
♣指定校推薦枠のある大学・短大など♣
跡見学園女子大、大妻女子大、杏林

大、工学院大、実践女子大、淑徳大、大東文化大、玉川大、東京経済大、東京電機大、東洋大、千葉工業大、二松學舍大、日本大、明治大、和洋女子大　他

[トピックス]

・全日制課程は、江戸川高等学校定時制課程小岩分校設置から 15 年を経た昭和 38 年に創立され、令和 4 年度には**創立 60 周年**を迎えた。
・海外の高校生の受け入れ、交流、「留学生が先生」などの行事を行うなど、**国際理解教育**に力を入れている。
・平成 23 年度入学生より標準服が制服に代わった。
・校舎等全施設の大規模改修が行われ、平成 25 年度に**新校舎**完成。全教室が冷・暖房化され、**加湿器**が設置された。26 年度には、グラウンドが拡張、**多目的コートやハンドボールコート**が完成。27 年度に施設のリニューアルが完了した。
・令和 4 年度から**英語教育研究推進校、体育健康教育推進校**に指定された。

[学校見学]（令和 5 年度実施内容）

★学校見学会　6 月
★学校説明会　10・11 月各 1 回
★個別相談会　12 月
★白鷺祭　9 月　見学可
★学校見学は水・木曜日 17 時から、夏期休業中は月～金曜日の 10 時 30 分、14 時から可（要連絡）
ホームページをご確認ください

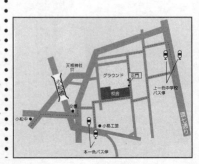

受検状況

科名・コース名	募集人員	推薦に基づく入試				第一次募集・分割前期募集			
		募集人員	応募人員	応募倍率	合格人員	募集人員	受検人員	受検倍率	合格人員
普通	356	72	326	4.53	72	284	454	1.60	285

入学者選抜実施方法

推薦

科名・コース名	推薦枠		調査書の活用		満点					備考
	割合(%)	特別推薦の有無	観点別学習状況の評価	評定	調査書点	集団討論・個人面接	小論文	作文	実技検査	
普通	20	○	–	○	300	200	–	100		

第一次・分割前期

科名・コース名	分割募集	男女枠緩和	学力検査		調査書		学力検査:調査書	満点					備考
			教科	学校指定による傾斜配点	教科の評定の扱い 学力検査を実施する教科	学力検査を実施しない教科		学力検査	調査書点	面接	小論文・作文	実技検査	
普通	–	○	5		1倍	2倍	7:3	700	300	–	–	–	

〈本校の期待する生徒の姿〉

　本校は学習・部活動・学校行事等高校生活全般に力を入れ、教養や人間性を高めて社会に貢献できる人間の育成を目指しています。そこで、本校の特色を理解し、本校への入学を強く希望する以下のような生徒を期待します。
1　学習意欲が高く、学力の向上に努め、得意科目を更に伸ばし、不得意科目を克服しようとする生徒
2　部活動に入部し、3年間継続して活動して、技術・能力を高めたり、人間関係を深めたりすること等に積極的な生徒
3　生徒会役員やクラスのリーダーとなり、体育祭・文化祭・合唱祭等学校行事を更に充実させるために活動する生徒
4　大学進学や就職等進路目標を定め、その達成に向けて日々努力を継続し、特に各講習などに積極的に参加する生徒
5　英語検定やGTEC、漢字検定等を積極的に受検し、更に高い段階を目指す生徒
6　他者に気配りができ思いやりがあり、HR活動や部活動等集団での取り組みを通して、自己の人間性を高めようとする生徒
※　特に推薦選抜においては、上記1、3、4、6に該当する生徒が望ましい。
※　「文化・スポーツ等特別推薦」においては、その種目に優れた能力をもち、特に上記2、3、4、6に該当する生徒が望ましい。

難易度（偏差値）	D−1（50−47）	併願校選択例	関東第一、錦城学園、国士舘、修徳、正則学園

普通科

都立 小松川 高等学校
（こまつがわ）

https://www.metro.ed.jp/komatsugawa-h/

☎ 132-0035　江戸川区平井 1-27-10
☎ 03-3685-1010
交通　ＪＲ総武線平井駅　徒歩 12 分

制　服　あり

[カリキュラム] ◇三学期制◇
・50 分 6 時限授業や午前中 4 時間の**土曜授業**（年間 20 回）で週 33 時間の授業時間を確保し、**国公立大学受験**に対応した教育課程を編成。
・1・2 年次は、芸術以外は全員共通科目を履修し、基礎学力をつける。
・3 年次は**文系・理系**に分かれ、それぞれ 6 単位分の自由選択科目のなかから各自の進路希望にあわせて選択。
・年間を通じ、朝、放課後に**補習**を実施。長期休業中には各学年を対象に約 100 講座の**講習**が開かれる（主要 5 教科）。

[部活動]
・約 10 割が参加。学業との両立を考慮した活動時間を設定。
・**ボート部**は高校総体、国体に毎年出場。**映像研究部、書道部**も全国レベルの水準。サッカー部、硬式野球部等も活発に活動している。
・最近の主な実績は以下のとおり。
＜令和 4 年度＞
ボート部がインターハイに出場（9 年連続）。**書道部**が、東京都高等学校文化連盟書道展で優秀賞を受賞。
＜令和 3 年度＞
ボート部がインターハイに出場。**映像研究部**が NHK 杯放送コンテスト全国大会、全国総合文化祭に出場した。
★設置部
陸上、バレーボール、バスケットボール、野球、ソフトボール、水泳、サッカー、柔道、剣道、卓球、ソフトテニス、硬式テニス、バドミントン、ダンス、ハンドボール、ボート、トレッキング、美術、演劇、合唱、吹奏楽、フォークサークル、地学、生物、化学、芸道（茶道・邦楽・華道）、コンピューター、文芸、写真、ホームメイキング、棋道、映像研究、書道

[行　事]
・4 色で競う**体育祭**は、パワフルな応援団に圧倒される。
・**合唱祭**は 40 年以上の伝統を誇る行事。
4 月　文化的見学
5 月　体育祭
7〜8 月　部活動夏合宿
9 月　文化祭
12 月　合唱祭
2 月　修学旅行（2 年）

[進　路]（令和 5 年 3 月）
　3 年間にわたる本校独自の進路学習体系「**ウィンズプロジェクト**」（「風（wind）のように飛翔し、夢を勝ち取ろう（win）」）を実施。また、1・2 年「総合的な探究の時間」の取り組みとして、1 年次に「探究入門」「職業研究」「理数探究」「国際理解探究」を、2 年次では年間を通して「課題研究（自らの研究したい分野）」を行う。
★卒業生の進路状況
＜卒業生 307 名＞
大学 281 名、短大 0 名、専門学校 3 名、就職 0 名、その他 23 名
★卒業生の主な進学先
京都大、北海道大、東北大、名古屋大、東京工業大、一橋大、東京外語大、お茶の水女子大、東京海洋大、電気通信大、東京学芸大、横浜国立大、茨城大、埼玉大、千葉大、筑波大、群馬大、静岡大、東京都立大、早稲田大、慶應義塾大、上智大、青山学院大、学習院大、中央大、東京理科大、法政大、明治大、立教大
♣指定校推薦枠のある大学・短大など♣
東京都立大、慶應義塾大、上智大、青山学院大、学習院大、中央大、東京理科大、立教大、法政大、明治大、同志社大　他

[トピックス]
・**創立108年**を迎えた城東地区を代表する**伝統校**。
・「**質実剛健**」を第七高等女学校の時代からの伝統とし、進学実績アップを目指す**ハイレベルな文武両道の進学校**である。平成 19 年度から**進学指導推進校**に指定されてきたが、進学実績が高く評価され、平成 30 年度からは**進学指導特別推進校**に指定され、ますます充実した進学指導が期待されている。他に、**英語教育推進校、理数研究校、Sport-Science Promotion Club**（スポーツ特別強化校・ボート部対象）にも指定されている。また、**海外学校間交流推進校**の一環として、**海外修学旅行**を実施予定。
・「チャイム着席」を一歩進めて、「**チャイムと同時に開始する授業**」を行っている。
・自習室を設置し、午後 7 時まで対応している。

[学校見学]（令和 5 年度実施内容）
★夏休み学校見学会　7 月 3 日間、8 月 3 日間
★授業公開　6・10・11 月各 1 回
★個別相談会　12・1 月各 1 回
★学校説明会　10・11 月各 1 回
★文化祭　9 月
★学校見学は可（要連絡　指定日時有）

入試！インフォメーション
※本欄の内容はすべて令和６年度入試のものです。

受検状況

科名・コース名	募集人員	推薦に基づく入試				第一次募集・分割前期募集			
		募集人員	応募人員	応募倍率	合格人員	募集人員	受検人員	受検倍率	合格人員
普通	317	64	140	2.19	64	253	308	1.22	257

入学者選抜実施方法

推薦

科名・コース名	推薦枠		調査書の活用		満点					備考
	割合(%)	特別推薦の有無	観点別学習状況の評価	評定	調査書点	集団討論・個人面接	小論文	作文	実技検査	
普通	20	–	–	○	500	250	–	250	–	

第一次・分割前期

科名・コース名	分割募集	男女枠緩和	学力検査		調査書 教科の評定の扱い		学力検査:調査書	満点					備考
			教科	学校指定による傾斜配点	学力検査を実施する教科	学力検査を実施しない教科		学力検査	調査書点	面接	小論文・作文	実技検査	
普通	–	○	5		1倍	2倍	7:3	700	300	–	–	–	

〈本校の期待する生徒の姿〉

　本校は、百年を超える伝統の中で、「ハイレベルな文武両道」を掲げ、その先の百年に向けて実践を続ける進学校です。高校生活を通して確かな学力を身に付け、知識の理解の質をさらに高めて、学校行事・部活動に積極的に取り組み、国際社会や共生社会で活躍する、バランスの取れた社会のリーダーとして成長することを目指します。そのために、生徒自らが可能性を探求して、進路目標を設定する、本校独自の進路学習体系「ウィンズプロジェクト」を展開しています。この教育方針に共感する、以下の生徒を期待します。
1　学習、学校行事、部活動、委員会活動、様々な活動の場において、集中して積極的・継続的に取り組むことのできる生徒
2　将来について真剣に考え、奉仕活動・体験活動等に積極的に取り組むなど、社会貢献への姿勢と意欲の高い生徒
3　大学進学等、希望する進路の実現に向けて、日々の学習活動を積極的・継続的に努力し、実行できる生徒
4　生徒会活動、部活動、学級活動、地域活動等で周囲との協調ができ、他者への思いやりを大切にしながら自己を磨き、全体への協力を惜しまない生徒
※　特に、推薦に基づく選抜においては、上記１から４の二つ以上に該当する生徒が望ましい。

難易度（偏差値）	B－1 （63－61）	併願校選択例	駒込、桜丘、順天、専修大附属、東洋

次のページもご覧ください ▶▶▶

都立 篠崎 高等学校

しのざき

https://www.metro.ed.jp/shinozaki-h/

〒133-0063　江戸川区東篠崎1-10-1
☎03-3678-9331
交通　ＪＲ小岩駅・新小岩駅、東京メトロ南行徳駅、京成線京成江戸川駅、都営
地下鉄瑞江駅・篠崎駅　バス

普通科

制　服	あり

[カリキュラム] ◇三学期制◇

・英数国の授業では、**習熟度・少人数授業**を展開。
・3年次には、数多くの自由選択科目を設置し、生徒の多様な進路に対応。
・長期休課中などを利用し、**豊富な講習会**を実施しており、冬季、春季を含めて毎年計50～60講座が開講されている。
・平日放課後には進学者を対象として、**講習会や授業の補習**を開講している。
・英検や漢検に合格するための指導に力を入れている。

[部活動]

・原則全員参加制。
・剣道部（女子）は都内でも屈指の強豪で、6回関東大会進出（平成24～令和5年）。**和太鼓部やダンス部**は地域の行事にも積極的に参加している。
・最近の主な実績は以下のとおり。
＜令和5年度＞
　剣道部（女子）が、関東大会に出場、玉竜旗大会3回戦に進出した。**陸上競技部**が、東京都大会、新人大会、1年生大会に出場した。**硬式野球部**が、全国高校野球東東京大会3回戦に進出、東京都秋季大会に出場した。**軽音楽部**が、全国バンドバトルで総合10位となった。
＜令和4年度＞
　バレーボール部が東京都高体連春季リーグで優勝した。

★設置部
　サッカー、バドミントン、バレーボール、バスケットボール、剣道、柔道、陸上、硬式野球、硬式テニス、卓球、ダンス、ソフトボール、ワンダーフォーゲル、和太鼓、演劇、吹奏楽、茶道、イラスト、軽音楽、料理、自然科学、美術、マルチメディア、ファッションデザイン

[行　事]

5月　遠足
6月　体育祭
9月　篠高祭（文化祭）

10月　修学旅行（2年）
12月　芸術鑑賞教室
2月　マラソン大会
3月　スケート教室、セーフティ教室

[進　路]（令和5年3月）

・進学希望者については、**大学入試ガイダンス、オープンキャンパスガイダンス、分野別ガイダンス**等を計画的に実施。また入試に合格した生徒による**体験発表会**、進学した卒業生による**OB・OG懇談会**、各大学の教授陣を招いての**デリバリー講座**等も実施。
・受験対策として、**1年次から長期休業中の講習、論理言語能力の資格検定、志望理由書・小論文の書き方指導**を計画的に行っている。3学年の総合型選抜や学校推薦型選抜の受験者（大学・短大・看護系専門）に対しては、全教員体制で個別指導を行っている。
・就職希望者については、面接指導や就職試験対策の指導の他、**OB・OG懇談会**なども開催し、計画的な就職指導をしている。
・聖徳大・千葉商科大・立正大・東洋大・東京経営短期大と**高大連携協定**を結んでおり、2年生以上は同大学で学ぶことができ、条件を満たせば卒業単位として認められる。また、その大学へ入学した場合、すでに修得したものとして利用できる。

★卒業生の進路状況
＜卒業生269名＞
大学163名、短大25名、専門学校43名、就職25名、その他13名

★卒業生の主な進学先
亜細亜大、神奈川大、国士舘大、駒澤大、工学院大、女子医科大、成城大、大正大、大東文化大、拓殖大、千葉大、千葉商科大、千葉工業大、東海大、東京農業大、東洋大、二松學舍大、日本大、武蔵野大、明治大、立正大

♣指定校推薦枠のある大学・短大など♣
亜細亜大、神奈川大、国士舘大、駒澤大、工学院大、女子医科大、淑徳

大、聖徳大、大正大、大東文化大、拓殖大、千葉商科大、千葉工業大、東京電機大、東洋大、二松學舍大、日本大、立正大

[トピックス]

・昭和52年開校。
・地域に根ざした普通高校として、部活動での合同練習や文化部発表会、篠崎高校杯争奪中学校剣道大会など、地元の中学校五校との交流・連携を進めている。この**中高連携**の取組は、平成20年度に都教育委員会から表彰された。
・高大連携（4大学などの講座の受講・単位認定）を行っている。
・体験学習やボランティア学習にも意欲的に取り組み、夏休みには老人ホームや障害者施設での**福祉体験**、保育園での**保育体験**などを実施している。
・硬式野球、剣道、和太鼓、陸上競技において**文化・スポーツ等特別推薦**を実施。
・東京都から、**地域探究推進校、海外学校間交流推進校**に指定されている。
・AI型教材の活用による学びの個別適応化を実施。

[学校見学]（令和5年度実施予定）

★学校見学会　7・8月各1回
★学校説明会　10・11・12月各1回
★篠高祭　9月　一般公開あり

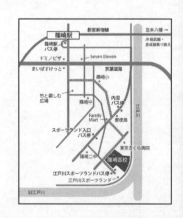

入試!インフォメーション

※本欄の内容はすべて令和6年度入試のものです。

受検状況

科名・コース名	募集人員	推薦に基づく入試				第一次募集・分割前期募集			
		募集人員	応募人員	応募倍率	合格人員	募集人員	受検人員	受検倍率	合格人員
普 通	278	56	174	3.11	56	222	261	1.18	224

入学者選抜実施方法

推薦

科名・コース名	推薦枠		調査書の活用		満点					備考
	割合(%)	特別推薦の有無	観点別学習状況の評価	評定	調査書点	集団討論個人面接	小論文	作文	実技検査	
普 通	20	○	−	○	500	300	−	200	−	

第一次・分割前期

科名・コース名	分割募集	男女枠緩和	学力検査		調査書		学力検査：調査書	満点					備考
			教科	学校指定による傾斜配点	教科の評定の扱い			学力検査	調査書点	面接	小論文・作文	実技検査	
					学力検査を実施する教科	学力検査を実施しない教科							
普 通	−	○	5		1倍	2倍	7：3	700	300	−	−	−	

〈本校の期待する生徒の姿〉

　本校は、地域探究推進校として、「探究的な学び」と「協働的な取り組み」を通して、探究力を磨き、地域社会に貢献できる生徒の育成を目指した教育活動を行っています。また、生徒一人一人へのきめ細かな指導により、基礎学力を着実に身に付けさせ、希望進路実現を図っています。そこで、次のような生徒の入学を期待します。

1　本校への志望動機が明確で、日々の授業に真剣に取り組む強い意志をもち、大学進学等の進路実現に向けて努力を惜しまぬ生徒
2　探究活動に興味関心をもち、主体的に探究活動に取り組むとともに仲間と協働できる生徒
3　学校行事、生徒会活動、委員会活動、部活動等に積極的に参加し、仲間と協力して互いを高めていく意欲と向上心のある生徒
4　文化・芸術・スポーツ活動等の分野で優れた能力を有し、入学後もより高い目標に向かって継続して取り組む生徒
※　特に推薦選抜においては、基本的な生活習慣を身に付けており、1から3の項目に該当する生徒が望ましい。
※　「文化・スポーツ等特別推薦」を、和太鼓、剣道、硬式野球、陸上競技について実施します。入学後は3年間、部活動と学業を両立させ、所属する部活動の中心となって意欲的に活躍する生徒が望ましい。

難易度（偏差値）	E−1（42−38）	併願校選択例	愛国、岩倉、関東第一、昭和第一学園、中央学院大中央

普通科

都立 紅葉川 高等学校
もみじがわ

https://www.metro.ed.jp/momijigawa-h/

〒134-8573　江戸川区臨海町2-1-1
☎ 03-3878-3021
交通　東京メトロ西葛西駅　徒歩19分またはバス14分
　　　ＪＲ京葉線葛西臨海公園駅　徒歩19分

| 制　服 | あり |

[カリキュラム] ◇三学期制◇

・1年次では、共通科目で基礎学力を育成する。
・2年次からは、文系・理系に分かれてクラス編成を行い、大学受験への早期対応を図る。
・3年次では豊富な自由選択科目が設けられ、演習授業では私大等の入試対策をきめ細かに行う。また、3年次の「総合的な学習の時間」では「自ら考える力」や「プレゼンテーション能力」を養う「課題解決型学習」を行う。
・英語に重点を置いており、3年間で18単位を英語に関する授業にあてている。
・GTECを学校で実施している（全員受検）。
・論理・表現Ⅰ・Ⅱ・Ⅲ、数学Ⅰ・Ⅱでは習熟度別授業が行われる。
・土曜講習を希望者を対象に行っている（月2回程度）。
・長期休業中に講習を実施。

[部活動]

・約9割が参加。関東大会出場経験を持つ陸上競技部、東京大会ベスト8進出経験を持つ野球部、度々都大会進出を果たしているサッカー部、都コンクールC組銀賞受賞の実績がある吹奏楽部など、各部が熱心に活動している。

★設置部

陸上競技、サッカー、野球、硬式テニス、バレーボール、バスケットボール、バドミントン、チアリーディング、卓球、柔道、剣道、水泳、ダンス、書道、メイプル（地域奉仕）、コンピュータ、軽音楽、美術、茶道、演劇、写真、漫画研究、吹奏楽、家庭

[行　事]

4月　新入生歓迎会、遠足
5月　体育祭
7月　芸術鑑賞教室
9月　紅葉祭（文化祭）
11月　修学旅行（2年）
2月　ロードレース、合唱コンクール
3月　球技大会

[進　路]（令和5年3月）

・各学年ごとに段階的な指導を行い、一人ひとりの希望進路実現に向けて指導を行っている。大学出張講座もあり。
・放課後講習を実施。
・冊子「紅葉川学力向上プログラム」を配布し、ノートの作成方法や具体的な学習方法などを丁寧に指導している。

★卒業生の進路状況

＜卒業生232名＞
大学157名、短大6名、専門学校48名、就職6名、その他15名

★卒業生の主な進学先

室蘭工業大、明治大、学習院大、法政大、亜細亜大、国士舘大、駒澤大、淑徳大、専修大、大正大、大東文化大、高千穂大、拓殖大、千葉工業大、千葉商科大、帝京科学大、帝京平成大、東京経済大、東京農業大、二松學舎大、日本大、日本体育大、文京学院大、武蔵野大、明海大、目白大、立正大、流通経済大

♣指定校推薦枠のある大学・短大など♣

亜細亜大、大妻女子大、杏林大、工学院大、国士舘大、聖徳大、専修大学、大東文化大、拓殖大、千葉工業大、千葉商科大、東京家政学院大、東京工芸大、東京女子体育大、東京成徳大、東京電機大、東洋大、二松學舎大、日本大、武蔵野大、立正大他

[トピックス]

・恵まれた施設と豊かな自然環境の中で高校生活を送ることができる。
・基礎学力の向上に力を入れ、大学への進学希望に応えている。
・国際理解教育の一環として、ALTとJETを配置。
・平成30年、創立90周年記念式典を挙行。
・文化・スポーツ特別推薦入試を実施。（野球、陸上競技、サッカー）

[学校見学]（令和5年度実施内容）

★学校見学会　7・8月各1回
★学校説明会　10・11・12・1月各1回
★部活動体験　部活動ごとに実施。詳細はHPにて。
★紅葉祭　9月　一般公開の有無はHPにて

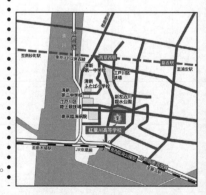

※本欄の内容はすべて令和6年度入試のものです。

受検状況

科名・コース名	募集人員	推薦に基づく入試				第一次募集・分割前期募集			
		募集人員	応募人員	応募倍率	合格人員	募集人員	受検人員	受検倍率	合格人員
普通	237	48	139	2.90	48	189	274	1.45	189

入学者選抜実施方法

推薦

科名・コース名	推薦枠		調査書の活用		満点					備考
	割合(%)	特別推薦の有無	観点別学習状況の評価	評定	調査書点	集団討論個人面接	小論文	作文	実技検査	
普通	20	○	–	○	500	300	200	–		

第一次・分割前期

科名・コース名	分割募集	男女枠緩和	学力検査		調査書		学力検査:調査書	満点					備考
			教科	学校指定による傾斜配点	教科の評定の扱い 学力検査を実施する教科	学力検査を実施しない教科		学力検査	調査書点	面接	小論文・作文	実技検査	
普通	–	○	5		1倍	2倍	7:3	700	300	–	–	–	

〈本校の期待する生徒の姿〉

　これからの時代をたくましく生き抜いていくためには、「国際社会に通用する確かな学力」が必要です。本校は、全日制普通科の使命として、生徒に確かな学力を身に付けさせ、大学に一般受験で合格させることができるよう、教職員が一丸となって指導を行います。
　この方針に共鳴する生徒の入学を期待します。
1　大学進学への目的意識をしっかりもち、高い志望を掲げて努力する生徒
2　国語・数学・英語・社会・理科の基礎学力があり、更に深く学ぼうとする生徒
3　学校生活の規律を守り、広く他人への配慮ができる生徒
4　部活動、学校行事、ボランティア活動等に積極的に取り組む生徒
※　特に推薦選抜においては、本校への志望動機が明確であり、入学後に勉学と部活動に意欲的に取り組む生徒が望ましい。

難易度（偏差値）	D－2（50－47）	併願校選択例	岩倉、関東第一、正則学園、中央学院大中央

次のページもご覧ください ▶▶▶

都立 葛飾商業 高等学校
（かつしかしょうぎょう）

ビジネス科

https://www.metro.ed.jp/katsushikasyogyo-h/

〒125-0051　葛飾区新宿 3-14-1
☎ 03-3607-5170・5178
交通　京成線・北総線高砂駅　徒歩10分
　　　ＪＲ常磐線金町駅、亀有駅　バス

制　服	あり

[カリキュラム] ◇三学期制◇

・平成30年度入学生からビジネス科に改編した。

・1学年では芸術以外の科目については全員同じものを履修する。1学年「ビジネス基礎」では補助教材"東京のビジネス"を使用し、東京や本校周辺の地域をはじめ、身近な企業等について調査・研究を行う授業も実施。2学年『商業選択』では「ソフトウェア活用」または「簿記応用」のうち1科目を選択し、自分の専門を決定する。加えて『ビジネス選択』において「プログラミング」「ビジネスデザイン」「原価計算」「ビジネスコミュニケーション」「商品開発と流通」などの科目から2科目を選択し、自分の専門性を高めたり、幅を広げたりできる。2学年「ビジネスアイデア」では"ヒット商品をつくる""見てもらえる広告をつくる""お客さんに喜んでもらえる販売をする"などビジネスについて実践的な学習をすすめ、専門的な知識や情報活用の技術を習得する。3学年『課題研究』では"販売""広告制作""ビジネスマネジメント研究"などビジネスに関する課題や卒業後の進路に向けた課題などを自ら設定し、その解決を図る学習を進める。加えて『総合選択』において、「財務会計Ⅰ」「Web開発」などの専門科目や「国語総合演習」「地域研究」「数学応用」「英語総合演習」「保育基礎」などから3科目を選択し、1・2学年での学習を深めたり、進路希望の実現に向けた学習ができる。

・情報処理科の指導実績があり、表計算やワープロ、データベースなどのビジネスソフトだけでなくデザインやWebページ、プログラムなどの授業が充実している。

・学習の成果は検定試験合格という自分のキャリアアップにつなげ、就職・進学といった進路活動に活かしている。昨年度は簿記検定、情報処理検定など各検定では全国平均を上回る合格実績を上げるだけでなく、ITパスポートや日商簿記検定、MOS、秘書検定などレベルの高い検定にも合格している。

[部活動]

・約7割が参加。部活動を推進しており、広々としたグラウンドや専用テニスコートなど恵まれた施設の中、各部が活発に活動している。

＜令和4年度＞
野球部が夏の商業大会で優勝。春の大会に続き2連覇を成し遂げた。ソフトボール部は公立選手権大会で第3位の成績を収めた。

★設置部（※は同好会）
サッカー、ソフトボール、バスケットボール、ソフトテニス、硬式テニス、バレーボール、バドミントン、硬式野球、陸上競技、ダンス、剣道、卓球、茶道、簿記、珠算競技、囲碁・将棋、パソコン、軽音楽、家庭科、吹奏楽、イラストレーション、写真、美術、演劇、※かるた、※ゲーム研究、※AI、※マーケティング、※英語、※JRC

[行　事]

4月	入学式、新入生歓迎会
5月	遠足校外学習（3年）
6月	体育祭
10月	文化祭
11月	修学旅行（2年）、インターンシップ（1年）
3月	球技大会、卒業式

[進　路] （令和5年3月）

・1学年より計画的な進路指導を実施。

・3学年1学期には全教員体制で進路面接練習を実施。

・土曜・日曜や夏季休業・冬季休業には各教科の補習や、各検定合格に向けた補習を実施。

・外部講師による**ビジネスマナー講習**や労基法講座などを実施。

★卒業生の進路状況
＜卒業生198名＞
大学31名、短大5名、専門学校68名、就職87名、その他7名

★卒業生の主な進学先

聖徳大、高千穂大、専修大、拓殖大、東洋大、千葉商科大、中央学院大、淑徳大、千葉工業大、帝京平成大、文教大、東京通信大

[トピックス]

・昭和37年4月創立。令和4年に**創立60周年**となった。

・平成4年度より、**情報処理科**を設置。

・平成30年度入学生から、都立高校改革推進計画・新実施計画に基づき、**ビジネス科**に改編した。

・愛称は「**葛商（かつしょう）**」。

・**コンピュータ**の数は**7室に240台超**。全てインターネットに接続している。

・平成27年度まで規範意識向上推進モデル校に指定。授業をはじめ学校生活の様々な場面で、**コミュニケーション能力**や**規範意識**を高める指導を展開している。

・平成29年度から3年間**アクティブラーニング推進校**に指定。各科目において主体的、対話的で深い学びを進める授業を実践している。

・平成30年に東京都NIE推進協議会**「NIE実践指定校」**（2年間）となった。

・平成31年に「**ALCMコミュニティ事業参加校**」（3年間）となった。

[学校見学] （令和5年度実施内容）

★学校見学会　6〜8月に4回
★学校説明会　10月〜12月に3回
★体験入学　夏季休業中
★授業公開　6月6日間・11月6日間
★学校見学は随時可（要連絡）

受検状況

科名・コース名	募集人員	推薦に基づく入試				第一次募集・分割前期募集			
		募集人員	応募人員	応募倍率	合格人員	募集人員	受検人員	受検倍率	合格人員
ビジネス	210	84	102	1.21	84	126	121	0.96	121

入学者選抜実施方法

推薦

科名・コース名	推薦枠		調査書の活用		満点						備考
	割合(%)	特別推薦の有無	観点別学習状況の評価	評定	調査書点	集団討論・個人面接	小論文	作文	実技検査		
ビジネス	40	–	–	○	450	200	–	250	–		

第一次・分割前期

科名・コース名	分割募集	男女枠緩和	学力検査		調査書		学力検査	調査書	満点					備考
			教科	学校指定による傾斜配点	教科の評定の扱い				学力検査	調査書点	面接	小論文・作文	実技検査	
					学力検査を実施する教科	学力検査を実施しない教科								
ビジネス	–		5	–	1倍	2倍	7:3		700	300	–	–	–	

〈**本校の期待する生徒の姿**〉

★ビジネス科

本校は、ビジネス教育を中心とした様々な活動を通してコミュニケーション能力の育成に努め、人間性豊かな生徒の育成に取り組んでいます。ついては、次のような生徒の入学を期待します。
1　本校を希望する意志が強く、明確な目的意識をもっている生徒
2　本校に入学後も規則正しく学校生活を送り、ルールやマナー、モラルを守れる生徒
3　卒業後の進路希望が明確であり、進路希望実現のために努力を惜しまない生徒
4　ビジネス（会計、コンピュータ活用、Web、販売活動等）に関する事柄に興味・関心がある生徒
5　学習活動や学校生活において課題の発見と解決にすすんで取り組む意欲とコミュニケーション能力のある生徒
6　中学校での学校行事や部活動・ボランティア活動等に積極的に取り組んだ実績のある生徒
※　特に推薦選抜においては、上記全ての項目に当てはまる生徒であることが望ましい。

難易度（偏差値） E-1（42-38）

総合学科

都立 葛飾総合（かつしかそうごう）高等学校

https://www.metro.ed.jp/katsushikasogo-h/

〒125-0035 葛飾区南水元 4-21-1
☎ 03-3607-3878
交通 常磐線・東京メトロ「金町」・京成線「京成金町」 徒歩 15 分またはバス

単位制

制 服 あり

[カリキュラム] ◇三学期制◇

- 1 年次は全員が共通の科目を履修し、基礎学力の養成を図る。
- 2～3 年次は選択科目が中心の授業となる。選択科目の数は総合学科にふさわしく、合計で約 120 科目あり、基礎からハイレベルな内容までカバーする。また、数学の必履修科目はすべて習熟度別で授業を行う。
- 選択科目は、文系大学進学に対応する**国際コミュニケーション**、体育・教育・福祉系進学に対応する**スポーツ福祉**、保育・家政・芸術系進学に対応する**生活アート**、理学・工学・情報・看護医療・栄養・農学系進学に対応する**サイエンス・テクノロジー**の4系列に分かれて配置。
- 生徒はそれぞれの適性や能力に応じ、上記のうちどれか一つの系列の科目を中心に「自分だけの時間割」を作ることになるが、他の系列の科目や自由選択科目を履修することも可能。
- 英語は全学年で全員が履修。授業は**習熟度別・少人数制**で行われる。
- **英検・漢検**などの資格について対応している。

[部活動]

- 約 7 割が参加。**吹奏楽部**はディズニーランドなど様々な場所で演奏している。
- 令和 5 年度、**吹奏楽部**が東京都吹奏楽コンクール銀賞を受賞。

★設置部
バスケットボール、バレーボール、バドミントン、卓球、ダンス、硬式テニス、ソフトテニス、陸上、サッカー、水泳、弓道、硬式野球、吹奏楽、美術、福祉・ボランティア、イラストレーション、クッキング、茶道、演劇、パソコン、軽音楽、自然科学、写真、陶芸、文芸

[行 事]

- **体育祭**はすべて生徒（実行委員会）の運営によって実施されている。
- **葛希祭**（文化祭）は約 6,000 人の来場者がある年もあり、地域でも一大イベントとなっている。

- **葛飾アントレ**は葛総キャリア教育のスタートライン。事業所訪問を通して自分の高校生活を見つめる。
- **課題研究発表会**では、3 年生の「課題研究」の成果を学外にも見られる形で公開・発表する。また、**学習成果発表会**は、本校の特色ある授業について知ることのできる絶好の機会となっている。

4 月	葛飾アントレ（新入生宿泊学習活動）、校外学習（2 年）
5 月	体育祭
6 月	芸術鑑賞教室
9 月	葛希祭（文化祭）
12 月	課題研究発表会（3 年）
2 月	合唱コンクール（1・2 年）、修学旅行（2 年）
3 月	学習成果発表会（1・2 年）

[進 路]

- 生徒一人ひとりの可能性を最大限に引き出し、希望進路の実現を目指す。
- 3 年間を通じてキャリア教育を学ぶ特色ある時間として「キャリアコアタイム」を設けている。1 年次では「産業社会と人間」という科目を全員が履修し、進路や職業を探究する。2・3 年次では「総合的な学習の時間」に将来のキャリア形成を視野に入れた課題研究やプレゼンテーションを行う。
- キャリアカウンセラーを配置し、生徒が常時相談可能な体制を整える。
- 長期休業中に**補習**や演習。
- 全学年で土曜講習を実施（隔週年 15 回程度）。検定、就職、看護医療・音楽・美術系進学など様々な進路に対応した講座がある。

★卒業生の進路状況
＜卒業生 216 名＞
大学 113 名、短大 2 名、専門学校 72 名、就職 10 名、その他 19 名

★卒業生の主な進学先
亜細亜大、跡見学園女子大、神田外語大、共立女子大、昭和音楽大、大正大、拓殖大、千葉工業大、東京家政大、東京電機大、東洋大、獨協大、日本大、文教大、立正大

[トピックス]

- 約 1 万坪の**広大な敷地**に 9 棟の建物とグラウンド、プール、テニスコートを配置。
- 多様な選択科目に対応するために、地域文化実習室、福祉実習室、環境科学実習室、スポーツ科学室、マルチメディア実習室、おもちゃ工房、機械加工実習室、CAD/CAM 実習室、ネットワーク実習室、PCLL 室、陶芸室、トレーニングルーム、剣道場、柔道場等、**特色ある施設**を完備。
- **インターンシップ**、**ボランティア**などの活動を通じ、**地域と交流**を図ることを計画。
- **ノーチャイム制**により生徒の自律性を養っている。
- 学校見学会、学校説明会はすべて有志の生徒（「広報ガイド」）によって行われている。
- 令和 6 年度入学生より制服が新しくなる。

[学校見学]（令和 5 年度実施内容）

★学校見学会 6・7 月各 1 回
★学校説明会 11 月 2 回、10・12・1 月各 1 回
★部活動体験 7・10 月各 1 回
★授業体験 7 月 1 回
★授業公開 6・11 月各 1 回
★文化祭 9 月 見学可
★葛総面接対策講座 10 月 1 回 見学可
★課題研究発表会 12 月 見学可
※個別の学校見学は休止中。再開は HP でご確認ください。

入試!インフォメーション
※本欄の内容はすべて令和6年度入試のものです。

受検状況

科名・コース名	募集人員	推薦に基づく入試				第一次募集・分割前期募集			
		募集人員	応募人員	応募倍率	合格人員	募集人員	受検人員	受検倍率	合格人員
総合	196	60	111	1.85	60	136	138	1.01	137

入学者選抜実施方法

	科名・コース名	推薦枠		調査書の活用		満点					備考
		割合(%)	特別推薦の有無	観点別学習状況の評価	評定	調査書点	集団討論・個人面接	小論文	作文	実技検査	
推薦	総合	30	–	–	○	720	540*	–	200	–	* 個人面接の一部で「パーソナル・プレゼンテーション」を行う。

	科名・コース名	分割募集	男女枠緩和	学力検査		調査書		学力検査:調査書	満点					備考
				教科	学校指定による傾斜配点	教科の評定の扱い			学力検査	調査書点	面接	小論文・作文	実技検査	
						学力検査を実施する教科	学力検査を実施しない教科							
第一次・分割前期	総合	–		5	–	1倍	2倍	7:3	700	300	–	–	–	

〈本校の期待する生徒の姿〉

　本校は、「進取創造」「自主自律」の校訓を掲げ、総合学科の特色を生かしたキャリア教育の充実、学力向上・専門性の伸長、探究活動の推進によって、生徒一人ひとりの可能性を最大限に引き出し、希望進路の実現を目指します。
　マナーや道徳を守る意識と明確な目的意識をもち、以下の項目かに該当する生徒を期待します。
1　向上心があり、自らの個性や能力の伸長に強い意欲をもっている生徒
2　生徒会活動、委員会活動、部活動、学校行事等へ積極的に参加した経験があり、今後の活躍が期待できる生徒
3　得意とする教科で優れた能力をもち、今後もその分野へ意欲的に打ち込む生徒
4　ボランティア活動、地域活動等へ積極的に取り組み、今後の活動に期待できる生徒
※　特に推薦選抜においては、中学校における活動が顕著であり、今後も活躍が期待できる生徒が望ましい。

難易度（偏差値）	D－2（50－47）	併願校選択例	愛国、関東第一、錦城学園、修徳、東京学館浦安

次のページもご覧ください ▶▶▶

普通科

都立 葛飾野 高等学校
（かつしかの）

https://www.metro.ed.jp/katsushikano-h/

〒125-0061　葛飾区亀有1-7-1
☎ 03-3602-7131
交通　ＪＲ常磐線亀有駅　徒歩15分またはバス
　　　京成線お花茶屋駅　徒歩12分

制服　あり

[カリキュラム] ◇三学期制◇

・中堅私学を一般受験で合格する力を身につけるためのカリキュラム。1学年は基礎科目を全員が履修。2学年から文理選択に分け、国語、英語のほか、社会、数学、理科と充実した授業を取り揃える。また、3学年でさらに受験生徒を対象に自由選択科目を設定。
・特進クラスを各学年2クラス設置。受験勉強に加え部活動や委員会、行事等に一生懸命に取組む良い雰囲気が醸成されている。
・土曜講習（年12回程度）。模試や模試の過去問を実施し、年間を通した受験対策を実施している。
・数学Ⅰ、論表Ⅱにおいて、習熟度に合わせた2クラス3展開。
・英語検定、漢字検定、PC関連検定の受検を勧めている。検定対策補習も実施している。

[部活動]

　広いグラウンドを活用して、**サッカー部、野球部、陸上競技部**などが活躍している。令和4年度は、**野球部**が都ベスト16、**ダンス部**が全国大会に出場した。

★設置部（※は同好会）
硬式野球、サッカー、陸上競技、硬式テニス、ソフトテニス、バドミントン、女子バレーボール、バスケットボール、卓球、ダンス、柔道、水泳、フットサル、演劇、吹奏楽、家政、美術、茶道、生物科学、まんが、ボランティア、和太鼓、軽音楽、パソコン、※合唱

[行　事]

　広いグラウンドを活かした**体育祭**など、四季折々の行事が充実している。
5月　体育祭
6月　校外学習
8月　部活動合宿
9月　文化祭、ビブリオバトル
11月　修学旅行（2年）
3月　球技大会

[進　路]（令和5年3月）

・多様な進路希望に合わせて、**進学・就職それぞれの相談室**が独立完備され、豊富な資料をいつでも利用可能。担当の先生に随時相談することもできる。
・進学希望者、公務員希望者のために各教科の補習や集中講義を行っている。
・各学年、**進路講話**を年に数回実施。**進路別説明会や各種模試**も行っている。

＜進路関係の主な行事＞
4月　実力テスト（1・2年）、進路別テスト（3年）
5月　進路ガイダンス
8月　夏期講習
9月　センター出願ガイダンス（3年）、進路説明会（2年）
12月　労働法講話（3年）
1月　冬期講習
3月　合格内定者発表会

★卒業生の主な進学先
亜細亜大、国士舘大、聖徳大、専修大、大正大、拓殖大、千葉工業大、千葉商科大、中央大、帝京大、帝京平成大、文教大、明海大、立教大、日本大、立正大、流通経済大、和洋女子大、早稲田大

♣指定校推薦枠のある大学・短大など♣
亜細亜大、工学院大、国士舘大、大正大、大東文化大、拓殖大、千葉工業大、東京家政学院大、東京成徳大、東京電機大、文教大、神奈川大、日本大、立正大、和洋女子大　他

[トピックス]

・昭和15年、東京府立第十七中学校として設置された。25年、現校名に改称。伝統ある**自立・叡知・敬愛**の精神を受け継いで今日に至る。
・グラウンドは普通科の都立高校では有数の広さを誇り、硬式野球とサッカーが同時に練習できる。
・全天候型サンド・フィル・芝コートが4面ある他、**生徒ホール**や**多目的ホール**なども充実している。
・令和5年度入試では、**硬式野球・サッ**

カーで文化・スポーツ等特別推薦を実施。
・葛飾区教育連携事業による中学3年生を対象とした「**進学重点教室**」を行っている。
・東京理科大学との連携による「**寺子屋**」（年間47回）を実施している。

[学校見学]（令和5年度実施内容）

★学校見学会　7・8月各1回
★学校説明会　10・11・12月各1回
★文化祭　9月

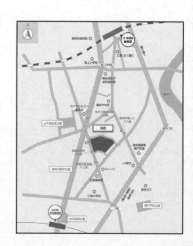

入試！インフォメーション
※本欄の内容はすべて令和6年度入試のものです。

受検状況

科名・コース名	募集人員	推薦に基づく入試				第一次募集・分割前期募集			
		募集人員	応募人員	応募倍率	合格人員	募集人員	受検人員	受検倍率	合格人員
普通	317	64	260	4.06	64	253	338	1.34	255

入学者選抜実施方法

推薦

科名・コース名	推薦枠		調査書の活用		満点					備考
	割合(%)	特別推薦の有無	観点別学習状況の評価	評定	調査書点	集団討論個人面接	小論文	作文	実技検査	
普通	20	○	－	○	450	200	－	250	－	

第一次・分割前期

科名・コース名	分割募集	男女枠緩和	学力検査		調査書		学力検査:調査書	満点					備考
			教科	学校指定による傾斜配点	教科の評定の扱い			学力検査	調査書点	面接	小論文・作文	実技検査	
					学力検査を実施する教科	学力検査を実施しない教科							
普通	－	○	5		1倍	2倍	7:3	700	300	－	－	－	

〈本校の期待する生徒の姿〉

　本校は、80年を超える歴史と伝統のある普通科高校です。これまで多くの有為な卒業生を送り出してきました。生徒は、集団生活を送る上で必要なルールやマナーを守り、学習活動と生徒会活動・部活動等に積極的に取り組み文武両道を実践しています。本校の教育目標である「自立・叡智・敬愛」への理解と、「地域の中の進学校」への変革を求められている学校であることを理解した上で、本校への入学を真に希望し、以下の全ての項目に該当する生徒の入学を望んでいます。
1　学習意欲が高く、大学進学等の進路目標が明確であり、進路実現に向けて卒業するまで努力し続けられる生徒
2　学校行事、生徒会活動、部活動等に積極的に参加し、前向きにかつ最後までやり抜くことができる生徒
3　学校生活を基本的なルールやマナーを守り、基本的な生活習慣が定着している生徒
4　社会の一員としての自覚をもち、互いの人格を尊重し、他者と学び合い、支え合いながら自己実現を図ろうとする生徒
※　特に推薦選抜においては、上記1から4に加え、地域貢献しようとする意欲をもった生徒が望ましい。
※　「文化・スポーツ等特別推薦」を、硬式野球、サッカーについて実施します。

難易度（偏差値）	D-3（46-43）	併願校選択例	愛国、共栄学園、修徳、大東学園、武蔵野

都立 農産(のうさん) 高等学校

https://www.metro.ed.jp/nosan-h/

☎ 124-0002　葛飾区西亀有1-28-1
☎ 03-3602-2865
交通　ＪＲ常磐線亀有駅　徒歩15分またはバス
　　　京成線お花茶屋駅　徒歩20分またはバス

園芸デザイン科
食品科

制　服	あり

[カリキュラム] ◇三学期制◇

・国語、英語、数学などの普通教科・科目を学ぶとともに、充実した農場、実習設備を利用し、「農業」の専門科目を（全体の3分の1程度）学習する。
・農業科目では、授業の半分以上が**実習・実験**。分野ごとの**少人数授業**や、**複数の担当教員**による授業で、きめ細かな指導を受けることができる。
・全員が**日本農業技術検定3級**を受検。
・普通科目は、国・数・英・体で習熟度別・少人数の授業を実施。

★園芸デザイン科

・1・2年には、「農業と環境」「農業と情報」「草花基礎」「野菜」「植物バイオテクノロジー」「園芸デザイン」「総合実習」などの園芸に関する基礎的な科目を全員で学ぶ。
・3年次では、希望進路に応じて授業を選択する。少人数制授業を実施。また、自ら課題を設定し課題解決に向けて取り組む科目、**課題研究**を行う。技能検定（造園技能士、フラワー装飾技能士）の資格取得を目指す生徒もいる。

★食品科

・1・2年には、「農業と環境」「農業と情報」「食品製造」「食品化学」「食品微生物」「総合実習」などの食品に関する基礎的な科目を全員で学ぶ。
・3年次では、希望進路に応じて授業を選択する。少人数制授業を実施。また、自ら課題を設定し課題解決に向けて取り組む科目、**課題研究**を行う。

[部活動]

・約6割が参加。
・令和元年度は、**パン加工部**が全国パンコンテストで準優勝、**女子バスケットボール部**が夏季大会でブロック2位となった。

★設置部（※は同好会）

バレーボール、バスケットボール（男女）、硬式テニス、バドミントン、サッカー（男女）、水泳、陸上、ダンス、卓球、硬式野球、フリーライティング、軽音楽、茶華道、生物、料理、和太鼓、園芸、穀類加工、園芸加工、畜産加工、応用微生物、演劇、造園、醸造

[行　事]

農産祭では、生徒が実習で作った味噌、ジャム、栽培した草花などを販売。例年短時間ですべてが売り切れてしまうほどの人気がある。

5月	体育祭
9月	修学旅行（2年）
11月	農産祭（文化祭）
1月	課題研究発表会

[進　路]

・進路指導が充実しており、**就職希望者の内定率は100%**である。
・1年次から計画的な進路指導を行なっており、第一志望決定率は過去2年平均で約81%である。

★卒業生の主な進学先

東京農業大、日本獣医生命科学大、酪農学園大、東京聖栄大、東京家政大、神田外語大

[トピックス]

・昭和23年4月、東京都立農芸新制高等学校下千葉分校として創立。32年に独立し、東京都立農産高等学校となる。**東京東部で唯一の農業高校**。
・農業を学ぶことについて考えるために、生徒全員が**日本学校農業クラブ**連盟に加盟し、行事に参加する。年に一度の全国大会に参加する生徒は、農業に関する意見の発表などを行い、技術・知識を全国の生徒と競う。
・インターンシップを実施し、希望者が参加している。（農業、造園など）
・野菜、果物、ジャム、味噌など、実習生産品の外部イベントにおける販売や花壇作成を通して、**地域貢献**を行っている。
・荒川区と協力して、江戸東京野菜の**三河島菜**を栽培している。
・農業に関連した知識・技術を身に付け、農業の見方、考え方を生かして、社会の持続可能な発展に貢献する態度を育むことを目指して、一人一人の心を育てる個に応じた教育を推進し、次世代農業を創造する専門的な学び、社会の課題を解決する探求的な学びを通して、自他の生命や人格を尊重する態度と豊かな人間性を身に付けた、農業の新たな可能性を追求する志の高い人材を育成する。

[学校見学] （令和5年度実施内容）

★体験入学　9・11月各1回
★学校説明会　10・12月各1回
★農産祭　11月　見学可

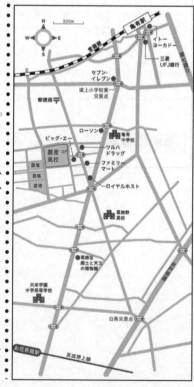

入試!インフォメーション
※本欄の内容はすべて令和6年度入試のものです。

受検状況

科名・コース名	募集人員	推薦に基づく入試				第一次募集・分割前期募集			
		募集人員	応募人員	応募倍率	合格人員	募集人員	受検人員	受検倍率	合格人員
園芸デザイン	70	28	31	1.11	28	42	35	0.83	35
食品	70	28	48	1.71	28	42	37	0.88	37

入学者選抜実施方法

推薦

科名・コース名	推薦枠			調査書の活用	満点					備考
	割合(%)	特別推薦の有無	観点別学習状況の評価	評定	調査書点	集団討論個人面接	小論文	作文	実技検査	
園芸デザイン	40	–	–	○	450	250	–	200	–	
食品	40	–	–	○	450	250	–	200	–	

第一次・分割前期

科名・コース名	分割募集	男女枠緩和	学力検査		調査書		学力検査:調査書	満点					備考
			教科	学校指定による傾斜配点	教科の評定の扱い 学力検査を実施する教科	学力検査を実施しない教科		学力検査	調査書点	面接	小論文・作文	実技検査	
園芸デザイン	–		5	–	1倍	2倍	7:3	700	300	–	–	–	
食品	–		5	–	1倍	2倍	7:3	700	300	–	–	–	

〈本校の期待する生徒の姿〉
★園芸デザイン科・食品科

本校は、農業のもつ優れた教育特性を活かし、社会に貢献することのできる人材の育成を目指しています。そのため、以下のような生徒を期待しています。
1　農業（園芸、栽培、食品加工等）に興味・関心がある生徒
2　社会のルールやマナーを身に付け、自分を大切にするとともに、他者を思いやることができる生徒
3　自分の将来に目標をもち、進路実現に向けて挑戦することができる生徒
4　生徒会活動や部活動に熱心に取り組むことができる生徒
5　積極的に地域連携に参加し、自ら前向きに活動することができる生徒
※　特に推薦選抜においては、上記1から3を重視し、4、5のいずれかに該当する生徒が望ましい。

難易度（偏差値） 食品・園芸デザイン　E－1（42－38）

次のページもご覧ください ▶▶▶

都立 南葛飾 高等学校
(みなみ かつしか)

https://www.metro.ed.jp/minamikatsushika-h/

☏ 124-0012 葛飾区立石 6-4-1
☎ 03-3691-8476
交通 京成線お花茶屋駅・青砥駅 徒歩 10 分
　　　京成線立石駅 徒歩 8 分

普通科

| 制　服 | あり |

[カリキュラム] ◇三学期制◇

・『わかる授業』『できる授業』が目標。
・一人ひとりの学力を伸ばすため、少人数制授業（国語・英語・体育・家庭・芸術）、習熟度別（2年英語・数学）を多く取り入れている。
・1、2年次は学力の基礎固めに重点を置いている。
・3年次では各自の進路希望に対応するため、学校設定科目を含めた自由選択科目が多く用意されている。古典探究、国語表現、世界史探究、日本史探究、政治・経済探究、数学Ⅲ、数学C、物理、化学、生物、英語総合演習といった大学進学に役立つ科目や、保育ピアノ、子どもの発達と保育、ファッション造形基礎、フードデザイン、音楽Ⅲ、美術Ⅰ、美術Ⅲ、書道Ⅰといった就職・進学共に活かせる科目が用意されている。
・英語検定、漢字検定、ワープロ検定については、受検希望者が一定人数以上になれば、校内で受検ができる。
・校内講習会により救急救命法の資格も取得可能。
・朝学習をほぼ毎日、全学年で実施。

[部活動]

全生徒の65%が参加。
最近の主な実績は以下のとおり。
＜令和5年度＞
陸上部が都大会に出場した。
＜令和3年度＞
陸上部が関東大会に出場した。
＜令和2年度＞
写真部が関東大会に出場した。
＜令和元年度＞
陸上競技部は関東大会に、サッカー部は都大会に出場した。写真部は東京都高等学校文化祭写真部門A・B地区大会で佳作に入賞した。
＜平成29年度＞
陸上競技部は全国大会に進出した。また、サッカー部は都大会に出場した。
★設置部 （※は愛好会）
硬式テニス、バレーボール（男女）、バスケットボール（男女）、サッカー、硬式野球、柔道、剣道、陸上競技、ダンス、バドミントン、水泳、ハンドボール、卓球、吹奏楽、漫画研究、家庭科、軽音楽、箏曲、英会話、美術、写真、茶道、※文芸、※コンピュータ、※Global Citizens Club（GCC）

[行　事]

体育祭や南葛祭は生徒主体で行われ、地域に根づいた行事となっている。

4月	新入生歓迎会
6月	体育祭
8月	クラブ合宿
9月	南葛祭（文化祭）
11月	遠足、芸術鑑賞会、修学旅行（2年）
2月	ロードレース大会（1・2年）

[進　路] （令和5年3月）

・進路ガイダンス、進路別説明会、進路別模擬テスト、面接講習会、就職指導、就職講話（企業説明会）、南葛スタディーサポートfor Career（放課後自習教室）などにより、きめの細かい指導を行っている。また、朝学習の実施により、学習習慣の定着をはかるとともに大学入試センター試験への対策を進めている。
・「進路三者面談」（3年）、「面接週間」（全学年）を年3回実施。
・土曜日には、学習塾と連携して1〜3学年を対象とした大学入学共通テスト講座を行っている。
★卒業生の進路状況
　＜卒業生 215 名＞
　大学・短大77名、専門学校他109名、就職10名、その他19名
★卒業生の主な進学先
　慶應義塾大、東京理科大、青山学院大、国際基督教大、東京農大、東京医療保健大、国士舘大、専修大、拓殖大、千葉工業大、千葉商科大、帝京平成大、東京経済大、東京福祉大、東京未来大、東洋学園大、獨協大、開智国際大、流通経済大
♣指定校推薦枠のある大学・短大など♣
　国士舘大、拓殖大、千葉商科大、明海大、流通経済大、三育学院大、淑徳大、千葉工業大、日本薬科大、日本工業大、武蔵野大　他

[トピックス]

・昭和15年、東京府立第十六高等女学校として開校。昭和25年に現在の校名となった。卒業生は17,000名を超す。
・教育目標は「自他の敬愛と協力の精神をもち、変化する社会に対応できる自主性と創造力に富んだ人間の育成」。
・平成25年に新体育棟が完成。28年度夏に新校舎が完成。
・平成30年に新グラウンドほか全施設が完成。
・平成29年度から新制服スタート。女子の制服はスカートかスラックスを選択できる。
・令和元年7月にアリーナにクーラーを設置。
・サッカーにおいて文化・スポーツ等特別推薦を実施。
・葛飾区で唯一、在京外国人生徒募集枠のある学校。来日3年未満の外国人生徒だけで行う授業がある。
・東京都教育委員会から派遣されたユースソーシャルワーカーによる就労支援や福祉支援を利用できる。

[学校見学] （令和5年度実施内容）

★学校説明会　10・11・12月各1回
★南葛祭　9月
★個別相談会　1・3月各1回
★学校見学　詳細は本校HP（要予約）

※本欄の内容はすべて令和6年度入試のものです。

受検状況

科名・コース名	募集人員	推薦に基づく入試				第一次募集・分割前期募集				分割後期募集・第二次募集		
		募集人員	応募人員	応募倍率	合格人員	募集人員	受検人員	受検倍率	合格人員	募集人員	受検人員	合格人員
普通	204	43	168	3.91	43	161	217	1.35	161	11	13	12

入学者選抜実施方法

推薦

科名・コース名	推薦枠		調査書の活用		満点					備考
	割合(%)	特別推薦の有無	観点別学習状況の評価	評定	調査書点	集団討論個人面接	小論文	作文	実技検査	
普通	20	○	−	○	500	300	−	200	−	

	科名・コース名	分割募集	男女枠緩和	学力検査		調査書		学力検査:調査書	満点					備考
				教科	学校指定による傾斜配点	教科の評定の扱い 学力検査を実施する教科	学力検査を実施しない教科		学力検査	調査書点	面接	小論文・作文	実技検査	
第一次・分割前期	普通	○	○	5		1倍	2倍	7:3	700	300	−	−	−	
分割後期・第二次	普通	○		3		1倍	2倍	6:4	600	400	個人100	−	−	

〈本校の期待する生徒の姿〉

　本校では、自己の進路を真剣に考え、進路希望を実現させる生徒の育成を目指し、以下のような生徒の入学を期待します。
1　勉強したいという気持ちがあり、集中して真面目に授業に取り組む生徒
2　自己の学力を向上させ、進路実現に向けて努力する生徒
3　学校行事や部活動に積極的に参加する生徒
4　時間を守り、けじめのある学校生活を送ることができる生徒
5　挨拶をきちんとするなどマナーを身に付けた生徒
※　特に推薦選抜においては、下記(1)、(2)のどちらかに該当する生徒が望ましい。
　(1)　学習活動、部活動、委員会活動、学校行事等に積極的に取り組んできた。
　(2)　継続的なボランティア活動等に積極的に取り組んできた。

難易度（偏差値） E-1（42-38）　　**併願校選択例** 愛国、安部学院、岩倉、潤徳女子、武蔵野

▶▶▶ 次のページもご覧ください

科学技術科

都立 科学技術 高等学校
（かがくぎじゅつ）

https://www.metro.ed.jp/kagakugijyutu-h/

☎ 136-0072　江東区大島 1-2-31
☎ 03-5609-0227
交通　都営地下鉄・東京メトロ住吉駅、都営地下鉄西大島駅　徒歩 8 分
　　　ＪＲ総武線錦糸町駅・亀戸駅　徒歩 20 分またはバス
　　　東京メトロ東陽町駅　バス

※令和 6 年度　学科改編
（新学科：創造理数科 （科学技術科の一部を改編））

制　服	あり

［カリキュラム］◇三学期制◇

・1 時限 45 分の 7 時間授業。
・英語、理科、数学、科学技術の授業では、きめ細やかな**少人数・習熟度別授業**を実施。
・2 年次からの「課題研究」の授業では、科学技術に関する課題を各自が設定して研究・調査・実験を重ね、3 年次の 2 学期に研究発表を行う。
・3 年次には「選択科目」を受講できる。
・**SS 特別進学クラス**は、2 クラス設置。一部発展的な内容を取り扱う。
・3 日間程度の「**短期集中講座**」を設け、普段の授業では扱わない学習内容の他、大学入試や検定受検などにも対応する。
・英検取得に力を入れており、対策講座を実施している。また、機械製図検定、CAD 利用技術者試験、乙種第 4 類危険物取扱者資格などを在学中に取得可能。

［部活動］

・約 7 割が参加。**科学研究部**は、第 47 回全国高校総合文化祭鹿児島大会自然科学部門において、文部科学大臣賞を受賞するなど、各種コンテストで優秀な成績を挙げている。また、**演劇部**は地域の小中学生を対象に「サイエンスライブショー」を開催している。
・ロボット部はマイコンカーラリー南関東地区大会 2019 にて Advanced クラスで 1 位・2 位となった。
・★設置部（※は同好会）
アウトドアライフ、ラグビー、サッカー、硬式野球、硬式テニス、陸上競技、バスケットボール、バドミン

充実した体験的学習

トン、バレーボール、剣道、柔道、水泳、卓球、ダンス、科学研究、MCG、ロボット、機械工作、鉄道研究、演劇、写真、調理科学、囲碁・将棋、吹奏楽、園芸、茶華道、LEGO 競技、美術愛好会、奇術、※魚類研究

［行　事］

5 月	体育祭
6 月	芸術鑑賞教室、科学体験研修（1 年）
8 月	SSH 生徒体験研修
9 月	四葉祭（文化祭）
11 月	修学旅行（2 年）

［進　路］（令和 5 年 3 月）

・3 年生については、放課後、各教科の**受験対策講座**を設置。推薦・AO入試に関しても、きめの細かい個別指導を行っている。
・高校在学中の研究実績を活用した大学入試合格者は令和 3 年度で 3 名、令和 2 年度で 5 名。
・**夏季休業中講習**あり。
・★卒業生の主な合格実績
東京大、千葉大、東京農工大、秋田大、東京都立大、長岡技術科学大、山口東京理科大、前橋工科大、早稲田大、上智大、青山学院大、明治大、法政大、中央大、日本大、東洋大、東京農業大、成蹊大
・♣指定校推薦枠のある大学・短大など♣
東京都立大、芝浦工業大、東京電機大、東京農業大、東京理科大、立命館大　他

［トピックス］

・文部科学省指定、**スーパーサイエンスハイスクール**。生徒は高校生理科研究発表会千葉市長賞、日本森林学会優秀賞、日本土壌肥料学会関東支部優秀ポスター賞、ジャパンマイコンカーラリー南関東地区大会 1 位、全国 SSH 生徒研究発表会審査委員長賞・生徒投票賞、東京都高校工業科生徒研究成果発表大会最優秀賞（学術部門）、首都圏オープン最優秀賞・優秀賞、国際論文掲載・国際学会出場（2 年連続）など、多くの分野で活躍をしている。
・高校から大学へのつながりを重視した**科学技術教育**を行う。知識・技術だけでなく、**創造性・問題解決能力**や、**広い視野とコミュニケーション能力**の育成にも力を入れている。大学進学対策も万全を期し、着々と合格実績を上げている。
・**パソコン室**は放課後、生徒が自由に使用できる。全校のコンピュータの数は 300 台近い。
・**レーザー加工機、走査型電子顕微鏡、蛍光 X 線分析装置**といった理系大学並みの豪華な科学設備もある。
・留学生の受け入れや、海外修学旅行（平成 30 年度）、ボルネオ島フィールドワークを行うなど、**国際交流**を盛んに行っている。
・平成 27 年度より**新しい制服**になった。

［学校見学］（令和 5 年度実施内容）

★授業公開　6・10 月
★学校説明会　10・12 月各 1 回
　11 月 2 回
★体験入学　6・7 月各 1 回、10 月 2 回
★四葉祭　9 月　見学可
★学校見学　5・7・8 月各 1 回（要予約）

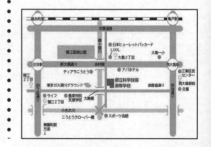

入試!インフォメーション

※本欄の内容はすべて令和6年度入試のものです。

受検状況

科名・コース名	募集人員	推薦に基づく入試				第一次募集・分割前期募集			
		募集人員	応募人員	応募倍率	合格人員	募集人員	受検人員	受検倍率	合格人員
科学技術	175	70	78	1.11	70	105	95	0.90	109

入学者選抜実施方法

推薦

科名・コース名	推薦枠		調査書の活用		満点					備考
	割合(%)	特別推薦の有無	観点別学習状況の評価	評定	調査書点	集団討論個人面接	小論文	作文	実技検査	
科学技術	40	○	−	○	500	200	−	−	300	

第一次・分割前期

科名・コース名	分割募集	男女枠緩和	学力検査		調査書		学力検査:調査書	満点					備考
			教科	学校指定による傾斜配点	教科の評定の扱い 学力検査を実施する教科	学力検査を実施しない教科		学力検査	調査書点	面接	小論文・作文	実技検査	
科学技術	−		5	数理1.5倍	1倍	2倍	7:3	700	300	−	−	−	

〈本校の期待する生徒の姿〉

★科学技術科

本校は、将来の科学技術者・研究者として活躍する若者を育てるため、科学技術の基礎的な知識や基本的な技能を幅広く身に付けることを重視した学校です。したがって、本校の学習、学校行事、部活動等に積極的に取り組み、大学進学等の希望する進路の実現や、将来の目標について自ら考え行動できる、次のような生徒の入学を期待します。
1　本校の教育目標と教育内容をよく理解し、入学を強く希望する生徒
2　理科系大学への進学等、希望する進路実現に向け、日々の学習活動に意欲的に取り組む生徒
3　科学技術への興味・関心をもち、何事にも粘り強く取り組む生徒
4　学校行事や生徒会活動、部活動等に、積極的に取り組む生徒
5　社会の一員としてルールやマナーを身に付け、自他共に思いやる心をもち、積極的にコミュニケーションを図る生徒
※　特に推薦選抜においては、上記1から5に加え、将来、国際社会での活躍を目指す志の高い生徒が望ましい。

★創造理数科

本校の理数科は、変化し続ける社会で、その変化を捉えて、主体的に社会に参画し、よりよい社会の形成者として様々な分野で活躍する人材の育成を目指している。したがって、本校の学習、学校行事、部活動等に積極的に取り組み、難関大学進学等の希望する進路の実現や、将来の目標について自ら考え行動できる、次のような生徒の入学を期待します。
1　本校の教育目標と教育内容をよく理解し、入学を強く希望する生徒
2　理数系分野に高い関心をもち、外部の研究発表会等に積極的に参加することができる生徒
3　難関理数系大学への進学等、希望する進路実現に向け、日々の学習活動に意欲的に取り組む生徒
4　自らが強みとする分野以外でも興味・関心をもち、何事にも粘り強く取り組む生徒
5　社会の一員としてルールやマナーを身に付け、自他共に思いやる心をもち、積極的にコミュニケーションを図る生徒
※　特に推薦選抜においては、上記1から5に加え、将来、国際社会での活躍を目指す志の高い生徒や物事を広い視野で多角的に捉え、自ら設定した課題に対して継続的に粘り強く挑戦ができる生徒が望ましい。

難易度（偏差値）	C−2（54−51）	併願校選択例	関東第一、國學院、芝浦工業大附属、日本工業大駒場、保善

次のページもご覧ください ▶▶▶

都立 江東商業 高等学校
こう　とう　しょう　ぎょう

https://www.metro.ed.jp/kotosyogyo-h/

☎ 136-0071　江東区亀戸 4-50-1
☎ 03-3685-1711
交通　ＪＲ総武線亀戸駅　徒歩 12 分
　　　東武亀戸線亀戸水神駅　徒歩 4 分

ビジネス科

制　服	あり

[カリキュラム] ◇三学期制◇
・全履修科目の約 3 分の 1 を商業科目とし、基礎学力を育成。
・1 年次にビジネスの基礎基本である「ビジネス基礎」「簿記」「情報処理」を学習。2・3 年次には、選択科目の時間が多く設定されており、興味関心や将来の希望進路に合わせて約 30 の科目の中から選択できる。
・「英語コミュニケーションⅠ」「簿記」「ビジネスアイデア」「財務会計Ⅰ」「家庭総合」などで少人数授業を実施。
・長期休業中や放課後に補講・補習を行い、丁寧な指導の実施。
・簿記、IT、英語といった各種検定資格取得がはたせるよう、学習指導と施設・機器の充実に力を入れている。
・商業関連科目の高度な検定取得のための補講を、土曜日に実施している。
・在学中に、日商・全商簿記検定、全商情報処理検定、全商商業経済検定、全商ビジネス文書実務検定、全商ビジネス計算実務検定、秘書技能検定、英語検定、IT パスポートなどの資格・検定を取得することが可能。

[部活動]
・希望制で約 7 割が参加。
・簿記部は全国大会出場の実績がある。運動部では、ソフトテニス部、バスケットボール部、軟式野球部が活躍している。
★設置部（※は同好会）
バレーボール（女）、バスケットボール（男女）、硬式テニス、ソフトテニス、バドミントン、軟式野球、サッカー、ダンス、卓球、※水泳、華道、茶道、吹奏楽、軽音楽、演劇、アニメコミック、クッキング、簿記、パソコン、ワープロ、ＪＲＣ、※百人一首

[行　事]
4 月　修学旅行（3 年）
5 月　体育祭
6 月　遠足（1 年）、環境保全体験活動（2 年）
8 月　部活動合宿

10 月　江商祭（文化祭）
12 月　芸術鑑賞教室
2 月　遠足（3 年）、送別会

[進　路] （令和 5 年 3 月）
・6 月に進路懇談会、7 月に進路適性検査を実施。
・面接練習、外部講師による小論文指導なども行っている。
・大学から講師を招いての出張講義も予定。
・生徒は簿記・情報処理の上級資格取得を活用して、就職・進学の夢を実現している。
・土曜日を利用し、簿記・情報処理等の検定前の対策講座を実施している。
・進路決定率がたいへん高く、特に就職希望者の就職内定率は 100％である。就職者の 3 分の 2 は事務職。
・大日本印刷などの大手にも就職。
・四年制大学進学希望者は 20％程度。有名私大への指定校推薦や全商協会の推薦枠（明治大）など、伝統校ならではの推薦枠による進学も可能である。
・本校で取得した検定の資格等により、推薦入学の受験で合格を果たし進学する生徒もいる。

★卒業生の進路状況
＜卒業生 146 名＞
大学 35 名、短大 1 名、専門学校 36 名、就職 59 名、その他 15 名

★卒業生の主な進学先
駒澤大、聖徳大、高千穂大、拓殖大、千葉商科大、東洋大、日本大、武蔵野大

★卒業生の主な就職先
大日本印刷、凸版印刷、関電工、全農エネルギー、東和銀行、明治屋、日本郵便、ヤマト運輸、YKKAP、警視庁、墨田区役所

[トピックス]
・明治 38 年開校。令和 5 年に創立 118 周年を迎えた都内有数の伝統校。
・平成 30 年度より、ビジネス科に改編。「オフィス業務全般をこなせる社会人」を養成するため、より専門性の

高い教育を目指している。
・平成 7 年に落成した校舎は地上 7 階、地下 1 階。都立の商業高校としては随一の規模。
・教室は冷暖房完備。エレベーターも設置され、地下に温水プールがある。
・夏祭りポスターや防犯ポスター、薬物乱用防止キャンペーン、清掃活動など、奉仕体験活動を通じて、地域との連携を深めている。
・ICT を用いた授業を積極的に実施している。

[学校見学] （令和 5 年度実施内容）
★学校見学会　8 月 1 回
★学校説明会　10・11 月各 1 回
★授業・部活動体験　7・8 月各 1 回
★江商祭　10 月　見学可
★入学相談会　12・1 月各 1 回
★学校見学は随時可（要連絡）

受検状況

科名・コース名	募集人員	推薦に基づく入試				第一次募集・分割前期募集			
		募集人員	応募人員	応募倍率	合格人員	募集人員	受検人員	受検倍率	合格人員
ビジネス	175	70	84	1.20	70	105	99	0.94	99

入学者選抜実施方法

推薦

科名・コース名	推薦枠			調査書の活用		満点					備考
	割合(%)	特別推薦の有無	観点別学習状況の評価	評定	調査書点	集団討論個人面接	小論文	作文	実技検査		
ビジネス	40	–	–	○	600	300	–	300	–		

第一次・分割前期

科名・コース名	分割募集	男女枠緩和	学力検査		調査書		学力検査:調査書	満点					備考
			教科	学校指定による傾斜配点	教科の評定の扱い			学力検査	調査書点	面接	小論文・作文	実技検査	
					学力検査を実施する教科	学力検査を実施しない教科							
ビジネス	–		5	–	1倍	2倍	7:3	700	300	–	–	–	

〈本校の期待する生徒の姿〉

　本校は「ビジネス科」として特色ある選択科目を設置し、生徒の興味・関心に応じた学習活動を行っています。また、商業高校ならではの高度な資格取得を重視し、希望進路実現に生かしています。不況の中でも、就職率100%という成果を継続しています。さらに、最近増加する傾向にある進学希望者の希望にも応えています。創立から110年を超える伝統があり、「さわやかな挨拶」と「落ち着いた授業態度」を受け継いできました。このことを今後も大切にし、次のような意欲のある生徒の入学を心から期待しています。
1　商業高校としての本校の教育内容を理解し、目的意識をもって、入学を強く希望する生徒
2　商業科目やコンピュータの利用に興味・関心があり、これらに関する検定・資格の取得に意欲的な生徒
3　各種の検定・資格の取得に熱心に取り組んできた生徒
4　生徒会活動、学校行事、ボランティア活動、部活動等に積極的に取り組み、入学後も継続していく意欲のある生徒
5　自分の可能性を最大限に引き出し、理想や夢をかなえようと努力する生徒
※　特に推薦選抜においては、1、2、4に該当する生徒が望ましい。

難易度（偏差値） E-1（42-38）

次のページもご覧ください ▶▶▶

都立 城東（じょうとう）高等学校

https://www.metro.ed.jp/joto-h/

〒136-0072　江東区大島 3-22-1
☎ 03-3637-3561 ～ 3
交通　ＪＲ総武線亀戸駅　徒歩６分
　　　東武線亀戸駅　徒歩 12 分
　　　都営地下鉄西大島駅　徒歩８分

普通科

制　服　あり

[カリキュラム]　◇三学期制◇

本校は、創立（昭和52年）以来の進学校であり、文武両道を教育の柱としている。50分６時間授業を基本とし、土曜授業を年間20回取り入れ、国公立大学や難関私立大学受験へ対応できるカリキュラムを構成している。

１・２年生は、文系・理系の文理分けを行わず、共通履修を通して「**大学入学共通テスト**」に幅広く対応できる基礎学力を育成している。３年生では、「深く学ぶ」ことに重点を置き、文系・理系の単純な文理分けではなく、理系を「数学Ⅲ」の必要性（理工系と薬・農・医療系）に応じ、細分化するとともに、多彩な自由選択科目を設置している。さらに、数学・理科・英語における**習熟度別授業**を通して学習の理解度を深め、**朝学習**や**小テスト**などの活用を通して学習内容の定着を図っている。

また、「**入校時学習セミナー**」や「**長期休業中の講習**」、「**冬期集中セミナー**」「**ジョイントセミナー（大学教授の出張授業）**」など授業と連携した進路行事が充実している。

[部活動]

東京都の代表として関東大会や全国大会に出場している**硬式野球部**や**陸上競技部**、**バドミントン部**、**女子バレーボール部**、**男子バスケットボール部**、**なぎなた部**などの運動系の部活動が大変盛んであり、文化系の**ブラスバンド部**や**軽音楽部**、**コンピュータ部**、**クッキング部**なども盛んである。部活動の加入率は９割以上である。

＜令和４年度＞
　全国大会出場　陸上競技部・なぎなた部
　関東大会出場　バドミントン部・なぎなた部
＜令和３年度＞
　関東大会出場　なぎなた部・陸上競技部
＜令和２年度＞
　関東大会出場　陸上競技部
★設置部（※は同好会）
　バスケットボール（男女）、バレー

ボール（男女）、バトミントン、卓球、剣道、柔道、サッカー、硬式野球、ソフトボール、陸上競技、水泳、硬式テニス（男女）、ダンス、なぎなた、チアバトン、ブラスバンド、軽音楽、茶道、イラストレーション、コンピュータ、箏曲、クッキング、合唱、物理、百人一首、※園芸

[行　事]

４月	入校時学習セミナー（１年生）
６月	ジョイントセミナー（２年生）、体育祭
９月	城東祭（文化祭）
11月	レシテーションコンテスト（１年生）、修学旅行（２年生）
12月	芸術鑑賞教室
２月	マラソン大会（１・２年生）
３月	合唱コンクール（１・２年生）

[進　路]（令和5年3月）

本校の進路指導計画は、３年間を見通した「**進路ロードマップ**」に基づき、入学間もない１年生に対する４月の「**入校時学習セミナー**」から始まり、３年生に対する１月の「**共通テスト自己採点**」に基づく「**国公立２次出願指導**」や２年生に対する卒業生からの３月の「**進路懇談会**」まで様々な進路指導を行っている。特に１年次からの個別・三者面談が充実しており、日頃の学習や進路・志望校選択、外部模試結果など様々な観点から指導を行っている。また、創立以来の進学校であり、大学進学実績と部活動実績に顕著な成果を挙げ続けているのは、長期休業中における部活動と両立を図ることのできる講習によるところが大きい。

★卒業生の進路状況

＜卒業生315名＞
大学284名、短大１名、専門学校９名、就職０名、その他21名

★卒業生の主な合格実績

北海道大、筑波大、宇都宮大、埼玉大、千葉大、東京外国語大、東京学芸大、東京海洋大、横浜国立大、山梨大、信州大、東京都立大、埼玉県立大、早稲田大、慶應義塾大、上智大、東京理科

大、青山学院大、学習院大、中央大、法政大、明治大、立教大、国学院大、成蹊大、獨協大、武蔵大、明治学院大

♣指定校推薦枠のある大学・短大など♣

青山学院大、学習院大、中央大、東京理科大、法政大、明治大、早稲田大他

[トピックス]

東京都教育委員会からの指定校として、進学指導推進校（平成19年～）、部活動推進指定校（平成18年～21年）、東京都アスリート育成推進校（平成21年～25年）、スポーツ教育推進校（平成22年～23年）、スポーツ特別強化校（平成27年～）、英語教育研究推進校（平成28年～）、アクティブラーニング推進校（平成28年～30年）がある。

・本校は「自律」「友愛」「実践」を教育目標とし、「妥協なき文武両道」を教育方針（根幹）としている。生徒たちは大変忙しい学校生活を明るく、楽しく過ごし学校満足度は毎年90%を超える。

・平成20年度に制服のデザインが一新され、令和元年９月に校舎、体育館、プールなどがリニューアルされ新校舎で授業開始。

[学校見学]（令和5年度計画）

★授業公開　９月
★学校見学　７・８月
★学校説明会　10・11月
★文化祭　９月
★個別相談　９月（文化祭時）・11月
★部活動体験・見学　随時

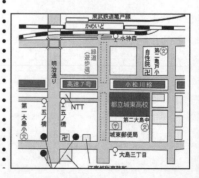

受検状況

科名・コース名	募集人員	推薦に基づく入試				第一次募集・分割前期募集			
		募集人員	応募人員	応募倍率	合格人員	募集人員	受検人員	受検倍率	合格人員
普通	356	72	358	4.97	72	284	515	1.81	285

入学者選抜実施方法

推薦

科名・コース名	推薦枠		調査書の活用		満点					備考
	割合(%)	特別推薦の有無	観点別学習状況の評価	評定	調査書点	集団討論・個人面接	小論文	作文	実技検査	
普通	20	○	－	○	400	200	－	200	－	

第一次・分割前期

科名・コース名	分割募集	男女枠緩和	学力検査		調査書		学力検査	調査書	満点					備考
			教科	学校指定による傾斜配点	教科の評定の扱い				学力検査	調査書点	面接	小論文・作文	実技検査	
					学力検査を実施する教科	学力検査を実施しない教科								
普通	－	○	5		1倍	2倍	7:3		700	300	－	－	－	

〈本校の期待する生徒の姿〉

　生徒の目的意識と意欲を引き出す確かな進路指導と、学力向上を図る取り組みを推進するとともに、活発な部活動の充実を図り、生徒指導も重視した学校として、次のような生徒が望ましい。
1　自律（個性を伸ばし、自主自律の精神を養う）、友愛（友情を育て、協調心を培う）、実践（心身を鍛え、旺盛な実践力を養う）という本校の教育目標を達成できる生徒
2　大学進学等を目指し、将来への目的意識をもって、本校に入学を強く希望する生徒
3　学習に意欲的に取り組み、総合的な学習の時間の取り組み状況が極めて良好で、学習活動の実践や成果をあげている生徒
4　部活動で実績を上げるだけでなく、生徒会活動、学校行事等に積極的に取り組む生徒
※　推薦選抜においては、上記1から4までについて特に優れた意欲・適性のある生徒が望ましい。
※　特に「文化・スポーツ等特別推薦」においては、活動を3年間継続する生徒が望ましい。

難易度（偏差値）	B－2（63－61）		併願校選択例	関東第一、駒込、順天、朋優学院、安田学園

次のページもご覧ください ▶▶▶

都立 墨田工科 高等学校

（すみだこうか）

https://www.metro.ed.jp/sumidakoka-h/

〒135-0004　江東区森下5-1-7
☎03-3631-4928　FAX03-3846-6683
交通　都営地下鉄菊川駅　徒歩5分
　　　都営大江戸線・地下鉄半蔵門線清澄白河駅　徒歩15分
　　　東西線木場駅　バス7分、森下5丁目　すぐ前

機械科
自動車科
電気科
建築科

制 服　あり

[カリキュラム] ◇三学期制◇

・大学などへの進学を希望する生徒を対象に、2年次から選択科目を設けている（6単位履修）。
・数学Ⅰ・Ⅱ、英語コミュニケーションⅠ・Ⅱ、情報技術基礎、工業数理基礎、電気基礎の授業を習熟度別に行うことで、基礎学力の育成を図っている。
・在学中に様々な検定、資格の取得ができるように、力を入れている。資格取得者、検定合格者の増加も目指しており、令和4年度総資格取得数は、約800件。
・自動車科の卒業生は、国家資格3級自動車整備士の実技試験が免除。
・電気科の卒業生は、第二種電気工事士資格の筆記試験が免除。また卒業後実務経験を経て、電気主任技術者（電験3種）の資格が取得可能。
・建築科の卒業生は、実務経験3年で2級建築士・2級施工管理技士の受験資格が得られる。
・そのほか、在学中に危険物取扱者乙種4類、高所作業車特別教育、小型車両系建設機械特別教育、ガス溶接技能講習、アーク溶接作業安全衛生特別教育、第二種電気工事士、第三種工事担当者、情報技術検定、計算技術検定、基礎製図検定、機械製図検定などの資格・検定を取得可能。

[部活動]

・全員参加制。硬式野球部は東東京大会でベスト8に進出した実績がある。バスケットボール部は、令和3年度工業高大会で2位となった。
★設置部
　硬式野球、サッカー、ラグビー、陸上、バスケットボール、バドミントン、テニス、柔道、剣道、水泳、応援、山岳、アウトドア、ダンス、卓球、工作、原動機、美術建築、コンピュータ、軽音楽、囲碁将棋、機械技術研究、模型ラジコン

[行 事]

・体育祭は地域住民も大勢参加し盛り上

がる、必見の行事。鳳凰、白虎、玄武、麒麟、青龍の5団が対抗。大型の団パネルは半年前から準備。当日は昭和からの伝統を誇る迫力ある応援合戦や競技が繰り広げられ、観客を魅了する。
・文化祭は定時制と同時開催。
5月　芸術鑑賞教室、校外学習
9月　体育祭
11月　墨工祭（文化祭）
2月　修学旅行（2年）

[進 路]（令和5年3月）

・進路指導室利用説明会、進路希望調査、就職ガイドセミナー、進路適性検査、模擬面接などを実施し、きめ細かい対応をしている。
・求人数は約4000件に及び、就職内定率は100%。
・就職内定率100%を維持していくために、2学年全員、12月に3日間のインターンシップを行っている。
・令和4年度はトヨタ自動車本社工場の研究部門に8名内定。
＜進路関係の主な行事＞
5月　SPI検査（3年）、進路説明会（保護者）
6月　進路セミナー（3年）
7月　就職ガイドセミナー、キャリアガイダンス（1・2年）
10月　職業適性検査（2年）
11月　進路希望調査（2年）
12月　インターンシップ（2年全員）
2月　進路指導室利用説明会（2年）
3月　キャリアガイダンス（2年）
★卒業生の進路状況
　＜卒業生156名＞
　大学1名、短大0名、専門学校8名、就職143名、その他4名
★卒業生の主な進学先
　千葉工業大、日本工業大、東京電機大、帝京平成大
★卒業生の主な就職先
　トヨタ自動車、日産自動車、本田技研工業、東京地下鉄（メトロ）、都営交通、大和ハウス工業、東芝エレベータ、東日本旅客鉄道（JR東日本）他
♣指定校推薦枠のある大学・短大など♣

神奈川工科大、国士舘大、城西大、千葉工業大、千葉経済大、千葉商科大、拓殖大、東京国際大、東京情報大、日本大、日本工業大、ものつくり大、都立産業技術高専　他

[トピックス]

・明治33年、東京初の工業高校として東京府職工学校の名で開校。創立してから121年の歴史を数える超伝統校。
・校訓は「自治・勤労・敬愛」。スローガンは「学ぼう技術、鍛えよう力」。
・技能スタンダード推進指定校。技術・技能習得を重点的に学び、就職希望者の内定率は100%を誇る。また、部活動が活発に行われている。硬式野球とバスケットボールとラグビー部、ものづくり（女子）で、文化・スポーツ等特別推薦入試が行われる。
・令和3年度第二種電気工事士合格者は58名（東京都第一位の実績）。
・平成30年度は高校生ものづくりコンテスト「自動車整備部門」関東大会において1位になり、全国大会に出場した。令和3年度は美術建築部が同コンテスト「木工部門」で関東大会に出場した。また、原動機部がホンダ主催「エコマイレッジチャレンジ」全国大会に令和4年度も出場した。

[学校見学]（令和5年度実施内容）

★学校見学会　7・8月各1回
★一日体験入学　10月（HP上で要予約）各工業科・各部活
★学校説明会・相談会　10・11・12月各1回
★体育祭　9月　見学可
★墨工祭　11月　見学可
★学校見学は随時可（要予約）

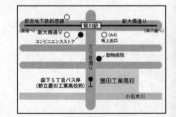

入試！インフォメーション
※本欄の内容はすべて令和6年度入試のものです。

受検状況

科名・コース名	募集人員	推薦に基づく入試				第一次募集・分割前期募集			
		募集人員	応募人員	応募倍率	合格人員	募集人員	受検人員	受検倍率	合格人員
機 械	35	14	9	0.64		26	9	0.35	9
自動車	35	14	27	1.93	14	21	23	1.10	22
電 気	70	28	18	0.64	13	57	11	0.19	12
建 築	35	14	7	0.50	7	28	8	0.29	8

入学者選抜実施方法

推薦

科名・コース名	推薦枠		調査書の活用		満点				実技検査	備考
	割合(%)	特別推薦の有無	観点別学習状況の評価	評定	調査書点	集団討論・個人面接	小論文	作文		
機 械	40	○	–	○	500	350	–	–	150	
自動車	40	○	–	○	500	350	–	–	150	
電 気	40	○	–	○	500	350	–	–	150	
建 築	40	○	–	○	500	350	–	–	150	

第一次・分割前期

科名・コース名	分割募集	男女枠緩和	学力検査		調査書		学力検査：調査書	満点					備考
			教科	学校指定による傾斜配点	学力検査を実施する教科（教科の評定の扱い）	学力検査を実施しない教科		学力検査	調査書点	面接	小論文・作文	実技検査	
機 械	–		5	–	1倍	2倍	7：3	700	300				
自動車	–		5	–	1倍	2倍	7：3	700	300				
電 気	–		5	–	1倍	2倍	7：3	700	300				
建 築	–		5	–	1倍	2倍	7：3	700	300				

〈本校の期待する生徒の姿〉
★機械科・自動車科・電気科・建築科

　本校では、開校123年の伝統の下、「工業の実践的技術者として、社会の発展に貢献できる人材を育成する」ことを目標に教育活動を行っています。そして、生徒一人一人の進路決定に向けて、教職員が一丸となって取り組み、就職率100％を誇っています。

　また、生徒が主体となった学校行事や部活動を通して、知・徳・体の調和の取れた若者を育てていきます。

　そのため、以下のような生徒の入学を期待しています。（5に関しては、「文化・スポーツ等特別推薦」を実施します。）

1　本校の伝統や校風に共感し、第一志望としている生徒
2　志望する学科に対する興味・関心があり、志望動機がはっきりしている生徒
3　工業系の資格取得に意欲をもつ生徒
4　全ての学習活動に意欲的に取り組む生徒
5　部活動、生徒会活動等に積極的に取り組み、文武両道でリーダーシップを発揮できる生徒
※　特に推薦選抜においては、上記1から4のいずれかに該当する生徒が望ましい。

難易度（偏差値）　機械・自動車・電気・建築　E－1（42－38）

都立 第三商業 高等学校
（だいさんしょうぎょう）

https://www.metro.ed.jp/daisansyogyo-h/

☎ 135-0044　江東区越中島 3-3-1
☎ 03-3641-0380
交通　ＪＲ京葉線越中島駅　徒歩８分
　　　都営地下鉄・東京メトロ門前仲町駅　徒歩15分またはバス
　　　東京メトロ豊洲駅　徒歩20分

ビジネス科

制服　あり

[カリキュラム] ◇三学期制◇

※平成30年度入学生より、**ビジネス科**に改編。
・生徒の進路希望を100％保証するために、大学入試にも就職試験にも十分対応できるカリキュラムを実施。2年次では7単位、3年次には合計6単位の商業選択枠を設置。また、3年次では2単位の普通科目選択があり、国語表現、子どもの発達と保育、フードデザインなどの多彩な科目から選択する。
・生徒の学習到達度による**習熟度別授業**、複数の教員のティームティーチングによる授業を実施。とくに**英語教育**に力を入れている。
・**福祉体験・防災体験**なども行っている。
・各種の**検定試験**の前には、土曜日や日曜日にも講習を実施。
・3年の「**課題研究**」の時間には、「**上級簿記**」などの資格対策講座も設置している。
・在学中に簿記、会計、珠算、電卓、情報処理、ホームページ作成、英語、秘書技能、漢字などの検定資格が取得可能。

[部活動]

・約8割が参加。
・令和5年度は、**レスリング同好会**が関東大会に、**簿記部**が全国簿記コンクール全国大会に出場した。
・令和4年度は、**レスリング同好会**が関東大会に出場した。**軽音楽部**が東京都高等学校文化祭軽音楽部門で敢闘賞を受賞した。
★設置部（※は同好会）
硬式野球、サッカー、バドミントン、女子バレーボール、バスケットボール、硬式テニス、ソフトテニス、陸上競技、ソフトボール、ダンス、バトントワリング、柔道、水泳、簿記、ブラスバンド、美術、華道、茶道、写真、家庭科、演劇、軽音楽、情報処理、珠算電卓、書道、※女子サッカー、※商業研究、※卓球、※放送、※レスリング

[行　事]

4月　校外学習（1・2年）
5月　体育祭
10月　修学旅行（2年）、三商祭（文化祭）

[進　路]（令和5年3月）

・体験学習の一環として、近所の企業や商店街と連携した**インターンシップ**を2年次に実施（全員参加）。
・**進路指導室・資料室**もある。
・夏季休業中には**補習**を実施。基礎学力を養成する。
・1年次にはホームルーム、2年次には模擬面接、インターンシップ、ライフビジョン、3年次には模擬面接、進路懇談会を行い、それぞれの進路希望に対応した指導で、進路実現100％を目指している。

＜進路関連の主な行事＞
4月　模擬面接（進路学習）
6月　進路懇談会
12月　模擬面接（進路指導）
2月　インターンシップ
3月　上級学校説明会（進路行事）
★卒業生の進路状況
　＜卒業生179名＞
　大学45名、短大4名、専門学校62名、就職62名、その他6名
★卒業生の主な進学先
　国士舘大、高千穂大、千葉商科大、中央大、東京女子体育大、東京富士大、日本大、明海大、武蔵野大、明治学院大
♣**指定校推薦枠のある大学・短大など**♣
　日本大、中央大、東京成徳大、東洋学園大、明海大、明治学院大　他

[トピックス]

・昭和3年に創立された、卒業生2万7千人を超える**歴史と伝統**のある商業高校。愛称は「**三商**」。江戸下町気質の残る元気で明るい学校である。
・「東京三商会」の**奨学金**（年額180,000円）の給付がある（返還義務はなし）。
・コンピュータの専用教室は6室。パソコンは230台。商業実践室、

CALL教室などもある。
・体育館には**ソーラシステム**によるシャワー室を設置。
・平成30年度から取り組んでいる「富岡・豊洲地区の明日を考える会議」（東京都立高校初のフューチャーセンター）では、三商近隣の深川三中、芝浦工業大、東京海洋大の生徒・学生が集まり、地域が抱える課題について対話を重ね、解決法を考えることを目的に活動している。
・平成22年度入学生から新制服となった。
・平成25年8月**新体育館**が完成。26年4月には**新校舎**が完成した。校庭もリニューアルされ、「**商業実践室**」という商業高校の中でも設備が整った教室が特徴。
・平成29年に**創立90周年**を迎え、**地域連携リーディング校**として活動している。

[学校見学]（令和5年度実施内容）

★学校見学会　7・8月各1回
★体験入学　9・10月各1回
★授業公開　6・11月（事前申込不要）
★学校説明会　10・11・12月各1回
★体験入部　随時
★三商祭　9月

受検状況

科名・コース名	募集人員	推薦に基づく入試				第一次募集・分割前期募集			
		募集人員	応募人員	応募倍率	合格人員	募集人員	受検人員	受検倍率	合格人員
ビジネス	175	70	114	1.63	70	105	122	1.16	107

入学者選抜実施方法

推薦

科名・コース名	推薦枠		調査書の活用		満点					備考
	割合(%)	特別推薦の有無	観点別学習状況の評価	評定	調査書点	集団討論個人面接	小論文	作文	実技検査	
ビジネス	30	–	–	○	500	300	–	200	–	

第一次・分割前期

科名・コース名	分割募集	男女枠緩和	学力検査		調査書		学力検査：調査書	満点					備考
			教科	学校指定による傾斜配点	教科の評定の扱い			学力検査	調査書点	面接	小論文・作文	実技検査	
					学力検査を実施する教科	学力検査を実施しない教科							
ビジネス	–		5	–	1倍	2倍	7：3	700	300	–	–	–	

〈本校の期待する生徒の姿〉

　本校は、これからの社会における「魅力ある商業高校」として充実を図るため、少人数制授業、習熟度別授業の導入や多くの選択科目の展開等を行い、確かな学力を身に付けて進学・就職と各自の希望する進路が実現することを目指しています。
　このような本校の特色を理解した上で、次のような生徒を期待しています。
1　本校への入学を強く希望し、意欲的に学びたい教科・科目が明確である生徒
2　将来の進路目標を明確にもち、実現しようと努力する生徒
3　総合的な学習の時間において、「体験学習」「調査研究」等に積極的に取り組み、成果を上げている生徒
4　中学校の3年間において、学校行事、部活動、生徒会活動、ボランティア活動、資格取得等で意欲的に活動し、本校に入学後も継続的にそれぞれの分野で努力できる生徒
※　特に推薦選抜においては、商業の高度な資格を取得する意欲が高い生徒が望ましい。

難易度（偏差値）　E－1（42－38）

次のページもご覧ください ▶▶▶

普通科

都立 東 高等学校
（ひがし）

https://www.metro.ed.jp/higashi-h/

〒136-0074　江東区東砂7-19-24
☎03-3644-7176
交通　東京メトロ南砂町駅　徒歩10分
　　　ＪＲ総武線亀戸駅　バス

| 制　服 | あり |

［カリキュラム］◇三学期制◇

・全学年で、英語は**習熟度別授業**を実施している。
・１・２年生は基礎学力の定着を図り、確かな学力の養成を行う。３年生から、**文系・理系**に分かれる。各自の進路に応じて豊富な科目の中から自由に**選択履修**をする。
・**土曜授業**（年間18回）・10分間の朝学習を実施。

［部活動］

・１年次は全員参加制。全校で９割以上の生徒が部活動に参加。**演劇部**、**弓道部**を中心に、全国大会に出場するなど躍進を続けている。
・最近の主な実績は以下のとおり。
＜令和４年度＞
　弓道部が全国大会都予選で優勝、東京代表として全国大会に出場、女子団体３位になった。**アーチェリー部**がインターハイに出場し、決勝トーナメント９位になった。**演劇部**が都大会に出場した。
＜令和２年度＞
　弓道部が全国選抜大会に出場。**アーチェリー部**が女子団体インターハイに出場した。**演劇部**が関東大会に出場。**吹奏楽部**が東京都高等学校吹奏楽コンクールで金賞を受賞した。
★設置部（※は同好会）
　アーチェリー、水泳、硬式野球、サッカー、ラグビー、陸上競技、バドミントン、バレーボール(女)、バスケットボール、卓球、創作ダンス、硬式テニス、弓道、演劇、家庭科、茶道、写真、手話、吹奏楽、美術、放送、漫画研究、軽音楽、※筝曲、※英語、※クイズ研究、※歴史研究

［行　事］

4月	校外学習
6月	体育祭
7月	ビブリオバトル
9月	文化祭
1月	修学旅行（2年）
2月	マラソン大会（1・2年）
3月	合唱コンクール（1・2年）

［進　路］（令和5年3月）

　進路希望実現を目指して充実したプログラムが組まれている。**講演会、懇談会、説明会、適性検査、模擬試験、模擬面接、実力テスト、学習会**、夏期・冬期休業中の**講習**など、生徒一人ひとりに対応したきめ細かい指導を行っている。また、昼休みと放課後に**進路資料室**を開放し、アドバイスを行っている。

★卒業生の進路状況
　＜卒業生233名＞
　大学184名、短大４名、専門学校23名、公務員２名、就職３名、その他17名

★卒業生の主な合格実績
　千葉大、早稲田大、東京理科大、青山学院大、亜細亜大、桜美林大、大妻女子大、学習院大、神奈川大、神田外語大、関東学院大、杏林大、駒澤大、工学院大、国学院大、国士舘大、芝浦工業大、成蹊大、成城大、専修大、創価大、大東文化大、拓殖大、中央大、帝京大、東邦大、東海大、東京工科大、東京農業大、東洋大、獨協大、日本大、法政大、武蔵大、武蔵野大、明海大、明治大、明治学院大、明星大、目白大、立教大、流通経済大、和光大、和洋女子大

♣指定校推薦枠のある大学・短大など♣
　亜細亜大、跡見学園女子大、大妻女子大、関東学院大、工学院大、国士舘大、駒澤大、成城大、大正大、大東文化大、千葉工業大、千葉商科大、東京家政大、東京経済大、東京電機大、東洋大、獨協大、二松學舎大、日本大、武蔵野大、立正大　他

［トピックス］

・昭和34年、都立浅草高等学校として設立。39年現校名に変更。平成９年には新校舎落成。27年に**創立50周年**を迎えた。快適な学習環境である。
・全館冷暖房完備の校舎は都立屈指の設備を誇る。**ＣＡＬＬ教室**には高速インターネット導入済みのパソコンが設置され、授業中に限らず、放課後の使用も可能である。他にも、

しおさいホール（視聴覚ホール）、完全コンピュータ管理の**図書館**、**特別教室**、**和室**など、特別講義室や特別教室は数多い。
・**テニスコート**は人工芝が４面、全天候型が２面、専用の**弓道場**もある。プールは格技棟の４階に設置されている。
・サッカーで、文化・スポーツ等特別推薦入試が行われる。

［学校見学］（令和5年度実施内容）

★学校説明会　10月1回、11月2回
★学校見学会　8月1回
★授業公開　10月1回
★文化祭　9月　見学可
★学校見学は火〜金曜日16時から（要連絡）夏期休業中は月〜金曜日10時から

受検状況

科名・コース名	募集人員	推薦に基づく入試				第一次募集・分割前期募集			
		募集人員	応募人員	応募倍率	合格人員	募集人員	受検人員	受検倍率	合格人員
普通	277	56	140	2.50	56	221	305	1.38	223

入学者選抜実施方法

推薦

科名・コース名	推薦枠		調査書の活用		満点					備考
	割合(%)	特別推薦の有無	観点別学習状況の評価	評定	調査書点	集団討論個人面接	小論文	作文	実技検査	
普通	20	○	–	○	360	160	200	–		

第一次・分割前期

科名・コース名	分割募集	男女枠緩和	学力検査		調査書		学力検査	調査書	満点					備考
			教科	学校指定による傾斜配点	教科の評定の扱い				学力検査	調査書点	面接	小論文・作文	実技検査	
					学力検査を実施する教科	学力検査を実施しない教科								
普通	–	○	5		1倍	2倍	7:3		700	300	–	–	–	

〈本校の期待する生徒の姿〉

　東高校は、歴史と伝統をもち、地域に親しまれてきた穏やかで温かい学校です。本校の良き伝統を更に発展させる意欲をもった、以下の項目に該当する生徒の入学を期待します。
1　寛容な心をもち、他者を思いやる人間になりたいという考えをもっている生徒
2　学び合い・教え合いを通じて、初志の進路希望を実現していこうという気持ちを強くもち続け、何事にも諦めずに粘り強く努力していくことのできる生徒
3　基礎学力を有し、規律ある学校生活を送り、更なる学力の向上を目指すという強い意志をもつ生徒
4　地域から愛される東高校の生徒としての高い自覚をもって積極的かつ主体的な高校生活を送ることのできる生徒
※　特に推薦選抜においては、中学校内外での諸活動での実績を生かしつつ、東高校の新しい伝統を築いていこうという気概をもった生徒。与えられた情報を正しく理解し、自ら考え、その考えを自分の言葉で他者に伝えていくことのできる生徒が望ましい。

難易度（偏差値）	C-3（54-51）	併願校選択例	関東第一、錦城学園、東京家政大附属女子、二松學舍大附属、安田学園

都立 深川（ふかがわ）高等学校

https://www.metro.ed.jp/fukagawa-h/

〒135-0016　江東区東陽 5-32-19
☎ 03-3649-2101
交通　東京メトロ東陽町駅　徒歩2分

普通科　＜外国語コース＞

制　服　あり

[カリキュラム] ◇三学期制◇

★＜普通科＞

・2年次は、**数学B**を文系・理系問わず全員必修。**古典基礎**を理系全員が必修。
・2年次の理系では**化学**が必修。3年次の文系では**歴史**または**政治・経済**の合計6単位（演習含む）を選択。2年次は、**日本史**か**世界史**の選択が3単位ある。2年間の9単位で、歴史を学ぶ。
・令和4年度入学生から特進クラスを廃止。普通科の全クラスにおいて**国公立大学**や**難関私立大学**を目指す。
・**夏季講習**や**放課後講習**など、講習が充実している。

★＜外国語コース＞

・各学年共、**週8～10時間の英語の授業**を設置し、3年間で27単位以上を履修。
・1年次では、**数学I**を4単位に設定。
・**英語合宿**を実施。1年次、2年次に各1回、校外の施設でネイティブの講師と共に2泊3日を過ごす。プレゼンテーションコンテスト（1年次）やディベートコンテスト（2年次）に向けて、英語漬けの3日間を過ごす。
・**外国人講師**と教員とのチーム・ティーチング制の実践的な英語教育を行っており、異文化理解に大きく貢献している。外国語コース独自科目でのALT活用の少人数授業も多く、授業の時間数が、都立のなかでは最も多い高校の一つである。
・2つの**CALL教室**は、授業などに活用されている。

[部活動]

・約8割が参加。
・近年の実績として、**女子剣道部**は関東大会第3位、**サッカー部**はインターハイ予選都ベスト16。**水泳部**は全国総体出場。**吹奏楽部**は都吹奏楽コンクールで銀賞受賞。**書道部・美術部**は全国高等学校総合文化祭へ参加。

★設置部（※は同好会など）

水泳、硬式野球、バスケットボール、バレーボール、テコンドー、サッカー、バドミントン、硬式テニス、卓球、剣道、陸上競技、ダンス、吹奏楽、茶道、中国研究、演劇、科学、合唱、美術、文芸、放送、MAC、FESS、書道、家庭科、ガーデニング、パソコン、国際協力ボランティア、写真
※将棋

[行　事]

夏季休業中に**海外語学研修**（希望者のみ）を実施。オーストラリアに2週間ホームステイし現地の語学学校で英語の研修を行う。

5月	校外学習（1・2年）
6月	体育祭
9月	深高祭（文化祭）
11月	英語合宿（外国語コース1・2年）、修学旅行（2年）
3月	球技大会、合唱大会

[進　路]（令和5年3月）

・進路指導の一環で、大学における学習への準備として進学希望者全員に**共通テスト**の受験をすすめている。
・**土曜日**には隔週で4時間授業を行っている（年間18回）。
・長期休業中には、70以上の講習を開講。長時間勉強会も実施している。
・進路指導の充実（さまざまな取組）により、最近の**進路実績**は驚異的に伸長。国公立大・早慶上理・GMARCHの現役合格者数は、年々増加傾向にある。

★卒業生の進路状況

＜卒業生318名＞
大学259名、短大5名、専門学校24名、就職3名、その他27名

★卒業生の主な合格実績

茨城大、千葉大、山形大、青山学院大、学習院大、慶応大、上智大、東京農業大、東京理科大、中央大、日本大、法政大、明治大、立教大、早稲田大

♣指定校推薦枠のある大学・短大など♣

学習院大、芝浦工業大、成蹊大、専修大、東洋大、日本大、法政大、武蔵大、明治学院大　他

[トピックス]

・落ち着いた雰囲気の学校で、生徒たちは、行事や部活動などと両立させ**充実した学校生活**を送っている。
・**英語検定**においては準1級、2級ともに合格実績が高く、日本英語検定協会から団体表彰を受けている。
・**中国引揚げ生徒受け入れ校**として、中国と日本両国の文化を知る国際人の育成を目標にしている。
・オンライン英会話の実施、英語四技能検定試験の受験、海外のフレンドシップ校との交流、JET教員の複数配置など英語教育が充実している。
・**GTEC全員受験**（1、2年）。
・令和4年度に、中国語・日本語通訳コンテストの逐次通訳・同時通訳の部で最優秀賞。令和3年度に、**高校生英語弁論大会東京都大会**で優勝。令和2年度に、**上智大学主催全国高校生英語スピーチコンテスト「ジョン・ニッセル杯」**で準優勝など、あらゆる**スピーチコンテスト**で実績を上げている。
・東京都教育委員会から、**Global Education Network 20**、**Sport-Science Promotion Club**（女子剣道部）に指定されている。
・令和6年に**創立100周年**を迎える。
・学校指定のカーディガンは男女同じデザインで、紺・白・グレーの3色がある。冬服時は、スカート下の黒タイツも許可している。
・令和5年度に入り、冷暖房の全面改修工事を終了。
・公式YouTubeチャンネル開設。

[学校見学]（令和5年度実施内容）

★学校説明会　9・10・11月各1回
★個別相談会　12月1回
★授業公開　6・10・11月各1回
★深高祭　9月　見学可
★学校見学は学期中、長期休業中とも複数回実施。日程については本校HPに掲載。

入試！インフォメーション

※本欄の内容はすべて令和6年度入試のものです。

受検状況

科名・コース名	募集人員	推薦に基づく入試				第一次募集・分割前期募集			
		募集人員	応募人員	応募倍率	合格人員	募集人員	受検人員	受検倍率	合格人員
普通〈一般〉	231	46	151	3.28	46	185	292	1.58	193
普通〈外国語〉	80	24	65	2.71	24	56	107	1.91	57

入学者選抜実施方法

推薦

科名・コース名	推薦枠		調査書の活用		満点					備考
	割合(%)	特別推薦の有無	観点別学習状況の評価	評定	調査書点	集団討論・個人面接	小論文	作文	実技検査	
普通〈一般〉	20	○	–	○	450	270	–	180	–	
普通〈外国語〉	30	○	–	○	450	270*	–	180	–	*個人面接の一部で「英語による問答」を行う。

第一次・分割前期

科名・コース名	分割募集	男女枠緩和	学力検査		調査書		学力検査	調査書	満点					備考
			教科	学校指定による傾斜配点	教科の評定の扱い				学力検査	調査書点	面接	小論文・作文	実技検査	
					学力検査を実施する教科	学力検査を実施しない教科								
普通〈一般〉	–	○	5		1倍	2倍	7:3		700	300	–	–	–	
普通〈外国語〉	–		5	英2倍	1倍	2倍	7:3		700	300	–	–	–	

〈本校の期待する生徒の姿〉
★＜一般コース＞・＜外国語コース＞

本校のスクールミッションは、自主的であること、合理的であること、積極的であること、協調的であることを教育目標とし、あらゆる教育活動を通じて失敗体験と成功体験を重ねることで、自己実現を図れる生徒、バランスの取れた人間性をそなえ、自ら考えて行動し、志を高くもって将来国際社会に貢献できる生徒を育成します。このスクールミッションに基づき、広い視野に立って考えて行動できる学力の養成を基礎に、グローバル社会に貢献できる人間の育成を目指しています。高い目標の実現に向けてチャレンジする気概を有し、主体的に行動しようとする生徒の入学を期待しています。

1 本校の教育目標「自主・合理・積極・協調」をよく理解し、達成できる生徒
2 本校普通科及び外国語コースへの志望の意志が強く、その動機・理由が明確である生徒
3 学習と部活動・学校行事を両立させ、主体的かつ積極的に学校生活を送る生徒
4 外国語に対する興味・関心が高く、英語の基礎学力を身に付けている生徒
5 大学進学への意欲が高く、将来国際社会のリーダーとして貢献・活躍しようとする意欲のある生徒

難易度（偏差値）	普通（一般・外国語コース）　C－1（57－55）
併願校選択例	普通（一般）：錦城学園、駒込、実践学園、正則、安田学園

次のページもご覧ください ▶▶▶

普通科

都立 墨田川 _{すみだがわ} 高等学校

https://www.metro.ed.jp/sumidagawa-h/

☎131-0032 墨田区東向島3-34-14
☎03-3611-2125
交通　東武スカイツリーライン東向島駅　徒歩5分
　　　東武亀戸線・スカイツリーライン曳舟駅　徒歩6分
　　　京成線京成曳舟駅　徒歩8分

進学重視型単位制

制服　あり

[カリキュラム] ◇二学期制◇

・令和4年度から**45分7時間授業**を実施。国・数・英などの科目で**習熟度別授業**や**少人数制授業**を実施し、生徒の理解度に合わせてきめ細かく指導。**国公立大学受験**（大学入学共通テスト）に沿った学習カリキュラムとなっている。
・1年次は、全員共通科目を履修し、基礎学力を身に付ける。
・2年次は、興味・関心・意欲や進路を考えた緩やかな文理選択（2単位×3講座）となる。
・3年次は、文系・理系に分かれ演習中心の授業となる。また、幅広い選択科目が設置されており、進路実現を目指して実力を付けていく。
・第2外国語（**ドイツ語・フランス語**）を選択科目として設置。
・**特進クラス**（2クラス）を設置。
・**放課後補習**や**夏季講習**等に加え、大学の**出前授業**や千葉大学と連携した「**総合的な探究の時間**」を実施するなど、大学進学を重視した取り組みがなされている。1年次には、**勉強合宿**も実施。

[部活動]

・18の運動部と17の文化部があり、兼部している生徒を含めると加入率は103%となる。
・最近の実績は以下のとおり。
＜令和5年度＞
水泳部が、関東大会・インターハイ・国体に出場した。**吹奏楽部**が、東京都吹奏楽コンクールで金賞を受賞した。
＜令和4年度＞
水泳部が、インターハイで4位と

なった。**天文部**が、第66回日本学生科学賞東京都大会で最優秀賞を受賞した。

★設置部

ソフトテニス、柔道、卓球、バスケットボール、バドミントン、バレーボール、軟式野球、剣道、水泳、ハンドボール、サッカー、陸上競技、硬式テニス、ダンス、ボート、生物、演劇、写真、フォークソング、天文、美術、音楽、パソコン、クッキング、漫画、吹奏楽、英語、書道、邦楽、文芸、茶道、物理・化学

[行事]

体育祭、文化祭、合唱祭は全校生徒が燃え、盛りあがる行事である。
5月　体育祭
6月　校外学習（1・2年）
9月　七高祭（文化祭）
12月　合唱祭、修学旅行（2年）
3月　球技大会

[進路] （令和5年3月）

「大学入学後、何をどう学ぶのか」「大学卒業後、どう生きるのか」を見すえ、これからの自分と社会を考える「総合的な探究の時間」を週1時間行い、主体的に大学入試に取り組ませている。**進路指導室**には、豊富な情報があり、生徒は自由に活用している。また、定期的な**二者面談**や**三者面談**を通して、きめ細やかな対応を行っている。**自習室**（7:30～18:10）使用可能。

★卒業生の進路

＜卒業生305名＞
大学275名、短大4名、専門学校11名、就職0名、その他15名

★卒業生の主な合格実績

山形大、茨城大、筑波大、千葉大、東京学芸大、信州大、山口大、埼玉県立大、東京都立大、都留文科大、長野県立大、早稲田大、慶應義塾大、上智大、東京理科大、学習院大、明治大、青山学院大、立教大、中央大、法政大

♣指定校推薦枠のある大学・短大など♣

東京都立大、慶應義塾大、青山学院

大、学習院大、上智大、中央大、東京理科大、法政大、立教大　他

[トピックス]

・大正10年、東京府立第七中学校として設立認可。昭和25年、現校名に改称。
・令和4年度に創立100周年を迎えた歴史と実績のある進学校で、絶えず先進的な取り組みをしている**進学重視型単位制高校**であり、**進学指導推進校**及び**海外学間交流推進校**として東京都から指定を受けている。
・第1校舎、第2校舎、体育館、剣道場、柔道場とも**冷暖房完備**。大講義室や小講義室、CALL教室、視聴覚教室、図書館、自習室など様々な設備が整っている。プール関連の体育施設も充実。
・剣道、柔道、サッカー、バレーボールにおいて、**文化・スポーツ等特別推薦**を実施。
・一般財団「七星会」、同窓会「墨水会」、PTA「美汀会」からの様々な支援。
・女子の制服としてスラックス、ネクタイを着用可。

[学校見学] （令和5年度実施内容）

★学校見学会　6・7月、夏休み中
★TRY&CHALLENGE　夏休み中、9・10月
★学校説明会　10・11月各1回
★自校作成問題ガイダンス　8月
★自校作成問題対策会　12月
★七高祭（文化祭）　9月　見学可
★その他学校見学や授業公開など詳細はHPを参照してください。

入試!インフォメーション

※本欄の内容はすべて令和6年度入試のものです。

受検状況

科名・コース名	募集人員	推薦に基づく入試				第一次募集・分割前期募集			
		募集人員	応募人員	応募倍率	合格人員	募集人員	受検人員	受検倍率	合格人員
普通	316	64	199	3.11	64	252	302	1.20	254

入学者選抜実施方法

推薦

科名・コース名	推薦枠		調査書の活用		満点						備考
	割合(%)	特別推薦の有無	観点別学習状況の評価	評定	調査書点	集団討論・個人面接	小論文	作文	実技検査		
普通	20	○	ー	○	200	100	100				

第一次・分割前期

科名・コース名	分割募集	男女枠緩和	学力検査		調査書		学力検査：調査書	満点					備考
			教科	学校指定による傾斜配点	教科の評定の扱い			学力検査	調査書点	面接	小論文・作文	実技検査	
					学力検査を実施する教科	学力検査を実施しない教科							
普通	ー		5*		1倍	2倍	7:3	700	300	ー	ー	ー	*国数英は自校作成。

〈本校の期待する生徒の姿〉

本校は、百年の歴史と伝統の下「文武不岐」を掲げ、「進学重視型単位制高校」「進学指導推進校」として、国公立大学受験に対応できる学力を身に付けるための少人数・習熟度別授業を取り入れた教育課程を編成しています。1・2年次においては文理共通履修並びに少人数・習熟度別授業を取り入れた教育課程を編成し、3年次では、生徒が自らの進学希望に合った講座を選べるようにしました。すべての生徒の進学希望の実現を目指します。

以上のような本校の特色を理解し、以下の各項目に該当する生徒を求めます。

1　本校の教育目標をよく理解し、本校を志望する目的が明確である生徒
2　学習への強い興味・関心をもち、大学進学の意志が明確で、3年間を通して目標に向かって継続的に努力できる生徒
3　部活動、生徒会活動、学校行事、ボランティア活動、国際交流活動等に意欲的に取り組んできた生徒
※　特に推薦選抜においては、上記1から3の全てに該当することが望ましい。
※　「文化・スポーツ等特別推薦」は、男子サッカー、剣道、柔道、女子バレーボールについて実施する。

難易度（偏差値）	B-3（60-58）	併願校選択例	駒込、桜丘、中央大、東京成徳大、安田学園

次のページもご覧ください ▶▶▶

都立 橘 高等学校
たちばな

産業科

https://www.metro.ed.jp/tachibana-h/

☎ 131-0043　墨田区立花4-29-7
☎ 03-3617-8311
交通　ＪＲ総武線平井駅　徒歩12分
　　　東武線東あずま駅　徒歩3分

制　服	あり

[カリキュラム] ◇三学期制◇

・産業科の設置は我が国初で、「ものつくりから、流通・販売まで」を総合的、実践的に学び、進学にも就職にも対応できる学校を目指す。
・全学年、国語、数学、英語において、習熟度別授業を実施。
・1年「情報基礎Ⅰ」において、少人数指導授業を実施。
・生徒の「夢」の実現に向けて、特色ある専門科目を用意。キャリア教育科目は、「起業家精神と職業生活」(1年)、「産業実習」(2年)、「マネジメント演習」(3年)等が全員必修。
・生きたIT(情報技術)力と使える英語力の育成を重視。330台以上のパソコンを活用した様々な授業、レシテーションコンテスト(英語暗唱大会)を取り入れた英語の授業を実施。
・生きる力(実践力)を高めるため、1年生全員にインターンシップを実施。
・2年生希望者には「橘版デュアルシステム」を実施し、「働くことで学ぶ」を実践している。
・産業界との連携に基づき、「地域産業論」という講座の中で、企業の方の授業を受けて実践的な力を養うことができる。
・選択科目の履修にあたっては、生徒それぞれの興味・関心、適性や進路希望を踏まえた選択ができるよう丁寧に指導。
・大学進学対策講習、資格修得講座を実施している。英検・漢検に加え、以下の諸資格の取得を奨励。
　ビジネス関係では、日商簿記検定・全商簿記検定、電卓実務検定、秘書検定、商業経済検定など。
　IT関係では、日本語ワープロ検定、情報処理技能検定、CGクリエイター検定など。
　ものつくり関係では、電気工事士、基礎製図検定、危険物取扱者、食生活アドバイザーなど。

[部活動]

　約6割が参加。近年の実績は以下のとおり。令和3年度、卓球部が全国大会に出場した。吹奏楽部が吹奏楽コンクールで4年連続「銀賞」を受賞。女子硬式テニス部は商高連テニス大会でベスト16。また写真部は、東京ブロック審査会に出場した。

★設置部 (※は同好会)
　バスケットボール、硬式野球、硬式テニス、卓球、バドミントン、剣道、サッカー、陸上競技、ダンス、バレーボール、吹奏楽、演劇、茶華道、パソコン、ものつくり、軽音楽、美術・アニメ・イラスト、ＥＳＳ、文芸、写真、服飾デザイン、エンターテインメント、調理、百人一首、※ビジネス

[行　事]

6月	体育祭
10月	橘祭(文化祭)
1月	修学旅行(2年)
2月	卒業遠足(3年)、インターンシップ(1年)

[進　路] (令和5年3月)

・生徒はそれぞれ、「ものつくりから、流通・販売まで」を学び、プロとしての力を培い、学習したことをすぐに産業界で生かすことができる。また、本校での学習成果をもとに、大学などへ進学し、自己の専門性をさらに追求することができる。
・充実した教育施設や実習室を利用した産業科の専門的な学習と、キャリア教育により、高い進路決定率を誇っている。
・大学受験や資格取得のため、土曜補習を実施している。
・夏休み等には別途補習・講習を実施している。

★卒業生の主な進学先
　東京藝術大、大妻女子大、国士舘大、駒澤大、淑徳大、駿河台大、大正大、高千穂大、千葉工業大、千葉商科大、東洋学園大、日本大、日本工業大

[トピックス]

・平成19年開校。
・教育目標は、「自立・挑戦・貢献」。

・普通教科の他、ビジネス系、ものつくり系、そしてIT系の学習をする「産業科」の高校であり、生きる力(実践力)を身に付けるべく積極的な取り組みをしている。
・職業や人生を学ぶキャリア教育を通し、進学・就職の進路実現をめざす。
・施設や設備には、陶芸室、ガラス工芸室、木工室、金属加工室、食品加工室などがある。また、デザイン実習室、パッケージデザイン室、ロボット実習室、レーザー加工室、マネジメント演習室、マルチメディア室などを含め、生徒用パソコン330台以上が13の部屋に設置されている。

[学校見学] (令和5年度実施内容)

★体験入学　7・8月各1回
★体験入部　7・8月各1回
★授業公開　6月
★学校説明会　10・11・12・1月各1回
★橘祭　10月　見学可

「茶髪・ピアス・着くずし0宣言」
ゼロ

受検状況

科名・コース名	募集人員	推薦に基づく入試				第一次募集・分割前期募集			
		募集人員	応募人員	応募倍率	合格人員	募集人員	受検人員	受検倍率	合格人員
産業	210	84	95	1.13	84	126	111	0.88	111

入学者選抜実施方法

推薦

科名・コース名	推薦枠		調査書の活用		満点					備考
	割合(%)	特別推薦の有無	観点別学習状況の評価	評定	調査書点	集団討論個人面接	小論文	作文	実技検査	
産業	30	○	–	○	450	300	–	150		

第一次・分割前期

科名・コース名	分割募集	男女枠緩和	学力検査		調査書		学力検査:調査書	満点					備考
			教科	学校指定による傾斜配点	教科の評定の扱い 学力検査を実施する教科	学力検査を実施しない教科		学力検査	調査書点	面接	小論文・作文	実技検査	
産業	–		5	–	1倍	2倍	7:3	700	300	–	–	–	

〈本校の期待する生徒の姿〉

　本校は、地元産業界との連携やキャリア教育を重視し「ものつくりから流通・販売まで」を幅広く学ぶとともに、選択科目により専門性を深めていく学校です。教育目標は「自立」「挑戦」「貢献」であり、グローバル社会において活躍できる産業人を育成しています。
　従って、次に掲げる生徒の入学を期待しています。
1　努力をいとわず、責任感をもち、積極的に問題解決に取り組む生徒
2　コミュニケーション能力の向上に努めるとともに、産業人としてふさわしい規範意識をもてる生徒
3　広く社会に貢献する、という志をもち、弱者に対する思いやりのある生徒
4　産業の発展に意欲をもち、将来、自らの起業やグローバルな活動を目標とする生徒
5　将来、地元産業界に貢献すること、伝統工芸の技や文化を守ることを目標とする生徒
※　特に推薦選抜においては、本校の特徴をよく理解し、産業科高校で学ぶことを第一志望とする生徒が望ましい。

難易度（偏差値）　E−1（42−38）

次のページもご覧ください ▶▶▶

都立 日本橋 高等学校
にほんばし

https://www.metro.ed.jp/nihonbashi-h/

☎ 131-0041　墨田区八広 1-28-21
☎ 03-3617-1811
交通　京成線京成曳舟駅　徒歩 5 分　　東武線曳舟駅　徒歩 10 分

普通科

| 制　服 | あり |

[カリキュラム] ◇三学期制◇

・50 分 6 限授業。
・1 年次は基礎学力の充実、2 年次は応用力の育成の時期とし、全員ほぼ同じ科目を履修する。3 年次は、多様な進路希望に対応するため、各種選択科目を設置している。
・1 ～ 3 年次の英語の授業（論理表現Ⅰ・Ⅱ・Ⅲ）で**習熟度別編成**を、また、1 年次の数学Ⅰや 2 年次の家庭基礎の授業で**少人数クラス編成**を採用し、きめの細かい指導をしている。また、英会話の授業では、外国人講師によるレッスンにより実力の向上をはかる。
・**長期休業中**には、国語・数学・英語を中心とした**講習**を実施している。
・土曜日には、英検、漢検等、**検定試験**に向けた講習も実施している。
・学校の特色の一つとして**ボランティア活動**があり、**オープンマインドタイム**という行事を設け、奉仕や福祉に関する**実習**を年 3 回実施している。1 年生全員が福祉マインド育成のため、車椅子、アイマスク、点字等を体験する。また、ロングホームルームや特別活動の時間を利用して、ボランティア精神向上のための**講習会**などを行う。
・1・2 年次に**英語検定・漢字検定**を全員が受検する。

[部活動]

・約 6 割が参加。
・多様な文化部、運動部が放課後や土曜・日曜日に活動している。
・令和 4 年度は**ボート部**がインターハイで 8 位に入賞。国体に東京選手団として参加し、7 位に入賞。**ヨット部**は国体に 420 級女子選手団として参加し、7 位に入賞した。
・★**設置部**（※は同好会）
硬式野球、テニス、サッカー、バドミントン、男女バスケットボール、陸上、ダンス、男女バレーボール、卓球、水泳、ボート、ヨット、軽音楽、放送、美術、吹奏楽、ボランティア、クッキング、※ソフトボール、

※柔道、※剣道、※写真、※漫画イラスト、※園芸、※茶道、※華道

[行　事]

5 月　校外学習
6 月　体育祭
9 月　日高祭（文化祭）
2 月　修学旅行
3 月　文化教室、合唱祭、各学期末、球技大会

[進　路]

全ての生徒が自信と希望を抱いて卒業し、社会で将来活躍することを目指している。マイサクセスストーリーを書き、検定を取得し、読書活動に励む。卒業後は大学進学が 5 割弱、専門学校が 4 割弱である。
★**卒業生の進路状況（令和 5 年 3 月）**
　＜卒業生 224 名＞
　大学 106 名、短大 5 名、専門学校 88 名、就職 12 名、その他 13 名
★**卒業生の主な合格実績**
　明治大、立教大、法政大、東京家政大、国士舘大、國學院大、駒澤大、二松學舎大、武蔵野大、獨協大、東洋大、日本大、帝京平成大、東京経済大、東京電機大
♣**指定校推薦枠のある大学・短大など**♣
　二松學舎大、武蔵野大、東京家政大、拓殖大、千葉工業大、帝京科学大、大東文化大、国士舘大、千葉商科大、東京家政学院大、関東学院大　他

[トピックス]

・昭和 15 年、東京府立第十七中学校として創立。古くから家庭的で自由な校風がつちかわれている。
・平成 21 年度に都立向島商業高校跡地へ移転し、6 学級となった。
・全教室冷暖房完備。
・体育館棟には、体育館、剣道場、柔道場、トレーニング室、プールを設置。
・カウンセラー室設置（スクールカウンセラーを配置）。
・全教室モニターやインターネット端末が設置され、ICT 機器の使用環境

が整備されている。
・広く段差の少ない廊下等ユニバーサルデザインが多く採用され、きれいな校舎。
・**カヌーマラソン競技**で本校卒業生が 3 学年在籍時に日本代表に選出され、世界大会に出場した。

＜校訓＞

礼儀：人の和の基になる、真心からの正しい**礼儀**を守ろう。
寛容：人には**寛容**の気持ちで接し、気持ちよく協力できる人になろう。
努力：何事にも準備を整えて、精一杯**努力**しよう。
反省：常に他人の立場になって、自分を見つめ**反省**しよう。

[学校見学]（令和 5 年度実施内容）

★授業公開　6・10 月各 1 回
★学校説明会　10・11・12 月各 1 回
★日高祭　9 月（詳細は HP にて）
★学校見学は夏季休業中・2 学期平日に実施（詳細は HP）

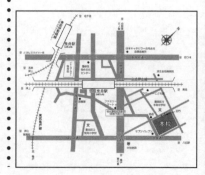

受検状況

科名・コース名	募集人員	推薦に基づく入試				第一次募集・分割前期募集				分割後期募集・第二次募集		
		募集人員	応募人員	応募倍率	合格人員	募集人員	受検人員	受検倍率	合格人員	募集人員	受検人員	合格人員
普通	227	48	134	2.79	48	179	227	1.27	179	11	17	12

入学者選抜実施方法

推薦

科名・コース名	推薦枠		調査書の活用		満点					備考
	割合(%)	特別推薦の有無	観点別学習状況の評価	評定	調査書点	集団討論個人面接	小論文	作文	実技検査	
普通	20	–	–	○	450	300	–	150	–	

科名・コース名	分割募集	男女枠緩和	学力検査		調査書		学力検査:調査書	満点					備考
			教科	学校指定による傾斜配点	教科の評定の扱い 学力検査を実施する教科	学力検査を実施しない教科		学力検査	調査書点	面接	小論文・作文	実技検査	
第一次・分割前期 普通	○	○	5		1倍	2倍	7:3	700	300	–	–	–	
分割後期・第二次 普通	○		3		1倍	2倍	6:4	600	400	–	–	–	

〈本校の期待する生徒の姿〉

　日本橋高校では、学習指導、進路指導、生活指導、部活動、学校行事を充実させています。
　日本橋高校での学校生活を通し、以下のような生徒の育成を目指します。
1　学力の向上を目指して、地道に努力を重ねることができる生徒
2　ホームルーム活動、委員会活動、部活動等に積極的に関わり、豊かな人間関係を築くことができる生徒
3　学校及び社会のルールを守り、高校生としてのマナーを身に付け、将来の社会人として信頼を得る生徒
4　ボランティア活動や福祉にも興味をもち、地域社会に役立とうとする意欲をもつ生徒
※　特に推薦選抜においては、上記1から4を実践しようとする高い意欲をもった生徒が望ましい。

難易度（偏差値）	D－3（46－43）	併願校選択例	関東第一、共栄学園、國學院、修徳、東洋女子

都立 本所 高等学校
ほんじょ

https://www.metro.ed.jp/honjo-h/

〒131-0033 墨田区向島3-37-25
☎03-3622-0344・0263
交通 京成線・都営地下鉄・東京メトロ押上駅、東武線とうきょうスカイツリー駅 徒歩7分
東武線曳舟駅 徒歩10分

普通科

制 服 あり

[カリキュラム] ◇三学期制◇
・1年次は芸術科目を除いて全員が同じ科目を履修し、基礎基本を固める。論理・表現Ⅰと数学Aで習熟度別授業を実施。
・2年次はゆるやかに文系・理系に分かれる。また、数学Ⅱと論理・表現Ⅱで習熟度別授業を行う。家庭基礎は少人数授業を実施。
・3年次は文系・文理系・理系に分かれ、12単位の類型科目と6単位の自由選択科目により希望する進路の実現をめざす。
・全てのクラスで土曜授業を実施(年間18回)。また、有力大学の学生チューターとして任用し、放課後の補習も実施。
・公務員試験の現役合格を目指して、勉強に励む生徒もいる。

[部活動]
・全生徒の約9割が参加。ローイング部・水泳部は全国大会参加の実績がある。★設置部
バレーボール、水泳、バドミントン、軟式野球、陸上競技、ハンドボール、バスケットボール、剣道、卓球、サッカー、ソフトテニス、硬式テニス、ローイング、ダンスパフォーマンス、文芸、華道、家庭科、ブラスバンド、音楽、漫画研究、箏曲、コンピュータ、美術、演劇、写真、茶道、科学、囲碁、英語

[行 事]
5月 体育祭
8月 社会体験活動、夏期講習、部活動夏季合宿

9月 本所祭(文化祭)、修学旅行(2年)
12月 芸術鑑賞教室
2月 マラソン大会(1・2年)
3月 球技大会(1・2年)

[進 路] (令和5年3月)
・「総合的な探究の時間」において、これからの時代を生き抜くために「自分のやりたいこと」を通して社会と関わり、より良く生きていく力を育てるためのキャリア教育を実践。3年間をかけて自分の「やりたいこと」を見つけ、探究し、発信する。教科の枠を超えた横断的な学びを実現し、総合的な人間力を育成することを目的としている。8つの学問分野に分かれて自分の研究したいテーマを決め、課題研究を進めていく。
・生徒の進路希望実現のために、様々な進路行事や1年生から参加可能な公務員講習、長期休業特別講習、二者・三者面談、外部模試、模試分析会などの校内体制をとっている。
1年:大学キャンパスツアー、大学説明会、大学出前授業、8分野講演会(探究) 他
2年:進路講演会、大学説明会、大学出前授業、進路座談会、探究フィールドワーク、論文作成 他
3年:進路講演会、探究ポスターセッション、教養講座 他

★卒業生の進路状況
<卒業生231名>
大学170名、短大9名、専門学校30名、就職8名、その他14名

★卒業生の主な進学先
東京学芸大、早稲田大、東京理科大、学習院大、明治大、青山学院大、立教大、中央大、法政大、獨協大

♣指定校推薦枠のある大学・短大など♣
國學院大、国士舘大、駒澤大、専修大、東邦大、東洋大、獨協大、日本大 他

[トピックス]
・本校の教育目標は、人格の完成を目指し、優れた社会人としての資質を形成すること。目指す学校像は「相互の人格を磨き合い、教養を深めるとともに、チャレンジ精神を開拓することで、所属していることが誇れる学校」。
・昭和6年(1931年)に東京市本所区第一実業女学校として創立。92年の歴史と伝統があり、「落ち着きのある校風の高校」として、生徒、保護者、地域から高く評価されている。
・落ち着いた生活環境の中、登校時のあいさつや、制服、頭髪指導等により、社会人としての身だしなみやマナーを身につけながら心身の健康を維持している。
・平成30年度から「海外学校間交流推進校」に指定され、課外活動としてオンライン等で交流。TOKYO GLOBAL GATEWAYでの実習は全員が参加。また、令和元年度から実用英語技能検定の全員受験を実施。
・令和元年度から本校独自の探究プログラム「本所の探究」を開始。生徒一人ひとりが個別に探究し論文を作成するだけでなく、学年の枠を超えた協働学習により伝統を継承。
・令和4年度からTOKYO教育DX推進校の指定を受け、次世代の教育を目指し教育活動全般で「生徒一人1台端末」などICTを活用した効果的な教育活動を展開。
・令和5年度体育健康教育推進校に指定。健康で活力に満ちた生活をデザインする資質や能力を育成するため、ICT活用を推進。
・令和5年度理数研究校に指定され、理数に興味を持つ生徒の裾野を広げることを目標に課外活動を活発化。
・令和5年度より、ジェンダーフリーの観点から男女の制服の区別を廃止。夏服では、ワイシャツの他に指定のポロシャツ(紺色)の着用も可能。

[学校見学] (令和5年度実施内容)
★学校説明会 10・11・12月各1回
★本所祭 9月 見学可(予約不要)
★学校見学 7月3回
★授業公開 10・11月

受検状況

科名・コース名	募集人員	推薦に基づく入試				第一次募集・分割前期募集			
		募集人員	応募人員	応募倍率	合格人員	募集人員	受検人員	受検倍率	合格人員
普通	237	48	250	5.21	48	189	371	1.96	191

入学者選抜実施方法

推薦

科名・コース名	推薦枠		調査書の活用		満点					備考
	割合(%)	特別推薦の有無	観点別学習状況の評価	評定	調査書点	集団討論・個人面接	小論文	作文	実技検査	
普通	20	–	–	○	500	300	–	200	–	

第一次・分割前期

科名・コース名	分割募集	男女枠緩和	学力検査		調査書		学力検査:調査書	満点					備考
			教科	学校指定による傾斜配点	教科の評定の扱い（学力検査を実施する教科）	（学力検査を実施しない教科）		学力検査	調査書点	面接	小論文・作文	実技検査	
普通	–	○	5		1倍	2倍	7:3	700	300	–	–	–	

〈本校の期待する生徒の姿〉

　本校の教育目標は、人格の完成を目指し、優れた社会人としての資質を形成することである。また、目指す学校像は「相互の人格を磨き合い、教養を深めるとともに、チャレンジ精神を開拓することで、所属していることが誇れる学校」である。
　教育目標を共有し、目指す学校像実現へ参画できる生徒を期待する。
1　本校の教育方針や特色を理解し、本校への入学を強く希望する生徒
2　自発的、積極的に学習に取り組んできた生徒
3　将来の進路実現、特に、大学進学に向けて更に努力を継続し、チャレンジできる生徒
4　委員会活動やボランティア活動、部活動等に継続して取り組んできた生徒
5　公共を重んじ、他者と協調する態度を育んできた生徒
※　特に推薦選抜においては、主体的に学習を継続する意志が強く、上記の1と3に優れ、自分の考えを過不足なく伝え、他者と協調できる生徒、中学校で基本的な生活習慣が身に付いており、良好な学習成績を収めた生徒が望ましい。

難易度（偏差値）	C-3（54-51）	併願校選択例	郁文館、関東第一、錦城学園、成立学園、安田学園

東 京 都
公　立
高校

学校ガイド

＜全日制　旧第７学区＞

学校を紹介したページの探し方については、２ページ「この本の使い方＜知りたい学校の探し方＞」を参照してください。

次のページもご覧ください ▶▶▶

都立 片倉 高等学校

かたくら

https://www.metro.ed.jp/katakura-h/

☎ 192-0914 八王子市片倉町 1643
☎ 042-635-3621
交通 JR横浜線八王子みなみ野駅 徒歩 12 分またはバス
JR横浜線片倉駅 徒歩 20 分
京王線京王片倉駅 徒歩 25 分またはバス JR中央線・横浜線八王子駅、
JR横浜線・京王線橋本駅、京王線北野駅 バス

普通科 ＜造形美術コース＞

制 服 あり

[カリキュラム] ◇三学期制◇

★＜普通科＞
・1年次の英語（論理表現Ⅰ）および数学の授業は、**習熟度別授業**。
・1年次の歴史総合は全員が履修する（週2時間）。
・2・3年次には多くの自由選択科目を用意。

★＜造形美術コース＞
・**豊富な美術教室**を利用し、美術の専門的な学習に取り組むことができる。
・全体の3分の1が美術系の授業で、それらはすべて20名前後の**少人数制授業**で行われる。
・2年次には、**アート（絵画・彫刻）専攻**と**デザイン専攻**とに分かれて学習。
・3年次には、**日本画・洋画・彫刻・ビジュアルデザイン・クラフトデザイン**のなかからいずれかを選択。

[部活動]

・約7割が参加。
・全国屈指の実力を誇る**吹奏楽部、陸上競技部、陶芸・美術部**を初め、多くの部が活発に活動している。
・**吹奏楽部**は第8回マーチングショーバンド世界大会inイギリスで総合優勝の実績をもつ。
・**陸上競技部**は17年連続で関東大会に出場している。
・最近の主な実績は以下のとおり。
＜令和5年度＞
陸上競技部が、南関東大会出場（やり投げ・走り高跳び・円盤投げ）、インターハイ出場（やり投げ・走り高跳び）、国体出場（やり投げ、2位入賞）。**サッカー部**が、全国高校サッカー選手権東京都大会でベスト8、地区トップリーグ昇格。
＜令和4年度＞
陸上競技部がインターハイ出場（やり投げ・円盤投げ）。**サッカー部**が、全国高校サッカー選手権東京都大会ベスト16。
＜令和3年度＞
吹奏楽部が、第27回日本管楽合奏コンテスト高等学校B部門で最優秀賞

を、第23回全日本高等学校吹奏楽大会in横浜で最優秀賞を、第45回東京都高等学校アンサンブルコンテスト金管部門で金賞を受賞した。**陶芸・美術部**が全国高等学校総合文化祭（和歌山大会）に出展。

★設置部（※は同好会）
硬式野球、アメリカンフットボール、サッカー、陸上競技、バスケットボール（男女）、バレーボール（女）、バドミントン、卓球、なぎなた、剣道、硬式テニス、水泳、アウトドア、ラクロス（女）、茶道、陶芸・美術、演劇、家庭、園芸、華道、マンガ、吹奏楽、写真、合唱、IT、※ボランティア

[行 事]

4月	新入生歓迎会、遠足
6月	体育祭
8月	部活動合宿（一部の部活動）
9月	星樹祭（文化祭）
12月	造形美術コース卒業制作展
2月	修学旅行（2年）

[進 路] （令和5年3月）

・進路ガイダンス、個人面談、模擬面接指導、**小論文模試**などを適宜実施している。
・3年次の放課後や長期休業中には、グループ別または個別に**補習**を行っている。
・**造形美術コース**では、夏季休業中に進学希望者向けの**実技講習会**を開催している。また、多摩美術大と連携し大学の設備を利用した実習も実施する。
・進路指導室あり。

★卒業生の進路状況
＜卒業生276名＞
大学148名、短大12名、専門学校77名、就職16名、その他23名

★卒業生の主な合格実績
東京学芸大、亜細亜大、桜美林大、神奈川大、杏林大、工学院大、国士舘大、駒澤大、女子美術大、多摩美術大、中央大、帝京大、東海大、東京経済大、東京造形大、東京農業大、

東洋大、日本大、武蔵野美術大、明星大、和光大
♣指定校推薦枠のある大学・短大など♣
桜美林大、女子美術大、創価大、中央大、東京造形大、日本大、武蔵野美術大 他

[トピックス]

・昭和47年、都ではじめての**大規模校**として設立。平成4年に**造形美術コース**を2クラス新設。21年度より都の**人権尊重教育推進校**に指定。
・校訓は「**開拓・創造・協力**」。
・部活動が盛んで、平成21年から4年間**スポーツ教育推進校**に指定された。
・都立高校唯一の**造形美術コース**が設置されていることもあり、文化祭名物行事「**ファッションショー**」をはじめとした文化的活動がたいへん盛んな学校である。
・**パソコン室**には最新の機器を導入。美術関連の教室も多数。
・敷地内には山がある（**片倉山**）。また、広い**テニスコート**や120m走路（タータン）を備えたグラウンドを有する。
・造形美術コース受検希望者を対象に、中学生デッサン教室（6・7・10・11・12月）でデッサン指導を実施している（詳細は学校HPを参照）。
・**漢検**の試験を校内で実施。
・2019年度より、体育館アリーナへ冷暖房設置。

[学校見学] （令和5年度実施内容）

★学校説明会 10・11月各1回
★文化祭 9月 見学可
★夏季学校見学会 7月

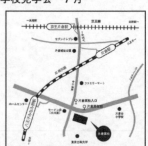

受検状況

科名・コース名	募集人員	推薦に基づく入試				第一次募集・分割前期募集			
		募集人員	応募人員	応募倍率	合格人員	募集人員	受検人員	受検倍率	合格人員
普通〈一般〉	237	48	174	3.63	48	189	219	1.16	190
普通〈造形美術〉	80	24	73	3.04	24	56	64	1.14	58

入学者選抜実施方法

推薦

科名・コース名	推薦枠		調査書の活用		満点					備考
	割合(%)	特別推薦の有無	観点別学習状況の評価	評定	調査書点	集団討論・個人面接	小論文	作文	実技検査	
普通〈一般〉	20	○	－	○	450	350	－	100	－	
普通〈造形美術〉	30	－	－	○	360	140	－	－	500*	＊「鉛筆による素描」を行う。

第一次・分割前期

科名・コース名	分割募集	男女枠緩和	学力検査		調査書		学力検査：調査書	満点					備考
			教科	学校指定による傾斜配点	学力検査を実施する教科	学力検査を実施しない教科		学力検査	調査書点	面接	小論文・作文	実技検査	
普通〈一般〉	－	○	5		1倍	2倍	7：3	700	300	－	－	－	
普通〈造形美術〉	－		5		1倍	2倍	7：3	700	300	－	－	1000	

〈本校の期待する生徒の姿〉

★＜一般コース＞

片倉高校の教育目標を理解し、本校志望の意思が強く、主体的に勉学や部活動等に取り組む生徒の入学を希望します。
1　意欲的に学習に取り組んで、成果を上げた生徒
2　生徒会活動、学級活動等に積極的に取り組んできた生徒
3　部活動を、原則として3年間継続し、活躍した生徒
4　文化、芸術、スポーツ等の分野で、努力した経験を有する生徒
5　ボランティア等、地域・社会活動に積極的・継続的に取り組んできた生徒
※　特に推薦選抜においては、上記1から5のいずれかに該当する生徒が望ましい。なお、「文化・スポーツ等特別推薦」においては、入学後も本校の部活動で3年間活動することができる生徒が望ましい。
※　自己PRカードに記入する際には、以下の項目について具体的に記入すること。
　(1) 生徒会活動　　(2) 学級活動・学校行事　　(3) 部活動　　　(4) ボランティア活動（期間・内容等）

★＜造形美術コース＞

片倉高校の教育目標を理解し、本校志望の意思が強く、主体的に勉学や部活動等に取り組む生徒の入学を希望します。美術に関する興味・関心があり、創作意欲がある生徒の入学を期待しています。
1　意欲的に学習に取り組んで、成果を上げた生徒
2　生徒会活動、学級活動等に積極的に取り組んできた生徒
3　部活動を、原則として3年間継続し、活躍した生徒
4　文化、芸術、スポーツ等の分野で、努力した経験を有する生徒
5　ボランティア等、地域・社会活動に積極的・継続的に取り組んできた生徒
※　特に推薦選抜においては、上記1から5までのいずれかに該当する生徒が望ましい。
※　自己PRカードに記入する際には、以下の項目について具体的に記入すること。
　(1) 生徒会活動　　(2) 学級活動・学校行事　　(3) 部活動　　　(4) 美術分野で活躍した経験　　(5) 他に力を入れている活動

難易度（偏差値）	普通（一般）・造形美術コース　D－1（50－47）
併願校選択例	普通（一般）：東海大菅生、昭和第一学園、鶴川、八王子実践、明星

都立 翔陽 高等学校
しょうよう

https://www.metro.ed.jp/shoyo-h/

☎ 193-0944　八王子市館町 1097-136
☎ 042-663-3318
交通　JR中央線・京王線高尾駅　バス

普通科

単位制

制　服　あり

[カリキュラム] ◇三学期制◇

- 日課は1時限50分の6時限授業で、**ノーチャイム制**。
- 毎月隔週（年18回）で4時限の**土曜授業**を実施。「**確かな学力**」を身につける。
- 英語、数学、国語については単位数を標準より多くすると共に、**習熟度別・少人数制授業**を展開。
- 希望の進路実現に向け、多様な選択科目を設置している。
- 英語検定や漢字検定、文章能力検定や数学検定など、取得した検定資格は、単位として認定（卒業単位には含まない）。
- 3年次には、14〜20単位の選択科目が設置されている。現代文学、倫理、数学Ⅲ、物理、化学や、フードデザイン、スポーツ概論、国際理解など、文系・理系に偏りなく多くの科目がある。それぞれの進路に応じた学習ができる。

[部活動]

- 約9割が参加。
- 最近の主な実績は以下のとおり。
  <令和5年度>
  女子硬式テニス部が、東京都高等学校テニス大会シングルス本選出場、団体戦ベスト16。**ダンス部**が、ダンスドリルWinter Cup HIPHOP部門で第3位。
  <令和4年度>
  弓道部が、国体、全国高校生遠的大会、東日本大会、関東選抜大会に出場。**ダンス部**が、全日本チアダンス選手権大会HIPHOP部門で優勝。**吹奏楽部**が、吹奏楽コンクールで銅賞

を受賞。

★設置部（※は同好会）

硬式野球、陸上競技、サッカー、バスケットボール、バレーボール、バドミントン、テニス、ダンス、剣道、卓球、弓道、水泳、吹奏楽、ESS（英語）、自然科学、文芸、茶道、和太鼓、家庭科、写真、※フットサル、※漫画、※演劇、※かるた

[行　事]

- 体育祭、合唱祭、文化祭が三大行事。
- 海外修学旅行は令和5年度はグアムへ赴く。

4月	新入生歓迎会
5月	校外学習、体育祭
6月	合唱祭
7月	部活動合宿
8月	English Camp（1年）
9月	翔陽祭（文化祭）
11月	海外修学旅行（2年）
3月	球技大会

[進　路]（令和5年3月）

- 生涯に渡るキャリア設計、課題解決能力を高める総合的な学習の時間「はばたきタイム」など、3年間の計画的な教育プログラムの総称である「**はばたきプラン**」（キャリア教育）が本校の特色となっている。
- 国公立大、私大を目標とする**大学進学指導**に重点を置き、「**確かな学力**」「**進路決定力**」を身につける。
- 「はばたきタイム」では、数多くのキャリアガイダンス・**進路講演会**を実施する他、生徒が調査探究し、プレゼンテーションや小論文で表現する。
- 土曜授業、セミナー合宿、ENGLISH CAMP、夏期講習、課外講習等を実施。

★卒業生の進路状況

<卒業生232名>
大学190名、短大4名、専門学校25名、就職0名、その他13名

★卒業生の主な合格実績

東京都立大、亜細亜大、青山学院大、桜美林大、神田外語大、学習院大、国学院大、国士舘大、駒澤大、成城大、成蹊大、専修大、中央大、帝京

大、東邦大、東海大、東京家政学院大、東京経済大、東京工科大、東京農業大、東洋大、日本大、法政大、武蔵大、武蔵野大、明治大、立教大、和光大

♣指定校推薦枠のある大学・短大など♣

亜細亜大、杏林大、実践女子大、白百合女子、成蹊大、専修大、中央大、帝京大、東京電機大、東京薬科大、東邦大、東洋大、日本大、法政大、立正大　他

[トピックス]

- 個性や特性、進路希望に対応し、特色型の**普通科単位制高校**。部活動、学校行事にも**全力投球**する学校である。都より**オリンピック教育推進校**の指定を受けている。
- 令和4年度から、**英語教育研究推進校**。また、「国際交流リーディング校」、「海外学校間交流推進校」、「オリンピックパラリンピック教育レガシーアワード校」、「特別指定校（進路指等）」、「TOKYO教育DX推進校」に指定されている。
- モットーは「**自学・自律・自信**」。「**大学進学重視**」「**国際理解**」「**豊かな人間性育成**」を目標とする。
- 天体観測ドーム、工芸室、陶芸小屋、カウンセリング室、多目的室、憩いの中庭「**光庭**」その他、**特徴ある施設**が多数におよぶ。
- ガラス張りの体育館、10コースもあるプール、弓道場など、**体育関係の施設**が充実している。

[学校見学]（令和5年度実施内容）

- ★学校見学会　7月1回・8月2回
  夏季休業中の平日（23日間）※時間：10：00〜
- ★学校説明会　10・11月各2回、12・1月各1回
- ★授業公開週間　6・11・1月
- ★翔陽祭　9月　見学可

受検状況

科名・コース名	募集人員	推薦に基づく入試				第一次募集・分割前期募集			
		募集人員	応募人員	応募倍率	合格人員	募集人員	受検人員	受検倍率	合格人員
普通	236	48	72	1.50	48	188	195	1.04	190

入学者選抜実施方法

推薦

科名・コース名	推薦枠		調査書の活用		満点					備考
	割合(%)	特別推薦の有無	観点別学習状況の評価	評定	調査書点	集団討論個人面接	小論文	作文	実技検査	
普通	20	－	－	○	500	200	－	300	－	

第一次・分割前期

科名・コース名	分割募集	男女枠緩和	学力検査		調査書		学力検査:調査書	満点					備考
			教科	学校指定による傾斜配点	教科の評定の扱い 学力検査を実施する教科	学力検査を実施しない教科		学力検査	調査書点	面接	小論文・作文	実技検査	
普通	－		5	－	1倍	2倍	7:3	700	300	－	－	－	

〈本校の期待する生徒の姿〉

　本校は、「自学・自律・自信」をモットーに、探究的な学び・キャリア教育・国際理解教育・豊かな人間性の育成に重点を置いた教育活動を展開し、探究学習の実践を通して、国際社会で活躍できる、創造性や対人能力を身に付けた生徒を育成します。そして、自らの夢の実現に向け、高い志を抱いて主体的に学び、社会に貢献し、国際社会で活躍できる人材を育成する進学校を目指しています。

　入学に当たっては、本校の特色を理解し、次の各項目に該当する生徒を期待します。

1　国公立大学・難関私立大学をはじめ、希望する大学への進学に向けて、高い志をもって学習に取り組む力をもつ生徒

2　学習活動だけでなく、ホームルーム活動、学校行事、生徒会活動、部活動等に積極的に取り組み、自ら考え、表現できるリーダーシップを有する生徒

3　頭髪・服装等の身だしなみや時間を守ること等、集団の一員としてのルールやマナーを守り、自他共に高め合える豊かな人間性をもつ生徒

※　特に推薦選抜においては、自ら意欲的に学習に取り組むとともに、上記2及び3に該当する生徒が望ましい。

難易度（偏差値）	C-2（57-55）	併願校選択例	共立女子第二、工学院大附属、昭和第一学園、杉並学院、八王子実践

次のページもご覧ください ▶▶▶

都立 八王子北（はちおうじきた）高等学校

https://www.metro.ed.jp/hachiojikita-h/

☎ 193-0803　八王子市楢原町601
☎ 042-626-3787
交通　ＪＲ中央線八王子駅・西八王子駅、京王線京王八王子駅　バス

普通科

| 制　服 | あり |

[カリキュラム] ◇三学期制◇

・基礎学力定着のため、英語・国語・数学では、1講座20名前後の**少人数制授業**や**習熟度別授業**を展開している。

・1年次は、基礎学力をしっかり定着させ、将来の進路について考える時期とし、芸術科目以外は全員同じ科目を履修する。

・2年次より生徒の興味、適性や進路希望に対応するべく、必修選択科目を設置している。

・3年次は、さらに幅広い進路の実現を目指すため、多様な自由選択科目が設置されており、生徒はそれぞれの進路希望に応じて科目を選択する。

[部活動]

・約8割が参加。都教育委員会より「**スポーツ特別強化**」の指定を受け、非常に盛んに活動している。

・最近の主な実績は以下のとおり。

＜令和5年度＞
硬式野球部が、秋季大会本大会に出場した。**吹奏楽部**が、東京都吹奏楽コンクールで最優秀・金賞を受賞した。

＜令和4年度＞
吹奏楽部が東京都吹奏楽コンクールで金賞を受賞、最優秀賞も受賞した。

＜令和3年度＞
卓球部が多摩地区高等学校卓球大会でシングルスベスト16になった。**サッカー部**が八王子U-17選手権で準優勝した。

★設置部

硬式野球、バスケットボール、サッカー、硬式テニス、バレーボール（女）、バドミントン、剣道、卓球、陸上競技、水泳、製菓、吹奏楽、写真、演劇、軽音楽、デザインイラスト、生物科学、茶道、華道、映画鑑賞

[行　事]

5月　遠足（1・2年）
6月　体育祭
8月　部活動合宿
9月　北斗祭（文化祭）
11月　修学旅行（2年）
2月　マラソン大会

[進　路]（令和5年3月）

　大学・短大・専門学校への進学、公務員・民間企業への就職など、生徒の希望は多岐にわたっており、こうしたそれぞれの進路に対応できるよう、1年次よりきめの細かい進路指導をしている。

　希望の進路実現のために、1学年には大学訪問やインターンシップを、2学年ではオープンキャンパスへの参加や大学出張講義などを、3学年では進路別指導会や体験型進路行事などを行う。

★卒業生の進路状況

＜卒業生197名＞
大学81名、短大7名、専門学校72名、就職22名、その他15名

★卒業生の主な進学先

桜美林大、嘉悦大、神奈川大、杏林大、淑徳大、駿河台大、専修大、拓殖大、多摩大、中央大、帝京大、東京医療学院大、東京工科大、東京純心大、明星大

♣指定校推薦枠のある大学・短大など♣

桜美林大、杏林大、国士舘大、駿河台大、拓殖大、多摩大、玉川大、中央大、帝京科学大、東京工科大、明星大　他

[トピックス]

・昭和52年創立。「**地域に根ざし、地域を切り拓き、地域に信頼される学校**」を目標とする。

・令和4年度より「**地域探究推進校**」に指定され、社会貢献意識を持った人材育成を目指している。

＜教育目標＞
1. 生徒の可能性を広げ、進路実現を図る
2. 学校教育活動により、自主自律を育成する
3. 地域貢献を実践し、自尊意識を高める
4. **Good Try**　新たな時代に逞しく生き抜く人間力を育成する

・地域住民のために、**公開講座**やグラウンドの開放を行っている。公開講座は、「パソコン教室」などの親しみやすいテーマで開催されている。

・平成26年度に校舎や体育館の改修が完了。グラウンドやテニスコートの全面改修を含めたすべての改修工事を27年度末に終えた。28年度から**全面リニューアル**となった。

・**全館空調完備**。（体育館も含めて）

・令和3年度、「**地域探究推進校**」「**スポーツ特別強化校**」に指定された。

・文化・スポーツ等特別推薦制度を**硬式野球部、サッカー部、吹奏楽部**で実施している。

・英語検定や漢字検定、世界遺産検定取得に向けての指導を充実させている。

[学校見学]（令和5年度実施内容）

★部活動体験　10・11月（要予約）
★学校説明会　10・11月各1回
★北斗祭　9月　見学可
★授業公開　11月
★学校見学会　8月2回
★個別相談会　12月1回

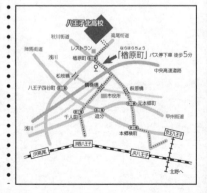

受検状況

科名・コース名	募集人員	推薦に基づく入試				第一次募集・分割前期募集			
		募集人員	応募人員	応募倍率	合格人員	募集人員	受検人員	受検倍率	合格人員
普 通	198	40	96	2.40	40	158	175	1.11	160

入学者選抜実施方法

推薦

科名・コース名	推薦枠		調査書の活用		満点					備考
	割合(%)	特別推薦の有無	観点別学習状況の評価	評定	調査書点	集団討論個人面接	小論文	作文	実技検査	
普 通	20	○	–	○	250	150	–	100	–	

第一次・分割前期

科名・コース名	分割募集	男女枠緩和	学力検査		調査書		学力検査:調査書	満点					備考
			教科	学校指定による傾斜配点	教科の評定の扱い			学力検査	調査書点	面接	小論文・作文	実技検査	
					学力検査を実施する教科	学力検査を実施しない教科							
普 通	–	○	5		1倍	2倍	7:3	700	300	–	–	–	

〈本校の期待する生徒の姿〉

　これからの時代は、課題に対して失敗を恐れず挑戦し、その過程や結果を考察することにより、次への挑戦に活かせる力が必要です。本校は、学習活動と部活動等の両立や地域貢献を大切にしながら、学校生活に目標をもって自主的に取り組み、自己の可能性を伸ばし進路実現を目指せる、心身共にたくましい生徒を育成します。そのため、次の項目に当てはまる生徒の入学を期待します。
1　学習成績が良好で評定の高い教科をもち、進路実現に向けて努力できる生徒
2　本校入学後の学習活動や部活動等の目標を明確にもち、挑戦する意欲的な姿勢をもてる生徒
3　基本的生活習慣が身に付いており、社会貢献への姿勢と意識の高い生徒
4　部活動や中学校以外の活動に原則3年間積極的に取り組み、入学後も部活動を続け、学校生活において協働できる生徒
※　特に推薦選抜においては、上記の1、2、3、4全てに該当し、リーダーシップを発揮することができる生徒が望ましい。
※　「文化・スポーツ等特別推薦」を、硬式野球、男子サッカー、吹奏楽について実施します。入学後は、3年間学業と部活動を両立させ、意欲的に活躍する生徒が望ましい。

難易度（偏差値）	D－3 （46－43）	併願校選択例	昭和第一学園、白梅学園、立川女子、八王子実践、堀越

次のページもご覧ください ▶▶▶

産業科＜デザイン分野＞
　　　＜クラフト分野＞
　　　＜システム情報分野＞
　　　＜ビジネス情報分野＞

都立 八王子桑志 高等学校
（はちおうじそうし）

https://hachioji-soushi-h.metro.ed.jp

☎ 193-0835　八王子市千人町 4-8-1
☎ 042-663-5970
交通　ＪＲ中央線西八王子駅　徒歩 10 分
　　　ＪＲ中央線八王子駅、京王線京王八王子駅　バス

制　服	あり

[カリキュラム] ◇三学期制◇

・１年生のときから、大学進学にも対応した普通教科に加え、**情報関連科目**を全員が週４〜５時間、また**企業会計**を週２〜３時間、**産業技術基礎**を週２〜３時間、**キャリアデザイン**を週１時間など、特色あるカリキュラムのなかで学ぶ。

★**デザイン分野**
　色彩検定、レタリング検定などを学習する。またデッサンの基礎から学び、美術・工芸系の大学進学に対応する。

★**クラフト分野**
　製図検定やＣＡＤ利用技術者検定など、ものづくりの基礎から応用とアート工芸まで学ぶ。八王子の伝統も継承。工学部系・工芸系・工業系の大学進学に対応する。

★**システム情報分野**
　情報技術検定や基本情報技術者試験など、ハードからソフトまで、高度情報化社会で必要な基礎知識・技術を学ぶ。理学系・工学系・工業系・情報系の大学進学に対応する。

★**ビジネス情報分野**
　日商簿記検定やITパスポートなど、ＩＴとファイナンスの知識とスキルを学び、ビジネス社会で活躍できる実践力を養う。経済系・経営学系・商学系・情報系の大学進学に対応する。

・全系列、全校生徒は、「企業会計」で簿記（企業活動の記録をする技術）の基礎を全員が学ぶ。

[部活動]

・約７割が参加。
・令和４年度は、**自転車競技部、吹奏楽部**が全国大会に出場した。
・令和３年度には、**自転車競技部、吹奏楽部、美術部**が全国大会に出場した。

★ 設置部（※は同好会）
　テニス、バスケットボール、硬式野球、卓球、バドミントン、自転車競技、剣道、サッカー、陸上、水泳、ダンス、吹奏楽、ロボット研究、美術、演劇、漫画、軽音楽、茶道、ゲームクリエイト、デザイン工芸、写真、合唱、和太鼓、天文、ビジネスライセンス、※トレーニング、※バレーボール

[行　事]

　大学キャンパス訪問や企業訪問など、地域と密着した行事や講演会、公開講座などを系統的に実施。

4月	修学旅行（３年）、遠足（１年、２年）
6月	体育祭
10月	桑高祭（文化祭）
11月	いちょう祭り（１年）
1月	課題研究発表会
2月	デザイン分野卒業制作展

[進　路]（令和5年3月）

・キャリアデザイン、得意技、人間教育、学力の四本柱からなる「**千の夢計画**」に基づいた進路指導が行われている。
・多摩美術大と連携し、大学の特別講義の受講を行っている。

★卒業生の進路状況
　＜卒業生197名＞
　大学96名、短大４名、専門学校72名、就職21名、その他４名

★卒業生の主な進学先
　東京都立大、電気通信大、工学院大、駒澤大、女子美術大、成蹊大、専修大、拓殖大、多摩美術大、帝京大、東京経済大、東京工科大、東京工芸大、東京造形大、日本大、武蔵野美術大、明治大

♣指定校推薦枠のある大学・短大など♣

　女子美術大、成蹊大、専修大、日本大、明治大、神奈川大、工学院大、実践女子大、拓殖大、東京家政学院大、東京経済大、東京工科大、東京工芸大、東京造形大、東京電機大、東洋大、明星大　他

[トピックス]

・都立の第二商業高校と八王子工業高校が発展的に統合し、平成19年４月に開校。従来の情報、商業、工業を伝承しつつも独自の専門性を持つ、まったく新しいタイプの専門高校。ＩＴとファイナンスを土台に、21世紀の生きる力を保証する。**検定・資格**の取得にも力を入れている。

・約３万４千平米の校地には、管理棟、校舎棟、ビジネス情報棟、デザイン棟、クラフト棟Ⅰ＆Ⅱ、システム情報棟、体育館、などが並ぶ。また、新校のカリキュラムに対応できる大規模改修を実施した。特に、**ビジネス情報棟**は新規に建設。

[学校見学]（令和5年度実施内容）

★学校見学会　７・８月各２回
★学校説明会　10・11・12月各１回
★体験教室　８月１回
★桑高祭　10月　一般公開あり
★授業見学会　９月１回
★個別相談会　１月１回

※本欄の内容はすべて令和6年度入試のものです。

受検状況

科名・コース名	募集人員	推薦に基づく入試				第一次募集・分割前期募集			
		募集人員	応募人員	応募倍率	合格人員	募集人員	受検人員	受検倍率	合格人員
産業（デザイン分野）	70	21	59	2.81	21	49	55	1.12	50
産業（クラフト分野）	35	10	24	2.40	10	25	22	0.88	26
産業（システム情報分野）	35	10	33	3.30	10	25	52	2.08	25
産業（ビジネス情報分野）	70	21	33	1.57	21	49	45	0.92	50

入学者選抜実施方法

推薦

科名・コース名	推薦枠		調査書の活用		満点					備考
	割合（%）	特別推薦の有無	観点別学習状況の評価	評定	調査書点	集団討論個人面接	小論文	作文	実技検査	
産業（デザイン分野）	30	－		○	450	200	－	250	－	
産業（クラフト分野）	30	○		○	450	200	－	250	＊2	
産業（システム情報分野）	30			○	450	200	－	250	＊2	
産業（ビジネス情報分野）	30			○	450	200	－	250	＊2	

第一次・分割前期

科名・コース名	分割募集	男女枠緩和	学力検査		調査書		学力検査：調査書	満点					備考
			教科	学校指定による傾斜配点	教科の評定の扱い			学力検査	調査書点	面接	小論文・作文	実技検査	
					学力検査を実施する教科	学力検査を実施しない教科							
産業（デザイン分野）	－		5	－	1倍	2倍	7：3	700	300	－	－	－	
産業（クラフト分野）	－		5	－	1倍	2倍	7：3	700	300	－	－	－	
産業（システム情報分野）	－		5	－	1倍	2倍	7：3	700	300	－	－	－	
産業（ビジネス情報分野）	－		5	－	1倍	2倍	7：3	700	300	－	－	－	

〈**本校の期待する生徒の姿**〉

　本校は国家試験や資格検定の合格を目指し、実力を身に付け、夢を実現する学校です。「デザイン」「クラフト」「システム情報」「ビジネス情報」の4分野があり、大学や地域と連携した教育プログラムも特色の一つです。次に示す生徒の入学を期待します。
1　チャレンジ精神をもち、資格取得・大学進学等進路実現に積極的に取り組む生徒
2　志をもって、部活動、生徒会活動、ボランティア活動等に取り組み、社会に貢献する意欲をもつ生徒
3　相手を思いやる心、敬う心をもって、共に生きることのできる生徒
4　自分の可能性を信じ、目的意識をもって勉強・学校行事に意欲的に取り組む生徒
※　特に推薦選抜においては、上記の1及び2に該当する生徒が望ましい。
※　自己PRカードに記入する際には、以下の(1)から(3)までについて、該当する項目があれば具体的に記入すること。
　(1)　生徒会活動（生徒会役員・委員会活動等）　　(2)　部活動（役割等）
　(3)　ボランティア活動（期間・内容等）

難易度（偏差値） D－1（50－47）

普通科

都立 八王子東 高等学校
はちおうじひがし

https://www.metro.ed.jp/hachiojihigashi-h/

〒192-8568　八王子市高倉町68-1
☎ 042-644-6996
交通　JR中央線豊田駅　徒歩22分またはバス
　　　JR八高線北八王子駅　徒歩11分
　　　JR中央線八王子駅・京王線京王八王子駅　バス

制　服	あり

[カリキュラム] ◇三学期制◇
- 「毎日の授業を大切にする」ということを学習指導の基本とし、**補習や講習**なども実施している。補習や講習は長期休業中はもちろん、日常的にも行われており、**土曜日**にも年間20回（午前中・4時間）授業を実施。
- 1〜2年次は、基礎学力を定着させるため、全員共通履修とし、2年生までの共通履修科目で大学入学共通テストに十分対応できるようにしている。
- 英語は1・3年次の「論理・表現」で、数学は2年次の「数学Ⅱ」で**習熟度別授業**を実施。
- 3年次には、大幅な**自由選択科目**を取り入れており、生徒は一人ひとりの適性や進路希望に合う科目を選択できる。

[部活動]
- 令和5年度は、**剣道部**が都大会のシード校に選ばれた。陸上部が関東大会に出場した。吹奏楽部が東京都高等学校吹奏楽コンクールでA組銀賞を受賞。
- ★**設置部**（※は同好会）
陸上競技、軟式野球、バスケットボール、バレーボール、サッカー、ハンドボール、水泳、ソフトボール、硬式テニス、バドミントン、卓球、ダンス、剣道、ブレイクダンス、吹奏楽、室内楽、コーラス、美術、華道、調理、自然科学、文芸、※ネイチャーウォッチング、※弓道、※体操

[行　事]
- しらかし祭も活気がある。3学年そろって行う**合唱祭**もレベルが高い。
- **台湾の高雄高級中学校との交流事業**を行っている。（希望者）

- 都立高校初の、カナダ トロントでの研修をスタートした（希望者）
- 5月　校外学習
- 6月　芸術鑑賞教室、合唱祭
- 9月　しらかし祭（文化祭・体育祭）
- 10月　修学旅行
- 12月　台湾研修旅行（希望者）
- 3月　スポーツ大会、トロント海外研修（希望者）、探究成果発表会

[進　路]（令和5年3月）
- 「自分の進路について関心を持たせ、自らの進路は自ら切り開く態度を養う」ということに重点をおいている。
- 生徒自らが自己の適性・能力を見極めることができるよう、各種テスト等を実施。また、進路講演会や定期的な個人面談、進路相談、進路情報の提供など、充実した進路指導を行っている。
- 生徒のほぼ全員が大学進学を希望しており、共通テストの出願率が非常に高い。
- **夏期講習・秋期講習・冬期講習**や早朝・放課後に行う補習などで生徒を手厚くサポートしている。

★卒業生の進路状況
　＜卒業生310名＞
　大学238名、短大0名、専門学校0名、就職0名、その他72名

★卒業生の主な合格実績
　東京大、京都大、一橋大、東京工業大、北海道大、東北大、名古屋大、九州大、筑波大、千葉大、埼玉大、東京外国語大、東京学芸大、東京農工大、電気通信大、東京都立大、お茶の水女子大、横浜国立大　他

[トピックス]
- 昭和51年創立。生徒たちは、校樹の「しらかし」に象徴される力強さと堅実さをもち、学習や進路・学校行事・部活動などにすばらしい成果をおさめている。
- 「**理数研究校**」（都指定）として、希望者の校外学習、講演会等を実施。
- 平成13年度に都の教育委員会から**進学指導重点校**の指定を受け、国公立大学を中心に、高い進学実績を残している。
- Global Education Network20 (GE-NET20)、海外学校間交流推進校の指定を受けている。
- 平成30年度から「新しい学び」の研究校、**アクティブ・ラーニング推進校**として、**探究学習活動**を推進し、現在は内容を拡充している。
- 教室・体育館は、**冷暖房完備**で快適に学習が進められている。
- **東京外国語大学と高大連携**を実施。留学生との交流などを行っている。
- 新入生は**学習・探究オリエンテーション**、2・3年生は前年度末に**進級オリエンテーション**を行っている。台湾（高雄）、カナダ（トロント）との交流事業を開始した（希望者制）。

＜八王子東の探究＞
- 「問い」や学びの深め方、協働的な学習姿勢を磨く1年次探究基礎
- 表現力、論理的思考力の基盤を築く国語探究
- 英語による表現やプレゼンテーション力を高める英語探究
- 大学の研究室や企業と連携した1年次課題解決プロジェクト
- 調査研究、論文作成、発表を行う2年次課題探究
- 幅広い視野から論理的思考力を高め、難関大入試に対応したカリキュラム
- オンライン学習システムを活用した学習指導

[学校見学]（令和5年度実施内容）
- ★学校説明会　10・11・12月各1回（1・2年向け）
- ★自校作成問題説明会　10・11月各1回
- ★入試問題解説会　6月1回
- ★体験授業　8月1回
- ★学校見学会　7月2回
- ★入試個別相談会　9月1回
- ★授業公開　1・2学期
- ★部活動体験　8月2回
- ※随時HPを確認

入試!インフォメーション

※本欄の内容はすべて令和6年度入試のものです。

受検状況

科名・コース名	募集人員	推薦に基づく入試				第一次募集・分割前期募集			
		募集人員	応募人員	応募倍率	合格人員	募集人員	受検人員	受検倍率	合格人員
普通	316	64	145	2.27	64	252	320	1.27	257

入学者選抜実施方法

推薦

科名・コース名	推薦枠		調査書の活用		満点					備考
	割合(%)	特別推薦の有無	観点別学習状況の評価	評定	調査書点	集団討論・個人面接	小論文	作文	実技検査	
普通	20	–		○	500	100	400	–	–	

第一次・分割前期

科名・コース名	分割募集	男女枠緩和	学力検査		調査書 教科の評定の扱い		学力検査	調査書	満点					備考
			教科	学校指定による傾斜配点	学力検査を実施する教科	学力検査を実施しない教科			学力検査	調査書点	面接	小論文・作文	実技検査	
普通	–	○	5*		1倍	2倍	7:3		700	300	–	–	–	*国数英は自校作成。

〈本校の期待する生徒の姿〉

　本校は、『変化するグローバル社会において活躍できる生徒の育成』を教育目標とし、「自ら学ぶ・自ら考える・自ら創る」ことができる生徒の育成を目指している。各教科の学習や国際交流、論文作成等の探究的な学びを通じて、身に付けた知識や技能を活用する力を養うとともに、文理を融合した思考力・判断力・表現力を育み、これからの社会において他者と協働して、課題解決を実現できる人間を育成していく学校である。そこで、以下の項目を満たす生徒の入学を期待する。

1　本校への志望動機が明確であり、入学後何事にも意欲的に取り組む生徒
2　本校の特色を理解し、それを活用して自ら学習を進める意欲をもつ生徒
3　将来への目的意識をしっかりもち、学習意欲が旺盛で、将来社会においてリーダーとなる気概をもつ生徒
4　中学校で学習した全教科において秀でた実績があり、更に数理的能力、言語能力に優れている生徒
5　学校行事、生徒会活動、部活動、ボランティア活動等に積極的に参加した生徒
※　特に推薦選抜においては、上記2、3及び4に該当する生徒が望ましい。

難易度（偏差値） A-1 (69-67)　　**併願校選択例** 錦城、拓殖大第一、帝京大、八王子学園八王子、明治大付属中野八王子

次のページもご覧ください ▶▶▶

都立 富士森 高等学校
ふじもり

普通科

https://www.metro.ed.jp/fujimori-h/

☎ 193-0824　八王子市長房町 420-2
☎ 042-661-0444
交通　ＪＲ中央線西八王子駅　徒歩 15 分またはバス
　　　ＪＲ中央線八王子駅、京王線京王八王子駅　バス

制　服	あり

[カリキュラム] ◇三学期制◇

・令和 4 年度入学生より、中堅以上の私立大・看護医療系学校への受験・進学に対応した内容に教育課程が変更となった。
・英語の授業でワードカップを実施。
・1 年次は芸術を除いて全員が共通の科目を学習し、基礎・基本を養う。中堅以上の私立大や看護・医療系で指定教科となることが多い歴史総合・化学基礎・生物基礎を学習。また、英会話では少人数授業を、数学では習熟度別指導を行う。
・2 年次からは文系・理系に分かれて学習。芸術以外にも必修選択科目が増え、将来の進路への準備をする。
・3 年次には必修選択に加えて最大 6 単位分の自由選択科目が用意され、大学受験に対応した様々な講座を受けることができる。
・進路実現を可能にするため、年間 18 回土曜授業を実施している。

[部活動]

・1 年次は全員参加制。その後も約 9 割が参加と、部活動が活発。
・文化・スポーツ等特別推薦実施部活は、吹奏楽部・サッカー部・硬式野球部・女子バスケットボール部。
・最近の主な実績は以下のとおり。
<令和 4 年度>
空手部（女子個人組手）が全国大会に出場し、ベスト 16 となった。陸上競技部（男子やり投げ）・空手道部（女子団体組手）・華道部が関東大会に出場した。
<令和 3 年度>
陸上競技部（男子やり投げ）・ダンス部が全国大会に出場。陸上競技部（3000mSC・男子やり投げ）・空手道部（女子団体組手・女子団体形）・水泳部（男子200m背泳ぎ）が関東大会に出場。都大会では、吹奏楽部（A組・C組）が金賞受賞、陸上競技部が高校駅伝で10位の成績を収めた。
★設置部（※は同好会など）
硬式テニス、ソフトテニス、バレーボール（女）、バスケットボール、サッカー、硬式野球、陸上、剣道、空手、水泳、卓球、バドミントン、ダンス、軽音楽、アウトドア、演劇、吹奏楽、華道、茶道、天文気象、美術、漫画研究、パソコン、文芸、製菓、ボランティア、※囲碁・将棋、※写真、※競技カルタ

[行　事]

・歩行会は、40 年以上も続いている伝統行事で生徒間の親睦が深められる。
・合唱祭は生徒の実行委員会によって自主運営されている盛り上がる行事。これに体育祭、文化祭を合わせたものが 3 大行事である。
5 月　歩行会（1 年）、校外学習（2・3 年）、体育祭
9 月　富士森祭（文化祭）
11 月　修学旅行（2 年）
2 月　合唱祭、マラソン大会
3 月　球技大会

[進　路]（令和 5 年 3 月）

・進路指導がたいへん充実している。
・4 年制大学への現役進学率が急上昇。有名私立大合格実績が向上。
・社会人講師による講演会、大学見学会、先輩の話を聞く会、夏休み、冬休みの講習会、1 年次からの進路資料室の利用、進路相談、分野別ガイダンス、インターンシップ、大学の教員による模擬授業などを実施し、生徒の進路希望実現に取り組んでいる。
・保護者のための入試制度説明会を年 4 回行い、保護者へのサポートも行っている。
・自習室を多数設置。
★卒業生の進路状況
<卒業生301名>
大学198名、短大 8 名、専門学校77名、就職 5 名、その他13名
★卒業生の主な合格実績
大阪大、東京理科大、中央大、法政大、明治大、学習院大、國學院大、成蹊大、駒澤大、専修大、東洋大、日本大、獨協大、武蔵大、神奈川大他
♣指定校推薦枠のある大学・短大など♣
工学院大、駒澤大、専修大、中央大、東京都市大、日本大　他

[トピックス]

・昭和16年、東京府八王子市立高等女学校として創立。自然環境豊かな場所に位置している。
・「入りたい、入って頑張る富士森高校」のキャッチフレーズがあり、生徒が明るく、元気、素直でやる気に満ちている。
・学習・部活動・行事・進路・社会性の育成の 5 つのバランスのとれた真の文武両道を目指している。
・中国帰国生徒学級設置校に指定されている。
・創立70周年にあたる平成23年度に制服のデザインを一新し、たいへん人気がある。
・施設には、野球・サッカー・陸上が同時にできる広いグラウンド、テニスコート 6 面、冷暖房完備の防音室（360名収容）、トレーニングルーム、格技場などがある。
・地域探究推進事業アソシエイト校。総合的な探究の時間に、自己の在り方や生き方を考えよりよく課題を発見し解決する資質・能力を、地域と連携して育む。八王子市内の高校と八王子市役所で構成される「八王子コンソーシアム」の一員として連携しながら、八王子市の地域課題を題材とした探究学習を行っている。
・BYOD・CYODにより、オンライン講習や課題配信などが行われている。教員もSurface端末を導入しており、ICT機器を活用した授業を展開している。
・サポートティーチャーの充実、学習サークル「学びの森」など「第一志望」を諦めさせない粘り強い進路指導が特徴。

[学校見学]（令和 5 年度実施内容）
★オープンキャンパス　8 月 2 回
★学校説明会　10・11・12月各 1 回
★富士森祭　9 月

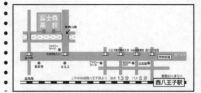

入試!インフォメーション

※本欄の内容はすべて令和6年度入試のものです。

受検状況

科名・コース名	募集人員	推薦に基づく入試				第一次募集・分割前期募集			
		募集人員	応募人員	応募倍率	合格人員	募集人員	受検人員	受検倍率	合格人員
普通	311	62	193	3.11	62	249	287	1.15	256

入学者選抜実施方法

推薦

科名・コース名	推薦枠		調査書の活用		満点					備考
	割合(%)	特別推薦の有無	観点別学習状況の評価	評定	調査書点	集団討論個人面接	小論文	作文	実技検査	
普通	20	○	–	○	500	250	–	250		

第一次・分割前期

科名・コース名	分割募集	男女枠緩和	学力検査		調査書		学力検査	調査書	満点					備考
			教科	学校指定による傾斜配点	教科の評定の扱い				学力検査	調査書点	面接	小論文・作文	実技検査	
					学力検査を実施する教科	学力検査を実施しない教科	学力検査	調査書						
普通	–	○	5		1倍	2倍	7:3		700	300	–	–	–	

〈本校の期待する生徒の姿〉

　本校は、中学生、在校生、保護者、地域等から信頼される「入りたい、入ってよかった学校」を目指しています。
　学習活動、部活動、学校行事等の全てに積極的に取り組み、進路希望の実現と自己実現に向けて努力を継続する生徒を育てます。文化祭や体育祭等の学校行事や部活動の更なる活性化を進め、国公立大学、難関私立大学の受験にも対応できるカリキュラムを編成し、土曜授業、少人数編成授業、習熟度別授業等を実施しています。さらに、補習・補講や学習サークルによる学習活動を充実させ、学習に対する主体性を高めるとともに、生徒一人一人の進路実現を組織的に支援しています。本校が期待する生徒の姿は次のとおりです。
1　本校を志望する理由が明確で、具体的な目的をもっている生徒
2　学習成績が良好で、入学後も学習意欲をもち続け、大学進学等の進路実現に向けて努力できる生徒
3　学校行事、部活動、生徒会活動等に積極的に取り組み、入学後も継続的に活動できる生徒
※　特に推薦選抜においては、入学後の学習・特別活動における継続的な意欲・態度を重視する。

難易度（偏差値）　C-3（54-51）　　併願校選択例　駒沢学園女子、昭和第一学園、帝京八王子、東海大菅生、八王子実践

次のページもご覧ください ▶▶▶

都立 松が谷 (まつや) 高等学校

普通科 ＜外国語コース＞

https://www.metro.ed.jp/matsugaya-h/

☏ 192-0354　八王子市松が谷1772
☎ 042-676-1231
交通　京王線京王堀之内駅、多摩都市モノレール松が谷駅　徒歩15分
　　　京王線・小田急線、多摩都市モノレール多摩センター駅　徒歩20分またはバス
　　　ＪＲ中央線豊田駅　バス

制 服　あり

[カリキュラム] ◇三学期制◇

　普通科一般コース（6クラス）と外国語コース（2クラス）があり、一人ひとりの個性・適性に応じた学力の養成ができるような学習指導を行っている。

★＜一般コース＞

・1、2年次は全教科にわたって基礎的な学力が身につくように配慮。
・2年次は「国語と数学と芸術」「社会と理科」に必修選択科目を設け、進路や適性に応じた学習が可能。
・3年次には自由選択として多くの科目を設置し、生徒が多様な進路を実現できるようにしている。

★＜外国語コース＞

・現在の国際社会に対応できる人材の育成を目指し、オールラウンドな英語力を身につけることを目標にしている。
・3年間の多くの英語学習において、読み、書き、話し、聞く力を確実につける。英語の授業は全て習熟度別あるいは少人数制で実施している。特に英会話の授業は14名程度で行われ、外国人指導員のもとで会話力を身につける。毎年、英語検定2級の合格者が多数出ている。
・多くの科目で視聴覚教材が用いられ、PCLL教室を使った授業を実施。
・夏期休業期間中に希望者は7泊8日の海外語学研修に参加できる。

[部活動]

・約8割が加入している。
＜令和5年度＞
　陸上競技部が、関東大会・関東新人大会に出場した。
＜令和4年度＞
　女子テニス部が東京都高等学校新人テニス選手権大会女子シングルスで都ベスト40になった。剣道部がインターハイ都予選でベスト16になった。アーチェリー部が全国大会に出場した。
★設置部（※は同好会）
　バレーボール、バスケットボール、バドミントン、サッカー、硬式野球、陸上競技、硬式テニス、ダンス、水泳、剣道、アーチェリー、吹奏楽、美術、演劇、写真、軽音楽、漫画研究、茶道、ESS、映像研究、和太鼓、華道、料理、囲碁将棋

[行 事]

・体育祭は、青・赤・黄・白の4団対抗で、生徒がデザインした団のTシャツを着て行われる。文化祭（翔桜祭）はクラスを中心に、文化系の部・同好会、有志が参加して行われる。

5月　遠足、芸術鑑賞教室、体育祭
8月　海外語学研修
9月　翔桜祭（文化祭）
1月　修学旅行（2年）
3月　クラスマッチ

[進 路] (令和5年3月)

・1年次から計画的なキャリア教育を実施し、進路活動に主体的に取り組む態度を育成している。
・3年次の夏休みには受験科目の夏季講習を実施、随時補習も行っている。

★卒業生の進路状況
　＜卒業生292名＞
　大学205名、短大4名、専門学校77名、就職1名、その他5名

★卒業生の主な合格実績
　東京都立大、青山学院大、亜細亜大、桜美林大、大妻女子大、神奈川大、国士舘大、駒澤大、上智大、成蹊大、専修大、玉川大、中央大、東京経済大、東京理科大、東洋大、日本大、文教大、法政大、武蔵野大、明治大、明治学院大、立教大、和光大、早稲田大

♣指定校推薦枠のある大学・短大など♣
　駒澤大、成蹊大、専修大、中央大、東京理科大、獨協大、日本大、法政大、武蔵野大　他

[トピックス]

・昭和56年4月開校。多摩丘陵に位置し、緑豊かな恵まれた環境にある。広い敷地と豊かで美しい自然に囲まれ、落ち着いてじっくりと学習できる雰囲気が整っている。都立高校の中では最大級の敷地面積があり、各種の施設・設備が充実している。
・平成24年度に校舎の改修が完了。また、25年度にはグラウンド、テニスコートが改修された。
・平成28年度から都の英語教育推進校に指定され、英語教育に力を入れている。
・平成29年度にはアクティブラーニング推進校、令和2年度に進学指導研究校、令和3年度に国際交流リーディング校に指定された。
・校内で英検準2・2級が受検可能（年2回実施）。
・アーチェリー部が、東京都からSport-Science Promotion Clubに指定されている。

[学校見学] (令和5年度実施内容)

★学校見学会　8月2回
★学校説明会　10・11月各1回
★授業公開週間　11月
★翔桜祭　9月
★個別相談会　1月1回

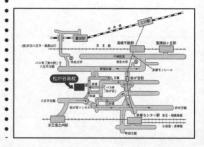

受検状況

科名・コース名	募集人員	推薦に基づく入試				第一次募集・分割前期募集			
		募集人員	応募人員	応募倍率	合格人員	募集人員	受検人員	受検倍率	合格人員
普通（一般）	276	56	160	2.86	56	220	286	1.30	221
普通（外国語）	80	24	54	2.25	24	56	75	1.34	57

入学者選抜実施方法

推薦

科名・コース名	推薦枠		調査書の活用		満点					備考
	割合(%)	特別推薦の有無	観点別学習状況の評価	評定	調査書点	集団討論・個人面接	小論文	作文	実技検査	
普通〈一般〉	20	○	－	○	500	300	－	200		
普通〈外国語〉	30	－	－	○	500	300	－	200		

第一次・分割前期

科名・コース名	分割募集	男女枠緩和	学力検査		調査書		学力検査:調査書	満点					備考
			教科	学校指定による傾斜配点	教科の評定の扱い			学力検査	調査書点	面接	小論文・作文	実技検査	
					学力検査を実施する教科	学力検査を実施しない教科							
普通〈一般〉	－	○	5		1倍	2倍	7:3	700	300	－	－	－	
普通〈外国語〉			5	国英各2倍	1倍	2倍	7:3	700	300	－	－	－	

〈本校の期待する生徒の姿〉

★＜一般コース＞

　本校は、普通科と普通科外国語コースで構成されています。都立高校の中では有数の広さを誇り、恵まれた施設・設備を有しています。学力の向上を図るとともに、活発な部活動と充実した学校行事を通じた人間形成を行い、生徒一人一人の進路希望の実現を図ります。「誠実・愛・勇気」を標語とし、真の文武両道を目指している学校です。

　＜期待する生徒の姿＞中学校3年間の学習成績が良好な生徒で、本校志望の意志が強く、入学後も本校の校則に従い、学習や部活動・委員会活動等において継続的に努力する生徒を期待します。

※　特に推薦選抜においては、学習に真面目に取り組み、全ての教科に努力した生徒で、課題解決能力やコミュニケーション能力に優れ、さらに次の1又は2に該当する生徒が望ましい。

1　部活動等を継続して3年間やり遂げ十分努力した生徒　2　生徒会活動や学校行事に積極的に参加し貢献した生徒
※　「文化・スポーツ等特別推薦」においては、実施種目において優れた実績を有する生徒が望ましい。

★＜外国語コース＞

　本校は、普通科と普通科外国語コースで構成されています。都立高校の中では有数の広さを誇り、恵まれた施設・設備を有しています。学力の向上を図るとともに、活発な部活動と充実した学校行事を通じた人間形成を行い、生徒一人一人の進路希望の実現を図ります。「誠実・愛・勇気」を標語とし、真の文武両道を目指している学校です。

　＜期待する生徒の姿＞中学校3年間の学習成績が良好な生徒で、本校志望の意志が強く、入学後も本校の校則に従い、学習や部活動・委員会活動等において継続的に努力する生徒を期待します。

※　特に推薦選抜においては、外国語に対する興味・関心をもち、外国語コースを志望する目的意識が明確で、国語・英語の学習成績が良好であり、課題解決能力やコミュニケーション能力に優れ、さらに次の1から3までのいずれかに該当する生徒が望ましい。

1　部活動等を継続して3年間やり遂げ十分努力した生徒　2　生徒会活動や学校行事に積極的に参加し貢献した生徒
3　外国語の学習に非常に意欲的で英語の各種検定に積極的に挑戦している生徒

難易度（偏差値）	普通（一般）・外国語コース　C－3（50－47）
併願校選択例	普通（一般）：関東国際、駒沢学園女子、昭和第一学園、八王子実践、和光

次のページもご覧ください ▶▶▶

普通科

都立 日野 高等学校
ひの

https://www.metro.ed.jp/hino-h/

☎ 191-0021　日野市石田 1-190-1
☎ 042-581-7123
交通　多摩モノレール万願寺駅　徒歩 10 分
　　　京王線高幡不動駅　徒歩 20 分

| 制　服 | あり |

[カリキュラム] ◇三学期制◇

・1 年次は、全員が共通の科目を履修する。
・2 年次は、4 単位必修選択制を設ける。**文系**、**理系**それぞれのコースに分かれる。
・3 年次は、進路に応じて多様な選択科目を設ける。
・授業内容はレベルが高く、厳しいが、わかる授業が心がけられている。生徒が意欲的に授業に取り組めるよう、創意工夫がなされている。また、数学と英語は**習熟度別・少人数授業**が行われている。
・**週末課題**による学力向上を図っている。

[部活動]

・約 8 割が参加。
・**硬式野球部**は、西東京大会平成 25 年度準優勝、24 年度ベスト 8、秋季大会 28 年度都ベスト 4 の実績を誇る強豪。春の甲子園 21 世紀枠候補東京推薦校にも 3 度選出。
・主な実績は以下のとおり。
＜令和 4 年度＞
美術部は全国大会、**陸上競技部**と**写真同好会**は関東大会、**ソフトボール部**は関東公立大会、**女子ダンス部**は全国大会に出場を果たした。
＜令和 3 年度＞
男子バスケットボール部が、春季大会と IH で都ベスト 32、新人戦支部大会で第 2 支部ベスト 8 となった。**ソフトボール部**が、春季都大会で都ベスト 16 となった。**美術部**が、第 31 回中央展にて最優秀賞および奨励賞を受賞し全国大会に出場した。
＜令和 2 年度＞
硬式野球部が、夏季東京都高等学校野球大会西東京大会でベスト 16 となった。**水泳部**が、西東京大会で 3 位（200M 個人メドレー）となった。**美術部**が、第 30 回中央展にて最優秀賞および奨励賞を受賞し全国大会に出場した。
★**設置部**（※は同好会）
　野球、サッカー、バスケットボール

（男・女）、剣道、女子ダンス、バドミントン、女子バレーボール、陸上競技、硬式テニス、水泳、女子ソフトボール、卓球、山岳、軽音楽、美術、科学、吹奏楽、マニュアルアーツ、茶道、パソコン、文芸、映画・演劇、合唱、華道、※写真、※女子サッカー

[行　事]

学校行事も充実している。二大行事の一つである**日野高祭**は例年 2,000 名を超える来校者があり、毎年大いに盛り上がる。

4 月	校外学習
6 月	体育祭
9 月	日野高祭（文化祭）
1 月	修学旅行
2 月	マラソン大会、合唱祭（1・2 年）
3 月	百人一首大会、球技大会

[進　路]（令和 5 年 3 月）

・急速に変化する進路情報に対応するため、進路指導は 3 年計画で行われている。
・英語検定や数学検定などの**資格試験**にも挑んでいる。
・**受験力**を 1・2 学年の早い時期から養成する。
・**夏季講習**は 35 講座開設。1,000 名以上の生徒が受講した。
★**卒業生の進路状況**
　＜卒業生 300 名＞
　大学 208 名、短大 6 名、専門学校 61 名、就職 8 名、その他 17 名
★**卒業生の主な合格実績**
信州大、青山学院大、亜細亜大、桜美林大、学習院大、関西大、杏林大、工学院大、國學院大、国士舘大、駒澤大、実践女子大、芝浦工業大、上智大、成蹊大、専修大、中央大、津田塾大、帝京大、東海大、東京家政大、東京経済大、東京都市大、東京理科大、同志社大、東洋大、日本大、日本体育大、法政大、武蔵大、武蔵野大、明治大、明星大、立教大、立正大、和光大、早稲田大
♣指定校推薦枠のある大学・短大など♣

亜細亜大、大妻女子大、学習院大、神奈川大、工学院大、国士舘大、駒沢女子大、産業能率大、実践女子大、成蹊大、専修大、拓殖大、玉川大、中央大、帝京大、東京家政大、東京経済大、東京工科大、東京女子体育大、東京電機大、東京都市大、東洋大、二松學舍大、日本大、武蔵野大、明星大、立正大　他

[トピックス]

・昭和 41 年 4 月開校。多摩モノレールで最高の眺望と言われる立日橋から望む大きな 2 つの川、**多摩川**と浅川の合流点近くに、学校は位置する。旧甲州街道の多摩川越えの渡し跡、街道沿いの一里塚などが現存しており、浅川沿いに**散策**を楽しむこともできる。
・**パソコン室**は高速回線でインターネットと接続され、さらにそれぞれのパソコンは LAN 接続されている。
・**コンピュータの授業**では、1 人 1 台のパソコンが確保されている。
・生徒会を中心に、**都立七生特別支援学校**との交流を実施している。
・Sport-Science Promotion Club 指定校（硬式野球部・男子バスケットボール部）。
・令和 2 年度から**校舎全面改築**を行っている（校舎、体育館、プール、武道場、グラウンド、多目的コート）。
・令和 5 年度、**新校舎完成**。

[学校見学]（令和 5 年度実施内容）

★**学校説明会**　9・10・11 月各 1 回
★**日野高祭**　9 月　見学可
★**学校見学**の夏季・冬季休業中の日程は本校 HP に掲載。（要連絡）

受検状況

科名・コース名	募集人員	推薦に基づく入試				第一次募集・分割前期募集			
		募集人員	応募人員	応募倍率	合格人員	募集人員	受検人員	受検倍率	合格人員
普　通	317	64	277	4.33	64	253	417	1.65	256

入学者選抜実施方法

推薦

科名・コース名	推薦枠		調査書の活用		満点					備考
	割合(%)	特別推薦の有無	観点別学習状況の評価	評定	調査書点	集団討論個人面接	小論文	作文	実技検査	
普通	20	○	–	○	600	250	–	350		

第一次・分割前期

科名・コース名	分割募集	男女枠緩和	学力検査		調査書		学力検査：調査書	満点					備考
			教科	学校指定による傾斜配点	教科の評定の扱い（学力検査を実施する教科）	（学力検査を実施しない教科）		学力検査	調査書点	面接	小論文・作文	実技検査	
普通	–	○	5		1倍	2倍	7:3	700	300	–	–	–	

〈本校の期待する生徒の姿〉

　日野高校では、自ら考え判断し、意欲的に行動する生徒を育成します。そのため、日々の学習を充実させ、学校行事やホームルーム活動、生徒会活動、部活動等を生徒自らの手で企画・運営させるとともに、積極的に地域に貢献するよう指導します。本校の教育内容を理解し、次の項目に該当する生徒の入学を期待します。
1　本校への入学を強く希望し、日々の学習に真剣に取り組み、学力向上を目指し、常に努力を惜しまない生徒
2　中学校において、生徒会活動や部活動、その他学校内外の活動等に積極的に取り組んできた生徒で、入学後も継続して活動する意志のある生徒（なお、リーダーとしての活動の経験等がある場合には、必ず自己PRカードに記載すること）
※　特に推薦選抜においては、学習状況が良好で、諸活動においてリーダーとしての実績をもつ生徒が望ましい。
※　「文化・スポーツ等特別推薦」においては、硬式野球、女子バレーボール、男女バスケットボールの各種目で、上記のほかに3年間部活動を継続し、各種目の中心となって活動する強い意志のある生徒が望ましい。

難易度（偏差値）	C－3（54－51）	併願校選択例	共立女子第二、駒沢学園女子、昭和第一学園、八王子実践、明星

次のページもご覧ください ▶▶▶

普通科

都立 日野台 高等学校
ひのだい

https://www.metro.ed.jp/hinodai-h/

☎ 191-0061　日野市大坂上 4-16-1
☎ 042-582-2511
交通　ＪＲ中央線日野駅　徒歩 15 分
　　　ＪＲ中央線豊田駅　徒歩 20 分
　　　京王線高幡不動駅　バス 15 分、「日野市役所東」下車徒歩 15 分

| 制　服 | あり |

[カリキュラム] ◇三学期制◇

・1・2年次は、全員ほぼ同じ科目を履修。大学進学のための幅広い基礎学力を養成する。
・3年次には、大幅な選択制を取り入れ、多様な選択科目を設置している。
・2・3年次の英語と数学では、習熟度別・少人数制授業を展開し、きめ細かい指導を行っている。
・放課後や長期休業中、土曜日に補習・補講を実施。早朝、放課後には自習室も開放され、学習しやすい環境が整っている。
・1・2年生は週33時間の授業を行う。
・文武両道を高いレベルで両立させるべく、土曜授業（年間 20 回）を行い、7時限の授業はない。その結果、部活動・学校行事の時間を十分に確保している。
・3年生を対象として、9～11月に16日間サテライト講座を実施している。

[部活動]

・約9割強が参加。
・令和5年度は、陸上部が関東大会と南関東大会に出場した。卓球部（女子団体）が、関東大会に出場した。
・令和4年度は、サッカー部が関東サッカー大会東京都予選ベスト 16、陸上部が関東大会に出場、将棋部が関東大会に出場した。
・★設置部（※は同好会）
陸上、サッカー、ハンドボール、硬式野球、硬式テニス、ソフトボール、バスケットボール、バレーボール、バドミントン、卓球、剣道、水泳、バトン、吹奏楽、美術、演劇、写真、生物、茶道、家庭、コーラス、将棋、※軽音楽、※外国語、※漫画研究、※文芸

[行　事]

・八王子の J:COM で行われる合唱祭には多くの人が訪れ、完成度の高いアカペラによる合唱が披露される。
・文化祭では、3年生が全クラスで劇に取り組み、こちらも毎年すばらし

い出来ばえを示している。

4月	遠足、芸術鑑賞教室
6月	合唱祭
7月	部活動合宿（～8月）
9月	常盤樹祭（文化祭・体育祭）
10月	修学旅行（2年）
2月	マラソン大会
3月	球技大会

[進　路]（令和5年3月）

・100％が進学を希望しており、授業と密接に結びついた進路指導をしている。また、進路指導室を設置し、様々なガイダンスを実施。
・「総合的な探究の時間」1、2年生対象日野台の探究はSDGsが基本コンセプト。持続可能な世界を実現するために、高校生として何ができるかを探究していく。
・生徒の学力データを一元的に管理し、きめ細やかな進路指導を実施している。

★卒業生の進路状況
＜卒業生315名＞
大学288名、短大1名、専門学校6名、就職0名、その他20名

★卒業生の主な進学先
東京工業大、東京医科歯科大、東京海洋大、電気通信大、埼玉大、筑波大、千葉大、山梨大、東京学芸大、東京農工大、東京都立大、都留文科大、早稲田大、慶應義塾大、青山学院大、学習院大、上智大、中央大、東京理科大、法政大、明治大、立教大

♣指定校推薦枠のある大学・短大など♣
東京都立大、青山学院大、学習院大、國學院大、成蹊大、成城大、専修大、中央大、東京女子大、東京都市大、東京薬科大、東京理科大、日本大、法政大、明治大、明治学院大、明治薬科大、立教大　他

[トピックス]

・昭和54年創立。緑の木々に囲まれた静かな環境にある。校章にも表されている〝規律ある自由〟（リバティー）の校風の中で、勉強・部活動・学校行事に力いっぱい取り組んでいる。

・教育目標は、「叡知・情操・健康」。文武両道の活気に満ちた校風である。「夢を抱く生徒が集い、伝統を創造する学校」「互いに磨き高めあう学校」「生徒、保護者、地域及び教職員が誇りとする学校」を目指している。
・進学実績と部活動の高いレベルでの両立を目指す高校として、平成22年から東京都の進学指導推進校に指定されている。
・進学指導推進校ではあるが、本校は単なる大学受験校ではない。全クラスがアカペラで歌う最高水準の合唱祭、演劇がすばらしい文化祭、全員で走り抜くマラソン大会、活発な部活動など、学校生活に全力で取り組む生徒が集まった、「人間」を育てる真の進学校である。
・海外帰国生徒の募集を実施している。
・教室・自習室・体育館は冷暖房完備。
・パソコン室には、最新鋭のパソコンが設置されている。
・トレーニング室があり、スポーツクラブを思わせる様々な機器が備えられている。
・リサイクル活動が盛ん。
・平成30年に校舎改築・グラウンド改修工事完了。陸上専用レーン、テニスコート最大4面（オムニコート）がある。
・「海外語学研修」では希望者を対象に夏休みに8泊9日の日程で、フィリピン共和国で語学研修を行う。語学研修や現地の学生との交流を通じて、新たな気づきを得てグローバルな視野を広げる。

[学校見学]（令和5年度実施内容）

★オープンスクール　8月3日間計6回
★学校説明会　10・11・12月各1日間計5回
★文化祭　9月（見学可）
★授業公開　6・9・11月計10日間

※本欄の内容はすべて令和6年度入試のものです。

受検状況

科名・コース名	募集人員	推薦に基づく入試				第一次募集・分割前期募集			
		募集人員	応募人員	応募倍率	合格人員	募集人員	受検人員	受検倍率	合格人員
普通	302	61	154	2.52	61	241	322	1.34	244

入学者選抜実施方法

推薦

科名・コース名	推薦枠		調査書の活用		満点					備考
	割合(%)	特別推薦の有無	観点別学習状況の評価	評定	調査書点	集団討論個人面接	小論文	作文	実技検査	
普通	20	–	–	○	450	150	300		–	

第一次・分割前期

科名・コース名	分割募集	男女枠緩和	学力検査		調査書		学力検査:調査書	満点					備考
			教科	学校指定による傾斜配点	教科の評定の扱い			学力検査	調査書点	面接	小論文・作文	実技検査	
					学力検査を実施する教科	学力検査を実施しない教科							
普通	–	○	5		1倍	2倍	7:3	700	300	–	–	–	

〈本校の期待する生徒の姿〉

　日野台高校の生徒は、高い次元での文武両道を目指して、学習・部活動・学校行事のいずれにも真剣に取り組み、素晴らしい成果を上げています。また、本校は進学指導推進校の指定を受け、国公立大学、難関私立大学を目指して学習に取り組んでいます。平成25年度より海外帰国生徒の受け入れ校として国際理解教育にも力を入れています。そこで、本校に入学する生徒には次の1から4に該当し本校への強い志望意志と入学後の明確な目的意識をもっていることを期待します。
1　意欲的に学習に取り組み、教科の成績が優れている生徒
2　難関大学進学等将来への目的意識をもち、入学後もその実現に向け継続的に努力することができる生徒
3　部活動、生徒会活動、奉仕活動等のいずれかに熱心に参加し、入学後も継続的な活動ができる生徒
4　社会生活を円滑に送るためのマナーを身に付けている生徒
※　特に推薦選抜においては、リーダーシップを発揮して、高い次元で文武両道を実践できる生徒が望ましい。

難易度（偏差値）	B－2（63－61）	併願校選択例	桜美林、杉並学院、専修大附属、拓殖大第一、八王子学園八王子

次のページもご覧ください ▶▶▶

普通科

都立 南平 高等学校
（みなみ だいら）

https://www.metro.ed.jp/minamidaira-h/

〒191-0041　日野市南平8-2-3
☎ 042-593-5121
交通　京王線南平駅　徒歩10分

| 制　服 | あり |

[カリキュラム] ◇三学期制◇

・ほとんどの生徒が大学・短大への進学を目指しているため、LHRを除き週30時限の授業を実施。
・土曜日は授業を行わないが、自習室を開放している。各自で部活動や自学自習などを行う。
・令和4年度より教育課程が変更。1年次は全員が同じ科目を履修。2年次では理科、日本史、世界史の選択によってゆるやかに文系・理系に分かれる。また、数学と論理・表現で習熟度別授業を実施する3年次は最大16単位の自由選択で、個々の進路に応じた授業を学ぶことができる。

[部活動]

・9割以上が参加。
・ガラスドームつき屋内プールなどの整備された施設、指導力豊かな教師たちのもと、たいへん盛んな活動が行われている。
・最近の主な実績は以下のとおり。
＜令和4年度＞
陸上競技部が、女子三段跳び・男子三段跳びで関東大会に出場した。吹奏楽部が、東京都吹奏楽コンクールで銀賞を受賞した。
＜令和3年度＞
水泳部が男子100m・200m自由形でインターハイ出場。陸上競技部が女子走幅跳びで関東大会に出場。
＜令和元年度＞
陸上競技部が女子800mでインターハイ出場。水泳部が男子200m自由形で関東大会に出場。
★設置部（※は同好会）

バレーボール、バスケットボール、サッカー、ハンドボール、卓球、バドミントン、陸上競技、水泳、硬式テニス、ソフトテニス、硬式野球、ソフトボール、ダンス、美術、演劇、吹奏楽、茶道、室内楽、家庭科、将棋・チェス、ジャグリング、写真・映像、合唱、自然科学、※クイズ

[行　事]

球技大会、合唱祭、文化祭、体育祭など、生徒が主体となって運営する行事は大変盛り上がりをみせる。
5月　球技大会
6月　合唱コンクール
9月　葵陵祭（文化祭・体育祭）
10月　修学旅行（2年）
12月　芸術鑑賞教室
2月　マラソン大会

[進　路]（令和5年3月）

・1年次より計画的・段階的に進路指導を行っている。各学年、学期ごとに1回の模擬試験、進路ガイダンスを実施している。
・週末課題の実践により、学習習慣や基礎力の定着を図っている。
・夏期講習を全学年で実施。約70の講座を開講している。
★卒業生の進路状況
＜卒業生319名＞
大学282名、短大6名、専門学校9名、就職1名、その他21名
★卒業生の主な合格実績
筑波大、千葉大、岩手大、山形大、電気通信大、東京学芸大、埼玉大、横浜国立大、東京都立大、都留文科大、長野県立大、高崎経済大、慶應義塾大、上智大、青山学院大、学習院大、北里大、國學院大、芝浦工業大、昭和女子大、成蹊大、成城大、専修大、中央大、津田塾大、東京家政大、東京都市大、東京薬科大、東京理科大、法政大、武蔵大、明治大、明治学院大、立教大
♣指定校推薦枠のある大学・短大など♣
青山学院大、成蹊大、成城大、中央大、東京薬科大、日本大、日本女子

大、法政大、武蔵大、明治大、明治学院大、立教大　他

[トピックス]

・昭和60年開校。
・多摩動物公園に隣接する小高い丘の中腹に位置し、豊かな緑に囲まれた静かな環境にある。
・校訓は「正しい理念」「希望と意志」「行動と反省」。
・自主自律の精神のもとに、自己管理能力を培うノーチャイム制が伝統。
・生徒会活動や各種委員会活動など、生徒による自発的活動が活発である。
・平成25年7月より重点支援校に指定された。
・避難所運営ゲーム（静岡県危機管理部開発）、年4回の避難訓練など、防災教育が充実している。

[学校見学]（令和5年度実施内容）

★学校説明会　10・11・12月各1回（要予約）
★葵陵祭　9月　文化祭の見学可能
★学校見学は夏季休業中に実施（予約不要）

■アクセス・マップ

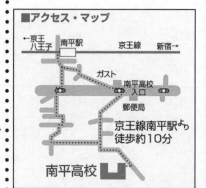

京王線南平駅より徒歩約10分

南平高校

入試!インフォメーション

※本欄の内容はすべて令和6年度入試のものです。

受検状況

科名・コース名	募集人員	推薦に基づく入試				第一次募集・分割前期募集			
		募集人員	応募人員	応募倍率	合格人員	募集人員	受検人員	受検倍率	合格人員
普通	317	64	156	2.44	64	253	376	1.49	256

入学者選抜実施方法

推薦

科名・コース名	推薦枠		調査書の活用		満点					備考
	割合(%)	特別推薦の有無	観点別学習状況の評価	評定	調査書点	集団討論・個人面接	小論文	作文	実技検査	
普通	20	–	–	○	450	225	–	225	–	

第一次・分割前期

科名・コース名	分割募集	男女枠緩和	学力検査		調査書		学力検査:調査書	満点					備考
			教科	学校指定による傾斜配点	教科の評定の扱い			学力検査	調査書点	面接	小論文・作文	実技検査	
					学力検査を実施する教科	学力検査を実施しない教科							
普通	–	○	5		1倍	2倍	7:3	700	300	–	–	–	

〈本校の期待する生徒の姿〉

本校は多摩丘陵の麓に位置し、自然に恵まれた環境にあります。生徒たちは、学習活動はもちろん様々な活動に積極的に取り組み、伸び伸びと高校生活を送っています。以下の項目に該当し、本校への強い入学の意志をもち、入学後も、主体的に学習・思考・活動をしようとする生徒の入学を期待します。
1　学習活動に意欲的に取り組む習慣ができており、予習・復習等家庭学習を継続的に行える生徒
2　学校行事、部活動、生徒会活動、社会貢献活動等で中心的な役割を果たし、今後も継続的な活動ができる生徒
3　将来の進路への目的意識をもち、自己の適性、資質、能力を意欲的に伸ばし、進路実現に向けて努力することのできる生徒
※　特に推薦選抜においては、上記項目を踏まえ、明確な意志をもって本校を志望する生徒が望ましい。

難易度（偏差値）	B-2（60-58）	併願校選択例	杉並学院、拓殖大第一、東海大菅生、八王子学園八王子、明治大付属中野

都立 小川 （おがわ） 高等学校

https://www.metro.ed.jp/ogawa-h/

〒194-0003　町田市小川2-1002-1
☎ 042-796-9301
交通　ＪＲ横浜線成瀬駅　徒歩5分
　　　東急線つくし野駅　徒歩18分

普通科

制　服	あり

[カリキュラム] ◇三学期制◇

・1年次は全員が共通の科目を履修。基礎学力の充実を図る。
・2年次は文系・理系にゆるやかに分かれる。将来の多彩な可能性を育むべく、全員がバランスのとれた科目を学習する。ただし、6単位分は文・理選択授業となる。
・3年次には多くの**自由選択科目**を設置。多様な進路の選択が可能に。
・**「習熟度別・少人数授業」**を実施している。1年次は、数学Ⅰと英語（論理・表現Ⅰ）、2年次は、数学Ⅱと英語（論理・表現Ⅱ）、3年次は、英語（論理・表現Ⅲ）。
・家庭科・理科では、「実感できる学び」のための**体験学習**を行っている。
・週に1日は、7時間授業を行う。その他の日は6時間授業。
・夏期休業中に実施する**サマーセミナー（60講座以上）**や**土曜・日曜・放課後の補習**など、基礎から発展、受験対策用など多数の講座の中から、各自のニーズに合った内容の講座を受講できる。
・校内で**漢字検定**を実施している。
・令和3年に英検1級合格者、令和4年に英検準1級合格者2名。

[部活動]

約7割が参加。**ダンス部、女子バレーボール部、軽音楽部**などが活躍している。
＜令和5年度＞
サッカー部が全国高校サッカー選手権大会東京大会2次リーグ出場。**剣道部**が秋季大会優勝（女子団体）。**男子バレーボール部**が夏季都立校大会でベスト8。
★設置部
硬式野球、サッカー、陸上、硬式テニス、バスケットボール、バレーボール、バドミントン、卓球、ダンス、剣道、吹奏楽、美術、漫画研究・文芸、天文地学、ボランティア、軽音楽、茶道、合唱

[行　事]

体育祭、文化祭、合唱祭は、生徒の実行委員会が運営しており、**「行事の小川」**と呼ばれるほど例年盛り上がりを見せる。

5月	校外学習
6月	体育祭
7月	書評合戦
9月	文化祭
10月	修学旅行（2年）
11月	芸術鑑賞教室
2月	合唱祭（1・2年）、マラソン大会

[進　路] （令和5年3月）

・夏季講座や平日放課後の講習を開き、進路希望実現に向けた指導をしている。
・**面接**や**ガイダンス**も計画的に実施。
＜進路関連の主な行事＞
【1～2年】
・進路希望調査
・進路ガイダンス
・進路適性検査
・大学見学会
・実力テスト
【3年】
・進路希望調査
・分野別進路説明会
・分野別対策講座
・模擬面接
・模擬試験
★卒業生の進路状況
＜卒業生265名＞
大学159名、短大13名、専門学校52名、就職5名、その他36名
★卒業生の主な進学先
東京都立大、山梨県立大、都留文科大、麻布大、青山学院大、亜細亜大、桜美林大、大妻女子大、神奈川大、神奈川工科大、関東学院大、工学院大、國學院大、国士舘大、駒澤大、相模女子大、産業能率大、成蹊大、成城大、専修大、拓殖大、玉川大、中央大、帝京大、東海大、東京医療学院大、東京家政学院大、東京工科大、東京都市大、東洋大、日本大、法政大、明治大、明治学院大、明星大、目白大、和光大、立教大、早稲田大、慶應大、上智大、東京理科大
♣指定校推薦枠のある大学・短大など♣
麻布大、桜美林大、大妻女子大、神奈川大、神奈川工科大、鎌倉女子大、関東学院大、杏林大、工学院大、国士舘大、駒沢女子大、相模女子大、実践女子大、白梅学園大、成蹊大、専修大、玉川大、東海大、東京家政学院大、東京経済大、東京工科大、武蔵野大、明星大、和光大　他

[トピックス]

・昭和55年12月創立。翌56年4月に開校した。
・**教育目標**は以下の3つ。
一、何事も忍耐強く努力し、あきらめない心の創造
一、礼節と思いやりに満ちた人間関係の構築と、社会貢献できる心の育成
一、社会の変化に柔軟に対応する力と国際社会に向けて積極的に行動する力の推進
・東京都教育委員会から**「地域探究推進事業アソシエイト」**に指定されている。
・平成30年度には創立40周年を迎えた。

[学校見学] （令和5年度実施内容）

★授業公開週間　6・11月
★学校見学会　7月1回、8月3回（要予約）
★学校説明会　10・11月各1回（要予約）
★直前相談会　12・1月各1回
★部活動体験　HP上で発表（要予約）
★文化祭　9月

284

受検状況	科名・コース名	募集人員	推薦に基づく入試				第一次募集・分割前期募集			
			募集人員	応募人員	応募倍率	合格人員	募集人員	受検人員	受検倍率	合格人員
	普通	316	64	198	3.09	64	252	304	1.21	254

入学者選抜実施方法

	科名・コース名	推薦枠		調査書の活用		満点				備考
		割合(%)	特別推薦の有無	観点別学習状況の評価	評定	調査書点	集団討論・個人面接	小論文	作文	実技検査	
推薦	普通	20	–	–	○	500	250	–	250		

	科名・コース名	分割募集	男女枠緩和	学力検査		調査書		学力検査	調査書	満点					備考
				教科	学校指定による傾斜配点	教科の評定の扱い				学力検査	調査書点	面接	小論文・作文	実技検査	
						学力検査を実施する教科	学力検査を実施しない教科								
第一次・分割前期	普通	–	○	5		1倍	2倍	7:3	700	300	–	–	–		

〈本校の期待する生徒の姿〉

本校は「可能性を拓き、高め磨き合う学校」をスローガンに、「忍耐強く努力し、あきらめない心の創造」「礼節と思いやりに満ち、社会貢献できる心の育成」「社会の変化に柔軟に対応し、国際社会に積極的に行動する力の推進」を教育目標とする学校です。

小川高校が期待する生徒の姿は、次のとおりです。

1 学校行事や部活動に積極的に取り組み、学校生活を中心に過ごす意志の強い生徒
2 主体的に授業に取り組み、学力を向上させようとする生徒
3 規則を守り、将来社会人としてのマナーを身に付けようとする生徒
4 進路実現に向けて、チャレンジし続けようと努力する生徒
5 自己の可能性を広げるために行動し、社会貢献をしようとする生徒
6 国際社会に積極的に参加しようとする意欲のある生徒
※ 特に推薦選抜においては、高い目的意識をもち、それを実現するための継続的な努力ができる生徒が望ましい。

難易度（偏差値）	D-1（50-47）	併願校選択例	駒場学園、鶴川、東京実業、日本工業大駒場、八王子実践

次のページもご覧ください ▶▶▶

都立 成瀬 高等学校
（なるせ）

普通科

https://www.metro.ed.jp/naruse-h/

☎ 194-0044　町田市成瀬 7-4-1
☎ 042-725-1533
交通　ＪＲ横浜線成瀬駅　徒歩10分
　　　ＪＲ横浜線・小田急線町田駅　バス

制　服	あり

[カリキュラム] ◇三学期制◇

- **国公立大学、難関私立大学の進学に対応**し、第一希望の進路実現に向けた確かな学力を身に付ける。1年次は国語・英語等の基礎学力向上、2年次はゆるやかな文理選択を行っている。3年次は多様な選択科目を置く。
- **土曜日授業**（年間20回）で授業時数を確保するとともに、講習や補習も充実している。
- 数学では数学Ⅰ・Ⅱで**習熟度別授業**を実施。
- 英語では、論理・表現Ⅰで**少人数授業**、論理・表現Ⅱで習熟度別授業を実施。3学年とも週1時間は外国人講師とのティームティーチングを行っている。**1年次全員ＧＴＥＣを受験**。英語4技能を総合的に育成する。

[部活動]

- 約8割が参加。部活動と学習の両立を図っている。
- **バドミントン部・陸上競技部**はここ数年連続して都大会に出場している。**男子バレーボール部、サッカー部**など、各部ともに活発に活動している。
- 文化系では、**吹奏楽部や競技かるた部**などの活躍が目立つ。

★設置部

バドミントン、男女バスケットボール、男女バレーボール、剣道、サッカー、陸上競技、硬式野球、卓球、硬式テニス、ソフトテニス、水泳、ダンス、柔道、吹奏楽、美術、茶道、演劇、漫画・イラスト、ボランティア、パソコン、生物、ハンドメイキング、天文、競技かるた、文芸

[行　事]

5月　欅祭体育部門
9月　欅祭文化部門
11月　修学旅行（2年）
2月　合唱祭
3月　芸術鑑賞教室
- **欅祭**と**合唱祭**は、生徒の実行委員会が企画運営し、本校最大の盛り上がりを見せる。

[進　路]（令和5年3月）

- 成高の進路指導の指針となる「進路実現ストーリー」をもとに、どの時期に何をどのくらいやるべきなのかを明確にしている。特に、基礎基本の徹底を重視し、授業と教科書を大切にすることを指導している。
- 卒業生から進路に対する助言や勉強方法などのアドバイスが受けられる合格体験講話や、2年生には約200校の先生方をお招きして大学模擬授業などを実施。その他、医療・看護系ガイダンスなど各種ガイダンスも行い、進路を考える機会が多くある。また、夏期講習、冬期講習、春期講習を実施している。

★卒業生の進路状況

＜卒業生268名＞
大学216名、短大3名、専門学校15名、就職1名、その他33名

★卒業生の主な合格実績

東京学芸大、電気通信大、東京都立大、早稲田大、慶應義塾大、上智大、東京理科大、学習院大、明治大、青山学院大、立教大、中央大、法政大、成蹊大、成城大、明治学院大、國學院大、武蔵大、日本大、東洋大、駒澤大、専修大

♣指定校推薦枠のある大学・短大など♣

青山学院大、学習院大、北里大、國學院大、昭和薬科大、成城大、専修大、玉川大、中央大、東京都市大、東京薬科大、東京理科大、東洋大、日本大、法政大、明治大　他

[トピックス]

- 昭和53年に設立されて以来、「**珠玉磨きて光あり**」の校訓のもと、地域の期待に応えつつ、地域と共に成長してきた学校である。令和10年の創立50周年に向けて、さらに学習と部活動ともに力を入れている。
- 「**進路実現ストーリー**」を作成し、「**思考力**」・「**自立と責任**」・「**主体性**」という3つの柱を三年間の教育活動を通して鍛え、自己実現力を育成する。組織的・体系的な進路指導・教科指導を実践。
- 令和元年度より「**英語教育研究推進校**」に指定され、JETが2名になった。
- 「**理数教育推進校**」として、大学教授や研究者の講演会や、臨海実習や研究所訪問等を実施し、理数分野に興味をもつ生徒の裾野を広げ、既に興味のある生徒に対して充実した学習機会を提供している。
- 平成30年度より「**海外学校間交流推進校**」に指定され、留学生の受け入れや1・2年生希望者対象に短期留学（海外研修旅行）を実施（3月オーストラリア）。
- 「**総合的な探究の時間**」に力を入れている。外部機関と連携し、実社会の課題に対して解決法を見出すだけでなく実際に行動に起こす活動（成瀬BB！プロジェクト）を行っている。
- 筋力トレーニングマシンを備えたトレーニングルームがある他、CALL教室には最先端の設備やソフトも充実している。
- ボランティア部を中心に、地域との連携が進んでいる。2学年による南成瀬子ども教室「たからじま」（小学生との交流）や、剣道部・柔道部等による中学生との合同練習なども実施。

[学校見学]（令和5年度実施内容）

★授業公開　5・6・10・11月各1回
★学校見学会　7・8月各2回（午前2ローテーション　計8回）
★学校説明会　10・11月各1回
★欅祭（文化部門）　9月　見学可
★個別相談会　12・1月各1回

入試！インフォメーション
※本欄の内容はすべて令和6年度入試のものです。

受検状況

科名・コース名	募集人員	推薦に基づく入試				第一次募集・分割前期募集			
		募集人員	応募人員	応募倍率	合格人員	募集人員	受検人員	受検倍率	合格人員
普通	277	56	98	1.75	56	221	237	1.07	222

入学者選抜実施方法

推薦

科名・コース名	推薦枠		調査書の活用		満点					備考
	割合(%)	特別推薦の有無	観点別学習状況の評価	評定	調査書点	集団討論・個人面接	小論文	作文	実技検査	
普通	20	–	–	○	500	200	300	–		

第一次・分割前期

科名・コース名	分割募集	男女枠緩和	学力検査		調査書		学力検査:調査書	満点					備考
			教科	学校指定による傾斜配点	教科の評定の扱い			学力検査	調査書点	面接	小論文・作文	実技検査	
					学力検査を実施する教科	学力検査を実施しない教科							
普通	–	○	5		1倍	2倍	7:3	700	300	–	–	–	

〈本校の期待する生徒の姿〉

　本校は、「知・徳・体」の調和のとれた社会のリーダー育成を目指して、きめ細かい進学指導を行なっている学校であり、入学後の明確な目的意識及び進路希望についての強い意志をもって、その実現に向けて粘り強く努力できる生徒の入学を期待します。
　その上で次の1に該当し、かつ、2又は3の項目に該当する生徒の入学を希望します。
1　学習に積極的に取り組み、教科の成績が優れている生徒
2　部活動等において、中心になって積極的に活躍し、学業との両立を実践できる生徒
3　生徒会活動、学校行事、ホームルーム活動においてリーダーとしての資質をもつとともに、学業との両立を実践できる生徒
※　特に、推薦選抜においては、上記の項目に加え、コミュニケーション能力に優れ、論理的な考察ができる生徒が望ましい。

難易度（偏差値）	C－2（57－55）	併願校選択例	八王子実践、八王子学園八王子、国本女子、工学院大附属、桜美林

次のページもご覧ください ▶▶▶

都立 野津田（のづた）高等学校

https://www.metro.ed.jp/nozuta-h/

☎ 195-0063　町田市野津田町 2001
☎ 042-734-2311
交通　小田急線鶴川駅、ＪＲ横浜線・小田急線町田駅、小田急線・京王線・多摩モノレール多摩センター駅　バス

普通科
体育科
福祉科

| 制　服 | あり |

[カリキュラム]　◇三学期制◇

わかる授業を実践するため、普通科・体育科では数学と英語で習熟度別授業を取り入れている。

★普通科

基礎・基本を重視。1・2年生では普通教科をまんべんなく学び、基礎の充実をねらいとしている。3年時には、興味・関心や進路にあわせて選べる多様な選択科目を設置している。

★体育科

体育、スポーツに興味・関心をもつ生徒や、この分野のスペシャリストを目指す生徒が対象。専攻スポーツ（入試で選択した科目）・特期集中授業の野外活動（スキーやキャンプ、ダイビングなど）などの科目を設け、多種類の体育実技の実践と指導法の習得を目指している。

★福祉科

福祉や医療・看護の分野に興味・関心をもつ生徒が対象。福祉施設、高齢者施設、障害者施設での実践的な介護実習を取り入れている。ちなみに、都立高校でこの学科を設けたのは、本校がはじめてである。また、決められた科目を全て履修することで、介護福祉士の国家試験受験資格を取得できる。

地域清掃、障害者、高齢者施設でのボランティア活動を実施。

[部活動]

・約5割が参加（体育科は100％）。
・トランポリン部があるのは都立高校では本校のみで、社会人指導者により本格的指導がなされている。世界大会出場の経験が何度もある。
・一方、文化系では手話部が、「手話コーラス」や「手話ダンス」で、様々なボランティア活動を活発に行っており、手話パフォーマンス甲子園（全国大会）にも出場した。
・最近の主な実績は以下のとおり。
＜令和4年度＞
陸上競技部が全国高校総体女子やり投げで8位入賞した。女子バスケットボール部が、東京都夏季大会でブロック優勝した。

＜令和3年度＞
陸上競技部が東京都総体予選男子やり投げで8位入賞、関東新人大会女子やり投げで優勝した。男子サッカー部が総体予選のブロック決勝に進出した。男子バスケットボール部が東京都U−18リーグ（Fグループ）で全勝した。

★設置部（※は同好会）

剣道、硬式テニス、サッカー（男）、トランポリン、バスケットボール（男女）、バレーボール（女）、陸上競技、フットサル、卓球、演劇、軽音楽、華道、茶道、手話、天文、美術、吹奏楽、マンガ・イラスト、※園芸、※英語、※歴史研究、※バドミントン、※ダンス、※野球、※ユニバーサルスポーツ

[行　事]

4月	オリエンテーション、福祉科研修旅行（福祉科）
5月	芸術鑑賞会
6月	海浜実習（体育科）
7月	施設介護実習（福祉科）
9月	野津田祭（文化部門）
10月	キャンプ実習（体育科）、野津田祭（体育部門）
1月	修学旅行（普通科）、スキー実習（体育科）
2月	マラソン大会

[進　路]（令和5年3月）

1年次から、二者面談、三者面談を実施。進路説明会も1年次より生徒向け、保護者向けの双方を行う。「進路の手引き」を作成。

2年次において3日間のインターンシップ体験を実施。

★卒業生の進路状況

＜卒業生144名＞
大学38名、短大7名、専門学校47名、就職37名、その他15名

★卒業生の主な進学先

青山学院大、桜美林大、神奈川工科大、杏林大、国士舘大、松蔭大、駿河台大、拓殖大、多摩大、田園調布学園大、東京医療保健大、日本女子体育大、東京福祉大、東洋学園大、日本体育大、日本文化大、明星大、流通経済大、和光大

♣指定校推薦枠のある大学・短大など♣

桜美林大、神奈川工科大、杏林大、国士舘大、相模女子大、玉川大、帝京大、東京家政学院大、東京女子体育大、明星大、和光大、和泉短大他

[トピックス]

・昭和49年創立。教育目標に「未見の我の発見」を掲げ、可能性に挑戦し、自己実現の喜びを体得できる人間の育成を目指している。
・生活指導面では、けじめある学校生活が送れるよう指導が行われている。
・都教育委員会より平成29年度ボランティア活動推進校・西部学校経営支援センター特別指定校（進路指導）に指定された。
・令和6年度に創立50周年を迎える。

[学校見学]（令和5年度実施内容）

★学校見学会　6・7月各1回（福祉科）　7・8月各1回（普通科・体育科）
★学校説明会　10・11・12月各1回
★文化祭　9月　見学可

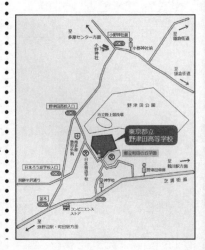

受検状況

科名・コース名	募集人員	推薦に基づく入試				第一次募集・分割前期募集			
		募集人員	応募人員	応募倍率	合格人員	募集人員	受検人員	受検倍率	合格人員
普通	119	24	20	0.83	20	99	57	0.58	57
体育	36	12	16	1.33	12	24	9	0.38	9
福祉	35	10	7	0.70	7	28	8	0.29	8

入学者選抜実施方法

推薦

科名・コース名	推薦枠		調査書の活用		満点					備考
	割合(%)	特別推薦の有無	観点別学習状況の評価	評定	調査書点	集団討論個人面接	小論文	作文	実技検査	
普通	20	-	-	○	300	300	-	50	-	
体育	30	-	-	○	300	300	-	-	500*	＊運動技能等検査
福祉	30	-	-	○	300	300	-	50	-	

第一次・分割前期

科名・コース名	分割募集	男女枠緩和	学力検査		調査書		学力検査:調査書	満点					備考
			教科	学校指定による傾斜配点	学力検査を実施する教科	学力検査を実施しない教科		学力検査	調査書点	面接	小論文・作文	実技検査	
普通	-	○	5		1倍	2倍	7:3	700	300	-	-	-	
体育	-		3		1倍	2倍	6:4	600	400	-	-	運動技能等検査500	
福祉	-		5	-	1倍	2倍	7:3	700	300	-	-	-	

〈本校の期待する生徒の姿〉

　本校は「未見の我の発見」を教育目標に掲げ、きめ細かな指導により、学校生活に前向きに取り組み、努力する生徒の可能性を引き出すことを目指しています。本校の教育内容を理解し、次の項目に該当する生徒の入学を期待します。

★普通科
1　校則をきちんと守り、本校の指導に従うことのできる生徒
2　本校を志望する意志が強く、入学後の明確な目的意識をもつ生徒
3　日々の学習に対して前向きに取り組むことが出来る生徒
4　部活動に積極的に取り組み、かつ、入学後も部活動に参加し継続的に努力する生徒
　　（リーダーとしての経験がある場合は、自己ＰＲカードに記入してください。）
※　特に推薦選抜においては、趣旨を十分に理解し、上記１から４までの項目について、高い目的意識と強い意欲をもった生徒が望ましい。

★体育科
1　「体育、スポーツ分野におけるスペシャリスト（専門家）の養成」という本学科の教育内容を十分に理解し、体育科の授業（実習・部活動）に安全に取り組める、本校入学に明確な目的意識をもつ生徒
2　本校が専攻種目として指定する次のいずれか１種目を選択し、入学後３年間継続して専攻できる生徒
　　陸上競技（男女）、男子サッカー、バスケットボール（男女）、女子バレーボール
3　体育、スポーツの分野で優れた実績をもち、入学後も継続的に努力し、その経験を将来の進路に生かすことのできる生徒
4　専門分野だけでなく、学習、学校行事等あらゆる機会を通して自らを向上させる意欲をもった生徒
　　（リーダーとしての経験がある場合は、自己ＰＲカードに記入してください。）
※　特に推薦選抜においては、趣旨を十分理解し、上記１から４までの項目について、高い目的意識と強い意欲をもった生徒が望ましい。

★福祉科
1　福祉等に興味・関心をもち、将来、対人援助に関する職に就くことを強く希望する生徒
2　ボランティア、実習や教科活動に主体的、積極的に取り組むことのできる生徒
3　自分自身の心にきちんと向き合うことができ、また他人の心を受け入れることができる生徒
4　専門分野だけでなく、学習、学校行事などあらゆる機会を通して自らを向上させる意欲をもった生徒
　　（ボランティアやリーダーとしての経験がある場合は、自己ＰＲカードに記入してください。）
※　特に推薦選抜においては、趣旨を十分に理解し、上記１から４までの項目について、高い目的意識と強い意欲をもった生徒が望ましい。

難易度（偏差値）	普通・体育・福祉　Ｅ－１　（42－38）

併願校選択例	普通：大東学園、鶴川、日本体育大荏原、八王子実践、立川女子

次のページもご覧ください ▶▶▶

普通科

都立 町田（まちだ）高等学校

https://machida-h.metro.ed.jp/

☎ 194-0021　町田市中町 4-25-3
☎ 042-722-2201
交通　ＪＲ横浜線町田駅　徒歩15分、小田急線町田駅　徒歩13分

| 制　服 | なし |

[カリキュラム] ◇三学期制◇

- 毎日の**45分7限授業**で多様な科目を十分学習できる時間を確保し、充実した進学体制を整えている。
- 国公立大学への進学に対応するべく、1・2年次は基礎学力を重視し、すべての科目を共通に履修する。
- 1年次は国・数・英に、2年次は理・社にも重点を置き、バランスのとれた学力を身につける。
- 3年次には、各自の希望進路に応じた選択ができる。選択科目の多くは少人数制授業で行われている。
- 1〜3年次の数学、2年次の英語・古典等で習熟度別授業を実施している。

[部活動]

- 約9.3割が参加し、旺盛な活動を繰りひろげている。
- ★設置部（※は同好会）
  硬式野球、陸上競技、サッカー、剣道、水泳、卓球、硬式テニス、バスケットボール、バレーボール、バドミントン、バトントワリング、山岳、ダンス、吹奏楽、管弦楽、和太鼓、美術、陶芸、生物、茶生花、演劇、※軽音楽、※パソコン

[行　事]

- 合唱祭はアカペラで全クラス対抗。1日行事で盛大に実施される。
- 文化祭は演劇の団体が多い。
- 体育祭は応援合戦やリレーが特に盛り上がる。
  - 4月　校外学習
  - 6月　合唱祭
  - 7月　歌舞伎鑑賞教室（2年）、各部活動合宿
  - 8月　夏の学校（学び方を学ぶ、1年）
  - 9月　文化祭、体育祭
  - 1月　修学旅行（2年）
  - 2月　球技大会（1・2年）
  - 3月　春の学校（2年）

[進　路]（令和5年3月）

- ほぼ全員が**四年制大学**への進学を希望している。
- 進路指導の方針は、単に有名大学合格

のみを目指すのではなく、将来の生き方を視野に入れた上で、個性に応じたきめの細かい指導を行っている。

- 1年次のはじめに**学習方法のガイダ**ンスや夏休み中の3日間の**夏の学校**（勉強の方法を学ぶ）などを通して勉強の習慣を身につける。
- 講習・補習は、学期中の平日の放課後については年間を通して、また、夏・冬・春休み期間中や土曜日に実施している。
- 土曜講習、大学進学特別講座を全学年で実施（1年は14回、2年は20回、3年は毎週）。
- 高大連携授業として、数多くの国公立大や上位校を中心とした私大から**出張講義**や学部学科の紹介をしてもらっている。

★卒業生の進路状況
＜卒業生 310名＞
大学 263名、短大 0名、専門学校 5名、就職 0名、その他 42名

★卒業生の主な合格実績
東北大、筑波大、埼玉大、山梨大、信州大、電気通信大、東京外語大、東京学芸大、東京農工大、横浜国立大、東京都立大、早稲田大、慶應義塾大、青山学院大、学習院大、上智大、中央大、東京理科大、法政大、明治大、立教大

♣指定校推薦枠のある大学・短大など♣
東京都立大、早稲田大、慶應義塾大、青山学院大、成城大、中央大、東京理科大、東京薬科大、法政大、明治大、立教大　他

[トピックス]

- 昭和4年、私立町田女学校として開校。地元では「**町高（まちこう）**」の愛称で親しまれている。
- **自主自律・文武両道・伝統と創造**をめざした教育を実施。
- 都教育委員会から**進学指導特別推進校**に指定され、進学指導に力を入れている。
- 平成20年3月に**新校舎**が完成。小舞台の付いた機能的な視聴覚室や、教室の近くには気軽に利用できる屋上広場がある。
- 平成27年4月には新棟（講義棟）

が完成し、その中にある自習室は平日だけでなく、土・日も開放している。また、有名国立大学の現役の学生による学習支援制度（サポートティーチャー）があり、自学自習の環境の充実に努めている。

- **Classi** を用いた教育クラウドの導入、**一人一台のタブレットの導入**、普通教室へプロジェクタの導入など、ICT教育に先進的に取り組んでいる。
- 毎年3月には本校独自の「**海外語学研修**」をアメリカ・サンディエゴで実施している（希望制）。
- 東京都教育委員会より「**理数研究校**」、「**英語教育推進校**」「**海外学校間交流推進校**」「**国際交流リーディング校**」に指定された。

[学校見学]（令和5年度実施内容）

- ★授業公開　6・10・11月各1回
- ★高校授業体験　7月
- ★学校見学会　7月1回、8月4回
- ★部活動見学会　8月2回
- ★学校説明会　10・11・12・1月各1回
- ★文化祭　9月　見学可

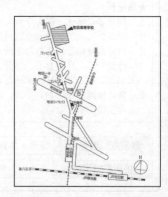

受検状況

科名・コース名	募集人員	推薦に基づく入試				第一次募集・分割前期募集			
		募集人員	応募人員	応募倍率	合格人員	募集人員	受検人員	受検倍率	合格人員
普 通	317	64	159	2.48	64	253	338	1.34	257

入学者選抜実施方法

推薦

科名・コース名	推薦枠		調査書の活用		満点					備考
	割合(%)	特別推薦の有無	観点別学習状況の評価	評定	調査書点	集団討論個人面接	小論文	作文	実技検査	
普 通	20	–	–	○	450	150	300	–	–	

第一次・分割前期

科名・コース名	分割募集	男女枠緩和	学力検査		調査書		学力検査:調査書	満点					備考
			教科	学校指定による傾斜配点	教科の評定の扱い 学力検査を実施する教科	学力検査を実施しない教科		学力検査	調査書点	面接	小論文・作文	実技検査	
普 通	–	○	5		1倍	2倍	7:3	700	300	–	–	–	

〈本校の期待する生徒の姿〉

本校の特色をよく理解し、高い学力と学習意欲のある、次のような生徒の入学を期待します。
1　校風や伝統を重んじ、自主・自立の精神を実践しようとする生徒
2　高い志を立て、その実現に向け、常に努力を重ねることができる生徒
3　文武において切磋琢磨し、自己を高め、有為なリーダーを目指す生徒
※　特に推薦選抜においては、次の項目に該当する生徒が望ましい。
(1)　コミュニケーション能力に優れ、学校内外の諸活動で、中心的な役割を担えるリーダーシップのある生徒
(2)　自然、文化や歴史に関心をもち、読書、芸術、スポーツ等に親しみ、伝統と創造を追求しようとする好奇心のある生徒
(3)　自分の可能性に挑戦しようとする冒険心や意欲に満ち、行事や部活動で、より高い目標を目指すことができる生徒
(4)　自分の興味あるテーマや疑問に思ったことを徹底的に探究することができる生徒

難易度（偏差値）	B－1 （66－64）	併願校選択例	桜美林、工学院大附属、八王子学園八王子、拓殖大第一、中央大附属

都立 町田工科 高等学校

まちだこうか

https://machidakogyo-h.metro.ed.jp/

〒194-0035　町田市忠生1-20-2
☎ 042-791-1035
交通　JR横浜線・小田急線町田駅、JR横浜線淵野辺駅・橋本駅　バス

総合情報科

制　服	あり

[カリキュラム] ◇三学期制◇

・1年次は普通科目に加え、ITに関する基本的な科目を実習中心に学習する。
・2年次からは、**4つの系列**から1つを選択、より専門的、個性的な学習を行い、将来の資格取得や卒業後の進路に備える。
・必修選択で他系列の授業も受講可能。
・専門科の学校として、**検定合格**や**資格取得**に力を入れている。2・3年次には資格取得を目指した授業もある。グラフィックデザイン検定、色彩検定、レタリング技能検定、Microsoft Office Specialist、ITパスポート試験、パソコン検定、第二種電気工事士、工事担当者DD3種、機械製図検定、基礎製図検定、ガス溶接技能講習、建築CAD検定、ICTプロフィシエンシー検定、計算技術検定などが取得可能。

<情報デザイン系列>

・ポスター、イラスト、コンピュータグラフィックス、立体造形について学習する。
・進学、出版、広告、印刷、放送業などでのディジタル制作を目指す。

<情報テクノロジー系列>

・AIやデータサイエンス、ネットワーク、セキュリティに関する最先端のITスキルを身につける。
・ハードウェア、ソフトウェア、ネットワークやセキュリティ、クライアントユーザとしてのWindowsの設定と操作、サーバ管理者としてのWindowsとLinuxの設定と操作について学習し、コンピュータを使いこなせる人材を育成する。
・進学、システムエンジニア、プログラマ、ネットワーク工事、カスタマエンジニア、コンピュータ販売など、ソフトからハードまで幅広い進路を目指す。

<電気システム系列>

・電気の基礎から電気工事まで、電気全般について学習する。
・電気工事、電力設備の保守、ビルメンテナンスなどの技術者を目指す。

<機械システム系列>

・従来のメカトロ技術系列と生産技術系列を統合し、平成17年度より新たに設置。
・いろいろな材料からものを作ることや、ものの仕組み・動かし方などを学習する。
・進学、金属製品の加工、製造機械工場の生産技能職を目指す。

[部活動]

　1年次は全員参加制。約7割が参加。平成30年度には、**マシンクラフト部**が全国大会に出場した。

★設置部

硬式テニス、バドミントン、硬式野球、卓球、バスケットボール、バレーボール、ワンダーフォーゲル、ハンドボール、サッカー、フラダンス、陸上競技、自転車、ラグビー、コンピュータ、演劇、天文、写真、茶道、美術・陶芸、ロボット、ギター、アニメーション、マシンクラフト、鉄道、吹奏楽、eスポーツ

[行　事]

・6月に体育祭が、10月に文化祭が実施され、たいへん盛り上がる。
・3年次には課題研究発表を実施。

1学期	修学旅行（3年）、遠足（1・2年）、体育祭
2学期	文化祭、芸術鑑賞教室、工場見学（2年）
3学期	マラソン大会（1・2年）、インターンシップ（2年）

[進　路]（令和5年3月）

・大学指定校推薦枠（TokyoP-TECH枠）があり、力を入れている。
・2年次にインターンシップを4日間実施（希望者）。また、事前にビジネスマナー講座を行う。
・卒業生による進学・就職体験談を聞く会、進路ガイダンス、模擬面接などを実施。
・リクルートのスタディサプリを導入。学校特別価格での利用が可能。

★卒業生の進路状況

<卒業生141名>
大学・短大29名、専門学校43名、就職60名、その他9名

★卒業生の主な進学先

神奈川大、神奈川工科大、湘南工科大、玉川大、東海大、東京工科大、東京工芸大、和光大

[トピックス]

・生徒の使用できるパソコンは300台、その他、高圧電圧実験設備や映像スタジオなど、**すばらしい施設・設備**が整っている。
・企業、上級学校と連携した、日本初のIT人材育成プログラムが始動。
・平成29年度よりIoT、AI、ビッグデータの時代に対応したITエンジニア育成を目的に「町工グローバルITエンジニア育成プログラム」を開始。
・中学生や社会人向けの**公開講座**や行事を実施している。令和4年度は、「わくわくどきどき夏休み工作スタジオ」が開講された。
・都内で唯一のCISCOネットワーキングアカデミー認定校である。
・毎年ベトナムでの海外スタディツアーを実施している。グローバルな活躍のために必要な要素を、様々な体験をとおして学ぶ。「**Global Education Network 20**」、「**海外学校間交流推進校**」に指定され、グローバルに活躍できる人材を育成。
・「Tokyo P-TECH」により、企業や専門学校と連携した新たな教育プログラムを実施している。

[学校見学]（令和5年度実施内容）

★授業体験会　9月1回
★学校説明会　10・11・12月各1回
★学校見学会　8月1回
★町工祭（文化祭）10月　見学可
★授業公開日　11月（系列ごとの課題研究発表会も実施される。詳細は本校HPにて）

受検状況

科名・コース名	募集人員	推薦に基づく入試				第一次募集・分割前期募集			
		募集人員	応募人員	応募倍率	合格人員	募集人員	受検人員	受検倍率	合格人員
総合情報	175	70	95	1.36	70	105	108	1.03	106

入学者選抜実施方法

推薦

科名・コース名	推薦枠		調査書の活用		満点					備考
	割合(%)	特別推薦の有無	観点別学習状況の評価	評定	調査書点	集団討論個人面接	小論文	作文	実技検査	
総合情報	40	○		○	500	300	–		200	

第一次・分割前期

科名・コース名	分割募集	男女枠緩和	学力検査		調査書 教科の評定の扱い		学力検査:調査書	満点					備考
			教科	学校指定による傾斜配点	学力検査を実施する教科	学力検査を実施しない教科		学力検査	調査書点	面接	小論文・作文	実技検査	
総合情報	–		5	–	1倍	2倍	7:3	700	300	–	–	–	

〈本校の期待する生徒の姿〉

町田工科高校は都内唯一の「総合情報科」の工科高校として、情報活用能力を備えた工業技術者を育成するための教育を行っています。町田工科高校は次のような生徒の入学を期待しています。
1 「総合情報科」である本校の特色を十分に理解し、本校での学習に明確な目的意識や希望をもっている生徒
2 主にコンピュータ活用に関する科学技術分野に興味・関心があり、意欲的に学習する生徒
3 工業に関する資格取得に興味・関心をもち、入学後もその取得に向けて意欲的に取り組む生徒
4 学校や社会の規則を守り、日々の学校生活で粘り強く努力を重ねる生徒
5 学校行事や部活動、生徒会活動等に積極的に取り組み、豊かな人間関係を育む生徒
6 人を思いやり、協力して物事に取り組み、社会に貢献する意識のある生徒
※ 「文化・スポーツ等特別推薦」においては、プログラミングの知識・技能にも優れ、入学後もIT 分野の学習に対して熱意と意欲のある生徒が望ましい。

難易度（偏差値）　E－1　（42－38）

総合学科

都立 町田総合 高等学校
まちだそうごう

https://www.metro.ed.jp/machidasogo-h/

〒194-0037　町田市木曽西3-5-1
☎ 042-791-7980
交通　JR横浜線・小田急線町田駅　バス
　　　JR横浜線古淵駅　徒歩25分

制　服	あり

[カリキュラム] ◇三学期制◇
・2年次の「日本文化」では、合気道や華道など7種類の講座が用意され、日本の文化・伝統にふれることができる。
・2、3年次以降は少人数の**選択授業**が大幅に増え（2年次は10時間、3年次は16時間）、必修科目以外は、多様な講座の中から自分の興味や関心に応じたものを学ぶことになる。
・選択科目には、受験向けの普通科の科目の他に「暮らし」、「ひと」、「まち」、「自然」の4つの系列科目がある。選択科目には、英語や簿記などの検定に対応した講座や、センター試験及び大学受験対策のための講座のほか、科学の不思議、フードデザイン、マーケティング、コーチング論などのユニークな講座が設置されている。

[部活動]
・約6割が参加。
・令和4年度は、**ダンス部**が日本校高ダンス部選手権で全国大会に出場した（2年連続）。**バドミントン部**はインターハイ予選（団体）で予選ブロックを1位通過（東京都ベスト12相当）した。
・令和3年度には、**バドミントン部**がインターハイ予選で男女ともに予選ブロック1位通過(都ベスト12相当)した。

★設置部（※は同好会）
バドミントン、サッカー（男）、ラクロス（女）、硬式テニス、空手、軟式野球、バスケットボール、バレーボール（女）、陸上、バトントワリング、ダンス、ソフトボール（女）、剣道、吹奏楽、光画、和太鼓、クッキング、軽音楽、イラスト、演劇、※トレーニング、※アカペラ、※創作音楽、※コンピュータ、※箏曲、※かるた、※天文、※文芸

[行　事]
・**修学旅行**は3泊4日で海外に行き、様々な体験学習や環境保護活動、イ

ンターンシップなどを行う（令和2年度より）。
・下記の他、部活動合宿、産社・探究発表会なども行われる。
5月　校外学習
6月　体育祭
7月　ビブリオバトル
9月　光輝祭（文化祭）
2月　修学旅行（2年）

[進　路] （令和5年3月）
・国公立大や私立大、公務員、就職などの多岐にわたる進路に対応する。
・1年次の「産業社会と人間」において、将来の職業選択を見据えた進路学習とキャリアガイダンスを実施。大学の心理学の先生による自分発見の授業も行われる。
・2・3年次には「探究」を設置。各自が決めた研究テーマに従い、論文作成から発表まで行う。大学のAO・推薦入試等につながる思考力や文章力、表現力などを身につけることができる。
・自習室の設置および大学生チューターによる指導。

★卒業生の進路状況
＜卒業生227名＞
大学86名、短大19名、専門学校76名、就職18名、その他28名

★卒業生の主な合格実績
亜細亜大、桜美林大、神奈川大、専修大、拓殖大、帝京大、日本大、日本体育大、明星大、和光大

♣指定校推薦枠のある大学・短大など♣
桜美林大、神奈川大、神奈川工科大、関東学院大、杏林大、工学院大、国士舘大、産業能率大、拓殖大、玉川大、帝京大、東海大、東京家政学院大、明星大、立正大　他

[トピックス]
・平成22年4月開校。町田・八王子地区で最初の総合学科高校。キャリア教育に力を入れ、**社会人基礎力**を身につけさせることに努めている。
・**スポーツ施設**がたいへん充実しており、都立高では有数の広さのグラウ

ンドに、ラクロスができる芝生コートを併設する。全天候型のテニスコート4面、都立高校最大級の体育館アリーナなどがある。さらに、PC室4部屋、調理室と被服室がそれぞれ2部室、保育・看護・介護実習室、理科系実験室などの施設も充実。250名収容の大講義室もある。
・環境教育を重視している。
・「地域探究推進校」、「海外学校間交流推進校」、「Sport-Science Promotion Club」に指定されている。

[学校見学] （令和5年度実施内容）
★学校案内会　7・8月各1回
★学校説明会　10・11・12月各1回
★個別相談会　1月1回
★光輝祭　9月　見学可（在校生の家族と中学生およびその保護者のみ）
※HPからの事前予約制

受検状況

科名・コース名	募集人員	推薦に基づく入試				第一次募集・分割前期募集			
		募集人員	応募人員	応募倍率	合格人員	募集人員	受検人員	受検倍率	合格人員
総　合	236	72	111	1.54	72	164	166	1.01	165

入学者選抜実施方法

推薦

科名・コース名	推薦枠		調査書の活用		満点					備考
	割合(%)	特別推薦の有無	観点別学習状況の評価	評定	調査書点	集団討論個人面接	小論文	作文	実技検査	
総　合	30	○	–	○	500	300*	–	200	–	*個人面接の一部で「パーソナル・プレゼンテーション」を行う。

第一次・分割前期

科名・コース名	分割募集	男女枠緩和	学力検査		調査書		学力検査	調査書	満点					備考
			教科	学校指定による傾斜配点	教科の評定の扱い				学力検査	調査書点	面接	小論文・作文	実技検査	
					学力検査を実施する教科	学力検査を実施しない教科								
総　合	–		5	–	1倍	2倍	7:3		700	300	–	–	–	

〈本校の期待する生徒の姿〉

　本校は計画的・組織的なキャリア教育の下、体験重視の学習により、生徒一人一人の確かな学力の育成と「人」としての成長を図り、自尊心を育み、社会での自己の確立を目指し自己練磨に取り組む学校です。学習活動では「調査・研究、まとめ、発表、相互評価」のプロセスを通して互いを認め合い、コミュニケーション能力とプレゼンテーション能力をつちかい、学習成果を共有し、「自ら学ぶ力」と「確かな学力」を身に付けることができる総合学科高校です。「学校創り」に強い意欲があり、以下の項目に該当する生徒を期待します。
(1) 総合学科高校の教育の特色を理解し、「自分でつくる時間割」で真面目に努力し、進路を社会での生き方と捉えて、将来の進路実現を図ろうとする生徒
(2) 向上心、自主性、積極性に富み、学習活動や部活動を通して、自らの個性・能力の伸長に強い意欲のある生徒
(3) 学習成績が優れていて、得意な、あるいは興味のある分野の探究に入学後も取り組む姿勢を強くもっている生徒
※　特に推薦選抜においては、パーソナル・プレゼンテーションの中で、高い目的意識と本校でつくりたい自分について述べることができ、本校の4系列を理解し、キャリア教育に積極的に取り組む姿勢をもつ生徒を期待します。
※　「文化・スポーツ等特別推薦」を、バドミントンについて実施します。

難易度（偏差値）	D-2 (50-47)	併願校選択例	国本女子、英理女子学院、鶴川、八王子実践、堀越

次のページもご覧ください ▶▶▶

都立 山崎 高等学校
やまさき

https://www.metro.ed.jp/yamasaki-h/

☎ 195-0074　町田市山崎町 1453-1
☎ 042-792-2891
交通　小田急線・JR横浜線町田駅、JR横浜線古淵駅　バス

普通科

制　服	あり

[カリキュラム] ◇三学期制◇

・英語（1〜3年）、数学（1・2年）では、習熟度別授業を展開。
・1年次では、芸術科目以外は全員共通履修。
・2年次は3系統の必修選択が設けられ、進路を見据えて国語・数学・芸術の科目と、地理歴史・理科の科目から各1科目を選択する。
・3年次は必修選択・自由選択科目を各週設定し、大幅な選択制を導入する。主要5教科を中心に芸術・家庭・情報など約30科目を設置する。
・英語検定・漢字検定・数学検定は希望者受検。その他の日本情報処理検定なども積極的に実施。
・授業にはICTを活用して、思考力、判断力、表現力の育成を図っている。
・アクティブラーニング型授業を積極的に導入している。

[部活動]

・約7割が参加（1年次は全員加入）。
・最近の主な実績は以下のとおり。
<令和2年度>
　アーチェリー部が全国高等学校アーチェリー選手権大会（個人戦）に出場。
<令和元年度>
　アーチェリー部が全国高等学校選抜大会に出場、関東高等学校選手権大会では男子個人で第3位。
★設置部（※は同好会）
　サッカー、陸上競技、ソフトボール、ハンドボール、バレーボール、バスケットボール、バドミントン、体操、剣道、卓球、水泳、硬式テニス、アーチェリー、硬式野球、ダンス、吹奏楽、茶道、フラワーアレンジメント、漫画研究、演劇、美術、機械研究、※ESS、※囲碁将棋

[行　事]

　体育祭は開校以来続けてきた団別の編成や、学年種目の内容を大幅に変更し、良き伝統は継承し、時代に即した内容に大きくリニューアルしていこうという取り組みが、現在体育祭実行委員会を中心に行われている。
6月　体育祭、遠足
9月　山高祭（文化祭）、芸術鑑賞教室
10月　修学旅行（2年）
12月　山崎サミット
2月　マラソン大会、修学旅行（2年）

[進　路] （令和5年3月）

　進路指導部で以下のような行事を組み、進路希望実現のためのサポート体制をとっている。
<1・2年>
　進路希望調査、学力診断テスト（1・2年）、進路説明会、個人面談、看護一日体験、進路適性検査（1年）、実力テスト、看護医療系進学ガイダンス、就職・公務員ガイダンス（2年）、看護・医療系模試（2年）、分野別説明会、卒業生懇談会
<3年>
　進路希望調査、学力診断テスト、進路分野別説明会（大学・短大・専門学校・就職・公務員）、職業適性検査（就職希望者）、三者面談、専門学校相談会、看護一日体験、オープンキャンパス・学校説明会参加、模擬面接説明会、模擬面接、大学入学共通テスト説明会、公開模擬テスト
・全学年に「進路の手引き」を用意。補習も随時行っている。
・「進路の手引き」を利用するほか、分野別の進路説明会、進路行事などを実施して、進路選択に役立てている。
・模擬面接や小論文の指導も行い、万全を期している。
・夏休み等には講習が行われる。
★卒業生の進路状況
　<卒業生187名>
　大学80名、短大13名、専門学校61名、就職13名、その他20名
★卒業生の主な進学先
　東京理科大、桜美林大、神奈川工科大、国士舘大、相模女子大、産業能率大、専修大、多摩大、帝京大、東海大、東京医療学院大、東京家政大、東京工科大、日本大、東洋大、武蔵

野大、明星大、和光大
♣指定校推薦枠のある大学・短大など♣
　桜美林大、神奈川大、工学院大、国士舘大、専修大、帝京大、東海大、東洋大、日本大、武蔵野大　他

[トピックス]

・校訓は「克己・高志・協働・敬愛」。学校行事や部活動などに熱心に取り組むと同時に、進路指導の充実も図っている。
・「地域貢献プロジェクト」をテーマとして、地域行事への参加や生徒会・部活動を中心に地域清掃を行い、地域との交流を行っている。
・平成30年1月よりグラウンドの全面改修工事が行われ緑地化が図られた。また、令和元年・3年にはトイレの全面改修工事が実施されている。
・防災活動のリーダーとして活躍できる人材の育成を目指し、合同防災キャンプ2019に参加し、令和3・5年には防災士養成講座に参加している。
・「学力向上研究校」「海外学校間交流推進校」「エンジョイスポーツプロジェクト校」
・令和4年11月「ユネスコスクール」に認定された。
・総合的な探究の時間では、「ESD×山崎町・町田市」を探究テーマに掲げ、2学年は12月「山崎サミット」（令和5年度より開催）にて討論会を開催する。
・令和6年度より特進クラス開設予定。

[学校見学] （令和5年度実施内容）

★授業公開　6月12日〜15日、10月30日〜11月2日
★学校説明会　10・12・1月各1回　11月2回
★山高祭　9月　一般公開
★学校見学は随時可（要連絡）

受検状況

科名・コース名	募集人員	推薦に基づく入試				第一次募集・分割前期募集				分割後期募集・第二次募集		
		募集人員	応募人員	応募倍率	合格人員	募集人員	受検人員	受検倍率	合格人員	募集人員	受検人員	合格人員
普通	178	40	65	1.63	40	138	150	1.09	138	21	27	22

入学者選抜実施方法

推薦

科名・コース名	推薦枠		調査書の活用		満点					備考
	割合(%)	特別推薦の有無	観点別学習状況の評価	評定	調査書点	集団討論・個人面接	小論文	作文	実技検査	
普通	20	–	–	○	500	300	–	200	–	

	科名・コース名	分割募集	男女枠緩和	学力検査		調査書		学力検査：調査書	満点					備考
				教科	学校指定による傾斜配点	教科の評定の扱い 学力検査を実施する教科	学力検査を実施しない教科		学力検査	調査書点	面接	小論文・作文	実技検査	
第一次・分割前期	普通	○	○	5		1倍	2倍	7：3	700	300	–	–	–	
分割後期・第二次	普通	○		3		1倍	2倍	6：4	600	400	集団300	–	–	

〈本校の期待する生徒の姿〉

本校の校訓である克己（自己のもつ弱さを克服する力）・高志（自分を高めようとする意志）・敬愛（お互いを大事にするやさしさ）・協働（協力し合い助け合う姿勢）の実現に向けて「学習・行事・部活動すべての体験から進路実現へ」をスローガンとして、高め合う集団づくりを通し、自ら学び考える力を育み、希望する進路の実現を目指します。本校では、次のような生徒の入学を期待します。
1 自ら積極的に学習に取り組み、進路実現を果たそうとする高い意欲をもった生徒
2 部活動や生徒会活動等でよく努力し、入学後も積極的に活動を継続できる生徒
3 学校行事、地域でのボランティア活動などに積極的に参加し、入学後も意欲的に取り組む生徒
4 学校や社会のルールやマナーを守り、高校生としてふさわしい行動が取れる生徒
5 総合的な探究の時間や選択科目で自らのテーマを見付け、積極的に取り組む生徒
※ 特に推薦選抜においては、上記の項目に加え、コミュニケーション能力に優れ、物事をしっかり考え、判断し、表現できる生徒が望ましい。

難易度（偏差値）	D-3（46-43）	併願校選択例	光明学園相模原、大東学園、鶴川、八王子実践、立川女子

東京都
公　立
高校

学校ガイド

＜全日制　旧第8学区＞

　学校を紹介したページの探し方については、2ページ
「この本の使い方＜知りたい学校の探し方＞」を参照して
ください。

都立 昭和（しょうわ）高等学校

https://www.metro.ed.jp/showa-h/

〒196-0033 昭島市東町2-3-21
☎ 042-541-0222
交通　ＪＲ青梅線西立川駅　徒歩9分
　　　ＪＲ青梅線東中神駅　徒歩4分

普通科

| 制　服 | 標準服あり |

[カリキュラム] ◇三学期制◇

・1年次は、「芸術」を除いて全員が共通の科目を学習する。
・2年次から、進路に応じた選択制の授業が5単位分始まる。文系・理系等の中から選択。
・3年次では、さらに細分化した選択講座が用意されている。進路希望に応じた必修選択、自由選択の授業により、進路実現を目指す。
・数学、英語では、**習熟度別授業**を実施する。
・年間17回の**土曜授業**を実施。放課後には講習や校内予備校（1・2年30回、3年60回）を実施。

[部活動]

・兼部を含め約100%が参加。**ダンス部、ソフトテニス部、陸上競技部、山岳部**が高い実績を残している。**硬式野球部**も都立の強豪として知られている。
・最近の主な実績は以下のとおり。
＜令和5年度＞
　ダンス部が、USA JAPANチアリーディング新人大会第1位。**ソフトテニス部**が、個人関東大会に出場。**山岳部**が関東大会に出場。
＜令和4年度＞
　陸上競技部と**山岳部**は関東大会に進出した。
＜令和3年度＞
　演劇部が、東京都高等学校演劇コンクール多摩南地区大会で奨励賞を受賞した。
★設置部
　バレーボール、バドミントン、ソフトテニス、硬式テニス、バスケットボール、サッカー、ダンス、ストリートダンス、陸上競技、硬式野球、水泳、弓道、剣道、山岳、卓球、演劇、合唱、吹奏楽、美術、漫画、写真、文芸、華道、茶道、軽音楽、放送、少林寺拳法

[行　事]

・**白馬移動教室**では、長野県白馬村にクラスごとに泊まり、クラス討論、キャンプファイヤー、ロゲイニング、登山などを行い、親睦を深める。
・文化祭と体育祭は2つまとめて「**昭高祭**」といい、生徒が自主的に運営している。

5月	白馬移動教室（1年）、芸術鑑賞教室（3年）
6月	校外学習（1・2年）、球技大会（3年）
7月	部活動合宿（～8月）
9月	地域防災、昭高祭（文化祭・体育祭）
11月	修学旅行（2年）
2月	合唱祭（1・2年）
3月	球技大会（1・2年）

[進　路]（令和5年3月）

・放課後や長期休業中には**講習**や**補習**を実施。
・定期的に**進路だより**を発行。
・**自習室**を設置。自習支援員が質問に答える等対応している。
・国公立大学45名、GMARCH223名合格。
・校内予備校として、英・数（1～3年）と倫理（3年）を予備校講師が指導。

＜3年次の進路関係の主な行事＞

4月	進路ガイダンス
8月	地方国公立大学説明会
9月	共通テスト出願ガイダンス、指定校公募説明会
12月	受験校指導講演会
年間	共通テスト模試3回、記述模試3回

★卒業生の進路状況
　＜卒業生313名＞
　大学283名、短大1名、専門学校5名、就職0名、その他24名

★卒業生の主な合格実績
　東京工業大、信州大、埼玉大、東京外国語大、東京農工大、東京学芸大、山梨大、東京都立大、早稲田大、慶應義塾大、上智大、東京理科大、青山学院大、学習院大、國學院大、成蹊大、成城大、中央大、東京都市大、東京農業大、東京女子大、日本女子大、法政大、武蔵大、武蔵野美術大、明治大、明治学院大、立教大

♣指定校推薦枠のある大学・短大など♣

青山学院大、学習院大、成蹊大、専修大、中央大、東京理科大、東洋大、日本大、法政大、武蔵大、明治大、立教大　他

[トピックス]

・昭和24年1月、昭和町立の定時制普通科高校として開校。平成30年11月に**創立70周年記念式典**を挙行。令和4年4月には72期生を迎えた。
・モットーは「**自治・自律**」。「**二兎を追い、二兎を得る**」をキャッチフレーズに、**文武両道**を目指す。
・教室・体育館は冷暖房が完備されている。
・平成26年度から「**アドバンス校**」、令和5年度からは「**進学指導推進校**」の指定を受け、国公立大学、難関私大への進学実績の向上を目指している。また、平成28年度から「**英語教育推進校**」、令和4年度から「**英語教育研究指定校**」「**海外学校間交流推進校**」の指定を受け、より高い進路実現のため、学習・進路指導に力を入れて取り組んでいる。
・令和4年度から「**海外学校間交流推進校**」の指定を受け、オーストラリアへの海外語学研修旅行（希望者対象）を開始する。
・平成26年8月に**新校舎**が完成。27年3月に体育館、弓道場、12月にグラウンドが完成。新校舎では、図書室、視聴覚ホール、自習室、ＣＡＬＬ教室からなるラーニングセンターを要に、生徒たちが充実した高校生活を送っている。
・令和4年から標準服が新しくなった。

[学校見学]（令和5年度実施内容）

★授業公開　5・9・10・11月
★学校説明会　10・11月
★学校見学会　夏季休業中5回
★文化祭　9月
※授業公開、学校説明会、学校見学会は本校Webサイトから電子申請にてお申込み下さい。

※本欄の内容はすべて令和6年度入試のものです。

受検状況

科名・コース名	募集人員	推薦に基づく入試				第一次募集・分割前期募集			
		募集人員	応募人員	応募倍率	合格人員	募集人員	受検人員	受検倍率	合格人員
普 通	316	64	214	3.34	64	252	359	1.42	255

入学者選抜実施方法

推薦

科名・コース名	推薦枠		調査書の活用		満点					備考
	割合(%)	特別推薦の有無	観点別学習状況の評価	評定	調査書点	集団討論個人面接	小論文	作文	実技検査	
普 通	20	–	–	○	500	200	300	–	–	

第一次・分割前期

科名・コース名	分割募集	男女枠緩和	学力検査		調査書		学力検査 : 調査書	満点					備考
			教科	学校指定による傾斜配点	教科の評定の扱い 学力検査を実施する教科	学力検査を実施しない教科		学力検査	調査書点	面接	小論文・作文	実技検査	
普 通	–	○	5		1倍	2倍	7 : 3	700	300	–	–	–	

〈本校の期待する生徒の姿〉

　本校は生徒の高い進学希望の実現に向けてキャリア教育を重視した進路指導を行っています。「自治・自律」の精神を重んじる校風の下、人間として調和の取れた生徒の育成を目指しています。

　中学校では、学業成績が優秀であり、入学後も心身ともに健康的な生活を送り、次の1から5までに該当する生徒を望みます。

1　将来の進路に対して明確な目的意識をもち、その実現に向けて意欲的にチャレンジすることができる生徒
2　各教科や総合的な探究の時間等において自ら課題意識をもって取り組み、優秀な学業成績を収めることができる生徒
3　生徒会活動やホームルーム活動、学校行事に積極的に取り組むことができる生徒。また、そのためにリーダーシップを発揮することができる生徒
4　部活動に積極的に参加し、心身を磨き協調性や忍耐力を育み、目標に向けて努力する姿勢を貫くことができる生徒
5　向上心をもち、家庭学習を継続的に行うことができる生徒

難易度（偏差値）	B-2（60-58）	併願校選択例	錦城、拓殖大第一、工学院大附属、昭和第一学園、杉並学院

次のページもご覧ください ▶▶▶

都立 拝島 高等学校
はいじま

普通科

https://www.metro.ed.jp/haijima-h/

☎ 196-0002　昭島市拝島町 4-13-1
☎ 042-543-1772
交通　ＪＲ青梅線昭島駅　徒歩 23 分
　　　ＪＲ線拝島駅・立川駅　バス

制　服　あり

[カリキュラム] ◇三学期制◇
・1 年次は、国語、数学、英語、家庭、2 年次は数学・英語で習熟度別、または少人数授業を展開。2 年次までは、芸術以外全員共通科目を履修し、基礎学力とあわせて幅広い教養を身につける。3 年次は、進路希望によって自由選択科目の中から選択する。
・令和 4 年度入学生からカリキュラムを変更。すべての生徒が 2 年次までに化学基礎、物理基礎、生物基礎の理科 3 科目を履修する。2 年次に数学 B、3 年次に数学Ⅲ、数学 C も選択できるようになる。理数系科目が更に充実することで理系進学希望者にも対応。1 年を対象とした中学校の国語、数学、英語の学び直し講座「基礎ゼミ」や全ての学年を対象とした発展講座「発展ゼミ」(国語、数学、英語、看護、公務員など)を放課後に実施。

[部活動]
・約 7 割が参加。(1 年次は全員参加を推奨)
・「一部一貢献」をかかげ、毎年すべての部活動が地域での貢献活動を行っている。
・令和 4 年度は女子硬式テニス部が東京都大会女子ダブルス部門でベスト 16。
・令和 3 年度は卓球部が東京都国公立卓球大会学校対抗でベスト 8、男子硬式テニス部は東京都大会でベスト 32。
★設置部
　硬式野球、サッカー、バスケットボール、バレーボール、卓球、陸上、硬式テニス、ハンドボール、バドミントン、剣道、水泳、吹奏楽、美術、漫画、写真、ホームメイキング、茶道、箏曲、軽音楽、演劇、生物

[行　事]
・修学旅行は北海道(令和 5 年度)。
・体育祭、文化祭、クロスカントリー大会が 3 大行事。
・文化祭は一般公開となり、来校者は近年 2,400 名を超える。20 年間続く巨大貼り絵は、新聞やテレビなど多

数のメディアでも紹介されている。

4 月	芸術鑑賞教室
5 月	遠足(1・2 年)
6 月	体育祭
9 月	清流祭(文化祭)
11 月	修学旅行(3 年)
2 月	クロスカントリー大会

[進　路] (令和 5 年 3 月)
・進路に関する講演会、説明会、適性検査、面談、模擬面接の他、体験的な進路行事を豊富に取り入れ、実践的進路指導に取り組んでいる。令和 3 年度卒業生の進路決定率は 98% を誇る。
・基礎・基本を定着させる「基礎ゼミ」と様々な進路別の「発展ゼミ」という特別ゼミを開いている。

<進路関係の主な行事>
○職業ガイダンス
○職業体験教室
○レディネステスト
○基礎学力テスト
○上級学校見学
○大学・短大入試対策指導
○専門学校指導
○推薦入試向け小論文・面接対策指導
○就職実践指導
○職業適性検査
○内定後就職準備指導

★卒業生の進路状況
　<卒業生 218 名>
　大学 44 名、短大 11 名、専門学校 108 名、就職 44 名、その他 11 名

★卒業生の主な進学先
　拓殖大、明星大、駿河台大、嘉悦大、帝京大、多摩大、帝京科学大、桜美林大、亜細亜大、杏林大、尚美学園大、日本大、流通経済大

♣指定校推薦枠のある大学・短大など♣
　明星大、桜美林大、嘉悦大、杏林大、駒沢女子大、十文字学園女子大、松陰大、駿河台大、高千穂大、拓殖大、多摩大、帝京科学大、帝京大、東京工芸大、東京女子体育大、東洋学園大、日本文化大、武蔵野学院大、和光大、大月短期大、実践女子短期大、白梅学園短期大、東京立正短期大　他

[トピックス]
・昭和 52 年開校。近くを多摩川の清流が流れ、豊かな緑と清澄な空気に包まれたなかに、「広々としたキャンパス」が建つ。
・拝島高校第 40 期生となる平成 29 年度入学生から制服を一新。
・令和 4 年度入学者選抜から「本校の期待する生徒の姿」に学習習慣を身に付け、文系・理系を問わず更なる学力の向上を目指すことなどを新たに加えた。
・「進路指導重点主義」を掲げ、進学から就職まで幅広く生徒のニーズに応じた進路決定をサポートする体制がある。卒業時の進路決定率 100% を目指して指導を行っている。
・漢検、英検、数検等の検定受検・資格取得を強く推奨。
・伝統の「巨大貼り絵」は、23 年以上続く。生徒会活動では、被災地の復興・創生に取り組む。
・全館冷暖房完備。武道場屋上にプール。各種トレーニングマシン等を揃えたトレーニングルームがある。
・令和 4 年度から自習室が新設された。

[学校見学] (令和 5 年度実施内容)
★授業公開　6・10・11 月
★夏休み学校見学会　7 月　計 3 回　(要予約)
★学校説明会　10・11・12 月各 1 回
★清流祭　9 月　見学可

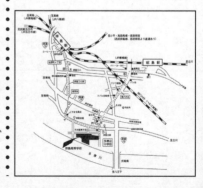

※本欄の内容はすべて令和6年度入試のものです。

受検状況

科名・コース名	募集人員	推薦に基づく入試				第一次募集・分割前期募集			
		募集人員	応募人員	応募倍率	合格人員	募集人員	受検人員	受検倍率	合格人員
普通	277	56	118	2.11	56	221	254	1.15	222

入学者選抜実施方法

推薦

科名・コース名	推薦枠		調査書の活用		満点					備考
	割合(%)	特別推薦の有無	観点別学習状況の評価	評定	調査書点	集団討論個人面接	小論文	作文	実技検査	
普通	20	–	–	○	400	200	–	200	–	

第一次・分割前期

科名・コース名	分割募集	男女枠緩和	学力検査		調査書		学力検査:調査書	満点						備考
			教科	学校指定による傾斜配点	教科の評定の扱い			学力検査	調査書点	面接	小論文・作文	実技検査	
					学力検査を実施する教科	学力検査を実施しない教科							
普通	–	○	5		1倍	2倍	7:3	700	300	–	–	–	

〈本校の期待する生徒の姿〉

　本校は、生徒一人一人が学校に誇りを抱き、今日の成長を実感し、明日もまた登校したいと心待ちにする学校を目指しています。「進路指導重点主義」により高い進路目標にチャレンジする生徒を育成し、「温かく厳しい指導」により社会人基礎力を確立し学校及び社会のルールやマナー等を自発的に守れる生徒を育成していきます。このことを理解し、次の項目に該当する生徒の入学を期待します。
1　学習習慣を身に付け、文系・理系を問わず更なる学力の向上を目指すことができる生徒
2　高校3年間で自己の能力を高め、一歩上を目指す進路実現にチャレンジすることができる生徒
3　中学校3年間を通じて、基本的な生活習慣を身に付けている生徒
4　物事の良し悪しを正しく見極め、学校及び社会のルールやマナーを守ることができる生徒
5　生活の中心を学校に置き、学校行事、生徒会活動、部活動に積極的に取り組むことができる生徒
※　特に推薦選抜においては、上記1から5までの全てに該当する生徒が望ましい。

難易度（偏差値）	E-1 (42-38)	併願校選択例	文華女子、昭和第一学園、立川女子、八王子実践、藤村女子

次のページもご覧ください ▶▶▶

都立 秋留台 高等学校
あきるだい

https://www.metro.ed.jp/akirudai-h/

〒197-0812 あきる野市平沢 153-4
☎ 042-559-6821
交通 JR五日市線東秋留駅 徒歩20分

普通科

エンカレッジスクール

| 制 服 | あり |

[カリキュラム] ◇三学期制◇

- 1学級35名の**少人数クラス編成**を実施。
- 全学年で3年間を通し、朝の**30分授業**（科目名「ベーシックⅡ」「セルフマネジメント」）を実施。
- 成績の評価は日常の取り組み状況や積み重ねを重視し総合的に行う。
- 自由選択科目は3年次にあり。
- 1年次は、1クラスにつき3名の教員と2～3名の支援員の複数配置で指導する「ベーシックⅠ」という授業で基礎学力を養成。PC基礎・AI教材利用も行う。
- 「**キャリアガイダンス**」「**総合的な探究の時間**」といった体験重視の科目において、自分の将来について考える力を身に付ける。
- 2年次からは、多彩な必修選択科目を興味・関心や進路に応じて選択してゆく。
- インターンシップ実施。
- 2～3年次の共通科目では、進学希望の生徒にも対応。
- 体育や1年次の国語・英語・家庭では**少人数制授業**、1・2年次の英語、1・2年次の数学では**習熟度別授業**を取り入れ、きめ細かい指導を行っている。
- 2～3年次に**漢字検定**、**英語検定**等の合格を目指す科目あり。
- 漢字検定は毎回全校生徒が受検。

[部活動]

- 1年次は全員加入。
- 運動部では、**バスケットボール部**、**剣道部**、**バドミントン部**、**サッカー部**、**ソフトボール部**などが伝統的に健闘している。また近年、**硬式テニス部**、**弓道部**、**卓球部**も活躍している。
- 文化部では、**吹奏楽部**、**コーラス部**、**和太鼓部**、**茶華道部**などが、コンクールや地域のイベントに積極的に参加し活躍している。
- 令和4年度は**弓道部**が東京都個人大会の決勝に進出した。**茶華道部**が関東大会に出場した。

★設置部

バスケットボール（男女）、バレーボール（男女）、バドミントン、硬式テニス、剣道、サッカー、ソフトボール（女）、硬式野球、卓球、陸上競技、弓道、水泳、茶華道、演劇、コーラス、吹奏楽、マンガ・アニメ、家庭科、美術、自然科学、写真、和太鼓、放送、ハンドボール

[行 事]

4月	進路ガイダンス
5月	体育大会、修学旅行（3年）
7月	インターンシップ（2年）、部活動合宿
9月	オリオン祭（文化祭）
11月	合唱コンクール
1月	遠足（2年）
2月	マラソン大会（1・2年）
3月	文化の祭典

※コロナウイルス感染症拡大防止のため、通常と日程変更あり

[進 路]（令和5年3月）

- インターンシップは2年生全員が対象。
- 夏期には**集中講座**を実施。

★卒業生の進路状況
　＜卒業生207名＞
　大学26名、短大9名、専門学校71名、就職73名、その他28名

★卒業生の主な進学先
　麻布大、嘉悦大、北里大、杏林大、国士舘大、埼玉学園大、駿河台大、拓殖大、多摩大、東京国際大、日本文化大、明星大、和光大

♣指定校推薦枠のある大学・短大など♣
　江戸川大、嘉悦大、杏林大、駒沢女子大、埼玉学園大、十文字学園女子大、淑徳大、城西大、城西国際大、尚美学園大、駿河台大、聖学院大、西武文理大、多摩大、帝京科学大、東京家政学院大、東京工芸大、東京純心大、東京福祉大、東京富士大、東洋学園大、日本経済大、日本文化大、日本薬科大、武蔵野学院大、ものつくり大、横浜薬科大、和光大、秋草学園短大、川口短大、国際短大、埼玉女子短大、城西短大、帝京大短大、

戸板女子短大、武蔵野短大　他

[トピックス]

- 平成15年度より、**エンカレッジスクール**として新たにスタート。
- 中学まで能力を出しきれずにいた生徒が「**学び直し**」のできる学校として、「**自分づくり**」に真剣に取り組む生徒を応援（エンカレッジ）している。
- 1・2学年は1クラスを**2人で担任**。きめ細かい指導を実施している。
- **インターンシップ**や多岐にわたる進路実現に力を入れている。
- 身だしなみなど、生活指導はきめ細かく行い、社会人としてのマナー定着を図る。
- 休むことなく、しっかりと朝から登校し、地道につみ重ね、努力できる生徒を募集している。
- 「**東京DX研究指定校**」「**特別支援教育研究指定校**」「**キャリアアップ推進校**」
- AL、DX研究校として、視覚的に理解しやすくするなど、授業のユニバーサルデザインに全校で取り組んでいる。3年間で継続的な進路選択指導・主権者教育など、近隣地域への行事参加・手伝いなど社会貢献にも取り組んでいる。

[学校見学]（令和5年度実施内容）

★授業公開　6・10・12月各1回
★学校説明会　10・12・1月各1回
★体験授業　8月2回
★学校見学会　7・8月各1回
★オリオン祭　9月　一部見学可

受検状況

科名・コース名	募集人員	推薦に基づく入試				第一次募集・分割前期募集				分割後期募集・第二次募集		
		募集人員	応募人員	応募倍率	合格人員	募集人員	受検人員	受検倍率	合格人員	募集人員	受検人員	合格人員
普通	208	72	193	2.68	72	136	182	1.34	136	30	40	32

入学者選抜実施方法

推薦

科名・コース名	推薦枠		調査書の活用		満点					備考
	割合(%)	特別推薦の有無	観点別学習状況の評価	評定	調査書点	集団討論・個人面接	小論文	作文	実技検査	
普通	30	－	○	－	300	600*	200	－	－	＊個人面接のみ行う。面接の一部で「自己ＰＲスピーチ」を行う。

観点別学習状況の評価の活用方法

科名・コース名	教科名 観点	国語			社会			数学			理科			音楽			美術			保健体育			技術・家庭			外国語(英語)			観点別学習状況の評価の得点の満点	重視している教科や観点
		Ⅰ	Ⅱ	Ⅲ	Ⅰ	Ⅱ	Ⅲ	Ⅰ	Ⅱ	Ⅲ	Ⅰ	Ⅱ	Ⅲ	Ⅰ	Ⅱ	Ⅲ	Ⅰ	Ⅱ	Ⅲ	Ⅰ	Ⅱ	Ⅲ	Ⅰ	Ⅱ	Ⅲ	Ⅰ	Ⅱ	Ⅲ		
普通	A	5	5	10	5	5	10	5	5	10	5	5	10	5	5	10	5	5	10	5	5	10	5	5	10	5	5	10	180	観点Ⅲ(全教科)
	B	3	3	5	3	3	5	3	3	5	3	3	5	3	3	5	3	3	5	3	3	5	3	3	5	3	3	5		
	C	1	1	1	1	1	1	1	1	1	1	1	1	1	1	1	1	1	1	1	1	1	1	1	1	1	1	1		

	科名・コース名	分割募集	男女枠緩和	学力検査		調査書		学力検査	調査書	満点					備考
				教科	学校指定による傾斜配点	教科の評定の扱い 学力検査を実施する教科	学力検査を実施しない教科			学力検査	調査書点	面接	小論文・作文	実技検査	
第一次・分割前期	普通	○		実施しない		＊1	－	－	＊1 400		個人＊2 500	小論文 300	－	
分割後期・第二次	普通	○		実施しない		＊1	－	－	＊1 400		個人＊2 500	小論文 300	－	

＊1 調査書点は、観点別学習状況の評価を用いて得点化する。
＊2 面接の一部で２分程度の「自己ＰＲスピーチ」を行う。

〈本校の期待する生徒の姿〉

　本校は、これまでの学校生活で十分に力が発揮できなかった生徒や改めて学び直したいと考えている生徒を励まし、自信を与え、潜在的能力を伸ばすことを応援するエンカレッジスクールです。本校は、生徒に社会でよりよく生きる力を身に付け、生徒の進路希望を確実に実現させることを重点目標とし、計画的で手厚い進路指導とともに、基礎的・基本的な内容の定着を徹底し、体験や活動を重視した学習指導や服装・頭髪等身だしなみを整えることも含めた基本的な生活習慣の確立を目指した粘り強い生活指導を実践しています。

　本校への入学を希望する皆さんには、次のことを期待します。
1　本校の教育をよく理解し、本校で新たな一歩を踏み出し、自分の可能性を引き出し、伸ばしたいという意欲をもっている生徒
2　規則正しく、時間を守り、授業をはじめとする様々な活動に対して、地道にこつこつと努力を重ねることができる生徒
3　人の話を落ち着いてよく聞き、ルールをしっかり守り、集団や社会の一員としての自覚ある行動ができる生徒
4　中学校で部活動や生徒会・委員会活動を熱心に行い、高校でも同じように取り組むことができる生徒
※　特に推薦選抜では、上記4に該当し、本校入学後も意欲的に部活動、生徒会・委員会活動に取り組む生徒を、強く期待します。

併願校選択例	自由ヶ丘学園、日本体育大桜華、東野、文華女子、堀越

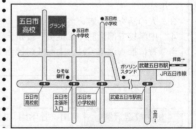

次のページもご覧ください ▶▶▶

都立 五日市（いつかいち）高等学校

https://itsukaichi-h.metro.ed.jp/zen/index.html

〒190-0164　あきる野市五日市894
☎ 042-596-0176
交通　ＪＲ五日市線武蔵五日市駅　徒歩15分またはバス

普通科

制　服　あり

[カリキュラム] ◇三学期制◇

1学年4クラスの小規模校であることを生かし、一人ひとりに応じたきめ細かな指導を行っている。基礎学力を身に付けながら、本校でしか体験できない学習を実施している。また、地域と連携した探究活動を推進し、特色のあるカリキュラムを実施している。

2年生から**マネジメント・アウトドア・アドバンス**の3コースに分かれて、生徒の興味関心や進路希望に応じた教育を行う。

<アドバンスコース>

基礎・基本の定着に重点を置きつつ、進学を視野に入れた生徒の進路希望に応える授業を行う。四年制大学、専門学校就職など、生徒の希望に沿った幅広進路に対応している。

<アウトドアコース>

豊かな自然環境を活用し、アウトドア関連の知識技能を身に付け、競技者や指導者等を目指す。東京女子体育大学、東京裏山ワンダーランド、株式会社サントラスト（クライミング・フロント、カランド）一般財団法人日本山岳スポーツ協会、株式会社東京京チェンソーズ、アースガーデン等の専門家との連携により、ボルダリング、トレイルラン、野外活動等の知識技能を習得する。

<マネジメントコース>

地域に新しい価値を創造できる活動を行う。地域の特徴等を生かしたアイデアを出し合い、商品化・販売の流れを学び、実際に地域企業が主催する定期市での販売を行う。

東京経済大学や嘉悦大学、秋同組合等との連携授業でマーケティングを学び商品開発や地域での販売実践。簿記や、Word/Excel/PowerPoint技能を習得し、情報理等の資格取得。

[部活動]

約5割が参加。ESS国際交流部が令和5年8月に全国国際教育研究大会で日本国際協力センター賞受賞。

令和6年度入試では、**サッカー、ESS国際交流**において、文化・スポーツ推薦を実施するなど、特に力を入れている。

★設置部（※は同好会）

ウエイトリフティング、女子バスケットボール、サッカー、野球、テニス、剣道、女子バレーボール、バドミントン、水泳、ダンス、ボルダリング、軽音楽、イラスト、華道、茶道、家庭科、科学、吹奏楽、陶芸、演劇、ESS国際交流、※男子バレーボール

[行　事]

・合唱祭は、事前にプロを招き、合唱鑑賞会を行うとともに、合唱指導を受けた上で実施。

4月	修学旅行（3年）
6月	体力テスト
9月	五高祭（文化祭）
10月	体育祭遠足
11月	マラソン大会、五高フェス
12月	合唱祭
2月	研究成果発表会

[進　路]（令和5年3月）

・進学就職共に面談を実施し、個に応じたきめ細かい進路指導を実施。

・小論文や面接等の丁寧な指導、**外部講師による講習会**等を計画的に実施。進路希望実現率100%を目指す。

・就職では高い内定率を維持。

・地域の行事「ヨルイチ」（8月）において、各店舗でインターンシップを行ったり、出店したりしている。

★卒業生の進路状況

<卒業生105名>
大学13名、短大3名、専門学校46名、就職31名、その他12名

★卒業生の主な進学先

和光大、駿河台大、嘉悦大、西武文理大、高千穂大、東洋学園大、日本社会事業大、秋草学園短大、国際理容美容専門学校、日本工学院専門学校

♣指定校推薦枠のある大学・短大など♣

帝京大、明星大、高千穂大、和光大、駿河台大、多摩大、嘉悦大、東京工芸大　他

[トピックス]

・「五日市メソッド」

あきる野市日の出町檜原村の自治体、近隣の大学や企業等と連携し、生徒が地域の課題や魅力発信などの地域に密着したテーマを設定し、見たり、聞いたり、調べたり、地域方々と関わりながら、課題解決に向けて経験的に学ぶ。豊富な地域資源を活用し、地域に根差した探究活動を実施。

・「きめ細かい指導」

1学年4クラスの小規模校ならではの落ち着いた環境を生かした指導。国語・数学・英語は少人数で授業を受けるなど、手厚いサポートにより、基礎学力を定着。生活面、学習面では、コミュニケーション力とIT活用能力を育成

・「学び直し」（校内寺子屋）

中学校段階までの内容を総復習する時間を設定し、学習の定着状況に応じた学びを実施。

・「都立学校唯一のボルダリング施設」

授業やアウトドアコース、部活動等で活用するとともに、地域と連携した交流会を実施（11月）。

[学校見学]（令和5年度実施内容）

★サマーセミナー in五高　7月1回
★夏の学校見学会　8月2回
★学校説明会　10月1回、11月2回、12月1回
★学校見学は可　指定日時(要連絡)

受検状況

科名・コース名	募集人員	推薦に基づく入試				第一次募集・分割前期募集			
		募集人員	応募人員	応募倍率	合格人員	募集人員	受検人員	受検倍率	合格人員
普通〈ことばと情報〉	159	32	23	0.72	23	136	48	0.35	48

入学者選抜実施方法

推薦

科名・コース名	推薦枠		調査書の活用		満点						備考
	割合(%)	特別推薦の有無	観点別学習状況の評価	評定	調査書点	集団討論・個人面接	小論文	作文	実技検査		
普通〈ことばと情報〉	20	○	‒	○	500	300	‒	200	‒		

第一次・分割前期

科名・コース名	分割募集	男女枠緩和	学力検査		調査書		学力検査:調査書	満点					備考
			教科	学校指定による傾斜配点	教科の評定の扱い			学力検査	調査書点	面接	小論文・作文	実技検査	
					学力検査を実施する教科	学力検査を実施しない教科							
普通〈ことばと情報〉	‒	○	5	‒	1倍	2倍	7:3	700	300	‒	‒	‒	

〈本校の期待する生徒の姿〉

　本校は、1学年4クラス規模の落ち着いた普通科の高校です。小規模校である特色を生かして、学習面や生活面で生徒一人一人に丁寧に対応しています。基礎・基本からじっくりと学び、3年間で様々な能力を身に付けることができます。将来、広い視野をもちながら新しい社会に対応し、地域貢献できる能力の育成を重視しています。本校の期待する生徒は、以下のいずれかに該当する生徒です。

1　五日市周辺の文化や産業等について知り、地域の方々と積極的に関わり、地域の特色を生かした取り組みを行う意欲がある生徒
2　将来、地域で起業したり、スポーツやアウトドアの分野で活躍したりするなど、地域の活性化に向けて努力しようとする生徒
3　基礎・基本を重視した学習に前向きに取り組むとともに、向上心をもって何事にも主体的に取り組もうとする生徒
4　中学校時代に、日頃の学習、部活動や生徒会活動、総合的な学習の時間等にまじめにこつこつ努力するとともに、積極的に取り組んだ生徒
※　特に、推薦選抜においては、本校の教育活動を理解し、入学後リーダーシップを発揮する生徒が望ましい。
※　「文化・スポーツ等特別推薦」では、入学後3年間、学習と当該の部活動の両立を目指す意欲あふれる生徒が望ましい。

難易度（偏差値）	E‒1（42‒38）	併願校選択例	昭和第一学園、大東学園、鶴川、日本体育大桜華、東野

次のページもご覧ください ▶▶▶

総合学科

都立 青梅総合 高等学校
（おうめそうごう）

https://www.metro.ed.jp/omesogo-h/

☏ 198-0041　青梅市勝沼 1-60-1
☎ 0428-22-7604
交通　ＪＲ青梅線東青梅駅　徒歩３分

単位制

制服　あり

[カリキュラム] ◇三学期制◇

・1年次は基礎学力を重視し、「国語」「数学」「英語」などの必履修科目を中心に学習。「産業社会と人間」の授業では、生徒一人ひとりの興味・関心・適性・進路に応じ、2年次以降の系列や選択科目の選び方、大学や将来の職業などについて指導する。
・2〜3年次には以下の5つの系列の中から、生徒それぞれの作成した独自の時間割を作成。2〜3年で選択枠は34コマ。

★文科・理科系列
幅広い普通科目の学習を通して、大学進学などの希望する進路を実現し、未来社会を創造できる能力・態度を育てる。

★国際・文化系列
語学や芸術、日本の伝統文化の学習を通して、国際社会で活躍ができる能力・態度を育てる。

★生命・環境系列
バイオテクノロジー、生物生産、環境などの学習を通して、持続可能な社会を創造できる能力・態度を育てる。

★食品・生活系列
食・衣・住などの学習を通して、豊かな環境や社会を創造できる能力・態度を育てる。

★人間・健康系列
人と関わる仕事や、その基となる健康などの学習を通して、豊かな人間生活を創造できる能力・態度を育てる。
・系列選択科目には各系列に関連した科目を設置。自由選択科目には専門科目や受験に必要な科目を設定。
・少人数制や習熟度別の授業の他、土曜授業（隔週）を導入している。

[部活動]

・約9割が参加。土・日を活用して熱心に活動している。**和太鼓**や**吹奏楽部**は地域の行事や各種施設への訪問を積極的に行っている。
・令和5年度は、**剣道部**（男子、女子）が全国大会予選でベスト16、**女子バスケットボール部**がインターハイ予選でベスト16、**陸上競技部**が東京都選抜で男子三段跳2位、女子走高跳4位入賞。
・令和4年度には、**剣道部**（男子）が全国大会予選でベスト8、**剣道部**（女子）がベスト16、**陸上競技部**が東京都選抜で女子5000m競歩6位、**ソフトボール部**がインターハイ予選でベスト16、**文芸部**が関東大会に出場した。

★設置部（※は同好会）
陸上競技、剣道、サッカー（男女）、バスケットボール、バレーボール（女）、バドミントン、硬式野球、硬式テニス、弓道、ソフトボール、卓球、ソフトテニス、吹奏楽、和太鼓、日本文化、パソコン、ホームメイキング、文芸、園芸、ダンス、※合唱、軽音楽、演劇、※里山ネイチャー、※自然科学

[行　事]

入学まもない1年次の4月には、**フレッシュマンキャンプ**を実施。生徒が親睦を深めることにより高校生活に潤いが生まれ、クラスの一体感が強まる。

4月	遠足（2・3年）
6月	合唱祭
7月	芸術鑑賞教室
9月	青総祭、体育祭
11月	修学旅行（2年）
2月	マラソン大会
3月	球技大会

[進　路]（令和5年3月）

・リクルートの**スタディーサプリ**導入。全学年希望者加入。
・**進路指導面談**、土曜日や放課後、長期休業中の**レベルアップゼミ**、大学その他の**進路ガイダンス**、各種の**講習・補習**などを通じ、きめ細やかな進路指導を徹底する。

・生徒が進路を自分で決められるように、**キャリアカウンセラー**を配置。いつでも相談に応じ、適切なアドバイスをしてくれる。

★卒業生の進路状況
＜卒業生232名＞
大学145名、短大7名、専門学校65名、就職7名、その他8名

★卒業生の主な進学先
茨城大、埼玉大、北海道教育大、慶應義塾大、上智大、明治大、中央大、法政大、日本大、東洋大、専修大

[トピックス]

・平成18年4月に開校した**単位制の総合学科高校**。多摩の豊かな自然に恵まれた環境と、充実した施設・設備を生かし、個性や能力を伸ばして大学進学などの進路を実現する学校を目指す。
・**ノーチャイム制**により、自主・自律の精神を養う。
・**身だしなみ指導**に力を入れ、推進校となっている。
・農場や梅園などを備えた校地は**都立高校随一の広さ**。校外にも水田、茶畑、演習林を保有。
・「国際交流リーディング校」に認定され、姉妹校（ドイツ・カントギムナジウム校）との交換短期留学など、意欲があれば学ぶことのできる環境が整っている。
・女子バスケットボール部、女子バレーボール部、女子ソフトボール部、陸上競技部、剣道部は**文化・スポーツ等特別推薦**を実施。

[学校見学]（令和5年度実施内容）

★授業公開　6・11月
★学校見学会　7月1回、8月2回、夏季休業中月〜金
★学校説明会　10・11・12月各1回
★個別相談会　1月1回
★青総祭　9月　見学可
★学校見学会・説明会はHPから予約

受検状況

科名・コース名	募集人員	推薦に基づく入試				第一次募集・分割前期募集			
		募集人員	応募人員	応募倍率	合格人員	募集人員	受検人員	受検倍率	合格人員
総　合	236	72	212	2.94	72	164	229	1.40	166

入学者選抜実施方法

推薦

科名・コース名	推薦枠		調査書の活用		満点					備考
	割合(%)	特別推薦の有無	観点別学習状況の評価	評定	調査書点	集団討論個人面接	小論文	作文	実技検査	
総　合	30	○	－	○	400	200	－	200	－	

第一次・分割前期

科名・コース名	分割募集	男女枠緩和	学力検査		調査書		学力検査:調査書	満点					備考
			教科	学校指定による傾斜配点	教科の評定の扱い 学力検査を実施する教科	学力検査を実施しない教科		学力検査	調査書点	面接	小論文・作文	実技検査	
総　合	－		5	－	1倍	2倍	7:3	700	300	－	－	－	

〈本校の期待する生徒の姿〉

　本校は都立高校随一の広大な校地と充実した施設・設備のある総合学科高校です。自分の興味・関心や進路目標に合った多彩な授業や体験活動等から自分を見つめ、社会を知り、学びを見つけ、働くことや生き方について考えることができます。また、国際交流を通じて世界的な視野を育み、様々な人々と協力しながら人生を開拓していくキャリア教育を実践しています。「学習・部活動・行事」に励み、自ら目標を設定し、その目標を達成するために主体的に取り組む生徒の育成を目指しています。本校の教育理念に共感し、学びたいという強い思いをもち、以下の項目に示すような生徒の入学を期待しています。
1　本校での様々な学習や体験を生かし、大学進学をはじめとする多様な進路実現に向けて真摯に取り組む生徒
2　得意としてきた教科があり、それを伸ばす意思をもつとともに、幅広い分野の学習にも意欲的に取り組む生徒
3　中学校での諸活動や地域社会等の活動に積極的に参加した経験があり、入学後も様々なことに積極的に取り組む生徒
※　「文化・スポーツ等特別推薦」においては、高いレベルで様々な活動と学習を両立させる力と意欲を持つ生徒が望ましい。

難易度（偏差値）	C-3（50-47）	併願校選択例	昭和第一学園、白梅学園、大成、立川女子、東海大菅生

次のページもご覧ください ▶▶▶

都立 多摩(たま) 高等学校

普通科

https://www.metro.ed.jp/tama-h/

℡ 198-0088　青梅市裏宿町 580
☎ 0428-23-2151
交通　ＪＲ青梅線青梅駅　徒歩 15 分またはバス

制　服	あり

[カリキュラム] ◇三学期制◇

・多彩な選択科目を開設し、2 年次から自分の進路に合わせた科目を履修できる。進学希望向けの受験対策科目や、就職を見据えた簿記、PC技術演習等の科目も開設。
・3 年間の「総合的な探究の時間」をCD（キャリアデザイン）として活用。生徒が自分自身で進路選択できるよう、進路ガイダンスや進路相談三者面談等を通じて自己理解、職業理解を深めていく。
・45 分 7 時間授業（週 2 日）を実施することで、多彩な選択科目を開設。学校行事の準備や部活動、「たまなび（自習室）」での予習・復習などに十分に時間を使うことができる。将来を見据え、「校内寺小屋」など放課後の多様な学びが可能。
・東京都教育委員会から「東京の教育資源（森林・林業）を活用した教育活動推進校」の指定を受け、地域の協力を得て、1 学年で「インターンシップ」2 学年で「森林保全活動」に取り組み、社会に貢献できる生徒の育成を図る。
・土曜授業を実施している。（年間 6回）

[部活動]

・1 年次は全員参加制。運動部、文化部ともに着実に力を高めている。

★設置部

硬式テニス、硬式野球、サッカー、卓球、バドミントン、バレーボール（女）、バスケットボール、自転車、ダンス、陸上競技、剣道、アニメーション、家庭科、軽音楽、茶道、吹奏楽、自然総合、写真、美術、パソコン、合唱、英語、演劇

[行　事]

4 月　部活動紹介
5 月　校外学習、奥多摩ウォーク
6 月　体育祭
9 月　多摩高祭（文化祭）
11月　インターンシップ、修学旅行

[進　路]（令和 5 年 3 月）

・「キャリア教育で多様な力を伸ばし、一人ひとりが納得できる進路実現」をモットーに、将来を見据えた進路決定を目指す。週 1 時間の「キャリアデザイン」の授業では、様々な角度から進路について考えを深める。1 年生からワークショップやインターンシップなどの体験型学習に取り組み、2 年生では上級学校訪問や分野別ガイダンスなどの個々の希望に沿った指導、3 年生では入試ガイダンスや小論文講座模擬面接も実施している。卒業生講話なども実施。

★卒業生の進路状況

<卒業生 179 名>
大学 21 名、短大 3 名、専門学校 85名、就職 56 名、その他 14 名

★卒業生の主な進学先

亜細亜大、桜美林大、嘉悦大、駿河台大、尚美学園大、聖学院大、西武文理大、帝京大、東京国際大、東京女子体育大、武蔵野学院大、和光大

♣指定校推薦枠のある大学・短大など♣

亜細亜大、嘉悦大、杏林大、帝京大、日本文化大、十文字学園女子大、埼玉学園大、駿河台大、西武文理大、城西国際大、東京工芸大、明星大、目白大、和光大　他

[トピックス]

・大正12年、東京府西多摩郡青梅町他6 ヶ村組合立実科高等女学校として開校。昭和 8 年、東京府立第九高等女学校と改称。18 年、東京都立第九高等女学校と改称。25 年、現校名に改称。卒業生は 1 万 9 千名を超える。令和 5 年に創立100周年を迎えた伝統校。
・学校のすぐそばを多摩川が流れ、緑豊かな美しい自然に囲まれた伝統ある学校である。
・精神的にも経済的にも自立した、社会に貢献する意欲と能力を持つ生徒を育てるため、キャリア教育を導入している。卒業時での進路決定率100%を目指し、1 年次からキャリアデザインや職業体験、進路ガイダ

ンスを実施。大学・専門学校卒業後の就職にも、高校におけるキャリア教育は有効であるし、進学の動機付けともなる。学校外に対しても、地域のキャリアセンターとなることを目指し、地域商工会議所はもちろん、経済同友会などの組織とも連携し、企業と学校を結ぶキャリア教育事業を展開している。
・地域連携に力を入れており、地域でのボランティア活動などで 2 年生で1 単位、3 年生で 1 単位がとれる。
・人間力を高めるため、学習指導・進路指導・生活指導の三つの柱をいずれも重視している。
・「スキルアップ」推進校。

[学校見学]（令和 5 年度実施内容）

★学校説明会　10・11・12・1 月各1 回
★多摩高祭　9 月　見学可
★学校見学会　8 月 3 回
★授業公開　5・6・9・10・1 月（要予約）

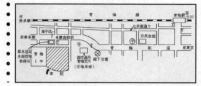

受検状況

科名・コース名	募集人員	推薦に基づく入試				第一次募集・分割前期募集			
		募集人員	応募人員	応募倍率	合格人員	募集人員	受検人員	受検倍率	合格人員
普通	197	40	56	1.40	40	157	104	0.66	104

入学者選抜実施方法

	科名・コース名	推薦枠		調査書の活用		満点					備考
		割合(%)	特別推薦の有無	観点別学習状況の評価	評定	調査書点	集団討論・個人面接	小論文	作文	実技検査	
推薦	普通	20	–	–	○	500	300	–	200	–	

	科名・コース名	分割募集	男女枠緩和	学力検査		調査書		学力検査:調査書	満点					備考
				教科	学校指定による傾斜配点	教科の評定の扱い 学力検査を実施する教科	学力検査を実施しない教科		学力検査	調査書点	面接	小論文・作文	実技検査	
第一次・分割前期	普通	–	○	5		1倍	2倍	7:3	700	300	–	–	–	

〈**本校の期待する生徒の姿**〉

本校の教育方針を理解し、本校への入学の意志が明確な生徒
1　自身の成長のために学び続け人の役に立てるよう、進路実現への取組ができる生徒
2　部活動・生徒会活動・学校行事・ボランティア活動をとおして、学校生活に熱心に取り組むことができ、活動を通して社会性を身に付けることができる生徒
3　社会のルール・マナーを守り他者や地域の信頼を得ることができる生徒

難易度（偏差値）	E−1（42−38）	併願校選択例	大東学園、立川女子、昭和第一学園、日本体育大桜華、堀越

都立 立川 <ruby>立川<rt>たちかわ</rt></ruby> 高等学校

https://www.metro.ed.jp/tachikawa-h/

☎ 190-0022　立川市錦町2-13-5
☎ 042-524-8195
交通　ＪＲ中央線・青梅線・南武線立川駅　徒歩8分
　　　多摩モノレール立川南駅・柴崎体育館駅　徒歩6分

普通科
創造理数科

制　服	なし

[カリキュラム] ◇三学期制◇

・平成24年度より学習内容を大幅に変更。これまで以上に難関国立大学を視野に入れたものとなった。1日7時限×45分授業となり、土曜日授業（年20回程度）も実施し、三学期制となった。
・1・2年次は全員が共通科目で学習する。新たに設置した「SS課題研究Ⅰ・Ⅱ」と「SS英語」を学んでいく。
・創造理数科では、より充実した科学教育を展開しながら探究活動を深めるとともに「理数探究」・「SS英語」を学ぶ。
・国語、数学、英語、化学で習熟度別授業や少人数授業を取り入れ、指導の充実を図っている。
・理科の基礎科目（物理基礎、化学基礎、生物基礎、地学基礎）をすべて学習する。
・東京外国語大、東京農工大、電気通信大、などの講義を受講できる高大連携を実施している。
・全生徒、創造理数科の生徒を対象としたフィールドワークを実施している。

[部活動]

・約11割が参加（一部兼部可能）。
・剣道部が、東京都高体連剣道専門部第七支部大会で男子団体優勝、女子個人戦（初段の部）準優勝になった。男子は都大会に出場した。天文気象部が、全国高等学校総合文化祭研究発表地学部門で最優秀賞を受賞した。
・令和2年度は、男子ハンドボール部が公立高校ハンドボール大会において優勝。
★設置部（※は同好会）
　野球、水泳、バスケットボール、サッカー、陸上競技、硬式テニス、卓球、山岳、バレーボール、柔道、剣道、バドミントン、ハンドボール、ダンス、ソフトテニス、生物、化学、天文気象、美術、室内楽、吹奏楽、文芸、茶道、演劇、漫画、放送、ESS、クイズ研究、合唱、パソコン、物理、※数学研究、※歴史研究

[行　事]

　1年次夏の臨海教室は全員参加。千葉県館山の清明寮にて3泊4日で行う。
4月	新入生歓迎会
5月	体育祭、芸術鑑賞教室
6月	合唱祭
7月	臨海教室（1年）
8月	部合宿
9月	文化祭（展示）、演劇コンクール
11月	修学旅行（2年）
3月	クラスマッチ（1・2年）

[進　路] （令和5年3月）

・生徒全員が大学への進学を希望しているため、入学時より3年間を見通した進路指導を行っている。
・合格状況は、国公立135名、早慶上理ICU123名、GMARCH278名。
・各学年ごと、希望者を対象に平日の放課後や長期休業中、土曜日などに計画的に補習・講習を行い、学力の充実をはかっている。
・外部講師による進路説明会や進路講話、オープンキャンパス、OB研究室見学（東京大、東京工業大、京都大、北海道大など）への参加、また、「進路だより」による情報提供といった様々な取り組みを行っている。
・進路指導室は終日生徒に開放されている。
★卒業生の進路状況
　＜卒業生312名＞
　大学245名、短大0名、専門学校2名、就職0名、その他65名
★卒業生の主な合格実績
　東京大、京都大、東北大、北海道大、筑波大、電気通信大、東京海洋大、東京外国語大、東京学芸大、東京工業大、東京農工大、一橋大、信州大、国立看護大学校、東京都立大、早稲田大、慶應義塾大、青山学院大、上智大、中央大、東京理科大、法政大、明治大、立教大
♣指定校推薦枠のある大学・短大など♣
　首都大学東京、早稲田大、慶應義塾大、青山学院大、学習院大、中央大、津田塾大、東京女子大、東京薬科大、東京理科大、日本女子大、法政大、

明治大、明治薬科大、立教大　他

[トピックス]

・明治34年、東京府立第二中学校として創立された多摩地区で最古の伝統校。卒業生は2万7千名を超え、各界で活躍している。
・同窓会の施設として、千葉の館山に「清明寮」があり、臨海教室などに利用している。
・平成29年、高校生「科学の祭典」の「情報」「実技」の2部門で第1位となった。
・平成29年、都の進学指導重点校に継続指定された。
・平成30年度から5年間、スーパーサイエンスハイスクールに指定された。令和5年度から2期目の取組みが始まっている。
・令和4年、創造理数科が新設された。

[学校見学] （令和5年度実施内容）

★授業公開　5・8月各3回、6・10・11月各1回、9月2回
★入試問題説明会　7・12月各1回
★学校説明会　10・11月各1回
★夏季見学会　8月3回
★文化祭　9月　見学可

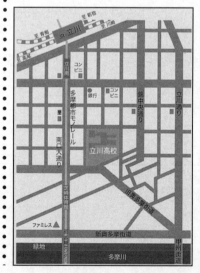

受検状況

科名・コース名	募集人員	推薦に基づく入試				第一次募集・分割前期募集			
		募集人員	応募人員	応募倍率	合格人員	募集人員	受検人員	受検倍率	合格人員
普通	276	56	165	2.95	56	220	292	1.33	225
創造理数	40	8	9	1.13	6	34	83	2.44	36

入学者選抜実施方法

推薦

科名・コース名	推薦枠		調査書の活用		満点					備考
	割合(%)	特別推薦の有無	観点別学習状況の評価	評定	調査書点	集団討論個人面接	小論文	作文	実技検査	
普通	20	–	–	○	500	100	400	–	–	＊口頭試問を行なう。
創造理数	20	–	–	○	500	50*	200	–	–	

第一次・分割前期

科名・コース名	分割募集	男女枠緩和	学力検査		調査書		学力検査:調査書	満点					備考
			教科	学校指定による傾斜配点	教科の評定の扱い 学力検査を実施する教科	学力検査を実施しない教科		学力検査	調査書点	面接	小論文・作文	実技検査	
普通	–	○	5*		1倍	2倍	7：3	700	300	–	–	–	＊国数英は自校作成。（普通科と創造理数科は共有）
創造理数	–		5*		1倍	2倍	7：3	700	300	–	–	–	

〈本校の期待する生徒の姿〉

★普通科

本校は質実剛健・自主自律の校風に基づき、将来のリーダーを育成することをミッションとしている。これを理解し、次の項目について期待に応え得る生徒を望んでいる。
1　学業成績が極めて良好で、本校の普通科の教育課程を理解し、入学後も意欲的に学習に取り組むことができる生徒
2　難関国公立大学進学への意欲等将来の進路実現に向けて、高い志を掲げ、継続して努力することができる生徒
3　自らの行動に自覚と責任をもち、中学校において、学習と特別活動等を両立させてきた実績がある生徒
4　探究的な姿勢をもち、自ら課題を見付け、その解決策を見いだすような取り組みができ、何にでも興味をもち、自分のこととして物事を捉えることができる生徒
※　特に推薦選抜においては、次のような特性をもつ生徒が望ましい。
(1)　コミュニケーション能力や論理的思考力、表現力等に優れ、積極的であり、様々な場面でリーダーシップを発揮できる生徒
(2)　自主的・計画的な学習習慣が身に付いており、入学後も継続して努力し、高い志をもち、自分を高める環境を求め続ける生徒

★創造理数科

本校は質実剛健・自主自律の校風に基づき、将来のリーダーを育成することをミッションとしている。これを理解し、次の項目について期待に応え得る生徒を望んでいる。
1　学業成績が極めて良好で、本校の創造理数科の教育課程を理解し、入学後も意欲的に学習に取り組むことができる生徒
2　難関国公立大学進学への意欲等将来の進路実現に向けて、高い志を掲げ、継続して努力することができる生徒
3　自らの行動に自覚と責任をもち、中学校において、学習と特別活動等を両立させてきた実績がある生徒
4　科学分野に高い興味関心をもち、研究活動等の創造的な活動に意欲があり、外部の研究発表会等に積極的に参加することができる生徒
※　特に特別選抜においては、次のような特性を持つ生徒が望ましい。
(1)　コミュニケーション能力や論理的思考力、表現力等に優れ、積極的であり、様々な場面でリーダーシップを発揮できる生徒
(2)　自主的・計画的な学習習慣が身に付いており、入学後も継続して努力し、高い志をもち、自分を高める環境を求め続ける生徒
(3)　様々な事象に対して知的好奇心をもって向き合い、自ら設定した課題に対して継続的に粘り強く挑戦することができる生徒

難易度（偏差値）	ＡＡ（72−70）	併願校選択例	錦城、東京電機大、八王子学園八王子、明治大付属明治、早稲田実業

次のページもご覧ください ▶▶▶

都立 羽村 高等学校

（はむら）

普通科

https://www.metro.ed.jp/hamura-h/

〒205-0012　羽村市羽 4152-1
☎ 042-555-6631
交通　ＪＲ青梅線羽村駅、ＪＲ八高線箱根ヶ崎駅　徒歩20分またはバス

制　服	あり

[カリキュラム] ◇三学期制◇

・令和3年度より、目標を高く設定した「発展的クラス」を設置。発展的クラスの授業では、基礎的な内容の定着を図りつつ、追加の教材等を使用し応用力にも磨きをかける、深度重視の学習を行う。
・1年次は全員が芸術を除いて共通の科目を学習する。国語、数学、英語の科目で習熟度別授業を実施している。
・2年次は理科の教科内選択および世界史Bか数学B、言語文化か芸術の選択があり、希望進路に応じた学習を行う。また、国語と英語の科目で習熟度別授業を実施している。
・3年次は必修科目を8科目と多く設置して学力の充実を図り、最大10単位分の選択科目を用意し、生徒の多様な興味や希望進路に応える。
・放課後補習や夏期講習も実施している。

[部活動]

・約4割が参加。
・**男子バスケットボール部**は、令和5年度関東大会予選で東京都ベスト32、令和4年度東京都大会でベスト64。
・**陸上競技部**は、令和3年度東京都大会・男子円盤投で3位入賞し、南関東大会に出場。

★設置部

陸上競技、硬式野球、サッカー、ハンドボール、バドミントン、バレーボール、バスケットボール、卓球、剣道、柔道、硬式テニス、水泳、山岳、DANCE、軽音楽、吹奏楽、演劇、美術、写真、漫画研究、パソコン、ホームメイキング、華道、篠笛、茶道

[行　事]

5月　遠足（2・3年）
9月　椎の木祭（文化祭）、体育祭
11月　修学旅行（2年）
12月　芸術鑑賞会

[進　路]（令和5年3月）

・補習、夏期講習、土曜講習での個別対応によるきめ細かい進路指導。
・進学に関しては、**進路説明会、卒業生講話会、指定校推薦説明会、模擬面接指導、看護学習会、小論文・各学科指導**などを実施している。
・就職に関しては、**進路説明会、就職説明会、模擬面接指導、卒業生講話会、会社見学指導、公務員対策講座**などを実施し、**ほぼ100％の就職率**を達成している。
・年5回以上の**土曜講習**、1～2学年対象の**勉強合宿**、3学年対象の**夏季講習**にも力を入れている。

★卒業生の進路状況

＜卒業生205名＞
大学47名、短大1名、専門学校98名、就職34名、その他25名

★卒業生の主な進学先

東京理科大、亜細亜大、嘉悦大、東海大、国士館大、駿河台大、帝京大、帝京平成大、東京経済大、東京工科大、東京国際大、日本文化大

♣指定校推薦枠のある大学・短大など♣

亜細亜大、桜美林大、学習院大、杏林大、国士館大、実践女子大、城西大、拓殖大、帝京大、帝京平成大、東京経済大、東京農業大、東洋学園大、日本薬科大、明星大、立正大他

[トピックス]

・昭和52年4月開校。
・平成16年度から「**学校外における学修**」として、連携している東京経済大や帝京大における修得単位や、羽村市役所・羽村市動物公園・保育園・病院などにおける就業体験を実施している。
・**地域との連携**にも力を入れ、交通安全指導を行ったり、羽村市の行事に参加したりしている。
・令和5年度入学生から、制服がリニューアルされた。
・令和5年度入学生から、2年次に全生徒が3日間のインターンシップに参加する。

[学校見学]（令和5年度実施内容）

★学校見学会　7・8月各2回
★学校説明会　10・11・12月各1回
★椎の木祭　9月　見学可（保護者のみ）
★学校見学は火・木曜日16時から（要連絡）

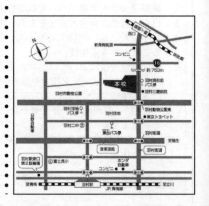

受検状況

科名・コース名	募集人員	推薦に基づく入試				第一次募集・分割前期募集				分割後期募集・第二次募集		
		募集人員	応募人員	応募倍率	合格人員	募集人員	受検人員	受検倍率	合格人員	募集人員	受検人員	合格人員
普通	257	56	57	1.02	56	201	133	0.66	133	88	70	70

入学者選抜実施方法

推薦

科名・コース名	推薦枠		調査書の活用		満点					備考
	割合(%)	特別推薦の有無	観点別学習状況の評価	評定	調査書点	集団討論・個人面接	小論文	作文	実技検査	
普通	20	○	–	○	500	250*	–	250	–	*個人面接の中で、「パーソナル・プレゼンテーション」を行う。

科名・コース名	分割募集	男女枠緩和	学力検査		調査書		学力検査：調査書	満点					備考
			教科	学校指定による傾斜配点	教科の評定の扱い（学力検査を実施する教科）	教科の評定の扱い（学力検査を実施しない教科）		学力検査	調査書点	面接	小論文・作文	実技検査	
第一次・分割前期 普通	○	○	5		1倍	2倍	7:3	700	300	–	–	–	
分割後期・第二次 普通	○		3		1倍	2倍	6:4	600	400	個人300	–	–	

〈本校の期待する生徒の姿〉

本校は「国際化する社会の一員として力を発揮する人間の育成」を目標としています。そこで、本校では次のような生徒を期待します。
1 自らの健康を保ち、身だしなみを整え、規則正しい生活を送ることができる生徒
2 3年間、自己実現に向けて着実に努力を継続できる生徒
3 中学校の3年間、学校行事・学級活動・生徒会活動等の特別活動、部活動や地域活動に継続的・積極的に取り組んだ経験を有する生徒
4 基礎学力、運動、規範意識の内、一つ以上得意とする分野があり、その力を発揮する意欲のある生徒
5 外国語や異文化に興味がある生徒
6 興味・関心の対象に真面目に取り組み、各種検定合格、段位取得等に向けて挑戦しようとする生徒
※ 特に推薦選抜においては、上記2、3に該当する生徒が望ましい。
※ 「文化・スポーツ等特別推薦」では、硬式野球について実施する。

難易度（偏差値）	E-1（42-38）	併願校選択例	昭和第一、立川女子、八王子実践、堀越、和光

次のページもご覧ください ▶▶▶

都立 東大和（ひがしやまと）高等学校

https://www.metro.ed.jp/higashiyamato-h/

☎ 207-0015　東大和市中央 3-945
☎ 042-563-1741
交通　多摩モノレール上北台駅　徒歩 10 分
　　　西武線東大和市駅　徒歩 25 分またはバス
　　　ＪＲ中央線立川駅、西武線東村山駅　バス

普通科

| 制　服 | あり |

[カリキュラム]　◇三学期制◇

- 1 年次は、全員が共通の科目を履修。バランスよく学習し、基礎学力をつける。
- 2 年次からは、文系・理系に分かれ大学進学などの受験に備える。
- 3 年次は、大幅な自由選択科目の中から各自選択履修し、効率よく学習することによって希望実現を目指す。
- 1 年次のカリキュラムのなかに「情報」を入れ、ICT活用能力をつけさせるなど工夫を凝らす他、「キャリア・ガイダンス」（総合学習）で進路学習に力を入れている。長期休業中には講習を実施。
- 芸術選択は 2 年次のみ（令和 4 年度より）

[部活動]

- 全員参加制。体育系クラブの加入率は約80%、文化系クラブは約20%。クラブ活動が活発な学校と知られ、「体験入部」や「部活見学」にも多くの中学生が参加している。
- 最近の主な実績は以下のとおり。
  ＜令和 4 年度＞
  男子ハンドボール部・女子ハンドボールが関東大会に出場した。男子硬式テニス部が東京都立テニス選手権大会のシングルスとダブルスで都ベスト16、女子硬式テニス部がシングルスとダブルスで優勝した。
  ＜令和 3 年度＞
  陸上競技部は、関東大会に出場し、男子走幅跳で 6 位、女子 400m で 5 位、女子 7 種競技で 5 位となりインターハイに進出した。ダンス部は、全国大会スモールクラスに出場した。
- ★設置部
  野球、サッカー、ハンドボール、テニス、バレーボール、バスケットボール、バドミントン、ソフトボール、陸上競技、水泳、ダンス、卓球、吹奏楽、デジタルクリエイト、科学、読書、茶道、和太鼓、家庭科、フォークソング、美術、英語、社会科研究

[行　事]

伝統行事の「体育大会」は「体育祭」ではない。お祭りではなく競うものであるのが特徴。

5 月	球技大会
6 月	体育大会
7 月	芸術鑑賞教室
9 月	楢木祭（文化祭）
11 月	校外学習（1・2 年）
12 月	修学旅行（2 年）
2 月	合唱祭（1・2 年）、ロードレース大会（1・2 年）

[進　路]　（令和 5 年 3 月）

- 進路指導は 1 年次から本格的に開始。
- 進路別ガイダンスや小論文の指導、個人面談、三者面談、卒業生との懇談会などを実施する。
- 多様な進路を考えての様々な行事により、生徒一人ひとりの個性に応じた指導がなされている。
- 夏期講習を実施。面接指導、センター試験対策をはじめ、受験指導が充実している。

★卒業生の進路状況
＜卒業生276名＞
大学178名、短大 2 名、専門学校59名、就職 7 名、その他30名

★卒業生の主な合格実績
東京理科大、中央大、法政大、青山学院大、明治大、学習院大、成蹊大、成城大、武蔵大、獨協大、国学院大、日本大、東洋大、駒澤大、専修大、亜細亜大、桜美林大、国士舘大、帝京大、日本体育大、東京電機大、工学院大

♣指定校推薦枠のある大学・短大など♣
青山学院大、工学院大、駒沢女子大、成蹊大、専修大、大東文化大、中央大、帝京大、東京経済大、東京電機大、東京都市大、東京農業大、東洋大、法政大　他

[トピックス]

- 昭和46年設立。以来、文武両道の伝統を受け継ぎ、今日に至っている。教育目標の一つに「スポーツの振興」が掲げられ、スポーツに力を入れて

いるのはもちろんのこと、学校行事も盛んな非常に活気のある明るい学校である。
- 部活動が特に盛んであり、多くの部が「都立の星」を目指して活発に活動している。
- 16,500㎡の広いグラウンドがあり、硬式野球の公式戦も開催されている。
- 平成26年度、男子ハンドボール部はスポーツ名門校にも指定された。
- 令和元年度、オリンピック・パラリンピック教育アワード校に選ばれた。
- 令和 4 年度からSport-Science Promotion Club指定校として、女子硬式テニス部と陸上部で指定を受けている。

[学校見学]　（令和5年度実施内容）

★学校説明会　10・11月各1回
★楢木祭　9月
★夏期休業中学校見学会　7・8月
　要予約

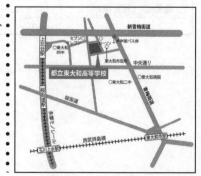

受検状況

科名・コース名	募集人員	推薦に基づく入試				第一次募集・分割前期募集			
		募集人員	応募人員	応募倍率	合格人員	募集人員	受検人員	受検倍率	合格人員
普通	277	56	182	3.25	56	221	282	1.28	223

入学者選抜実施方法

推薦

科名・コース名	推薦枠		調査書の活用		満点					備考
	割合(%)	特別推薦の有無	観点別学習状況の評価	評定	調査書点	集団討論・個人面接	小論文	作文	実技検査	
普通	20	○	–	○	450	240	–	210	–	

第一次・分割前期

科名・コース名	分割募集	男女枠緩和	学力検査		調査書		学力検査	調査書	満点					備考
			教科	学校指定による傾斜配点	教科の評定の扱い				学力検査	調査書点	面接	小論文・作文	実技検査	
					学力検査を実施する教科	学力検査を実施しない教科								
普通	–	○	5		1倍	2倍	7:3		700	300	–	–	–	

〈本校の期待する生徒の姿〉

本校は、「積極的態度の養成、基礎的教養の把握、スポーツの振興」を教育目標としています。これは皆さんに、「自発的・積極的に行動する人」、「豊かな人間性のある社会に貢献できる人」、「スポーツを通して体力の増強を図り、自尊心と他人と協調する精神のある人」となってほしい願いを表現しています。本校の期待する生徒の姿は、以下の4点です。
1　授業を大切にして、集中して学習できる、精神力と計画性のある生徒
2　自らを見つめて課題を見いだし、将来に向けての夢をもって学校生活を送る、判断力のある生徒
3　高校生だからできること、高校生でなければできないことを積極的に実践できる、行動力のある生徒
4　他人のために汗を流し、社会貢献する意思があり、社会性のある生徒
※　特に推薦選抜においては、学校生活でリーダーの実績があり、文武両道を目指してリーダーシップを発揮できる生徒が望ましい。
※　「文化・スポーツ等特別推薦」においては、募集種目に優れた実績や実力を有しており、入学後も3年間継続して率先垂範できる生徒が望ましい。

難易度（偏差値）	C-3 (54-51)	併願校選択例	工学院大附属、東亜学園、昭和第一学園、東海大菅生、八王子実践

都立 東大和南 (ひがし やまと みなみ) 高等学校

https://www.metro.ed.jp/higashiyamatominami-h/

☏ 207-0022　東大和市桜が丘3-44-8
☎ 042-565-7117
交通　西武線・多摩モノレール玉川上水駅　徒歩5分

普通科

制　服　あり

[カリキュラム] ◇三学期制◇

・1年次は、芸術以外全員共通科目を履修。国語・数学・英語は特に力を入れてしっかり学び基礎学力を身につける。
・2年次は、文系・理系の必修選択科目のなかから進路希望を考慮して選択履修する。
・**数学B・C**を全員履修とし、国公立大進学への視野を広げている。
・3年次は、多種多様な自由選択科目のなかから進路希望にあわせて効率よく学習できるよう各自選択履修し、希望実現を図る。
・**土曜日授業**を年18回実施し、週32時間の授業を確保している。放課後は読書などに活用している。
・英語・数学では2クラス3展開の**習熟度別授業**を行っている。

[部活動]

・約9割が参加。
・最近の主な実績は以下のとおり。
＜令和4年度＞
水泳部が女子400m個人メドレーでインターハイに出場した。
＜令和2年度＞
水泳部が男子200mバタフライ・女子800m自由形でインターハイ出場、関東大会では8種目に出場した。**陸上競技部**が女子砲丸投げで関東大会に出場した。

★設置系
硬式テニス（男女）、ソフトテニス、サッカー、水泳、卓球、ダンス、バスケットボール（男女）、バドミントン（男女）、バレーボール（男女）、硬式野球、陸上競技、柔道、ダンス、踊り、チアリーディング、家庭科、写真、吹奏楽、漫画研究、生物、茶道、合唱、美術

[行　事]

4月　遠足
6月　合唱コンクール
9月　楠翔祭（文化祭、体育祭）
10月　修学旅行（2年）
3月　球技大会、芸術鑑賞教室

[進　路] （令和5年3月）

・いわゆる「GMARCH」へ進学を希望する生徒が多く、国公立大、「早慶上理」やICUなどに合格する生徒も徐々に増えている。入学者のほとんどが4年制大学進学を希望しており、9割近くが4年制大学への進学を果たしている。
・1年次から模試データを集約、分析、管理するFinesystemやcompassなどを利用した指導を実施。3年間を見据えた進路指導を行う。
・1年生の夏に全員参加の**大学見学会**（中央大学等）を実施し、秋はTGGで英語漬けの一日を過ごす。2年生の冬には希望者に対して勉強合宿（Study Camp）を校内で実施する。
・進路学習支援のため、2学期以降、**自習室**にサポートティーチャーを配置し、利用時間の延長や質問に対応する。

★卒業生の進路状況
＜卒業生274名＞
大学229名、短大2名、専門学校19名、就職1名、その他23名

★卒業生の合格実績
筑波大、茨城大、千葉大、東京海洋大、東京外大、東京学芸大、電気通信大、早稲田大、慶応義塾大、東京理科大、青山学院大、学習院大、國學院大、国際基督教大、駒澤大、成蹊大、専修大、芝浦工業大、中央大、津田塾大、東京電機大、東京都市大、東京農業大、東京薬科大、東洋大、日本大、法政大、武蔵大、明治大、明治薬科大、立教大

♣指定校推薦枠のある大学・短大など♣
青山学院大、学習院大、工学院大、芝浦工業大、成蹊大、専修大、中央大、東京経済大、東京家政大、東京都市大、東京農業大、東京電機大、東京薬科大、東洋大、日本大、法政大、武蔵大、明治大　他

[トピックス]

・昭和59年開校。玉川上水の清流、公園、グラウンドに囲まれ、緑豊かで静かな環境である。交通の便も良く、近くに大学や専門学校も建っており、学習環境としても抜群である。**教育目標**は「克己・友愛・創造」。
・各階にある**ラウンジ**は、生徒が談話などを楽しむくつろぎのスペースとなっている。
・入試では、サッカー、硬式野球、バスケットボール（男女）、水泳（男女）で**文化・スポーツ推薦**を実施するなど、**部活動の強化・活性化**に力を注いでいる。
・「**国際理解教育の推進**」 日本へ留学している大学生を招き、ディスカッションや交流を通して、英語によるコミュニケーション能力を高める。さらに、2年の秋には台湾への海外修学旅行を実施し、現地の高校生との交流を通じて異なる視点から日本社会を理解する機会を提供する。これらの基盤とするため、3年間を通して総合的な英語力を段階的に身につける指導を行っている。

[学校見学] （令和5年度実施内容）

★部活動体験　8月
★夏季見学会　8月5回
★学校説明会　10・11月各1回
★楠翔祭　9月　（文化祭は一般公開）
★学校見学会　5月1回
★授業公開　11月1回

※本欄の内容はすべて令和6年度入試のものです。

受検状況

科名・コース名	募集人員	推薦に基づく入試				第一次募集・分割前期募集			
		募集人員	応募人員	応募倍率	合格人員	募集人員	受検人員	受検倍率	合格人員
普通	276	56	185	3.30	56	220	296	1.35	223

入学者選抜実施方法

	科名・コース名	推薦枠		調査書の活用		満点					備考
		割合(%)	特別推薦の有無	観点別学習状況の評価	評定	調査書点	集団討論個人面接	小論文	作文	実技検査	
推薦	普通	20	○	−	○	450	250	−	200		

	科名・コース名	分割募集	男女枠緩和	学力検査		調査書		学力検査	調査書	満点					備考
				教科	学校指定による傾斜配点	教科の評定の扱い				学力検査	調査書点	面接	小論文・作文	実技検査	
						学力検査を実施する教科	学力検査を実施しない教科								
第一次・分割前期	普通	−	○	5		1倍	2倍	7:3		700	300	−	−	−	

〈本校の期待する生徒の姿〉

　本校は、「克己・友愛・創造」の教育目標の下、個々の進路希望に対応したきめ細かな進路指導により大学進学実績を上げています。本校の期待する生徒の姿は次の4点です。
1　高校生活を自己発見の場とし、本校での学習と諸活動を積極的、継続的に行い、その経験を将来に生かすことができる生徒
2　難関大学進学について高い志と目標を掲げ、その実現に向けて日々学習に取り組み、積極的にチャレンジする意思をもち、学校と家庭において自ら学習に取り組むことができる生徒
3　中学校での部活動、委員会活動、学校行事又は校外でのボランティア等に積極的な活動をしてきた生徒
4　いろいろなことに関心をもち、幅広い教養を身に付けようとする高い意識をもつ生徒
※　特に推薦選抜においては、上記2、3に該当する生徒が望ましい。
※　「文化・スポーツ等特別推薦」においては、男子サッカー、硬式野球、バスケットボール、水泳で優れた能力や技術を有し、入学後も3年間、学習活動、部活動、学校行事に意欲的に取り組む生徒が望ましい。

難易度（偏差値）	B−3（60−58）	併願校選択例	昭和第一学園、杉並学院、拓殖大第一、東亜学園、八王子学園八王子

次のページもご覧ください ▶▶▶

都立 多摩工科（たまこうか） 高等学校

機械科
電気科
環境化学科
デュアルシステム科

https://www.metro.ed.jp/tamakoka-h/

☎ 197-0003　福生市熊川215
☎ 042-551-3435
交通　ＪＲ・西武線拝島駅　徒歩10分

制　服	あり

[カリキュラム] ◇三学期制◇

学年が進むにつれて工業科（専門）科目の時間が多くなる。

<機械科>

設計・製図・工作などから基礎知識を、多様な実習を通してものづくりに必要な基本技術を学ぶ。

<電気科>

エネルギー供給から情報伝達まで、電気の基礎から、電子・通信・情報の基礎知識と技術を学ぶ。

<環境化学科>

化学分析・リサイクル・バイオテクノロジーなど環境や化学の基礎、技術を学ぶ。

<デュアルシステム科>

「企業での実習」「高校の勉強」の二つを同時に学ぶ。3年間で5日間×2回、1ヶ月間×3回の就業訓練がある。

・習熟度別・少人数制授業などを行い、きめ細やかな指導をしている。
・資格取得指導に力を入れている。令和4年度には、第2種電気工事士に32名、第1種電気工事士に9名が合格。1人2資格以上の取得を目指す。

[部活動]

・1年次は全員参加制。約86％が参加。
・令和4年度は、剣道部が都大会で優勝。都立高校としての優勝は大会史上初。空手道部が女子団体関東大会に出場した。文化部は、エコラン出場の自動車部をはじめとして、特色ある部活動が活躍している。

★設置部（※は同好会など）

硬式野球、サッカー、陸上、水泳、バレーボール、バスケットボール、ウェイトトレーニング、ソフトテニス、アウトドア、柔道、剣道、空手道、卓球、バドミントン、ハンドメイド、写真、マンガ・イラスト、軽音楽、自動車、JRC、畑栽培、囲碁・将棋、※文芸、※模型、※工芸、※ソフトウェア開発、※電子工作

[行　事]

4月　修学旅行（3年）

5月　体育祭
10月　秋涼祭（文化祭）
12月　芸術鑑賞教室
1月　学年行事（2・3年）

[進　路]（令和5年3月）

・卒業後の進路の割合は、就職が約7割、進学が約3割となっている。
・就職希望者の内定率は毎年100％を維持している。

<進路関係の主な行事>

4月　進路ルール説明（3年）、進路説明（1年）
5月　進路ガイダンス（3年）、模擬面接指導（3年）
6月　企業研究（3年）、先輩の職業講話（3年）、JOBFES（デュアルシステム科）
7月　模擬面接・進路ガイダンス（3年）、企業見学事前指導（3年）、企業見学・学校見学（3年）
8月　企業見学・学校見学（3年）
2月　進路講話（2・3年）

★卒業生の進路状況

<卒業生159名>
大学12名、短大1名、専門学校36名、就職107名、その他3名

★卒業生の主な進学先

駿河台大、拓殖大、駒沢大、千葉工業大、東京工芸大、東京工科大、産業能率大、明星大

♣指定校推薦枠のある大学・短大など♣

麻布大、埼玉工業大、尚美学園大、城西大、淑徳大、高千穂大、拓殖大、多摩大、千葉工業大、帝京科学大、東海大、東京工科大、東京工芸大、東京電機大、日本工業大、日本文化大、明星大、ものつくり大、山梨学院大　他

[トピックス]

・西多摩地区唯一の工科高校。平成12年に従来の工業化学科を都立高校初の本格的環境系学科である「環境化学科」に改編。さらに環境教育を進める学校として、ゴミの減量、環境保全、環境負荷の低減等に取り組んでいる。

・平成30年度、デュアルシステム科を新たに設置。6月に「企業を知ろうJOBFES」を実施している。協定企業と連携し、進路活動の一環となっている。
・全館冷暖房完備。
・エネルギー教育の一環として太陽光発電と風力発電を屋上に設置。また、プール用シャワー温水のための太陽光パネル、校内用電源としての太陽光パネルをそれぞれ設置し、クリーンエネルギーを一部使用している。
・東京都教育委員会より、文化部推進校、TOKYO教育DX推進校の指定を受けている。
・剣道と硬式野球で、文化・スポーツ等特別推薦入試が行われる。

[学校見学]（令和5年度実施内容）

★学校見学会　5・6・7・9月各1回　8月2回
★学校説明会　10・11・12月各1回
★秋涼祭　10月　見学可
★学校見学は随時可（要連絡）

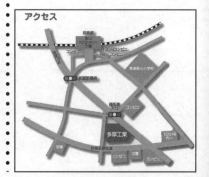

アクセス

受検状況

科名・コース名	募集人員	推薦に基づく入試				第一次募集・分割前期募集			
		募集人員	応募人員	応募倍率	合格人員	募集人員	受検人員	受検倍率	合格人員
機械	70	28	52	1.86	28	42	37	0.88	43
電気	35	14	25	1.79	14	21	33	1.57	22
環境化学	35	14	15	1.07	14	21	10	0.48	16
デュアルシステム	35	14	23	1.64	14	21	23	1.10	22

入学者選抜実施方法

推薦

科名・コース名	推薦枠		調査書の活用		満点					備考
	割合(%)	特別推薦の有無	観点別学習状況の評価	評定	調査書点	集団討論・個人面接	小論文	作文	実技検査	
機械	40	○	–	○	500	400	–	100	–	
電気	40	○	–	○	500	400	–	100	–	
環境化学	40	○	–	○	500	400	–	100	–	
デュアルシステム	40	–	–	○	500	400	–	100	–	

第一次・分割前期

科名・コース名	分割募集	男女枠緩和	学力検査		調査書 教科の評定の扱い		学力検査:調査書	満点					備考
			教科	学校指定による傾斜配点	学力検査を実施する教科	学力検査を実施しない教科		学力検査	調査書点	面接	小論文・作文	実技検査	
機械	–		5	–	1倍	2倍	7:3	700	300	–	–	–	
電気	–		5	–	1倍	2倍	7:3	700	300	–	–	–	
環境化学	–		5	–	1倍	2倍	7:3	700	300	–	–	–	
デュアルシステム	–		5	–	1倍	2倍	7:3	700	300	–	–	–	

〈本校の期待する生徒の姿〉

★機械科・電気科・環境化学科・デュアルシステム科

多摩工科高校は、きめ細かい専門教育や生活指導、資格取得の推奨、活発な部活動、就職希望達成率100%、環境に配慮した学校、校舎がきれいで落ち着いていることが特徴として挙げられる。多摩地区の都立工科高校では唯一デュアルシステム科が設置され、地域の企業と連携を深めたキャリア教育の充実を図っている。東京都教育委員会から「ものづくり人材育成プログラムにおける特定分野推進校」の指定を受け、特色ある教育活動を推進している。

1 ものづくりへの興味・関心が強く、工業技術・技能の習得に強い意欲をもっている生徒
2 将来の進路希望について真剣に考え、資格取得にも努力するチャレンジ精神旺盛な生徒
3 部活動・生徒会活動・委員会活動等教科外活動に意欲的で、入学後も積極的に取り組む生徒
4 頭髪・服装・学校生活面においてルールが守れ、しっかりとあいさつができる生徒
※ 特に推薦選抜においては、上記の1から4のすべてに該当する生徒が望ましい。また、「文化・スポーツ等特別推薦」においては、硬式野球、剣道の技術・技能にも優れ、入学後も部活動を3年間続ける熱意と意欲のある生徒が望ましい。

難易度（偏差値） 機械・電気・環境化学・デュアルシステム　E－1（42－38）

次のページもご覧ください ▶▶▶

都立 福生（ふっさ）高等学校

https://www.metro.ed.jp/fussa-h/

℡ 197-0005　福生市北田園 2-11-3
☎ 042-552-5601
交通　JR青梅線福生駅　徒歩 12 分

普通科

| 制　服 | あり |

[カリキュラム] ◇三学期制◇

・1、2年次の数学、英語で**習熟度別少人数授業**を実施。
・2年次では一部必修選択科目を取り入れ、ゆるやかな文理分けを実施。3年次には、10単位の自由選択科目によって生徒一人一人の進路志望にあった時間割を作成し、月2回程度**土曜日講習**を実施。
・「**英語教育研究推進校**」「**海外学校間交流推進校**」。英語4技能の習得、特にスピーキングに力を入れた指導を実施。
・令和5年度より「**進学クラス**」を設置。

[部活動]

・約9割が参加。**ソフトテニス部**は関東大会出場の、**サッカー部**は都大会ベスト8進出の、**硬式野球部**は西東京大会ベスト16進出の実績がある。
＜令和4年度＞
　陸上競技部は新春駅伝競走大会で女子チームが第3位。**女子バスケットボール部**は東京都U18バスケットボールリーグで第1位。**女子バレーボール部**は冬季リーグ戦で第1位。
＜令和3年度＞
　陸上競技部は、新人都大会で決勝進出。**硬式野球部**は全国高等学校野球選手権大会西東京ベスト32。**ダンス部**は、全国高等学校ダンス部選手権決勝大会に進出し、オーディエンス賞を受賞した。**女子バスケットボール部**は、総体予選で都ベスト32、関東大会予選に進出。**女子バレーボール部**は、春季リーグ戦で1位、インターハイ予選でベスト48。
＜令和2年度＞
　サッカー部は、選手権大会2次予選進出。**女子バレーボール部**は新人リーグ戦1位。
★設置部
　バドミントン、バスケットボール、ソフトテニス、硬式テニス、バレーボール、サッカー、硬式野球、卓球、柔道、陸上競技、水泳、ダンス、ブレイクダンス、美術、吹奏楽、漫画イラスト、ロック、パソコン、演劇、料理研究、英語、写真、かるた

[行事]

　行事が多く、生徒はみな積極的に参加しており、特に**合唱祭**はたいへん盛り上がる。**文化祭**では1年生が全クラス演劇発表をする。平成26年度から生徒共同制作の巨大貼り絵発表が始まり、**美術部**の活動にマスコミも大きく報道している。また、夏休みには保育園などで奉仕活動を行う（1年全員）。

4月	遠足
5月	芸術鑑賞教室
6月	合唱祭
9月	東雲（しののめ）祭（文化祭）、スポーツ祭
1月	修学旅行（2年）
2月	ロードレース大会

[進　路]（令和5年3月）

・土曜日や長期休業中に**補習**を実施。**進路指導室**にはあらゆる分野の最新資料が豊富に取りそろえられている。また、各学年分野別の**ガイダンス**をきめ細かく行い、一般大学のほかに看護・医療・教育系のガイダンスも実施している。
・進路指導に当たっては、**三年計画**に従って教職員全員が熱心に応じている。

★卒業生の進路状況
　＜卒業生269名＞
　大学127名、短大16名、専門学校99名、就職13名、その他14名

★卒業生の主な合格実績
　桜美林大、亜細亜大、嘉悦大、杏林大、工学院大、国士舘大、城西大、専修大、拓殖大、中央大、帝京大、東京家政大、東京経済大、東京工科大、東洋大、日本大、法政大、武蔵野大、明星大

♣指定校推薦枠のある大学・短大など♣
　亜細亜大、大妻女子大、杏林大、工学院大、国士舘大、駒沢女子大、実践女子大、白梅学園大、駿河台大、拓殖大、多摩大、帝京大、帝京平成大、東京経済大、東京工科大、東京電機大、東京農業大、東洋大、武蔵野大、明星大、目白大、立正大、和光大 他

[トピックス]

・昭和46年に創立されて以来、**堅実な校風**を守って今日に至る。近くを多摩川が流れる緑豊かな環境のなか、素直で純朴な生徒たちがおおらかに高校生活を送っている。
・「**高大連携**」や「**出前授業**」を実施するなど、地域の期待にさらに応えられるような学校づくりを目指している。
・平成18年度よりすべての教室に**エアコン**が設置され、快適な環境で授業が受けられる。
・硬式野球、サッカー、美術、女子バレーボール、陸上競技の5つの部活動で文化・スポーツ等特別推薦入試を実施。
・「**英語教育研究推進校**」、「**海外学校間交流推進校**」、「**探究的な学び推進事業対象校**」に指定されている。
・全ての教室に無線LANを配備済。

[学校見学]（令和5年度実施内容）

★夏休み学校見学会　8月5回
★学校説明会　10・11・12月各1回
★授業公開　6・11月
★東雲祭　9月　見学可

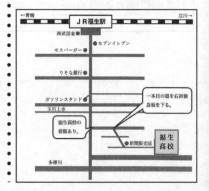

入試！インフォメーション

※本欄の内容はすべて令和6年度入試のものです。

受検状況

科名・コース名	募集人員	推薦に基づく入試				第一次募集・分割前期募集			
		募集人員	応募人員	応募倍率	合格人員	募集人員	受検人員	受検倍率	合格人員
普通	277	56	158	2.82	56	221	282	1.28	223

入学者選抜実施方法

推薦

科名・コース名	推薦枠		調査書の活用		満点					備考
	割合(%)	特別推薦の有無	観点別学習状況の評価	評定	調査書点	集団討論個人面接	小論文	作文	実技検査	
普通	20	○	−	○	500	250	−	250	−	

第一次・分割前期

科名・コース名	分割募集	男女枠緩和	学力検査		調査書		学力検査	調査書	満点					備考
			教科	学校指定による傾斜配点	教科の評定の扱い				学力検査	調査書点	面接	小論文・作文	実技検査	
					学力検査を実施する教科	学力検査を実施しない教科								
普通	−	○	5		1倍	2倍	7:3		700	300	−	−	−	

〈本校の期待する生徒の姿〉

　本校は「清純・友愛・誠実」を校訓として、「文武両道」の合言葉の下、基礎学力の充実を図りつつ、大学進学をはじめとする、生徒のあらゆる進路希望に応える教育活動を実践している。また、日々の生活を通して、社会でよりよく生きることのできる総合的な実践力を育成することにより、地域に信頼される学校づくりを目指している。
1　毎日の授業を大事にし、自らすすんで学習に取り組み、家庭でも勉強をしっかりできる生徒
2　将来の進路希望を真剣に考え、ワンランク上の目標を掲げ、その実現のために強い意志をもち、努力する生徒
3　部活動等・生徒会活動・学校行事に積極的に参加し、入学後も継続して頑張る生徒
4　礼儀正しく、きちんとした身だしなみとルールを守り、地域や社会に貢献する行動力をもつ生徒
※　特に推薦選抜においては、諸活動においてリーダーとしての実績をもち、入学後もリーダーシップを発揮できる生徒が望ましい。
※　「文化・スポーツ等特別推薦」においては、それぞれの種目に優れた能力と意欲をもち、3年間学習・学校行事と部活動の両立を目指す生徒が望ましい。

難易度（偏差値） D−2（46−43）　　**併願校選択例** 昭和第一学園、白梅学園、大成、立川女子、八王子実践

都立 上水 高等学校
じょう すい

https://www.metro.ed.jp/josui-h/

〒208-0013　武蔵村山市大南 4-62-1
☎ 042-590-4580
交通　西武線・多摩モノレール玉川上水駅、
　　　多摩モノレール桜街道駅　徒歩 10 分

普通科

単位制

制　服　あり

[カリキュラム] ◇三学期制◇
・日課は 1 時限45分の 7 時限授業。
・英語、国語、数学で**習熟度別・少人数制授業**を設定。特に**英語教育**には力を入れており、**英語は 3 年間で18時間必修**としている。
・**ドイツ語、フランス語、韓国語、中国語**の講座も設置。
・**単位制を生かしたカリキュラム**として、多彩な選択科目が用意されている。
・選択科目を履修可能な枠は、2 年次が12時間、3 年次が22時間と、単位制ならではの多さ。2・3 年次のどちらでも受講できる科目もある。**少人数制授業も多数。**
・2 年次には自己表現能力向上のため、「**アナウンス**」「**朗読**」「**演劇**」「**合唱**」「**和楽器演奏**」「**武道**」などの表現科目を学校設定科目として設置（プロの講師に表現力を学習する）。全員が履習する。
・国際理解教育の観点から**英検**合格に力を入れ、対策講座も設置。
・土曜日は、**小論文講座**（年 7 回）、勉強部（1・2 年）を実施。外部講師が指導している（生徒の負担なし）。
・夏期講習を実施している。1・2 年生は基礎学力とキャリア形成力をつけるため、3 年生は主に受験対策として、多種多様な講座を開講している。

[部活動]
・約95％が参加。
・最近の主な実績は以下のとおり。
　＜令和 5 年度＞
　陸上競技部が、男子 800m、女子 1500m、3000m で関東大会に出場。**卓球部**が、春季卓球大会兼関東大会予選会で女子団体第 7 位になり関東大会に出場。**放送部**が、第 70 回 NHK 杯全国高等学校放送コンテスト東京大会で総合部門優勝（アナウンス、朗読、両部門優勝）。第 70 回 NHK 杯全国高等学校放送コンテスト全国大会に 4 部門で出場。創作テレビ部門で入選（全国ベスト 10）、ラジオドキュメント部門とアナウンス部門で入選。第 74 回全国高等学校総合文化祭にアナウンス、朗読部門で 3 名出場。第 24 回全国高等学校女子硬式野球選抜大会決勝戦場内アナウンス（東京ドーム）を担当。第 34 回全国高等学校総合文化祭優秀校東京公演総合司会（国立劇場）を担当。**女子バスケットボール部**が、東京都より Sport-Science Promotion Club に指定。

★設置部
硬式野球、サッカー（男女）、バレーボール（男女）、硬式テニス（男女）、剣道、バスケットボール（男女）、バドミントン、卓球、陸上競技、ダンス、ソフトボール、水泳、吹奏楽、茶道、文芸、放送、美術、家庭科、軽音楽、写真、自然科学、マンガ・イラスト

[行事]
スピーチ・レシテーションコンテストは、1・2 年次生全員で行われ、選出された各クラスの代表が英語力を披露する。2 年次生全員で行く 3 泊 4 日の**進路探索旅行**では、外国からの留学生と交流し、異文化環境を理解しコミュニケーション能力を高める。その他にも英語体験学習がある。

5 月	遠足
6 月	合唱祭
7 月	部活動合宿
9 月	上水祭（文化祭）、体育祭
11 月	スピーチコンテスト
12 月	進路探索研修旅行（2 年）
2 月	マラソン大会（1・2 年）
3 月	表現発表会

[進路]（令和 5 年 3 月）
「生涯を豊かに悔いなく生きる道の選択・開拓」のために、3 年間の体系的で段階的な指導を実践。将来の進路選択のために、一人ひとりの希望と適性を丁寧に考えながら、全教員できめ細かく進路指導している。
＜1 年次＞ 自己理解
外国人留学生との交流/自己適性診断テスト/看護医療体験/上級学校訪問/体験ボランティア
＜2 年次＞ 自己啓発
職業・分野別ガイダンス/学部・系統別ガイダンス/ブリッジ交流会/小論文特別講座/進学費用ガイダンス
＜3 年次＞ 自己実現
小論文特別講座/多様なガイダンス/志望校決定進路ガイダンス/分野別特別講座/全校体制での模擬面接と個別指導

★卒業生の進路状況
　＜卒業生231名＞
大学164名、短大 7 名、専門学校35名、就職 3 名、その他22名

★卒業生の主な合格実績
東京都立大、都留文科大、山梨大、青山学院大、慶応大、國學院大、駒澤大、上智大、成蹊大、専修大、中央大、東京農業大、東京理科大、東洋大、法政大、明治大、立教大、早稲田大

♣指定校推薦枠のある大学・短大など♣
学習院大、国立音楽大、國學院大、駒澤大、成蹊大、専修大、中央大、東京農業大、東京薬科大、東洋大、日本大、法政大、武蔵大　他

[トピックス]
・普通科単位制全日制高校。"本物に触れ、本物を知り、本物を目指す"がキャッチフレーズ。あいさつ、国際理解教育、表現力の育成が特色。進学と特別活動を重視する学校として、直接体験重視の行事を設定している。
・広い校舎と充実した施設（自習室、図書室、プール・10コース、体育館・バスケットコート 2 面）。
・Sport Science Promotion Club、文化部推進校に指定されている。

[学校見学]（令和 5 年度実施内容）
★部活動体験　詳細はHPにて
★学校説明会　10・12月各 1 回
★文化祭　9 月　見学可
★学校見学は夏季休業中（要予約HPから）
★授業公開　10月 5 回　12月 1 回
★個別相談会　12月

入試!インフォメーション

※本欄の内容はすべて令和6年度入試のものです。

受検状況	科名・コース名	募集人員	推薦に基づく入試				第一次募集・分割前期募集			
			募集人員	応募人員	応募倍率	合格人員	募集人員	受検人員	受検倍率	合格人員
	普通	236	48	137	2.85	48	188	258	1.37	191

入学者選抜実施方法

	科名・コース名	推薦枠		調査書の活用		満点					備考
		割合(%)	特別推薦の有無	観点別学習状況の評価	評定	調査書点	集団討論個人面接	小論文	作文	実技検査	
推薦	普通	20	○	–	○	360	160*	–	200	–	*個人面接の最初に「自己PRタイム」を設ける。

	科名・コース名	分割募集	男女枠緩和	学力検査		調査書		学力検査	調査書	満点					備考
				教科	学校指定による傾斜配点	教科の評定の扱い				学力検査	調査書点	面接	小論文・作文	実技検査	
						学力検査を実施する教科	学力検査を実施しない教科								
第一次・分割前期	普通	–		5	–	1倍	2倍	7:3		700	300	–	–	–	

〈本校の期待する生徒の姿〉

本校は、「創造」「自律」「信頼」を教育目標とし、進学と特別活動を重視した全日制普通科単位制高等学校です。本校ならではの体験的な国際理解教育、表現力の育成、多彩な選択科目、一人一人に丁寧な生活指導を特色とし、学習活動や特別活動及び部活動の両立ができる生徒の育成を目指しています。これに基づき、次の各項目に該当する生徒の入学を希望します。

1　本校の特色ある教育活動を理解し、積極的に取り組もうとする意志が明確な生徒
2　大学進学等将来へのしっかりとした目的意識をもっており、入学後も学習活動に対して意欲的に取り組むことができる生徒
3　特別活動や部活動に積極的に取り組み、学習活動との両立を図ることができる生徒
4　中学校での授業及び諸活動等に積極的に取り組み、学習成果及び意欲的に取り組んだ活動・体験について自信をもって語れる生徒
※　推薦選抜においては、中学校で意欲的に取り組んだ活動及び活動を通して感じたことや、本校の特色を踏まえた入学後の取り組み等を、自分の言葉や文章で具体的に表現できる生徒が望ましい。また「文化・スポーツ等特別推薦」においては、剣道、バスケットボール、陸上競技、硬式野球について、自分の取り組みを語ることができるとともに、入学後もその活動を継続できる生徒が望ましい。

難易度（偏差値）	C-2 (57-55)	併願校選択例	昭和第一学園、白梅学園、拓殖大第一、八王子実践、明法

都立 武蔵村山 高等学校
むさし むらやま

https://www.metro.ed.jp/musashimurayama-h/

☎ 208-0035　武蔵村山市中原1-7-1
☎ 042-560-1271
交通　JR中央線・青梅線昭島駅、JR八高線箱根ヶ崎駅、西武線西武立川駅　バス

普通科

制　服　あり

[カリキュラム] ◇三学期制◇
・カリキュラムの特色は以下の通り。
①必修を多くし、本校の生徒としてこれだけは身につけさせるということを明確化した。
②3年次の選択に最大12単位の自由選択を用意し、希望進路実現への取り組みを強化した。
③国語、数学、英語、家庭、体育の各教科では**習熟度別**、あるいは**少人数制**の授業を実施し、きめ細やかな対応を行う。
・公務員試験や看護医療系学校、4年制大学入試などの**受験対策講座**を行っている。
・**英語、漢字、数学、パソコン、ワープロ、簿記**など、各種の検定の資格が取得可能。
・看護関係の進路を希望する生徒へ向けて「看護数学」「受験小論文」などの自由選択科目を設置し、進路実現に対応している。

[部活動]
・全員参加制。
・令和4年度には、**サッカー部**が高校サッカー選手権東京都大会1次トーナメントで優勝し都大会に出場。**ソフトテニス部**が関東大会に出場。**陸上競技部**が都大会に出場。**吹奏楽部**は東京都高等学校吹奏楽コンクール大会で、13年連続で金賞を受賞。
・令和3年度には、**ソフトテニス部**が関東大会に出場。**写真部**が、地区大会中央大会で最優秀賞と優秀賞を受賞し全国大会に出場した。
★設置部（※は同好会など）
　剣道、水泳、硬式野球、サッカー、

テニス、バスケットボール、バレーボール（女）、ハンドボール、ソフトテニス、卓球、バドミントン、陸上、ブラックダンス、現代舞踊（女）、イラストレーション、吹奏楽、家庭科、華道、茶道、写真、生物、美術、放送、軽音、書道、パソコン、演劇、※ボランティア

[行　事]
・体育祭では3学年を縦割りにし、団対抗で競う。
・修学旅行は関西方面に赴く。

4月	遠足（全学年）
6月	体育祭
8月	部活動合宿
9月	茶陵祭（文化祭）
10月	芸術鑑賞教室
11月	修学旅行（2年）
2月	マラソン大会
3月	球技大会

[進　路]（令和5年3月）
　大学・短大・専門学校による**学校説明会**や**模擬授業**が開催されるほか、就職・キャリア教育として**キャリアサポーター**を積極的に活用して、一人ひとりの進路実現に向けてきめ細かな指導を行っている。

★卒業生の進路状況
　＜卒業生237名＞
　大学95名、短大17名、専門学校101名、就職11名、その他13名

★卒業生の主な進学先
　亜細亜大、桜美林大、学習院大、杏林大、国士舘大、実践女子大、駿河台大、大東文化大、拓殖大、中央大、帝京大、東京経済大、東京都立大、東洋大、明星大

♣指定校推薦枠のある大学・短大など♣
　亜細亜大、桜美林大、国士舘大、駿河台大、拓殖大、帝京大、東京経済大、東京工科大、東洋大、日本大、明星大、白梅学園大　他

[トピックス]
・身だしなみ指導に力を入れており、茶髪・ピアス・化粧は厳禁で、スカー

ト丈の指導も実施。正しい服装等の指導を通して、整った生活習慣を身につけられるようにする。
・令和2年度より、制服をマイナーチェンジし、自宅で洗えるなど使い勝手の良い素材に変更した。
・地域から信頼される学校を目指し、**小学校との連携**（学習サポーターとして訪問）、**地域行事への参加**（ブラックダンス部、吹奏楽部）、**中学校との合同の部活動**など、様々な取り組みを行っている。
・1年生の**「人間と社会」**では、**里山保全活動**として本校から歩いて20分程の位置にある狭山丘陵の環境保全に取り組む。
・校舎の大改修を行い、平成22年1月に新校舎に移った。
・平成27年度より、**個別ブース型自習室**が設置された（冷暖房完備）。
・東京都教育委員会の**地域連携リーディング校**に指定されている。

[学校見学]（令和5年度実施内容）
★学校説明会　10・11・12月各1回
★茶陵祭　9月　見学可
★夏休み学校見学会　7・8月各1回
★授業公開　6・10月各1回

入試!インフォメーション

※本欄の内容はすべて令和6年度入試のものです。

受検状況

科名・コース名	募集人員	推薦に基づく入試				第一次募集・分割前期募集			
		募集人員	応募人員	応募倍率	合格人員	募集人員	受検人員	受検倍率	合格人員
普通	277	56	152	2.71	56	221	240	1.09	223

入学者選抜実施方法

推薦

科名・コース名	推薦枠		調査書の活用		満点						備考
	割合(%)	特別推薦の有無	観点別学習状況の評価	評定	調査書点	集団討論・個人面接	小論文	作文	実技検査		
普通	20	○	–	○	300	150	–	150	–		

第一次・分割前期

科名・コース名	分割募集	男女枠緩和	学力検査		調査書		学力検査:調査書	満点						備考
			教科	学校指定による傾斜配点	教科の評定の扱い 学力検査を実施する教科	学力検査を実施しない教科		学力検査	調査書点	面接	小論文・作文	実技検査		
普通	–	○	5		1倍	2倍	7:3	700	300	–	–	–		

〈本校の期待する生徒の姿〉

本校は、「大愛に生きる人であれ」を教育目標とし、生徒一人一人の能力・個性を伸ばし、生涯にわたる学習の基礎となる素養を培い、地域社会に貢献できる人間を育成することを目標としています。この目標達成に向けて、生活指導を重視しつつ、習熟度別少人数授業や実験・実習等の体験的学習活動を行うとともに、学校行事・部活動の充実を図っています。これらのことから、以下のような生徒を、本校の期待する生徒とします。

1 高等学校における明確な学習目標をもっている生徒
2 中学校で3年間生徒会活動や部活動等に積極的に取り組み、高等学校でもこれらに積極的に取り組もうと思っている生徒
3 高等学校卒業後の進路目標を明確にもっている生徒
4 礼儀やマナー、身だしなみ等、学校や社会のルールを守ることができる生徒
※ 特に推薦選抜においては、本校の特色をよく理解した上で、上記の1から4までの全てに該当する生徒が望ましい。
※ 「文化・スポーツ等特別推薦」においては、3年間それぞれの部活動と勉学の両立を果たせる生徒が望ましい。

難易度（偏差値）	D-3（46-43）	併願校選択例	立川女子、東海大菅生、日本体育大桜華、八王子実践、堀越

次のページもご覧ください ▶▶▶

都立 瑞穂農芸 高等学校
みずほのうげい

https://www.metro.ed.jp/mizuhonogei-h/

☎ 190-1211　西多摩郡瑞穂町石畑 2027
☎ 042-557-0142
交通　ＪＲ八高線箱根ヶ崎駅　徒歩 20 分またはバス

園芸科学科
畜産科学科
食品科
生活デザイン科

| 制　服 | あり |

[カリキュラム] ◇三学期制◇
・2・3年次の英語で**習熟度別授業**を、2年次の数学、1年次の理科で**少人数授業**を行う。
・特色を生かした**体験型授業**が行われている。
・各学科が連携した授業（『生産から製造、販売』）によって、専門性を高めることができる。

★園芸科学科
　1年次では、農業や環境に関する基礎的な学習と、栽培の基礎を学ぶ実習を中心に行う。
　2年次では、野菜、草花、果樹、植物バイオテクノロジーの各分野について専門的な学習と実習を行い、3年次では、選択科目を多く設けている。選択科目には、「野菜探求」「草花探求」「フラワーアレンジメント」「植物バイオテクノロジー探求」「作物」「果樹探求」があり、各自の興味・関心や進路選択に応じて**高度な専門技術と知識の習得ができる**カリキュラムとなっている。

★畜産科学科
　2年次より、酪農類型、養豚類型、実用動物類型から選択する。

＜酪農類型＞
・乳牛を担当し、大型動物の飼育管理を学習する。
・高大連携による人工授精、受精卵移植技術など高度な知識を身につけることができる。
・酪農分野の後継者を養成する。

＜養豚類型＞
・豚の飼育管理、生理、繁殖、衛生の知識や技術の基本を中心に学習する。
・育種や繁殖に人工授精や妊娠鑑定を取り入れ、実践的な知識や技術を学習する。
・地域や企業と連携し、環境に配慮した豚肉の生産や飲食店への出荷、商品の開発にも取り組んでいる。

＜実用動物類型＞
・イヌ、リスザルなど多くの種類の愛玩動物中から担当動物を決め、飼育管理を行う。
・動物の生理・生態、繁殖、衛生の知識技術を実践的に学習する。

★食品科
　食品について、食品の原料特性、食品製造、食品衛生、栄養成分、食品微生物等を、幅広く学習している。
　特に**食品製造**に力を入れ、クラスを3班に分け、粉加工（パン・菓子）、園芸加工（ジャム）、乳加工（牛乳の製品化）、肉加工（ハム・ソーセージ等）の実習を展開し、製造に関する幅広い知識、技能を身につけさせている。

★生活デザイン科

＜保育・福祉類型＞
・保育と福祉の両方を学ぶことにより、視野の広い保育人材の育成を目指している。パネルシアターなどの保育園実習や高齢者施設などでも実習を行う。「手話」を学ぶことができる。

＜食物・調理類型＞
・2年次では和洋菓子、中国点心食卓作法など。3年次では本格的な日本、西洋、中華料理の実習、世界の食文化を学ぶ。

＜服飾デザイン類型＞
・2年次では浴衣やタイトスカート。3年次ではドレスやスーツなどの製作を行う。
・文化祭ではファッションショーを行い、日頃の成果を発表する。

[部活動]
　約8割が参加。1年次は全員所属が望ましい。学校全体で運動部・文化部共に盛んな活動が目立っており、各大会やイベントに出場している。

★設置部（※は同好会）
　陸上競技、テニス、バドミントン、バスケットボール、バレーボール（女）、ソフトボール、弓道、ダンス、卓球、硬式野球、水泳、動物愛好、吹奏楽、服飾デザイン、演劇、美術、茶道、バイオテクノロジー、華道、園芸、軽音楽、食品研究、クッキング、写真、※自然科学、※ESS、※和太鼓、※文芸

[行　事]
　下記の他、各科の**校外学習**を実施。
4月　校外学習（1・2・3年）、修学旅行（3年）
6月　体育祭
11月　瑞高祭（文化祭）
1月　課題研究発表会
2月　マラソン大会、三年生を送る会

[進　路] (令和5年3月)
・1年次での**進路適性検査**、進路講演会や**模擬面接**、履歴書指導、**進路相談**、年数回の**ガイダンス**、上級学校の先生による**模擬授業**などを、進路指導部と学年を中心に行っている。
・1年次より個々の進路希望に合わせた各種ガイダンスなど、きめ細かい指導を行っているだけでなく、就職後においても全員の職場を1学期の間に訪ね、早期離職を減少させるための**定着指導**を実施している。

★卒業生の進路状況
　＜卒業生161名＞
大学41名、大学校6名、短大21名、専門学校53名、就職29名、その他11名

★卒業生の主な進学先
　東京農業大、酪農学園大、駿河台大、拓殖大、日本獣医生命科学大、文化学園大、麻布大、白梅学園大、杉野服飾大、帝京科学大、東海大、女子栄養大、東京家政学院大

[トピックス]
・昭和24年東京都立農林高等学校定時制分校として開校。40年東京都立瑞穂農芸高等学校として独立。
・畜産科学科は都内では本校にのみ設置されている。
・畜産、園芸、食品、家庭の**専門性を活かした部活動**がある。専門性を深めるとともに、**検定や資格取得にチャレンジ**し、将来に役立てている。
・**令和元年度**に創立70周年を迎えた。

[学校見学] (令和5年度実施内容)
★**学校見学会**　7月1回　8月2回
★**個別相談会**　12月1回
★**学校説明会**　10・12月各1回
★**体験入学**　9・11月各1回
★**瑞高祭**　11月　2日間実施　令和5年度は2日目が一般公開

受検状況

科名・コース名	募集人員	推薦に基づく入試				第一次募集・分割前期募集			
		募集人員	応募人員	応募倍率	合格人員	募集人員	受検人員	受検倍率	合格人員
園芸科学	35	10	14	1.40	10	25	22	0.88	22
畜産科学	35	10	21	2.10	10	25	23	0.92	23
食　品	35	10	19	1.90	10	25	23	0.92	23
生活デザイン	70	21	31	1.48	21	49	33	0.67	33

入学者選抜実施方法

推薦

科名・コース名	推薦枠		調査書の活用		満点					備考
	割合(%)	特別推薦の有無	観点別学習状況の評価	評定	調査書点	集団討論個人面接	小論文	作文	実技検査	
園芸科学	30	–	–	○	450	300	–	250	–	
畜産科学	30	–	–	○	450	300	–	250	–	
食　品	30	–	–	○	450	300	–	250	–	
生活デザイン	30	–	–	○	450	300	–	250	–	

第一次・分割前期

科名・コース名	分割募集	男女枠緩和	学力検査		調査書		学力検査:調査書	満点					備考
			教科	学校指定による傾斜配点	教科の評定の扱い			学力検査	調査書点	面接	小論文・作文	実技検査	
					学力検査を実施する教科	学力検査を実施しない教科							
園芸科学	–	/	5	–	1倍	2倍	7:3	700	300	–	–	–	
畜産科学	–	/	5	–	1倍	2倍	7:3	700	300	–	–	–	
食　品	–	/	5	–	1倍	2倍	7:3	700	300	–	–	–	
生活デザイン	–	/	5	–	1倍	2倍	7:3	700	300	–	–	–	

〈本校の期待する生徒の姿〉
★園芸科学科・畜産科学科・食品科

　本校は、生命（いのち）に学ぶ学校であり、農業科は、農業技術や食品加工について学び、実習が多いことを理解した上で、以下の項目に該当する生徒を期待します。
1　動植物・食料・環境等の農業に関する分野に熱意をもって取り組み、本校で学んだことを更に生かすために、進学又は就職に向けて努力を惜しまない生徒
2　農業に関する実践的・体験的な学習を通し、協働性を育み、主体的に行動できる生徒
3　規則・マナー・挨拶等社会的規範意識が高く、学校生活に取り組む中で社会性を育み、自己の職業観を見つめることができる生徒
4　これまで学校行事、生徒会活動、部活動、ボランティア活動等に積極的に取り組み、入学後も続けようとする生徒
※　特に推薦選抜においては、上記1、2に対する意識が明確な生徒が望ましい。

★生活デザイン科

　本校は、生命（いのち）に学ぶ学校であり、生活デザイン科は、生活を豊かにするための知識や技術を学び、実習が多いことを理解した上で、以下の項目に該当する生徒を期待します。
1　保育・福祉、被服、食物等の家庭生活に関する分野に熱意をもって取り組み、本校で学んだことを更に生かすために、進学又は就職に向けて努力を惜しまない生徒
2　家庭や生活産業に関する実践的・体験的な学習を通し、協調性を育み、主体的に行動できる生徒
3　規則・マナー・挨拶等社会的規範意識が高く、学校生活に取り組む中で社会性を育み、自己の職業観を見つめることができる生徒
4　これまで学校行事、生徒会活動、部活動、ボランティア活動等に積極的に取り組み、入学後も続けようとする生徒
※　特に推薦選抜においては、上記1、2に対する意識が明確な生徒が望ましい。

難易度（偏差値）　畜産科学　D-3（46-43）／食品・生活デザイン・園芸科学　E-1（42-38）

東京都
公　立
高校

学校ガイド

＜全日制　旧第９学区＞

学校を紹介したページの探し方については、２ページ
「この本の使い方＜知りたい学校の探し方＞」を参照して
ください。

次のページもご覧ください ▶▶▶

都立 清瀬 高等学校
きよせ

https://www.metro.ed.jp/kiyose-h/

☎ 204-0022　清瀬市松山 3-1-56
☎ 042-492-3500
交通　西武線清瀬駅　徒歩 7 分
　　　ＪＲ中央線武蔵小金井駅、西武線久米川駅　バス

普通科

制　服　あり

[カリキュラム] ◇三学期制◇

・1 年次は芸術以外、全員が共通の科目を履修。
・2 年次には**文系**と**理系**に分かれて学習（選択 9 単位）。
・3 年次には多くの選択科目を設置している（11～20 単位）。
・国語・英語・数学では**習熟度別授業**を導入。
・午前中 4 時間の**土曜授業**を実施（年間 16 回）。

[部活動]

・約 95％が参加。
・最近の主な実績は以下のとおり。
＜令和 5 年度＞
少林寺拳法部が、インターハイで女子単独準優勝、女子団体 10 位、関東大会で女子単独・女子総合優勝、女子団体 3 位となった。**ダンス部**が、全国高等学校ダンス部選手権（DCC）決勝大会に出場した。**ソフトテニス部**が、インターハイ女子に出場、関東大会個人・団体に出場した（男女）。**写真部**が、全国高等学校総合文化祭に出展した（令和 3 年度から 3 年連続）。
＜令和 4 年度＞
少林寺拳法部が、全国選抜大会で男子規定単独優勝。**ダンス部**が USA Nationals2022 に出場。**ソフトテニス部**が、国公立大会優勝（22 連覇）。**美術部**が、東京都高等学校文化祭美術・工芸部門中央大会で第 33 回中央展東京都高等学校文化連盟会長賞、奨励賞を受賞、全国高等学校総合文化祭ポスター採用。
＜令和 3 年度＞
ダンス部が、第 14 回日本高校ダンス部選手権（ダンススタジアム）出場。**ソフトテニス部**が、インターハイ男子出場。**写真部**が、年間最優秀校受賞。
★設置部
バスケットボール、バレーボール、硬式テニス、ソフトテニス、バドミントン、硬式野球、ソフトボール、ハンドボール、サッカー、陸上競技、水泳、ダンス、山岳、剣道、少林寺拳法、演劇、地学、漫画研究、吹奏楽、生物、茶道、美術、民族音楽、文芸、箏曲、コーラス、写真

[行　事]

体育大会・合唱コンクール・清高祭は委員会の生徒が中心となって運営される。**清高祭**は毎年多くの来場者で賑わっている。
4 月　遠足
6 月　体育大会、あじさいウィーク
9 月　合唱コンクール、清高祭（文化祭）
1 月　修学旅行
2 月　マラソン大会
3 月　球技大会、芸術鑑賞教室

[進　路]（令和 5 年 3 月）

・卒業生の進路結果を詳細にデータ化。3 年次の進路指導に活用している。
・**進路指導室**ではインターネットを利用した進路情報の収集が行える。
・**自習室**を設置し、放課後の自学自習を支えている。
・夏休み、冬休みには基礎力向上から受験対策まで、様々な目的をもつ**講習**を実施しており、多くの生徒が受講している。
・平成 28 年度から大学生による**チューター制度**を導入し、個別指導を充実させている。
＜進路関係の主な行事＞
進路ガイダンス（1・2・3 年）、キャンパスツアー（1 年）、オープンキャンパス（2 年）、進学研究講座（2 年）、推薦入試ガイダンス（3 年）、センター試験ガイダンス（2・3 年）
★卒業生の進路状況
＜卒業生 266 名＞
大学 234 名、短大 4 名、専門学校 6 名、就職 1 名、その他 21 名
★卒業生の主な進学先
上智大、東京理科大、明治大、青山学院大、立教大、中央大、法政大、埼玉大、東京外国語大、東京学芸大、東京農工大、東京医科歯科大、東京都立大、学習院大、成蹊大、日本大、東洋大、國學院大、武蔵大、東京女子大

♣**指定校推薦枠のある大学・短大など**♣
青山学院大、成蹊大、中央大、津田塾大、東京理科大、法政大、武蔵大、明治大、明治薬科大、立教大　他

[トピックス]

・緑に囲まれた落ち着いた雰囲気の中、生徒はのびのびと学習や部活動、行事に励んでいる。
・読書感想文コンクールが行われ、校内で最優秀賞を決定し、全国大会に応募する。
・**あじさいウィーク**では、約 1,000 株のあじさいが植えられた**自然あふれる中庭**の一般公開を行っており、毎年多くの来校者でにぎわう。
・近年進学実績と部活動の成績の伸びは著しく、**文武両道**を実践している。
・「**海外学校間交流推進校**」「Sport-Science Promotion Club」「**文化部推進校**」に指定されている。

[学校見学]（令和 5 年度実施内容）

★授業公開　5・11 月各 1 回
★学校見学会　7・8 月各 2 回
★学校説明会　10・11 月各 1 回
★清高祭　9 月

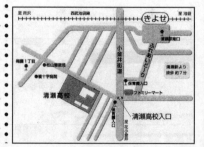

受検状況

科名・コース名	募集人員	推薦に基づく入試				第一次募集・分割前期募集			
		募集人員	応募人員	応募倍率	合格人員	募集人員	受検人員	受検倍率	合格人員
普通	276	56	136	2.43	56	220	287	1.30	222

入学者選抜実施方法

推薦

科名・コース名	推薦枠		調査書の活用		満点					備考
	割合(%)	特別推薦の有無	観点別学習状況の評価	評定	調査書点	集団討論個人面接	小論文	作文	実技検査	
普通	20	○	－	○	450	220	230	－		

第一次・分割前期

科名・コース名	分割募集	男女枠緩和	学力検査		調査書		学力検査	調査書	満点					備考
			教科	学校指定による傾斜配点	教科の評定の扱い 学力検査を実施する教科	学力検査を実施しない教科			学力検査	調査書点	面接	小論文・作文	実技検査	
普通	－	○	5		1倍	2倍	7：3		700	300	－	－	－	

〈本校の期待する生徒の姿〉

　本校は、「情熱・誠実・理想」を校訓とし、生徒と教職員の信頼の下に、緑の多い静かな環境の中で教育を行っている。
1　学習活動に目的意識をもって努力し、主体的に学習に取り組むことができる生徒
2　将来の生き方や進路に関して常に考え、進路目標実現に向けて努力して、自らを高めることができる生徒
3　部活動、生徒会活動や学校行事に、継続して積極的に取り組む意志をもち、責任を果たすことができる生徒
4　各種のボランティア活動等に積極的に参加し、社会貢献を果たそうとする姿勢・意欲をもつことができる生徒
5　社会生活の基本が身に付いており、ルールを守り自己に厳しくけじめのある学校生活を送ることができる生徒
※　特に推薦選抜においては、学習状況が良好で、諸活動で中心的役割を果たした実績のある生徒が望ましい。
※　「文化・スポーツ等特別推薦」においては、硬式野球、ソフトテニスに優れた能力をもち、3年間部活動と勉強を意欲的に両立させる生徒が望ましい。

難易度（偏差値）	B－3（60－58）	併願校選択例	錦城、西武台、白梅学園、拓殖大第一、明法

次のページもご覧ください ▶▶▶

都立 小金井北 (こがねいきた) 高等学校

https://www.metro.ed.jp/koganeikita-h/

☏ 184-0003　小金井市緑町 4-1-1
☎ 042-385-2611
交通　ＪＲ中央線東小金井駅・武蔵小金井駅　徒歩 10 〜 15 分
　　　西武線花小金井駅・清瀬駅・東久留米駅　バス

普通科

| 制　服 | あり |

[カリキュラム] ◇三学期制◇

・50分 週32時間の授業＋週1時間のLHR。
・共通科目は通常の各学級で履修。選択科目は講座ごとに履修する。
・3年次は大幅な選択科目を設け、**国公立大学や難関私大対策**の科目など、多様な進路希望に対応する。
・**土曜授業**をほぼ隔週で年間20回実施。土曜授業のある日の午後等には**自主学習支援アドバイザー**が来校。授業の補習や受験勉強に利用できる。

[部活動]

・約95%が参加。
・最近の主な実績は以下のとおり。
＜令和5年度＞
・**女子テニス部**が、都立団体3位となった。男子ソフトボール部が、関東大会に出場した。**女子ソフトボール部**が、全国選抜予選東京大会に出場した。**コーラス部**が、NHK全国学校音楽コンクール東京都大会で銀賞を受賞した。
・令和4年度は、**男子バレーボール部**が関東大会予選でベスト40、インターハイ予選でベスト32、**女子バレーボール部**が関東大会予選でベスト64、**ソフトボール（女子）**が公立新人戦の決勝トーナメントに出場。
・令和3年度は、**男子バレーボール部**が新人大会でベスト36となった。

★設置部（※は同好会）
陸上競技、水泳、剣道、バレーボール、ハンドボール、バスケットボール、バドミントン、テニス、サッカー、ダンス、ソフトボール、※卓球、文芸、茶道、美術、演劇、吹奏楽、コーラス、フォークソング、野外研究、漫画研究、パソコン、写真、ボランティア

[行　事]

・**合唱コンクール、体育大会、桜樹祭（文化祭）**の三大行事はたいへんな盛り上がりを見せる。特に**合唱コンクール**における3年生の発表は圧巻である。

・**体育大会**は、学年縦割りで結成する応援団の発表が見もの。
・**桜樹祭**は文化部、1〜3年までの全クラスが参加し、発表をする。
5月　体育大会
6月　合唱コンクール
7月　部活動合宿
9月　桜樹祭（文化祭）
11月　校外学習（1年）、修学旅行（2年）

[進　路]（令和5年3月）

・本校教員による補習や講習が充実しており、学校を中心とした勉強で国公立大や難関私大に**合格**できるようにサポート。
・平日や土日・夏休み・冬休みには、希望者を対象に**補習**や**講習**を開講。夏期講習は数多く開講され、ほとんどの生徒が利用している。予備校の**通信衛星講座**も年間を通して実施。
・推薦入試対策として、小論文や面接の指導を実施。
・進路ガイダンスや保護者への**進路説明会**も適宜行っている。
・インターネット環境の整備された**進路指導室**では、生徒の相談をいつでも受け付けている。

★卒業生の進路状況
＜卒業生241名＞
大学214名、短大1名、専門学校0名、就職2名、その他24名

★卒業生の主な合格実績
東京工業大、東京学芸大、東京農工大、電気通信大、筑波大、千葉大、埼玉大、山梨大、岩手大、広島大、群馬大、横浜国立大、東京都立大、早稲田大、慶應義塾大、上智大、青山学院大、学習院大、國學院大、駒澤大、成蹊大、専修大、中央大、津田塾大、東京女子大、東京農業大、東京理科大、東洋大、日本大、日本女子大、文教大、法政大、武蔵野大、明治大、明治学院大、明治薬科大、立教大

♣指定校推薦枠のある大学・短大など♣
東京都立大、青山学院大、学習院大、成蹊大、成城大、中央大、津田塾大、

東京薬科大、東京理科大、日本女子大、法政大、明治大、明治薬科大、立教大　他

[トピックス]

・昭和55年開校。**教育目標**は「**創造・自律・努力**」。行事や部活動が盛んで、**知・徳・体**をバランスよく育んでいる**進学校**である。
・生徒用の玄関を入るとすぐに、中庭を見渡せる広い**オープンスペース**がある。
・**ＣＡＬＬ教室**も完備。**第2グラウンド**（テニスコート6面）、プール、体育館など、運動系の設備も充実している。
・平成21年度から新制服となった。
・平成22年度から進学指導推進校の指定を受けている。
・平成27年3月に**新校舎、新体育館、新プール**が完成し、全面改修が完了した。
・平成28年度から**英語教育研究推進校、理数研究校**に指定された。

[学校見学]（令和5年度実施内容）

★学校説明会・授業公開　10月2回、12月1回
★学校見学会　6月1回、8月2回
★桜樹祭　9月
★施設見学会　7月6回、8月4回
★授業公開　9・11月各1回

受検状況

科名・コース名	募集人員	推薦に基づく入試				第一次募集・分割前期募集			
		募集人員	応募人員	応募倍率	合格人員	募集人員	受検人員	受検倍率	合格人員
普通	237	48	126	2.63	48	189	296	1.57	191

入学者選抜実施方法

	科名・コース名	推薦枠		調査書の活用		満点					備考
		割合(%)	特別推薦の有無	観点別学習状況の評価	評定	調査書点	集団討論・個人面接	小論文	作文	実技検査	
推薦	普通	20	–	–	○	500	200	300	–	–	

	科名・コース名	分割募集	男女枠緩和	学力検査		調査書		学力検査	調査書	満点					備考
				教科	学校指定による傾斜配点	教科の評定の扱い				学力検査	調査書点	面接	小論文・作文	実技検査	
						学力検査を実施する教科	学力検査を実施しない教科								
第一次・分割前期	普通	–	○	5		1倍	2倍	7:3		700	300	–	–	–	

〈**本校の期待する生徒の姿**〉

　本校は教育目標に「創造・自律・努力」を掲げ、落ち着いた雰囲気の中で学習や行事・部活動に取り組んでいると定評を得ています。
　多くの生徒が国公立大学・難関私立大学への進学を目標としています。東京都教育委員会からは「進学指導推進校」に加え、「英語教育研究推進校」「理数研究校」の指定を受け、生徒の夢と希望の実現を目指してきめ細かい進路指導を行っています。
　基礎・基本の定着と大学進学に対応する質の高い授業のほか、クラスが一体となる合唱コンクール・体育大会・文化祭等の学校行事、活発な部活動等、様々な面から生徒をサポートし、バランスの取れた人材を育成しています。こうした本校の特色と教育目標を理解し、次の項目に該当する生徒の入学を望みます。
1　本校の教育方針をよく理解し、志望の動機と将来への目的意識がはっきりしている生徒
2　高い目的意識をもって主体的に粘り強く学習に取り組む意欲をもつ生徒
3　学校行事、部活動、生徒会活動に積極的に取り組み、リーダーシップを発揮することのできる生徒
4　基本的な生活習慣を身に付けており、自己を厳しく律してけじめのある生活を送ることのできる生徒

難易度（偏差値）	B-1（63-61）	併願校選択例	錦城、杉並学院、聖徳学園、拓殖大第一、中央大杉並

次のページもご覧ください ▶▶▶

科学技術科

都立 多摩科学技術 高等学校
（たまかがくぎじゅつ）

https://www.metro.ed.jp/tamakagakugijutsu-h/

☎ 184-8581　小金井市本町6-8-9
☎ 042-381-4164
交通　JR中央線武蔵小金井駅　徒歩10分

| 制 服 | あり |

[カリキュラム] ◇三学期制◇

・教育課程の80%は普通科目、20%が科学技術系科目である。
・授業は50分6限。**土曜授業を年間18回程度実施**。
・数学、理科、英語を重視し、**習熟度別や少人数授業**を行っている。
・3年次には、**必修選択科目6単位、自由選択科目6単位**を設置。
・理科に関しては、3年次まで選択必修があり、3年間で10単位が必修。
・1年次の「工業技術基礎」では、科学技術科4領域を広く学び、2年次の「課題研究」「科学技術実習」、3年次の「卒業研究」では1領域を選択し、学習を深める。特に「課題研究」「卒業研究」では、問題解決力、創造力、プレゼンテーション能力などを身に付ける。
・**電子顕微鏡、電子線描画装置、クリーンベンチ**など、**科学研究に関する諸施設**が充実しており、バイオテクノロジー、ナノテクノロジー、エコテクノロジー、インフォメーションテクノロジーの先端4分野に関しては、1年次から理論学習と実験を行う。

○インフォメーションテクノロジー
コンピュータに関連する技術を学ぶ。主な内容は、シミュレーション（プログラミング）、コンピュータグラフィックス、ロボット技術（コンピュータ制御）、ネットワーク・セキュリティに関することである。

○ナノテクノロジー
電子顕微鏡の操作方法や、微小な世界のものを正しく捉えられるような学習を行い、微小な物質の性質を学ぶ。また、電子線描画装置を用いて、微細加工技術も学ぶ。

○バイオテクノロジー
生物学を基礎として実社会に有用な利用方法を学習する。
食糧問題や生命科学などでも注目を浴びている領域であり、具体的には、微生物学の基礎・応用、発酵科学、DNAなどに関して学んでいく。

○エコテクノロジー
地球環境を守るエコロジーとその基本原理（循環、共生等）を学習する。
身近な環境から地球全体の問題までを取り扱うのみならず、基本的な化学技術に始まり、高度な装置を使用した測定・分析の方法なども学ぶ。

[部活動]

約9割が参加。科学技術にそった部活が多く、**2020年度日本生物学オリンピック代替試験で金賞を受賞**し、日本代表に選出された。**国際生物学オリンピックで銅メダルを獲得**。**全国総合文化祭自然科学部門プレ大会で最優秀賞受賞**。**IDEX2022の国際発表**に出場し、Bronze賞を受賞。全国レベルで活躍している。

★設置部
バレーボール、バスケットボール、サッカー、硬式テニス、卓球、剣道、バドミントン、陸上、水泳、科学研究、ロボット研究、無線工作、パソコン、写真、美術・イラスト、天文、吹奏楽、軽音楽、ボランティア、将棋

[行　事]

文化祭では各クラスが科学技術に関する出展を行う。

4月	遠足
6月	体育祭
9月	文化祭
10月	修学旅行
11月	卒業研究発表会
3月	課題研究発表会

[進　路]（令和5年3月）

・国公立大学をはじめとする理系大学等へ確実に合格できる学力を育成する。そのために理数科目や英語を重点的に学習する。
・数学・理科・英語について、設定される単位数は、都立高校の中でも大学進学で実績を上げている各校と同等のものとなっている。
・3年次の「卒業研究」は大学入試における各種推薦対策にも対応する。

★卒業生の進路状況
＜卒業生201名＞
大学142名、短大0名、専門学校2名、就職1名、その他56名

★卒業生の主な進学先
北海道大、東北大、東京海洋大、東京工業大、千葉大、筑波大、信州大、埼玉大、山梨大、電気通信大、東京農工大、東京都立大、早稲田大、慶応義塾大、明治大、青山学院大

♣指定校推薦枠のある大学・短大など♣
東京都立大、東京薬科大、東京農大、明治大、早稲田大　他

[トピックス]

・都立では2校目となる**科学技術高校**。理系大学進学をめざす専門課程の全日制校。「科学技術創造立国日本の中核を担い、国際社会の中で活躍できる人材の育成」を目標とする。
・広く科学技術に触れながら、理系大学進学をめざした学習を行う。
・文部科学省より、平成24年度から**スーパーサイエンスハイスクール（SSH）**に指定されている。国立研究開発法人科学技術振興機構からの支援を受け、科学技術に特化した学校設定科目の開発、全国のSSH校による発表会への参加、研修旅行などを行っている。
・**科学技術アドバイザーによる授業・特別講演**を実施。東京農工大、東京理科大、明治薬科大、早稲田大、東京工科大、前田建設工業などから支援を受けている。
・校舎には**冷暖房**が完備され、環境生命分析室、クリーンベンチルーム、材料顕微鏡室など、**最先端の実験施設**が大学並みに充実している。

[学校見学]（令和5年度実施内容）

★学校見学会　6・8月各2回　7月4回
★体験入学　5・8月各1回
★学校説明会　10・11月各2回　12月1回
★体験入部　8月
★文化祭　9月　見学可

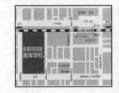

受検状況

科名・コース名	募集人員	推薦に基づく入試				第一次募集・分割前期募集			
		募集人員	応募人員	応募倍率	合格人員	募集人員	受検人員	受検倍率	合格人員
科学技術	210	63	106	1.68	63	147	215	1.46	153

入学者選抜実施方法

推薦

科名・コース名	推薦枠		調査書の活用		満点					備考
	割合(%)	特別推薦の有無	観点別学習状況の評価	評定	調査書点	集団討論・個人面接	小論文	作文	実技検査	
科学技術	30	○	−	○	500	300	−	−	200	

第一次・分割前期

科名・コース名	分割募集	男女枠緩和	学力検査		調査書		学力検査:調査書	満点					備考
			教科	学校指定による傾斜配点	教科の評定の扱い 学力検査を実施する教科	学力検査を実施しない教科		学力検査	調査書点	面接	小論文・作文	実技検査	
科学技術	−		5	数理1.5倍	1倍	2倍	7:3	700	300	−	−	−	

〈本校の期待する生徒の姿〉

　本校は、将来の科学技術分野で活躍できる若者の育成を目指すために、幅広い科学技術の基礎知識と素養を身に付けることを重視した学校です。したがって、本校の学習、学校行事、部活動等に積極的に取り組み、大学進学等の希望する進路の実現や、将来の目標について自ら考え行動できる、次のような生徒の入学を期待します。

1　本校の教育目標と教育内容をよく理解し、入学を強く希望する生徒
2　理科系大学進学等、希望する進路の実現に向けて、日々の学習活動に意欲的に取り組む生徒
3　科学技術に関して興味・関心をもち、意欲的に取り組む生徒
4　学校行事、生徒会活動、部活動等において積極的に取り組む生徒
5　社会の一員としてのルールやマナーを身に付け、自他共に思いやる心をもつとともに、積極的にコミュニケーションを図る生徒
※　特に推薦選抜においては、上記1から5までに加え、将来、国際社会で活躍する意欲をもつ生徒であることが望ましい。また「文化・スポーツ等特別推薦」においては、中学校の学習活動又は部活動で優れた取り組みをし、入学後も継続的に活動できる生徒が望ましい。

難易度（偏差値）	C−1（57−55）	併願校選択例	錦城、白梅学園、杉並学院、日本工業大駒場、八王子学園八王子

普通科

都立 国分寺 高等学校
（こくぶんじ）

https://www.metro.ed.jp/kokubunji-h/

〒185-0004　国分寺市新町 3-2-5
☎ 042-323-3371
交通　ＪＲ中央線国立駅　徒歩20分またはバス
　　　西武線恋ヶ窪駅　徒歩25分またはバス
　　　西武線鷹の台駅　徒歩20分

進学重視型単位制

制服　あり

[カリキュラム] ◇三学期制◇

・本校は「進学重視型単位制高校」であるため、必要な単位数を修得できれば卒業できる。授業は50分6時限（水曜は7時限）。土曜日も通常授業を行う（年に約20回）。さらに、英数国を中心に習熟度別授業・少人数制授業を展開し、きめの細かい指導を行っている。

・1年次は全科目必修で、共通テストレベルに対応するための基礎学力を充実させる。2年次より文系と理系に分かれ、選択科目から4〜5単位を選択。3年次では最大22単位を選択する。

・授業を受講することで単位が認定される「高大連携」を実施している。現在は東京学芸大、東京外国語大、東京都立大、津田塾大、中央大など10校が対象。

[部活動]

・全員参加制。兼部も可能で約110%が参加。

・最近の主な実績は以下のとおり。

＜令和3年度＞
水泳部が西東京国公立高校大会で男子2位、女子1位、総合2位に入賞した。陸上競技部が女子やり投げで関東大会に進出した。

＜令和2年度＞
陸上競技部はやり投げで関東大会に出場、男子テニス部は都立対抗で5位入賞、ソフトボール部は公立新人戦で準優勝、水泳部は西東京国公立大会で総合2位となった。また、生物部は日本学生科学賞（読売科学賞）、東京大会では奨励賞・努力賞を受賞した。

＜令和元年度＞
水泳部が西東京国公立大会で、男子2位、女子3位、総合3位に入賞した。サッカー部は関東大会都予選でベスト8。陸上部は総体支部予選会で10種目延べ18人が都大会進出。吹奏楽部は吹奏楽コンクールA組で金賞を受賞した。

★設置部（※は同好会）

剣道、硬式テニス(男女)、サッカー(男女)、山岳、水泳、ソフトテニス、ソフトボール、卓球、バスケットボール(男女)、バレーボール(男女)、バドミントン、ハンドボール(男女)、硬式野球、陸上競技、ダンス、吹奏楽、コーラス、茶道、科学、生物、美術、華道、軽音楽、イラスト文芸、天文、書道、レゴ、ESS、スイーツ研究、※クイズ研究、※写真

[行　事]

9月初旬、1週間ほどの間に合唱祭、文化祭、中夜祭、体育祭を連続して開催する「木もれ陽祭」を実施。生徒の情熱、熱気が満ち溢れ、大いに盛り上がる。

6月	芸術鑑賞教室
9月	木もれ陽祭（合唱祭・文化祭・中夜祭・体育祭）
11月	進路遠足（1年）
3月	修学旅行（2年）、球技大会、オーストラリア語学研修

[進　路]（令和5年3月）

・1年次には週1回、キャリアガイダンス（進路研究）を実施。

・夏季休業中の補習・補講にも力を入れている。

・自学自習の習慣の確立という目的もあり、自習室が用意されている。

★卒業生の主な合格実績
北海道大、東北大、筑波大、埼玉大、千葉大、電気通信大、東京医歯大、東京外国語大、東京学芸大、東京藝術大、東京工業大、東京農工大、一橋大、横浜国立大、京都大、山梨大、高崎経済大、東京都立大、青山学院大、学習院大、慶應義塾大、上智大、成蹊大、成城大、中央大、東京理科大、法政大、武蔵野大、明治学院大、武蔵野美術大、武蔵大、明治大、立教大、早稲田大

♣指定校推薦枠のある大学・短大など♣
東京都立大、早稲田大、慶應義塾大、青山学院大、学習院大、中央大、津田塾大、東京女子大、東京薬科大、東京理科大、法政大、明治学院大、

明治薬科大、立教大　他

[トピックス]

・昭和44年に創立された。地域に根ざした文武両道をモットーとする進学校である。平成14年、新校舎が完成すると同時に、「進学重視型単位制高校」として新たなスタートを切った。19年、都教育委員会より進学指導特別推進校の指定を受けた。30年度には、創立50周年を迎えた。

・すぐれた実績を誇る部活動を支える広いグラウンド。講義室、ゼミ室、自習室などが多数設置されている他、パソコン室もある。全教室エアコン完備。

・オーストラリアの高校と国際交流を行っている。3月の春季休業を利用して、約20名の生徒が現地を訪問し、交流を深めている。

・平成28年度より、理数イノベーション校、30年度より、理数リーディング校、令和3年度より理数教育重点校の指定となった。

[学校見学]（令和5年度実施内容）

★夏休み中の学校見学会　8月3回
★オープンスクール　7月2回
★学校説明会・学校公開　6・10・11・12月各1回
★文化祭　9月　見学可（入試個別相談会あり）

Access

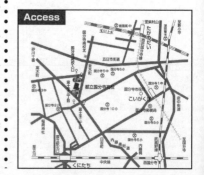

※本欄の内容はすべて令和6年度入試のものです。

受検状況

科名・コース名	募集人員	推薦に基づく入試				第一次募集・分割前期募集			
		募集人員	応募人員	応募倍率	合格人員	募集人員	受検人員	受検倍率	合格人員
普通	316	64	144	2.25	64	252	332	1.32	257

入学者選抜実施方法

推薦

科名・コース名	推薦枠		調査書の活用		満点					備考
	割合(%)	特別推薦の有無	観点別学習状況の評価	評定	調査書点	集団討論個人面接	小論文	作文	実技検査	
普通	20	−	−	○	400	130	270	−	−	

第一次・分割前期

科名・コース名	分割募集	男女枠緩和	学力検査		調査書		学力検査：調査書		満点					備考
			教科	学校指定による傾斜配点	教科の評定の扱い				学力検査	調査書点	面接	小論文・作文	実技検査	
					学力検査を実施する教科	学力検査を実施しない教科	学力検査	調査書						
普通	−		5*		1倍	2倍	7：3		700	300	−	−	−	*国数英は自校作成。

〈本校の期待する生徒の姿〉

　本校は「進学重視型単位制高校」並びに「進学指導特別推進校」として、必要な科目設置、習熟度別・少人数指導、大学との連携等により、自己の進路目標達成に向けて積極的に努力する生徒を強く支援していきます。
　このような学校の特色を理解し、以下の項目に該当する生徒を求めます。
1　全教科にわたって学習成績が優秀であり、更に深く学ぼうとする意欲のある生徒
2　大学等への進学希望について強い意志をもち、高い志望を掲げ努力することができる生徒
3　他者を思いやり、他者と協力しながら優れたリーダーとして行動できる生徒
4　部活動、生徒会活動、学校行事や学外活動に積極的に取り組んだ生徒

難易度（偏差値）	A−3（66−64）	併願校選択例	錦城、拓殖大第一、八王子学園八王子、明治学院東村山、明治大付属明治

普通科　＜外国語コース＞

都立 小平 高等学校
（こだいら）

https://www.metro.ed.jp/kodaira-h/

〒187-0042　小平市仲町112
☎ 042-341-5410
交通　西武線小平駅　徒歩10分
　　　西武線青梅街道駅　徒歩10分
　　　ＪＲ武蔵野線新小平駅　徒歩17分
　　　ＪＲ中央線武蔵小金井駅・国分寺駅　バス

| 制　服 | あり |

[カリキュラム] ◇三学期制◇

・令和4年度より、年間履修単位を34単位へ増加。土曜授業を廃止し、45分7時間授業に。

・1年次は各教科を満遍なく学習し、2年次から適性や希望に応じて**文系・理系**の型を選ぶことになる。そして、3年次には希望する進路に対応するため、多数の必修選択科目・自由選択科目が設置されている。

・外国語コースでは、3年間で20〜31単位の英語の授業がある。**外国人講師による少人数授業**を行い、レベルの高い英語力の育成を図っている。3年次の必修選択として、**第2外国語**（ドイツ語、フランス語、スペイン語、韓国語、中国語）がある。

・その他**外国語コース**では、8月にテンプル大学日本校において、希望者は**英語集中講座**を受講することができる。

・**実用英語検定試験**を校内で年に3回実施。

・普通科（一般コース）、外国語コースともに、洋書多読を推進しており、3年間で100万語を目指す「**多読マラソン**」を実施している。英語書籍の蔵書数は**約3万冊**。

[部活動]

・約9割が参加。

・各部活発な活動を行っている。

★設置部（※は同好会）
　野球、バレーボール、ハンドボール、バスケットボール、サッカー、陸上競技、登山、バドミントン、水泳、剣道、テニス、ダンス、卓球、美術、家庭科、演劇、イラストレーション、軽音楽、合唱、華道、文芸、茶道、吹奏楽、※パソコン、※英語、※写真

[行　事]

　国際色豊かな行事が多い。各学期末の**ＧＴＥＣ**（英語実力テスト）、11月のレシテーションコンテスト、希望者のみの**アメリカ語学研修旅行**など、普通科と外国語コースに分け隔てなく平等に機会がある。

5月　芸術鑑賞教室、遠足
6月　合唱祭
8月　テンプル大学スキルアップセミナー、アメリカ語学研修旅行（希望者）
9月　欅（けやき）祭（文化祭・体育祭）
10月　修学旅行（2年）
11月　レシテーションコンテスト（英文スピーチの暗唱）（1年）
2月　ロードレース（1・2年）

[進　路]（令和5年3月）

・2年次より放課後や長期休業中に希望者対象の**講習**を実施。

・**実力テスト、模擬試験**を各学年5回実施。

・各学年で**進路ガイダンス**を実施。

・各学年の「総合的な学習（探究）の時間」の中で進路学習を実施。

＜進路関係の主な行事＞
4月　進路オリエンテーション（3年）、看護医療説明会（2・3年）、就職公務員説明会（2・3年）
5月　幼児教育小学校教員説明会（2・3年）、専門学校説明会（3年）
6月　進路保護者会（3年）、推薦希望者説明会（3年）、小論文指導説明会（3年）
9月　センター試験説明会（3年）、模擬面接説明会（3年）、第1次指定校推薦等応募締切
10月　模擬面接指導（3年）
11月　出願指導説明会（3年）
12月　海外大学等進学説明会（1・2年）
3月　卒業生講話会（1・2年）

★卒業生の主な合格実績
　筑波大、千葉大、東京外国語大、東京学芸大、東京農工大、東京都立大、青山学院大、学習院大、國學院大、駒澤大、上智大、成蹊大、成城大、専修大、中央大、東京理科大、東洋大、日本大、法政大、武蔵大、明治大、明治学院大、立教大、早稲田大

♣指定校推薦枠のある大学・短大など♣
　早稲田大、青山学院大、中央大、法政大、成蹊大、成城大、武蔵大、津田塾大、日本大、東洋大、専修大、東京電機大、芝浦工業大、工学院大、獨協大　他

[トピックス]

・**国際交流**が盛んで、留学生の派遣、受け入れの他、外国からの学校視察団の受け入れなども行っている。2019年度には、台湾から70名、アメリカ、オーストラリア、デンマークの高校生などの訪問を受けた。

・国際理解教育に注力しており、夏休みの2週間のアメリカへの**海外語学研修**（希望者）、語学研修に参加する生徒対象の外国人講師による短期英語集中講座KIES、テンプル大学日本校での4日間の**夏期英語講座**（希望者）、2年次の授業内でのオンライン英会話などを実施している。

・地域交流も実施。「**文化・スポーツ交流会**」、「伝承あそび」など。

・東京都教育委員会よりGlobal Education Network 20、海外学校間交流推進校、国際交流リーディング校に指定されている。

[学校見学]（令和5年度実施内容）

★学校見学会　7・8月各1回
★学校説明会　10・11月各1回
★授業公開　6月・10月
★欅祭　9月

受検状況

科名・コース名	募集人員	推薦に基づく入試				第一次募集・分割前期募集			
		募集人員	応募人員	応募倍率	合格人員	募集人員	受検人員	受検倍率	合格人員
普通〈一般〉	237	48	96	2.00	48	189	242	1.28	192
普通〈外国語〉	80	24	61	2.54	24	56	95	1.70	57

入学者選抜実施方法

推薦

科名・コース名	推薦枠		調査書の活用		満点					備考
	割合(%)	特別推薦の有無	観点別学習状況の評価	評定	調査書点	集団討論個人面接	小論文	作文	実技検査	
普通〈一般〉	20	–	–	○	500	200	300	–	–	
普通〈外国語〉	30	–	–	○	500	200	300	–	–	

第一次・分割前期

科名・コース名	分割募集	男女枠緩和	学力検査		調査書		学力検査:調査書	満点					備考
			教科	学校指定による傾斜配点	教科の評定の扱い			学力検査	調査書点	面接	小論文・作文	実技検査	
					学力検査を実施する教科	学力検査を実施しない教科							
普通〈一般〉	–	○	5		1倍	2倍	7:3	700	300	–	–	–	
普通〈外国語〉	–		5	英2倍	1倍	2倍	7:3	700	300	–	–	–	

<本校の期待する生徒の姿>

★<一般コース>

　小平高校は、学習活動と部活動等の特別活動を高いレベルで両立させ、「確かな学力、豊かな心、健やかな体」のバランスのよい生徒を育成します。また、日本の伝統と文化を理解し、世界に目を向けられる生徒を育てるため、各教科の授業や国際交流行事、語学研修等を通した体験に力を入れています。これを踏まえ、本校では次の項目に当てはまる皆さんの入学を求めています。

1　自分の考えを相手に正しく伝え、相手の考えを尊重し、ルールやマナーを守り、互いに協力できる生徒
2　学校の授業や家庭学習に積極的、意欲的に取り組み、進路の実現に向けて日々努力できる生徒
3　積極的に部活動に取り組み、学習活動と高いレベルで両立できる生徒
4　日本の伝統・文化と異文化への理解を深め、国際交流に積極的に参加できる生徒
5　授業をはじめとするあらゆる教育活動を通して、深く考える力をもち、自ら発信できる生徒
※　特に推薦選抜においては、上記の1から5までの全てに該当する生徒が望ましい。

★<外国語コース>

　小平高校は、学習活動と部活動等の特別活動を高いレベルで両立させ、「確かな学力、豊かな心、健やかな体」のバランスのよい生徒を育成します。また、日本の伝統と文化を理解し、世界に目を向けられる生徒を育てるため、外国語をはじめとする各教科の授業や国際交流行事、語学研修等を通した体験に力を入れています。これを踏まえ、本校では次の項目に当てはまる皆さんの入学を求めています。

1　自分の考えを相手に正しく伝え、相手の考えを尊重し、ルールやマナーを守り、互いに協力できる生徒
2　学校の授業や家庭学習に積極的、意欲的に取り組み、進路の実現に向けて日々努力できる生徒
3　積極的に部活動に取り組み、学習活動と高いレベルで両立できる生徒
4　日本の伝統・文化と異文化への理解を深め、国際交流に積極的に参加できる生徒
5　授業をはじめとするあらゆる教育活動を通して、深く考える力をもち、自ら発信できる生徒
※　特に推薦選抜においては、上記の1から5までの全てに該当する生徒が望ましい。

難易度（偏差値）	B－3（60－58）	併願校選択例	普通(一般)：白梅学園、杉並学院、拓殖大第一、明法、目白研心

普通科

都立 小平西 高等学校

こ だいら にし

https://www.metro.ed.jp/kodairanishi-h/

〒187-0032 小平市小川町 1-502-95
☎ 042-345-1411
交通 西武線東大和市駅 徒歩15分
　　　西武線鷹の台駅 徒歩20分
　　　ＪＲ立川駅からバス武蔵野美術大学行き「小平西高校」 徒歩０分

| 制　服 | あり |

[カリキュラム] ◇三学期制◇

- １年次は芸術以外、２年次は必修選択以外、全員が共通の科目を学ぶ。
- ２年次の必修選択は、進路に対応した科目を選択する。
- ３年次には６〜14単位の多彩な**選択科目**が用意され、各自の進路に向けた時間割を組むことができる。
- 数学（１・２年生）、英語（１〜３年生）では**習熟度別授業**を取り入れている。

[部活動]

- 希望者参加制。約７割が参加。運動部・文化部共に活発に活動している。
- 最近の主な実績は以下のとおり。

  ＜令和４年度＞
  女子ソフトボール部が、第53回東日本高等学校女子ソフトボール大会２部で準優勝、東京都公立新人選手権大会で優勝（５連覇）。**卓球部**が、新人大会シングルスで優勝・準優勝、新人大会学校対抗で東京都ベスト８。**吹奏楽部**が、東京都高等学校吹奏楽コンクールＣ組で金賞を受賞。**華道部**が、ikenobou2022「花の甲子園」で敢闘賞を受賞した。

  ＜令和元年度＞
  女子バドミントン部は、新人戦（団体）で東京都ベスト８。

★設置部
サッカー、ソフトボール(女)、硬式野球、硬式テニス、バレーボール(女)、バスケットボール、バドミントン、水泳、ラグビー、卓球、ダンス(女)、ハンドボール、剣道、陸上競技、吹奏楽、自然研究、軽音楽、美術、漫画研究、演劇、家庭、華道、和太鼓、ガーデニング

[行　事]

5月	遠足（１、２年）
6月	体育祭
7月	上級学校体験
8月	部活動合宿・夏期講習
9月	飛翔祭（文化祭）
11月	セーフティ教室
1月	修学旅行（２年）
2月	合唱祭（１・２年）
3月	芸術鑑賞教室・探究発表（１年）

[進　路]（令和５年３月）

- 自己を理解し自己の適性や能力を最大限に伸ばしつつ、学習習慣をつけ、将来への展望が持てる指導を推進。
- **４年制大学進学希望者**が増加傾向。
- １〜２年次は**進路ガイダンス**、**実力テスト**などを適宜実施。２年次には**進路適性検査**も行う。
- ３年次の総合的な学習の時間で、進路に向けた分野別具体的学習を予定。
- 『**進路ノートブック**』というしおりを全学年に配布。
- 本校教職員が質問に答える**KONISHI寺子屋**を実施予定。
- 夏期講習を夏休み期間に前期・後期２回行う。
- **自習室**を設け、積極的に勉強する生徒を応援。

＜３年次の進路関連行事＞
4月	志望理由書事前指導
5月	学校別ガイダンス（大学・短大・専門学校・保育系・看護医療系・就職）、就職希望者個人面談、ＡＯ入試説明会
6月	公務員模試、看護医療系ガイダンス
7月	志望理由書解説
8月	就職模擬面接、会社見学、看護系小論文指導
9月	看護医療系面接指導
11月	大学進学者向けガイダンス

★卒業生の進路状況
　＜卒業生267名＞
　大学129名、短大６名、専門学校109名、就職12名、その他11名

★卒業生の主な進学先
　明治大、日本大、法政大、東京理科大、亜細亜大、国士舘大、帝京大、東京経済大、東洋大、明星大

♣指定校推薦枠のある大学・短大など♣

亜細亜大、大妻女子大、杏林大、工学院大、国士舘大、実践女子大、専修大、大東文化大、拓殖大、帝京大、東京経済大、東京工科大、武蔵野大、明星大　他

[トピックス]

- 昭和52年、玉川上水のほとりの緑豊かな土地に設立。
- 小西スタイル４つの柱「私はできる」私はわかる／私は守る／私は参加する／私は挑む。
- 生活指導部、学年による一斉の遅刻・自転車指導を徹底。
- 明るく広い２階まで吹き抜けのオープンスペースがあり、開放的なつくりとなっている。また、オムニコートのテニスコート２面、ハンドボール専用コートなどを備える。
- 平成28年度、東京都西部学校経営支援センターの特別指定校となった。
- 東京都教育委員会より、**安全教育推進校**、**体育健康教育推進校**、Sport-Science Promotion Clubに指定されている。
- 文化・スポーツ等特別推薦実施（吹奏楽、硬式野球、ソフトボール、ラグビー、男子バスケットボール）。
- 平成28年度に創立40周年を迎え、**制服をリニューアル**。

[学校見学]（令和５年度実施内容）

★夏休み学校見学会　８月７回
★学校説明会　10・11・12・１月各１回
★授業公開　10・11月
★飛翔祭　９月　今年度は一般公開実施
★学校見学は金曜日16：00〜（要電子申請　学校HPより）

入試!インフォメーション

※本欄の内容はすべて令和6年度入試のものです。

受検状況

科名・コース名	募集人員	推薦に基づく入試				第一次募集・分割前期募集			
		募集人員	応募人員	応募倍率	合格人員	募集人員	受検人員	受検倍率	合格人員
普通	278	56	204	3.64	56	222	299	1.35	223

入学者選抜実施方法

推薦

科名・コース名	推薦枠		調査書の活用		満点					備考
	割合(%)	特別推薦の有無	観点別学習状況の評価	評定	調査書点	集団討論個人面接	小論文	作文	実技検査	
普通	20	○	–	○	450	225	–	225	–	

第一次・分割前期

科名・コース名	分割募集	男女枠緩和	学力検査		調査書		学力検査:調査書	満点					備考
			教科	学校指定による傾斜配点	教科の評定の扱い 学力検査を実施する教科	学力検査を実施しない教科		学力検査	調査書点	面接	小論文・作文	実技検査	
普通	–	○	5		1倍	2倍	7:3	700	300	–	–	–	

〈本校の期待する生徒の姿〉

　本校は、教育目標「創造・協調・健康」のもと、『私はできる』をスローガンとして、① 少人数制授業や習熟度別授業等の個別最適な学びや協働的な学習活動 ② 部活動加入率9割超により健康体力の向上と生活習慣の確立 ③ 安心・安全な学校生活のための生活指導 ④ 系統性をもって進路実現を目指す進路指導を行っています。そのため、以下のような生徒の入学を期待します。
1　3年間しっかりと学習に取り組み、自らの可能性を追求し、夢に向かう生徒
2　学校生活で様々なことに挑戦し、心と体を鍛え、将来の社会を担おうとする意欲のある生徒
3　学校をはじめ社会のルールを守り、自他を認め、仲間と協力して互いに高めようとする生徒
※　推薦選抜においては、上記の「生徒の姿」に合致し、本校で自己の可能性を広げたいという意欲がより明確である生徒が望ましい。
※　「文化・スポーツ等特別推薦」においては、当該部活動を3年間やり抜き、勉強や学校行事に意欲的に取り組む生徒が望ましい。

難易度（偏差値）	D-3（46-43）	併願校選択例	昭和第一学園、大成、大東学園、八王子実践、藤村女子

普通科

都立 小平南 高等学校
こ だいら みなみ

https://www.metro.ed.jp/kodairaminami-h/

☎ 187-0022　小平市上水本町 6-21-1
☏ 042-325-9331
交通　ＪＲ中央線国分寺駅　徒歩18分またはバス
　　　西武線恋ヶ窪駅　徒歩15分
　　　西武線一橋学園駅　徒歩20分

制　服	あり

[カリキュラム] ◇三学期制◇

- 令和4年度入学生より新カリキュラムに変更。週32時間授業で、土曜授業（月2回程度、年間18回）も実施。
- 2年次に文系、理系に分かれた選択授業あり。
- 1年次の数学Ⅰ・論理表現Ⅰ（英語）、2年次の数学Ⅱ・論理表現Ⅱ（英語）、3年次の論理表現Ⅲ（英語）ではクラスを2つに分けて習熟度別授業を実施。
- 2年次の家庭科は1クラスを2つに分けて少人数制授業を実施。
- 3年次は進路に合わせた選択授業を実施している。

[部活動]

- 約9割の生徒が参加。
- 令和4年度は男子バスケットボール部が新人大会本大会出場。
- 美術部は、平成30年度より5年連続、東京都高等学校中央展で奨励賞の受賞や教育委員会賞の受賞で全国総合文化祭に出展。
- 運動部、文化部ともに、多くの部が熱心に活動をしている。

★設置部

硬式野球、サッカー、陸上競技、硬式テニス（男女）、ソフトテニス、バレーボール（男女）、バスケットボール（男女）、バドミントン（男女）、ダンス、水泳、剣道、空手道、ハンドボール、卓球、吹奏楽、写真、美術、家庭科、科学、フォークソング、イラスト、野外活動研究

[行　事]

健脚大会は開校以来続けている伝統行事でテレビでも紹介された、30kmから50km（青梅線奥多摩駅～学校）の5コースから1つを選んで歩く。

5月　健脚大会
6月　体育祭
7月　芸術鑑賞教室
8月　クラブ合宿
9月　公孫樹（いちょう）祭（文化祭）、校外学習（1年）、修学旅行（2年）

[進　路]（令和5年3月）

- 1～2年次は実力テストが年に3回行われる。テスト前や放課後、夏休みには補習を実施。
- 3年次の夏休みには、受験対策講座を30以上開講。
- 資料の充実した進路資料室あり。
- 難関大学への志望者が増えているが、充実した進路指導の成果が進路実績にしっかりと表れている。

<主な進路関連行事>

4月　進路説明会（3年）
5月　実力テスト（3年）
6月　進路説明会（1年）、進路講演会（2年）
7月　実力テスト（全学年）
9月　共通テスト説明会
10月　進路説明会（1年）
11月　来年度選択科目決定（1・2年）、面談週間（全学年）
12月　共通テスト直前プレ模試（3年）
1月　共通テスト同日模試（2年）
3月　合格者座談会（1・2年）

★卒業生の進路状況

<卒業生279名>
大学227名、短大3名、専門学校20名、就職0名、その他29名

★卒業生の主な合格実績

東京外国語大、東京学芸大、東京都立大、北海道大、早稲田大、慶應義塾大、学習院大、上智大、明治大、青山学院大、立教大、中央大、法政大、芝浦工業大、成蹊大、成城大、武蔵大、明治学院大、國學院大、日本大、東洋大、駒澤大、専修大、獨協大、亜細亜大、東海大、帝京大、大東文化大、順天堂大、杏林大、東京薬科大、星薬科大、明治薬科大、東京農業大、工学院大、東京電機大、武蔵野美術大、女子美術大、東京経済大、東京都市大、武蔵野大、桜美林大、白梅学園大、津田塾大、東京女子大、日本女子大、昭和女子大、大妻女子大、共立女子大、実践女子大、東京家政大、防衛大

♣指定校推薦枠のある大学・短大など♣

学習院大、東京経済大、北里大、東京電機大、工学院大、東京都市大、昭和女子大、東京農業大、女子栄養大、東洋大、白梅学園大、日本大、成蹊大、日本獣医生命科学大、成城大、日本女子大、専修大、法政大、中央大、武蔵大、東京医療保健大、立教大　他

[トピックス]

- 昭和58年に開校した中堅進学校。令和4年度に40周年を迎えた。教育目標は「努力・自律・英知」。学力向上、進路希望の実現とともに、規律ある生活習慣の確立、自主・自立の活動の育成を目指している。
- 文化・スポーツ等特別推薦を実施。（男女バスケットボール部・サッカー部・硬式野球部）
- 平成30年3月大規模改修工事完了。新校舎、水はけのよいグラウンドが完成。体育館には都立高校にはめずらしいギャラリーがあり、冷暖房完備。

[学校見学]（令和5年度実施内容）

★授業公開　9月～11月　計6回
★学校説明会　10月1回、11月2回
★公孫樹祭（文化祭）　9月
★学校見学会は指定日あり
授業公開・学校説明会・学校見学会、いずれも要予約

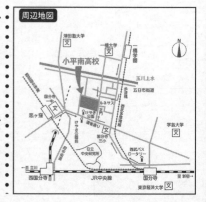

周辺地図

入試!インフォメーション

※本欄の内容はすべて令和6年度入試のものです。

受検状況

科名・コース名	募集人員	推薦に基づく入試				第一次募集・分割前期募集			
		募集人員	応募人員	応募倍率	合格人員	募集人員	受検人員	受検倍率	合格人員
普通	277	56	182	3.25	56	221	338	1.53	222

入学者選抜実施方法

推薦

科名・コース名	推薦枠		調査書の活用		満点					備考
	割合(%)	特別推薦の有無	観点別学習状況の評価	評定	調査書点	集団討論個人面接	小論文	作文	実技検査	
普通	20	○	–	○	450	240	–	210	–	

第一次・分割前期

科名・コース名	分割募集	男女枠緩和	学力検査		調査書		学力検査:調査書	満点					備考
			教科	学校指定による傾斜配点	教科の評定の扱い			学力検査	調査書点	面接	小論文・作文	実技検査	
					学力検査を実施する教科	学力検査を実施しない教科							
普通	–	○	5		1倍	2倍	7:3	700	300	–	–	–	

〈本校の期待する生徒の姿〉

　本校は「努力・自律・英知」を目標に、きめ細かい進路指導・生活指導を行う、学校行事や部活動の盛んな明るく落ち着いた進学校です。自ら考え自ら律し、将来の進路目標をもち、社会に貢献できる能力をもった生徒の育成を目指しています。本校では、以下のような生徒の入学を期待します。
1　本校の教育をよく理解し、志望意志が明確であり、目的意識をもって学習活動に取り組むことができる生徒
2　将来の職業や進むべき道を考え、大学進学等の目的意識をもち、その実現に意欲的に努力し達成を目指す生徒
3　生徒会活動、学校行事、部活動、ボランティア活動等に積極的に取り組んだ実績があり、入学後も幅広く活躍の期待できる生徒
4　時間を守る、挨拶ができるなどの基本的な生活習慣が身に付き、校則や社会の規範を守り、自分を厳しく律してけじめある生活ができる生徒
※　特に推薦選抜においては、上記1から4までの全てに該当する生徒が望ましい。
※　「文化・スポーツ等特別推薦」を、サッカー、硬式野球、バスケットボールについて実施する。

難易度（偏差値）	C-2（57-55）	併願校選択例	昭和第一学園、杉並学院、白梅学園、大成、明星

次のページもご覧ください ▶▶▶

都立 田無 <ruby>田<rt>た</rt>無<rt>なし</rt></ruby> 高等学校

https://www.metro.ed.jp/tanashi-h/

〒188-0013　西東京市向台町 5-4-34
☎ 042-463-8511
交通　西武線田無駅　徒歩18分またはバス
　　　ＪＲ中央線武蔵境駅・吉祥寺駅　バス

普通科

制　服　あり

[カリキュラム] ◇三学期制◇

・1年次は、芸術（音楽、美術、書道より1科目選択）科目以外は全員同じ科目を履修し、基礎基本の学力を充実させる。英語で**少人数授業**を実施。
・2年次は、数学Ｂ・地理探究・日本史探究・世界史探究から1科目を選ぶ。数学と英語で**習熟度別授業**、家庭科で**少人数授業**を実施。
・3年次は、多岐にわたる進路希望に対応するため、大幅な**選択制**を導入している。
・長期休業中には講習等を行い、生徒の進路希望実現への支援をしている。

[部活動]

・約8割が参加。**柔道部、陸上競技部、男子硬式テニス部、男子バレーボール部、卓球部**などが実績を上げている。文化部では、**吹奏楽部、演劇部、ダンス部**が各種大会で活躍している。
・最近の主な実績は以下のとおり。
陸上競技部は8年連続全国大会出場。ジュニアオリンピックで男子800m予選2位、タイム全体8位。女子円盤投げ関東大会で5位、東京都総体3位。**男子バレーボール部**は東京都国公立大会ベスト4。**柔道部**は8年連続で東京都柔道大会ベスト16（男子団体戦）、国公立大会優勝、インターハイ都予選女子団体ベスト8。**野球部**は全国高校選手権東京都予選ベスト16。**男子硬式テニス部**が都立対抗テニス大会で優勝、関東公立大会で準優勝。

★設置部（※は同好会）
柔道、野球、バスケットボール、サッカー、バレーボール、ハンドボール（女）、バドミントン、テニス、卓球、陸上競技、水泳、ダンス、茶道、吹奏楽、演劇、美術、科学、ギター音楽、イラスト、コーラス、パソコン、※調理研究

[行事]

合唱コンクールでは、曲の選定など、生徒が主体となって運営する。
4月　新入生オリエンテーション
5月　生徒総会、遠足
6月　田無高祭（体育大会）
9月　田無高祭（文化祭）
11月　修学旅行
2月　ロードレース大会、合唱コンクール

[進路]（令和5年3月）

・豊富な進路資料を用意し、**生徒面談**などを通してきめの細かい進路指導を行う。
・現役合格を目指し、実力向上のための学習法を指導したり、**補習**を行ったりしている。

★卒業生の進路状況
＜卒業生311名＞
大学212名、短大5名、専門学校66名、就職7名、その他21名

★卒業生の主な合格実績
東京理科大、帝京大、大東文化大、国士舘大、杏林大、明星大、法政大、中央大、学習院大、成蹊大、武蔵大、日本大、東洋大、専修大、駒澤大、武蔵野大、東海大、亜細亜大、東京経済大　他

♣指定校推薦枠のある大学・短大など♣
亜細亜大、大妻女子大、学習院大、共立女子大、杏林大、工学院大、国士舘大、実践女子大、白梅学園大、成蹊大、大東文化大、拓殖大、東京家政学院大、東京経済大、東京電機大、東洋大、日本大、武蔵大、武蔵野大、駒澤大、帝京大、女子栄養大短大部　他

[トピックス]

・**学習できる環境**
校内で一番居心地が良い図書館は、休み時間・放課後自由に利用でき、自主的に勉強する環境が整っている。また、職員室前の廊下にも自習コーナーがあり、早朝・放課後などに、友達と一緒に勉強したり、通りかかった先生に質問したり、一対一で教わっている生徒もいる。

・**良好な学習環境を保つ生活指導**
生徒たちが心地よい緊張感をもって、けじめある学校生活を送ることができるよう、遅刻指導・制服指導・頭髪指導などを行っている。

・**女子のスカートは2種類**
制服は紺色のブレザー。ネクタイ・リボンは、正装用の青地のストライプ柄のほかに普段は赤地のストライプ柄もつけることができる。女子のスカートは正装用の紺色のほかに、チェック柄も選ぶことができ、また、スラックスも選択できる。気に入っている生徒も多い。

・**文化・スポーツ特別推薦の実施**
一般推薦とともに、硬式野球（男子）、バレーボール（女子）、陸上競技（男女）、柔道（男女）、硬式テニス（男子）の5種目で特別推薦を実施している。詳しくは前年度9月末に発表される入試要項を参照。

[学校見学]（令和5年度実施内容）

★授業公開　6月授業週間　10月1回
★体験入部　部ごとに実施
★学校説明会　10・11・12月各1回
★ミニ説明会　11・12月各2回
★文化祭　9月　公開
★学校見学　7月2日間各2回（13：30〜、15：00〜）

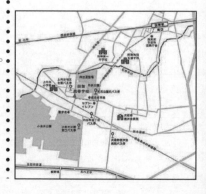

受検状況

科名・コース名	募集人員	推薦に基づく入試				第一次募集・分割前期募集			
		募集人員	応募人員	応募倍率	合格人員	募集人員	受検人員	受検倍率	合格人員
普通	316	64	200	3.13	64	252	359	1.42	254

入学者選抜実施方法

推薦

科名・コース名	推薦枠		調査書の活用		満点					備考
	割合(%)	特別推薦の有無	観点別学習状況の評価	評定	調査書点	集団討論個人面接	小論文	作文	実技検査	
普通	20	◯	−	◯	500	300	−	200	−	

第一次・分割前期

科名・コース名	分割募集	男女枠緩和	学力検査		調査書		学力検査:調査書	満点					備考
			教科	学校指定による傾斜配点	教科の評定の扱い 学力検査を実施する教科	学力検査を実施しない教科		学力検査	調査書点	面接	小論文・作文	実技検査	
普通	−	◯	5		1倍	2倍	7:3	700	300	−	−	−	

〈本校の期待する生徒の姿〉

　本校は「叡智、敬愛、剛健、自律」を校訓に、親身でていねいな個に応じた指導により、変化の激しい社会を生き抜く思考力、判断力、表現力や創造力を育てる学校です。そこで、本校では次のような生徒を期待します。
1　知性や能力を伸ばすために、授業に積極的に参加し、予習・復習等自主的な学習習慣のある生徒
2　大学進学等の進路実現のために、意欲的に学習に取り組む生徒
3　特別活動、部活動等に積極的に参加し、思いやりと協調の精神を培い、責任ある行動をする生徒
4　いろいろなことにチャレンジして、自らの力で可能性を切り拓いていく生徒
※　特に推薦選抜においては、諸活動で中心的役割を果たした生徒、資質・能力の向上に期待できる生徒が望ましい。
※　「文化・スポーツ等特別推薦」においては、硬式テニス（男子）、硬式野球、柔道、バレーボール（女子）、陸上競技に優れた能力をもち、3年間、学習と部活動を両立させ、バランスの取れた高校生活を送る強い意志のある生徒が望ましい。

難易度（偏差値）	D−1（50−47）	併願校選択例	文華女子、東亜学園、東野、藤村女子、豊南

次のページもご覧ください ▶▶▶

都立 田無工科 高等学校

（たなしこうか）

機械科
建築科
都市工学科

https://www.metro.ed.jp/tanashikoka-h/

☎ 188-0013　西東京市向台町 1-9-1
☎ 042-464-2225
交通　西武新宿線田無駅・西武柳沢駅　徒歩 18 分
　　　ＪＲ中央線武蔵境駅・三鷹駅、西武池袋線ひばりヶ丘駅　バス

制　服	あり

[カリキュラム] ◇三学期制◇

- 3 年 4 単位の**選択科目制**を取り入れ、進学と就職のどちらにも力を入れている。
- 数学・英語・工業科目（製図、設計など）は**習熟度別授業**を実施。工業科目では**少人数制授業**も実施。基礎学力の定着から発展学習まで、きめ細かい指導を行う。
- 学校として、各学科の特性に合わせた**各種資格取得**の指導に力を入れている。放課後や休業中には各種資格取得のための**講習**を実施。
- 土曜日にも大工・とび技能検定に向けた講習を実施。
- 全科共通として、計算技能、情報技術、アーク溶接特別教育、ガス溶接技能講習、建設系小型車両運転特別教育、クレーン玉掛特別教育などが取得できる。

★機械科

- 安全性を考慮した設備、最新の情報機器などが整っている。
- 実習科目は、**製造系**で「機械加工」「溶接」など、**メカニック系**で「エンジン分解・組立」「板金加工」など、**設計系**で「機械設計・製図」「3 次元ＣＡＤ」などを学ぶ。
- 基礎製図検定、施盤技能検定、第二種電気工事士などの取得を目指す。

★建築科

- 実践的な技術者・技能者の育成を目指しているため、プロを迎えての実習や資格取得に力を入れている。タワークレーンを使った実習は全国でも本校のみである。
- 実習科目は、**施工系**で「軸組」「鉄筋」「材料」など、**デザイン系**で「製図」「住宅模型」「意匠」などを学ぶ。
- 大工技能検定、とび技能検定、建築施工管理技士などの取得を目指す。

★都市工学科

- 都市工学を 3 年間学べるのは**都内では本校のみ**。
- 実習科目は**施工系**で「測量」「土質」「舗装」など、**設計系**で「都市計画」「都市デザイン」などを学ぶ。
- 測量士補・土木施工管理技士などの取得を目指す。

[部活動]

　1 年次は全員参加制。7 割が参加。令和 4 年度は、ものづくりコンテストにおいて**測量部**が東京大会優勝、関東大会出場。**自動車部**が Honda エコマイレッジチャレンジ 2023 全国大会出場。

★設置部（※は同好会）
　硬式野球、サッカー、陸上、硬式テニス、バスケットボール、バレーボール、水泳、バドミントン、剣道、卓球、ウェイトトレーニング、ラグビー、写真、イラスト美術、軽音楽、測量、家庭科、自動車、ブラスバンド、茶道、※歩く建築、※ロボット研究、※カヌー＆ブリッジ、※フットサル、※合気道

[行　事]

4 月	修学旅行（3 年）、校外学習（1・2 年）
5 月	芸術鑑賞教室
6 月	田無工五輪（体育祭）
11 月	田無工（たなこう）祭（文化祭）
1 月	マラソン大会

[進　路]（令和 5 年 3 月）

- 進路指導は 1 年次から行事の一部として計画的に行っている。具体的には**進路説明会**や卒業生による**進路講演会**などを実施。
- 就職希望者の内定率は **100％**。

★卒業生の進路状況
　＜卒業生 170 名＞
　大学 13 名、短大 0 名、専門学校 47 名、就職 108 名、その他 2 名

★卒業生の主な進学先
　関東学院大、日本大、日本工業大、東京工芸大

♣指定校推薦枠のある大学・短大など♣
　拓殖大、東京電機大、東洋大、日本大、日本工業大、明星大　他

[トピックス]

- 熱心な先生方の指導と充実した施設の活用により、本人の意欲次第で数多くの資格取得が可能となる。
- 社会人としての資質を向上させるための生活指導を実施。
- 平成 24 年度より**デュアルシステム（インターンシップ）**を導入。希望者が興味のある専門職を体験し、企業が求める実践的な技能・技術を修得することができる。
- 機械科、建築科、都市工学科それぞれに CAD 室を完備し、パソコンルームは 8 教室、パソコン台数は 240 台にのぼる。

[学校見学]（令和 5 年度実施内容）

- ★学校見学会　6 月 1 回、8 月 2 回
- ★ミニ学校見学会　8 月 5 回
- ★学校説明会　10・11・12 月各 1 回
- ★体験入学　9～11 月各科 2～3 回
- ★田無工祭　11 月　見学可
- ★学校見学は随時可（要連絡）

受検状況

科名・コース名	募集人員	推薦に基づく入試				第一次募集・分割前期募集			
		募集人員	応募人員	応募倍率	合格人員	募集人員	受検人員	受検倍率	合格人員
機械	70	28	27	0.96	28	42	29	0.69	29
建築	70	28	41	1.46	28	42	31	0.74	31
都市工学	35	14	17	1.21	14	21	8	0.38	8

入学者選抜実施方法

推薦

科名・コース名	推薦枠		調査書の活用		満点					備考
	割合(%)	特別推薦の有無	観点別学習状況の評価	評定	調査書点	集団討論個人面接	小論文	作文	実技検査	
機械	40	○	－	○	400	300	－	100	－	
建築	40	○	－	○	400	300	－	100	－	
都市工学	40	○	－	○	400	300	－	100	－	

第一次・分割前期

科名・コース名	分割募集	男女枠緩和	学力検査		調査書		学力検査：調査書	満点					備考
			教科	学校指定による傾斜配点	教科の評定の扱い 学力検査を実施する教科	学力検査を実施しない教科		学力検査	調査書点	面接	小論文・作文	実技検査	
機械	－	/	5	－	1倍	2倍	7：3	700	300	－	－	－	
建築	－	/	5	－	1倍	2倍	7：3	700	300	－	－	－	
都市工学	－	/	5	－	1倍	2倍	7：3	700	300	－	－	－	

〈本校の期待する生徒の姿〉
★機械科・建築科・都市工学科

　田無工科高校では、何事にも意欲的に取り組む生徒の入学を強く望んでいます。そのため、次のような生徒の入学を期待します。
1　卒業後の進路を含め、機械科、建築科、都市工学科を志望する目的意識が明確である生徒
2　「ものづくり」に強い興味・関心をもっている生徒
3　部活動・生徒会活動等に積極的に関わり、入学後も継続できる生徒
4　学習成績が良好で、入学後も学習活動に意欲的に取り組むことができる生徒
5　挨拶等マナーが身に付いていることはもちろん、学校や社会の規則を守ることができる生徒
6　学校見学会、一日体験入学、学校説明会、文化祭に参加するなど、本校への入学に意欲的な生徒
※　特に推薦選抜においては、上記の2及び5のどちらにも該当する生徒が望ましい。
※　「文化・スポーツ等特別推薦」においては、硬式野球の技術技能にも優れ、入学後も部活動を3年間続ける熱意と意欲のある生徒が望ましい。

難易度（偏差値） 機械・建築・都市工学　E－2（42－38）

都立 保谷 高等学校
ほうや

https://www.metro.ed.jp/hoya-h/

〒202-0005　西東京市住吉町5-8-23
☎ 042-422-3223・3230
交通　西武池袋線保谷駅　徒歩15分
　　　西武池袋線ひばりヶ丘駅　徒歩18分

普通科

制服　あり

[カリキュラム] ◇三学期制◇
・特進クラスを設置。各学年で選抜を行う。
・1年次は、基礎学力を充実させるため、芸術科目以外は全員同じ科目を履修。2年次より**文系・理系**の一部選択制を導入している。理系と文系の一部は、2年次に数学Cを履修し、高度情報化社会に対応する力を育成する。
・3年次は、一人ひとりの進路や関心分野に対応できるよう、多様な選択科目を設置している。
・**論理・表現Ⅰ**の授業は、20名程度の少人数で展開され、英語でのコミュニケーションを楽しむことができる。
・**数学Ⅱ**は、少人数授業でひとりひとりにていねいな指導を行い基礎学力向上を図る。
・令和6年度から、7時間授業週5日制となる。
・SaaSを活用して、各教科でインタラクティブな授業を展開している。
・進路実現に向けて、長期休業中に実力向上、受験対策として「夏のホウヤ」「冬のホウヤ」と呼ばれる50を超える講習を実施しており、一般入試に対応できる力を高めている。

[部活動]
・1年次は全員参加制で、活発に活動している。**ソフトボール部**は、東日本大会・関東大会出場や東京都公立大会12連覇、**硬式野球部**は夏の甲子園予選・西東京大会ベスト8などの実績がある。
・部長会を組織して毎週開催し、各種の行事の手伝いやボランティア活動などを通して、「部活動が学校を盛り上げる」をテーマとしている。
・近年の主な成績は以下のとおり。
＜令和3年度＞
　女子バスケットボール部がインターハイ予選で東京都ベスト32。**ソフトボール部**がインターハイ東京都予選で東京都ベスト16、東京都公立高校女子ソフトボール選手権大会で準優

勝、東京都公立高校女子ソフトボール新人選手権大会で準優勝。**ハンドボール部**（女子）が関東大会予選で東京都ベスト16。**水泳部**が東京都高校水泳選手権大会で男子100m背泳ぎ決勝10位。**剣道部**（女子）が全国高校剣道大会個人戦東京予選でベスト32。
＜令和2年度＞
　硬式野球部が西東京大会ベスト32、**美術部**が中央展最優秀賞、**執筆部**が高文連文芸部門短歌の部佳作入賞の成績を収めた。

★設置部（※は同好会）
バレーボール（女子）、バスケットボール（男子）、バスケットボール（女子）、ハンドボール、バドミントン、水泳、硬式テニス（男子）、硬式テニス（女子）、剣道、硬式野球、サッカー、ソフトボール、卓球、ダンス、ソフトテニス、陸上、吹奏楽、国際交流、美術、演劇、茶道、科学、執筆、現代音楽、料理、※写真、歴史研究、※パソコン、※書道

[行　事]
4月　新入生歓迎会、校外学習
5月　体育祭
7月　芸術鑑賞教室
9月　保谷高祭（文化祭）
12月　修学旅行（2年・沖縄）
3月　合唱コンクール、球技大会

[進　路]（令和5年3月）
・入学段階では、自学自習ガイダンスによる学習習慣の定着、スコラ手帳による自己管理能力及び主体性の育成を目指す。また、段階に応じた豊富な進路ガイダンス、講演会とキャリア教育のための総合探究によって早期から進路研究と受験シミュレーションを行い、ミスマッチのない進路選択と受験をサポートしている。

★卒業生の進路状況
＜卒業生313名＞
大学257名、短大3名、専門学校30名、就職3名、その他20名
★卒業生の主な合格実績

東京学芸大、川﨑市立看護大、福井県立大、青山学院大、学習院大、國學院大、駒澤大、芝浦工業大、成城大、成蹊大、専修大、中央大、東京農業大、東京理科大、東洋大、獨協大、日本大、法政大、武蔵大、明治大、立教大、早稲田大
♣指定校推薦枠のある大学・短大など♣
青山学院大、学習院大、駒澤大、芝浦工業大、昭和女子大、成蹊大、成城大、中央大、東京理科大、東洋大、獨協大、日本大、法政大、武蔵大、明治薬科大、立教大　他

[トピックス]
・昭和47年創立。
・文武両道で、自主・自律をモットーに、基礎学力の定着と大学進学を目指している。生徒たちは、勉強はもちろん、学校行事や部活動にもはげみ、それぞれに盛り上がりをみせる。
・教育目標は、「**知性高く、人間味豊かに、心身ともに健康な人を育成する**」。
・文化・スポーツ等特別推薦（女子ソフトボール・女子バスケットボール・女子バレーボール・サッカー・硬式野球）を実施するなど、**部活動を推進**している。
・英語教育研究推進校に指定されている。JETを複数配置するほか、オンライン英会話も充実している。
・進学指導研究校に指定されており、模試分析会を実施し、一段高い進路実現を目指している。

[学校見学]（令和5年度実施内容）
★学校説明会　10・11・12月各1回
★保谷スクールデイ（授業体験・体験入部など）　8月1回
★夏の見学会　8月の指定された平日（HP参照）
★保谷高祭　9月

受検状況

科名・コース名	募集人員	推薦に基づく入試				第一次募集・分割前期募集			
		募集人員	応募人員	応募倍率	合格人員	募集人員	受検人員	受検倍率	合格人員
普通	317	64	202	3.16	64	253	406	1.60	255

入学者選抜実施方法

推薦

科名・コース名	推薦枠		調査書の活用		満点					備考
	割合(%)	特別推薦の有無	観点別学習状況の評価	評定	調査書点	集団討論・個人面接	小論文	作文	実技検査	
普通	20	○	–	○	500	200	–	300	–	

第一次・分割前期

科名・コース名	分割募集	男女枠緩和	学力検査		調査書		学力検査:調査書	満点					備考
			教科	学校指定による傾斜配点	教科の評定の扱い 学力検査を実施する教科	学力検査を実施しない教科		学力検査	調査書点	面接	小論文・作文	実技検査	
普通	–	○	5		1倍	2倍	7:3	700	300	–	–	–	

〈本校の期待する生徒の姿〉

　保谷高校は、教育目標「知性高く、人間味豊かに、心身ともに健康な人を育成する」に基づき、生徒主体の教育活動を実践することで、知・徳・体を兼ね備えた人間の育成に努めてきました。その結果、生徒の夢を実現させる高校として着実に歩んでおり、地域からの信頼は年々高まっています。そこで、次のような生徒の入学を期待します。
1　大学進学をはじめ、自らの進路についてよく考え、主体的に学習に取り組む生徒
2　本校志望の意志が強く、学習と部活動や生徒会活動、委員会活動及び学校行事が両立でき、かつ、それらに積極的に取り組むことができる生徒
3　本校の教育目標と教育内容、伝統と校風をよく理解し、ルール・マナーをしっかりと守る心構えのある生徒
※　特に推薦選抜においては、1から3までを満たし、国公立大学及び難関大学への現役合格を目指して努力し続ける生徒が望ましい。
※　「文化・スポーツ等特別推薦」においては、硬式野球（男）、ソフトボール（女）、バレーボール（女）、サッカー（男）、バスケットボール（女）に優れた技能と意欲をもち、入学後3年間を通して学習と当該部活動を両立できる生徒が望ましい。

難易度（偏差値）	C−3（54−51）	併願校選択例	豊南、文華女子、西武台、大成、東亜学園

普通科

都立 久留米西 高等学校
（くるめにし）

https://www.metro.ed.jp/kurumenishi-h/

〒203-0041　東久留米市野火止2-1-44
☎ 042-474-2661 ～ 3
交通　西武線清瀬駅　徒歩17分またはバス
　　　西武線東久留米駅・花小金井駅、ＪＲ中央線武蔵小金井駅　バス

・制　服　あり

[カリキュラム] ◇三学期制◇

・1、2年次はほとんどの科目を全員が共通に学び、基礎基本の学力を徹底して身に付ける。
・3年次の自由選択科目では一人ひとりの様々な進路に対応できるよう、多くの講座を開講。
・習熟度別授業（英語、数学）、少人数制授業（国語、英語、家庭科）を展開し、生徒一人ひとりの能力を最大限に引き出せるよう、工夫して指導している。
・漢字検定、英語検定、数学検定は学校でも力を入れて受検を奨励している。

[部活動]

・約8割が参加。
・写真部が3年連続で全国大会に出場。**女子バスケットボール部**が、インターハイ都予選でベスト32。**男子硬式テニス部**は、都立対抗テニス大会でベスト16。
★設置部（※は同好会など）
バスケットボール（男女）、バレーボール（男女）、バドミントン（男女）、ソフトテニス（男女）、硬式テニス（男女）、剣道、陸上競技、硬式野球、サッカー、ハイキング、ダンス、女子フットサル、卓球、演劇、ギター、パソコン、吹奏楽、生物、写真、美術・イラスト、茶道、クッキング、箏曲

[行　事]

5月　遠足
6月　体育祭
9月　楢葉祭（文化祭）
11月　修学旅行（2年）
2月　マラソン大会（1・2年）
3月　スポーツ大会、芸術鑑賞教室

[進　路]（令和5年3月）

・「総合的な学習の時間」に、きめ細やかなキャリア教育を行っている。
・随時面談は行っているが、特に2学期の初めに**面談週間**（5日間）を設け、**進路ガイダンス**も学期ごとに実施している。

・土曜講習（月2～3回）や夏期講習も実施するなど、生徒の意欲を高めつつ、きめ細かな受験指導を行っている。

<主な進路関連行事>
4月　実力テスト（1～3年）
5月　進路ガイダンス（3年）、AO入試説明会（3年）
6月　推薦入試説明会（3年）、マーク模試（3年）
7月　進路ガイダンス（1年）、上級学校見学会（2年）
8月　上級学校における福祉体験活動（1年）
9月　センター試験説明会、指定校推薦説明会
10月　進路ガイダンス（1年）
11月　マーク模試（3年）
12月　進路ガイダンス（2年）
1月　公務員・就職ガイダンス（2年）、センターリサーチ（3年）
2月　マーク模試（2年）
3月　進路ガイダンス（1・2年）

★卒業生の進路状況
<卒業生228名>
大学125名、短大0名、専門学校85名、就職8名、その他10名

★卒業生の主な合格実績
亜細亜大、杏林大、国士舘大、駿河台大、大正大、大東文化大、拓殖大、東京経済大、東洋大、日本女子体育大、法政大、武蔵野大、明星大、目白大、立正大、和光大

♣指定校推薦枠のある大学・短大など♣
亜細亜大、跡見学園女子大、大妻女子大、桜美林大、杏林大、工学院大、国士舘大、駒澤大、実践女子大、十文字学園女子大、城西大、女子栄養大、白梅学園大、駿河台大、専修大、大正大、大東文化大、拓殖大、帝京大、東京経済大、東京工科大、東京電機大、東洋大、日本大、文京学院大、武蔵野大、武蔵野音楽大、明星大、目白大、立正大、秋草学園女子短大、実践女子短大、上智短大、白梅学園短大、女子栄養短大　他

[トピックス]

・昭和48年に創立された。平成9年3月には新校舎が完成。
・学校北側には約2,000㎡におよぶ雑木林があり、楢（なら）やくぬぎ、赤松などが生い茂っている。**楢の木**は武蔵野を代表する木の一つで、その楢の葉が本校の**校章**のデザインに使われている。南には黒目川、北には野火止用水が流れており、**自然豊かな環境**である。
・令和4年度から、女子の夏服のスカートが新しいデザインに変更。

[学校見学]（令和5年度実施内容）

★学校説明会　10・11・12月各1回（要予約）
★授業公開　11月
★楢葉祭　9月

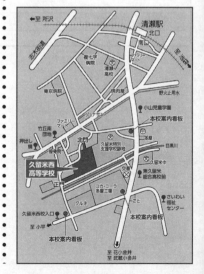

受検状況

科名・コース名	募集人員	推薦に基づく入試				第一次募集・分割前期募集			
		募集人員	応募人員	応募倍率	合格人員	募集人員	受検人員	受検倍率	合格人員
普通	236	48	103	2.15	48	188	197	1.05	189

入学者選抜実施方法

推薦

科名・コース名	推薦枠		調査書の活用		満点					備考
	割合(%)	特別推薦の有無	観点別学習状況の評価	評定	調査書点	集団討論個人面接	小論文	作文	実技検査	
普通	20	○	－	○	500	300	－	200		

第一次・分割前期

科名・コース名	分割募集	男女枠緩和	学力検査		調査書		学力検査：調査書	満点					備考
			教科	学校指定による傾斜配点	教科の評定の扱い			学力検査	調査書点	面接	小論文・作文	実技検査	
					学力検査を実施する教科	学力検査を実施しない教科							
普通	－	○	5		1倍	2倍	7：3	700	300	－	－	－	

〈本校の期待する生徒の姿〉

1 知的好奇心をもって自ら学び、大学等へ進学する意欲が高く、将来の進路実現に向けて努力することができる生徒
2 自分自身の考えを言葉でまとめたり、発表したりすることができる生徒
3 身だしなみを整え、自ら時間の管理を行うなど、規則正しい生活習慣が身に付いている生徒
4 芸術、文化、スポーツ、奉仕活動等の分野で優れた実績を有し、リーダーシップを発揮できる生徒
5 他者を思いやり、自他共に大切にすることができ、コミュニケーション能力のある生徒
※ 特に推薦選抜においては、上記1から5までの項目に該当する生徒が望ましい。また、「文化・スポーツ等特別推薦」においては、各部活動で3年間学習と部活動を両立させ、リーダーとして活躍することができる生徒が望ましい。

難易度（偏差値）	D-3（46-43）	併願校選択例	昭和第一学園、立川女子、貞静学園、八王子実践、豊南

都立 東久留米総合 高等学校

ひがし く る め そうごう

https://higashikurume-sogo-h.metro.ed.jp/site/zen/index.html

〒203-0052　東久留米市幸町5-8-46
☎ 042-471-2510
交通　西武池袋線清瀬駅　徒歩15分またはバス
　　　西武池袋線東久留米駅　徒歩18分またはバス
　　　JR中央線武蔵小金井駅、西武新宿線花小金井駅　バス

総合学科

単位制

制服　あり

[カリキュラム] ◇三学期制◇

・キャリア教育重視の総合学科。29年度入学生から高大接続（センター試験改革）にあわせてカリキュラムを改編。「25歳の自分創り」をテーマに3年間にわたる継続したキャリア教育（1年次「産業社会と人間」、2年次「人間と社会」、3年次「課題研究」）大学入試に対応したカリキュラムも準備。

・基礎学力から応用学習まで対応するために、**習熟別・少人数授業**を実施。**土曜日授業**を実施（年間18回）。

・総合学科にふさわしく、選択科目は幅広く設置。1年次は、芸術選択科目以外は、全員同じ教科・科目を履修。2年次から自分の進路に沿った系列選択科目（10単位）を履修。3年次は12〜17単位まで選択が可能。系列は①**国際・人文社会**②**自然科学探究**③**スポーツ**④**看護・保育**⑤**芸術・表現**の**5系列**あるが、次のような授業を設置。①「総合英語」「グローバルコミュニケーション」②「数学B」「理系数学Ⅱ」「数学演習（ⅡB）」「文系数学Ⅱ」「数学演習（ⅠA）」「総合化学」③「スポーツ概論」「ラケット」④「看護入門」「社会福祉入門」⑤「ビジュアルデザイン」「クラフトデザイン」（系列を超えて選択することも可能。）

[部活動]

・約9割が参加。**男子サッカー部**は都立で最多の6回（前身校時代を含む）全国大会に出場。

＜令和元年度＞

男子サッカー部は、関東高校サッカー大会、全国高校サッカー選手権大会に出場した。また、**箏曲部**は全国大会に出場した。

★設置部（※は同好会）
陸上競技、サッカー（男女）、バレーボール（女）、バスケットボール（男女）、硬式テニス（男女）、ソフトテニス（女）、バドミントン、卓球、水泳、剣道、ダンス、ソフトボール、吹奏楽、演劇、写真、美術、イラスト、生物、

茶道、華道、パソコン、ボランティア、映画製作、軽音楽、囲碁・将棋、クッキング、箏曲、※文芸

[行　事]

・6月　体育祭
・9月　しらさぎ祭（文化祭）
・1月　修学旅行（2年）
・2月　合唱コンクール

[進　路] （令和5年3月）

・全国模試に参加（年間5回）。データの検討会も実施。

・英語は4技能を確実に定着させるため、GTECを1年次に全員受検。

★卒業生の進路状況
　＜卒業生193名＞
　大学121名、短大4名、専門学校43名、就職1名、その他24名

★卒業生の主な合格実績
青山学院大、亜細亜大、國學院大、国士舘大、駒澤大、成蹊大、専修大、東京家政大、東京経済大、東洋大、日本大、日本体育大、法政大、武蔵野大、明治大、立教大

♣指定校推薦枠のある大学・短大など♣
亜細亜大、大妻女子大、神奈川大、杏林大、工学院大、駒澤大、女子栄養大、成蹊大、大東文化大、玉川大、帝京大、東京経済大、東京造形大、東京電機大、東京農業大、東洋大、獨協大、武蔵野大、明星大、都立北多摩看護専門学校

[トピックス]

・都立の総合学科高校として6番目に、平成19年4月に開校。期待する生徒の姿は以下の3つである。

①学習と学校行事や部活動等の特別活動との両立ができ、文武両道を実践する生徒

②「だらしない、みっともないは許さない」という生活指導方針を理解し、実践する生徒

③「25歳の自分創り」に向け、何事にも挑戦しようとする姿勢を持ち続ける生徒

・「だらしない」「みっともない」のな

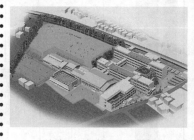

い、地域から信頼される学校をめざした生活指導を行っている。また、ノーチャイム制なので、自分で時間を管理する自律型の学校。

・学力保障や新たな大学入試への対応策として英語検定の全員受検、アクティブ・ラーニング型授業を展開する。

・3階建ての実習棟やプール棟、液晶タブレットを導入したコンピュータグラフィクス実習室、トレーニングルーム、人工芝のグラウンド、伝統工芸室等、総合学科にふさわしい施設・設備を誇る。

[学校見学] （令和5年度実施内容）

★学校見学会　7月2回
★施設見学　夏季休業中平日1日2回
★学校説明会　10・11・12月各1回
★文化祭　9月

受検状況

科名・コース名	募集人員	推薦に基づく入試				第一次募集・分割前期募集			
		募集人員	応募人員	応募倍率	合格人員	募集人員	受検人員	受検倍率	合格人員
総 合	236	72	138	1.92	72	164	166	1.01	166

入学者選抜実施方法

推薦

科名・コース名	推薦枠		調査書の活用		満点					備考
	割合(%)	特別推薦の有無	観点別学習状況の評価	評定	調査書点	集団討論・個人面接	小論文	作文	実技検査	
総 合	30	○	–	○	900	400	–	500	–	

第一次・分割前期

科名・コース名	分割募集	男女枠緩和	学力検査		調査書		学力検査：調査書	満点					備考
			教科	学校指定による傾斜配点	教科の評定の扱い 学力検査を実施する教科	学力検査を実施しない教科		学力検査	調査書点	面接	小論文・作文	実技検査	
総 合	–		5	–	1倍	2倍	7:3	700	300	–	–	–	

〈本校の期待する生徒の姿〉

　本校は、平成19年に開校した総合学科高校で、「25歳の自分創り」をテーマに、3年間の充実したキャリア教育や希望進路に応じた多様な科目選択により、生徒ひとり一人の進路実現を目指す学校です。

　習熟度別授業・少人数制授業を多く展開し、主体的・対話的で深い学びを重視した授業や、生徒の主体的で能動的な活動による学校行事や部活動等の特別活動を通して、自ら未来を切り拓いていく力を身につけられるよう、様々な取り組みを実践しています。

　本校では、以下の項目を満たす生徒の入学を期待します。

1　学習と学校行事や部活動等の特別活動との両立ができ文武両道を実践する生徒

2　社会のルールやマナー及び本校の生活指導方針を理解し実践できる規範意識の高い生徒

3　「25歳の自分創り」に向け、何事にも挑戦しようとする姿勢をもち続ける生徒

※　「文化・スポーツ等特別推薦」においては、上記1、2、3に加え、サッカーの優れた能力を示し、入学後3年間を通して、何事にも積極的に取り組み、リーダーシップを発揮する生徒が望ましい。

難易度（偏差値）	D-1 (50-47)	併願校選択例	西武台、成立学園、大成、文化学園大杉並、文華女子

普通科

都立 東村山 高等学校
<ruby>東<rt>ひがし</rt></ruby><ruby>村<rt>むら</rt></ruby><ruby>山<rt>やま</rt></ruby>

https://www.metro.ed.jp/higashimurayama-h/

〒189-0011 東村山市恩多町4-26-1
☎ 042-392-1235
交通 西武線東村山駅 徒歩12分またはバス

エンカレッジスクール

制 服 あり

[カリキュラム] ◇三学期制◇
・1年次は50分授業と30分授業（午前中の一部）を併用。集中力を維持して学習できるように配慮している。2、3年次は全教科・科目を50分授業で行う。
・特に国語・数学・英語の基礎からの学び直しを行う。3年次では、幅広い自由選択科目で多様な進学に対応した学習を行う。
・1クラスを2分割、または2クラスを3分割した少人数編成の習熟度別授業を一部で実施。
・「進学応援型エンカレッジスクール」のため、他のエンカレッジスクールとは違い、定期考査を実施。
・朝学習や朝読書を行い、基礎学力と学校生活のリズムを身につける（8:30開始）。
・2年次進級時より特別進学クラスを設置。一般受験で大学進学をめざす。
・情報に関する学習は1年次必修。
・体験学習はスポーツ・文化・美術・音楽など、15種類の講座から選ぶことができる。

[部活動]
・1年次は全員が参加することを推奨している。部活動の活性化に力を入れている。
・最近の主な実績は以下のとおり。
<令和5年度>
ビームライフル部が関東大会で8位入賞、全国大会に出場した。バドミントン部（男子団体）が関東大会に出場した。（東京都4位）
<令和4年度>
ビームライフル部が関東大会で8位入賞を果たした。バドミントン部がインターハイ予選と新人戦で都ベスト16（団体男子）となった。
<令和3年度>
ビームライフル部が全国大会に出場した。バドミントン部がインターハイ予選と新人戦で都ベスト8（団体）となった。
<令和2年度>
ビームライフル部が関東選抜大会に

出場した。バドミントン部がインターハイ予選で都ベスト16（個人）となった。
<令和元年度>
バドミントン部（男子団体）が春季大会で優勝した。
★設置部（※は同好会）
陸上、サッカー、野球、バスケットボール、バレーボール、硬式テニス、バドミントン、柔道、卓球、水泳、ビームライフル、茶道、華道、コーラス、美術、漫画研究、ライトミュージック、科学、吹奏楽、ダンス、※演劇

[行 事]
4月 新入生オリエンテーション
6月 体育祭
8月 部活動合宿、夏期講習
9月 若鳩祭（文化祭）
11月 修学旅行（2年）
12月 上級学校会社訪問（2年）、球技大会（3年）
2月 ロードレース大会
3月 球技大会（1・2年）

[進 路]
・夏休み中には講習を多数開講。
・進路指導室には教員が常駐し、相談に応じている。
★卒業生の進路状況（令和5年3月）
<卒業生186名>
大学46名、短大9名、専門学校81名、就職30名、その他20名
★卒業生の主な進学先
亜細亜大、嘉悦大、国士舘大、駒澤大、中央大、帝京大、東京経済大、東京電機大、東京女子体育大、東京薬科大、明星大
♣指定校推薦枠のある大学・短大など♣
亜細亜大、国士舘大、駒澤大、実践女子大、拓殖大、帝京大、東京経済大、東京電機大、東洋大、武蔵野大、秋草学園短大、桜美林大、城西大、白梅学園大、駿河台大、明星大 他多数

[トピックス]
・平成30年に創立50年を迎えた伝統

校。
・平成22年度からは、従来のエンカレッジスクールより一歩進んだ「進学応援型エンカレッジスクール」に生まれ変わった。学び直しでしっかり基礎を固めて、進学を目指す。
・東京都教育委員会から学力向上研究校（校内寺子屋）、学びの基盤プロジェクト研究協力校、Sport-Science Promotion Club、スキルアップ推進校に指定されている。
・1年次は2人担任制で丁寧な指導が行われる。
・学力の土台作りとして、生活指導を充実させている。
・生徒1人あたりの校地面積はこの地区では最大。広い校庭はサッカーのグラウンドとして公式戦などに利用されている。
・周辺は緑の多い恵まれた環境で、樹木に包まれた自然豊かな学園である。
・「他者（ひと）のために一歩先の自分へ」をモットーに、学習にも行事にも力を入れている。「毎日時間通りに登校し、何事にも粘り強く取り組む生徒を応援します。」
・入試では、推薦（1月）・分割前期（2月）・分割後期（3月）の3回のチャンスがある。5教科の学力試験ではなく、実技検査や面接により本人の意欲を重視する。
・文化・スポーツ推薦を実施（バドミントン）。
・令和2年度に新校舎が完成した。
・令和4年度に新グラウンドが完成した。

[学校見学]（令和5年度実施内容）
★学校見学会・体験授業 7月1回
★学校説明会 10・12月各1回
★授業公開 4・10月各1回
★個別相談会 1月1回
★若鳩祭 9月 保護者の見学可
★学校見学は9/1から月～金16時から、夏季休業中は月～金10時から（要予約電話にて）

受検状況

科名・コース名	募集人員	推薦に基づく入試				第一次募集・分割前期募集				分割後期募集・第二次募集		
		募集人員	応募人員	応募倍率	合格人員	募集人員	受検人員	受検倍率	合格人員	募集人員	受検人員	合格人員
普通	176	60	201	3.35	60	116	159	1.37	116	21	29	22

入学者選抜実施方法

推薦

科名・コース名	推薦枠		調査書の活用		満点					備考
	割合(%)	特別推薦の有無	観点別学習状況の評価	評定	調査書点	集団討論個人面接	小論文	作文	実技検査	
普通	30	○	○	－	600	600*	－	200	－	＊個人面接のみ行う。面接の一部で「自己PRスピーチ」を行う。

観点別学習状況の評価の活用方法

科名・コース名	教科名	国語			社会			数学			理科			音楽			美術			保健体育			技術・家庭			外国語(英語)			観点別学習状況の得点の満点	重視している教科や観点
	観点	I	II	III	I	II	III	I	II	III	I	II	III	I	II	III	I	II	III	I	II	III	I	II	III	I	II	III		
普通	A	10	10	10	10	10	10	10	10	10	10	10	10	10	10	10	10	10	10	10	10	10	10	10	10	10	10	10	270	全教科・全観点
	B	6	6	6	6	6	6	6	6	6	6	6	6	6	6	6	6	6	6	6	6	6	6	6	6	6	6	6		
	C	1	1	1	1	1	1	1	1	1	1	1	1	1	1	1	1	1	1	1	1	1	1	1	1	1	1	1		

	科名・コース名	分割募集	男女枠緩和	学力検査		調査書		学力検査：調査書	満点						備考
				教科	学校指定による傾斜配点	教科の評定の扱い			学力検査	調査書点	面接	小論文・作文	実技検査		
						学力検査を実施する教科	学力検査を実施しない教科								
第一次・分割前期	普通	○		実施しない		＊1		－	－	＊1 300	集団 ＊2 600	小論文 200	100		＊2 面接の一部で自己PRカードに則して1分程度の「自己PRスピーチ」を行う。
分割後期・第二次	普通	○		実施しない		＊1		－	－	＊1 300	集団 ＊2 600	小論文 200	100		＊2 面接の一部で自己PRカードに則して1分程度の「自己PRスピーチ」を行う。

＊1　調査書点は、観点別学習状況の評価を用いて得点化する。

〈本校の期待する生徒の姿〉

　本校は、愛と創造の心を尊び、社会の一員としてすすんで社会的役割を果たす人間を育てます。また、エンカレッジスクールとして、中学校まで力を発揮しきれずにいた生徒が社会生活を送る上で必要な基礎的・基本的な学力を身に付けることを目的としています。そのために、日々の学習活動、部活動及び学校行事等の特別活動を大切にしています。本校の教育内容を理解し、下記の項目に該当する生徒の入学を期待します。
1　基本的な生活習慣を身に付け、社会の一員としてルールやマナーを守ることのできる生徒
2　卒業を目指して日々の生活を大切にし、学習規律を守り、意欲をもって取り組む生徒
3　部活動や生徒会活動、学級活動、学校行事及び校外の活動に積極的に参加し感動体験を味わいたい生徒
4　進路に対して目標をもち、自分の将来設計が描けるような選択の力を身に付けたい生徒
※　特に推薦選抜においては、上記全ての項目に該当し、加えて進学・地域貢献に高い志をもっている生徒が望ましい。

併願校選択例

昭和第一学園、大東学園、東野、日本体育大桜華、文華女子

普通科

都立 東村山西 高等学校
（ひがし むらやま にし）

https://www.metro.ed.jp/higashimurayamanishi-h/

〒189-0024 東村山市富士見町 5-4-41
☎ 042-395-9121
交通 ＪＲ中央線立川駅、西武線久米川駅　バス
　　　西武線八坂駅　徒歩 15 分
　　　西武線小川駅　徒歩 20 分

制　服	あり

[カリキュラム] ◇三学期制◇
・「わかる授業」「魅力ある授業」となるよう、様々な工夫を凝らしている。
・1 年次、英語と数学をそれぞれ 1 単位ずつ増単位。
・1 〜 2 年次はほとんどの科目を共通に履修し、幅広い教養と基礎学力をつける。古典、英語表現Ⅰ・Ⅱ、家庭総合で少人数制授業を、数学Ⅰ・Ⅱで習熟度別授業を実施。
・3 年次には、必修選択と自由選択科目のなかから生徒がそれぞれの進路希望にあわせて選択履修し、希望の実現を図る。

[部活動]
・約 8 割が参加。吹奏楽部、サッカー部、ハンドボール部、硬式野球部などの活躍が目立つが、運動部・文化部とも熱心に活動している。また、老人ホーム・落ち葉掃き・雪かきなど地域活動で貢献している。
・令和 3 年度は、硬式野球部が全国高等学校野球選手権大会西東京大会で 3 回戦進出。サッカー部は IH 支部予選決勝進出。また、吹奏楽部は吹奏楽コンクールにおいて C 組 20 人の部で銀賞を受賞した。
★設置部（※は同好会）
　バレーボール、バスケットボール、バドミントン、硬式テニス、水泳、サッカー、硬式野球、陸上競技、ダンス、ハンドボール、卓球、吹奏楽、美術、演劇、箏曲、茶道、軽音楽、ボランティア、イラスト、中国切り

平成 29 年度より新制服

絵、パソコン、写真、自然科学、空手

[行　事]
　合唱祭は学年最後の行事として大いに盛り上がる。放課後に残って練習する声が、遅い時間まで校内に響いている。よって、受賞時の感動はひとしおである。

5 月	遠足、生徒総会、芸術鑑賞教室
7 月	部活動合宿
9 月	高槻祭（文化祭）、体育祭
10 月	修学旅行（2 年）、遠足（1・3 年）
2 月	合唱祭

[進　路] （令和 5 年 3 月）
・進路指導オリエンテーションと進路適性検査は全学年で実施。
・調査→体験→実現の 3 つのステップで進路に取り組んでいる。
・1 年次（「調査」の年）はその他に進路ガイダンスや基礎力診断テスト、キャリア講演会などが行われる。
・2 年次（「体験」の年）には、上級学校訪問など、体験を主とした進路行事が加わる。また合格体験講話や学部・学科別進路説明会なども行われる。
・3 年次（「実現」の年）には、センター入試説明会、面接講習会、推薦入試説明会、企業見学説明会などが行われ、希望する進路の実現をめざす。就職指導は毎週行われるほか、模擬面接や就職公務員模試なども実施される。
★卒業生の進路状況
　＜卒業生 210 名＞
　大学 73 名、短大 5 名、専門学校 95 名、就職 25 名、その他 12 名
★卒業生の主な進学先
　亜細亜大、杏林大、国士舘大、駿河台大、創価大、大東文化大、拓殖大、玉川大、帝京大、東海大、東京経済大、東京国際大、東京農業大、日本大
♣指定校推薦枠のある大学・短大など♣
　亜細亜大、大妻女子大、杏林大、工

学院大、国士舘大、三育学院大、実践女子大、白梅学園大、大東文化大、拓殖大、玉川大、東京経済大、東京工科大、東京純心大、東京理科大、東洋大、日本大、明星大　他

[トピックス]
・昭和 58 年設立。東村山中央公園に隣接しており、緑豊かな環境である。
・創立以来、地域に根ざした学校を目指し、地域との交流を深めてきた。
・生徒一人ひとりが自らの目標を達成できるよう、じっくりと腰をすえて指導している。
・生活指導が充実している。「安心して通える学校」として、近隣や保護者からの信頼がある。
・平成 29 年入学生より制服が変更。

[学校見学] （令和 5 年度実施内容）
★学校説明会　11・12 月各 1 回
★学校見学会　8 月 2 回（要予約）
★授業公開　11 月
★高槻祭　9 月

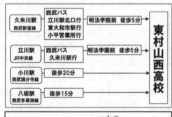

受検状況

科名・コース名	募集人員	推薦に基づく入試				第一次募集・分割前期募集			
		募集人員	応募人員	応募倍率	合格人員	募集人員	受検人員	受検倍率	合格人員
普通	237	48	78	1.63	48	189	199	1.05	191

入学者選抜実施方法

推薦

科名・コース名	推薦枠		調査書の活用		満点					備考
	割合(%)	特別推薦の有無	観点別学習状況の評価	評定	調査書点	集団討論・個人面接	小論文	作文	実技検査	
普通	20	○	–	○	450	200	–	250	–	

第一次・分割前期

科名・コース名	分割募集	男女枠緩和	学力検査		調査書		学力検査:調査書		満点					備考
			教科	学校指定による傾斜配点	教科の評定の扱い				学力検査	調査書点	面接	小論文・作文	実技検査	
					学力検査を実施する教科	学力検査を実施しない教科								
普通	–	○	5		1倍	2倍	7:3		700	300	–	–	–	

〈本校の期待する生徒の姿〉

東村山西高校では、生徒が自分の良さや力を認識し、自ら伸ばし、進んで進路を切り開いていけるよう、①基礎学力の定着と伸長を目指した分かりやすい授業 ②3学年を通した進路学習による丁寧できめ細かい進路指導 ③身だしなみ、登校時間等の基本的生活習慣や挨拶の習慣等の社会性を身に付けさせる生活指導 ④部活動及び文化祭、体育祭、合唱祭等の特別活動の重視・奨励の4点を重点化した教育活動を行っている。

そのため、次のような生徒の入学を期待しています。

1 中学校での学習意欲・態度が良好で、入学後も規律正しく、未来に目標をもって学習に取り組むことができる生徒

2 中学校で学校行事や部活動、生徒会活動等に積極的に参加し、入学後も積極的にそれらの活動に取り組むことができる生徒

※ 特に推薦選抜においては、規律正しい生活態度で、学習と部活動等の特別活動を両立できる生徒。また、「文化・スポーツ等特別推薦」においては、それぞれの種目に優れた能力を有し、3年間部活動をやり抜く生徒が望ましい。

難易度(偏差値)	D－3(46－43)	併願校選択例	昭和第一学園、大成、日本体育大桜華、東亜学園、東野

次のページもご覧ください ▶▶▶

都立 武蔵野北 高等学校
（むさしのきた）

https://musashinokita-h.metro.ed.jp

〒180-0011　武蔵野市八幡町2-3-10
☎ 0422-55-2071
交通　西武線西武柳沢駅　徒歩12分またはバス
　　　ＪＲ中央線三鷹駅・吉祥寺駅・西武線保谷駅・ひばりが丘駅　バス

普通科

制　服	あり

［カリキュラム］◇三学期制◇

・授業時数は**週34単位**。
・1年次は芸術科目を除いて全員が共通の科目を学習する。数学Ⅰは2学期までに終え、3学期からは数学Ⅱを履修するなど、次学年の**先取り授業**を行う。
・2年次は数学Ⅱ、数学Bで2クラス3展開（理系進学を意識したグループあり）の**習熟度別授業**を行っている。
・3年次には**選択科目**が設置され、進路に応じた学習を行う。大学受験対策用の講座をはじめ、芸術やフードデザインなどがある。
・午前中4時間の**土曜日授業**を実施（年間20回）。
・英語4技能育成に向けて**GTEC**を全員受験。
・**スプリングセミナー**（1年）、**オータムセミナー**（2年）を実施。プレゼンテーション能力を養う。

［部活動］

　約95％が参加。最近の主な活動実績は**陸上競技部**の10年連続で関東大会出場をはじめ、**水泳部**は2年連続で全国大会。都立高校唯一の**新体操部**も活躍中。また、関東大会出場経験がある**演劇部、男子バスケットボール部、男子バレーボール部**なども活躍している。

★設置部

剣道、硬式テニス、硬式野球、サッカー（男）、水泳、卓球、ソフトテニス、バスケットボール、バドミントン、バレーボール、ハンドボール（女）、陸上競技、新体操（女）、演劇、吹奏楽、美術、理科、茶道、合唱、囲碁・将棋、家庭科、英語

［行　事］

・**合唱祭、文化祭**は生徒が自主的に運営し、素晴らしい成果をあげている。
・文化祭の**緑光祭**は全クラスが参加。
6月　体育祭
9月　緑光祭（文化祭）
11月　海外修学旅行（2年）
2月　合唱祭

［進　路］（令和5年3月）

・入学時には早い時期から**進路説明会、個人面談**などを通じ、個々の希望にあった進路が選択できるように指導している。
・現役での四年制大学進学率は87.9％を超え、全都でも屈指の高率である。
・長期休業中には**講習**や**補習**を実施。
・**進路室**も資料が充実している。
・1年次は、**進路講話、キャンパスツアー**などを行い、自分の適性や将来の夢について考える。
・2年次は、**大学模擬授業、OB・OG懇談会、学部学科説明会**などを行い、志望大学・学部について決めていく時期となっている。
・3年次には、外部講師を招いて難関国公立ガイダンス、難関私立ガイダンスなどの大学別進路ガイダンスを行う。1月上旬には共通テスト対策として2日連続で模試を行う**共通テストトライアル**を実施し、成果をあげている。

★卒業生の進路状況

＜卒業生232名＞
大学206名、短大0名、専門学校2名、就職0名、その他24名

★卒業生の主な合格実績

東京大、北海道大、大阪大、東北大、九州大、千葉大、電通大、埼玉大、東京外国語大、東京学芸大、東京農工大、横浜国立大、東京都立大、早稲田大、慶應義塾大、上智大、東京理科大、青山学院大、学習院大、中央大、法政大、明治大、立教大

♣指定校推薦枠のある大学・短大など♣

東京都立大（6）、早稲田大（3）、青山学院大（3）、学習院大（8）、成蹊大（1）、中央大（8）、東京薬科大（3）、東京理科大（4）、法政大（3）、明治大（4）、明治薬科大（5）、立教大（3）　他

［トピックス］

・昭和54年、市民の熱意により開校。武蔵野中央公園に隣接し、緑豊かな環境にあり、「ムサキタ」の愛称で親しまれている。
・外国人講師との自由な交流の場を「English Lounge」として一室設置。
・自習環境確保のため、76名が同時に学習できる**自習室**を完備。土・日曜日もオープン。

［学校見学］（令和5年度実施内容）

★学校説明会　10月2回（Web申請）
★夏季休業日の学校見学　7・8月10日間全40回（ＨＰで確認の上、Web申請）
★緑光祭（文化祭）　9月
★個別相談会　12月3回（Web申請）

武蔵野北高等学校

受検状況

科名・コース名	募集人員	推薦に基づく入試				第一次募集・分割前期募集			
		募集人員	応募人員	応募倍率	合格人員	募集人員	受検人員	受検倍率	合格人員
普通	237	48	98	2.04	48	189	235	1.24	191

入学者選抜実施方法

推薦

科名・コース名	推薦枠		調査書の活用		満点						備考
	割合(%)	特別推薦の有無	観点別学習状況の評価	評定	調査書点	集団討論個人面接	小論文	作文	実技検査		
普通	20	-	-	○	450	150	-	300	-		

第一次・分割前期

科名・コース名	分割募集	男女枠緩和	学力検査		調査書		学力検査	調査書	満点					備考
			教科	学校指定による傾斜配点	教科の評定の扱い				学力検査	調査書点	面接	小論文・作文	実技検査	
					学力検査を実施する教科	学力検査を実施しない教科								
普通	-	○	5		1倍	2倍	7:3		700	300	-	-	-	

〈本校の期待する生徒の姿〉

　生徒一人一人が確かな学力と心身ともに健康な体力を身に付けるために、教科学習だけでなく、学校行事や部活動も盛んに行われています。そのため、本校を志望する生徒には、次の条件を満たし、さらに発展させる推進力と熱意を求めます。
1　学習意欲に富み、十分な学習成果を上げている生徒
2　将来の進学に対する目的意識が明確で、向上心をもって自ら進路を切り開こうとする生徒
3　生徒会活動や部活動、学校行事等にも積極的に参加・貢献し、入学後もこれらの活動に参加・貢献しようとする生徒
※　特に推薦選抜においては、リーダーとして活躍した経験があり、将来社会においてリーダーとなる気概をもつ生徒が望ましい。

難易度（偏差値）	A-3（66-64）	併願校選択例	錦城、杉並学院、拓殖大第一、中央大杉並、八王子学園八王子

東京都
公立
高校

学校ガイド

＜全日制　旧第10学区＞

学校を紹介したページの探し方については、2ページ
「この本の使い方＜知りたい学校の探し方＞」を参照して
ください。

都立 **若葉総合** 高等学校
（わかばそうごう）

https://www.metro.ed.jp/wakabasogo-h/

☎ 350-0300　稲城市坂浜 1434-3
☎ 042-339-4776
交通　京王線若葉台駅　徒歩8分

総合学科

単位制

制服　あり

[カリキュラム] ◇三学期制◇

・総合学科高校の特色として、主要教科から専門教科、**茶道、工芸、琴、三味線**などの**伝統文化の授業**があり、幅広く学べる。
・選択科目などで**少人数授業**を、英語などで**習熟度別授業**を実施。

〈1年次〉
・全科目共通履修。バランスよく学んで基礎を固める。
・総合学科特有の科目「**産業社会と人間**」において、コミュニケーション、プレゼンテーション、課題解決学習などを土台としたキャリア研究、職業体験、進学先体験、受験研究などにより万全な進路研究をする。

〈2・3年次〉
・総合学科の本格的なカリキュラムになる。
・「**総合選択**」では4つの系列に大別される専門的な科目を各自の興味関心に応じて選択する。
・「**自由選択**」では普通科目を中心に各自の進路希望実現に必要な科目を選択する。
・「総合的な探究の時間」には「**課題研究（マイプロジェクト）**」を実施し、2年間にわたる系列学習の成果を発表する。発表は研究発表でも合同製作でも演技や演奏でも可。各自、総合学科で培われたプレゼンテーション能力を発揮する。

<系列・分野・科目>

【人間探究系列】
看護・福祉分野では基礎看護・介護、社会福祉基礎、看護福祉医療などを学ぶ。**心理分野**では心理入門、カウンセリング入門を学ぶ。**保育分野**ではピアノ基礎Ⅰ・Ⅱ、子どもの発達と保育などを学ぶ。**スポーツ分野**ではトレーニング理論、スポーツ実践、体作り運動Ⅰ・Ⅱなどを学ぶ。**自然科学分野**では環境学、自然科学概論などを学ぶ。

【芸術表現系列】
音楽分野では音楽基礎、声楽、ソルフェージュなどを学ぶ。**美術分野**では素描Ⅰ・Ⅱ、美術史、映像メディ

ア表現などを学ぶ。**演劇分野**では演劇Ⅰ・Ⅱを学ぶ。

【伝統継承系列】
伝統文化分野では伝統工芸Ⅰ・Ⅱ、茶道Ⅰ・Ⅱなどを学ぶ。**国語分野**では古典A・B、近代文学論を学ぶ。**歴史分野**では史料購読、日本文化論などを学ぶ。**書道分野**では書道Ⅱなどを学ぶ。

【情報交流系列】
語学（国際）分野ではリスニングⅠ・Ⅱ、時事英語Ⅰ・Ⅱ、国際文化理解AＩ・Ⅱなどを学ぶ。**ビジネス・情報分野**では簿記、情報処理、情報テクノロジーなどを学ぶ。

[部活動]

・約7割が参加。関東大会への出場経験が豊富な**陸上競技部**、全国大会出展常連校の実績を持つ**美術部**など、各部が熱心に活動を展開している。
・令和元年度は、**吹奏楽部**が東京都高等学校アンサンブルコンテストに出場し、銀賞を受賞した。

★設置部（※は同好会など）
陸上、バスケットボール（男女）、バレーボール（女）、バドミントン、硬式テニス、サッカー（男女）、剣道、ソフトボール（男女）、チアダンス、水泳、※ダブルダッチ、演劇、吹奏楽、美術、合唱、映画制作、天文、※パソコン、軽音楽、※イラスト・小説、※和、※ピアノ、※弦楽、※卓球、※ESS

[行　事]

・**新入生キャンプ**は、入学して早い時期に2泊3日で行う。他者とのコミュニケーションを密に取ることで自己理解を深めることができ、進路も含めた"生き方"を模索するきっかけとなる。
・4月　新入生キャンプ（1年）
・5月　体育祭
・7〜8月　夏期講習
・9月　若葉祭（文化祭）
・11月　修学旅行（2年）

[進　路]（令和5年3月）

・総合学科では1年次から「**産業社会と人間**」を中心として進路学習や専門的・実践的な学習を行い、自分の目指す進路に向けて取り組んでいく。
・進路室には**キャリアカウンセラー**が常駐し、時間割作成や進路などについての相談にのってもらえる。

★卒業生の進路状況
　<卒業生223名>
　大学84名、短大5名、専門学校108名、就職12名、その他14名

★卒業生の主な合格実績
青山学院大、桜美林大、杏林大、白百合女子大、成蹊大、専修大、拓殖大、玉川大、中央大、東海大、東京経済大、日本大、日本体育大、武蔵野大、明治大、和光大

♣指定校推薦枠のある大学・短大など♣
桜美林大、大妻女子大、杏林大、駒沢女子大、産業能率大、女子美術大、専修大、大正大　他

[トピックス]

・平成17年4月、多摩地区最初の**全日制総合学科高校**として開校。
・モットーは**Ａmbitious**（志を抱き）、**Ａctive**（生き生きと活動し）and **Ａttractive**（魅力溢れた）の3つのA。
・ノーチャイム制で生徒の自主性を養成している。
・普通科高校に設置されている特別教室の他、総合学科の学習に対応する施設が整っている。

[学校見学]（令和5年度実施内容）

★学校見学会　7・8月各1回
★学校説明会・個別相談会　10・11・12月各1回
★若葉祭　9月　見学可
★学校見学は随時可（要連絡）

入試!インフォメーション

※本欄の内容はすべて令和6年度入試のものです。

受検状況

科名・コース名	募集人員	推薦に基づく入試				第一次募集・分割前期募集			
		募集人員	応募人員	応募倍率	合格人員	募集人員	受検人員	受検倍率	合格人員
総合	236	72	135	1.88	72	164	198	1.21	166

入学者選抜実施方法

推薦

科名・コース名	推薦枠		調査書の活用		満点					備考
	割合(%)	特別推薦の有無	観点別学習状況の評価	評定	調査書点	集団討論・個人面接	小論文	作文	実技検査	
総合	30	○	－	○	600	300*	－	300	－	*個人面接の一部で「自己PR」を行う。

第一次・分割前期

科名・コース名	分割募集	男女枠緩和	学力検査		調査書		学力検査:調査書	満点						備考
			教科	学校指定による傾斜配点	教科の評定の扱い 学力検査を実施する教科	学力検査を実施しない教科		学力検査	調査書点	面接	小論文・作文	実技検査		
総合	－		5	－	1倍	2倍	7:3	700	300	－	－	－		

〈本校の期待する生徒の姿〉

　本校は、「自立の心と個性を伸ばす」を教育目標に掲げ、教育活動全般を通して、生徒の個性を尊重し、自主・自律、自己責任の確立を目指す教育活動を進めています。また、学力向上を図り、特色ある系統的なキャリア教育を通じて、自己理解を深め、在り方・生き方をしっかり考え、多様な進路の実現を目指す総合学科高校です。本校は、以下に示すような生徒の入学を期待しています。
1　本校の教育理念や教育目標について理解・共感し、入学を強く希望する生徒
2　総合学科の教育の特色を理解し、興味・関心を深めるとともに、幅広く学ぶ意欲のある生徒
3　将来の進路について真剣に考え、更に社会へ貢献することを視野に入れて進路実現を目指す生徒
4　向上心にあふれ、自ら課題に積極的に取り組むとともに、他者と協調して課題解決を図ろうとする姿勢をもつ生徒
5　中学校での総合的な学習の時間への取り組み、特別活動、部活動等に著しい成果がある生徒
※　「推薦選抜」においては、上記の1から5までについて、特に優れた意欲・適性のある生徒が望ましい。
※　特に「文化・スポーツ等特別推薦」においては、上記1から5に加えて、その種目の優れた技術をもち、学習と部活動の両立に向けて努力できる生徒が望ましい。

難易度（偏差値）	D-2（46-43）	併願校選択例	関東国際、大成、大東学園、八王子実践、藤村女子

次のページもご覧ください ▶▶▶

都立 国立（くにたち）高等学校

https://www.metro.ed.jp/kunitachi-h/

〒186-0002　国立市東 4-25-1
☎ 042-575-0126
交通　JR中央線国立駅　徒歩 15 分
　　　JR南武線谷保駅　徒歩 10 分

普通科

制　服　なし

[カリキュラム] ◇三学期制◇

- 1、2 年次は、すべての教科をまんべんなく学習するため、芸術科目以外は全員同じ科目を履修する。希望の多い国公立大の受験に対応させている。
- 3 年次には、多くの選択科目を配置。生徒はそれぞれの進路希望にあった科目を選択し、学力をつける。
- 3 年次の英語は**自主教材**による授業を実施。
- ブタの頭の解剖（3 年選択「生物」）や初等整数論（数学選択補講）など、大学並みの**高度な授業**も行う。
- 英語と数学の一部の科目で**習熟度編成**や**少人数**の授業を展開し、授業内容のレベルをあげるなど、きめの細かい学習指導をしている。
- 生徒の自学自習の習慣を定着させるため、土曜日は自習室を終日開放している。また、土曜日や夏季休業中の補習・補講も充実している。
- 土曜日も月 2 回程度（年間で20回）、正規の授業（4 時間）を行う。

[部活動]

- 14 割が参加。複数の部に所属する生徒も多く、各部が活発に活動している。**少林寺拳法部**は全国大会出場回数が多い。
- 最近の主な実績は以下のとおり。

＜令和 4 年度＞
男子ハンドボール部が国公立大会ベスト 16。

＜令和 3 年度＞
陸上競技部が関東大会に出場した。

★設置部（※は同好会など）
ラグビー、サッカー、ハンドボール（男女）、バスケットボール（男女）、バレーボール（男女）、硬式テニス（男女）、ソフトテニス、バドミントン、野球、卓球、体操、剣道、少林寺拳法、山岳、陸上競技、水泳、ダンス、クラシックバレエ、物理、化学、生物、地学、美術、茶道、音楽、吹奏楽、弦楽合奏、民俗音楽研究、映画研究、演劇、囲碁・将棋、漫画研究、文学研究、放送、新聞、ESS（英語）、マジック研究、料理、※落語研究、※写真、※ボランティア、※新聞

[行　事]

- **第九演奏会**では、プロのオーケストラと400名以上の生徒が共演する。
- **文化祭**では、3 年生全クラスが行う演劇が有名。2 年次から準備を始め、毎年完成度の高いものを行う。来場者数は 1 万人を超える。（コロナ前）

4 月　新入生歓迎会、第九演奏会、修学旅行（3 年）
5 月　クラスマッチ
9 月　国高祭（文化祭・体育祭・後夜祭）
10 月　遠足（1・2 年）

[進　路]（令和5年3月）

- **進路講演会、模擬試験、進路懇談会**やガイダンスを実施している。
- 定期考査前には本校を卒業した現役大学生・大学院生から学習指導や進路相談を受けることができる（**サポートティーチャー制**）。

★卒業生の進路
＜卒業生318名＞
大学230名、短大 0 名、専門学校 0 名、就職 0 名、その他88名

★卒業生の主な合格実績
東京大、京都大、北海道大、東北大、千葉大、筑波大、お茶の水女子大、東京外国語大、東京学芸大、東京工業大、東京農工大、一橋大、横浜国立大、九州大、東京都立大、早稲田大、慶應義塾大、上智大

♣指定校推薦枠のある大学・短大など♣
東京都立大、早稲田大、慶應義塾大、明治大、北里大、学習院大、国際基督教大、中央大、津田塾大、東京薬科大、東京理科大、明治薬科大　他

[トピックス]

- 平成15年に**進学指導重点校**に指定され、これまでの特色や伝統を継承しつつ、進学指導重点校としての成果をあげる教育を実践している。
- 令和元年度「**国公立大合格力**」が高いと週刊誌で話題になった。
- 「**文武両道**」を学校の特色とし、部活動や学校行事に熱心に取り組みながら高い進学実績を誇っている。
- 校訓は、「清く　正しく　朗らかに」。
- 人間性豊かに成長することを願い、将来有為な社会の形成者となることを希求し次の**教育目標**を掲げている。
  ①自主性を持ち、責任を重んずる人となる。
  ②明朗な気風を養い、個性と創造力豊かな人となる。
  ③社会に貢献し、困難・苦難に耐え得る人となる。
- 「**全部やる。みんなでやる。**」をモットーに、授業・部活・行事すべてに全力投球している。
- 休日を利用して、**公開講座**を開催しており、「中学生のための楽しい理科教室」といった親しみやすい講座が開かれた。

[学校見学]（令和5年度実施内容）

★学校見学会　8月11回
★学校説明会　10・11・12月各1回
★授業公開　5・6・11月
★文化祭　9月
★体育祭　9月（関係者のみ）
★自校作成問題説明会　11・12月各1回

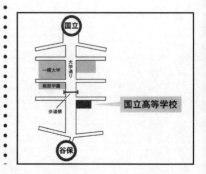

入試！インフォメーション

※本欄の内容はすべて令和6年度入試のものです。

受検状況

科名・コース名	募集人員	推薦に基づく入試				第一次募集・分割前期募集			
		募集人員	応募人員	応募倍率	合格人員	募集人員	受検人員	受検倍率	合格人員
普通	316	64	227	3.55	64	252	361	1.43	256

入学者選抜実施方法

推薦

科名・コース名	推薦枠		調査書の活用		満点					備考
	割合(%)	特別推薦の有無	観点別学習状況の評価	評定	調査書点	集団討論・個人面接	小論文	作文	実技検査	
普通	20	–	–	○	450	150	300	–	–	

第一次・分割前期

科名・コース名	分割募集	男女枠緩和	学力検査		調査書		学力検査：調査書	満点					備考
			教科	学校指定による傾斜配点	教科の評定の扱い 学力検査を実施する教科	学力検査を実施しない教科		学力検査	調査書点	面接	小論文・作文	実技検査	
普通	–	○	5*		1倍	2倍	7：3	700	300	–	–	–	*国数英は自校作成。

〈本校の期待する生徒の姿〉

本校は、「清く　正しく　朗らかに」を校訓に、文武両道の校是の下、学習活動、学校行事、部活動等に優れた成果を上げ、世界に貢献できる有為な人材を育成してきた。また、進学指導重点校として、国公立大学や難関私立大学への進学を目指し、質の高い学習活動を実践している。以上を踏まえ、本校では、次の「3つのC」に基づき、自ら問いを立て、その解決に取り組む、課題発見・課題解決力と、創造性をもった生徒を期待している。

Critical Thinking（C1）教科学習をはじめ、部活動や生徒会活動においても、既存の情報をうのみにせず、真意を疑い、物事の本質を問い続けながら粘り強く考えようとする生徒

Creative Thinking（C2）自らの持つ知識同士のつながりや、他者の持っている知識とのつながりによって、多方面において新たな発想をしようとする生徒

Collaboration（C3）個人それぞれが他者と協働し、自己の弱みについては補完し、強みについてはさらに発展させようとする生徒

難易度（偏差値）	AA（75-73）	併願校選択例	錦城、早稲田実業、帝京大、明治大付属明治、拓殖大第一

次のページもご覧ください ▶▶▶

ビジネス科

都立 第五商業 高等学校
だいごしょうぎょう

https://www.metro.ed.jp/daigosyogyo-h/

☎ 186-0004 国立市中3-4
☎ 042-572-0132
交通　JR中央線国立駅　徒歩17分またはバス
　　　JR南武線谷保駅　徒歩15分

制　服	あり

[カリキュラム]　◇三学期制◇

・1年次で幅広く商業の基礎的科目（ビジネス基礎、簿記、情報処理）を学び、2年次からは進路や適正に応じて、4つのコース（会計、ビジネス、マーケティング、情報）に分かれて学習を進める。会計コースでは、日商簿記2級と全商簿記1級、ビジネスコースでは、全商ワープロ1級と全商電卓1級、マーケティングコースでは、日商販売士と全商商業経済1級、情報コースでは、全商情報処理1級（ビジネス情報部門とプログラミング部門）の資格取得を目指す。3年次には、総合実践や課題研究などの商業科目に加え、普通選択として歴史探究、化学基礎、中国語、韓国語など幅広い進路希望に対応している。

・1年次から数学や英語などの科目で少人数や習熟度によるクラス編成を実施し、きめ細かな学習指導体制が組まれている。

・「人間と社会」では、1年次の「社会体験学習」において自らの生き方と進路について学び、「総合的な学習の時間」としては3年次の「課題研究」で探究的な学習活動を行う。

・土曜日や放課後には、各種検定試験合格を目指して講習会や補習を実施していて、合格者数は都立高校トップである。

[部活動]

・入学1学年次は全員参加制（原則）。
・最近の主な実績は以下のとおり。
＜令和5年度＞
弓道部が、都高体連個人選手権大会で女子個人12位入賞し関東大会に出場した。**バドミントン部**が、都商業高校大会で女子団体・男子団体で優勝した。**女子サッカー部**が、都サッカーリーグ高校の部で昇格して一部リーグに在籍。**硬式テニス部**が、都商業高校大会で女子ダブルス・男子ダブルス・男子シングルスで優勝した。**簿記部**が、全国簿記競技大会都大会で団体優勝し、5年連続で全国大会に出場した。**英語同好会**が、全商杯スピーチコンテスト都大会でス

ピーチ部門第2位・レシテーション部門第2位となった。

★**設置部**（※は同好会など）
バレーボール（※男/女）、バスケットボール（男女）、バドミントン、硬式野球、陸上競技、硬式テニス、サッカー（男/女）、ダンス、卓球、弓道、※ソフトボール（女）、簿記、パソコン、珠算、吹奏楽、書道、茶道、華道、イラスト、軽音楽、演劇、ボランティア、クッキング、※英語

[行　事]
体育祭、文化祭、合唱祭が三大行事。
4月	修学旅行
5月	校外学習（1・2年）、進路ガイダンス
6月	体育祭
8月	部活動合宿
10月	文化祭
2月	マラソン大会（1・2年）
3月	合唱祭（1・2年）、芸術鑑賞教室（3年）

[進　路]（令和5年3月）
・指定校推薦や総合型選抜・公募推薦を利用した大学・短大への進学者も多い。
・1年次には全員インターンシップを実施。
・就職内定率は12年連続100%。
・**就職実績**は都内屈指（多摩信用金庫、東京むさし農協、SUBARU 等多数）。
・平成26年度入学生より**大学進学指導体制**を強化。

★**卒業生の進路状況**
　＜卒業生200名＞
　大学68名、短大8名、専門学校56名、就職60名、その他8名

★**卒業生の主な進学先**
明治大、桜美林大、杏林大、國學院大、駒澤大、成蹊大、専修大、拓殖大、高千穂大、中央大、帝京大、東京経済大、東京工科大、日本大、武蔵大、明星大

♣**指定校推薦枠のある大学・短大など**♣
桜美林大、杏林大、國學院大、国士舘大、城西大、成蹊大、専修大、拓殖大、中央大、東京経済大、東洋大、日本大、武蔵野大、明星大、目白大他

[トピックス]

・昭和16年2月創立の長い歴史と伝統。
・第1～第4情報処理室、文書処理室、LL教室、総合実践室といった**特別教室**および一般教室は、すべて冷暖房完備。
・**パソコン**は5つの教室に計240台。すべてのパソコンが高速回線でインターネットに接続。
・弓道場、トレーニングルーム、屋上プールなど、**体育関連施設**も充実。
・平成25年4月から**新校舎**の使用を開始した。26年度には体育館などの施設が完成。27年度に制服も改定し、従来のイメージ刷新を図る。
・平成28年度には、**国際ロータリークラブとの連携によるインターンシップ事業**の指定を受けた。また、一橋大学や東京都立大などから講師を招き、課題解決型学習等を行うなどし、実践的な活動にも積極的に取り組んでいる。

[学校見学]（令和5年度実施内容）
★学校見学会　6・7・8月各1回
★学校説明会　10・11・12月各1回
★個別相談会　12月
★文化祭　10月　見学可　相談ブースあり
★授業公開　6・11月各1回

受検状況

科名・コース名	募集人員	推薦に基づく入試				第一次募集・分割前期募集			
		募集人員	応募人員	応募倍率	合格人員	募集人員	受検人員	受検倍率	合格人員
ビジネス	210	84	163	1.94	84	126	150	1.19	128

入学者選抜実施方法

推薦

科名・コース名	推薦枠		調査書の活用		満点					備考
	割合(%)	特別推薦の有無	観点別学習状況の評価	評定	調査書点	集団討論・個人面接	小論文	作文	実技検査	
ビジネス	40	–	–	○	500	200	–	300	–	

第一次・分割前期

科名・コース名	分割募集	男女枠緩和	学力検査		調査書		学力検査：調査書	満点					備考
			教科	学校指定による傾斜配点	教科の評定の扱い 学力検査を実施する教科	学力検査を実施しない教科		学力検査	調査書点	面接	小論文・作文	実技検査	
ビジネス	–		5	–	1倍	2倍	7：3	700	300	–	–	–	

〈本校の期待する生徒の姿〉

本校は、ビジネス科の特質を生かし、生徒一人一人の成長を導く学校です。以下の生徒を期待します。
1 本校の教育目標や教育内容を理解し、入学を強く希望する生徒
2 学習意欲に富み、将来の目標をもって、本校に入学を希望する生徒
3 コンピュータや簿記、ビジネスアイデアなどのビジネスの学習に興味・関心があり、資格取得にも積極的に取り組む生徒
4 本校の学校生活の規則を守ることができる生徒
5 中学校在学中、各教科の学習や総合的な学習の時間に熱心に取り組んだ生徒
6 中学校在学中、学校行事や部活動、生徒会活動、委員会活動等、特別活動の分野で意欲的に活動した生徒
※ 特に推薦選抜においては、上記すべての項目に該当する生徒が望ましい。

難易度(偏差値) D-3 (46-43)

普通科

都立 狛江 高等学校
(こまえ)

https://www.metro.ed.jp/komae-h/

☎ 201-8501　狛江市元和泉 3-9-1
☎ 03-3489-2241
交通　小田急線和泉多摩川駅　徒歩3分

| 制　服 | あり |

[カリキュラム]◇三学期制◇

・基礎、基本を大切にしたうえで、多様な選択科目が設置され、一人ひとりの適性や進路希望にあうカリキュラムを選択することができる。

・1・2年次は全員が共通の科目を履修し、しっかりとした学力を身に付ける。国語・数学・英語の3教科を中心に基礎学力の定着を図っており、2年次までで国数英社理の大学入学共通テストに対応できる基礎学力を充実させている。

・3年次からは、希望進路ごとに4類型に分かれて学習を行う。類型選択や最大6単位の自由選択を設け、生徒個々の進路希望を実現させる科目を設置している。

・放課後や長期休業中などに教科や科目ごとの補習を行い、国公立大に対応する学習指導をしている。

・土曜授業を隔週で実施(年間17日)。

・英語検定の合格を目指し、それに対応できるよう指導している。

・クラッシー(1・2年全員)

[部活動]

・「勉強も部活もがんばる狛高生」という目標のもと、約9割の生徒が部活動に所属し、活躍している。

・令和4年度は、ダンス部が、日本高校ダンス部選手権の全国大会で審査員特別賞(ビッグクラス)と8位入賞(スモールクラス)。ラグビー部が全国大会で東京都第3位となった。吹奏楽部が、東京都高校吹奏楽部コンクールで銀賞、東京都高校アンサンブルコンテストで金賞(木管三重奏)、銀賞(金打八重奏)を受賞した。

・令和3年度は、硬式野球部が東京都ベスト8。

・令和2年度はラグビー部が全国大会で東京都第3位、サッカー部が全国高校サッカー選手権大会でベスト16。

★設置部
硬式テニス(男女)、ソフトテニス、陸上競技、剣道、硬式野球、サッカー(男女)、ラグビー、バレーボール、ダンス、バスケットボール、バドミントン、水

泳、卓球、美術、サイエンス、吹奏楽、軽音楽、合唱、箏曲、漫画研究、パソコン、英語研究、茶道、弦楽合奏、JRC、華道

[行　事]

時間と手間をかけて準備する出し物に見応えがある文化祭をはじめとして、行事がたいへん盛り上がる。

4月	新入生歓迎会
5月	遠足
6月	公孫樹祭(体育祭)
9月	公孫樹祭(文化祭)
10月	修学旅行(2年)
2月	合唱祭
3月	球技大会(1・2年)

[進　路](令和5年3月)

・ほぼ全員が大学進学を希望するため、1年次より進路指導に力を入れている。昨年度より中堅国公立大学への進学を目標に指導している。GMARCHへの合格者もここ5年で3倍に伸びている。

・2年生を対象に、年末に冬季集中セミナーを、3年次には受験攻略セミナーを実施している。

・1年次より以下のような進路指導に取り組んでおり、進学・就職のどちらについても確実な実績をあげている。

1年次	進路適性検査、実力テスト、職業調べ
2年次	進路講演会、分野別進路説明会
3年次	大学・短大説明会、推薦説明会、進路報告会

★卒業生の進路状況
　　<卒業生319名>
大学262名、短大1名、専門学校11名、就職0名、その他45名

★卒業生の主な合格実績
北海道大、筑波大、東京外国語大、東京学芸大、電気通信大、信州大、千葉大、群馬大、山梨大、東京都立大、慶応義塾大、早稲田大、東京理科大、立教大、明治大、青山学院大、中央大、学習院大、法政大

♣指定校推薦枠のある大学・短大など♣
東京理科大、明治大、青山学院大、学

習院大、中央大、法政大、日本女子大、成蹊大、成城大、明治学院大　他

[トピックス]

・昭和47年創立。駅から近く通学しやすい場所にある。「自主・創造・友愛」を校訓とし、教育方針には、「学問と健康」「開拓と勤労」「自由と責任」の3つを掲げる。生徒と教師とが強い信頼関係で結ばれている学校である。

・令和4年度に、創立50周年を記念するセレモニーを実施。

・授業、挨拶、学校行事、部活動に全力で取り組む姿勢が伝統。

・図書室、体育館、グラウンドなどが広く、5面のテニスコートや格技・プール棟など充実した施設を備えており、野球部とサッカー部が同時に練習することもできる。

・海外学校間交流推進校として、国際交流活動に力を入れており、年2回の国際理解講座を実施する他、東京外国語大学の留学生との交流会を行っている。3年間の韓国への修学旅行の後、平成24年度からは台湾への海外修学旅行を実施し、現地の高校生・大学生と交流を持っている。

・オーストラリアのシドニー郊外にあるキラウィ・ハイスクールとは姉妹校関係にあり、毎年、夏季休業期間に本校生徒がキラウィ・ハイスクールに短期留学し、同校の生徒が11月に交換留学生として来日し、マンツーマンのホームステイをお互いに実施している。

・平成30年度、進学指導研究校指定。

・国際交流リーディング校。

[学校見学](令和5年度実施内容)

★学校見学会　8月2回(要予約)
★学校説明会　10・11月各1回(要予約)
★個別相談会　1月1回
★部活動体験　通年(要予約)
★文化祭　9月
※今年度は変更の可能性あり。日程および詳細はHPにて。

入試!インフォメーション

※本欄の内容はすべて令和6年度入試のものです。

受検状況

科名・コース名	募集人員	推薦に基づく入試				第一次募集・分割前期募集			
		募集人員	応募人員	応募倍率	合格人員	募集人員	受検人員	受検倍率	合格人員
普通	357	72	210	2.92	72	285	420	1.47	289

入学者選抜実施方法

	科名・コース名	推薦枠		調査書の活用		満点					備考
		割合(%)	特別推薦の有無	観点別学習状況の評価	評定	調査書点	集団討論個人面接	小論文	作文	実技検査	
推薦	普通	20	○	—	○	600	300		300	—	

	科名・コース名	分割募集	男女枠緩和	学力検査		調査書		学力検査:調査書	満点					備考
				教科	学校指定による傾斜配点	教科の評定の扱い			学力検査	調査書点	面接	小論文・作文	実技検査	
						学力検査を実施する教科	学力検査を実施しない教科							
第一次・分割前期	普通	—	○	5		1倍	2倍	7:3	700	300	—	—	—	

〈本校の期待する生徒の姿〉

　多摩川の緑豊かな自然環境の下、本校の生徒は学習・学校行事・部活動に積極的に取り組みながら、主に中堅国公立大学及び難関私立大学への進路実現に向け努力しています。

　そこで、本校では以下のような生徒の入学を望みます。

1　本校の目指す教育及び教育課程を十分理解し、「明確な目的意識」をもって、入学後も意欲的・計画的に学習に取り組む生徒

2　中学校において、学校行事、部活動等に積極的に参加し、入学後も継続して活動する意志のある生徒

3　与えられた環境の中で、自分の適性・資質・能力を最大限に伸ばし、努力を惜しまず、もてる力を発揮する生徒

※　特に推薦選抜においては、諸活動においてリーダーとしての実績があり、入学後もリーダーシップを発揮できる生徒が望ましい。

※　「文化・スポーツ等特別推薦」においては、その種目に優れた能力と意欲をもち、入学後3年間、部活動と学習の両立を図り、他の生徒の模範となる生徒が望ましい。

難易度(偏差値)	B-3 (60-58)	併願校選択例	麻布大附属、桜美林、桜丘、杉並学院、日本大櫻丘

次のページもご覧ください ▶▶▶

普通科

都立 永山 高等学校
（ながやま）

https://www.metro.ed.jp/nagayama-h/

〒 206-0025　多摩市永山 5-22
☎ 042-374-9891
交通　京王・小田急永山駅　徒歩 25 分、京王線聖蹟桜ヶ丘駅・京王永山駅、
　　　小田急線小田急永山駅・鶴川駅　バス

制　服	あり

[カリキュラム]　◇三学期制◇

・1年次はほとんどが必修科目となっており、基礎学力と幅広い教養を身に付ける。
・2年次は、進路や生徒の興味関心を考慮して、一部選択制を取り入れている。
・3年次は、効率よく学習できるよう6～14単位の自由選択科目を設置。各自の進路・関心に合わせて科目を選択履修し、進路希望の実現を図る。
・国語・英語・数学・体育・家庭科で習熟度別授業や少人数制授業を導入し、生徒一人一人の理解が深まるよう、きめ細かく指導している。
・1年次における論理・表現Ⅰの授業は外国人指導員とのT.Tにより行われている。
・個別指導や進路を見据えた夏期講習、補習授業などを実施。
・資格取得を重視しており、1・2年次は全員が漢字検定を受検する。

[部活動]

・約5割が参加。吹奏楽部は多摩市内のイベントで演奏活動を行い、また東京都高等学校吹奏楽コンクールBⅡ組金賞の実績がある。近年運動部は、ハンドボール部：東京都ベスト16、男子・女子バスケットボール部：共に東京都ベスト32、女子ソフトボール部：東京研修大会優勝。サッカー部：都高校総体支部予選決勝進出。水泳部：三多摩高校水泳競技大会等で優勝。女子バレーボール部：東京都ベスト64。陸上競技部は都大会に数多く出場。写真部は学校行事や説明会などで活曜の場を広げている。和太鼓同好会：都高文連中央大会全国大会銀賞受賞。
★設置部（※は同好会）
男女バレーボール、男女バスケットボール、バドミントン、サッカー、硬式野球、女子ソフトボール、陸上競技、ハンドボール、硬式テニス、水泳、卓球、ダンス、剣道、吹奏楽、茶道、演劇、美術、軽音楽、イラスト、写真、書道、園芸、映画、クッキング、国際交流、※和太鼓

[行　事]

体育祭や文化祭はクラスが一体となって盛り上がる。
5月　遠足、セーフティ教室
6月　体育祭
7月　芸術鑑賞教室
8月　部活動合宿
9月　永高祭（文化祭）
3月　球技大会

[進　路]　（令和5年3月）

・進路学習は1年次から行い、進路選択の重要性を教えている。進路の情報提供、充実した内容の「進路のしおり」や「進路だより」の発行、ガイダンス・各種受験対策講座・個人面談などを実施する他、進路資料室を生徒が活用しやすいように整えている。
★卒業生の進路状況
＜卒業生259名＞
大学94名、短大10名、専門学校115名、就職27名、その他13名
★卒業生の主な進学先
亜細亜大、桜美林大、神奈川大、国士舘大、駒沢女子大、専修大、拓殖大、多摩大、玉川大、帝京大、東京医療保健大、東京経済大、東京工科大、東海大、駒澤大、東洋大、成蹊大、國學院大、明星大、目白大、和光大
♣指定校推薦枠のある大学・短大など♣
亜細亜大、跡見学園女子大、桜美林大、大妻女子大、神奈川大、神奈川工科大、関東学院大、工学院大、国士舘大、駒沢女子大、相模女子大、城西大、城西国際大、白梅学園大、駿河台大、聖徳大、大東文化大、高千穂大、拓殖大、多摩大、玉川大、帝京大、帝京平成大、東京医療保健大、東京工科大、東洋大、武蔵野大、明星大、目白大、立正大、和光大他

[トピックス]

・昭和47年に多摩ニュータウンの開発に伴って設立されて以来、多摩市と共に発展を遂げ、現在に至る。
・令和3年度に新校舎が完成
・令和4年度に創立50周年を迎えた伝統校。
・「学力向上で進路を実現させる永山高校」「特別活動でたくましさを育てる永山高校」の教育目標の下、多彩な教育活動を展開している。
・平成15年、都教育委員会より多摩市立諏訪中学校・青陵中学校・多摩永山中学校と連携型中高一貫教育校の指定を受けた。
・都立高校有数の広さを誇るグラウンド（野球部とサッカー部の同時使用が可能）、9コースあるプール、テニスコート4面、ハンドボールコートなど、体育施設が整っている。また、最新機器が導入された視聴覚室・CALL教室、授業を行うこともできる広い図書室などがあり、施設はたいへん充実している。
・CALL教室では、最新のパソコンを生徒40人で使用することができる。

[学校見学]　（令和5年度実施内容）

★学校説明会　11・12・1月各1回（11月は部活動体験も実施）
★永高祭　9月　見学可（新型コロナウイルスの感染状況により変更の可能性あり）
★学校見学は随時可（要連絡）

入試!インフォメーション

※本欄の内容はすべて令和6年度入試のものです。

受検状況

科名・コース名	募集人員	推薦に基づく入試				第一次募集・分割前期募集			
		募集人員	応募人員	応募倍率	合格人員	募集人員	受検人員	受検倍率	合格人員
普通	318	64	160	2.50	64	236	295	1.25	238

入学者選抜実施方法

推薦

科名・コース名	推薦枠		調査書の活用		満点						備考
	割合(%)	特別推薦の有無	観点別学習状況の評価	評定	調査書点	集団討論個人面接	小論文	作文	実技検査		
普通	20	–	–	○	450	225	–	225	–		

第一次・分割前期

科名・コース名	分割募集	男女枠緩和	学力検査		調査書		学力検査:調査書	満点					備考
			教科	学校指定による傾斜配点	教科の評定の扱い			学力検査	調査書点	面接	小論文・作文	実技検査	
					学力検査を実施する教科	学力検査を実施しない教科							
普通	–	○	5		1倍	2倍	7:3	700	300	–	–	–	

〈本校の期待する生徒の姿〉

　社会に貢献できる人材の育成を目指す永山高校です。きめ細やかな進路指導により大学進学を中心とした進路実現を目指しています。高校生活で自らの可能性を仲間と共に伸ばしていける生徒を求めています。
1　生活規律を守ることのできる生徒…基本的な生活習慣を整え、社会や学校のルールを守ることができる生徒
　そのうえで、自己の可能性に挑み、元気で明るい学校生活を送ることのできる生徒
2　進路志望を実現させる意志の強い生徒…進路での自己実現を果たすため、毎時間の授業を大切にする生徒
　各種検定で資格を取得していくなど、チャレンジ精神あふれる生徒
3　行事や部活動等全てからも学ぶ生徒…行事や部活動に積極的に参加し、仲間や学校との絆を大切にする生徒
　特に3年間部活動を継続し、仲間と達成感を共有して、困難な状況でも仲間と共に立ち向かっていく結束力のある生徒
※　特に推薦選抜においては、上記1を達成するために、集団の中で垂範していく強い意志のある生徒が望ましい。

難易度（偏差値）	E-1（42-38）	併願校選択例	大成、立川女子、鶴川、八王子実践、堀越

次のページもご覧ください ▶▶▶

都立 神代 高等学校
じんだい

普通科

https://www.metro.ed.jp/jindai-h/

〒182-0003　調布市若葉町 1-46-1
☎ 03-3300-8261
交通　京王線仙川駅　徒歩 7 分
　　　小田急線成城学園前駅・狛江駅　バス

制　服	標準服あり

[カリキュラム] ◇三学期制◇
・1 年次は、基礎学力を充実させるための期間とし、芸術科目以外は全員同じ科目を履修。
・2 年次は、共通科目の他に、各自、興味関心や進路にあわせて、**必修選択科目**を選択履修する（6 単位分）。
・3 年次は、一人ひとりの進路希望に対応するため、「必修選択科目 3 単位」「政治・経済」「論理国語」「論理・表現Ⅲ」「英語コミュニケーションⅢ」「体育」「総合的な探究の時間」以外は全て**自由選択科目**としている。
・ほとんどの生徒が進学を希望しているため、それにあわせて様々な教科指導に取り組んでおり、長期休業中の「**講習**」、「**補習**」、その他「**個別的な教科指導**」を日常的に行っている。
・令和 4 年度入学生より新カリキュラムに移行。

[部活動]
・約 9 割が参加。**男女バスケットボール部、女子バレーボール部、硬式野球部、サッカー部、ハンドボール部や硬式テニス部、水泳部、陸上競技部、ダンス部**などが活躍している。文化部では、**演劇部、吹奏楽部、コンピュータ部、アコースティックギター部**などの活動が盛ん。
・令和 5 年度は、**吹奏楽部**が東京都高等学校吹奏楽コンクールで銀賞を受賞した。
★設置部（※は同好会）
　剣道、卓球、ハンドボール（男女）、バレーボール（女）、バスケットボール（男女）、陸上競技、サッカー、バドミントン、水泳、硬式テニス（男女）、硬式野球、ダンス、自然観察、美術、音楽、茶道、演劇、吹奏楽、文芸漫画、コンピュータ、写真、ハンドメーキング、アコースティックギター、華道、文芸、※トレーニング

[行　事]
　体育祭や**文化祭**、**音楽祭**などは、生徒会を中心に企画・運営され、その都度実行委員を募る。
　5 月　遠足
　6 月　体育祭
　8 月　各部合宿
　9 月　神高祭（文化祭）
　10 月　修学旅行（2 年）
　2 月　音楽祭（合唱祭）
　3 月　球技大会

[進　路]（令和 5 年 3 月）
　様々な教科指導（夏期講習や補習など）の他、**進路指導室**を利用し、**面接**や**ガイダンス**などを行っている。**指定校の多さ**が魅力。
・**オンライン個別学習（classi）**の導入により、苦手科目克服、学習習慣の定着、定期テスト対策、大学入試対策、ポートフォリオへの記録による振り返り学習を実施。
★卒業生の進路状況
　＜卒業生 274 名＞
　大学 202 名、短大 1 名、専門学校 24 名、就職 3 名、その他 42 名
★卒業生の主な合格実績
　電気通信大、愛媛大、東京芸術大、東京都立大、青山学院大、亜細亜大、桜美林大、大妻女子大、学習院大、北里大、慶應義塾大、國學院大、国士舘大、駒澤大、芝浦工大、上智大、成蹊大、成城大、専修大、拓殖大、中央大、東京農大、東京薬科大、東京理科大、同志社大、東洋大、日本大、日本体育大、法政大、武蔵大、明治大、明治学院大、立教大、早稲田大
♣指定校推薦枠のある大学・短大など♣
　青山学院大、上智大、成蹊大、成城大、中央大、東京薬科大、東京理科大、日本女子大、法政大、武蔵大、明治大　他

[トピックス]
・昭和 15 年に府立第十五高等女学校として創立され、25 年、校名を都立神代高等学校と改称。卒業生は 2 万名を超え、様々な分野で活躍している。
・教育目標

本校は「真摯に学校生活を送る生徒を育て、努力する生徒の期待に応え、生徒自身が学び、鍛え、輝く学校」をめざす。
・服装は、高校生らしい品位のあるものなら自由であるが、多くの生徒が**標準服**を着用している。なお、入学式・始業式・終業式・卒業式には全員が標準服を着用。
・図書室は明るく利用しやすく、生徒に人気がある。（蔵書数約 3 万冊）
・令和元年 2 学期より新校舎で授業開始。令和 4 年 7 月に体育館が完成。令和 5 年 3 月に校舎、グラウンド、外構の改修工事が完了した。体育の授業でプールの授業が再開した。

[学校見学]（令和 5 年度実施内容）
★学校説明会（授業公開をふくむ）
　10・11・12 月各 1 回
★夏の学校見学会　夏期休業中に 4 日間
★神高祭　9 月

受検状況

科名・コース名	募集人員	推薦に基づく入試				第一次募集・分割前期募集			
		募集人員	応募人員	応募倍率	合格人員	募集人員	受検人員	受検倍率	合格人員
普通	316	64	177	2.77	64	252	416	1.65	255

入学者選抜実施方法

推薦

科名・コース名	推薦枠		調査書の活用		満点					備考
	割合(%)	特別推薦の有無	観点別学習状況の評価	評定	調査書点	集団討論・個人面接	小論文	作文	実技検査	
普通	20	–	–	○	450	150	–	300	–	

第一次・分割前期

科名・コース名	分割募集	男女枠緩和	学力検査		調査書		学力検査：調査書	満点					備考
			教科	学校指定による傾斜配点	教科の評定の扱い 学力検査を実施する教科	学力検査を実施しない教科		学力検査	調査書点	面接	小論文・作文	実技検査	
普通	–	○	5		1倍	2倍	7：3	700	300	–	–	–	

〈本校の期待する生徒の姿〉

本校は、生徒一人一人の「輝き」を磨く学校として「学び、鍛え、輝け」という教育目標の下、生徒の個性や適性を最大限伸長し、社会の中で真に自立し社会に貢献できる人材を育成することを目指しています。また、規律の中で自主的・自律的に行動できる力を育成するとともに、自ら学ぼうとする姿勢と高い目標を設定し実現できる気力・体力・学力を育成することを目指しています。

将来を見据えて本校の理念を共有し、自他を尊重しつつともに学び合う、次のような生徒の入学を期待しています。
1　規律ある学校生活を送れる生徒
2　自らの判断で適切に行動できる生徒
3　ホームルーム活動・生徒会活動・学校行事等の特別活動や部活動及びボランティアや地域活動へ積極的に取り組む意欲のある生徒
4　授業を大切にし、高い志をもって、自らの将来に向かって努力する生徒
※　特に推薦選抜においては、上記の3及び4に該当する生徒が望ましい。

難易度（偏差値）	B－3（60－58）	併願校選択例	駒場学園、杉並学院、日本工業大駒場、日本大櫻丘、八王子学園八王子

普通科

都立 調布北 高等学校
ちょう ふ きた

https://www.metro.ed.jp/chofukita-h/

〒182-0011　調布市深大寺北町 5-39-1
☎ 042-487-1860
交通　ＪＲ中央線吉祥寺駅・三鷹駅・武蔵境駅、京王線調布駅　バス

制服	あり

[カリキュラム] ◇三学期制◇

- 1年次は、将来どのような進路を選んでも対応できるように、基礎学力の充実を図る。芸術以外は全員が同じ科目を履修する。
- 2年次は、各生徒が自分の進路をよく考え、文系・理系の希望に合わせ、**文系必修選択**（世界史探究か日本史探究）か**理系必修選択**（物理か生物）を学び、**国公立大学**を目指せる幅広い内容の授業を実施。
- また、2年次からは成績上位者による**特進クラス**（国公立大学・難関私大受験クラス）が1クラス設置される。特進クラスでは月曜7限演習が必修となる。
- 2年次の数学と英語は、**習熟度別**の授業を展開。さらに補講や個別指導などによりきめ細かい指導を行う。月曜7時間目に**英語・数学演習**を開講（特進クラスは必修、他のクラスは自由選択）。大学入試問題に取り組み応用力を養う。
- 3年次には、**文系・理系による必修選択科目**（12単位）を設置。また、一人ひとりの進路希望に対応できるよう多様な**自由選択科目**を設置。その他、**小論文対策**のための講座や**面接指導**など、多様化する受験に向けて様々な取り組みをしている。
- パソコンを利用した授業も展開。OA機器を駆使し学習効果を高めている。
- **高大連携制度**を取り入れており、成蹊大、中央大や東京農工大、電気通信大、東京学芸大などの授業に**聴講生**として出席することができる。
- 進路活動の一環として、定期考査前の土曜日には大学生の**サポートティーチャー**による指導を受けることができる（年間10回以上）。また、**大学教授による模擬授業**も行っている。
- **土曜授業**を実施（年間約20回）。

[部活動]

- 約9割が参加。**文武両道**で部活動は盛んである。
- 最近の主な実績は以下のとおり。
- <令和4年度>
  なぎなた部が全国選抜大会出場（男

子）、インターハイ予選3位（団体）。**ハンドボール部**がインターハイ都予選でベスト16（男子・女子ともに）、**硬式テニス部**が関東公立大会都予選3位（男子団体）。**書道部**が高文連書道展で優秀賞・会長奨励賞を受賞。

★設置部（※は同好会）
硬式テニス、水泳、陸上競技、サッカー、バスケットボール、バドミントン、剣道、硬式野球、バレーボール、ハンドボール、なぎなた、卓球、ダンス、音楽、写真、放送、軽音楽、書道、創作、※家庭科、※科学、※華道、※競技かるた

[行　事]
修学旅行は海外に赴く。

6月	宿泊防災訓練（1年）、おほむらさき祭（体育部門）
7月	おほむらさき祭（合唱部門）
9月	おほむらさき祭（文化部門）
11月	修学旅行（2年）
2月	ロードレース
3月	スポーツ大会、芸術鑑賞教室（2年）

[進　路]（令和5年3月）

- 進路部と学年・担任の教師が共に協力しあい、1年次より熱心な進路指導を行っている。
- 学年別の**進路説明会**、大学教授による**模擬授業**、卒業生による**進路講話**、**進路だより**の発行などにより、進路の決定に必要な情報を提供している。**進路指導室**には、様々な資料が用意されていて、生徒に貸出している。
- エアコン完備の専用自習室を設置。
- 1年次より、**土曜進学講習**を行っている（年間2回）。国公立大・私立大上位校を対象に希望者が参加。また、受験対策の**夏季集中講習**も充実。
- 夏季休業中に**勉強合宿**を実施（1年次宿泊型全員、特別講習期間2年次通学型全員）。
- 学年に応じた進路ノートの作成活用。
- **Classi**を導入。

★卒業生の主な進学先
東京農工大、東京学芸大、電気通信大、東京外国語大、筑波大、千葉大、埼玉

大、信州大、愛媛大、鳥取大、佐賀大、東京都立大、横浜市立大、都留文科大、川崎市立看護大、国立看護大、早稲田大、上智大、東京理科大、GMARCH

♣指定校推薦枠のある大学・短大など♣
東京都立大、青山学院大、学習院大、成蹊大、成城大、中央大、東京薬科大、東京理科大、法政大、明治大　他多数

[トピックス]

- 昭和48年に創立された、**家庭的な雰囲気**の学校。生徒と教師の関係がたいへん良いため、学習・部活動・学校行事など、様々なことに一生懸命取り組むことができる。
- 東京都教育委員会より、**進学指導推進校・英語教育推進校・理数研究校・アクティブラーニング推進校**として指定を受けている。高大接続等の様々な取り組みにより進学実績を伸ばしている。

[学校見学]（令和5年度実施内容）

- ★授業公開　5・6・10・11月各1～2回
- ★学校説明会　10・11月各1回
- ★夏休み学校見学会　8月6回
- ★ミニ学校見学会　9・10・11・12月10回
- ★おほむらさき祭（文化部門）9月
- ※各学校見学会についてはHP参照

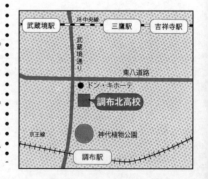

入試！インフォメーション

※本欄の内容はすべて令和6年度入試のものです。

受検状況

科名・コース名	募集人員	推薦に基づく入試				第一次募集・分割前期募集			
		募集人員	応募人員	応募倍率	合格人員	募集人員	受検人員	受検倍率	合格人員
普通	236	48	86	1.79	48	188	270	1.44	191

入学者選抜実施方法

推薦

科名・コース名	推薦枠		調査書の活用		満点					備考
	割合(%)	特別推薦の有無	観点別学習状況の評価	評定	調査書点	集団討論・個人面接	小論文	作文	実技検査	
普通	20	–	–	○	500	200	300	–	–	

第一次・分割前期

科名・コース名	分割募集	男女枠緩和	学力検査		調査書		学力検査:調査書	満点					備考
			教科	学校指定による傾斜配点	教科の評定の扱い			学力検査	調査書点	面接	小論文・作文	実技検査	
					学力検査を実施する教科	学力検査を実施しない教科							
普通	–	○	5		1倍	2倍	7：3	700	300	–	–	–	

〈本校の期待する生徒の姿〉

　本校は「進学指導推進校」として、将来を見据えた確かな学力を伸ばすため、組織的な進路指導・学習指導を実現し、理数教育・英語教育・国際理解教育・アクティブ・ラーニングの取り組みを充実させ、生徒の進路希望の実現を目指しています。また学校行事や部活動を通して本校の生徒であることを意識させ、生徒同士がチームとなって文武両道を実践する学校を目指しています。さらに、人間とAIが共存する時代に向けて5教科全てを学ぶ意義を生徒に自覚させ、その結果として難関大学の合格者を増やしていくことを目指しています。以上のことを踏まえ、本校の期待する生徒の姿を以下に示します。

1　新たな時代をたくましく生きるために、自ら考え行動し、その効果を振り返り改善を図る習慣をもち続ける生徒
2　学業との両立を前提に、学校行事や部活動に参画し、限られた時間の中で最大限の効果を発揮し文武両道を実現する生徒
3　文理を問わず、様々な分野に知的探求心をもち、将来科学技術等の分野で活躍できる生徒
4　失敗を恥じることなく前向きに挑み続け、将来にわたって自ら学ぶ意欲を持続発展していく生徒
※　特に推薦選抜においては、上記1から4までの全てに該当する生徒が望ましい。

難易度（偏差値）　B-2（63-61）　　　併願校選択例　共立女子第二、錦城、杉並学院、拓殖大第一、日本大鶴ケ丘

次のページもご覧ください ▶▶▶

都立 調布南 高等学校
ちょうふみなみ

https://www.metro.ed.jp/chofuminami-h/

☎ 182-0025　調布市多摩川 6-2-1
☎ 042-483-0765
交通　京王線京王多摩川駅　徒歩 3 分
　　　京王線調布駅　徒歩 12 分

普通科

制　服	あり

[カリキュラム] ◇三学期制◇
・50 分授業で、週時数は 32 時間。
・**土曜授業**を導入（年間 17 回）。
・1 年次は、芸術科目以外は全員同じ科目を履修。
・2 年次では、4 単位選択があるが、それ以外は文理に分かれず、広く学習する。
・3 年次には、豊富な必修選択科目、自由選択科目を設置。

[部活動]
・全生徒の約 10 割が参加。
・学習との両立のため、部活動で学習に取り組んでいる。
・最近の主な実績は以下のとおり。
＜令和 4 年度＞
サッカー部は選手権都予選ベスト 32。**吹奏楽部**は吹奏楽コンクール金賞受賞。**女子バレーボール部**は東京都高校総体兼全国高校総体予選兼国民体育大会予選（インターハイ予選）でベスト 32。
＜令和 3 年度＞
硬式野球部は春季大会で都大会出場。
＜令和 2 年度＞
男子バスケットボール部は、都高校新人戦支部大会ベスト 8。女子バスケットボール部は、都高体連夏季大会 U ブロック優勝。陸上競技部は、都駅伝ベスト 24。ハンドボール部は、関東大会東京都予選 5 位。吹奏楽部は、アンサンブルコンテスト銀賞を受賞。
★**設置部**（※は同好会）
サッカー、硬式野球、バレーボール、バスケットボール、バドミントン、硬式テニス、水泳、陸上競技、ユニバーサルホッケー、卓球、ハンドボール、ダンス、吹奏楽、ファッション、

茶道、イラスト・アート、※剣道、※コンピュータ、※合唱、演劇、※音楽、※英語、※自然科学

[行　事]
・1 年次の 4 月に**勉強合宿**を実施し、高校の学習にスムーズな移行ができるようにする。
・**文化祭**では 3 年生が**映画製作**を行うのが伝統。調布市高校生フィルムコンテストに出展し、最優秀賞を連続受賞したこともある。
4 月　遠足（2・3 年）
6 月　芸術鑑賞教室
7 月　部活動合宿
9 月　若松祭（文化祭）
11 月　修学旅行（2 年）、地域防災訓練
2 月　マラソン大会（1・2 年）
3 月　球技大会

[進　路]（令和 5 年 3 月）
・一人ひとりの生徒が希望する進路を実現できるよう、「**学習支援・進路支援・探究活動**」を 3 つの柱に、1 年次より段階的に進路支援をしている。
・各学期中や長期休業中には基礎学力定着や受験対策のための**講習会**を行っている。
・年間複数回の模擬試験を実施し、弱点克服や出願指導に活用している。
・**大学の出張講義**（東京都立大、専修大、東京経済大、武蔵大、東京女子大、早稲田大、杏林大、東京薬科大、電気通信大など）を実施。
★**卒業生の進路状況**
　＜卒業生 235 名＞
　大学 215 名、短大 2 名、専門学校 7 名、就職 1 名、その他 10 名
★**卒業生の主な合格実績**
筑波大、東京学芸大、東京都立大、電気通信大、横浜市立大、青山学院大、学習院大、杏林大、國學院大、駒澤大、上智大、成蹊大、成城大、専修大、玉川大、中央大、東京経済大、東京理科大、東洋大、日本大、日本体育大、法政大、武蔵大、明治大、明治学院大、立命館大、立教大、

早稲田大
♣**指定校推薦枠のある大学・短大など**♣
青山学院大、國學院大、成蹊大、専修大、中央大、日本大、法政大、立命館アジア太平洋大　他

[トピックス]
・昭和 51 年創立。最寄りの駅から至近距離にあり、交通の便がよい。また、多摩川が近くを流れ、緑豊かで和やかな恵まれた環境にある。各学年が 6 クラスの小規模校であり、家庭的な雰囲気に包まれている。
・普通教室は**全室冷暖房**が完備されている。3 つの自習室があり、集中して学習できる環境が整っている。
・学習と部活動を両立して、**第一志望大学の合格**を目指す。
・平成 27 年度、東京消防庁より都立高として初の**総監賞**を受けた。

[学校見学]（令和 5 年度実施内容）
★**学校見学会**　8 月　計 6 回
★**学校説明会**　10・11 月　計 3 回
★**部活動の見学**　通年
★**若松祭**　9 月
★**学校見学は随時可**（要連絡）
★**トライ＆チャレンジ**　8 月
　学校紹介、施設見学、部活動体験及び見学も実施

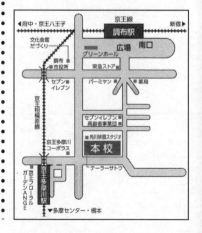

入試!インフォメーション

※本欄の内容はすべて令和6年度入試のものです。

受検状況

科名・コース名	募集人員	推薦に基づく入試				第一次募集・分割前期募集			
		募集人員	応募人員	応募倍率	合格人員	募集人員	受検人員	受検倍率	合格人員
普通	237	48	105	2.19	48	189	292	1.54	190

入学者選抜実施方法

推薦

科名・コース名	推薦枠		調査書の活用		満点					備考
	割合(%)	特別推薦の有無	観点別学習状況の評価	評定	調査書点	集団討論個人面接	小論文	作文	実技検査	
普通	20	–	–	○	500	200	300	–	–	

第一次・分割前期

科名・コース名	分割募集	男女枠緩和	学力検査		調査書		学力検査	調査書	満点					備考
			教科	学校指定による傾斜配点	教科の評定の扱い 学力検査を実施する教科	学力検査を実施しない教科			学力検査	調査書点	面接	小論文・作文	実技検査	
普通	–	○	5		1倍	2倍	7：3		700	300	–	–	–	

〈本校の期待する生徒の姿〉

　本校の校訓は、「至誠（きわめて誠実なこと）創造（新たに造ること）力行（努力して行うこと）」であり、期待する生徒は、この校訓や学校の様子を理解し本校の目指す学校に対して共感できる志望理由のはっきりした生徒です。探究活動の推進、ネットワーク学習コンテンツの活用、自習室、土曜授業、夏季・冬季講習の充実等活発な学習指導・進路指導を実施しています。部活動もほぼ全ての生徒が一生懸命活動しており、学習、行事、部活動に努力したいと考えている、元気のよい生徒を期待しています。

　また、本校は入学した生徒の100%進路希望実現を目指し、下記1～3にあてはまる生徒を期待しています。
1　学習活動、学校行事、生徒会活動、部活動等において、中学校で自主的・積極的に活動してきた生徒、または高校でその意志のある生徒
2　何事にも積極的に取り組む中で、自ら課題を見付け、解決していく中で自信をつかみたいと思っている生徒
3　『あいさつと笑顔』を大切にでき、コミュニケーションが取れる生徒
※　特に推薦選抜においては、リーダーとしての経験があり、何事にも頑張れる生徒を期待しています。

難易度（偏差値）	C-1（57-55）	併願校選択例	昭和第一学園、杉並学院、日本大櫻丘、日本大鶴ケ丘、八王子学園八王子

次のページもご覧ください ▶▶▶

都立 農業（のうぎょう）高等学校

都市園芸科
食品科学科
緑地計画科
服飾科
食物科

https://www.metro.ed.jp/nogyo-h/

☎ 183-0056　府中市寿町 1-10-2
☎ 042-362-2211
交通　ＪＲ武蔵野線北府中駅　徒歩 12 分
　　　ＪＲ南武線府中本町駅　徒歩 15 分
　　　京王線府中駅　徒歩 5 分

制　服　あり

[カリキュラム]◇三学期制◇

★都市園芸科
・都市における園芸の生産、流通、利用に必要な基礎知識と技術を学ぶ。
・専門科目には、「農業経営」「草花」「野菜」「果樹」「植物バイオテクノロジー」などがある。
・将来、園芸関係の業務に携わることを希望する生徒などに向く。
・日本農業技術検定などの資格が取得可能。

★食品科学科
・食品の原料、製造法、保存、栄養、性質、衛生、流通とその規格など、食品に関する基本的な知識と技術を総合的に学習する。
・専門科目には、「食品製造」「食品化学」「食品微生物」などがある。
・食品系の大学や専門学校への進学、または食品関係の業務に就くことを希望する生徒などに向く。
・日本農業技術検定、食生活アドバイザー、食品衛生責任者、初級バイオ技術者認定試験などの資格が取得可能。

★緑地計画科
・都市の緑化に関する基礎的な知識や技能を習得し、自然と人間が調和のとれた社会環境を形成する業務に携わるための学習をする。
・専門科目には、「造園計画」「測量」「造園施工管理」などがある。
・環境問題に関心をもち、造園関係の業務に就く希望のある生徒などに向く。
・日本農業技術検定、2・3級造園技能士、玉掛・小型移動式クレーン特別教育、小型車両系建設機械特別教育、トレース技能検定などの資格が取得可能。

★服飾科
・服飾デザイン、被服製作、手芸などの学習を通して被服に関する知識や技能を学ぶ。
・専門科目には、「服飾文化」「服飾手芸」「ファッション造形」「ファッションデザイン」などがある。
・ファッションに関心があり、将来アパレル業界への就職を希望する生徒に向く。
・色彩能力検定、ファッションビジネス能力検定などの資格が取得可能。

★食物科
・安全で豊かな食生活を送るため、調理や栄養、食品衛生などの学習を通して、適切な食品を選択できる能力と実践的な調理技術を身につける。
・専門科目には、「調理」「栄養」「食品」「食品衛生」「公衆衛生」「食文化」などがある。
・調理師の資格の取得を目指す生徒に向く。
・調理師（国家資格）、全国高等学校家庭科食物調理技術検定（1～4級）などの資格が取得可能。

[部活動]
約7割が参加。

★設置部（※は同好会）
バレーボール（女）、硬式テニス、バスケットボール（男女）、サッカー（男）、バドミントン、硬式野球、卓球、水泳、合気道、トレッキング、ダンス、文芸、漫画研究、サウンド、美術、児童研究、園芸、食品加工、食品化学、クッキング、果樹、造園、神代農場、落語研究、※演劇、※数学研究、※陸上

[行　事]
4月　遠足、修学旅行
6月　体育祭
8月　クラブ合宿、夏季実習
11月　農高祭（文化祭）
2月　予餞会

[進　路]（令和4年3月）
　大学等への進学希望が増加しており、受験に向けての指導にも力を入れている。また、農業・造園・レストラン・ブライダル等の職種でのインターンシップを推進している。

★卒業生の進路状況
　＜卒業生168名＞
　大学40名、短大9名、専門学校65名、就職43名、その他11名

★卒業生の主な進学先
＜都市園芸・緑地計画・食品科学科＞
恵泉女学園大、帝京大、日本大、実践女子大、東京農業大、東京聖栄大、日本獣医生命科学大、秋田県立大
＜服飾・食物科＞
杉野服飾大、昭和女子大、文化学園大、東京家政学院大、女子栄養大、和光大

♣指定校推薦枠のある大学・短大など♣
麻布大、恵泉女学園大、駒沢女子大、拓殖大、東京医療保健大、東京家政学院大、東京電機大、東洋大、日本大、東京農業大　他

[トピックス]
・明治42年、東京府北多摩郡立農業学校として開校。令和5年度に114周年を迎えた伝統校。
・5つの学科それぞれが専門の内容について学習し、3年間で大きく成長する生徒が多い。
・生活に密着した衣・食・緑・環境を学ぶことのできる多摩地区唯一の専門高校。社会人講師によるプロの指導が受けられ、多くの資格が取得できる。
・湧水と武蔵野の自然が残る神代農場を所有。ワサビ、シイタケ栽培や水田実習、ニジマスの養殖などの実習地として活用されている。
・地域交流を積極的に行っており、高校生レストラン「たまごの木」の運営や保育園児とのサツマイモ栽培などを実施している。

[学校見学]（令和5年度実施内容）
★授業見学会　夏期休業中（日程はHP参照）
★体験入学　9・10月各1回
★学校見学会　6月、8月（2回）、9月
★学校説明会　10・12・1月各1回
★農高祭　11月　見学可

受検状況

科名・コース名	募集人員	推薦に基づく入試				第一次募集・分割前期募集			
		募集人員	応募人員	応募倍率	合格人員	募集人員	受検人員	受検倍率	合格人員
都市園芸	35	14	47	3.36	14	21	48	2.29	22
食品科学	35	14	28	2.00	14	21	27	1.29	22
緑地計画	35	14	12	0.86	14	21	22	1.05	22
服飾	35	10	36	3.60	10	25	40	1.60	26
食物	35	10	31	3.10	10	25	37	1.48	26

入学者選抜実施方法

推薦

科名・コース名	推薦枠		調査書の活用		満点					備考
	割合(%)	特別推薦の有無	観点別学習状況の評価	評定	調査書点	集団討論・個人面接	小論文	作文	実技検査	
都市園芸	35	–	–	○	450	360	–	150	–	
食品科学	35	–	–	○	450	360	–	150	–	
緑地計画	35	–	–	○	450	360	–	150	–	
服飾	30	–	–	○	450	360	–	150	–	
食物	30	–	–	○	450	360	–	150	–	

第一次・分割前期

科名・コース名	分割募集	男女枠緩和	学力検査		調査書		学力検査：調査書	満点					備考
			教科	学校指定による傾斜配点	教科の評定の扱い			学力検査	調査書点	面接	小論文・作文	実技検査	
					学力検査を実施する教科	学力検査を実施しない教科							
都市園芸	–		5	–	1倍	2倍	7：3	700	300	–	–	–	
食品科学	–		5	–	1倍	2倍	7：3	700	300	–	–	–	
緑地計画	–		5	–	1倍	2倍	7：3	700	300	–	–	–	
服飾	–		5	–	1倍	2倍	7：3	700	300	–	–	–	
食物	–		5	–	1倍	2倍	7：3	700	300	–	–	–	

〈本校の期待する生徒の姿〉

★都市園芸科・食品科学科・緑地計画科

　農業に関する学習内容に興味・関心があり、進路実現に向けて意欲的に勉学に取り組む生徒、部の活動や生徒会活動、地域での活動等に積極的に取り組み、それらを継続する意志のある生徒の入学を希望します。
1　都立農業高校の学習内容について理解し、学んだことを将来の進路に生かそうとする生徒
2　植物の栽培と利用、都市の緑化と環境保護、食品の科学と加工に強い興味・関心をもつ生徒
3　実験・実習に自ら意欲的に取り組み、その意欲をもち続けることができる生徒
4　学校の決まりを守り、日々の学習に熱心に取り組むことのできる生徒
5　学級活動や生徒会活動、部活動、委員会活動、総合的な学習の時間、あるいは地域での活動等に積極的かつ継続的に打ち込んだ経験をもつ生徒
※　特に推薦選抜においては、上記1から3までに該当する生徒が望ましい。

★服飾科・食物科

　家庭に関する学習内容に興味・関心があり、進路実現に向けて意欲的に勉学に取り組む生徒、部の活動や生徒会活動、地域での活動等に積極的に取り組み、それらを継続する意志のある生徒の入学を希望します。
1　都立農業高校の学習内容について理解し、学んだことを将来の進路に生かそうとする生徒
2　被服製作とファッションデザイン、調理と食文化に強い興味・関心をもつ生徒
3　実験・実習に自ら意欲的に取り組み、その意欲をもち続けることができる生徒
4　学校の決まりを守り、日々の学習に熱心に取り組むことのできる生徒
5　学級活動や生徒会活動、部活動、委員会活動、総合的な学習の時間、あるいは地域での活動等に積極的かつ継続的に打ち込んだ経験をもつ生徒
※　特に推薦選抜においては、上記1から3までに該当する生徒が望ましい。

難易度（偏差値）　都市園芸・緑地計画　E-1（42-38）／服飾・食品科学　D-3（46-43）／食物　D-1（50-47）

都立 府中 高等学校

ふ ちゅう

https://www.metro.ed.jp/fuchu-h/

〒183-0051　府中市栄町 3-3-1
☎ 042-364-8411
交通　ＪＲ中央線国分寺駅、京王線府中駅　バス
　　　ＪＲ武蔵野線北府中駅　徒歩 12 分

普通科

| 制　服 | 標準服あり |

[カリキュラム] ◇三学期制◇

・基礎学力の充実をはかり、1・2・3年次の数学や英語の授業の一部において、**習熟度別・少人数授業**を展開している。
・一人ひとりの興味、適性、進路希望に応じ、2年次からは**文系**と**理系**に分かれて7単位分別に履修する。3年次には、すべての教科において大幅な**選択制**が取り入れられている。
・大多数の生徒が上級学校への進学を希望しているため、水準の高い授業が展開され、生徒自らが学ぶ学習態度が要求される。
・学力の向上と、より確かな進路実現を目指し、**土曜日**（年間17回）に、授業を実施している。
・夏季休業中は多くの**受験対策講座**等が開かれる。

[部活動]

・1年次は全員参加制。
・令和元年度は、関東地区高等学校小倉百人一首かるた大会に**競技かるた部**の本校1年生が東京都代表Aチームで出場し優勝した。
★設置部（※は同好会など）
バスケットボール、バレーボール、硬式テニス、バドミントン、ハンドボール、サッカー、剣道、水泳、硬式野球、卓球、ダンス、文芸、生物、地学、美術、漫画研究、茶道、軽音楽、写真、ポピュラーソング、演劇、ジャズ、競技かるた、英語、※コンピュータ研究、※料理研究

[行　事]

4月　新入生歓迎会
5月　校外学習
6月　体育祭、芸術鑑賞教室
9月　欅松祭（文化祭）
11月　修学旅行（2年）
2月　合唱祭

[進　路] （令和5年3月）

・進路指導室には、パソコンが設置され、CALL教室や図書室と共に自由にインターネットを使用して進路に関する情報を入手することができる。
・大学の学部・学科や職業についての理解を深めるため、様々な大学や職業で活躍している方を招いての**模擬授業や職業講話**が行われる。
・大学入学共通テストや公務員試験の**練習会**なども実施され、きめの細かい指導をしている。
★卒業生の進路状況
＜卒業生267名＞
大学202名、短大6名、専門学校29名、就職2名、その他28名
★卒業生の主な進学先
東京都立大、芸術文化観光専門職大、亜細亜大、桜美林大、大妻女子大、杏林大、慶応大、工学院大、国学院大、駒澤大、産業能率大、実践女子大、白梅学園大、成蹊大、専修大、拓殖大、玉川大、中央大、津田塾大、帝京大、東海大、東京経済大、東京工科大、東京電機大、東京都市大、東京農業大、東京理科大、東洋大、獨協大、日本大、日本体育大、法政大、武蔵野大、明治大、明治学院大、明星大、立正大
♣指定校推薦枠のある大学・短大など♣
亜細亜大、大妻女子大、共立女子大、工学院大、国士舘大、実践女子大、白梅学園大、白百合女子大、成蹊大、専修大、拓殖大、玉川大、中央大、東京家政大、東京経済大、東京電機大、東京農業大、東洋大、日本大、法政大、武蔵大、武蔵野大、明治大、明星大、立教大、立正大　他

[トピックス]

・大正6年に創立された私立東光学園専修商業学校にはじまり、私立東光高等女学校、赤松女子高等学校、府中市立赤松高等学校の時代をそれぞれ経て、昭和36年に現在の東京都立府中高等学校となった。
・近隣に東京農工大、明星学苑、府中市立府中第九小学校などがあり、街全体が落ち着いた雰囲気となっている。また、校門から校舎に至る通学路に多種類の木々が生い茂る林が見られるなど、恵まれた学習環境にある。
・2年次では、「奉仕」の活動の一環として府中市内の行事への参加を取り入れている。「けやきフェスタよさこい in 府中」に踊り手として、また清掃や給水活動のスタッフとして参加。
・施設や設備としては、茶道に使える**和室やオールウェザーテニスコート**（4面）などがある。また、コンピュータ制御の30cm反射望遠鏡を備える**天体ドーム**があり、**地学部**が盛んに活動している。
・平成25年度入学生より**標準服**となった。儀式的行事などでは全員着用する。
・東京都教育委員会より「**進学指導研究校**」「**地域探究推進事業アソシエイト校**」「**防災教育研究校**」「**Sport-Science Promotion Club（ハンドボール部）**」に指定されている。
・令和6年度に新校舎が完成予定。

[学校見学] （令和5年度実施内容）

★学校説明会　10・11月各1回
★欅松祭　9月　見学可
★学校見学会　7月4回
★個別相談会　12月

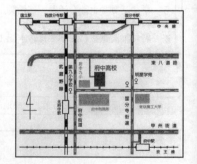

入試!インフォメーション

※本欄の内容はすべて令和6年度入試のものです。

受検状況

科名・コース名	募集人員	推薦に基づく入試				第一次募集・分割前期募集			
		募集人員	応募人員	応募倍率	合格人員	募集人員	受検人員	受検倍率	合格人員
普通	276	56	163	2.91	56	220	391	1.78	222

入学者選抜実施方法

推薦

科名・コース名	推薦枠		調査書の活用		満点					備考
	割合(%)	特別推薦の有無	観点別学習状況の評価	評定	調査書点	集団討論個人面接	小論文	作文	実技検査	
普通	20	○	–	○	500	200	300	–	–	

第一次・分割前期

科名・コース名	分割募集	男女枠緩和	学力検査		調査書		学力検査:調査書	満点					備考
			教科	学校指定による傾斜配点	教科の評定の扱い 学力検査を実施する教科	教科の評定の扱い 学力検査を実施しない教科		学力検査	調査書点	面接	小論文・作文	実技検査	
普通	–	○	5		1倍	2倍	7:3	700	300	–	–	–	

〈本校の期待する生徒の姿〉

本校は落ち着いた自然環境の中で、意欲的に学習・学校行事・部活動を行っています。

本校志望の意志が強く、基本的生活習慣が確立している生徒。自分の進路に対する明確な目的意識をもち、学習に積極的に取り組み、その結果が十分に期待できる生徒。特に、次の4項目に該当する生徒を望みます。

1　教科学習活動に優れた成果をあげられるよう、高校入学後も大学進学等を目指し、将来への目的意識をもって努力する生徒

2　生徒会活動（役員、委員長等）、部活動（都大会等）、芸術、スポーツ等の活動に積極的に取り組み、高校入学後も発展的に継続する意欲がある生徒

3　資格・検定（英語検定3級、漢字検定3級以上等）等の取得を目標に努力し、高校入学後も上級の資格・検定に積極的に取り組む生徒

4　生活や特別活動においてリーダーシップを発揮し、学習面でもより高い目標を設定して努力する生徒

難易度（偏差値）	C-3（54-51）	併願校選択例	駒場学園、昭和第一学園、大成、東海大菅生、八王子実践

都立 府中工科 高等学校
ふ ちゅうこう か

https://www.metro.ed.jp/fuchukoka-h/

〒183-0005　府中市若松町 2-19
☎ 042-362-7237
交通　京王線東府中駅　徒歩10分
　　　JR中央線武蔵小金井駅　バス

機械科
電気科
情報技術科
工業技術科

制　服	あり

[カリキュラム] ◇三学期制◇
・放課後や夏季休業中に**講習会**や**補講**を実施している。
・**資格取得**に力を入れており、全科でガス溶接技能講習会、危険物取扱者、パソコン利用技術検定、計算技術検定、情報技術検定などを取得することが可能。

★機械科
・「もの」を作る喜びを体験する学科である。溶接・鋳造・各種工作機械・手仕上げなどの技術から、コンピュータを使った最新の技術まで、幅広く学習する。
・専門科目は、機械工作、機械設計、原動機、旋盤実習、溶接実習、鋳造実習などを学習する。
・旋盤加工技能士2・3級、第二種電気工事士、ガス溶接技能講習、基礎製図検定などの資格取得を目指す。

★電気科
・発電・送電・電気工事からロボット・自動制御・コンピュータまで、電気エネルギーに関する実験・実習を中心に学習する。
・専門科目は、電気基礎、電子技術、電力技術、電気機器などを学習する。
・第一種・二種電気工事士、第三種電気主任技術者、電気通信工事担当者、危険物取扱者（乙種第4類）などの資格取得を目指す。また、電気科を卒業すると、第二種電気工事士の筆記試験が免除となり、第三種電気主任技術者が実務経験3年以上で取得可能となる。

★情報技術科
・コンピュータのハードウェアやソフトウェアについて実習を通して学び、さらに電子回路の基礎についても学ぶ。
・専門科目は、プログラミング技術、ソフトウェア技術、ハードウェア技術、電子回路通信技術などを学習する。
・ITパスポート、基本情報技術者試験、ネットワーク接続技術者（DD3種）、第二種電気工事士などの資格取得を目指す。

★工業技術科
・機械・電気の基礎的な資格取得を目指す他、技能の実践力を身につける。
・専門科目は、工業技術基礎、工業数理基礎、機械技術基礎、工業技術、電気基礎、レーザ加工、フライス盤実習、電気実習などを学習する。
・旋盤加工技能士2・3級、第二種電気工事士などの資格取得を目指す。

[部活動]
・約7割が参加。**硬式野球部**は過去に、西東京大会ベスト16（令和3年度）の実績がある。**陸上競技部**は都内屈指を誇る投てき種目の設備を生かし、高い実績を残している。また、**自動車整備部**が平成26年度にエコマイレッジチャレンジ全国大会で1位となった。
・最近の主な実績は以下のとおり。
＜令和3年度＞
陸上競技部が関東大会に出場した。
＜令和2年度＞
陸上競技部がハンマー投げで全国高校生ランキング第6位、都大会で優勝・7位・8位となり全国大会に出場した。

★設置部（※は同好会）
硬式野球、陸上競技、サッカー、硬式テニス、ハイキング、バスケットボール、バドミントン、ウェイトトレーニング、卓球、水泳、剣道、情報技術、パソコン、CAD、写真、自動車整備、鉄道研究、軽音楽、茶道、マンガ研究、囲碁将棋、英会話、※ダンス

[行　事]
4月　修学旅行（3年）
5月　遠足
6月　体育祭
11月　文化祭、芸術鑑賞教室
2月　ロードレース大会

[進　路]（令和5年3月）
・生徒全員に高度な技術や資格を取得させることで、希望する進路の実現をはかっている。

★卒業生の進路状況
＜卒業生157名＞
大学19名、短大0名、専門学校39名、就職93名、その他6名

★卒業生の主な進学先
麻布大、京都芸術大、国士舘大、専修大、高千穂大、拓殖大、多摩大、東京経済大、東京電機大、日本映画大、ものつくり大

★卒業生の主な就職先
日立国際電気、京王電鉄、NEC、日野自動車、東芝エレベータ、東京水道、三菱重工業、いすゞ自動車、シチズンTIC、モランボン、多摩都市モノレール、東急電鉄、NTT東日本、森永乳業

♣指定校推薦枠のある大学・短大など♣
神奈川工科大、国士舘大、拓殖大、多摩大、玉川大、東海大、日本工業大、明星大、ものつくり大、東洋大、東京工科大、東京電機大　他

[トピックス]
・平成25年、都教育委員会より「ものづくり人材育成プログラム校」に指定。資格取得指導に力を入れている。
・**第二種電気工事士**の令和5年度の本校での合格者は、84名。**東京都内1位**。全国第1位。
・**基本情報技術者試験**合格者あり。

[学校見学]（令和5年度実施内容）
★授業公開　6・11月各1回
★体験入部　8・11月各1回
★学校説明会　10月2回　11・12・1月各1回
★体験入学　10月1回
★文化祭　11月　見学可
★学校見学会　7・8月各2回

受検状況

科名・コース名	募集人員	推薦に基づく入試				第一次募集・分割前期募集			
		募集人員	応募人員	応募倍率	合格人員	募集人員	受検人員	受検倍率	合格人員
機械	35	14	17	1.21	14	21	14	0.67	14
電気	70	28	40	1.43	28	42	41	0.98	41
情報技術	35	14	12	0.86	12	23	21	0.91	21
工業技術	35	14	19	1.36	14	21	17	0.81	17

入学者選抜実施方法

推薦

科名・コース名	推薦枠		調査書の活用		満点				備考
	割合（％）	特別推薦の有無	観点別学習状況の評価	評定	調査書点	集団討論個人面接	小論文	作文	実技検査	
機械	40	○	－	○	500	400	－	100	－	
電気	40	○	－	○	500	400		100		
情報技術	40	○	－	○	500	400		100		
工業技術	40	○	－	○	500	400		100		

第一次・分割前期

科名・コース名	分割募集	男女枠緩和	学力検査		調査書		学力検査:調査書	満点					備考
			教科	学校指定による傾斜配点	教科の評定の扱い 学力検査を実施する教科	学力検査を実施しない教科		学力検査	調査書点	面接	小論文・作文	実技検査	
機械	－		5	－	1倍	2倍	7：3	700	300	－	－	－	
電気	－		5	－	1倍	2倍	7：3	700	300	－	－	－	
情報技術	－		5	－	1倍	2倍	7：3	700	300	－	－	－	
工業技術	－		5	－	1倍	2倍	7：3	700	300	－	－	－	

〈本校の期待する生徒の姿〉

★機械科・工業技術科・情報技術科・電気科

　本校は、しなやか（レジリエンス）で、真心（シンシリティー）をもって対応できる有為な技能者の育成を目指しています。
1　「ものづくり」が好きで、本校の学習に興味・関心をもち、各種の資格取得等に意欲をもって取り組む生徒
　・　機械科では、機械加工や機械の設計・製図に関する技術を学びたい生徒
　・　電気科では、電気の発生から安全に利用できるまでの電気技術を学びたい生徒
　・　情報技術科では、ハードウェア・ソフトウェア・ネットワーク技術を学びたい生徒
　・　工業技術科では、機械及び電気・情報に関する知識に興味があり、様々な技術を学びたい生徒
2　部活動や生徒会活動で熱心に活動し、本校入学後もそれらの活動を継続する意志が強い生徒
3　学校や社会の一員として、「時を守り、場を清め、礼を尽くす」ことや、自分から挨拶ができるなど、約束やルールを守る生徒
※　特に推薦選抜においては、入学後も上記項目の全てにおいてリーダーとしての役割を果たすことに意欲をもつ生徒が望ましい。
※　「文化・スポーツ等特別推薦」においては、入学後も硬式野球部の活動に意欲的に取り組む生徒が望ましい。

難易度（偏差値）	機械・電気・工業技術　E－1（42－38）／情報技術　D－3（46－43）

普通科

都立 府中西 _{ふ ちゅう にし} 高等学校

https://www.metro.ed.jp/fuchunishi-h/

☎ 183-0036　府中市日新町 4-6-7
☎ 042-365-5933
交通　JR南武線西府駅　徒歩15分
　　　JR中央線国立駅　谷保経由、京王線聖蹟桜ヶ丘駅　バス15分

| 制服 | あり |

[カリキュラム] ◇三学期制◇

・日課は1時限50分の6時限授業。**習熟度別授業、少人数制授業**を数多く導入している。また、「**わかりやすい授業**」を目指してきめ細かい指導を実施している。

・1年次は全員共通科目を履修し、基礎学力をつけると共に、ICTの活用力を育てるべく**情報**の科目も学習する。

・2年次は週に4時間、**文系・理系**の選択科目を設置。進路を考慮した学習に入る。

・3年次は幅広く多彩な選択科目のなかから、進路希望にあわせて自由選択科目を履修し、希望実現を目指す。

[部活動]

・約8割が参加（1年次は全員参加制）。活動はたいへん盛んである。

・**合唱部**は全日本合唱コンクール全国大会に出場経験があり、毎年高いレベルの活動を続けている。その他、**ラグビー部、ハンドボール部、卓球部、バスケットボール部、ダンス部、体操部、野球部、演劇部**なども活発。

・最近の主な実績は以下のとおり。

＜令和4年度＞
合唱部が全日本合唱コンクール全国大会で銀賞を受賞。

＜令和2年度＞
演劇部が都大会に出場し、優秀賞、豊博秋舞台美術賞を受賞。

＜令和元年度＞
女子ハンドボール部が関東大会に出場。

・★設置部（※は同好会）
ハンドボール、バレーボール、硬式テニス、バスケットボール、バドミントン、野球、サッカー、ラグビー、体操、剣道、水泳、陸上競技、ソフトテニス、卓球、ダンス、合唱、吹奏楽、演劇、美術、デジタルクリエイト、漫画研究、写真、天文、軽音楽、ホームメイキング、茶華道、日本語クラブ、※かるた

[行　事]

行事では**文化祭、体育祭、合唱コンクール**が盛り上がる。創立以来行われている合唱コンクールはとりわけ感動する行事である。

5月　遠足
6月　球技大会
7月　芸術鑑賞会
8月　部活動合宿
9月　陽光祭（文化祭、体育祭）
1月　修学旅行（2年）
2月　合唱コンクール（1・2年）

[進　路] （令和5年3月）

・生徒の進路先は**担任、進路部が中心**となって全力バックアップしている。生徒にとっては相談しやすい環境と言える。

・生徒の進路実現をサポートするために、1年次より志望分野別進路ガイダンスをきめ細かく実施している。

・看護医療系、保育系、公務員の志望者へのガイダンスを行っている。（1年次より参加可。）

・夏期講習を全学年で実施している。

・面談や推薦入試のための**小論文指導**もていねいに行っている。

・**進路指導室**では常時、進路相談やインターネットによる検索、資料の閲覧が可能。

★卒業生の進路状況
＜卒業生311名＞
大学204名、短大16名、専門学校54名、就職11名、その他26名

★卒業生の主な合格実績
青山学院大、亜細亜大、桜美林大、杏林大、工学院大、国士舘大、駒澤大、成蹊大、専修大、大東文化大、拓殖大、多摩大、玉川大、中央大、帝京大、東海大、東京経済大、東洋大、日本体育大、明星大、目白大、和光大

♣指定校推薦枠のある大学・短大など♣
亜細亜大、国立音楽大、工学院大、白梅学園大、成蹊大、玉川大、中央大、東京経済大、日本体育大、武蔵野大、東海大、日本大　他

[トピックス]

・昭和50年設立。部活動や行事が盛んな「思いきり青春できる」学校である。

・生活指導に力を入れており、生徒はたいへん**落ち着いた**学校生活を送ることができる。

・学習指導や生活指導、進路指導はもとより、生徒個人個人に合わせたきめ細かい教育活動を行っている。

・ICT機器が充実し、ICT機器を活用した授業を推進している。

・幼教保育、看護体験等の**インターンシップ**にも力を入れている。

・**文化・スポーツ等特別推薦**を男女ハンドボール、ラグビー、野球で実施。

・平成30年度より、制服をリニューアルした。

[学校見学] （令和5年度実施内容）

★学校説明会　10・11・12月各1回
★学校見学会　夏期休業中に実施
※詳しくはHPを参照。

受検状況

科名・コース名	募集人員	推薦に基づく入試				第一次募集・分割前期募集			
		募集人員	応募人員	応募倍率	合格人員	募集人員	受検人員	受検倍率	合格人員
普通	294	59	123	2.08	59	235	282	1.20	237

入学者選抜実施方法

	科名・コース名	推薦枠		調査書の活用		満点					備考
		割合(%)	特別推薦の有無	観点別学習状況の評価	評定	調査書点	集団討論個人面接	小論文	作文	実技検査	
推薦	普通	20	○	-	○	500	350	-	150	-	

	科名・コース名	分割募集	男女枠緩和	学力検査		調査書		学力検査：調査書	満点					備考
				教科	学校指定による傾斜配点	教科の評定の扱い			学力検査	調査書点	面接	小論文・作文	実技検査	
						学力検査を実施する教科	学力検査を実施しない教科							
第一次・分割前期	普通	-	○	5		1倍	2倍	7:3	700	300	-	-	-	

〈**本校の期待する生徒の姿**〉

　本校は、毎時間の授業を通して「確かな学力」を定着させ、生活指導に重点を置き、個に応じたきめ細かな進路指導を行い、学校生活をより充実させるため部活動や学校行事に力を注いでいる学校です。したがって、以下のような生徒諸君の入学を期待しています。
1　本校を志望する意志が強く、校風や校則を十分理解し、意義ある高校生活を送りたいと志望している生徒
2　中学校で意欲的に学習活動を行い、本校入学後も積極的に学習に取り組む意志をもつ生徒
3　中学校での諸活動、また地域での諸活動に積極的に参加し、本校においても意欲的に取り組み、実績を上げたいと考えている生徒
※　特に推薦選抜においては、以下の点で優れた実績をもち、入学後もその活動を継続し、学業と両立できる生徒が望ましい。
　(1)　部活動、生徒会活動、学校行事又は校外の諸活動で主要な役割を果たし、活動実績を上げていること
　(2)　優れた資格や技能を有していること
※　「文化・スポーツ等特別推薦」においては、当該種目で実績を有し、文武両道の精神を体現できる者が望ましい。

難易度(偏差値)	D-1 (50-47)	併願校選択例	駒沢学園女子、白梅学園、杉並学院、大成、八王子実践

次のページもご覧ください ▶▶▶

普通科

都立 府中東 高等学校
ふ ちゅう ひがし

https://www.metro.ed.jp/fuchuhigashi-h/

〒183-0012 府中市押立町 4-21
☎ 042-365-7611
交通 京王線武蔵野台駅・飛田給駅 徒歩15分
　　西武線白糸台駅 徒歩25分

| 制　服 | あり |

[カリキュラム] ◇三学期制◇

・1年次は基礎基本を重視し全員共通科目を履修。芸術は音楽、美術、書道、工芸から選択。
・2年次は、緩やかな文系と理系の選択となる。理科と地歴、国語、数学、英語の選択の他に「中国語会話」を設置している。
・3年次は、最大13単位のなかから進路にあわせて各自選択履修し、希望実現を図る。
・数学Ⅱと論理表現Ⅰ・Ⅱで**習熟度別授業**を、家庭基礎で**少人数制授業**を実施。生徒一人ひとりの理解が進むよう、きめ細かく対応している。
・東京経済大、桜美林大、杏林大との間で**高大連携**を実施しており、大学の講義を受けることが可能。また、これらの大学に進学した場合、大学の単位として認定される。

[部活動]

・約6割が参加。「**部活動充実校**」を掲げ力を入れている。
・サッカー、硬式野球、女子バレーボール、女子バスケットボールで**文化・スポーツ等特別推薦**を実施。
・主な実績は以下のとおり。
＜令和5年度＞
男子バレーボール部が夏季都立大会ベスト16、**ボクシング部**が全日本女子ジュニア選手権に出場、**陸上競技部**が都大会進出。
＜令和4年度＞
ボクシング部がインターハイや全日本選手権に出場。**サッカー部**が都ベスト32。**生物部**がユース環境活動発表で関東大会へ出場。
＜令和3年度＞
ボクシング部が関東高校女子ボクシング大会でFe級準優勝。**サッカー部**が全国総体で都ベスト32。**女子バレーボール部**が春季大会でベスト32。
★設置部（※は同好会など）
バスケットボール、バレーボール、硬式テニス、バドミントン、ボクシング、硬式野球、陸上競技、サッカー、ダンス、茶道、吹奏楽、軽音楽、美術、和太鼓、生物、家庭科、文芸

[行　事]

「**緑陵祭（文化祭）**」は、クラスや部活、有志で催し物を発表。一般公開もしている。「**体育祭**」は、生徒実行委員会が種目を考え、学年を越えて盛り上がる。「**特別支援学校交流会**」は、昭和51年から続いている府中けやきの森学園との交流事業。

4月	新入生歓迎会
5月	遠足
6月	体育祭
9月	緑陵祭（文化祭）
11月	球技大会、修学旅行
12月	特別支援学校交流会
2月	マラソン大会

[進　路]（令和5年3月）

・夏休みの補習・補講が充実。共通テストに対応した演習講座やテストゼミ、1学期の復習などを行う。
・放課後や土曜日には希望者を対象とした補習・補講が行われている。
・進路指導室は随時利用可。
★卒業生の進路状況
　＜卒業生303名＞
　大学177名、短大4名、専門学校78名、就職13名、その他31名
★卒業生の主な進学先
　亜細亜大、桜美林大、学習院大、杏林大、国士舘大、駒澤大、白梅学園大、拓殖大、帝京大、東京経済大、東京農業大、東洋大、日本大、日本体育大、武蔵野大、法政大、明治大、明星大、和光大
♣指定校推薦枠のある大学・短大など♣
　亜細亜大、桜美林大、杏林大、工学院大、白梅学園大、拓殖大、玉川大、東京経済大、東京純心大、東京電機大、東京農業大、日本大、法政大、武蔵野大、明治大　他

[トピックス]

・昭和47年設立。3年間を見通した進路指導を基盤として、生徒一人ひとりの自己実現を図るために、1.**進学** 2.**部活動** 3.**交流事業** の3点を重視した学校を目指している。
・**冷暖房完備**の新校舎、体育館が2020年に完成、校舎全体の自動換気や自動加湿装置も完備。屋上は太陽光パネルや緑化により環境に優しい作りとなっている。プールと武道棟が2022年に完成し、都立高校で唯一ボクシングリングを設置している。校庭も2023年に完成し、野球マウンドや全天候型陸上競技走路も設置。
・**自習室**が充実しており、放課後に活用されている。職員室に近いこともあり、先生方へ質問すると自習室で丁寧に教えてくれる。
・生活指導を重視し、毎朝校門において挨拶・遅刻・頭髪に関する指導を行っている。
・校内の施設において「**ヒメウズラ**」を生物部が担当し飼育している。
・都教育委員会より**理数研究校**（生物部）、Sport-Science Promotion Club（ボクシング部）に指定されている。
・地域との連携やボランティア活動を推進し、小学生の下校見守りやこども食堂のボランティア、地域の防災訓練への参加などを行っている。

[学校見学]（令和5年度実施内容）

★学校説明会　10・11・12月各1回
★授業公開　6・11月
★文化祭　9月
★学校見学会　7・8月各2回
★部活動見学・体験 （一部の部活、要連絡）

受検状況

科名・コース名	募集人員	推薦に基づく入試				第一次募集・分割前期募集				分割後期募集・第二次募集		
		募集人員	応募人員	応募倍率	合格人員	募集人員	受検人員	受検倍率	合格人員	募集人員	受検人員	合格人員
普通	304	64	223	3.48	64	240	348	1.45	240	14	25	17

入学者選抜実施方法

推薦

科名・コース名	推薦枠		調査書の活用		満点					備考
	割合(%)	特別推薦の有無	観点別学習状況の評価	評定	調査書点	面接	小論文	作文	実技検査	
普通	20	○	－	○	450	250	－	200	－	

第一次・分割前期／分割後期・第二次

科名・コース名	分割募集	男女枠緩和	学力検査		調査書		学力検査:調査書	満点					備考
			教科	学校指定による傾斜配点	教科の評定の扱い			学力検査	調査書点	面接	小論文・作文	実技検査	
					学力検査を実施する教科	学力検査を実施しない教科							
普通（第一次・分割前期）	○	○	5		1倍	2倍	7:3	700	300	－	－	－	
普通（分割後期・第二次）	○		3		1倍	2倍	6:4	600	400	集団200	－	－	

〈本校の期待する生徒の姿〉

本校は、高校生活において何事にも主体的に取り組み、また、大学進学等の将来の目標について考え、その実現のために意欲的に活動する生徒を期待します。以下の3点のいずれかに該当し、本校への入学を強く希望する生徒を期待します。
1 中学校3年間で積極的に学習活動に取り組み、入学後も明確な目標をもって学習活動に取り組むことができる生徒
2 生徒会活動、学校行事、部活動又はボランティア活動等に積極的に参加し、高校入学後も積極的に参加することができる生徒
3 中学校3年間にて、基本的な生活習慣が確立している生徒
※ 特に推薦選抜においては、上記1から3の全てに該当する生徒が望ましい。
※ 「文化・スポーツ等特別推薦」においては、その種目に優れた能力をもち、学業と両立して他の模範となれる生徒が望ましい。

難易度（偏差値）	D－3（46－43）	併願校選択例	昭和第一学園、大成、大東学園、東京立正、八王子実践

学校ガイド

＜全日制　島嶼＞

　　　学校を紹介したページの探し方については、２ページ
「この本の使い方＜知りたい学校の探し方＞」を参照して
ください。

次のページもご覧ください ▶▶▶

都立 大島 高等学校
おおしま

普通科
併合科＜農林・家政＞

https://www.metro.ed.jp/oshima-h/

☎100-0101　大島町元町字八重の水127
☎04992-2-1431
交通　大島バス　大島高校前停留所

制　服	あり

［カリキュラム］◇三学期制◇

・習熟度別授業や少人数授業を取り入れ、多様な進路希望に対応している。普通科では最大21単位分の英語に関する科目を学習することができる。
・年間約20回漢字検定3級・準2級・2級に相当する漢字テストを実施して漢字検定に備えている。
・実用英語、簿記、ワープロ、情報処理などの検定に関しても、補習授業を行い、資格取得に力を入れている。

★普通科

・多様な生徒の要望に応えるとともに、その能力を十分に伸ばすことができるように、2年次から一部選択制を取り入れている。
・英語、数学、国語では習熟度別授業を取り入れ、生徒一人ひとりに合わせた学習を行っている。

★併合科（農林）

・上級学校への進学や、農業や環境およびその関連産業に従事するための専門的な技術や知識を、広大な農場での実習や椿など地域資源を活用するフィールドワーク講義により習得する。
・3年次では自らテーマを決めて研究を進めていく課題研究や、スマート農業などの最新の農業技術体験学習を展開しており、農業と社会の発展を図る実践的な態度を育成する。

★併合科（家政）

・1年次は家庭に関する専門教育（調理、被服、生活産業、福祉など）の基礎を履修し、2年次より専門教育の深化を図る。一人ひとりの個性を伸ばし、さまざまな分野で活躍できるような人材の育成を目指す。
・専門的な知識や技術を確実に身につけるため、体験授業を多く取り入れ、きめ細かな指導を実施している。

［部活動］

・約9割が参加。バレーボール部は公立大会準優勝、陸上部は関東大会に出場、硬式野球部は都大会ベスト8、シード校の実績を持つ。
・併合科（農林）では、入学時に学校農業クラブに加入し、各種大会で関

東大会や全国大会に出場している。
・演劇部は都の地区大会で奨励賞を受賞。

★設置部（※は同好会）

野球、女子バレーボール、水泳、陸上、サッカー、テニス、茶華道、吹奏楽、郷土芸能、ダンス、美術、※農産加工、※ハンドメイド、バドミントン、男子バスケットボール

［行　事］

郷土芸能祭は1・2年生が参加する。各地区に伝わる踊りや太鼓の指導を受け、約2週間の練習の成果を披露する。

7月	芸術鑑賞教室、球技大会
9月	修学旅行（2年）
11月	学校祭、郷土芸能祭
2月	マラソン大会

［進　路］

・各学年で面談を実施し早期に進路目標を持たせる。
・島内外での就業体験や希望分野別説明会を実施している。

＜進路関係の主な行事＞

5月	職業相談（5者面談）、進路講話
7月	進路セミナー、就業体験、大学説明会
10月	職業相談
3月	進路懇談会

★卒業生の進路状況（令和5年3月）

＜卒業生42名＞
大学16名、短大1名、専門学校12名、就職12名、その他1名

★卒業生の主な進学先

三重大、明治大、立教大、法政大、日本大、東京都立大、島根県立大、茨城大、青山学院大、中央大、早稲田大

♣指定校推薦枠のある大学・短大など♣

桜美林大、国士舘大、駒沢女子大、淑徳大、城西大、千葉工業大、東京家政大、東京工芸大、大妻女子大短大、実践女子短大、淑徳短大、上智短大、杉野服飾短大、東京家政短大、横浜女子短大　他

［トピックス］

・昭和19年、東京都大島六ヵ村学校

組合立東京都大島農林学校として創立。25年東京都立大島高等学校と改称。
・校訓は「誠実」「敬愛」「勇気」「自尊」「自主」の5つ。「知・徳・体のバランスのとれた全人教育を目指す」をキャッチフレーズに、進学も就職もできる大島高校を目標としている。
・都立高校で1、2を競う広大な敷地で、三原山を仰ぐ大自然に囲まれ、生徒たちは豊かな教育環境のもとで学習している。
・CALL教室の他、野菜や草花の広大な農場、組織培養室、鶏舎、牧場、「国際優秀つばき園」に設定されている椿園などの施設がある。
・「国際交流リーディング校」、「海外学校間交流推進校」、「東京の教育資源（森林・林業）を活用した教育活動推進校」、「体育健康教育推進校」、「防災教育研究指定校」に指定されている。
・資格や検定に対し熱心に取り組んでおり、「1人1資格」の取得を目指している。10種を超える検定において、上位級の合格者も多数出ており、成果をあげている。一部の検定は本校が会場となっており、島外に出ることなく受検できる。
・外部の企業との連携。

［学校見学］（令和5年度実施内容）

★学校説明会　10月1回
★学校祭　11月　見学可
★郷土芸能祭　11月　見学可
★授業参観は随時可（要予約）

［島へのアクセス］

竹芝桟橋（東京）、横浜、熱海［東海汽船］〜大島元町港または岡田港※
調布空港［新中央航空］〜大島空港［大島バス］〜元町港※
※元町港または岡田港からは大島バス利用で大島高校前停留所下車。また、元町港から徒歩では約20〜30分。

受検状況

科名・コース名	募集人員	第一次募集・分割前期募集			
		募集人員	受検人員	受検倍率	合格人員
普通	80	80	22	0.28	22
併合(農林・家政)	35	35	11	0.31	11

入学者選抜実施方法

第一次・分割前期

科名・コース名	分割募集	男女枠緩和	学力検査		調査書 教科の評定の扱い		学力検査	調査書	満点					備考
			教科	学校指定による傾斜配点	学力検査を実施する教科	学力検査を実施しない教科			学力検査	調査書点	面接	小論文・作文	実技検査	
普通	−	○	5		1倍	2倍	7:3		700	300	−	−	−	
併合〈農林・家政〉			5	−	1倍	2倍	7:3		700	300	−	−	−	

〈本校の期待する生徒の姿〉

★普通科

本校は、創立80年を迎えた伝統校です。島しょ部にあり豊かな自然、特色ある文化、教育に積極的な地域社会等、恵まれた教育環境を生かした教育活動について、本校のグラデュエーション・ポリシー及びカリキュラム・ポリシーを理解する、意欲のある生徒を求めています。本校普通科では以下の項目に該当する生徒の入学を期待しています。

1　社会の現状を分析し、自ら考え、志をもって主体的に行動し、生涯にわたり意欲をもって学び続けることにより、困難な状況でも打開しながら生き抜くことができる生徒

2　自らのよって立つところを自覚し、国内外に目を向け、必要な情報を適切に集めることができ、リーダーシップをとって他者と協働しながら行動できる生徒

3　郷土学習、学級活動、生徒会活動、委員会活動、部活動、ボランティア活動等に積極的に取り組み、自分を磨こうとする強い意志をもった生徒

★併合科＜農林・家政＞

本校は、創立80年を迎えた伝統校です。島しょ部にあり豊かな自然、特色ある文化、教育に積極的な地域社会等、恵まれた教育環境を生かした教育活動について、本校のグラデュエーション・ポリシー及びカリキュラム・ポリシーを理解する、意欲のある生徒を求めています。本校併合科では以下の項目に該当する生徒の入学を期待しています。

1　社会の現状を分析し、自ら考え、志をもって主体的に行動し、生涯にわたり意欲をもって学び続けることにより、困難な状況でも打開しながら生き抜くことができる生徒

2　自らのよって立つところを自覚し、国内外に目を向け、必要な情報を適切に集めることができ、リーダーシップをとって他者と協働しながら行動できる生徒

3　農業の各分野に対する興味・関心が高く、実験・実習に意欲的に取り組むことができる生徒（農林）

4　衣食住・保育・福祉の家庭生活に興味・関心をもち、自らすすんで課題を解決しようとする生徒（家政）

5　地域連携・ボランティア活動に参加し活動することができる生徒

都立 大島海洋国際 高等学校
（おおしまかいようこくさい）

https://www.metro.ed.jp/oosimakaiyokokusai-h./

☎100-0211　大島町差木地字下原
☎04992-4-0385
交通　大島バス　大島海洋国際高校前停留所

海洋国際科

| 制　服 | あり |

[カリキュラム] ◇三学期制◇

・令和4年度より学科改変。1年次で水産・海洋の基礎を学び、2年次からは「海洋探究系」「船舶運航系」「海洋生物系」「海洋産業系」に分かれて知識や技術を深め、希望進路実現に向けて学習に取り組んでいる。様々な資格取得も可能。

・東京都で唯一、水産・海洋関連分野を学ぶことができ、実習船による乗船実習を行っている。乗船実習ではチームワークの育成や模範意識、倫理観を兼ね備えた人材の育成を目指す。

★海洋探究系
海洋環境、海洋政策、海洋生物を中心とした専門科目を履修。海洋調査や外部機関での発表なども行う。

★船舶運航系
船舶運航（航海）を中心とした専門科目を履修。小型実習船やシミュレーターを使い操船について学び、船舶を安全に運航するスペシャリストを育成する。

★海洋生物系
海洋生物を中心とした専門科目を履修。飼育技術の習得や飼育実験、生物の採集・観察を通して、つくり育てる海洋生物の分野を学ぶ。

★海洋産業系
海洋開発や海洋レジャー産業に関する専門科目を履修。海洋産業のスペシャリストを育成する。

[部活動]

・約9割が参加。

・令和4年度は、**潜水部**がダイビング技能コンテスト全国大会男女総合の部で優勝した。**カッター部**がカッターレース全国大会で優勝した。**釣**

キャンパス

り部がバリバスカップ2022 U-18選手権大会に出場し優勝した。

★設置部
サッカー、硬式野球、バレーボール、バスケットボール、水泳、潜水、セーリング、カッター、硬式テニス、陸上競技、生物、ボランティア、郷土芸能、吹奏楽、音楽、釣り

[行　事]

4月	新入生歓迎スポーツ大会
6月	1年基礎航海
7月	遠足、WBG選手権（水泳大会）
9月	海国祭（文化祭）、カッターレース大会
10月・11月	航海学習
1月	3年生を送る会
2月	マラソン大会

[進　路]（令和5年3月）

・自然に恵まれた広大な寄宿舎で、自律心、友情、確かな学力を育む。寄宿舎には個別の学習スペースが設けられており、進路実現に向け、平日には「宅習（自宅学習）」を一斉に実施。

・定期考査、実力テストなどの結果をもとに「学習ガイダンス」を実施。

・東京海洋大学、東海大学、東京都立大学との連携事業も推進している。

★卒業生の進路状況
＜卒業生63名＞
大学40名、短大2名、専門学校9名、就職5名、その他7名

★卒業生の主な進学先
愛媛大、鹿児島大、長崎大、東京海洋大、岡山理科大、神奈川大、北里大、東海大、東京農業大、日本大、日本体育大

[トピックス]

・令和4年度に学科改編。「海に学び、未来を拓く。」をコンセプトとし、学校生活、寄宿舎の生活を通して「誠実（Faithfulness）、礼節（Courtesy）、協力（Cooperation）」の精神を育てる。

・令和2年度4月、新しい大型実習船

「大島丸」が就航。

[学校見学]（令和5年度実施内容）

★学校案内・説明会　10月2回、11・12月各1回　本校の他、23区内でも実施

★学校祭　9月

★学校見学は本校HPでご確認ください。

★寄宿舎見学会　7・8・9月各1回

[島へのアクセス]

・船便（東海汽船）
　竹芝（東京）～大島　1時間45分
　熱海（静岡）～大島　45分
※出帆港は当日朝に岡田港または元町港に決定する。（東海汽船HP参照）

・航空便
　調布空港～大島空港（新中央航空）

・島内交通手段
　大島バス（大島陸上競技場行き）
　レンタカー、タクシー

受検状況

科名・コース名	募集人員	推薦に基づく入試				第一次募集・分割前期募集			
		募集人員	応募人員	応募倍率	合格人員	募集人員	受検人員	受検倍率	合格人員
海洋国際	70	28	48	1.71	28	42	42	1.00	42

入学者選抜実施方法

推薦

科名・コース名	推薦枠		調査書の活用		満点						備考
	割合(%)	特別推薦の有無	観点別学習状況の評価	評定	調査書点	集団討論・個人面接	小論文	作文	実技検査		
海洋国際	30	–	–	○	500	300	–	200	–		

第一次・分割前期

科名・コース名	分割募集	男女枠緩和	学力検査		調査書		学力検査	調査書	満点					備考
			教科	学校指定による傾斜配点	教科の評定の扱い				学力検査	調査書点	面接	小論文・作文	実技検査	
					学力検査を実施する教科	学力検査を実施しない教科								
海洋国際	–		5	–	1倍	2倍	7：3		700	300	–	–	–	

〈本校の期待する生徒の姿〉

　本校は、教育理念「海に学び、未来を拓く」と校訓「誠実・礼節・協力」を掲げ、海洋に対する真摯な姿勢と態度を涵養し、世界に広がる海洋を舞台に活躍する生徒を育成する。
1　水産・海洋に関する課題に興味・関心をもち、海洋を学びの場として捉え、これからの時代に必要な資質や能力を育成するとともに、将来の地域・地球規模の課題に真剣に向き合って解決しようとする意思のある生徒
2　水産・海洋関連分野等で活躍する夢と志をはぐくみ、その実現に向け、大学等上級学校進学を目指した学習に落ち着いて取り組める意思のある生徒
3　中学校で身に付けた生きる力を基に、自主自律的な寄宿舎生活を通し、友との関わりを大切にし、自らの能力を鍛え、可能性を広げたいと考える心身共に健康な生徒

難易度（偏差値）　D－1（50－47）

都立 小笠原 高等学校
おがさわら

https://www.metro.ed.jp/ogasawara-h/

〒100-2101　小笠原村父島字清瀬
☎04998-2-2346

制　服　なし

[カリキュラム] ◇三学期制◇

- 1年次は、芸術科目と英語の一部の授業以外全員が共通の科目を学習。2年次から必修選択科目を導入。3年次には**理系・文系・教養**に分かれて学習する。
- 数学・英語は**習熟度別授業**で行う。
- **漢字検定**と**英語検定**に力を入れている。授業中も合格に向け指導を実施。

[部活動]

全生徒の約10割が参加。

★設置部（※は同好会）

バスケットボール、チアリーディング、バドミントン、硬式テニス、応援、音楽、写真、自然保護研究、イラスト、※バレーボール、※野球、※フットボール

[行　事]

5月	こどもまつり（奉仕活動）
6月	ビーデ祭（文化祭）
10月	ウインドサーフィン大会、小中高連合運動会
11月	兄島環境学習（1年）
12月	修学旅行（2年）
1月	ロードレース大会

[進　路]

- 土曜日には毎週、入試対応や補習等、各種講座を実施している。
- 代ゼミサテライン・スタディサプリを実施。科目は、物理、国語、小論文等、適宜、生徒の要望に応えている。

★卒業生の主な進路先

東京都立大、琉球大、亜細亜大、桜美林大、杏林大、成城大、拓殖大、玉川大、武蔵野美術大、日本大、立教大

[トピックス]

- 平成31年度に創立50周年を迎えた。
- 東京から南へ1000km、小笠原諸島で最大の島、父島にあり、二見湾を望む風光明媚な場所に位置する。その自然を生かした教育活動として5月〜10月まで体育の授業は大村海岸で

ウインドサーフィンを行っている。授業の他、行事（野外活動等）、地域活動（自然保護活動、こどもまつりやロードレースへの参加等）にも世界自然遺産の環境が活用されている。
- 平成25年度には新たに**武道場棟**が完成した。

[学校見学]（令和5年度実施内容）

★授業公開　5・11月
★ビーデ祭　6月　見学可
★学校見学は随時可（要連絡）

[島へのアクセス]

竹芝（東京）[小笠原海運（週に1便運航）]〜父島二見桟橋※
※二見桟橋からは徒歩15分

小中高連合運動会

入試!インフォメーション

※**本欄の内容はすべて令和6年度入試のものです。**

受検状況

科名・コース名	募集人員	第一次募集・分割前期募集			
		募集人員	受検人員	受検倍率	合格人員
普通	30	30	13	0.43	13

入学者選抜実施方法

	科名・コース名	分割募集	男女枠緩和	学力検査		調査書		学力検査	調査書	満点					備考
				教科	学校指定による傾斜配点	教科の評定の扱い				学力検査	調査書点	面接	小論文・作文	実技検査	
						学力検査を実施する教科	学力検査を実施しない教科								
分割前期・第一次	普通	−	○	5		1倍	2倍	7：3		700	300	−	−	−	

〈本校の期待する生徒の姿〉

　本校は、「自主と自律」「感謝と共存」「礼儀と信頼」を教育目標とし、地域の発展に貢献できる人間の育成を目指している。そのため、活躍できる力を身に付け、郷土の自然に感謝するとともに、自己と他者を大切にする精神と規範意識を身に付け、全ての生徒が希望する進路を実現できる学校を目指している。そこで、本校では次のような生徒の入学を期待している。
1　学習活動に自主的、積極的に取り組む生徒
2　大学等への進学、就職、留学等、自己の進路に対する高い目的意識をもち、努力する生徒
3　学校生活、部活動、学校行事、地域の活動等に積極的に参加する生徒
4　挨拶、身だしなみ、言葉遣い、時間を厳守する等のマナーを身に付ける生徒
5　互いを認め合い、理解し合い、相手の立場に立ってものを考える生徒
6　小笠原の自然を愛し、慈（いつく）しみ、その素晴らしさを学び伝えようとする生徒

都立 神津 高等学校

こうづ

https://www.metro.ed.jp/kouzu-h/

〒100-0601　神津島村1620
☎04992-8-0706

普通科

制　服　あり

[カリキュラム] ◇三学期制◇

・1年次は数学Ⅰ・A、英語コミュニケーションⅠ、論理・表現Ⅰ、言語文化、2年次は、英語コミュニケーションⅡの授業で習熟度別授業を実施している。
・人間と社会、総合的な探究の時間は、**ティームティーチング**で実施。
・**土曜講習**を実施している。(年10回程度)

[部活動]

約9割が参加。
★設置部
サッカー、バレーボール、バドミントン、野球、バスケットボール、卓球、テニス、剣道、軽音楽、美術、家庭科、吹奏楽、パソコン、トレーニング

[行　事]

4月　新入生歓迎会
新入生を歓迎し、全校をあげて村内全域で実施。
　　　ボランティア活動
村内の清掃ボランティア。
7月・12月　球技大会
リーグ戦またはトーナメント方式で行われる。

7月　Marine Day
ダイビングとシュノーケリング、ビーチクリーニングを実施。
10月　村民大運動会
学校行事として位置付け、全校生徒が運営に貢献。
　　　黒潮祭(文化祭)
学習、文化など、日頃の成果を発揮する。「神高オンステージ」や「サロンコンサート」も好評。
11月　修学旅行(2年)
令和4年度は広島・大阪。

[進　路] (令和5年3月)

大学進学希望者へは、進学指導コーディネーター(教員)が学習進捗状況や出願指導等を個別に指導する。長期休業中の講習・補習も充実している。
★卒業生の進路状況
　　＜卒業生22名＞
　　大学11名、短大0名、専門学校8名、就職1名、その他2名

[トピックス]

・昭和47年開校。東京から南へ178km、黒潮の恵み多い**神津島唯一の高校**。正面に前浜を望み、後ろに天上山が控える風光明媚な場所に位置する。
・本校では、1年次「**人間と社会**」、2年次「**総合的な探究の時間**」において、神津島に関するテーマを設定し、探究を行っている。1年次には、比較的平易な課題設定や漁業組合での体験活動等に取り組み、探究活動の基礎を学ぶ。2年次には、1年次の成果を踏まえて再度テーマを設定し、探究を深める。**成果発表会**も実施している。
・平成28年度より、**島外生徒受入制度**(離島留学)での募集を開始。離島留学生は学校の寮へ入る。

[学校見学] (令和5年度実施内容)

★学校説明会　10月1回
★授業公開　4・11・2月各1回
★黒潮祭　10月
★学校見学は随時可(要連絡)

[島へのアクセス]

竹芝(東京)[東海汽船]神津島(前浜)港※
下田(静岡)[神新汽船]神津島港※
調布空港[新中央航空]神津島空港※
※神津島港から徒歩15分。神津島空港からは車で10分。

入試!インフォメーション

※本欄の内容はすべて令和6年度入試のものです。

受検状況

科名・コース名	募集人員	第一次募集・分割前期募集			
		募集人員	受検人員	受検倍率	合格人員
普通	40	40	17	0.43	17

入学者選抜実施方法

	科名・コース名	分割募集	男女枠緩和	学力検査		調査書		学力検査	調査書	満点					備考
				教科	学校指定による傾斜配点	教科の評定の扱い 学力検査を実施する教科	学力検査を実施しない教科			学力検査	調査書点	面接	小論文・作文	実技検査	
分割前期・第一次	普通	－	○	5		1倍	2倍	7：3		700	300	－	－	－	

〈本校の期待する生徒の姿〉

本校は教育目標として、「高い志」・「チャレンジ精神」を掲げています。少人数教育の利点を生かしたきめ細かな教育活動を通して学力向上を図り、幅広い進路選択に応える教育活動を実践するとともに、恵まれた神津島の自然や文化の理解を深め、地域社会に貢献できる規範意識をもった人材育成を目指します。そのために本校では、次のような生徒の入学を期待します。
1　高校の学習に自主的に取り組み、大学進学や就職等、自分の進路希望の実現に向けて努力する生徒
2　他者への思いやりの心をもち、学校や社会のルールをきちんと守ることができる生徒
3　部活動、生徒会活動、地域活動等、学習活動以外の活動にも積極的に参加する意欲のある生徒
4　郷土の歴史、文化、自然についての理解を深め、誇りをもつとともに、地域社会に貢献しようという意欲のある生徒

都立 新島 高等学校
にいじま

https://www.metro.ed.jp/niijima-h/

〒100-0402　新島村本村4-10-1
☎04992-5-0091

制　服　あり

[カリキュラム] ◇三学期制◇

- 少人数校の利点を生かし、**個別指導**が充実している。生徒4名に対し教員1名の比率。**習熟度別授業**も実施。
- 授業の充実はもちろん、組織的な補習・補講体制、夏期講習、放課後の基礎力講座などで生徒一人ひとりを力強くサポート。
- **新島研究**や**地域探究**など、地域に根ざした科目も設置されている。

[部活動]

約9割が参加。

★設置部

野球、バスケットボール、バレーボール、硬式テニス、茶道、太鼓、ボランティア、軽音楽

[行　事]

浜の清掃など、**ボランティア活動**も年に3回実施している。

- 4月　新入生歓迎会
- 6月　浜清掃
- 9月　新高祭(文化祭)
- 10月　村民運動会(体育祭)
- 11月　移動教室（1年）、修学旅行(2年)
- 2月　三送会

[進　路]

　進路ガイダンスは1年次から実施。補習や補講、模擬試験も適宜行っている。また個人面談を充実させ、**進路意識啓発事業**なども実施。

★卒業生の進路状況(令和5年3月)

＜卒業生11名＞

大学7名、短大0名、専門学校2名、就職2名、その他0名

★卒業生の主な進学先

青山学院大、東京家政学院大、東京成徳大、東京都市大、東京保健医療専門職大、明星大、横浜美術大

[トピックス]

- 平成15年度より新島村立新島中学校・式根島中学校と連携した「**連携型中高一貫教育**」を実施。授業や部活動における交流が盛んである。
- 全校一斉「**朝の読書**」を行っている。
- 定期考査前の**土曜・日曜**に教室開放を行っている。
- 村の行事への参加やボランティアなど、**地域貢献行事（活動）**が盛ん。
- 平成28年度から新校舎での授業開始。
- 令和5年度より、ホームステイ制度を取り入れた**島外生徒受入事業**を開始。

[学校見学] (令和5年度実施内容)

★学校見学会　6月1回
★授業公開週間　6月
★新高祭　9月　見学可
★学校見学は随時可（要連絡）

[島へのアクセス]

竹芝（東京）[東海汽船]新島(黒根)港、渡浮根港※
調布空港[新中央航空]新島空港※
※新島港・新島空港から徒歩20分。

入試!インフォメーション
※本欄の内容はすべて令和6年度入試のものです。

受検状況	科名・コース名	募集人員	第一次募集・分割前期募集			
			募集人員	受検人員	受検倍率	合格人員
	普通	40	40	8	0.20	5/5/10

入学者選抜実施方法	科名・コース名	分割募集	男女枠緩和	学力検査		調査書		学力検査	調査書	満点					備考
				教科	学校指定による傾斜配点	教科の評定の扱い				学力検査	調査書点	面接	小論文・作文	実技検査	
						学力検査を実施する教科	学力検査を実施しない教科								
分割前期・第一次	普通	－	○	5		1倍	2倍	7：3		700	300	－	－	－	

〈本校の期待する生徒の姿〉

地域の歴史と文化を継承しつつ、将来、新島村の内外にあっても郷土に対する誇りをもち、島の良き伝統である「モヤイの精神（助け合いの精神）」を大切にするとともに、高校生活で以下のことを行おうとする生徒

1　自分の将来をしっかりと見据え、進路実現のために高校生活に対して真面目に取り組もうとしている生徒
2　新島村の過去・現在・未来について関心をもち、村の課題解決や発展に積極的に寄与しようとする生徒
3　これまでに以下のことについて積極的に取り組み、これからも継続していこうとする生徒
　（1）　好きな教科又は得意な教科をもち、意欲的に取り組む。
　（2）　不得意な教科に対し、自己の学習上の課題を見つけ、投げ出さずに取り組む。
　（3）　特別活動に主体的かつ積極的に取り組み、責任を果たす。
　（4）　部活動や地域の活動（ボランティア活動等）に積極的に参加する。
4　挨拶、身だしなみ等の基本的な生活習慣が確立し、規律を守り、明るく楽しい学校生活を送ろうとする生徒

都立 八丈（はちじょう）高等学校

普通科
併合科＜園芸・家政＞

https://www.metro.ed.jp/hachijo-h/

〒100-1401　八丈町大賀郷3020
☎04996-2-1182
交通　町営バス　八高停留所

制　服	あり

[カリキュラム] ◇三学期制◇

・ていねいな指導で基礎基本の充実を図るため、英語、数学では習熟度別授業を実施。
・郷土愛と帰属意識の醸成のため、探究学習「八丈学Ⅰ・Ⅱ・Ⅲ」海洋文化の科目を設置している。
・園芸科では草花、野菜、食品製造を柱に実習中心に学習し、実践的な知識・技能を身につける。家政科も実習・実験が多く、被服、食物、保育、福祉などを幅広く学ぶ。
・土曜日には補講や資格試験、模試のための講座を実施している。

[部活動]

約7割が参加。島内の活動のみにとどまらず、内地へ遠征し、多方面で活躍している。

★設置部

硬式野球、サッカー、陸上競技、硬式テニス、バレーボール（女）、バスケットボール、吹奏楽、美術、パソコン、茶道、写真

[行事]

遠足、体育祭、八高祭（文化祭）、宿泊防災訓練、球技大会、島民会議、移動教室（1年）、修学旅行（2年）、ロード記録会などを実施。

[進路]（令和5年3月）

・進学に関しては、各学年において進路別ガイダンス、春季・夏季・冬季講習、模擬テストなどを実施し、入学時、定期考査、模試を活用して学力推移を追跡して定点観測を行い、落ちこぼし、伸びこぼしのない進学指導を実施。
・就職に関しては、進路別面接指導、職場訪問、都内インターンシップなどを実施している。

★卒業生の主な合格実績

群馬大、宇都宮大、横浜国立大、亜細亜大、杏林大、上智大、昭和女子大、成蹊大、帝京大、東洋大、日本体育大、武蔵大、明治学院大、立命館大、獨協大

[トピックス]

・文部科学省に「地域との協働による高等学校教育改革推進事業（地域魅力化型）指定校」に指定されている。また、東京都に「TOKYO教育DX推進校」「学力向上研究校」「海外学校間交流推進校」「GAP認証取得農場」に指定されている。
・八丈町が実施のホームステイ制度を利用すれば、生徒本人だけで入学できる。

[学校見学]（令和5年度実施内容）

★授業公開　6・11月
★八高祭　9月　見学可
★学校見学は随時可（要連絡）
★体験入学（園芸科・家政科）年2回

[島へのアクセス]

羽田空港[ANA]～八丈島空港
竹芝（東京）[東海汽船]～底土港または八重根港※
※底土港からタクシーで10分。八重根港・八丈島空港からは徒歩20分、または町営バス利用で八高停留所下車。

入試！インフォメーション

※本欄の内容はすべて令和6年度入試のものです。

受検状況

科名・コース名	募集人員	推薦に基づく入試				第一次募集			
		募集人員	応募人員	応募倍率	合格人員	募集人員	受検人員	受検倍率	合格人員
普通	80	4	7	1.75	0	76	28	0.37	28
園芸・家政	35	2	0	0.00	0	35	4	0.11	4

入学者選抜実施方法（推薦）

	科名・コース名	推薦枠		調査書の活用		満点					備考
		割合(%)	特別推薦の有無	観点別学習状況の評価	評定	調査書点	集団討論・個人面接	小論文	作文	実技検査	
推薦	普通	5	－	－	○	400	200	400	－	－	
	園芸・家政	8	－	－	○	400	200	400	－	－	

入学者選抜実施方法（分割前期・第一次）

	科名・コース名	分割募集	男女枠緩和	学力検査		調査書		学力検査:調査書	満点					備考
				教科	学校指定による傾斜配点	教科の評定の扱い			学力検査	調査書点	面接	小論文・作文	実技検査	
						学力検査を実施する教科	学力検査を実施しない教科							
分割前期・第一次	普通	－	○	5		1倍	2倍	7:3	700	300	－	－	－	
	併合（園芸・家政）	－		5		1倍	2倍	7:3	700	300	－	－	－	

〈本校の期待する生徒の姿〉

★普通科・併合科＜園芸・家政＞

本校は、教育目標として、「誠実・慈愛・自立」を人材育成の理念に掲げ、生徒一人一人を大切にしながら、充実した教育活動を実施している。
以下、本校の期待する生徒の姿を記す。
1　本校の教育目標と教育内容を十分に理解し、自ら積極的に学習に取り組む生徒
2　規律を守り、明るく楽しい学校生活を送ることができる生徒
3　自己の将来の進路についてよく考え、それを学校生活に生かそうとする生徒
4　本校への入学希望の動機が明確であり、目的をもっている生徒（普通科）本校への入学希望の動機が明確であり、園芸科・家政科に関して強い関心と興味及び目的をもっている生徒（併合科＜園芸・家政＞）
5　生徒会活動や部活動に積極的に参加し、より充実した学校生活を目指す生徒
6　郷土八丈島の歴史、文化を深く理解して、平和で民主的な社会の実現や地域に貢献できる生徒
※　特に推薦選抜においては、上記1から6までの全てを満たす生徒が望ましい。

都立 三宅 (みやけ) 高等学校

https://www.metro.ed.jp/miyake-h/

〒100-1211　三宅村坪田4586
☎04994-6-1136
交通　村営バス　高校前停留所

普通科
併合科＜農業・家政＞

| 制　服 | あり |

[カリキュラム]◇三学期制◇

★普通科

様々な進路に対応できる選択科目がある。他学科の専門科目も選択可能。

★併合科（農業）

1年次は基礎を学習。2・3年次は野菜、草花、食品などを学習。

★併合科（家政）

1年次は基礎を学習し、2・3年次は食物、被服、保育分野などについて学習。

[部活動]

約10割が参加。

★設置部（※は同好会）

硬式野球、バレーボール、サッカー、ラケットスポーツ、音楽、美術工芸、自然科学、ボルダリング、軽音楽、家庭科、農産加工、空手、※大学受験

[行　事]

7月に海洋教室、9月に三高祭（文化祭）、11月に移動教室（1年）、修学旅行（2年）、12月にマラソン大会、2月に予餞会など。

[進　路]

・個別指導を重視し、日常的な補習、個別面談等を行う。

・移動教室（1年）で**インターンシップ**を、また、全学年で**夏期講習**を実施。

★卒業生の進路状況（令和5年3月）

＜卒業生6名＞
大学3名、短大0名、専門学校2名、就職1名、その他0名

★卒業生の主な進学先

南九州大、東京理科大、東京経済大、東京愛犬専門学校、日本工学院専門学校

♣指定校推薦枠のある大学・短大など♣

東京家政大、日本大、麻布大、玉川大、城西大、目白大　他

[学校見学]（令和5年度実施内容）

★個別相談会　10月1回
★授業公開週間　6月1回
★三高祭　9月　見学可
★学校見学は随時可（要連絡）

[島へのアクセス]

竹芝（東京）[東海汽船]三池港または錆ヶ浜港または伊ヶ谷港※

※三池港・錆ヶ浜港、伊ヶ谷港からは村営バス利用で高校前停留所下車

入試!インフォメーション

※本欄の内容はすべて令和6年度入試のものです。

受検状況

科名・コース名	募集人員	第一次募集・分割前期募集		
		募集人員	受検人員	受検倍率	合格人員
普　通	40	40	2	0.05	2
農業・家政	35	35	3	0.09	3

入学者選抜実施方法

	科名・コース名	分割募集	男女枠緩和	学力検査 教科	学力検査 学校指定による傾斜配点	調査書 学力検査を実施する教科	調査書 学力検査を実施しない教科	学力検査:調査書	満点 学力検査	満点 調査書点	満点 面接	満点 小論文・作文	満点 実技検査	備考
分割前期・第一次	普　通	−	○	5		1倍	2倍	7:3	700	300	−	−	−	
	併合（農業・家政）	−		5		1倍	2倍	7:3	700	300	−	−	−	

〈本校の期待する生徒の姿〉

三宅島を愛し、島の自然・歴史・文化・産業に関する理解を深め、振興・発展に貢献する人材を育成します。

普通科は、広い視野をもたせ、進学や就職に対応できる学力を身に付けさせる指導を行います。併合科は、農業科又は家政科の専門科目を中心に学び、より豊かな生活のために、積極的に取り組む姿勢を身に付けさせる学習を行います。

そのために、本校の期待する生徒の姿は以下のとおりです。

★普通科

1　自らすすんで学習に取り組み、大学進学等の進路実現に向けて努力する生徒
2　本校のきめ細かな少人数教育を利点として活用したいと考える生徒
3　学校行事や部活動に積極的に取り組み、協調性や忍耐力を育もうとする生徒

★併合科＜農業・家政＞

1　草花・野菜の栽培や食品製造等農業に関する技術や知識の習得に意欲のある生徒（農業科）
2　衣服のデザインや製作、調理や保育等生活に関する技術や知識の習得に意欲のある生徒（家政科）
3　本校のきめ細かな少人数教育を利点として活用したいと考える生徒
4　実習で技術や知識を養い、進学や就職等の目標に向かって努力できる生徒
5　学校行事や部活動に積極的に取り組み、協調性や忍耐力を育もうとする生徒

学校ガイド

＜全日制　高等専門学校＞

　学校を紹介したページの探し方については、2ページ
「この本の使い方＜知りたい学校の探し方＞」を参照して
ください。

都立 産業技術 高等専門学校
（さんぎょうぎじゅつ）

https://www.metro-cit.ac.jp

高専品川キャンパス：〒140-0011　品川区東大井1-10-40　☎03-3471-6331
（本部）　　交通　京浜急行線青物横丁駅　徒歩10分
　　　　京浜急行線鮫洲駅　徒歩9分　りんかい線品川シーサイド駅　徒歩3分
高専荒川キャンパス：〒116-8523　荒川区南千住8-17-1　☎03-3801-0145
　　交通　JR常磐線・東京メトロ・つくばエクスプレス南千住駅　徒歩15分
　　　　東武線鐘ケ淵駅　徒歩20分

ものづくり工学科

制　服　なし

[カリキュラム] ◇二学期制◇

・1年次は全員が共通のカリキュラムを履修し、基本的な専門教科をていねいに学ぶ。2年次からは、学生各自の希望に応じ、**機械システム工学、AIスマート工学、電気電子工学、情報通信工学、情報システム工学、ロボット工学、航空宇宙工学、医療福祉工学**の8つの多様なコースに分かれて学習する。

・国際交流事業の一環として、グローバルコミュニケーションプログラム、インターナショナルエデュケーションプログラム等を展開し、世界で活躍する技術者を育成する。

・「**未来工房**」では各コースから集まった生徒たちがアイデアを出し合い、衛星プロジェクトなどの様々な独創的ものづくりを実現している。

・TOEIC、工業英語検定、陸上特殊無線技士、技術士補、CAD利用技術者、電気工事士、電気主任技術者、航空無線通信士、電気通信主任技術者、機械設計技術者などの資格・検定は、取得によって**単位**として認められている。また、情報通信工学コースでは、**第二級陸上特殊無線技士、第二級海上特殊無線技士**が、卒業時、申請によって**免許**を取得できる。

[部活動]

　約7割が参加。近年、品川キャンパスでは**テニス**（団体）、**陸上競技**（個人）、**水泳**（個人）、**柔道**（個人）など、荒川キャンパスでは**柔道**（個人）、**テニス**（個人）、**バドミントン**（団体・個人）、**剣道**（個人）などが全国高専体育大会に出場した。

★設置部
　陸上競技、水泳、硬式野球（品川）、軟式野球（荒川）、テニス、ソフトテニス、バドミントン、サッカー、バスケットボール、ラグビー（品川）、バレーボール、卓球、剣道、柔道、弓道（品川）、ワンダーフォーゲル（荒川）、自転車整備（荒川）、写真（品川）、吹奏楽、電気通信、ロボット研究（品川）、省エネカー研究（品川）、茶道（品川）、茶華道（荒川）、音楽（荒川）、奇術（荒川）、航空工作（荒川）、民謡研究（荒川）、人力飛行機研究（荒川）他多数

[行　事]

5月　体育祭（品川・荒川）、校外教室（2年・品川）

10月　産技祭・高専祭（文化祭・品川、荒川）

11月　校外学習（2年・荒川）、文化行事（3年・荒川）
　　　校外教室（1年、3年・品川）、校外研修（4年・品川、荒川）

3月　卒業研究発表会

[進　路]（令和5年3月）

・常に求人倍率は高く、**就職内定率はほぼ100％**。また、59名の学生が**国公立大学への編入学**を果たす。

・高専本科の後、**2年間の専攻科**も用意されている（定員32名）。機械工学・電気電子工学・情報工学・航空宇宙工学の4コースに分かれて高度の専門知識・技術を学ぶ。専攻科修了後、審査に合格すれば大学卒業と同じ**学士（工学）**の学位を取得。令和4年度の専攻科修了者の進路状況は大学院進学が18名、就職が16名。

★卒業生の進路状況
　＜卒業生286名＞
　大学76名、短大0名、専門学校2名、本校専攻科36名、就職155名、その他17名

★卒業生の主な合格（大学編入学）実績
　東京都立大、長岡技術科学大、豊橋技術科学大、電気通信大、東京農工大、東京海洋大、千葉大、群馬大、北海道大、筑波大、日本大

[トピックス]

・平成18年4月、5年課程の本科**ものづくり工学科**と2年課程の専攻科（**創造工学専攻**）とを設置する高等専門学校として開校。同年開学の**産業技術大学院**との接続を視野に入れた、9年間一貫した体系的ものづくり教育を行うことで、国際的に活躍できるエンジニアを育成する。平成20年4月からは公立大学法人**東京都立大**に移管された。

・最先端の実験機材や研究設備をもつ。

・荒川キャンパスの科学技術展示館には、航空機類や学生の作品をはじめ、多数の資料が公開されている。

・全国高専ロボコン、鳥人間コンテスト、ロボカップ、全国高専プログラミングコンテスト、デザインコンペティション、全日本学生室内飛行ロボットコンテスト、全国高専鉄道模型コンテストなどへの参加と数々の受賞記録があり、関連する部活動が盛んである。

[学校見学]（令和5年度実施内容）

★学校見学会　6月（品川・荒川）
★体験入学　7月（品川）8月（荒川）
★過去問紹介　10月（品川・荒川）
★文化祭　10月（品川・荒川）見学可
★学校説明会　10月2回、12月1回（品川・荒川）

高専品川キャンパス

品川キャンパス

高専荒川キャンパス

荒川キャンパス

受検状況

科名・コース名	募集人員	推薦に基づく選抜					学力検査に基づく選抜			
		募集人員	応募人員	応募倍率	合格人員	入学手続	募集人員	受検人員	受検倍率	合格人員
ものづくり工学	320〔60〕	96	138	1.44	96	96〈52/44〉	224〔60〕	369〔162〕	1.65	274〔110〕

※〔 〕内の数字は都外在住者の対象で内数。数字は男／女／計。仕切られていない場合は男女問わず。
※〈 〉内の数字は品川キャンパス／荒川キャンパス。

入学者選抜実施方法

推薦

科名・コース名	推薦枠		調査書の活用		満点					備考
	割合(%)	特別推薦の有無	観点別学習状況の評価	評定	調査書点	集団討論・個人面接	小論文	作文	実技検査	
ものづくり工学	20	○	−	○	500	300	200	−	−	

学力検査

科名・コース名	分割募集	男女枠緩和	学力検査		調査書		学力検査：調査書	満点					備考
			教科	学校指定による傾斜配点	教科の評定の扱い 学力検査を実施する教科	学力検査を実施しない教科		学力検査	調査書点	実技検査	面接	小論文・作文	
ものづくり工学			3	数1.5倍	1倍	理1.4倍 他1.2倍	7：3	700	300	−	−	−	

〈本校の期待する生徒の姿〉

本校の教育理念に基づいた人材を育成するために、以下の能力と意欲を有する生徒を求めています。
（1） 向上心を持ち、自分の決めた目標に向けて粘り強く努力できる人
（2） 高専での教育を受けるのにふさわしい基礎知識・能力を有している人
（3） コミュニケーション能力を身に付け、世界を舞台に活躍したい人
（4） ものづくりが好きで、実践的技術者になりたいと考えている人

難易度（偏差値） B-3 （60-58）

東京都公立高校

学校ガイド

＜定時制・通信制＞

学校を紹介したページの探し方については、2ページ「この本の使い方＜知りたい学校の探し方＞」を参照してください。

都立 一橋 高等学校
(ひとつばし)

https://www.metro.ed.jp/hitotsubashi-he/

〒101-0031　千代田区東神田1-12-13
☎03-3862-6061
交通　ＪＲ総武線・都営地下鉄浅草橋駅　徒歩7分
　　　都営地下鉄東日本橋駅　徒歩8分　ＪＲ・東京メトロ秋葉原駅　徒歩13分
　　　都営地下鉄馬喰横山駅　徒歩4分　ＪＲ総武線快速馬喰町駅　徒歩3分

普通科

単位制

定時制（三部制）

[カリキュラム] ◇三学期制◇

・定時制課程では通常、**午前部は1～4校時、午後部は5～8校時、夜間部は9～12校時**の授業を受講。ただし、他部の時間帯に設けられた選択科目を履修することにより、1日4時限を超える学習が可能。
・定時制の修業期間は4年が基本。74単位以上を修得し、特別活動などが認められれば卒業できる。また、他部の科目を履修したり、通信制課程を併修したりすれば、**3年で卒業**することも可能である。
・国・数・英を中心に、**習熟度別授業**や**少人数制授業**を展開。
・学校外の活動（指定した大学・短大等の講座や高等学校卒業程度認定試験、指定したボランティア活動）を単位にすることができる。
・自由選択科目には、「ビジネス基礎」など、様々な進路に対応した講座が多数設置されている。
・学校設定科目には、「モーションデザイン」「デジタルアニメーション」「伝統工芸実践」など、特色あるものが多い。

[部活動]

　約4割が参加。活動時間は基本的に、三部が合同で行える8時限目と9時限目の間に設定されている。令和4年度は、**女子バスケットボール部・バドミントン部・卓球部・陸上部・サッカー部**が定時制通信制全国大会に出場した。また、定通芸術祭で、**音楽部**は審査員特別賞を受賞、**演劇部**は優勝した。

★設置部（※は同好会）

サッカー、バスケットボール、バレーボール、バドミントン、陸上、ダンス、剣道、ソフトボール、硬式テニス、ソフトテニス、軟式野球、卓球、水泳、ハイキング、軽音楽、茶道、漫画研究、クッキング、和太鼓、手芸、音楽、演劇、華道、美術、科学、多言語交流、※総合文化、※eスポーツ

[行　事]

6月　修学旅行（3年）
9月　柏葉祭（文化祭）
11月　体育祭
12月　芸術鑑賞教室

[進　路]（令和5年3月）

★卒業生の進路状況

＜卒業生129名＞
大学32名、短大1名、専門学校24名、職能センター10名、就職36名、その他26名

★卒業生の主な進学先

桜美林大、国士舘大、駒澤大、島根県立大、順天堂大、城西国際大、中央大、東洋大、東京工芸大、日本大

[トピックス]

・平成17年度に開校した普通科単位制高校で、**午前・午後・夜間の三部制**の定時制。通信制を併置する。
・校舎は**全館冷暖房完備**。
・生徒が豊かな人間関係を築けるように、「**学年**」「**ホームルーム**」を設置。
・ボランティア・地域活動への参加として千代田区一斉清掃の日（年2回）に参加。

[学校見学]（令和5年度実施内容）

・★学校説明会　10・11・12・1月各1回
・★授業公開　11月3回
・★文化祭　9月
・★学校見学は随時可（要連絡）

入試！インフォメーション
※本欄の内容はすべて令和6年度入試のものです。

受検状況

科名・コース名		募集人員	第一次募集・分割前期募集				分割後期募集・第二次募集		
			募集人員	受検人員	受検倍率	合格人員	募集人員	受検人員	合格人員
普通 1～3部	1学年相当	240	192	156	0.81	155	86	84	82
	2学年相当以上	15	15	1	0.07	1			

入学者選抜実施方法

	科名・コース名	分割募集	学力検査 教科	調査書 教科の評定の扱い		（面接・小論文・作文）学力検査	調査書	満点					備考
				学力検査を実施する教科	学力検査を実施しない教科			学力検査	調査書点	面接	小論文・作文	実技検査	
分割前期・分割後期	普通 1～3部	○	3	1倍	2倍	6：4		600	400	個人 300	－	－	＊上下段の表示は上が前期、下が後期。
			3	1倍	2倍	6：4		600	400	個人 300	－	－	

〈本校の期待する生徒の姿〉

　本校ではこのような生徒を求めています。
1　基礎的・基本的な内容をしっかり学び、自分と他者を大切にしてクラスや行事で協力できる。
2　ルールやマナーを守りながら個性を伸ばし、自らのキャリアプランを描くことができる。
3　自らが社会に役立つことを意識し、さらなる学力の向上を目指し学び続けようとする。

都立 六本木（ろっぽんぎ）高等学校

総合学科

- チャレンジスクール
- 単位制
- 定時制（三部制）
- 制 服　標準服あり

https://www.metro.ed.jp/roppongi-he/

〒106-0032　港区六本木6-16-36
☎03-5411-7327
交通　東京メトロ日比谷線六本木駅　徒歩7分　　南北線麻布十番駅　徒歩9分
　　　都営地下鉄大江戸線麻布十番駅　徒歩8分

[カリキュラム] ◇二学期制◇

- 三部制：自分のライフスタイルに合わせた時間帯（I部・II部・III部）を選んで入学。授業は基本各部4時間で、じっくり・しっかり学べる。
- 時間割：授業は100以上の講座から選択できる。自分の部以外の授業を選択して3年間での卒業が可能。
- 単位制：学びたい授業を選び、必要な単位を修得して卒業を目指す（必履修あり）。
- 転部制度：希望、状況に応じて所属する部を在学中1回変更できる（選考基準あり）。
- 系列は「芸術・カルチャー」「情報・サイエンス系」「生活・ウェルネス系」の3つ。
- 国数英では、基礎・標準・発展の3クラスからなる習熟度別授業を導入。
- これまでの総復習をする「キャリアスタディ」を実施（1年次全員対象）。

[部活動]

令和4年度は、吟詠剣詩舞同好会が全国大会に出場した。

★設置部（※は同好会）

サッカー、水泳、バスケットボール、卓球、ダンス、テニス、トレーニング、野球、バドミントン、バレーボール、陸上、演劇、軽音楽、写真、美術、マンガ、天文、合唱、茶道、被服、※自転車競技、パソコン、華道、簿記、吹奏楽、※料理研究、※吟詠剣詩舞、※ボランティア、※競技かるた

[行 事]

校外学習、スポーツフェスティバル、修了旅行、きらら祭（文化祭）、芸術鑑賞教室、学習成果発表会などを実施。

[進 路]（令和5年3月）

- 長期休業前には短期集中講座を設置。
- 先輩に合格体験を聞く会、卒業生の話を聞く会を実施している。
- 手厚い進路指導（本校独自の進路ノート）

★卒業生の進路状況

＜卒業生144名＞
大学50名、短大5名、専門学校49名、就職9名、その他31名

★卒業生の主な進学先

桜美林大、嘉悦大、共立女子大、国際医療福祉大、國學院大、国士舘大、城西大、大正大、高千穂大、中央学院大、帝京大、帝京科学大、東京工芸大、東京造形大、東京農業大、東京福祉大、東洋大、日本大、日本工業大、武蔵野大、武蔵野美術大、目白大、立正大

[トピックス]

- 都立第4のチャレンジスクールとして平成17年4月に開校。
- 天文台、演劇室、福祉室、天然芝のグラウンドの設備が整っている。
- 平成29年4月ユネスコスクール加盟。ESD教育（持続可能な開発のための教育）に取り組んでいる。

[学校見学]（令和5年度実施内容）

- ★授業公開週間　6・11月各1回
- ★学校説明会　10・12・1月各1回
- ★学校見学会　8月1回
- ★体験授業　11月1回
- ★文化祭　10月
- ★学校見学は月～金曜日に1日1～2回（要予約）

入試！インフォメーション

※本欄の内容はすべて令和6年度入試のものです。

受検状況

科名・コース名	募集人員	第一次募集・分割前期募集			
		募集人員	受検人員	受検倍率	合格人員
総合 1～3部　1学年相当	170	170	272	1.60	173
総合 1～3部　2学年相当以上	15	15	4	0.27	4

※募集人員の1学年相当には、特別枠15名を含んでいる。また、1・2部に9月転入学者枠10名（1学年相当対象）あり。

入学者選抜実施方法

	科名・コース名	分割募集	学力検査	調査書	満点				備考
					志願申告書	面接	作文	実技検査	
分割前期・第一次	総合 1～3部	–	実施しない	提出しない	150	個人 600	500	–	調査書・自己PRカードの提出は必要ないが、志願申告書は必ず提出する。

〈本校の期待する生徒の姿〉

教育目標「見つけて 磨いて 未来をひらく」
　本校は、定時制・3部制・総合学科・単位制であり、他校にはない独自の特色がたくさんある学校です。そして自己の能力や適性を十分に発揮できなかった生徒が、自らの目標の実現に取り組むチャレンジスクールです。次のような生徒の入学を期待しています。
1　これまでの生活を見つめ直し、学校に通うことから始めようとする生徒
2　授業を大切にし、学力を伸ばそうとする生徒
3　学校行事や特別活動を大切にし、責任感や自主性を身に付けようとする生徒
4　ルールやマナーを守り、他を思いやる心を育もうとする生徒

普通科
情報科

都立 新宿山吹(しんじゅくやまぶき) 高等学校

https://www.metro.ed.jp/shinjukuyamabuki-h/

〒162-8612　新宿区山吹町81
☎03-5261-9728（定時制）
交通　東京メトロ早稲田駅・神楽坂駅・江戸川橋駅　徒歩10分
　　　都営地下鉄牛込柳町駅　徒歩15分、ＪＲ・私鉄各線新宿駅　バス

単位制

定時制（四部制）

［カリキュラム］◇二学期制◇

・単位制、無学年制を採用している。
・3年以上の在学期間と74単位以上の修得、および特別活動において一定の成果が認められると卒業となる。
・朝から夜までの四部制である。
・普通科（1〜4部）と情報を専門に学ぶ情報科（2・4部）がある。
・情報科では、ソフトウェア開発、ネットワーク、情報分析などについて学習する。1年目は基礎的な内容を中心に学び、パソコンの操作に慣れる。
・以前在籍していた高校などで修得した単位や、高校卒業程度認定試験(高認)の合格科目も、一定の基準で修得単位として認められる。
・1年間に自分の所属する部で20単位まで履修することができる。その他に自分の所属部以外の部や通信制課程、生涯学習講座から12単位まで履修することができる。この本校独自の併修制度により、1年間に最大33単位まで履修することができるので、3年間での卒業が可能である。

［部活動］

　約4割が参加。囲碁部は高校選手権で過去に2度優勝を遂げた実績がある（団体戦男子）。自転車競技部は平成27年度の定通自転車競技大会において総合優勝を果たした。
★設置部
　硬式テニス、バスケットボール、バレーボール、バドミントン、軟式野球、水泳、自転車競技、演劇、書道、数学研究、放送、将棋、囲碁　他

［行　事］

4月　ウォークラリー
7月　修学旅行（隔年）、球技大会
10月　デイキャンプ
11月　遠足
12月　山吹祭（文化祭）

［進　路］（令和5年3月）

　4〜7月は進路オリエンテーション、出張授業、各種ガイダンス、9月以降は個人指導を実施。
★卒業生の主な合格実績
　東京大、香川大、島根医科大、慶應義塾大、早稲田大、上智大、東京理科大
♣指定校推薦枠のある大学・短大など♣
　東京理科大、学習院大、武蔵大、芝浦工業大、東京電機大、東洋大、法政大　他

［学校見学］（令和5年度実施内容）

★学校説明会・見学会　10・11・12月各1回
★山吹祭　12月　見学可
★学校見学は随時可（要連絡）

入試!インフォメーション

※本欄の内容はすべて令和6年度入試のものです。

受検状況

科名・コース名		募集人員	推薦に基づく入試				第一次募集			
			募集人員	応募人員	応募倍率	合格人員	募集人員	受検人員	受検倍率	合格人員
普通1〜4部	1学年相当	100					100	183	1.83	112
	2学年相当以上	50					50	4	0.08	3
情報2・4部	1学年相当	19	19	59	3.11	19	46	97	2.11	54

入学者選抜実施方法

推薦

科名・コース名	推薦枠		調査書の活用		満点					備考
	割合(%)	特別推薦の有無	観点別学習状況の評価	評定	調査書点	集団討論個人面接	小論文	作文	実技検査	
情報2・4部	30	−	−	○	450	400	−	200	−	

分割前期・第一次

科名・コース名	学力検査	調査書			調査書	満点					備考
	教科	教科の評定の扱い		(面接・作文等) 学力検査	調査書	学力検査	調査書点	面接	小論文・作文	実技検査	
		学力検査を実施する教科	学力検査を実施しない教科								
普通1〜4部	3	1倍	2倍	7:3		700	300	集団135	−	−	
情報2・4部	3	1倍	2倍	7:3		700	300	集団135	−	−	

〈本校の期待する生徒の姿〉

　本校は、単位制・無学年制の昼夜間定時制高校です。普通科Ⅰ部・Ⅱ部・Ⅲ部・Ⅳ部と情報科Ⅱ部・Ⅳ部の合計6部を設置しています。生徒一人一人が進路や興味に応じて科目を選び、時間割を作成し、静かで落ち着いた教室の中でしっかり勉強することができます。
　本校は、以下のような生徒の入学を期待します。
★普通科
1　本校の特色である単位制・無学年制についてよく理解していること
2　自ら目的をもって学習に取り組めること
3　本校での学習を、将来の進路実現に生かそうとする意志のあること
★情報科
1　本校の特色である単位制・無学年制についてよく理解していること
2　自ら目的をもって学習に取り組めること
3　本校での学習を、将来の進路実現に生かそうとする意志のあること
4　情報科目に興味・関心を有すること
※　特に推薦選抜においては、人前での発表等に意欲があり、資格取得に関心があることが望ましい。

都立 世田谷泉 高等学校

せたがや いずみ

https://www.metro.ed.jp/setagayaizumi-he/

〒157-0061　世田谷区北烏山9-22-1
☎03-3300-6131
交通　京王線千歳烏山駅　徒歩15分
　　　ＪＲ中央線吉祥寺駅　バス

総合学科

| チャレンジスクール |
| 単位制 |
| 定時制（三部制） |
| **制服**　標準服あり |

［カリキュラム］◇二学期制◇
・Ⅰ部（午前）、Ⅱ部（午後）、Ⅲ部（夜間）のなかから学ぶ時間帯を選ぶ。
・自分の在籍する部以外の部の授業を受けることができる。
・選択科目は「生活・福祉」「製作・技術」「創作・表現」の各系列や、一般科目のなかから、時間割の許す限り自由に選択できる。
・3年間で卒業する者も多い。

［部活動］
　約5割が参加。令和4年度は、**陸上競技部、サッカー部、卓球部、剣道部、バレーボール部**が全国大会に出場した。
★設置部（※は同好会）
　ダンス、テニス、トレーニング、軟式野球、バスケットボール、バドミントン、バレーボール、陸上競技、剣道、サッカー、卓球、イラスト、園芸、音楽、茶道、写真、手芸、書道、美術、ボランティア、和太鼓、CG、囲碁、演劇

［行　事］
・体育祭ではⅠ部・Ⅱ部・Ⅲ部生で対抗戦を行う。
・**学習成果発表会**では2日間にわたり、製作した作品の展示や、演劇、ダンスなどの舞台発表が行われる。
5月　体育祭
6月　校外学習（1・4年）、修学旅行（3年）、移動教室（2年）
10月　華泉祭（文化祭）
3月　学習成果発表会

［進　路］
　3、4年次には**進路ガイダンス**を実施。AO入試や一般の推薦入試により、大学等へ進学する者も多い。
★卒業生の進路状況（令和5年3月）
　＜卒業生144名＞
　大学45名、短大3名、専門学校42名、職業能力開発センター3名、就職11名、その他40名
★卒業生の主な進学先
　慶應義塾大、駒澤大、東洋大、日本大、明治大、明星大、和光大

［トピックス］
・教育目標は「であう　みがく　いきる」。多くの人との出会いを大切にし、自立してたくましく生きていく生徒の教育を目指す。
・平成28年度入学生より標準服を導入。

［学校見学］（令和5年度実施内容）
★学校見学・入学相談会　8・11・12・1月各1回
★華泉祭　10月
★学校見学　7月～12月（HP申込）
★部活動体験　9・11月
★体験入学　11月
★授業公開　6・11月

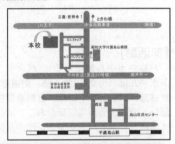

入試！インフォメーション
※本欄の内容はすべて令和6年度入試のものです。

受検状況	科名・コース名	募集人員	第一次募集・分割前期募集			
			募集人員	受検人員	受検倍率	合格人員
総合1～3部	1学年相当	170	170	248	1.46	174
	2学年相当以上	15	15	4	0.27	2

※募集人員の1学年相当には、特別枠15名を含んでいる。また、1・2部に9月転入学者枠10名（1学年相当）対象あり。

入学者選抜実施方法		科名・コース名	分割募集	学力検査	調査書	満点				備考
						志願申告書	面接	作文	実技検査	
分割前期・	第一次・	総合1～3部	－	実施しない	提出しない	150	個人600	500	－	調査書・自己PRカードの提出は必要ないが、志願申告書は必ず提出する。

〈本校の期待する生徒の姿〉
　本校は小中学校での不登校や長期欠席等が理由で他の高等学校を中途退学した経験をもつ生徒が多く入学する学校です。「であう」、「みがく」、「いきる」を教育目標とし、様々な形の学習の場を設けています。そこで、次のような生徒が入学することを希望します。
1　過去に不登校や中途退学等、これまでの学校生活では自分の個性や能力を十分発揮できなかったが、基礎学力を身に付け、学習していきたいという意思をもっている生徒
2　学ぶ時間帯が選べる「3部制」、学ぶ科目が選べる「総合学科」、学ぶ計画が選べる「単位制」といった本校の特色を生かして、自らの力で社会的・経済的自立に向けた努力を継続しようとする生徒
3　探究的な学習や学校外の学修等、様々な場面での活動を通して、「学びに向かう力・人間性」を育み、目標実現に向けて自分自身に合った生き方・在り方を考えようとする生徒

普通科

単位制

定時制（三部制）

制　服　標準服あり

都立 荻窪（おぎくぼ）高等学校

https://ogikubo-h.metro.ed.jp

〒167-0051　杉並区荻窪5-7-20
☎03-3392-6436
交通　JR・東京メトロ荻窪駅　徒歩5分

[カリキュラム] ◇三学期制◇

・Ⅰ部（主に午前中）、Ⅱ部（主に午後の早い時間）、Ⅲ部（主に夕方から夜）の三つの時間帯を選んで、高校生活を送ることができる。

・「総合的な学習の時間」では、コミュニケーション力を育成する講座を体系的に学ぶ。

・多様な進路に対応した市民講師科目の設置。「アニメーション入門」「茶道文化」「演劇入門」など、特色ある科目を開講。

・4年間での卒業が基本で、1日4時間でゆっくり学んでいく。最大6年間まで在籍可能。検定試験やボランティア活動などで単位を取得したりすることで3年間でも卒業が可能。

[部活動]

バレーボール部（女子）、バスケットボール部（男女）、陸上部、剣道部、卓球部、バトミントン部、自転車競技部は、全国大会出場経験がある。令和4年度は、女子バトミントン部が全国

定通大会で準優勝した。

★設置部（※は同好会）

バスケットボール、野球、硬式テニス、卓球、バレーボール、剣道、バドミントン、陸上、サッカー、ハイキング、※トレーニング、家庭科、合唱、演劇、吹奏楽、美術、漫画研究、※科学研究、軽音楽、※写真、茶道、英語、※パソコン研究、ダンス

[行　事]

6月　校外学習
9月　荻高祭（文化祭）

[進　路]（令和5年3月）

・4年間を通して「キャリアガイダンス」「体験学習」などの系統的継続的なキャリア教育を実施。

・スクールカウンセラーやソーシャルワーカーなどによる教育相談を実施。

★卒業生の進路状況

＜卒業生154名＞
大学36名、短大2名、専門学校56名、就職20名、その他40名

★卒業生の主な進学先

立教大、日本大、東洋大、女子美術大、京都芸術大、神田外語大、帝京科学大、中央大、二松學舍大、立正大

♣指定校推薦枠のある大学・短大など♣

亜細亜大、国士館大、駒澤大、二松學舍大、立正大、帝京科学大、東京富士大、明星大

[学校見学]（令和5年度実施内容）

★学校説明会　8・12・1月各1回
★文化祭　9月
★個別相談会　12月1回

入試!インフォメーション

※本欄の内容はすべて令和6年度入試のものです。

受検状況	科名・コース名	募集人員		第一次募集・分割前期募集				分割後期募集・第二次募集		
				募集人員	受検人員	受検倍率	合格人員	募集人員	受検人員	合格人員
	普通 1〜3部	1学年相当	240	192	121	0.63	121	120	90	88
		2学年相当以上	15	15	1	0.07	1			

入学者選抜実施方法		科名・コース名	分割募集	学力検査	調査書		学力検査・調査書	（面接）・調査書・作文	満点					備考
				教科	教科の評定の扱い				学力検査	調査書点	面接	小論文・作文	実技検査	
					学力検査を実施する教科	学力検査を実施しない教科								
	分割前期・分割後期	普通 1〜3部	○	3	1倍	2倍	7：3		700	300	集団 300	−	−	＊上下段の表示は上が前期、下が後期。
				3	1倍	2倍	6：4		600	400	集団 300	−	−	

〈本校の期待する生徒の姿〉

本校では以下のすべてを身に付けようと志す生徒の姿を期待しています。

1　政治や社会の問題を自分の問題として捉え、社会の一員として積極的に解決しようとする姿勢（市民性）
2　人との関わりの中で、いつまでも成長し続けるための力や自分を表現する力（今この場所で、自分を活かす力）
3　自分と他者との違いを認め、それらを平等に尊重して生きていく姿勢

本校は、3部制・普通科の昼夜間定時制高校（単位制）です。原則として4年間での卒業を目指した授業や学校行事を実施しています。学校外における学修の単位認定等、本人の努力によっては、3年間での卒業も可能です。

都立 稔ヶ丘（みのりがおか）高等学校

https://www.metro.ed.jp/minorigaoka-he/

〒165-0031　中野区上鷺宮5-11-1
☎03-3970-8655（職員室直通）
交通　西武線下井草駅　徒歩7分
　　　西武線富士見台駅　徒歩15分

総合学科

チャレンジスクール
単位制
定時制（三部制）
制　服　あり

[カリキュラム] ◇三学期制◇

- 「授業第一優先」の学校。授業を受けることを大切にし、基礎学力の定着と学力向上をめざす。
- 成果を確実にあげるため、「積み重ねの学習」を大切にする。
- 数学・英語の必修科目で、習熟度別・少人数編成の授業やアクティブラーニングで学びへの意欲を引き出し、基礎学力を養う。
- 修業年限は原則4年だが、他部の科目を履修して、3年間で卒業することも可能（三修制）であり、半数以上の生徒は3年卒業する。
- 総合学科として必履修科目と多様な選択科目で学力の向上を図る。
- 自由選択科目は、情報・デザイン（コンピュータ関連や芸術など）、ビジネス・コミュニケーション（商業科目や英会話など）、人間・環境（スポーツや栽培・飼育、衣食住など）系列などの多様な科目が開講される。
- 漢検、英検、ニュース検定、簿記検定、ビジネス実務文書検定などの検定試験向けの講座や試験を実施。合格した場合、卒業に必要な単位として認定。

[部活動]

約4.5割が参加。剣道部、バレーボール部、バドミントン部、バスケットボール部、軟式野球部、陸上競技部、卓球部が全国大会に出場している。また、ボランティア部が地域活動に参加している。

[行　事]

みのり杯（体育祭）や稔祭（文化祭）を実施。

[進　路]（令和5年3月）

- 「キャリアサクセス」など、キャリア科目が充実している。
- 夏の外部模試も実施。進路ガイダンスでは、様々な講座が開講され、学力向上をはかる。
- 10月には進路体験旅行（1年）や修学旅行（2年）がある。
- 3月は学習成果発表会を実施。一年間の学習成果を発表展示する。

★卒業生の進路状況
＜卒業生157名＞
大学63名、短大4名、専門学校48名、就職6名、その他36名

★卒業生の主な進学先

東京都立大、駒澤大、武蔵大、東洋大、専修大、帝京大、和光大、日本大

[トピックス]

- 教育理念は「勁（つよ）い心を育てる」「自立した未来を育てる」。
- コーピングでは、早稲田大学と共同開発した教材を使ってリラックス法やコミュニケーションなどについて学び、人間関係スキルを養う。
- 安心してチャレンジできる学校環境を作るため、集団生活のルールや頭髪、服装等の身だしなみ指導を徹底。
- 土日祝日や長期休業中に、少人数でワンランク上の学習を目指すみのりゼミを実施している。
- 体育館に空調完備。

[学校見学]（令和5年度実施内容）

- 学校説明会（10・11月）、募集要項説明会（12・1月）を実施。
- 学校見学（5〜1月）
- 来て見て会（7月）

入試！インフォメーション
※本欄の内容はすべて令和6年度入試のものです。

受検状況

科名・コース名		募集人員	第一次募集			
			募集人員	受検人員	受検倍率	合格人員
総合 1〜3部	1学年相当	230	230	337	1.47	235
	2学年相当以上	15	15	0	0.00	0

※募集人員の1学年相当には、特別枠15名を含んでいる。また、1・2部に9月転入学者枠10名（1学年相当対象）あり。

入学者選抜実施方法

	科名・コース名	分割募集	学力検査	調査書	満点				備考
					志願申告書	面接	作文	実技検査	
第一次	総合 1〜3部	－	実施しない	提出しない	150	個人 600	500	－	調査書・自己PRカードの提出は必要ないが、志願申告書は必ず提出する。

〈本校の期待する生徒の姿〉

　基礎学力を身に付け、特色ある授業を通して社会で生きる基盤と自他のチャレンジを尊重する姿勢を育みながら、社会で飛躍する生徒
　○小・中学校の時に不登校であったことが原因で、学力に不安を感じている生徒
　○不登校ではなかったが、他者との関わり方に不安を感じている生徒
　○高等学校を中途退学したが、自らの将来のために学ぶことに必要性を感じている生徒
以上のような生徒で、なおかつ「自他のチャレンジを尊重して、自らの学校生活に積極的に取り組む生徒」の入学を期待します。
1　授業を通して基礎・基本の学力を伸ばしたい生徒
2　他人を思いやり、人間関係を円滑に結ぶ方法を養いたい生徒
3　本校で様々な活動を通して、社会生活での自立に結び付く知識や技術を身に付けたい生徒

都立 桐ヶ丘 高等学校
きりがおか

https://www.metro.ed.jp/kirigaoka-he/

〒115-0052　北区赤羽北3-5-22
☎03-3906-2173
交通　ＪＲ埼京線北赤羽駅　徒歩8分
　　　ＪＲ赤羽駅　バス
　　　都営地下鉄志村坂上駅　徒歩15分

総合学科

チャレンジスクール

単位制

定時制（三部制）

制　服　あり

[カリキュラム] ◇二学期制◇

・Ⅰ部（午前）、Ⅱ部（午後）、Ⅲ部（夜間）のいずれかに所属する。
・国数英（1年次）は習熟度別授業。1年次は1クラス15人程度、担任1人。
・年間10単位まで他の部の授業を受けられる他部履修を行っている。
・他部履修などを利用して74単位を修得すれば、**3年での卒業**が可能。
・全員が共通に学習する科目として、必履修科目、原則履修科目および本校独自の**チャレンジ指定科目**がある。
・選択科目は、**福祉・教養系列**、**情報・ビジネス系列**、**アート・デザイン系列**の3系列からなる総合選択科目、および自由選択科目からなる。

[部活動]

約5割が参加。令和4年度は、**陸上競技部**が全国定通大会で第2位となった。**女子バスケットボール部**が、東京都定通大会で優勝（2連覇）。

★設置部

陸上、バスケットボール、バレーボール、卓球、硬式テニス、剣道、バドミントン、硬式野球、サッカー・フットサル、弓道、射撃、美術、漫画・イラスト、演劇、園芸、華道、箏曲、写真、家庭科、軽音楽、ハイキング他

[行　事]

5月	校外学習（1年）
6月	修学旅行（3年）
7月	ボウリング大会
10月	ポロニアフェスティバル（文化祭）
3月	ポロニアスポーツフェスティバル、映画鑑賞教室

[進　路]（令和5年3月）

★卒業生の進路状況

＜卒業生143名＞
大学34名、短大2名、専門学校47名、就職19名、その他41名

★卒業生の主な進路先

大正大、東京福祉大、国士舘大、淑徳大、駿河台大、大正大、高千穂大、玉川大、多摩美術大、日本体育大

[トピックス]

・「夢・挑戦・感動」を校訓に、心の触れ合いを大切にする楽しい「楽校（がっこう）」。
・カウンセリングルーム4部屋、CG室、介護実習室、パソコン室3部屋＋PCLL教室、素描室、陶芸室などの特別教室がある。
・**検定やボランティア**など学校外の学修成果の**単位認定**を実施している（20単位まで）。検定前には土曜日に対策講座がある。
・11月は**地域交流の日**として、ボランティア、お招き会、荒川クリーンエイドの活動を行っている。
・年3回、**カウンセリングウィーク**（面談）を設けている。
・令和8年度新校舎完成予定。

[学校見学]（令和5年度実施内容）

★学校見学会　夏季休業中4日各2回
★体験入学　10月2回
★学校説明会　11・12・1月各1回
★学校公開期間　11月
★文化祭　10月

入試!インフォメーション

※本欄の内容はすべて令和6年度入試のものです。

受検状況

科名・コース名		募集人員	第一次募集・分割前期募集			
			募集人員	受検人員	受検倍率	合格人員
総合1〜3部	1学年相当	170	170	178	1.05	170
	2学年相当以上	15	15	2	0.13	0

※募集人員の1学年相当には、特別枠15名を含んでいる。また、1・2部に9月転入学者枠10名（1学年相当対象）あり。

入学者選抜実施方法

	科名・コース名	分割募集	学力検査	調査書	満点				備考
					志願申告書	面接	作文	実技検査	
第一次・分割前期	総合1〜3部	―	実施しない	提出しない	100	個人600	500	―	調査書・自己PRカードの提出は必要ないが、志願申告書は必ず提出する。

〈本校の期待する生徒の姿〉

　本校は、学校生活を通じて自分の目標を見付け、それに向かって意欲や熱意をもってチャレンジする学校です。少人数できめ細やかな指導が行われ、体験を通して、心の触れ合いを大切にしながら社会で生きる力を身に付けることができます。
　これまでの教育の中では、自己の能力や適性を十分に生かし切れなかったり、不登校を経験したり、高校を中途退学したりしたとしても、学ぶ意欲や熱意があれば、再度チャレンジできます。
　チャレンジスクールとしてのこのような特色に基づき、本校では特に次のような生徒の入学を期待しています。
1　教科の学習等に真面目に取り組み、学習の基礎や社会生活に役に立つ知識・技能・態度を身に付けようとする生徒
2　本校の三つの系列（福祉・教養、情報・ビジネス、アート・デザイン）の学習を通して、社会で自立できる技術や資格を身に付けるとともに、社会のルールやマナーを守り、他人に配慮できる生徒
3　体験学習や学校行事・部活動等を通して、心の触れ合いを大切にし、豊かな人間関係を育み、地域や社会に積極的に関わろうとする生徒

都立 浅草 高等学校
あさくさ

https://www.metro.ed.jp/asakusa-he/

〒111-0024　台東区今戸1-8-13
☎03-3874-3183
交通　東武線・東京メトロ浅草駅　徒歩15分
　　　都営地下鉄浅草駅　徒歩18分　つくばエクスプレス浅草駅　徒歩25分
　　　ＪＲ総武線浅草橋駅、ＪＲ常磐線・東京メトロ南千住駅　バス

普通科

| 単位制 |
| 定時制（三部制） |
| 制　服 | 標準服あり |

[カリキュラム] ◇二学期制◇

・午前部（Ⅰ部、1～4校時）、午後部（Ⅱ部、5～8校時）、夜間部（Ⅲ部、9～12校時）の三部からなる。
・学修期間は4年、または3年。
・国数英の学び直しを図る「トライゼミ」から大学受験科目まで、普通科目を幅広く設置。
・国数英は1クラス（30名）を習熟度別に2つに分けての少人数制授業。
・「奉仕体験学習」を学校必履修科目に位置づけ、伝統工芸・福祉などの活動を学校内外で広く実施。
・浅草の芸能・文化を学べる科目「落語研究」を設置。

標準服

[部活動]

　約4割が参加。令和4年度は、陸上部が全国大会に出場し、女子走り高跳びで優勝した。

★設置部

サッカー、水泳、ダンス、硬式野球、卓球、硬式テニス、バスケットボール、バドミントン、剣道、柔道、バレーボール、フラダンス、陸上、美術、軽音楽、漫画研究、生物、放送、手芸、ギター、アンサンブル、写真、演劇、合唱、英語、書道、パソコン

[行　事]

　行事は三部合同で実施。前期に修学旅行や体育祭、後期に文化祭などが行われている。

[進　路]

　進路ガイダンスや夏期講習、就業体験を通して、望ましい勤労観や職業意識を養う。また、ハローワークと連携し就職指導に取り組む他、進学指導も手厚く行う。

★卒業生の主な進学先

亜細亜大、嘉悦大、国士舘大、城西大、駿河大、成城大、大東文化大、拓殖大、東京工芸大、獨協大、文京学院大、神田外語学院専門学校、道灌山学園保育福祉専門学校、文化服装学院

♣指定校推薦枠のある大学・短大など♣

東洋大、駿河台大、城西大、淑徳大、流通経済大、聖徳大、東京工芸大、和光大、明海大、和洋女子大、浦和大　他

[トピックス]

・平成18年4月に開校した新しいタイプの高校。ライフスタイルに合わせ、通学時間帯や時間割が組める。
・9階建ての校舎は全館冷暖房完備。自習室、ラウンジ、温水プールも備える。

[学校見学]（令和5年度実施内容）

★体験授業　11月1回（要予約）
★学校説明会　10・12・1・3月各1回
★学校見学会　7月1回　8月4回

入試！インフォメーション
※本欄の内容はすべて令和6年度入試のものです。

受検状況	科名・コース名	募集人員	第一次募集・分割前期募集				分割後期募集・第二次募集		
			募集人員	受検人員	受検倍率	合格人員	募集人員	受検人員	合格人員
普通 1～3部	1学年相当	240	192	161	0.84	155	86	47	46
	2学年相当以上	15	15	0	0.00	0			

入学者選抜実施方法		科名・コース名	分割募集	学力検査 教科	調査書		面接／学力検査：作文	満点						備考
					教科の評定の扱い			学力検査	調査書点	面接	小論文・作文	実技検査		
					学力検査を実施する教科	学力検査を実施しない教科							
	分割前期・分割後期	普通 1～3部	○	3	1倍	2倍	6：4	600	400	個人 300	－	－	＊上下段の表示は 上が前期、下が後期。
				3	1倍	2倍	6：4	600	400	個人 300	－	－	

〈本校の期待する生徒の姿〉

　本校は、以下のような生徒の入学を期待します。
1　単位制・3部制の特長を生かし、意欲的・計画的に学習を行うことができる生徒
2　規律と礼儀を守り、豊かな人間関係を築き、卒業後、積極的に社会に貢献する意欲をもつ生徒
3　多彩な選択科目から、自らの興味や希望する進路に合ったものを選択し、進路実現に向けて努力できる生徒

都立 大江戸 高等学校
おおえど

https://www.metro.ed.jp/oedo-he/

〒135-0015　江東区千石3-2-11
☎03-5606-9500
交通　都営地下鉄・東京メトロ住吉駅　徒歩13分、東京メトロ東陽町駅　徒歩18分
　　　ＪＲ総武線錦糸町駅　都営バス「千田」徒歩3分

総合学科

チャレンジスクール
単位制
定時制（三部制）
制　服　あり

［カリキュラム］◇三学期制◇
・進学や就職に必要となる基礎基本から応用発展までの学力を、卒業までにしっかりと身に付ける。
・午前・午後・夜間の3部を設置。各部共、日課は45分×4時限授業。
・卒業年限は4年が基本であるが、他の部の科目を選択履修（他部履修）すれば3年での卒業も可能である。
・1年次では救急救命講習、車いす体験、アイマスク体験など、体験的な活動を重視している。2年次ではグループで探究学習に取り組んでいる。
・1年次の国数英の講座では、習熟度別授業を実施。他の科目でも多くの講座で少人数制授業を実施し、基礎学力の定着を図る。
・基礎科目から大学受験に対応した上位科目まで多様な選択科目を設置。
・2年次から、「伝統・文化系列」、「情報・ビジネス系列」、「生活・福祉系列」の系列科目を自分の興味・関心、進路希望に合わせて選択することができる。

［部活動］
★設置部（※は同好会）

バスケットボール、卓球、バドミントン、フットサル、ダンス、バレーボール、テニス、水泳、剣道、ボランティア、和太鼓、イラストレーション、軽音楽、美術、合唱、サイエンス、吹奏楽、箏曲、文芸、写真、書道、演劇、※沖縄空手、※Eスポーツ、※クイズ研究

［行　事］
6月　体育祭
9月　遠足
11月　飛翔祭（文化祭）
12月　芸術鑑賞教室
1月　研修旅行（2年）
3月　卒業生を送る会

［進　路］
★卒業生の進路状況（令和5年3月）
　＜卒業生159名＞
　大学57名、短大8名、専門学校48名、就職15名、その他31名
★卒業生の主な合格実績
　筑波大、秋田公立美術大、公立千歳科学技術大、青山学院大、学習院大、上智大、東京理科大、東洋大、日本大、

明治大、早稲田大、法政大、立教大
♣指定校推薦枠のある大学・短大など♣
国士舘大、桜美林大、高千穂大、千葉工業大、文京学院大、目白大、和洋女子大、京都伝統工芸大、東洋学園大、東京平成大、駿河台大、城西国際大　他

［トピックス］
・校舎はガラス張りのシャープな外観が特徴の、現代的な建物。
・部活動、学校行事が盛んであり、コミュニケーション能力や社会性を身に付けることにつながっている。
・「今まで」よりも「これから」を大切に生徒を指導している。自分自身にチャレンジしたい皆さんの入学を待っている。
・女子制服に、スラックスがある。

［学校見学］（令和5年度実施内容）
★授業公開週間　6月・11月・1月
★学校説明会　10月2回　11月1回
★募集要項説明会　12月2回　1月1回
★体験授業　10・11月各1回（要予約）
★飛翔祭　11月　見学可
★学校見学は随時可（要連絡）

入試！インフォメーション
※本欄の内容はすべて令和6年度入試のものです。

受検状況	科名・コース名	募集人員		第一次募集・分割前期募集			
				募集人員	受検人員	受検倍率	合格人員
	総合 1〜3部	1学年相当	170	170	248	1.46	176
		2学年相当以上	15	15	4	0.27	1

※募集人員の1学年相当には、特別枠15名を含んでいる。また、1・2部に9月転入学者枠10名（1学年相当対象）あり。

入学者選抜実施方法		科名・コース名	分割募集	学力検査	調査書	満点				備考
						志願申告書	面接	作文	実技検査	
分割前期・第一次		総合 1〜3部	－	実施しない	提出しない	100	個人 600	600	－	調査書・自己PRカードの提出は必要ないが、志願申告書は必ず提出する。

〈本校の期待する生徒の姿〉
　本校は、「変わりたいあなた」を応援する学校です。「今までよりも、これから」を大切にして、「チャレンジする人間」、「創造的な人間」、「信頼される人間」を育てていくことを教育目標にしています。不登校や中途退学等を経験していても、「変わりたい」「学びたい」という意欲や熱意があれば、チャレンジすることができます。
　本校では、次のような生徒の入学を期待しています。
1　自分を受け止め見つめ直すことで、「なりたい自分」を探し、その「なりたい自分」を目指して、学び続けることができる生徒
2　「なりたい自分」になるために、様々なルールを守ることで、自分と他の生徒の安全・安心を守りながら、学校生活を送ることのできる生徒
3　本校の特徴である3部制の単位制総合学科についてよく理解している生徒
4　「情報・ビジネス」、「伝統・文化」、「生活福祉」等に関する学習を通して個性を伸ばそうとする意欲のある生徒
5　体験的な学習や地域での活動等を通して、マナーとボランティア精神を身に付けようとする生徒

都立 八王子拓真 高等学校
（はちおうじたくしん）

https://hachioji-takushin-h.metro.ed.jp/

〒193-0931　八王子市台町3-25-1
☎042-622-7563
交通　JR中央線西八王子駅　徒歩8分
　　　京王線山田駅　徒歩20分

普通科

チャレンジ枠あり

単位制

定時制（三部制）

制服　標準服あり

[カリキュラム] ◇三学期制◇
・1クラス定員は30名の少人数編成。
・1～2年次は、必履修科目を始めとし、基礎基本を学ぶ。3年次からは、多彩な選択科目の中から、進路希望や興味関心に応じた科目を中心に学ぶ。
・英語、数学で習熟度別授業を実施。
・卒業には74単位が必要。他の部の時間帯の科目を選択することなどにより、約7割の生徒が3年で卒業。

[部活動]
・8校時と9校時の間の他、部員と顧問の空き時間を利用して実施。
・近年、軟式野球部、男子バスケットボール部、女子バスケットボール部、バドミントン部、剣道部、バレーボール部、陸上競技部、卓球部などが全国定通大会に出場している。
★設置部（※は同好会）
軟式野球、サッカー、バスケットボール、バレーボール、陸上競技、テニス、バドミントン、卓球、水泳、剣道、吹奏楽、美術、演劇、漫画・アニメ、ボランティア、自然科学、鉄道研究、合唱、ボードゲーム 他

[行事]
文化祭、修学旅行、校外学習などの主な行事は、三部が合同で実施。

[進路]（令和5年3月）
・基礎学力の定着、社会性・規範意識の育成など、社会的に自立できる実力を育て、進路希望の実現を図る。
・入学前からの個別相談の実施やキャリアガイダンスやインターンシップなど、一人ひとりの個性・能力に応じた進路指導を計画的に実施。
★卒業生の進路状況
　＜卒業生275名＞
　大学・短大50名、専門学校97名、職能9人、就職72名、その他47名
★卒業生の主な進学先
　恵泉女学園大、駒沢女子大、城西大、駿河台大、高千穂大、拓殖大、東海大、東京女子大、明星大、和光大

[トピックス]
・「学び直し」「部活動」「居場所づくり」を重点とし、基礎・基本から学び直せる。
・Ⅰ部（午前部、1～4校時）、Ⅱ部（午後部、5～8校時）、Ⅲ部（夜間部、9～12校時）の三部からなる。
・Ⅰ部とⅡ部には、不登校の経験等を持つ生徒に受検機会を提供するためのチャレンジ枠を各部1クラス分設置。
・担任や養護教諭による相談に加え、生徒相談室では教育相談担当教諭、スクールカウンセラー、ユース・ソーシャルワーカーによる個別相談を実施。
・2つの音楽室や工芸室、美術室など、充実した設備を誇る。

[学校見学]（令和5年度実施内容）
★学校見学会　8月1回
★チャレンジ枠受検希望者相談会　8月1回
★学校説明会　11・12月
★個別相談会　1月
★授業公開　6・11月上旬

入試!インフォメーション
※本欄の内容はすべて令和6年度入試のものです。

受検状況

科名・コース名	募集人員	第一次募集・分割前期募集				分割後期募集・第二次募集		
		募集人員	受検人員	受検倍率	合格人員	募集人員	受検人員	合格人員
普通1～3部（一般枠）	1学年相当	240	192	225	1.17	180	62	66	63
普通1・2部（チャレンジ枠）	1学年相当	60	60	76	1.27	64			

※一般枠には他に2学年相当以上の募集あり（15名）。

入学者選抜実施方法

科名・コース名	分割募集	学力検査 教科	調査書 教科の評定の扱い		面接・学力検査	調査書	満点						備考
			学力検査を実施する教科	学力検査を実施しない教科			学力検査	調査書点	志願申告書	面接	小論文・作文	実技検査	
分割後期 分割前期 普通（一般枠） 1～3部	○	3*	1倍	2倍	6:4		600	400		集団300	–	–	※上下段の表示は上が前期、下が後期
		3*	1倍	2倍	6:4		600	400		集団300	–	–	
分割前期 第二次 普通（チャレンジ枠）1・2部	–	実施しない	提出しない						100	個人500	作文500	–	調査書・自己PRカードの提出は必要ないが、志願申告書は必ず提出する。

＊3教科を総合して50分で実施。自校作成問題。

〈本校の期待する生徒の姿〉

本校は普通科・3部制・単位制の昼夜間定時制高校です。
「学び直し」「居場所づくり」「キャリア教育」を3本柱に、充実した補習・個別指導で基礎・基本からしっかり学び直していく生徒を支え、「個に応じた指導」を推進します。日常の生活指導にも重点を置き、身だしなみ指導や礼儀指導、時間を守る等の基本的生活習慣を身に付けさせることを目標とし、インターンシップ等を活用し、探究的な学びを通して地域に貢献できる人材を育成しています。また、不登校等を経験した生徒のために、チャレンジ枠があります。
1　自ら学び、仲間と探究することを通して、地域で学び、地域に貢献できる生徒
2　基礎・基本から真剣に勉強する意欲をもち、自ら学習し、仲間と共同して学べる生徒
3　学校や社会のルールやマナーを守り、自ら行動できる生徒
4　友人や先生、地域の人たちとの出会いや交流を通して、よりよい人間関係を築こうとする生徒
5　自分の進路に関心をもち、就労等を通して地域社会に貢献しようとする意志のある生徒

都立 砂川 高等学校
すながわ

https://www.metro.ed.jp/sunagawa-he/

〒190-8583　立川市泉町935- 4
☎042-537-4611
交通　多摩モノレール泉体育館駅　徒歩３分

単位制

定時制（三部制）

制　服　あり

[カリキュラム] ◇三学期制◇

・１クラス30名程度の少人数指導。
・授業は45分×２コマの90分が基本。
・Ⅰ、Ⅱ、Ⅲ部の３部からなり、それぞれ学習時間帯は異なるが、教育内容は共通である。自由選択科目については、生徒がそれぞれの進路選択に応じ、担任との相談をもとに、科目ごとにクラスを選択可能。**3年間での卒業を推奨している。**
・自由選択科目がたいへん豊富である。
・英・数・国は全学年で少人数習熟度別授業（原則20名以下）を実施する。**インテンシブ講座**と、**ベイシック講座**が設置されている。
・漢字検定については、**校内受検を実施している。情報処理**関連の検定合格も積極的に支援。

[部活動]

　令和５年度は、卓球部女子（団体）が全国大会出場、バトミントン部女子が東京代表チームの一員として全国大会出場、少林寺拳法部男女（個人）が世界大会に出場した。

★設置部（※は同好会）
　バスケットボール、軟式野球、バドミントン、卓球、陸上競技、サッカー、硬式テニス、少林寺拳法、ダンス、バレーボール、写真、文芸、漫画研究、吹奏楽、パソコン、自然科学、軽音楽、美術、映画制作、箏曲、調理、棋道、※ハイキング、※合唱、※eスポーツ

[行　事]

4月　ＨＲ校外研修、修学旅行（3年）
5月　スポーツ大会
10月　文化祭

[進　路]（令和5年3月）

・「総合的な学習の時間」にキャリアガイダンスを行い、進路を考え**将来を生きる力**を育成。
・**小論文指導**や表現力を向上させる取り組みを定期的に実施。夏季休業中には**特別講座**や**集中講座**を開講。
・東洋大などと**高大連携**。

★卒業生の進路状況
　＜卒業生141名＞
　大学58名、短大３名、専門学校35名、就職31名、その他14名

★卒業生の主な合格実績
　桜美林大、拓殖大、帝京大、東京経済大、東洋大、明星大

♣指定校推薦枠のある大学・短大など♣
　中央大、実践女子大、東洋大　他

[トピックス]

　3部制のシステムを生かし、多様な生徒に対応している。

[学校見学]（令和5年度実施内容）

★学校説明会　10・11・12月各１回（予約制）
★体験授業　7月１回（予約制）
★文化祭　10月　見学可
★学校見学会　8月２回
★個別相談会　1月（要予約）

■ 入試！インフォメーション ■
※本欄の内容はすべて令和6年度入試のものです。

受検状況

科名・コース名		募集人員	第一次募集・分割前期募集				分割後期募集・第二次募集		
			募集人員	受検人員	受検倍率	合格人員	募集人員	受検人員	合格人員
普通 1〜3部	1学年相当	150	120	142	1.18	120	32	39	34
	2学年相当以上	15	15	0	0.00	0			

入学者選抜実施方法

	科名・コース名	分割募集	学力検査		調査書		面接・作文（面接・学力検査・調査書）	学力検査	調査書	満点				備考
			教科	自校作成問題による選考	学力検査を実施する教科	学力検査を実施しない教科		学力検査	調査書点	面接	小論文・作文	実技検査		
分割前期	普通 1〜3部	○	5	−	1倍	2倍	7：3	700	300	集団 100	−	−	
分割後期	普通 1〜3部	○	3	−	1倍	2倍	6：4	600	400	個人 300	−	−	

〈本校の期待する生徒の姿〉

　本校は、3部制・普通科の新しいタイプの単位制高校（昼夜間定時制）です。Ⅰ部・Ⅱ部・Ⅲ部があり、三つの異なる学習時間帯を設けて多様なニーズに応えます。Ⅰ部・Ⅱ部・Ⅲ部とも共通の科目を学習し、2年次以降は、他の部の学習時間帯の科目も一部、学習できます。一人一人に合わせた進路指導を行い、自分の進路に合った「自分だけの時間割」を組めるようきめ細かく指導します。
　大多数の生徒が3年間での卒業を目指し、本校も3年間での卒業を推奨しています。
　本校では、次のような生徒を望んでいます。
1　目的意識をもって学習に取り組み、すすんで自己を伸ばす意欲をもった生徒
2　本校の単位制の仕組みを積極的に活用し、自分の進路実現に取り組む意欲をもった生徒
3　学校行事や部活動等に積極的に取り組み、自分の果たすべきことを最後までやり遂げようとする生徒
4　社会のルールやマナーを守り、他人の立場を理解し行動できる生徒

都立 小台橋 高等学校
おだいばし

https://www.metro.ed.jp/odaibashi-he/

〒120-8528　東京都足立区小台2-1-31
☎03-3913-1111
交通　田端駅（JR山手線・京浜東北線）バス10分
　　　小台駅（都電荒川線）徒歩7分
　　　足立小台駅（日暮里舎人ライナー）徒歩10分

総合学科

| チャレンジスクール |
| 単位制 |
| 定時制（三部制） |
| **制服** あり（上のみ） |

[カリキュラム] ◇三学期制◇

・45分授業。
・1日4時間の授業で4年卒業が可能。また、他部の授業を受講し、3年で卒業することも可能。
・幅広い選択科目の中から自分で科目を選択し学習することができる。
・講習等の受講、資格取得や高卒認定試験等の「学校外での学修」が単位の一部として認めらる。
・課題研究や企画提案を行うフューチャーデザイニング（未来設計）が特色。
・**大学のようにゼミナールがあり、課題研究や企画提案を行う。**
・ゼミでは、**情報・ビジネス系列、人文・自然系列、アート・デザイン系列**などがある。
・学び直しから国公立大学進学まで支援する。

[部活動]

★設置部
男子バスケットボール、女子バスケットボール、ゴルフ、卓球、ソフトテニス、ダンス、科学、優柱（ユーチュー）、軽音楽、ゲーム、美術、茶道

[行　事]

校外学習、スポレク祭、芸術鑑賞教室、芽吹祭（文化祭・中間成果発表会）、学習成果発表会、修学旅行などを実施。

[トピックス]

・令和4年度開校。
・多くの生徒が活用できる自習室や居場所、デジタル・トランスフォーメーションに対応できるICT環境が整備されている。
・人文・自然系列のゼミを置いているのはチャレンジスクールでは初。
・さまざまな悩みや不安について相談できるカウンセラー室や生徒相談室、ラーニングコモンズ、ゼミ室など、安心して過ごせる場所がある。
・クラス担任やゼミの教員を中心に、スクールカウンセラーやユースソーシャルワーカー、専門医などの専門家と連携した相談体制が充実している。

[学校見学]（令和5年度実施内容）

★学校見学会　7・8月各1回
★学校説明会　10・11・12・1月各1回

入試!インフォメーション
※本欄の内容はすべて令和6年度入試のものです。

受検状況

科名・コース名		募集人員	第一次募集・分割前期募集			
			募集人員	受検人員	受検倍率	合格人員
総合 1～3部	1学年相当	260	260	270	1.04	264
	2学年相当以上	15	15	0	0.00	0

入学者選抜実施方法

	科名・コース名	分割募集	学力検査	調査書	満点				備考
					志願申告書	面接	作文	実技検査	
第一次・分割前期	総合 1～3部	－	実施しない	提出しない	100	個人 600	600	－	調査書・自己PRカードの提出は必要だが、志願申告書は必ず提出する。

〈本校の期待する生徒の姿〉

　本校は、不登校や中途退学等でこれまでの学校生活では個性や能力等を十分に発揮できなかった生徒でも、一人一人が安心して存分に学ぶことができる時と場を提供します。志をもって入学した生徒に対し、多様で柔軟な教育を実施し、これからの社会で活躍する起業家精神をもった人材の育成を行います。チャレンジスクールとしてのこのような特色に基づき、本校では特に次のような生徒の入学を期待しています。

1　本校の教育の特色を理解し、それらを生かした学習活動に取り組むことができる生徒
2　入学後の高校生活とこれからの人生に志（夢や希望）をもっている生徒
3　自他を尊重し、かつ責任ある行動に移せる生徒

＜その他の定時制・通信制＞

※募集人員はすべて令和6年度入試のものです。※所在地等は、全日制・他課程掲載ページをご参照ください。

①定時制普通科

学校名	募集人員	全日制掲載ページ	学校名	募集人員	全日制掲載ページ
大森（大田区）	30	48	葛飾商業（葛飾区）	30	224
大崎（品川区）	30	62	南葛飾（葛飾区）	60	232
小山台（品川区）	30	64	町田（町田市）	60	284
桜町（世田谷区）	30	90	五日市（あきる野市）	30	300
松原（世田谷区）	30	100	立川（立川市）	60	306
大山（板橋区）	30	152	福生（福生市）	30	316
豊島（豊島区）	30	166	神代（調布市）	30	368
足立（足立区）	30	182	農業（府中市）	30	374
江戸川（江戸川区）	60	210	大島（大島町）	30	386
葛西南（江戸川区）	30	232	八丈（八丈町）	30	393

②定時制単位制普通科

学校名	募集人員	全日制掲載ページ	学校名	募集人員	全日制掲載ページ
六郷工科（大田区）	1学年相当30	60	飛鳥（北区）	1学年相当60	160
板橋有徳（板橋区）	1学年相当30	150			

③定時制専門学科

学校名	科名	募集人員	全日制掲載ページ	学校名	科名	募集人員	全日制掲載ページ
＜農業に関する学科＞							
園芸（世田谷区）	園芸	30	88	農産（葛飾区）	農産	30	230
農芸（杉並区）	農芸	30	122	農業（府中市）	食品化学	30	374
＜工業に関する学科＞							
総合工科（世田谷区）	総合技術	30	94	荒川工科（荒川区）	電気・電子	30	196
中野工科（中野区）	総合技術	30	126	蔵前工科（台東区）	建築工学	30	202
北豊島工科（板橋区）	機械	30	156	墨田工科（江東区）	総合技術	30	240
工芸（文京区）	マシンクラフト	30	170	本所工科（葛飾区）	総合技術	30	＊
	アートクラフト	30		小金井工科（小金井市）	機械	30	＊
	インテリア	30			電気・電子	30	
	グラフィックアーツ	30					
＜商業に関する学科＞							
足立（足立区）	商業	30	182	第三商業（江東区）	商業	30	242
葛飾商業（葛飾区）	商業	30	224	第五商業（国立市）	商業	30	362
＜産業科＞							
橘（墨田区）	産業	30	250				

④定時制単位制専門学科

学校名	科名	募集人員	全日制掲載ページ
六郷工科（大田区）	生産工学	1学年相当30	60

⑤定時制併合科

学校名	科名	募集人員	全日制掲載ページ
瑞穂農芸（西多摩郡瑞穂町）	普通・農業	30	322

⑥定時制総合学科

学校名	募集人員	全日制掲載ページ	学校名	募集人員	全日制掲載ページ
青梅総合（青梅市）	1学年相当90	302	東久留米総合（東久留米市）	1学年相当60	348

⑦通信制普通科

学校名	募集人員	他課程掲載ページ	学校名	募集人員	他課程掲載ページ
一橋（千代田区）	1学年相当160	400	砂川（立川市）	1学年相当160	410
				2学年相当以上15	
新宿山吹（新宿区）	1学年相当50	402			
	2学年相当以上60				

総　索　引

※校名のあとの「全」は全日制、「定」は定時制、「通」は通信制の略です。特に記載のない高校は全日制のみの設置校です。
※記事が複数ページにわたる場合には、その最初のページ番号を記してあります。

東京学参の
中学校別入試過去問題シリーズ

*出版校は一部変更することがあります。一覧にない学校はお問い合わせください。

東京ラインナップ

- **あ** 青山学院中等部(L04)
  麻布中学(K01)
  桜蔭中学(K02)
  お茶の水女子大附属中学(K07)
- **か** 海城中学(K09)
  開成中学(M01)
  学習院中等科(M03)
  慶應義塾中等部(K04)
  啓明学園中学(N29)
  晃華学園中学(N13)
  攻玉社中学(L11)
  国学院大久我山中学
  　（一般・CC）(N22)
  　（ＳＴ）(N23)
  駒場東邦中学(L01)
- **さ** 芝中学(K16)
  芝浦工業大附属中学(M06)
  城北中学(M05)
  女子学院中学(K03)
  巣鴨中学(M02)
  成蹊中学(N06)
  成城中学(K28)
  成城学園中学(L05)
  青稜中学(K23)
  創価中学(N14)★
- **た** 玉川学園中学部(N17)
  中央大附属中学(N08)
  筑波大附属中学(K06)
  筑波大附属駒場中学(L02)
  帝京大中学(N16)
  東海大菅生高中等部(N27)
  東京学芸大附属竹早中学(K08)
  東京都市大付属中学(L13)
  桐朋中学(N03)
  東洋英和女学院中学部(K15)
  豊島岡女子学園中学(M12)
- **な** 日本大第一中学(M14)

日本大第三中学(N19)
日本大第二中学(N10)
- **は** 雙葉中学(K05)
  法政大学中学(N11)
  本郷中学(M08)
- **ま** 武蔵中学(N01)
  明治大付属中野中学(N05)
  明治大付属八王子中学(N07)
  明治大付属明治中学(K13)
- **ら** 立教池袋中学(M04)
- **わ** 和光中学(N21)
  早稲田中学(K10)
  早稲田実業学校中等部(K11)
  早稲田大高等学院中学部(N12)

神奈川ラインナップ

- **あ** 浅野中学(O04)
  栄光学園中学(O06)
- **か** 神奈川大附属中学(O08)
  鎌倉女学院中学(O27)
  関東学院六浦中学(O31)
  慶應義塾湘南藤沢中等部(O07)
  慶應義塾普通部(O01)
- **さ** 相模女子大中学部(O32)
  サレジオ学院中学(O17)
  逗子開成中学(O22)
  聖光学院中学(O11)
  清泉女学院中学(O20)
  洗足学園中学(O18)
  捜真女学校中学部(O29)
- **た** 桐蔭学園中等教育学校(O02)
  東海大付属相模高中等部(O24)
  桐光学園中学(O16)
- **な** 日本大中学(O09)
- **は** フェリス女学院中学(O03)
  法政大第二中学(O19)
- **や** 山手学院中学(O15)
  横浜隼人中学(O26)

千・埼・茨・他ラインナップ

- **あ** 市川中学(P01)
  浦和明の星女子中学(Q06)
- **か** 海陽中等教育学校
  　（入試Ⅰ・Ⅱ）(T01)
  　（特別給費生選抜）(T02)
  久留米大附設中学(Y04)
- **さ** 栄東中学（東大・難関大）(Q09)
  栄東中学（東大特待）(Q10)
  狭山ヶ丘高校付属中学(Q01)
  芝浦工業大柏中学(P14)
  渋谷教育学園幕張中学(P09)
  城北埼玉中学(Q07)
  昭和学院秀英中学(P05)
  清真学園中学(S01)
  西南学院中学(Y02)
  西武学園文理中学(Q03)
  西武台新座中学(Q02)
  専修大松戸中学(P13)
- **た** 筑紫女学園中学(Y03)
  千葉日本大第一中学(P07)
  千葉明徳中学(P12)
  東海大付属浦安高中等部(P06)
  東邦大付属東邦中学(P08)
  東洋大付属牛久中学(S02)
  獨協埼玉中学(Q08)
- **な** 長崎日本大中学(Y01)
  成田高校付属中学(P15)
- **は** 函館ラ・サール中学(X01)
  日出学園中学(P03)
  福岡大附属大濠中学(Y05)
  北嶺中学(X03)
  細田学園中学(Q04)
- **や** 八千代松陰中学(P10)
- **ら** ラ・サール中学(Y07)
  立命館慶祥中学(X02)
  立教新座中学(Q05)
- **わ** 早稲田佐賀中学(Y06)

公立中高一貫校ラインナップ

- **北海道** 市立札幌開成中等教育学校(J22)
- **宮城** 宮城県仙台二華・古川黎明中学校(J17)
  市立仙台青陵中等教育学校(J33)
- **山形** 県立東桜学館・致道館中学校(J27)
- **茨城** 茨城県立中学・中等教育学校(J09)
- **栃木** 県立宇都宮東・佐野・矢板東高校附属中学校(J11)
- **群馬** 県立中央・市立四ツ葉学園中等教育学校・
  市立太田中学校(J10)
- **埼玉** 市立浦和中学校(J06)
  県立伊奈学園中学校(J31)
  さいたま市立大宮国際中等教育学校(J32)
  川口市立高等学校附属中学校(J35)
- **千葉** 県立千葉・東葛飾中学校(J07)
  市立稲毛国際中等教育学校(J25)
- **東京** 区立九段中等教育学校(J21)
  都立大泉高等学校附属中学校(J28)
  都立両国高等学校附属中学校(J01)
  都立白鷗高等学校附属中学校(J02)
  都立富士高等学校附属中学校(J03)

都立三鷹中等教育学校(J29)
都立南多摩中等教育学校(J30)
都立武蔵高等学校附属中学校(J04)
都立立川国際中等教育学校(J05)
都立小石川中等教育学校(J23)
都立桜修館中等教育学校(J24)
- **神奈川** 川崎市立川崎高等学校附属中学校(J26)
  県立平塚・相模原中等教育学校(J08)
  横浜市立南高等学校附属中学校(J20)
  横浜サイエンスフロンティア高校附属中学校(J34)
- **広島** 県立広島中学校(J16)
  県立三次中学校(J37)
- **徳島** 県立城ノ内中等教育学校・富岡東・川島中学校(J18)
- **愛媛** 県立今治東・松山西中等教育学校(J19)
- **福岡** 福岡県立中学校・中等教育学校(J12)
- **佐賀** 県立香楠・致遠館・唐津東・武雄青陵中学校(J13)
- **宮崎** 県立五ヶ瀬中等教育学校・宮崎西・都城泉ヶ丘高校附属中学校(J15)
- **長崎** 県立長崎東・佐世保北・諫早高校附属中学校(J14)

公立中高一貫校「適性検査対策」問題集シリーズ

総合編 / 作文問題編 / 資料問題編 / 数と図形編 / 生活と科学編 / 実力確認テスト編

私立中・高スクールガイド

ザ THE 私立
私立中学&高校の学校生活がわかる！

— 参 考 資 料 —

「令和6年度東京都立高等学校募集案内」
「令和6年度東京都立高等学校の『本校の期待する生徒の姿』」
（東京都教育庁）
東京都教育委員会・公式ホームページ
東京都公立高等学校　各校学校案内等資料・公式ホームページ

●この本の内容についてのお問い合わせは、

03-3794-3002

（東京学参）
までお願いいたします。

公立高校入試完全ガイド　2025年

東京都

ISBN978-4-8141-3302-4

2024年7月29日　第1版

発行所：東京学参株式会社
東京都目黒区東山2－6－4　〒153－0043
編集部　ＴＥＬ．　03（3794）3002
　　　　ＦＡＸ．　03（3794）3062
営業部　ＴＥＬ．　03（3794）3154
　　　　ＦＡＸ．　03（3794）3164
　　　　ＵＲＬ．　https://www.gakusan.co.jp/
　　　　Ｅ-mail　shoten@gakusan.co.jp
印刷所　株式会社シナノ

Printed in Japan ⓒ　東京学参　2024